KB196049

DAVOS MAN

다보스맨
억만장자들은 어떻게 이 세상을 집어삼켰나

다보스맨

억만장자들은

어떻게

이 세상을

집어삼켰나

리아, 레오, 밀라, 그리고 루카를 위해

추천사

"강력하다. 굿맨의 보도는 신랄하고도 씁쓸하게 웃긴다. 『다보스맨』은 오늘날의 극단적 부유함이 금세기 최대의 범죄, 즉 민주주의의 탈취라는 거대한 범죄와 불가분의 관계에 있음을 보여 준다."―《워싱턴 포스트》

"전 세계 상위 1%의 부자들이 더 부유해지기 위해 사회 운영 방식을 체계적으로 조율해 온 과정에 대한 꼼꼼한 연구, 명확한 보도, 그리고 우리 나머지 사람들에게 해악을 끼친 정말 분노에 찬 역사…. 이 책은 가장 많이 가진 사람들이 모든 경제를 뻔뻔하게 약탈하는 행위에 맞서 싸우자는 호소이자 초대장이다."―《샌프란시스코 크로니클》

"뛰어나다…. 코로나19 팬데믹으로 인해 급격히 심화된 경제적 불평등에 대한 분노와 강력한 시각…. 강렬하고 불같은 책이며, 필수적인 책이 될 수 있을 것이다."―NPR(미국의 공영방송)

"억만장자 계급이 전 세계에 끼치는 심대한 피해에 대한 날카롭고 격양된, 중요하고 치명적이며 진지한 설명. 피터 S. 굿맨은 자신의 나쁜 행동을 끊임없이 합리화하는 금융 및 산업계 거물들의 숨겨진 이야기와 뒤틀린 신념들 사이로 독자를 안내한다."―조지프 E. 스티글리츠Joseph E. Stiglitz, 노벨 경제학상 수상자

"『다보스맨』은 100년이 지나도 수많은 독자들에게 읽힐 권위 있고 단호한 경고문이다. 전 세계에 걸쳐 매우 느리게 벌어지는 스캔들에 대해, 부유층의 특권적 세계에서 외치는 경고로 남을 것이다. 위선과 허영을 추적하며 알프스 산맥을 누비던 톰 울프를 연상케 하는 명료함은 맛깔스럽고도 풍부한 디테일로 가득 차 있다."―전미도서상 수상자 에반 오스노스Evan Osnos, 『야망의 시대』(Age of Ambition)의 저자

"좋은 글이자 좋은 보도… 거대 부유층에 대한 열정적인 고발."—《이코노미스트》

"위대한 금융 탐사 저널리스트 중 한 명인 피터 S. 굿맨은 억만장자 계급이 어떻게 세계 경제를 장악하고 재앙을 즐기며 세금을 회피하는 동시에 자비로운 자본주의에 대한 브로마이드를 쏟아내는지에 대해 꼼꼼하고 상세하게 묘사한다. 무한한 탐욕과 위선에 대한 이 이야기가 우리가 살고 있는 세상의 진실이 아니라 소설이나 미니시리즈였으면 좋겠다. 독자여, 분노할 준비를 하라."—바바라 데믹Barbara Demick, 『부러울 것이 없다』(Nothing to Envy), 『부처를 먹다』(Eat the Buddha)의 저자

"《뉴욕 타임스》 글로벌 경제 특파원 굿맨은 '지구를 떠도는 성층권 계층'에 속한 사람들의 특징인 탐욕, 나르시시즘, 위선을 신랄하게 비판한다. 거의 무한한 함의를 지닌 긴급하고 시의적절하며 설득력 있는 메시지이다."—커커스 리뷰(별점 리뷰)

"《뉴욕 타임스》의 글로벌 경제 특파원이 전 세계의 노동자, 이주민과 함께 억만장자 5명을 인터뷰하여 그들의 팬데믹 착취가 전 세계의 불평등을 어떻게 악화시켰는지 보여 준다."
—《뉴욕 타임스》 서평

"굿맨은 사적 풍요와 공적 빈곤에 대한 이야기를 세밀하고 인간적인 관심으로 가득 채우는 숙련된 기자다."—《월스트리트》 저널

차례

"그들이 나머지 모든 세계를 위한 규칙을 만든다"

2020년은 우리 대부분에게 길고 긴 고통의 한 해였다. 이 숫자는 100년 이래 최악의 팬데믹으로 인한 대량 사망, 공포, 고립, 휴교, 생계 위협, 그리고 무수히 많은 일상적 불행의 모습을 상징하는 숫자로 오래도록 남을 것이다.

하지만 다보스맨(Davos Man)으로 알려진 인류의 선택된 일부 종족들은 그동안 전례 없는 번영을 누렸다. 지구상에서 가장 부유하고 권력이 막강한 이들은 돈과 영향력을 이용해, 팬데믹을 피해 해변의 저택, 깊은 숲의 은신처, 혹은 요트에서 지내며 그것을 이겨 냈다. 그들은 부동산, 주식, 기업을 헐값에 사들이며 사치와 향락을 즐겼다. 그들은 막강한 로비력을 동원하여 납세자의 세금으로 구성된 거대한 구제 금융 보따리를 억만장자 계급을 위한 기업 복지 제도로 바꾸어 놓았다.

애초에 이들이 공공 의료 시스템을 약탈하고 정부 자원을 벗겨 먹는 바람에 악화돼 버린 재앙인 팬데믹을 인류 구호를 위한 자신들의 노력과 공로로 인정받을 기회로 삼았다. 전 세계 억만장자들의 수십 년에 걸친 탈세 행위가 그 치명적인 결과를 드러낸 한 해 동안, 이 기념비적인 협잡을 설계한 바로 그 사람들은 오히려 자신의 관대함에 대한 찬사를 요구했다.

실리콘밸리 소프트웨어 대기업 세일즈포스(Salesforce) 창업자 마크 베니오프Marc Benioff는 "전 세계적으로 많은 나라의 CEO들이 팬데믹 상황에서 영웅이 되었다."라고 말했다. "그들은 재정적 자원과 기업 자원, 직원, 공장을 총동원하여 앞장서서 나선 사람들이다. 이윤 때문이 아니라 세상을 구하기 위해서 말이다."

베니오프는 2021년 1월 말 전통적으로 지구상에서 가장 부유한 사람들이 모이는 세계경제포럼(World Economic Forum)의 연례 회의에서 이렇게 말했다. 스위스 알프스의 리조트인 다보스에서 열릴 예정이던 이 연례 대면 행사는 팬데믹으로 인해 취소되었다. 베니오프와 그의 동료 패널들은 보노Bono, 윌아이엠Will.i.am 등 팝스타들과 함께 점심을 나누던 측지의 하얀 돔형 건물 대신, 투박한 화상 회의 플랫폼에 모여 회의를 진행했다. 다보스의 배경이 되었던 눈 덮인 봉우리는 홈 오피스의 스피커 뒤로 보이는 커튼과 책장으로 대체되었다. 포럼은 자유로운 대화를 기대했으나 접속 문제로 인해 토론은 결국 중단되었다.

비록 다보스는 어색하게 옷을 갈아입었지만 그런데도 변하지 않은 한 가지 핵심 속성이 있었으니 바로 현상 유지를 위해 가장 많은 투자를 하는 인간들이 부르짖은 변화에 대한 고상한 공약이었다.

베니오프가 참여하여 발언한 패널은 이른바 이해관계자 자본주의, 즉 기업이 더 이상 주주들의 배만 불리는 것이 아니라 직원, 환경, 지역사회 등 다양한 이해관계자에 대한 책임을 다해야 한다는 생각에 대한 토론장이었다. 그의 메시지는 자기만족적이었다. 임무는 훌륭하게 완수되었다.

그와 동료 CEO들은 병원에서 사용할 마스크와 가운 같은 보호 장비를 확보하기 위해 힘을 모았다. 제약 회사들은 기록적인 속도로 코로나19 백신을 개발했다. 은행들은 신용을 풀어 파산을 막았다.

"CEO들은 올해 한발 더 나아갔다." 베니오프는 이어 말했다. "기본적으로 지역사회를 구하기 위해 전 세계에서 영웅적인 일을 해낸 수많은 CEO의 뛰어난 리더십이 없었다면 오늘날 우리는 이 자리에 있을 수 없을 것이다."

당시 세계의 비참한 상황을 고려할 때 베니오프가 묘사한 억만장자의 모습은 놀라웠고, 눈에 띄는 자기 과시가 사회적 관심을 모았다. 그것은 억만장자들과 나머지 인류 사이의 격차를 부각했는데, 그 격차는 그들의 재산을 가늠하는 데 한 자릿수 이상이 더 필요한 것이었다. 사실 베니오프와 그의 동료 기업 총수들은 또 다른 현실, 즉 다보스맨의 영역에 거주하는 사람들이었다.

팬데믹으로 인해 전 세계에서 200만 명 이상이 사망하고 수억 명이 빈곤과 기아로 위협받았다. 실제 범인은 코로나바이러스였지만, 다보스에 몰려든 수많은 CEO가 보인 행동들로 인해 그 치명적 영향과 경제적 피해는 더욱 확대되었다.

한때 부유층에 대한 증세안을 "히틀러가 폴란드를 침공한 것과 같은 전쟁 행위"라고 일컬은 바 있는 스티븐 슈워츠먼Stephen Schwarzman 같은 사모펀드계의 거물은 병원에 투자하여 수익을 창출하고 비용을 절감하는 동시에 미국 의료 서비스를 점진적으로 쇠퇴시켰다. 미국 최대 은행인 뱅크오브아메리카의 제이미 다이먼Jamie Dimon은 정부 서비스를 축소하여 파크애비뉴의 호화 펜트하우스에 거주하는 사람들에 대한 감세 혜택을 얻어 내는 데 일조했다. 세계 최대 자산운용 전문가인 래리 핑크Larry Fink는 팬데믹 상황에서 가난한 국가들이 감당할 수 없는 빚을 갚도록 압박하면서도 다른 한편으로는 방송에 나와 사회 정의에 대한 우려를 표했다.

지구상에서 가장 부유한 사람인 제프 베조스Jeff Bezos는 그의 창고 노동자들에게 보호 장비를 제공하지 않았고, 대신 필수인력이라는 얼핏 용감하게 들리는 타이틀을 부여함으로써 그들을 대체할 수 있으며 바이러스를 피해 집 안에 머무르는 것조차 허용될 수 없는 존재로 격하시켰다.

2020년의 고통이 보여 준 것이 있다면 그것은 바로 부자들이 단순히 번창했을 뿐만 아니라 다른 사람들의 고통을 통해 더 많은 이익을 얻을 수 있었다는 사실이다.

연말까지 전 세계 억만장자들의 총재산은 3조 9,000억 달러 증가했지만, 자선 기부금은 거의 10년 만에 최저 수준으로 떨어졌다.[1] 같은 해에 5억 명에 달하는 사람들이 빈곤층으로 추락했으며, 이들이 원상 회복되기까지는 10년 이상이 걸릴 것으로 예상된다. 제약 회사들은 실제로 코로나19 백신을 개발하기 위해 큰 노력을 기울였다. 그러나 그들은 거기에 인류 대부분이 자신의 생명을 구할 약품조차 구할 수 없을 정도로 비싼 값을 매겼다.

베니오프는 하와이 해변의 저택에서 자신의 승리를 자축하는 한편, 팬데믹을 정부에 대한 회의론을 펼치는 기회로 삼았다. 다보스맨은 정부 규제에 대한 선제적 대응책으로 이해관계자 자본주의를 옹호했으며, 그것은 민주적 제도 아래 자본주의의 이익을 대중에게 공정하게 배분하는 것으로 정부 규제를 대신할 수 있다고 주장했다. 기업 경영자들을 대표한 인사말에서 베니오프는 억만장자들에게 세금을 부과할 필요가 없다는 생각을 암암리에 표명했는데, 그것은 그들이 자신이 얻은 이익을 활용해 인류의 삶의 문제를 해결하도록 위임받았기 때문이라는 것이었다.

베니오프는 "CEO들은 매주 모여 어떻게 하면 세계의 상황을 개선하고 이 팬데믹을 극복할 수 있을지 고민하고 있다."라며 자신의 비영리기구와 "정부의 기능장애" 주장을 대비시켰다. 그는 "우리를 구한 사람은 그들이 아니다."라며, "그래서 대중은 CEO를 의지하고 있는 것이다."라고 덧붙였다.

베니오프는 그 자신이 우리가 지난 반세기 동안 인류에게 일어난 일들의 이유를 알기 위해서 반드시 이해해야 하는 종족의 표본이라는 점을 드러냈다. 경제적 불평등의 확대, 격화되는 대중의 분노, 민주적 거버넌스에 대한 위협은 모두 다보스맨이라는 특이한 포식자의 약탈에서 비롯된 것으로, 그의 힘은 부분적으로 상대에게 동맹으로 가장하는 탁월한 능력에서 비롯된다.

최근 수십 년 동안 억만장자 계급은 탈세를 통해 정부를 약탈했고 사회가 문제 해결에 필요한 재원을 확보하지 못하도록 방해했다. 공중보건이 비상사태를 맞는 와중에도 다보스맨은 이를 취약한 정부의 탓으로 돌려 자신의 관대함에 의존하는 것을 정당화했다.

"우리는 이렇게 말할 수밖에 없다." 베니오프는 발언을 이어 갔다. "CEO는 분명 2020년의 영웅들이다."

다보스맨은 정치학자 새뮤얼 헌팅턴Samuel Huntington이 2004년에 만든 용어다. 헌팅턴은 세계화로 인해 부유해지고 세계화에 익숙해져 사실상 무국적자가 된 사람들, 이해관계와 부를 여러 국가로 공급하는 사람들, 그 이익과 부는 여러 국가를 넘나들고, 그들의 부동산과 요트는 여러 대륙에 흩어져 있으며, 로비스트와 회계사 들로 채운 그들의 무기고가 다양한 영유권과 관할권에 걸쳐 있는, 특정 국가에 대해 충성할 필요가 없는 사람들을 묘사하기 위해 이 용어를 사용했다.

헌팅턴은 포럼에 참석하기 위해 정기적으로 다보스를 찾는 사람들을 직접적으로 지칭한 것이었고, 포럼에 참여한다는 것은 현대 사회의 승자임을 입증하는 것이었다. 하지만 수년에 걸쳐 다보스맨은 언론인과 학계에서 전 세계를 움직이는 부유층인 억만장자들, 즉 정치 영역에 막강한 영향력을 행사하는 동시에 주요 경제권에서 결정적인 힘을 발휘하는 개념―이미 대부분의 부를 향유하는 사람들을 중심으로 규칙이 세워지면 모두가 승자가 된다는―을 퍼뜨리는 사람(주로 백인 남성)을 지칭하는 대명사로 자리 잡았다. 다보스맨과 그의 고용된 총잡이들(로비스트, 싱크탱크, 홍보 전문가 군단, 진실보다 권력에 아부하는 언론인)은 이에 반대되는 압도적인 증거에도 불구하고 이 개념을 단호하게 고수해 왔다.

내 임무는 다보스맨을 하나의 종족으로 이해하도록 돕는 것이다.

그것은 희귀하고 놀라운 생명체로, 끊임없이 자신의 영역을 확장하기 위해 거침없이 공격하는 포식자이며, 다른 사람의 영양분을 빼앗는 동시에 모두와 공생하는 친구로 위장하여 보복으로부터 자신을 보호한다.

다보스 연례 포럼보다 이것이 더 생생하게 드러나는 곳은 없을 것이다. 이 포럼은 기후 변화, 성 불균형, 디지털 미래에 대한 열띤 토론을 통해 당대의 문제를 꾸준히 해결하고자 하는 또 다른 며칠간의 세미나일 뿐이다. "세상의 개선을 위한 헌신"이라는 대담한 문구는 행여나 사람들이 이 포럼의 높은 사명을 이해하지 못할세라 가로등의 현수막, 모든 회의실 벽면, 그리고 기자들이 권력의 상징으로 집에 가져가는 컴퓨터 가방에 보란 듯이 굵게 새겨져 있다. 이 주문과도 같은 문구는 기업의 핵심적인 부조화를 보여 준다. 2020년 참석자들의 총재산은 5,000억 달러로 추산된다.[2]

알프스에 모인 이 사람들은 누가 뭐래도 세계 최고의 승자이다. 이들의 막대한 재산, 브랜드, 사회적 지위는 현 경제 시스템과 밀접하게 얽혀 있어 변화를 의미하는 '개선'이라는 단어에 대한 저들의 결의가 무색할 정도이다. 그러나 실상 이 포럼은 비즈니스 거래와 전략적 네트워킹을 위한 무대이자 금융 괴물들과 컨설팅 회사에서 기획한 조악한 축제이며, 분열된 인류 가운데서 자신들은 운 좋은 쪽에 서 있을 수 있음을 자축하는 기회일 뿐이다.

한 전직 포럼 임원은 "이것이 바로 다보스의 마법"이라고 말했다. "지구상에서 가장 큰 로비 활동이다. 가장 막강한 권력을 가진 사람들이 아무런 책임도 지지 않고 비공개로 모여 전 세계를 위한 규칙을 정한다." 지난 반세기 동안 유럽, 북미, 기타 주요 경제권의 역사는 대체로 부의 상승이라는 흐름을 보였다. 가장 배타적인 공동체에서 자랐고, 가장 멋진 학교에서 교육받았으며, 최고 엘리트들의 사회적 네트워크에 밀접하게 엮여 있는 인사들이 자신의 특권을 이용해 헤아릴 수 없는 부를 확보했다. 해변의 별장과 산속 별장 사이를 전용기로 오가며 자녀에게 아이비리그 대학 입학권을 사 주고, 카리브해 섬과 세무 당국의 손이 닿지 않는 곳에 재산을 은닉해 왔다. 한편, 수억 명의 직장인들은 줄어든 월급으로 각종 청구서를 관리해야 하는 불가능한 계산과 씨름하고 있다.

이 이야기들은 이제 너무 익숙해서 미리 짜 놓은 것처럼 보일 수도 있다. 책과 잡지 들은 인터넷, 세계화, 자동화가 어떻게 현대인의 삶을 재편하고, 도시에 사는 고학력 전문직 종사자에게는 보상을, 저숙련 종사자에게는 불이익을 주는지 세밀하게 분석해 왔다. 그러나 많은 문헌은 이러한 변화를 바람이나 조수와 같은 자연 현상처럼 우리가 통제할 수 없는 것으로 취급하는 경향이 있다.

우리 경제의 모습은 우연이 만들어 낸 산물이 아니다. 그것은 자신의 이해관계를 위해 시스템을 구축한 사람들이 고의로 설계한 결과이다. 우리는 점점 많은 부가 다보스맨으로 향하도록 설계된 세상에 살고 있다.

억만장자들은 이미 성층권 위까지 솟구친 자기 계층의 지위 향상을 옹호하는 정치인들에게 자금을 지원했다. 이들은 로비스트들을 동원해 금융규제를 완화하고 은행의 무분별한 대출과 도박을 허용하는 한편, 손실을 메우기 위해 국민의 혈세에 의존하고 있다. 그들은 반독점 당국을 무력화하여 기득권을 가진 은행과 주주 들의 배를 불려 주는 합병의 길을 열어 주고 대기업에 과두적 지배권을 부여했다. 그들은 노동운동의 힘을 박살 내고 임금을 삭감하여 그 절감분을 주주들에게 넘겼다.

다보스맨은 자신이 다른 사람보다 더 똑똑하고 혁신적이어서 부를 쌓았다고 말할 것이다. 그는 세금을 자신의 기술과 노예 같은 노동 윤리에 대한 징벌적 모욕으로 여기며 경멸한다. 그는 자기 돈의 일부를 기부하는 것은 괜찮지만, 이왕이면 브랜드 자선 활동을 통해, 특히 병원 건물에 자신의 이름을 올리거나, 혹은 자신의 관대함으로 인해 조금 덜 비참해진 어느 비참한 나라의 감사해하는 아이들에게 둘러싸인 사진을 찍을 수 있다면 더할 나위 없을 것이다.

공식적인 태도를 밝힐 때 다보스맨은 세계 상황을 개선한다는 의미 있는 사업에 있어 돈이란 사소한 것이라 여기는 경향을 보여 주고 있다. 다보스 신화에 따르면 소셜 미디어 플랫폼과 기술 '솔루션'(기업에게 고객과 직원에 대한 신과 같은 지식을 제공하는 알고리즘과 장치)은 공동체를 육성하려는 그들의 열망을 표현한 것이다. 2008년 글로벌 금융위기를 초래하는 데 핵심적인 역할을 한 복잡한 금융 파생 상품은 시장을 통해 산수같이 사소한 일에서 인류를 해방하려는 그들의 열정을 표현한 데 불과한 것이다.

억만장자들이 전례 없는 부를 축적하고 현대 생활에 막강한 영향력을 행사하며 승승장구하고 있다는 사실은 이미 잘 알고 있을 것이다. 우리가 이해해야 할 것은 그들이 어떻게 민주주의의 작동 원리를 왜곡하여 이러한 성공을 거두었는가 하는 점이다. 다보스맨이 글로벌 자본주의의 과실을 독점한 것은 우연이 아니다. 그는 세금을 인하하고 시장을 규제하면 부유층에게 더 많은 부를 가져다줄 뿐만 아니라 운 좋은 대중에게도 혜택이 돌아갈 것이라는, 우리가 '우주적 거짓말'(Cosmic Lie)

이라 부르는 매력적이지만 명백히 거짓인 생각을 우리의 정치와 문화에 주입해 왔다(실제로 그런 일은 한 번도 일어난 적이 없다).

자본주의의 역사는 부유한 사람들이 권력을 확보하거나 자기 이익을 증진하기 위한 규칙을 만드는 데 자신의 부를 사용한 사례로 가득하다. 다보스맨의 가장 교활한 혁신은 자신을 의식 있는 세계시민으로 내세우는 데 성공한 동시에, 사회가 어떤 승리를 원하든 자신들의 지속적인 승리가 필수 요건이라는 생각을 퍼뜨린 것이다.

19세기 후반의 '강도 귀족들'(The Robber Barons), 앤드류 카네기 같은 산업가나 JP 모건 같은 금융가들은 대체로 자신의 부 그 자체로 만족했다. 하지만 다보스맨의 인정 욕구는 다른 차원에서 작동한다. 그는 대부분의 사람이 양말을 소유하는 것처럼 집을 소유하는 것에 만족하지 않는다. 그는 마치 자신의 이익이 곧 다른 사람들의 이익이라는 듯 가장한다. 그는 모든 생존의 원천을 집어삼키면서도 정의로운 시스템의 산물인 공익 수호라는 자신의 업적에 대해 감사와 인정을 받고 싶어 한다. 그는 자신의 번영이 더 폭넓은 진보를 위한 전제 조건이며, 활력과 혁신의 열쇠라고 주장한다.

다보스맨은 이렇게 모든 위기를 자신의 부를 쌓는 기회로 삼았는데, 공중보건 비상사태와 금융위기에서 공공 구제의 정당성을 찾고, 모든 구제 금융에 공적 자금을 투입하는 메커니즘을 심어 공공의 돈을 자신의 방향으로 흐르도록 조종했다.

우리는 다보스맨의 착취에 어느 정도 선에서는 흥분과 자극을 받아 왔다. 우리는 억만장자 포르노를 즐긴다. 그의 기이한 생일 파티, 과시용 부동산, 이혼 합의에 대한 세부 사항을 엿본다. 우리는 〈빌리언즈〉

(Billions) 같은 쇼에서 그가 배배 꼰 스토리의 반전을 거듭하며 진땀을 흘리는 모습을 시청하면서 그가 그의 자리를 거저 차지한 것이 아니라는 암묵적인 개념을 믿게 된다.

하지만 이제 다보스맨의 탐욕은 우리의 생태계 전체를 위협하고 있다. 그의 극단적인 과소비는 거버넌스에 대한 믿음을 약화시켰고, 생물 생활권의 다른 생명체들 사이에서 분노를 불러일으키고 있다.

이 책에서 나는 다보스맨의 집요한 약탈이 전 세계적으로 우파 포퓰리즘운동이 부상한 결정적인 원인이라고 주장한다. 일반적으로 언론인들은 이러한 정치적 변화를 과거에 대한 향수와 민족주의 정서에 편승하여 공포를 조장하는 정치인들이 선거에 악용한 최근의 사건들, 즉 이민자 유입, 특권층의 지위 상실 등을 원인으로 지적한다. 그러나 더 근본적인 원인은 더욱 깊은 곳, 즉 다보스맨이 자본주의의 이득을 약탈하고 일반 사람들의 기본적인 경제적 안정을 박탈하는 데 대해 수십년 동안 쌓아 온 불만에 있는 것이다. 이에 따라 공포를 무기화하고 증오를 조장하는 정치인들이 사회 문제를 정당화하기 위해 앞뒤가 맞지 않는 해결책을 제시할 수 있는 토대가 마련되었다.

미국이 명백하게 자격 미달인 카지노 개발업자의 지도력 아래, 제1·2차 세계대전과 베트남 전쟁에서 숨진 모든 미국인 수보다 더 많은 사람의 목숨을 앗아간 공중보건 위기와 마주하게 된 이유는 다보스맨이 세계화의 이익을 독식한 데 있다. 다보스맨의 약탈 행위는 영국이 팬데믹도 통제하지 못하면서 동시에 정교한 자해행위라 할 브렉시트에만 몰두하는 이유를 설명해 준다. 프랑스가 어떻게 격렬한 시위운동에 휘말리게 되었는지, 사회민주주의의 보루로 여겨지던 스웨덴조차도 어떻게 반이민 혐오로 들끓게 되었는지도 설명한다.

역사가 이렇게 전개되어선 안 된다.

불과 한 세대 전만 해도 계급 갈등의 실질적 종식을 선언하는 승리의 합창이 울려 퍼졌다. 막강한 미국을 필두로 한 서방이 냉전에서 승리했고, 할리우드식 결말로 마무리되었다. 베를린 장벽을 무너뜨리고 환호하던 대중은 공산주의는 죽었고 자본주의가 경제의 청사진으로 보편적으로 인정받았음을 증명하는 듯했다.

프랜시스 후쿠야마Francis Fukuyama는 저 유명한 『역사의 종말』을 통해 마치 권위주의를 무너뜨린 요소들, 즉 언론, 자유무역, 민주주의, 자유화된 시장, 자유로운 소비주의가 앞으로의 문명의 표본이 될 것처럼 말했다. 후쿠야마는 미국이 영원히 인류의 등대 역할을 할 것이라는 얄팍한 서사에 학문적 권위의 허울을 씌웠다는 조롱을 받기도 했다. 그러나 그의 개념은 자유민주주의가 실제로 가장 진화된 사회 조직 상태이며, 시민의 자유를 보호하고 번영을 가능하게 하며 서로를 강화한다는 기존의 통념과 일치했다. 그 대신 인도, 필리핀, 헝가리 등 일부 국가에서는 민주주의가 부족 간의 복수를 추구하기 위한 수단으로 변질되어 대중 운동이 독재 권력을 휘두르며 자유주의 자체를 공격하는 수단으로 전락했다.

자유 시장과 자유민주주의 질서의 영구적인 승리라고 여겨지던 것이 어떻게 우파적 혐오의 맹독성 대혼란으로 굳어졌을까? 또한 과거한때 집단적 대응을 북돋울 수 있었던 치명적인 팬데믹이 어떻게 지구상에서 가장 부유한 사람들의 이익을 위한 또 다른 기회가 되었을까?

간단히 말하자면 이런 일이 벌어진 것이다.

다보스맨은 냉전의 승리와 함께 평화가 제공한 물질적 진보를 수탈하고 각국의 정부가 자국민들을 위해 마련한 자원을 약탈하기 위해 등장했다. 글로벌 자본주의의 가장 큰 수혜자들은 그들의 승리를 궁극적인 적대적 인수합병에 사용했다. 그들은 민주적 거버넌스의 지렛대를 장악했다. 자신들과 밀접한 관계를 맺은 정치인들에게 자금을 지원한 후 영향력을 행사하여 자본주의의 작동 방식을 자신들에게 유리한 방향으로 비틀었다.

그들은 정부를 악마화하고 민영화를 해결책으로 받아들여 이윤을 추구하는 기업의 손에 공공재를 맡겼다. 긴축재정을 미덕으로 포장하여 정부지출에 긴축을 강요하며 교육, 주택, 의료 서비스를 삭감했다. 그린 다음 그들은 감세로 현금화된 전리품을 자신늘에게 쏟아부었다. 그들은 세계의 부유한 국가들이 의료, 교육, 안정적인 대중교통을 국민에게 제공할 여력이 없다는 관념을 퍼뜨렸다.

그들은 국제 무역 협정을 체결하여 전문직 종사자들에게 엄청난 기회를 제공했지만, 나머지 국민과는 그 이익을 공유하지 않았다. 노동조합을 공격하고 저임금 국가로 일자리를 이전하며 임금을 삭감하고 정규직 일자리를 뜨내기 노동으로 격하시켰다.

그들은 은행 규제를 완화하여 보상을 늘리는 동시에 글로벌 금융위기를 촉발했다. 그런 다음 그들은 자기 자신을 구제하고 일반 시민들에게 그 청구서를 보냈다. 그동안 그들은 부유층에게 감세 혜택을 주면 모든 사람에게 그 혜택이 돌아갈 것이라는 허무맹랑한 생각, 즉 '우주적 거짓말'로 정치적 담론에 독을 풀었다.

제2차 세계대전 이후 처음 30년 동안 미국 주도의 자본주의는 경제성장의 이득을 점진적으로 광범위하게 확산시켰다. 하지만 다보스맨이 탈취한 이후의 자본주의는 결코 자본주의라 할 수 없다. 그것은 가장 도움이 필요 없는 사람들을 위한 복지국가이자, 시스템적 위협은 납세자의 돈으로 진압하고, 실업, 차압, 의료 서비스 부재와 같은 일상적인 재난은 자유 기업의 사소한 부작용으로 용인되는 억만장자들의 안식처일 뿐이다.

극단적인 불평등의 일상적 규모는 익숙하면서도 놀랍다. 지난 40년 동안 미국인 중 가장 부유한 1%는 총 21조 달러의 부를 축적했다.[3] 같은 기간 동안 하위 절반에 속하는 가구의 재산은 9,000억 달러 감소했다. 1978년 이후 기업 임원들의 총보수는 900% 이상 폭발적으로 증가했지만, 일반 미국 노동자의 임금은 12% 미만으로 상승했다.[4] 전 세계에서 가장 부유한 10명의 총자산은 가장 가난한 85개국의 경제 규모를 모두 합한 것보다 더 크다.[5]

이러한 수치를 받아들이는 것은 다보스맨의 세계 경제 재편이 역사적인 절도 행위라는 현실을 인정하는 것이다. 미국의 소득이 제2차 세계대전 후 첫 30년 동안과 같은 방식으로 계속 분배되었다면 소득 하위 90%의 소득자는 47조 달러를 추가로 받았을 것이다.[6] 대신, 그 돈은 위로 흘러 단지 수천 명의 사람들의 배만 불렸고 미국 민주주의 자체를 위태롭게 만들었다. 그리고 그것은 코로나19 이전이었다.

팬데믹의 여파로 세계 경제는 다보스맨이 원하는 방향으로 더욱 확실하게 기울어질 것으로 예상된다. 공적 자금이 투입된 긴급 구호 제도가 폐지됨에 따라 일부 노동자들은 절박한 상황에 부닥치게 될 것이며, 저축이 고갈되고 일자리에 대한 열망으로 인해 착취에 더욱 취약해질 것이다. 인종과 계급 간 격차는 더 벌어질 것이다.

미국과 유럽에서 다보스맨은 조만간 다수가 사라지게 될 소기업에 비해 더 유리한 위치에 있다. 골리앗의 지배 아래 미래 경제는 주주에게는 더 많은 보상을 주고, 노동자에게는 더 힘든 것이 될 것이다. 의료 서비스가 부족하고 깨끗한 물과 같은 기본적인 것이 결핍된 사람들로 넘쳐나는 개발도상국은 더욱 뒤처질 수 있다. 2030년까지 10억 명의 사람들이 극빈층으로 전락할 위험에 처해 있다. 분쟁과 불평등은 결핍을 혐오의 발판으로 삼아 소수 민족과 종교에 대한 공포를 선거 전략으로 삼는 정치 운동에 더 많은 기회를 제공할 것이다.

하지만 이 모든 게 피할 수 없는 것은 아니다. 어떤 위기든 마찬가지지만 팬데믹은 대중이 더 폭넓은 이익을 추구하기 위해 힘을 모을 기회를 제공한다. 언젠가 역사가들이 이 순간을 되돌아볼 때, 운이 좋다면 불평등의 끔찍한 결과가 논쟁의 여지가 없을 정도로 심각해져 세계 경제의 구조적 결함에 대해 철저하게 성찰하는 변곡점을 발견할 수도 있을 것이다.

이 책의 목적은 그러한 결과를 만들어 내는 것이다. 이 책은 우리가 세계 경제의 심각한 불공정에 어떻게 대응하여 혁신, 역동성, 성장 등 시장 시스템의 장점과 함께 이익을 공정하게 배분하는 메커니즘을 갖춘, 이전에 우리가 알던 자본주의 사회를 되살릴 수 있을지 고민한다.

공중보건 비상사태로 인해 전 세계 일자리의 취약점이 드러나면서 대중이 다보스맨의 공공연한 계약을 무력화할 기회가 생겼다.

미국에서는 2020년 11월 조 바이든이 도널드 트럼프에게 승리하면서 경기 침체로 인해 일자리를 잃은 사람들의 구제에 관한 관심이 다시 높아졌다. 새 대통령은 노동자들의 어려움에 초점을 맞춰 경력을 쌓아 온 경제학자로 행정부를 채웠다. 그는 일반 가계를 대상으로 한 1조 9,000억 달러 규모의 보조금을 신속하게 제공하고, 아마존과 같은 거대 기술 기업의 독점력을 줄이기 위한 노력을 배가했으며, 다른 모든 사람을 위한 정부 프로그램에 자금을 지원하기 위해 기업과 부유층에 대한 세금을 인상하는 캠페인을 활성화했다.

그러나 바이든의 당선은 부분적으로는 다보스맨의 선거 기부금 덕분이었는데, 다보스맨은 정부 고위직에 그들의 이익을 충분히 대변하고 있었다. 그는 전통적인 중도주의자의 틀에 갇힐 것이라는 대중의 예상을 재빨리 깨뜨리고, 기업 조직에 도전하겠다는 의지를 보여 지쳐 있던 워싱턴의 관측통들을 놀라게 했다. 바이든은 예산 수립 과정을 통해 미국 경제의 대대적인 구조조정을 추진했는데, 이는 지구상에서 가장 부유한 사람들의 수십 년간의 침탈을 되돌릴 수 있는 일이었다. 그는 조세 회피처를 근절하고 전 세계 최저 법인세율을 부과하려는 국제적 노력에 박차를 가했다. 그는 제약 회사가 요구한 금액을 지급할 여력이 없는 국가에 코로나19 백신을 공급하기 위해 특허 포기 글로벌 캠페인에 미국의 지지를 보냈다.

그러나 다른 나라에서 불평등을 해소하려는 노력이 결국 가장 많은 부를 가진 사람들이 자신의 이익을 보호하기 위해 그 불평등을 능숙하게 활용하는 현실에 마주하게 되듯, 바이든이 궁극적으로 이것을 실현할 수 있을지는 절대 확실하지 않다. 억만장자들은 규칙을 다시 쓰려는 시도에 맞설 수 있는 만만치 않은 조직을 보유하고 있다. 이들은 사회적 분노에 대응하는 동시에 자신의 신성한 특권을 위한 질서 보호에 능숙하다.

다보스맨을 상대하려면 야수에 대한 이해가 필요하다. 이 책을 경계가 보이지 않는 다보스맨의 영역을 여행하는 사파리 가이드로 생각하기를 바란다. 우리는 베조스, 다이먼, 베니오프, 슈워츠먼, 핑크 등 5명의 주요 표본을 추적하면서 미국, 영국, 이탈리아, 프랑스, 스웨덴에 특히 주목할 것이다.

이 연구는 세계 최대 경제국이자 '남아 있는' 자유민주주의 체제의 주요 설계자인 미국과, 전후 주요 동맹국이자 사회민주주의의 본보기로 종종 찬미되는 스웨덴에 초점을 맞추려 디자인된 것으로 전 세계를 완벽히 포괄하지는 않을 것이다. 오늘날 억만장자 계급은 중국, 인도, 브라질에 이르기까지 다양한 국가에 분포되어 있다. 방글라데시의 이주 노동자, 스웨덴의 아프리카 이민자, 아르헨티나의 뜨내기 노동자, 일리노이의 철강 노동자, 아프가니스탄의 난민 등 전 세계의 평범한 사람들도 이 책에서 만나 볼 수 있다.

또한 다보스 포럼의 창립자 클라우스 슈바프Klaus Schwab, 빌 클린턴Bill Clinton 전 미국 대통령, 에마뉘엘 마크롱Emmanuel Macron 프랑스 대통령, 트럼프 행정부의 스티븐 므누신Steven Mnuchin 재무장관, 미치 매코널Mitch McConnell 미국 상원 공화당 원내대표, 긴축정책으로 브렉시트의 토대를 마련한 조지 오스본George Osborne 전 영국 재무장관 등 다보스맨의 지배력을 유지하는 데 공생하는 다른 존재들도 관찰할 예정이다. 이 인물들은 모두 다보스맨이 싱싱한 희생물을 찾는 데 도움을 주면서 자신들도 한 입 거들 수 있는 먹잇감을 선택했다.

다보스맨의 진화론적 선조인 미국의 '강도 귀족'과 기발한 형태의 탈세를 개척한 이탈리아의 거물들도 살펴본다. 나아가 다보스맨의 인간 서식지 파괴 이후 번성하고 있는 침입종, 즉 다보스맨을 공격하는 척하면서 실제로는 자신의 패권을 강화한 이탈리아의 마테오 살비니 Matteo Salvini와 도널드 트럼프Donald Trump 같은 우파 포퓰리스트에 대해서도 알아볼 것이다.

우리는 다보스맨이 어떻게 부와 권력 이상의 것들도 획득했는지 살펴볼 것이다. 그는 우리가 세상에 일어난 일을 설명하는 데 사용하는 바로 그 언어를 장악하여 우리가 변화를 감당할 수 없다고 설득함으로써 사회에 대한 우리의 기대를 제한하고 있다. 다보스맨은 자기에 관한 이야기를 인류의 진보에 관한 이야기로 소개하며, 부를 공유하도록 강제하는 노력을 자유에 대한 공격으로 묘사한다. 그는 민주주의의 메커니즘을 이용하여 민주주의의 이상을 방해한다.

1부

전 지구적 약탈

부자와 권력자를 거의 숭배하고 존경하며, 가난하고 하찮은

처지인 사람을 경멸하거나 최소한 무시하는 성향은 우리의

도덕적 정서가 타락하는 가장 크고 보편적인 원인이다.

–애덤 스미스,『도덕 감정론』, 1759

나는 폭력적이고 갑작스러운 찬탈보다는 권력자들의

점진적이고 조용한 침탈로 인해 국민의 자유가 침해된 사례가

더 많다고 생각한다.

–제임스 매디슨,〈미국 제헌의회 연설〉, 1787

1
"저 산 높은 곳"
다보스맨과 그의 토착 서식지

2017년 1월

도널드 트럼프가 미국 대통령으로 취임하기 며칠 전, 스위스 알프스산맥의 눈 덮인 봉우리 높은 곳에 자리 잡은 한 마을에 사치스러운 부유층의 행렬이 도착했다. 전용기에서 막 내린 많은 사람이 다보스 시내 한복판에 있는 콩그레스 센터에 다다랐을 때, 이동의 자유를 방해하는 보안 검색이라는 관례적 장애물과 마주쳤다.

구글의 전 회장인 에릭 슈미트Eric Schmidt는 자신의 안드로이드 휴대폰을 검색대에 제출했다. 중국 전자상거래 기업 알리바바를 통해 약 220억 달러의 개인 재산을 늘린 마윈Jack Ma은 센터에 들어가기 전 주머니를 비우고 있었다.

한때 노트북 컴퓨터에 혁명을 일으켰던 마이클 델Michael Dell은 라과디아에서 민간 비행기를 타는 얼간이들처럼 자신의 기기를 엑스레이 컨베이어 벨트에 툭 던져 넣었다. 지난 금융위기 이전에 악성 투자로 단속기관으로부터 약식 조사를 받은 제이미 다이먼 JP모건 체이스의 최고경영자도 의무적인 검색에 응하기 위해 외투를 벗어 주었다.

이 엄청난 특권을 누리는 인류의 한 쪼가리가 세계경제포럼(WEF: World Economic Forum)으로 알려진 5일간의 연례 순례를 위해 다보스에 도착했다. 이 포럼은 명목상 비영리 단체가 감독하지만, 돈 버는 데 가장 열광하는 사람들에게 필수적인 모임이 되었다.

반세기 동안, 이 포럼은 기업 임원, 국가 원수, 경영 컨설턴트, 벤처 캐피털리스트, 헤지펀드 매니저, 대중 지식인 등 글로벌 엘리트들과 소수의 할리우드 유명인, 음악가, 예술가, 학자, 활동가, 수많은 기자가 방문하는 필수 코스로 자리 잡았다. 매년 1월이면 약 3,000명에 달하는 인파가 마을을 가득 메워 스키어들을 밀어내고 그 자리를 대신한다. 참석자들은 콩그레스 센터에서 열리는 기후 변화와 일자리의 미래에 대한 진지한 세미나부터 글로벌 은행과 거대 기술 기업이 주변 호텔에서 주최하는 만찬과 칵테일파티까지 다양한 행사에 몰려든다.

올해 다보스맨은 지구상의 다른 사람들이 그들 역할의 정당성에 의문을 제기하는 경향이 점점 더 커지고 있다는 —두려움은 분명 아닌— 우려감이라는 낯선 감각과 씨름하고 있었다. 거의 20년 전 세계화에 반대하는 젊은이들이 주도한 일련의 무질서한 시위, 즉 세계무역기구(WTO)를 비난하는 운동으로 시작했던 것이 이제는 여러 나라에서 기성 체제에 반대하는 범세대적 반란으로 번져 나가고 있다.

트럼프는 이 반란의 가장 명백한 징후였다. 다보스에 모인 억만장자들은 미국 민주주의가 자기들 중 한 명, 최소한 텔레비전에서 억만장자 연기를 했던 사람의 지배 아래 놓인다는 것이 자신들의 부의 증식에 미칠 의미에 대해 은근히 군침을 삼켰다. 그러는 한편으로 그들은 트럼프의 등극이 세계화의 이득을 독식하고 대부분의 사람을 더욱 가난하고 불안하게 만든 탐욕스러운 도당에 대한 대중의 분노를 초래한다는 사실도 알고 있었다.

미국은 제2차 세계대전 이후 자유민주주의 질서의 주요 설계자였으며, 이 질서는 다보스에 모인 사람들에게 훌륭하게 작동했다. 여성을 더듬거나, 백인 우월주의자들에게 개 휘파람으로 메시지를 전하고, 여러 차례 파산한 경험과, 국제기구와 무역 협정을 공개적으로 경멸하는 것으로 유명한 리얼리티 쇼 스타에게 대통령직을 맡김으로써 미국 유권자들은 사실상 현 상태를 파괴하라고 명령한 셈이 되었다. 트럼프는 미국 사회의 한복판에서 생활 수준이 폭락한 것에 분노한 백인 남성들의 장기적 주변화에 대한 복수로 세계화를 폭파해 버리겠다고 약속했다.

다보스에서 가장 중요한 사람들, 즉 기업 총수들과 금융계 거물들은 일반적으로 트럼프의 민족주의적 과시를 정치적 가식으로 볼 뿐, 그의 대통령 재임 기간에 얻을 수 있는 감세와 기타 혜택에 초점을 맞추고 있었다. 그러나 그들은 부유층을 비난하는 분노한 사람들에게 적극적으로 힘을 실어 주는 것은 예측할 수 없는, 자신들에게 잠재적으로 불쾌한 결과를 초래할 수 있다는 우려를 얼핏 드러냈다.

영국이 유럽연합(EU)과 결별한 지 6개월이 지났다. 브렉시트로 알려진 이 혼란스러운 과정은 세계 경제와 자유민주주의 질서의 또 다른 중추에 대한 공격이었다. 트럼프를 백악관에 앉힌 세력 중 상당수는 브렉시트를 낳는 데 이바지했다. 포럼이 시작되자 주최 측은 이러한 상황 전개를 계기로 참가자들에게 경제적 불평등의 심화가 갖는 위험에 대해 교육하기 시작했다.

다보스맨의 승리가 명백하다는 사실은 더 이상 무시할 수 없었다.

반세기 전, 미국의 대표적인 상장기업의 최고경영자는 일반 노동자 평균의 20배에 달하는 연봉을 받았다.[1] 이후 그 격차는 기하급수적으로 확대되어 CEO의 보수는 이제 일반 직원의 278배로 늘어났다. 다보스맨이 자신의 이익을 위해 만들어 낸 세금 정책들이 격차를 더욱 심화시킨 것이다.

캘리포니아 버클리 대학의 경제학자 엠마누엘 사에즈Emmanuel Saez와 가브리엘 주크만Gabriel Zucman은 연방, 주, 지방 소득세부터 판매세, 투자에 따른 자본 이득세에 이르기까지 미국인이 납부하는 모든 세금을 집계했다.[2] 그 결과 평균 재산이 67억 달러인 미국인 상위 400명의 실효세율이 1962년 이후 54%에서 23%로 절반 이상 낮아졌다고 결론을 내렸다. 같은 기간 동안 소득이 하위 절반에 해당하는 연 소득 1만 8,500달러 정도인 사람들의 경우 세금 부담이 22.5%에서 24%로 증가했다. 임원실을 차지한 사람들이 그들의 호화로운 개인 욕실을 청소하는 사람들보다 세무 당국에 더 적은 소득을 신고하고 있었다. 영국에서는 평균 노동자의 수입이 10년 전보다 줄어들었다.[3]

올해 포럼의 공식 주제는 "민감하고 책임감 있는 리더십"이었다. 의제에서 알 수 있듯이, 다보스맨은 시스템을 조작하려는 자신의 버릇이 악감정을 불러일으켰다는 것을 인식하고 있었다. "부패 척결", "임원 보수 종식", "포용적 성장"에 관한 세션도 있었다. 알고리즘과 광고 수익 추구를 통해 가짜 뉴스의 대량 공급자로 전락하여 사회적 분노를 불러일으키는 소셜 플랫폼 페이스북(2020년 사명 '메타'로 변경-옮긴이)의 최고운영책임자 셰릴 샌드버그Sheryl Sandburg는 "글로벌 커뮤니티를 위한 긍정적인 서사"를 주제로 한 패널에 참여하여 토론했다.

일반적으로 다보스맨은 실제 이익과 상충하는 자기 성찰을 좋아하지 않았다. 불평등이란 그들이 가장 좋아하는 종류의 이야기, 즉 자유로운 부의 추구가 신성시되는 한 모두가 행복하게 살았다는 이야기와 충돌하는 불편한 주제였기 때문이다.

다보스맨이 가장 중요시하는 것은 시대의 큰 위기를 해결하는 데 자신의 지성과 연민을 다 바치는 것이어야 했다. 자신은 잭슨홀의 산꼭대기 궁전이나 미코노스 앞바다에 정박해 있는 요트로 은둔할 수도 있음에도 불구하고, 가난한 사람들을 구하고 기후 변화의 폐해로부터 인류를 구하는 일에 지나치게 매달리고 있다는 이야기다.

그래서 그들은 포럼 멤버십에 연간 수십만 달러에 달하는 비용을 내고, 보노Bono와 사진을 찍고, 빌 게이츠Bill Gates의 자선적 착취를 축하하고, 디팩 초프라Deepak Chopra의 영감을 주는 명언을 트위터(2023년 'X'로 브랜드 및 로고 변경-옮긴이)에 올리고, 시간을 쪼개 그의 싱가포르의 명품 쇼핑몰에 투자유치를 위해 아부다비의 어느 부자 나라 지도자를 만나는 데 1인당 추가로 2만 7,000달러를 내야 했다.

이것이 기자로서 다보스에 7년째 참석하면서도 여전히 어색한 나의 경험이다. 동남아시아에서 프리랜서로 시작하여 알래스카에서 주니어 기자로 일했고, 이후《워싱턴 포스트》의 상하이 특파원으로, 결국

《뉴욕 타임스》의 전국 경제 담당 기자로 일하게 되기까지 나는 다보스맨의 약탈로 인해 피해를 당한 사람들을 집중적으로 보도해 왔다. 플로리다와 캘리포니아에서 압류로 집을 잃은 가족, 오하이오에서 영국에 이르기까지 임금이 줄어든 노동자, 필리핀과 인도에서 봉건적 빈곤에 시달리는 땅 없는 노동자에 대해 글을 썼다. 나는 종종 언론인들과 공모한 억만장자 경영진이 진보의 선구자로 칭송받는 다보스와는 대조적으로, CEO가 잠재적 위험 요소로 정밀 조사를 받는 상황을 취재하는 데 더 익숙하다.

하지만 2010년, 나는 기존 미디어를 추월할 준비가 되어 있었던 《허핑턴 포스트》에서 비즈니스와 기술 분야 기사를 총괄하는 자리를 제안받고 이를 수락했다. 창업자 아리아나 허핑턴Arianna Huffington은 그녀의 차기 벤처에 자금을 지원할 수 있는 억만장자들이 모이는 시끌벅적한 모임이라면 어디든 달려갔다. 그녀는 자신이 저널리즘의 선구자라는 점을 강조하기 위해 《뉴욕 타임스》의 구닥다리 기자인 나를 낚아 다보스로 데려갔다.

2014년 다른 디지털 신생 언론의 글로벌 편집장으로 옮겼을 때도 브랜드 구축의 하나로 다보스 포럼에 계속 참석했다. 2016년 다시 《뉴욕 타임스》로 돌아와 런던의 글로벌 경제 특파원이 된 후에도 다보스 포럼이 저널리즘적으로 유용하다고 생각했기 때문에 계속 참석했다. 선의와 미덕을 과시하는 사람들, 즉 잠재적 취재원이 중요한 이슈에 밀접하게 관여하고 있었기 때문이다.

기꺼이 예의를 벗어던지고 질문을 압박할 수 있다면 비록 많은 부분이 비공식적이더라도 가치 있는 것을 배울 수 있다. 나는 이라크 대통령과 ISIS의 미래에 관해 이야기했고, 중앙은행 총재들이나 재무부 장관들에게 경제 정책 문제에 대해 압박을 가했다. 제이미 다이먼을 붙들고 세법에 대한 그의 한탄을 유도해 내기도 했다. 원숭이들과 음악을 만들고 있다는 사실을 공개한 피터 가브리엘Peter Gabriel과의 만찬에도 참석했다. 무엇보다도 나는 그 구경거리들에 경악과 매혹을 동시에 느끼며 넋을 잃고 바라보았다. 포럼의 고상한 포장과 조잡한 현실의 대비는 초현실적이었다.

나는 억만장자들이 눈을 가린 채 어둠 속에서 난폭한 관리들이 서류를 재촉하는 시리아 난민 체험에 참여하고 난 후, 글로벌 은행들이 주최한 만찬에서 송로버섯을 맛보는 것을 보았다. 인신매매에 관한 토론이 진행되는 회의실 밖에서는 모스크바에서 매춘부를 공수해 온 러시아 졸부 사업가가 주최하는 흥청망청 파티에 초대받은 벤처 캐피털리스트들이 서로 주먹을 맞부딪쳐 인사하는 모습을 지켜보기도 했다.

제약 업계 임원들은 자기 성찰 전문가인 존 카밧진Jon Kabat-Zinn이 이끄는 명상 세션에 참여하는 것으로 아침을 시작한 후 개인 스위트룸으로 돌아가 약값 인상에 초점을 맞춘 다음 합병을 계획한다.

느슨하고 비공식적인 위계질서가 작동하고 있었다. 슈워츠먼과 핑크 같은 최고의 다보스맨들은 패널 토론이 열리는 콩그레스 센터의 주요 공간에는 거의 나타나지 않았고, 주로 기업 회원 전용 라운지나 시내 곳곳에 흩어져 있는 호텔의 개인 스위트룸에 머무르는 경우가 많았다. 각국 정상들이 때때로 경호원들과 함께 건물을 둘러보기도 했다.

순자산이 수천만 달러에 불과한 기업 임원 및 투자 매니저인 차상위 계층의 다보스맨들은 주로 호텔 로비에서 서로 만나고 저널리스트들과 교류하며 컨설팅 및 회계법인이 주최하는 칵테일파티에 모습을 드러내곤 했다. 유럽, 호주, 라틴아메리카의 재무 및 무역장관들이 경제학자, 경영진, 언론인 들과 함께 홀에 모여들었다.

저명한 작가와 지식인 들은 여기저기 떠돌았다. 노벨 경제학상 수상자인 조지프 스티글리츠Joseph Stiglitz와 로버트 실러Robert Shiller는 다보스 연례행사의 단골손님이었다. 로비스트로 변신한 전직 정부 관료들도 다보스를 네트워킹의 중심 장소로 활용했다. 앨 고어Al Gore는 어디에나 있었다.

뒤를 잇는 계급들, 즉 눈이 풀린 언론인, 안경을 쓴 학자, 스타트업 기업을 끊임없이 홍보하는 불안한 사업가, 경직된 외교관 군단, 인권 및 환경 단체 소속 활동가들은 일반적으로 회의실 밖 라운지 공간에서 갈색과 황갈색의 칙칙한 톤으로 덮인 불편한 등받이 의자에 앉아 있었다. 몇몇은 스마트폰을 충전하기 위해 사용하지 않는 전원 콘센트를 계속 찾아다니며 음악에 맞춰 의자 뺏기 게임을 하는 어른들처럼 서성댔다. 우리 기자들은 우리가 꿈꾸는 삶을 광고주에게 판매하거나 감자칩 봉지를 재활용하여 난민 어린이들을 위한 맞춤 드레스를 만드는 방법을 개척한 벤처 투자 회사와 우리를 연결해 주려는 열성적인 홍보 담당자가 보낸 수백 통의 이메일을 삭제해 가며 대화할 가치가 있는 사람들을 찾아다녔다.

표준 등급 참가자에게는 흰색, 고위 정부 관리에게는 플래티넘, 일반 취재진에게는 주황색 등 가치에 따라 위계적으로 구분된 배지를 서로 훔쳐보며 서로를 확인했는데, 일반 취재진은 스파르타식 미디어 텐트에 빽빽이 모여 많은 행사에 출입이 거부된 채 자신의 낮은 지위를 실감해야 했다.

나는 흰색 배지를 달고 자유롭게 돌아다니며 모든 세션에 참석하고 다른 참가자들에게 다가가거나 다보스맨들 사이의 대화를 엿듣기 위해 전략적으로 자리를 잡을 수 있었다. 나는 내부자 특권을 가진 외부자였다.

가끔 잘 재단된 정장을 입은 우주의 지배자가 홀로그램이 새겨진 배지를 달고 서둘러 잠깐 등장하곤 했다. 마치 유니콘을 발견한 것 같았다. 일반 배지 소지자들은 그들이 어떤 중요한 우주적 통로를 열지 궁금해했다.

사실 참가자 대부분은 다보스에서 도대체 무슨 일이 벌어지고 있는지 제대로 파악도 하지 못한 채, 어딘가에서 더 많은 흥미로운 일이 벌어지고 있을 거라는 생각만 하고 있었다. 우리는 서로의 얼굴을 훑어보면서 행여 알아볼지 눈치를 살피고, 쓸모없는 군중들 사이를 지나가면서 소식이 끊긴 사람이나 의외의 유명인(올해는 배우 맷 데이먼과 포레스트 휘태커가 돌아다녔다)을 찾아 헤매는 한편, 비비 네타냐후Bibi Netanyahu 이스라엘 총리를 호위하는 보안요원들에게 매 맞는 양 신세가 되지 않으려 애썼다.

시내에 도착한 첫날 밤, 나는 숙소에 가방을 놓고 눈발을 헤치며 메인 스트리트에 우뚝 솟은 하얀 요새인 벨베데레 호텔로 터벅터벅 걸어갔다.

나는 세계화에 대한 반발을 주제로 한 '임원 만찬 포럼' 토론에 참석하고 있었다. 이 행사는 전 세계를 누비는 종족의 필독서인 연어 빛깔

《파이낸셜 타임스》와 인도 컨설팅 회사인 위프로(Wipro)가 공동으로 기획한 행사였다. 발표된 의제는 세계 경제를 뒤흔들고 있는 '불확실성과 복잡성의 혼재'에 대한 적절한 대응 방안 모색이었다.

다보스맨이 이 이야기가 행복하게 끝날 거라고 안심하고 이 식사 자리에 참여했다면 크게 실망할 뻔했다.

옥스퍼드 대학교의 세계화 교수인 이안 골딘Ian Goldin은 참석자들에게 현대 경제의 강력한 미덕인 연결성, 편의성, 그리고 질병, 빈곤, 무지, 권태로부터 인류를 구해 준 기술 발전이 낭비될 위험에 처해 있다고 경고했다.

골딘은 "지금처럼 살기 좋은 시기는 없었지만, 우리는 너무 침울하다."라고 말했다. "많은 사람이 불안감을 느끼고 있다. 많은 사람이 지금이 위험한 시기 중 하나라고 느낀다." 골딘은 세계 경제를 탈선시킬 수 있는 강력한 위험 중 하나인 팬데믹으로 인한 공급망 중단을 강조한 선견지명 있는 책을 공저한 바 있다.[4]

전 세계는 바다를 건너 운송되는 상품에 지나치게 의존하고 있었기 때문에 한 곳에서 문제가 발생하면 모든 곳으로 빠르게 확산할 수 있었다. 주요 기업들은 비용을 절감하고 주주에게 보상하기 위해 긴축 경영을 유지해야 한다는 강박관념에 사로잡혀 있기 때문에 이러한 시나리오가 전개되면 선택의 폭이 거의 없었다.

골딘은 다른 우려스러운 상황들에 대해서도 언급했다. 트럼프의 미국은 기후 변화를 제한하기 위한 글로벌 협정에서 탈퇴할 가능성이 높아 보인다. 영국의 유럽연합 탈퇴는 유럽연합을 분열시킬 위험이 있다.

골딘은 "서로 얽혀 있는 환경을 관계 단절로 관리하려 해서는 안

된다."라고 말한다. "미국과 같은 거대 국가라 해도 고립된 방식으로 미래를 만들 수 있다는 생각은 환상에 불과하다."

이것은 모두 세계화의 상용화된 표현이었다. 하지만 골딘은 다보스맨에게 까다로운 부분을 명확하게 설명했다. 골딘은 다보스맨이 희생을 감수하지 않으면 세계가 르네상스 시대의 재연에 직면할 수 있다고 말했다. 유럽에서 놀라운 과학적 진보와 상업적 성장, 예술적 창의성이 돋보였던 르네상스 시대는 혁명으로 끝났다. 토스카나 대성당의 금박 장식은 그 시대를 화려하게 장식했지만, 농민들의 식탁에 음식을 올려놓지는 못했다. 아시아에서 지중해 항구에 상륙한 향신료는 세계 무역의 중심이었지만 대부분 사람이 즐기기에는 너무 비쌌다. 18세기에는 성난 군중이 피렌체를 통치하던 메디치가를 공격하여 가문 일족은 도주해야 했다.

골딘은 "우리는 이러한 역사적 교훈을 배워야 한다."라고 결론을 내렸다. "우리는 지속 가능한 세계화, 지속 가능한 연결성, 그리고 사람들이 걱정하는 해결하기 어려운 문제를 다룰 수 있는 선택을 해야 한다."

패널들이 자리에 앉아 진행 방향을 논의하자, 다보스맨이 특별히 희생을 선호하지 않는다는 것이 금세 분명해졌다.

위프로의 최고경영자인 아비달리 니무왈라Abidali Neemuchwala는 정리해고 위협에 처한 직원들에게 직무 교육을 받으라고 조언했다. "사람들은 주인의식을 갖고 지속해서 자신을 업그레이드해야 한다."라고 그는 말했다.

스파 리조트의 스폰서십을 없애는 것을 목표로 웰니스 사이트를 막 시작한 나의 전 상사 아리아나 허핑턴은 자본주의의 단점에 대한 해독제를 제시했다. 더 편안한 베개, 더 많은 수면, 명상이 바로 그것이었다.

나는 며칠 동안 불평등에 대한 해결책으로 제안된 것들을 조사했다. 컨퍼런스 센터에서 열린 패널 토론에서 미국 투자 회사 브리지워터 어소시에이츠Bridgewater Associates의 설립자인 레이 달리오Ray Dalio는 중산층을 다시 활성화하는 열쇠가 "돈 벌기 좋은 환경을 만드는 것"에 있다고 제안했다. 이는 현재의 환경이 최소한 돈을 버는 데 도움이 되지 않는다는 인상을 남겼고, 순자산이 190억 달러에 달하는 사람의 주장으로서는 의문스러운 것이었다. 달리오는 규제를 철폐함으로써 "동물적 정신"의 고삐가 풀릴 것이라고 요란하게 선전했다.

"4차 산업혁명을 위한 준비"라는 제목의 또 다른 패널 토론에서 인도의 거물 무케시 암바니Mukesh Ambani는 정부가 부유층으로부터 부를 이전하여 빈곤을 퇴치해야 한다는 생각을 비웃었다. 암바니는 석유화학 대기업 릴라이언스 인더스트리Reliance Industries의 회장이었다. 그는 730억 달러가 넘는 순자산을 보유한 아시아 최고 부호로 칭송받았다.[5]

빈곤을 완화하기 위한 그의 처방은 기술을 통해 새로운 형태의 신용을 제공하는 것이었다.

"부의 창출을 위해 자유 시장을 수용하라."고 그는 말했다. 그의 왼쪽에 앉은 마크 베니오프는 기분이 좋아졌다. 그의 회사 세일즈포스는 기업이 고객의 세부 정보와 향후 판매의 추세를 예측하는 소프트웨어를 기반으로 세계적 대기업으로 성장했다.

"인공지능은 디지털 난민을 양산할 것이다."라고 베니오프는 말한다. "기술이 매우 빠르게 발전하여 훨씬 저렴하고 사용하기 쉬우며 더 유능한 업무 환경을 만들어 내고 있으므로 전 세계적으로 수천만 명의 사람들이 일자리를 잃게 될 것이다."

"더 유능한 업무 환경"을 만드는 주체 중에는 세일즈포스 자체도 있었다. 이 회사의 홍보 자료에는 "자동화를 통한 더욱 개인화된 지원", "챗봇 및 기타 자동화된 메시지 처리" 등 자사 소프트웨어의 핵심 요소가 나열되어 있었다.[6]

하지만 이 패널에서 베니오프는 사람의 손을 대체하여 수익을 창출하는 회사의 억만장자 CEO가 아니라 의식 있는 시민의 한 사람으로 자신을 대변했다.

그는 묻고 있었다. "우리가 오늘날 세계 상황을 지원하고 개선하는 데 헌신할 것인가?" "아니면 그냥 이대로 놔둘 것인가?"

사회자인 옥스퍼드 블라바트니크 행정대학원의 학장 응어 우즈 Ngaire Woods는 이 질문을 다보스맨의 감수성을 보여 주는 또 하나의 수사학적 시도로만 치부하지 않았다.

"당신은 방금 수억 명의 사람들이 더 이상 일자리를 갖지 못하게 될 미래를 그렸다."라며, "그에 대해 리더가 해야 할 일은 무엇이라고 생각하는가?" 하고 그녀는 물었다.

다보스 포럼의 이사로 활동 중인 베니오프는 다보스 개념의 깊은 우물 속에 도달했다.

"우리는 정말 마음속에서 우러나오는 매우 진지한 대화를 시작해야 한다."라고 그는 말했다. "솔직히 말하면, 다양한 이해관계자 간의 대화이다."

그가 발언한 행사 자체는 매우 진지한 대화로 꾸며졌다. 하지만 알려지지 않은 수많은 일자리를 위협하는 자신의 회사 문제에 대한 해결책은 결국 더 많은 말을 하는 것뿐이었다. 하지만 단순한 대화가 아닌 이해관계자 간 대화를 말이다.

이해관계자(stakeholder)는 다보스맨의 부적과도 같은 단어로, 고상한 원칙을 표현하는 데 사용된다. 이는 말하는 사람이 주주들의 노골적 풍족함보다 더 고상한 문제에 관심을 두고 있다는 것을 보여 준다. 그들은 노동자와 그 자녀에게 공감한다. 그들은 고층 빌딩 본사 그늘의 저 아래 있는 지역사회의 활력을 걱정한다. 북극곰이 열사병에 걸리지 않기를 바라며, 노숙자들은 어딘가에 머리 둘 곳을 찾기를 바란다.

베니오프는 말 그대로 이런 관심사를 모아 『자비로운 자본주의: 기업이 어떻게 좋은 일과 잘하는 일을 하나로 만들 수 있을까』(Compassionate Capitalism: How Corporation Can Make Doing Good an Integral Part of Doing Well)를 저술했다.[7]

베니오프가 소프트웨어 대기업 오라클의 창업자인 래리 엘리슨 Larry Ellison을 자신의 멘토로 자주 언급한다는 점을 떠올리면 그가 이러한 원칙을 지지하는 선두 주자로 부상한 것은 아이러니한 일이다. 엘리슨은 비즈니스가 순자산에 자릿수 하나를 더하는 것 이상이라는 생각은 전혀 가지고 있지 않았다. 엘리슨은 닷컴 시대에 나의 동료 마크 레이보비치Mark Leibovich와의 소통 과정에서 자신들의 일을 일종의 도덕적 십자군으로 묘사하는 기술자 대표를 혐오스러운 표정으로 웃음거리로 만들고 조롱한 바 있다.

"오, 우리가 오라클에서 소프트웨어를 만드는 이유는 언젠가 아이들이 이 소프트웨어를 사용하게 될 것이고, 단 한 명의 아이도 뒤처지게 하고 싶지 않기 때문이죠."라고 엘리슨은 연극적인 비꼬는 말투로 말했다.[8]

"제가 정말 신경 쓰는 것은 세상을 더 나은 곳으로 만드는 것뿐이거든요." 그는 다시 익살을 부렸다. 그는 마크 베니오프 같은 사람들에 대해 이야기하고 있었다. 샌프란시스코에서 자란 베니오프는 실리콘밸리 전도사이자 다보스 제자다운 모국어를 구사한다.

그는 다보스 포럼의 철학을 담은 회고록 『선구자: 변화를 위한 가장 위대한 플랫폼인 비즈니스의 힘』(Trailblazer: The Power of Business as the Greatest Platform for Change)에 이렇게 썼다. "나는 항상 기술이 세상을 놀라운 방식으로 평준화할 수 있는 잠재력을 가지고 있으며, 수십억 명의 사람들에게 전에는 상상할 수 없었던 기회를 창출하고 더욱 다양하고 신뢰하며 포용적인 사회를 조성할 수 있다고 믿었다."[9]

베니오프는 샌드힐 로드의 벤처 캐피탈리스트와 버닝맨의 나체족 집단을 연결해 준, 이제는 진부한 표현이 된 보헤미안 신비주의와 무자비한 기업가 정신의 혼합물이라 할 기술 영역에서 모자람 없는 신봉자를 거느린 신앙의 사도였다.

"구루(Guru)라고 부를 수 있는 많은 분을 만나게 된 것은 내게 큰 행운이었다."라고 언젠가 그는 말했다. "래리 엘리슨과 달라이 라마Dalai Lama, 닐 영Neil Young을 한 문장에서 거론할 수 있는 사람은 아마 내가 유일할 것이다."[10]

하와이안 셔츠를 즐겨 입는 베니오프는 수만 명의 직원을 연결하는 끈끈한 유대감의 정신으로 '오하나'(ohana)라는 개념을 자주 언급하는데 이는 '가족'이라고 느슨하게 번역되는 하와이어로, 이를 세일즈포스를 관리하는 중심 조직 원칙으로 삼고 있다.

"우리는 하나의 '오하나'로 함께하는 것을 좋아한다." 월스트리트 주식 분석가들과의 전화회의에서 그가 했던 말이다. 하와이에서 열린 회사 수련회에서 그는 경영진을 이끌고, 바닷속에 들어가 모래에 발을 파묻고 함께 파도에 몸을 맡긴 채 손을 맞잡고 단체 축복식을 열었다. 올해 다보스에서는 나이트클럽에서 블랙 아이드 피스(The Black Eyed Peas) 의 공연과 함께 하와이안 테마파티를 주최했다.

키가 183센티미터인 베니오프는 '최고 사랑 책임자'(Chief Love Offi-cer)라는 직을 가진 골든레트리버와 함께 샌프란시스코에서 가장 높은 건물인 61층짜리 세일즈포스 본사의 '오하나' 층을 돌아다녔다.[11] 처음에는 신제품 소개 행사로 시작되었지만, 이제는 다보스 바이 더 베이 (Davos by the Bay)의 축소판으로 발전하여 스티비 원더와 U2의 콘서트까지 열리는 4일간의 세일즈포스 모임인 드림포스(Dreamforce)에 대해 그는 극찬을 아끼지 않았다.[12] 행사는 불교 승려가 이끄는 명상 세션으로 시작되었다. "큰 아이디어를 고민하고 더 나은 자아를 추구할 수 있는 4일간의 기회였다."라고 그는 회고록에 썼다.[13]

베니오프의 아버지는 샌프란시스코 베이 지역에서 여성복 가게 체인을 운영했다. 어린 시절 베니오프는 아버지가 가족용 뷰익 승용차로 6개의 매장을 돌며 원단과 드레스를 운반하는 길에 따라다녔다. 베니오프는 "일요일마다 스테이션왜건을 타고 이동하며 나는 아버지의 직업윤리와 흔들리지 않는 성실함에 감명을 받았다. 재무나 재고 관리에서 전혀 불투명한 구석이 없었다."라고 그는 적었다.[14] 그는 또한 무엇이 가장 잘 팔리는지, 어디서 어떤 원단이 언제 필요한지 등의 정보를 아버지가 두서없이 관리하고 있다는 것에 충격을 받았다.[15] 그의 아버지는 장부를 수기로 작성했는데, 이 일을 위해 저녁 늦게까지 식탁에서 수그리고 일해야 했다.

10대에 들어서자, 베니오프는 초보적인 컴퓨터를 분해하고 재조립할 수 있었다. 그는 직접 비디오 게임을 제작하면서 코딩을 독학했다. 그는 아버지를 설득하여 고객 데이터베이스를 구축할 수 있도록 허락받았다. 이것에 영감을 받아 고객 관계 관리라는 소프트웨어 틈새시장에서 독보적인 위치를 차지하며 훗날 2,000억 달러 이상의 가치를 지닌 세일즈포스로 발전할 수 있었다.

실리콘밸리의 창업 스토리는 기술자가 문제를 인식하고 솔루션을 개발하여 큰 부자가 되고 끝나는 일반적인 경로를 따른다. 하지만 베니오프는 세일즈포스를 수익 창출 수단이라기보다는 사회적 영향력을 창출하는 수단으로 삼았다.

그는 서던 캘리포니아 대학을 갓 졸업하고 엘리슨의 회사인 오라클에 입사했다. 4년이 채 지나지 않아 스물여섯 살이 되던 해에 그는 부사장 자리에 올랐다.[16] 그는 엘리슨의 요트를 타고 지중해에서 항해하는 등 보스와 특별한 관계를 유지했다.[17] 하지만 베니오프는 사기가 극도로 저하되어 3개월간의 안식년을 갖게 되었다. 그는 이때 인도 남부에서 '포옹하는 성녀'(the hugging saint)로 알려진 한 여성을 만난다.[18]

베니오프는 몇 년 후 그 경험을 이야기하면서 자신의 사업적 관심사가 자신을 사로잡은 "실존적 혼란과 어떤 식으로든 연결된 것 같았다."라고 그녀에게 말했다고 했다. 그녀는 구름 같은 향 연기 사이로 집중하며 그를 바라보았다. "성공하고 부자가 되는 여정에서, 타인들을

위해 무엇인가를 하는 것을 잊지 마세요."라고 그녀는 그에게 말했다.[19]

베니오프는 훗날 이것이 세일즈포스의 시작이었다고 회고한다. 1999년 회사 설립 당시부터 베니오프는 세일즈포스는 주식과 제품의 1%를 자선 단체에 기부하는 한편, 직원들에게 근무 시간의 1%를 자원봉사 활동에 할애하도록 권장하고 있다. 세일즈포스 직원들은 학교, 푸드뱅크, 병원에서 정기적으로 자원봉사를 했다. 허리케인 카트리나 이후에는 구호 활동에 참여했으며, 티베트 평원까지 가서 난민 캠프에서 일하기도 했다. 베니오프는 "기업이 대규모로 이런 일을 하는 사례는 거의 없다."며 "그들이 항상 대표적 사례로 든 것은 벤앤제리스 아이스크림(Ben and Jerry's Icecream)이었다."라고 말했다. 그는 체리 가르시아 아이스크림을 세상에 내놓은 늙은 버몬트 히피들과 자신이 비교되는 것이 어이없다는 듯 웃으며 말했다. "우리 업계 대부분의 기업은 한 번도 대규모로 사회에 환원한 적이 없다."

베니오프는 이것은 홍보를 위한 것이 아니라 사회적 요구의 산물이라고 주장했다.

"선한 일을 통해 바른 일을 하는 것은 더 이상 광고 경쟁에서 우위를 점하기 위한 것이 아니다."라고 그는 말한다. "그것은 비즈니스의 필수 요건이 되고 있다."[20]

많은 측면에서 베니오프는 다보스맨이 하는 말의 요지를 앵무새처럼 되뇌는 사람이 아니라 진정한 신봉자였다. 인디애나주에서 기업이 게이, 레즈비언, 트랜스젠더 직원을 차별할 수 있도록 하는 법안을 추진하자 베니오프는 인디애나주에 대한 투자를 중단하겠다고 협박하여 법 개정을 끌어냈다.[21]

그는 대중의 신뢰를 악용하는 페이스북과 구글을 비난하고 이 검색 및 소셜 미디어 대기업에 대한 규제를 촉구했다.

2020년 중반 한 인터뷰에서 그는 나에게 "나는 다른 사람들이 옳은 일을 하도록 영향을 미치려고 노력하고 있다."며 "나는 그 책임을 느낀다."라고 말했다.

나는 실리콘밸리에서 보기 드물게 아무 조건 없이 홍보 담당자도 대동하지 않고 기꺼이 긴 이야기를 나누는 그의 소년 같은 열정에 마음을 빼앗겼다.

베니오프는 샌프란시스코의 노숙자 문제를 완화하고 어린이를 위한 의료 서비스를 확대하기 위해 자선 활동을 펼쳐 왔다. 2018년에는 노숙자 문제를 해결하기 위해 자신과 같은 샌프란시스코 기업에 새로운 세금을 부과하는 지역 주민투표 캠페인을 성공적으로 이끌기 위해 세일즈포스와 함께 총 700만 달러를 기부했으며, 이는 다른 기술 기업 CEO들과는 정반대 입장이었다.[22]

"샌프란시스코의 최대 고용주로서 우리는 우리가 해결책의 일부임을 인식하고 있다."라고 그는 자신이 한때 인수를 고려했던 트위터를 통해 선언했다. 새로운 세금으로 인해 세일즈포스는 연간 1,000만 달러의 비용 부담을 추가로 지게 될 형편이었다.[23]

이는 큰돈이었고 사회적 요구에 부응하기 위해 수익성을 희생한 의식 있는 CEO라는 외형상의 증거로 보였다. 하지만 세일즈포스가 합법적인 세금 회피를 통해 정부로부터 보전한 금액에 비하면 사소한 액수에 불과했다.

베니오프가 고향의 노숙자 문제를 해결하기 위해 특별 부담금을 지원한 바로 그해, 그의 회사는 130억 달러가 넘는 수입을 올리면서도 연방 세금은 0달러를 납부했다.[24] 세일즈포스는 싱가포르에서 스위스에 이르기까지 14개의 세무 자회사를 분산 배치하여 자금과 자산을 이리저리 옮겨 다니며 회계상 마술을 부려 과세 대상 소득이 사라지게 했다.[25]

베니오프가 이러한 조세 회피 수법을 발명한 것은 아니다. 다만 그는 수십 년에 걸쳐 로비스트 무리를 배치하여 미국을 자신의 피난처로 삼았던 다보스맨의 선조들로부터 이를 물려받았을 뿐이다.

클린턴 행정부 시절 재무부는 다국적 기업의 경영진이 교도소 담벼락을 마주하지 않고도 대규모 탈세를 할 수 있는 틈새를 열어 주었다.[26] 그들에게는 낮은 세금으로 유혹하는 외국에 자회사를 설립하고 (아일랜드가 인기 있는 선택지였다) 그곳으로 지적 재산을 합법적으로 이전하는 것이 허용되었다. 새로운 해외 거점에서는 지적 재산 사용에 대한 막대한 라이선스 비용을 나머지 법인에 부과했다. 그 결과 미국에서 가장 부유한 기업들의 손익계산서에는 적자로 나타났고 그에 따른 세금을 납부하게 되었다.

클린턴 재무부가 미국 기업에 이 혜택을 제공한 후 15년 동안 미국 기업들의 실효 세금은 수익의 35% 이상에서 26%로 급감했다.[27] 이른바 이익 이동으로 인해 미국 재무부는 연간 600억 달러라는 막대한 세금 손실을 보았다.[28]

합법적인 탈세 형태에 비하면 베니오프가 샌프란시스코의 노숙자 문제를 해결하기 위해 만들어 낸 1,000만 달러는 그저 반올림상 오류 정도 수준이다. 이듬해 베니오프가 받은 개인 보수는 2,800만 달러를

넘을 것이고, 그 대부분은 주식 부여와 스톡옵션이다.[29]

이러한 종류의 보상 패키지는 샌프란시스코 베이 지역의 주택 가격을 천문학적으로 끌어올렸고, 베니오프가 해결하고자 했던 바로 그 주택 부족의 핵심 원인이 되었다.

베니오프와 그의 아내 린은 미국 교육과 어린이 건강 상태에 대해 진심으로 걱정하는 것으로 보였다. 그들은 수표로 그들의 우려를 확인해 주었다. 하지만 대기업이 연방 세금을 내지 않는다면 저소득층 미국인을 위한 의료 및 유아 교육의 주요 원천인 메디케이드(Medicaid: 저소득자에 대한 의료보장제도-옮긴이)와 헤드 스타트(Head Start: 빈곤층 자녀들의 취학을 지원하는 미 연방정부 교육사업-옮긴이) 같은 프로그램은 어떻게 될까? 대중교통, 직업 훈련, 도로 및 고속도로, 공중보건 연구는 어떻게 될까?

베니오프가 말하는 자비로운 자본주의는 주요 '이해관계자'를 에어브러시로 덮어 그림에서 가려 버렸다. 즉 여기에 정부가 빠져 있었다. '오하나'에 대한 그의 끝없는 이야기에는 노동조합이 포함되지 않았다. 다보스맨 사상의 핵심인 그의 회사 비전의 중심에는 부를 가진 사람들이 옳은 일을 하고 성공의 과실을 공유할 수 있다는 가정이 있었다. 가끔 던져 주는 금화 몇 개로 성문 앞에 나타나는 폭도들로부터 궁전을 보호할 수는 있을 것이다.

다보스맨의 논리에 따르면 부유층은 관대하므로 노조는 불필요한 기업 간섭이며, 세금이란 자선 사업을 통해 혜택을 받을 수 있는 운 좋은 사람들에게 나눠 줄 몫을 정부가 갈취하는 것이다. 이는 카네기를 비롯한 다른 강도 귀족들이 도서관, 박물관, 콘서트홀과 같은 대규모 공공 사업 프로젝트를 통해 경제적 이익을 편파적으로 나누고 노동 봉기를 폭력적으로 진압한 것에 대한 사회적 보상으로 제안한 아이디어이다.

다보스맨은 정부를 폄훼함으로써 이 논리를 업데이트했다. 억만장자들은 공공 부문 관료들이 비효율과 규율 부족으로 납세자의 세금을 낭비할 것이라고 주장했다. 반면에 그들 자신은 자선 활동을 명확하게 정의된 미션에 효율적으로 집중할 수 있다고 주장했다. 경쟁이 치열한 시장에서 거칠고 험난한 과정을 거쳐 돈을 번 이들은 긴밀하게 조직되고 날렵하며 자기 돈으로 더 나은 영향력을 행사할 수 있다는 것이다. 이러한 프레임을 통해 다보스맨은 자신의 재량에 따른 임의의 기부금을 거액의 탈세에 대한 보상으로 교묘하게 포장했다.

베니오프는 세상을 더 불평등하게 만드는 데 일조하고 대기업이 주주를 풍요롭게 하는 무기로 사용할 도구 세트를 제공하여 부를 축적했다. 그는 비즈니스를 사회 변혁의 원동력으로 삼으려 하는 디지털 변혁가라는 자신의 정체성을 즐기고 있었다. 그러나 그의 자선 활동, 진정한 호감도, 공감 능력은 그의 회사의 핵심적 현실, 즉 그 자신이 세상을 현재 상태로 고착시키는 조력자이자 수혜자, 그리고 강화자라는 사실을 모호하게 만들고 있다.

일을 시작하던 시기에 그가 따르던 주요 스승이 엘리슨이었다면, 베니오프는 최근 세계경제포럼의 창립자인 클라우스 슈바프의 가르침에 좀 더 매력을 느끼고 있다. 베니오프는 슈바프가 자신에게 '이해관계자 이론'을 소개해 준 것에 대해 "비즈니스 세계에 가장 큰 지적 공헌"이라고 말했다.[30]

슈바프는 다보스에서 의전의 달인이었다. 꼿꼿한 자세의 근엄한 경제학자인 그는 마치 역사상 가장 의미심장한 말이라는 듯 희극에 가까운 둔탁한 독일어 억양으로 힘차고 천천히 말했다.

1938년에 태어난 슈바프는 전후 유럽의 재건 기간 중 성인이 되었다. 그는 정부가 시장에서 중심적인 임무를 수행하여 노동자를 실직으로부터 보호하고 보편적인 의료 서비스와 연금을 제공해야 한다는 신념을 지지하는 사회민주주의의 원칙에 깊이 빠져 있었다. 그는 유럽 통합 프로젝트와 집단행동을 통해 결집된 대륙의 꿈에 대한 확고한 신봉자였다. 1960년대 후반 하버드 대학원에 재학 중 슈바프는 미국에서 유행하던 기업 경영 이론에 매료되었다. 그는 기업과 정부가 생활 수준을 더 향상하기 위해 서로 협력하는 최적의 합의를 표현하는 수단으로 이해관계자 이론을 들었다.

이것이 바로 슈바프가 서른세 살이던 1971년에 처음으로 학자, 기업 임원, 정부 관리 들을 모아 유럽경영포럼(European Management Forum)을 탄생시킨 정신이다. 그는 한적하고 평온한 환경이 집중적인 아이디어 교환에 도움이 되리라 생각하여 다보스를 선택했다. 작지만 묘하게도 매력이 없는 마을인 다보스는 웅장한 봉우리로 둘러싸인 계곡에 자리 잡고 있었다. 빅토리아 시대 결핵 환자들을 위한 요양소로 활용되었던 이곳은 이후에 지적 토론의 안식처가 되었다. 아인슈타인은 이곳에서 상대성 이론에 대해 발표했다.[31]

슈바프는 "저 산 높은 곳, 깨끗한 공기로 유명한 이 그림 같은 마을에서 참가자들은 모범 사례와 새로운 아이디어를 교환하고 시급한 글로벌 사회, 경제 및 환경 문제에 대한 정보를 서로 소통할 수 있었다."라고 썼다.[32]

첫 포럼에는 20여 개의 나라에서 450명이 참가했다.[33] 해를 거듭할수록 국가 정상들의 참석이 증가함에 따라 보안이 강화되었고, 참석하는 것만으로도 성취감을 느낄 수 있는 분위기도 따라 강해졌다. 점점 더 세계화된 포럼은 중국, 아프리카, 중동, 인도, 라틴아메리카에서 지역 회의를 시작하며 확장되었다. 조직은 더 넓은 범위와 정체성을 더 잘 반영하기 위해 1987년부터 세계경제포럼(World Economic Forum)이라는 새로운 이름을 채택했다.

오늘날, 이 포럼은 정기적으로 전문가와 경영진으로 구성된 패널을 소집하여 디지털 혁신, 미래의 의료 보장, 첨단 제조업 등 거의 모든 분야에 대한 방대한 보고서를 눈보라처럼 쏟아내고 있다.

하지만 회의는 여전히 다보스 포럼의 중심이다.

포럼은 이미 오래전에 다보스의 수용 한계를 넘어섰고, 늘어난 전문가들이 호텔 객실의 공급 부족으로 인해 하룻밤에 400달러가 넘는 돈을 내고 허름한 지방 농가에서 숙소를 공유하거나 북한 핵 발사 코드처럼 일정이 철저히 통제되는 포럼 셔틀버스에 의존하여 인근 마을에서 출퇴근해야만 했다.

겉으로 보기에는 화려해 보이지만, 포럼에 참석하는 것은 물류상의 번거로움, 엄청난 비용, 탈진, 탈수, 배고픔, 불안감 등 신체적 박탈감으로 인한 끝없는 고통의 연속이다. 하지만 이 경험의 핵심은 바로 이 압도적인 당혹감, 즉 역사의 거대한 흐름 속에서 자신이 중요한 위치에 있다는 사실에 대한 환희가 섞인 느낌, 즉 우습게도 사람들에게 계속 자기 과시의 동기를 부여하는 매우 효과적인 감정이었다.

저널리스트 닉 파움가튼Nick Paumgarten은 이를 "배제에 대한 불안이 만연해 있다."라고 설명한 적이 있다. "이는 포용의 행복감에 대한 자연스러운 보완 기제였다. 자축self-celebration과 자기 회의self-doubt 사이의 긴장은 일종의 사회적 전류를 만들어 낸다."[34]

지구상에서 가장 강력한 사람들이 정기적으로 포럼에 참석하기 때문에 다른 세력가들도 포럼에 참석해야 한다는 강박을 느끼게 되고, 이는 포럼의 본래의 가치를 강화한다. 이것은 인간의 조건에 대한 슈바프의 예리한 통찰력이며, 자석처럼 끌어들이는 권력 본연의 힘에 대한 그의 이해이다. 그는 빌 클린턴, 믹 재거Mick Jagger, 그레타 툰베리Greta Thunberg의 관심사가 시공간적으로 교차하는 이벤트, 즉 가장 스케줄이 빡빡한 사람도 캘린더를 비집고 새 공간을 마련해야 할 일정을 만들어 냈다.

포럼의 성장과 함께 슈바프의 기업가적 성향도 함께 성장했으며, 이제 그 성향은 처음 이 모임에 영감을 주었던 이상주의와 함께 포럼의 운영에 반영되고 있다. 다보스맨 대부분과 마찬가지로 슈바프는 최악의 위선이라는 전형적인 속박에 얽매이지 않고 서로 양립 불가능한 두 직책을 동시에 담당하는 기술을 익혔다. 그는 포용성, 형평성, 투명성 등 자신이 공개적으로 옹호하는 깨끗한 가치와, 돈과 영향력을 가진 사람들을 유혹하기 위한 불미스러운 타협 사이의 명백한 모순을 애써 무시했다. 그는 사람들이 포럼 회의장에 참석하는 것을 상품화한 유례없이 수지맞는 사업에 권력자들을 끌어들이는 데 뻔뻔스럽게 헌신했다.

콩그레스 센터 내 슈바프의 움직임은 군사 훈련처럼 전개되며, 흥분한 똘마니들이 사방에서 그를 따라다닌다. 그는 순방길 공항에서의 환영 대표단 영접 등 국가 원수 방문에 준하는 특권을 요구한다.

제네바 호수를 내려다보고 대학 캠퍼스처럼 전면 유리로 된 스위스 포럼 본부의 두 건물을 연결하는 복도에는 세계 지도자들과 함께 포즈를 취한 슈바프의 사진이 걸려 있다. 한 번은 회의에 지각한 포럼 직원이 슈바프가 해외에 있는 줄 알고 그의 주차 자리에 차를 세웠는데, 슈바프가 이를 눈치채고 해고하려다가 고위 직원이 그녀를 구하려 개입하자 물러선 적도 있다.

슈바프는 동료들에게 노벨 평화상 수상을 기대한다고 자주 말했다. 1990년대 중반 남아프리카공화국에서 포럼이 열렸을 때 슈바프는 폐막 총회에서 넬슨 만델라Nelson Mandela 앞에서 마틴 루터 킹 주니어의 말을 인용하며 연설했다. "저에게는 꿈이 있습니다."라고 그는 극적으로 말했다. 당시 포럼의 커뮤니케이션을 담당했던 바바라 어스킨Barbara Erskine은 "우리 중 몇 명은 거의 토할 뻔했다."라고 회상했다.

비록 슈바프는 우스꽝스러운 캐릭터이지만, 적잖이 천재로 존경받기도 한다. "그는 다가올 유행의 냄새를 맡고 그것에 뛰어드는 믿을 수 없을 정도로 놀라운 재주가 있다."라고 한 전직 동료는 말한다.

그는 포럼이 사람들이 둘러앉아 돈에 관해 이야기하는 흔해빠진 비즈니스 컨퍼런스와는 차별화되어야 한다는 점을 일찍이 깨달았다. 슈바프는 "세계 상태의 개선"이라는 고차원적인 사명을 정의하면서 포럼 참석의 의미를 사회적 관심의 증거로 치환했다.

그는 끊임없는 네트워킹을 통해 가치 명제를 강화하여 다보스를 비즈니스에 없어서는 안 될 장소로 만들었다. 그는 다국적 기업들이 "전략적 파트너"로 활동할 수 있는 특권을 얻기 위해 연간 수백만 달러를 내고 콩그레스 센터 내 전용 라운지와 단독 회의실을 이용하도록 유도했다. 그곳에서 경영진은 각국 정상, 투자자 및 기타 그들의 재무 상태를 개선해 줄 수 있는 사람들과 서로 마주한다.

슈바프는 글로벌 은행과 에너지 기업의 수장들이 직접 각국 대통령에게 특혜 세제 혜택과 유망 유전 개발을 요청할 수 있는 양자 회의를 주선한다. 거대 컨설팅 기업과 소프트웨어 기업은 의사 결정권자와 직접 만나 정부 계약을 따내기 위해 노력한다. 최고 경영진들은 증권 규제 당국, 언론인 등의 방해를 피해 비행기를 타고 와서, 4~5일 동안 수십 명의 국가 원수를 만나 방음 처리된 방에서 테이블을 사이에 두고 마주 앉을 수 있다.

포럼의 핵심 활동인 분별 있는 발언과 패널 토론은 다보스 포럼의 공식 후원 밖에서 다보스를 지배하는 과외 행사들에 가려진 지 오래다. 포럼의 단골 참가자들은 패널로 한 번도 참가하지 않았고, 회의장 안에 발을 들여놓지 않았다고 자랑하는데, 이는 세련됨의 냉소적인 표현이었다.

슈바프는 다보스가 사적인 파티로 가득 차면서 분위기가 희석되는 것을 안타까워하며 애써 불행한 척했다. "우리는 그런 것을 환영하지 않는다."라고 그는 말했다. "그것은 오히려 우리 일을 방해할 뿐이다."[35] 하지만 그는 참석자가 쇄도하는 것에 대해서는 불평하지 않았다.

비영리 단체라는 포럼의 위상에도 불구하고 슈바프와 포럼의 공동 설립자인 그의 아내 힐데 슈바프Hilde Schwab는 포럼을 통해 유입되는 막대한 자금의 혜택을 누릴 수 있도록 능숙하게 자리 잡아 왔다. 아우디는 오랫동안 포럼의 독점적인 셔틀 제공 파트너가 되어 다보스를 최신 차량의 진열대로 활용하고 있으며, 슈바프 부부에게 차를 파격적인 할인가로 제공했다. 포럼 예산은 슈바프의 세계 일주 여행과 스위스의 베벌리힐스로 불리는 제네바 쾰른 근교에 있는 그의 호화로운 저택의 케이터링 및 보안 서비스, 그리고 슈바프가 자주 주최하는 사치스러운 만찬을 위한 비용으로 사용된다.

수년 동안 포럼은 약 7,000만 스위스 프랑(약 8,000만 달러)을 들여 이 지역의 토지를 매입했으며, 여기에는 슈바프의 자택과 포럼 본부를 잇는 두 개의 필지가 포함되어 있어 서로 인접하게 되었다. 포럼의 직원 수가 수십 명에 불과했던 1990년대에도 슈바프의 급여는 유엔 사무총장의 급여와 연동되어 연간 약 40만 달러를 지급했다.

하지만 슈바프는 평범한 부에 만족하지 않았다. 그는 조카 한스 슈바프Hans Schwab를 이사로 세우고 영리사업체 설립을 맡겨 포럼을 사적인 벤처 캐피털 펀드로 활용했다.

포럼 행사의 물류를 감독하던 그의 조카는 1990년대 중반 한 계약 업체와 손잡고 글로벌 이벤트 매니지먼트(Global Events Management)라는 새로운 회사를 설립했다. 포럼은 여기에 창업 자본의 절반 정도를 제공했다. 이 신생 기업은 설립 초기부터 포럼의 모든 행사를 관리하는 계약을 맺었고, 연간 수백만 달러에 달하는 계약을 체결했다.

클라우스 슈바프는 사업의 성공에 너무 기뻐서 한스가 5%의 몫을 받을 자격이 있다고 말했다. 그의 조카는 이를 공식화하는 법적 문서를 준비해야 하는지 물었다. 삼촌은 그에게 손사래를 치며 말했다. "우리는 가족이야."

슈바프는 비영리 단체를 위해 영리 회사를 운영하면 당국의 원치 않는 조사를 받을 수 있다는 사실을 잘 알고 있었다. 하지만 그는 자신의 기업가적 묘기에 자부심을 느낀 나머지 커뮤니케이션 책임자인 바바라 어스킨에게 포럼의 연례 보고서에 이벤트 사업에 대한 보고도 넣도록 압력을 가했다. 그녀가 포럼이 비영리 단체의 지위를 남용하고 있다는 것을 인정하는 꼴이 될 수 있다며 주저하자, 슈바프는 그녀의 조언을 달가워하지 않았다.

"그는 노발대발했다."라고 어스킨은 말했다. "그는 나를 앉혀 놓고 '이것 봐, 난 사업가로 인정받고 싶다고'라고 말했다."

슈바프는 곧 조카를 보스턴으로 파견하여 그가 새롭게 집중하는 화상 회의 시스템 구축 스타트업 어드밴스드 비디오 커뮤니케이션즈(Advanced Video Communications)를 운영하게 했다. 슈바프의 지시에 따라 포럼은 이 벤처에 약 500만 달러를 투자했다.

2년에 걸쳐 한스 슈바프는 더 많은 자금을 모으는 동시에 제품 개선 작업을 감독했다. 그는 상장 기술 회사인 US 웹에게 약 1,600만 달러에 달하는 주식을 넘겨 이 비디오 스타트업을 인수토록 하는 거래를 중개했다. 이 회사는 클라우스 슈바프를 이사로 승진시키며 50만 달러에 달하는 스톡옵션을 부여했다.[36]

US 웹의 주식 가치가 치솟으면서 포럼의 초기 투자금 500만 달러는 최소 2,000만 달러의 가치가 되었다. 합병이 성사되기 직전에 클라우스 슈바프는 조카에게 전화를 걸어 마지막 순간에 변경을 지시했다. 고급 비디오 커뮤니케이션에 대한 포럼의 지분을 새로운 법인인 '사회적 기업가 정신을 위한 슈바프 재단'(Schwab Foundation for Social Entrepreneurship)으로 이전한 것이다. 재단은 그 수익금을 받기로 했다.

한스 슈바프는 당황했다. 막판에 소유권이 변경되면서 거래가 무산될 위기에 처했기 때문이다. 하지만 그의 삼촌은 단호했다.

"그는 '이 일은 지금 당장 처리해야 한다'라고 말했다."라고 한스 슈바프는 내게 말했다. "나는 슈바프 재단에 대해 들어 본 적도 없었고, 갑자기 모든 계약을 변경해야 했다. 나는 그것이 그가 꾸민 작은 계교인 것을 알았다. 갑자기 마지막 순간에 그는 자신이 한 번도 본 적 없는 막대한 금액이 여기에 관련되어 있다는 것을 알았고, 그것은 자신이 100% 통제할 수 있는 구조 속에 있어야만 했다."

웹사이트에 따르면 이 재단은 힐데 슈바프의 사업이다. 이 재단은 개발도상국에 깨끗한 물과 전기 공급을 확대하고 여성을 위한 기회를 창출하는 등 사회적으로 중요한 문제를 해결하는 소규모 기업을 장려한다. 자금의 사용처는 사실상 알 수 없는 구조였다. 스위스 당국은 최소한의 공개만을 요구하고 있다.

US웹이 인수한 바로 그해, 프랑스의 광고 및 홍보 대기업인 퍼블리시스 그룹(Publicis Group)은 이벤트 사업을 600만 스위스 프랑에 인수했다. 한스 슈바프는 삼촌을 찾아가 약속한 5%에 관해 물었다.

"그는 '그렇겐 못 해'라고 말했다."라고 젊은 슈바프는 회상했다. "보기 좋지 않다고." 슈바프와 함께 일했던 사람들은 슈바프의 궁극적 재능이 권력자들의 나르시시즘적 성향에 부응할 수 있는 능력이라고 말한다. 그는 자신의 발언이 현실이나 포럼의 정신과 상충될 때도 그 진실성에 대한 믿음을 보여 준다. 이를 통해 슈바프는 권위주의적 리더들을 공익의 옹호자로 칭송하는 한편, 그들이 지배하는 시장에 접근하기를 갈망하는 기업들로부터 파트너십 수익을 거둘 수 있었다.

특히 올해 슈바프는 돈벌이가 되는 쿠데타를 일으켰다. 시진핑 중국 국가주석을 설득, 다보스에 참석하여 기조연설을 하도록 한 것이다.

시 주석의 연설은 2017년 회의의 하이라이트였다. 마윈은 강당 맨 앞줄에 앉았다. 퇴임하는 미국 부통령 조 바이든Joe Biden도 트럼프와 대결하려 출마하지 않은 것을 후회하며 거기에 앉아 있었다. 시 주석은 연단에 올라 규칙에 기반을 둔 국제 무역 시스템의 궁극적인 수호자이자 국제 협력에 헌신적인 신봉자로서 자신의 자격을 주장했다.[37]

중국 국가주석이 이런 식으로 자신을 묘사할 수 있다는 것은 기존의 통념이 얼마나 놀라울 정도로 뒤집혔는지를 보여 준다. 중국은 오랫동안 국영 기업에 보조금을 지급하고 노동자를 착취하며 세계 시장에 부당하게 낮은 가격으로 제품을 덤핑한다는 비난을 받아 왔다. 시진핑은 선거의 승리를 통해서가 아니라 중국 공산당의 지시에 따라 통치했다. 그가 책임자로 있는 동안 중국은 반대파에 대한 잔인한 탄압을 강화했다.

시 주석의 참여에 감격한 슈바프는 자신이 내어줄 수 있는 유일한 대가, 즉 세탁된 정당성을 부여했다. 슈바프는 이 중국 지도자를 소개하면서 "불확실성과 변동성이 큰 세계에서 국제 사회는 중국이 다시 민감하고 책임감 있는 리더십을 이어 가기를 기대하고 있다."고 선언했다.

다보스 포럼의 가장 큰 아이러니는 창립자인 다보스맨이 중국 독재자에게 절을 하면서 투명한 거버넌스에 대한 강연으로 가득 찬 행사를 주최하는 한편, 중국 국유 기업과 불편할 정도로 비슷한 방식으로 자신의 기업들을 운영하고 있다는 사실이다.

이 모든 것이 새로운 것은 아니다. 다보스에 참석하고 그 다양한 흐름에 빠져들기 위해서는 항상 이런 미묘한 형태의 무대장치에 참여해야 했다. 하지만 전 세계가 반자유주의로 치닫고 있는 올해의 상황에서 다보스맨과 그의 연례 기념행사는 특히 현실과 동떨어진 느낌을 주었다.

퐁뒤 레스토랑에서 작가 안야 쉬프린Anya Schiffrin과 《파이낸셜 타임스》 칼럼니스트 라나 포루하르Rana Foroohar가 매년 주최하는 아늑한 저녁 식사를 하며 나는 긴장을 풀고 기자 및 경제학자 친구들과 어울렸다. 우리는 동료 탐험가로서 모닥불 주위에 모여 우리가 목격한 다보스맨의 서식지에 관해 이야기를 나누었다.

경제학자 조지프 스티글리츠Joseph Stiglitz는 억만장자 모임에 참석할 정도로 존경받는 인물이지만, 임금 노동자의 문제를 깊이 있게 다루고 있어 그의 감상이 더욱 값지다고 할 수 있다. 우리는 포럼의 주요 내용을 정리한 노트를 서로 비교해 보았다. 불평등에 관한 이야기가 상당히 많았다. 그러나 다보스맨으로부터 다른 모든 이들에게 부를 이전할 수 있는 정책에 대한 논의는 거의 없었다.

스티글리츠는 더 나은 임금을 위해 교섭할 수 있도록 노동자의 힘을 강화하고 누진세를 통해 부를 재분배하는 것 등이 합리적인 접근 방식이라 주장했다.

"노동자를 위한 더 많은 교섭권, 바로 그 부분이 다보스맨을 진퇴양난에 빠뜨릴 지점이다."라고 스티글리츠는 말했다. "세계화로 인해 노동자들의 협상력이 약화되고 기업들이 이를 악용하고 있다는 것은 엄연한 현실이다."

이는 스티글리츠가 수년 동안 주장해 온 내용이다. 세계 경제는 우연한 사건의 산물이 아니다. 경제의 수혜자들은 자신들의 이익에 부합하도록 경제를 설계한 것이다.

사람들은 종종 세계화를 너무 복잡해서 책임지는 사람이 아무도 없는 듯 논의하면서, 세계화를 전부 아니면 전무라는 명제처럼 제시한다. 글로벌 공급망과 현대 의학을 누릴 것이냐, 아니면 동굴 바닥에서 잠을 자고 땅벌레를 잡아먹던 시절로 돌아갈 것이냐, 처럼 말이다. 우리는 광범위한 경제적 불평등을 아이폰이나 에어컨과 같은 경이로운 문명에 대해 사회가 불가피하게 내야 할 대가로 받아들일 수도 있고, 베네수엘라처럼 끝낼 수도 있다.

다보스맨이 이러한 공식의 창시자는 아니다. 한 세기보다도 전에 카네기와 같은 강도 귀족들은 불평등을 인간 발전의 불가피한 부산물로 간주했다. 카네기는 1889년에 "우리가 그것을 피할 길은 없다."라고 썼다. "모든 부문에서 적자생존을 보장하는 것이 인류에게 최선이다. 그러므로 우리는 커다란 환경의 불평등, 즉 비즈니스, 산업 및 상업이 소수의 손에 집중되는 것을 받아들이고 환영해야 한다."[38]

그러나 다보스맨은 이를 자신의 지위를 지키기 위한 방어적 명분에서 더 많은 부를 추구하기 위한 공격적 무기로 발전시켰다. 승자 독식 시장이 모든 승리의 조건인 것처럼 보상이 극적일 때만 혁신이 번성한다는 주장이 바로 '우주적 거짓말'의 핵심이다.

스티글리츠는 "우리가 세계화를 관리해 온 방식은 불평등에 크게 기여했다."라고 말한다. "하지만 세계화를 어떻게 변화시켜야 불평등을 해결할 수 있는지에 대한 좋은 논의는 아직 듣지 못했다."

그날 밤, 소수의 미국 금융계 주요 임원들이 칵테일을 마시며 비공개 행사를 가졌다. 대화 주제는 트럼프와 그의 비정상적인 통치 방식에 관한 것이었다. 그들은 무역 전쟁에 대해 걱정하고 있었을까? 이란이나 북한과의 대결에 대해? 자유민주주의 질서의 붕괴에 대해 걱정하고 있었나?

그들은 어깨를 으쓱했다. 트위터에서 사람들을 괴롭히고 해외에 투자한 미국 기업들을 위협하는 트럼프의 행동에 대해 그들은 별로 열광하지 않았다. 마치 미국 재무부가 채권자를 내려다보는 거대한 트럼프 카지노이기나 하다는 듯 미국의 공공 부채를 포기하겠다는 그의 말이 없어도 그들은 살아갈 수 있었다. 그러나 그들은 자신들이 소중히 여기는 것, 즉 돈을 소중히 여기는 사람이 대통령이 되었다는 사실에 기뻐했다. 트럼프는 감세를 약속했고, 공화당이 상하 양원을 장악하고 있었기 때문에 감세를 이행할 준비가 되어 있었다. 트럼프의 세상에서는 다른 모든 것과 마찬가지로 감세는 놀랍고 거대하며 전례가 없는 일이 될 것이다.

불평등은 패널 토론들의 주제였다. 그러나 개인적으로 다보스맨은 골치 아픈 세금 징수원의 손길을 피해 자신의 계좌에 더 많은 돈이 들어올 것이라는 피할 수 없는 기분을 느끼고 있었다.

2

"제2차 세계대전 시절 아버지들이 우리가 살기 바랐던 세상"

다보스맨이 세계화를 독살한 방법

휴스턴의 한 초등학교 6학년생이던 제프 베조스는 학교 교사의 효율성 평가를 위한 학생 설문조사를 설계하여 교사의 상대적 성과를 그래프로 만들었다.[39] 몇 년 후, 20대 미혼이었던 그는 뉴욕에서 '여성 유입'을 늘릴 수 있을 것이라는 기대로 볼룸 댄스 수업을 들으며 투자 은행가들이 거래를 분석하는 방식으로 자신이 여성들과 가졌던 데이트들을 분석했다.[40]

베조스의 강박적인 분석 성향에 관한 이야기는 그 자체로 하나의 장르를 구성할 정도로 많다. 미국 교외의 한 괴짜 소년이 책을 파는 방법에 대한 단순한 아이디어를 가지고 어떻게 현대인의 삶을 재편할 정도로 거대한 기업으로 성장시켰는지에 대한 설명에 많은 이가 공감한다.

베조스는 다른 어떤 다보스맨보다도 혁신, 인습 타파, 순자산 가치로 정의되는 이 시대 성공의 화신이다. 신진 기업가들은 그의 일대기를 컬트적인 경외심을 가지고 연구한다. 베조스는 비즈니스 업계에서 진통제급 경영의 비밀로 받아들여지는 '제프주의'(Jeffism)를 제시하며 그 길을 걸어왔다("성공의 열쇠는 인내, 끈기, 세부 사항에 대한 강박적인 관심이니라"). 그는 "고객에 대한 집착", "최고를 고용하고 개발하라", "최고 기준을 고집하라" 등 아마존의 리더십 원칙을 고집스레 요구한다.

아마존의 지배력에는 창업자의 강력한 실행 능력이 반영된 것이 분명하지만, 아마존의 원칙 선언문에는 아마존의 성장에 필수적인 핵심 요소가 빠져 있다. 독점력을 축적하여 경쟁 업체를 짓밟고, 생산성을 위해 끊임없이 노동자를 쥐어짜고, 정부에 세금을 내지 않기 위해 세금 제도를 교묘하게 이용하는 것 등이 그 목록에 포함되어야 마땅하다.

바로 이렇게 덜 알려진 요소들 덕분에 베조스는 2,000억 달러가 넘는 개인 재산을 축적하며 세계화로 인한 이익의 막대한 부분을 차지하고 다음과 같은 다보스맨의 라이프스타일이라 할 전리품들을 차지할 수 있었다. 맨해튼 5번가에 수영장이 두 개 있는 3층짜리 펜트하우스, 캘리포니아에서 가장 비싼 부동산인 베벌리힐스의 1억 6,500만 달러짜리 저택(캘리포니아주에서 판매된 부동산 중 최고가), 6,600만 달러짜리 걸프스트림 제트기, 5억 달러 상당의 길이 417피트짜리 맞춤형 요트 등. 베조스는 전 세계 공장과 수백만 명의 소비자를 연결하는 기적적으로 효율적인 시장 및 유통 네트워크를 구축했다. 그 과정에서 베조스는 시간과 공간의 전통적인 한계를 없애고 거의 모든 곳에서 거의 모든 것을 구매할 수 있다는 인식을 확산시킴으로써 인류가 상상할 수 없던 편리함을 선사했다. 그러나 이 위대한 업적의 혜택은 압도적으로 베조스

개인의 주머니로 흘러 들어갔고, 그 대가는 전 세계 노동자들이 감당해야 했으며, 이들은 임금과 근로 조건과 관련해 아마존의 끊임없는 압박을 받아 왔다.

베조스가 얻어 낸 상금은 예외적인 규모였지만 그 방식은 전형적인 것이었다. 다보스맨이 한때 모든 사람의 재산을 불려주던 미국 경제를 약탈해 평범한 사람들에게 돌아갔던 부를 탈취한 방식이다.

그래서 많은 미국 노동자, 특히 백인 노동자 계급이 세계화에 격분하여 무역을 음모로 간주하고 이 모든 것을 날려 버리겠다고 위협하는 대통령을 지지하게 되었다.

아마존의 놀라운 규모는 세계 경제의 결정적 요소, 특히 제2차 세계대전 이후 수십 년 동안 폭발적으로 증가한 국제 무역을 활용한 독보적인 성공을 반영한다. 그러나 베조스의 무한에 가까운 부와 노동자들의 절망은 많은 국가에서 세계화가 사악한 세력으로 묘사되고, 진짜 문제에 대한 가짜 해결책을 제시하는 정치 운동에 악용되는 정서로 변모했는지 강력하게 보여 준다.

국제 무역에 대한 믿음이 약화되는 것은 위험한 현상이며, 중요한 유산을 위협하는 일이다. 무역은 여러 세대에 걸쳐 주요 경제권에서 생활 수준을 높이는 데 핵심적인 역할을 해 왔다. 또한 무역은 무력 충돌을 억제하는 세계 질서의 중요한 요소로 작용해 왔다.

제2차 세계대전이 끝나고 승전국들은 새로운 질서를 구축하면서 무역에 생계를 의존하는 지역사회가 지속해서 평화를 추구한다는 믿음을 갖게 되었다. 그들은 호전적인 전투 병력을 수익성 높은 사업 동반자로 전환하여 일자리를 창출하고 소득을 높이며 민족주의의 호소력을 약화시켰다. 다보스맨이 세계화의 과실을 탐닉함으로써 바로 이것을 위협하고 있는 것이다.

제2차 세계대전은 무역 전쟁으로 인해 가속화된 것이었다.

1930년 미국이 대공황에 직면하자 공화당이 장악한 의회는 미국 공장과 농장을 외국 경쟁업체로부터 보호하기 위해 악명 높은 스무트-홀리 관세법(Smoot-Hawley Tariff Act)을 발동했다. 이 법은 설탕에서 철에 이르기까지 수백 가지 제품에 가파른 관세를 부과했다. 분노한 국제 무역 파트너들은 미국산 제품에 대한 자체 관세로 대응했다. 보복은 보복을 낳았고, 세계 무역은 붕괴되어 전 세계적으로 대공황이 깊어졌다.

2년 후 민주당이 의회를 장악하자 이 법은 폐지되었지만, 영국, 프랑스, 독일 및 기타 유럽 국가들은 여전히 관세를 유지하였고 이렇게 고착된 민족주의적 적대감이 전쟁으로 폭발한 것이다.

약 8,500만 명이 사망한 후, 곧 승전국이 될 연합군은 1944년 7월 뉴햄프셔 브레튼우즈(Bretton Woods)에 있는 한 호텔에 모여 전후 질서를 계획하기 시작했다. 3주 후 연합국은 국가 간 적대감의 재발을 방지하기 위한 협정을 체결했다. 이들은 각국의 통화를 자유롭게 교환할 수 있도록 했다. 재정적 압박에 직면한 국가들을 지원하기 위해 국제통화기금(IMF)을 설립하고 국제 상거래를 촉진할 조직을 만들자는 제안을 받아들였다. 미국 대표단의 수장인 헨리 모건소Henry Morgenthau 재무장관은 "지구상의 모든 민족은 깊고 근본적인 목적 공동체를 이루며 서로 뗄 수 없이 연결되어 있다."고 선언했다. "평화로운 세계에서 완전 고용을 이루고 인간의 합리적 희망을 구현할 수 있는 생활 수준에 도달하려면 국제 무역의 부흥이 필수적이다."[41]

역대 미국 행정부는 전 세계인의 자유를 위한 대승적인 수단으로 개방 무역을 옹호했는데, 이는 억압적인 소련식 체제가 불가피한 대안으로 거론되던 냉전 시대에는 어렵지 않게 팔릴 수 있었던 주장이었다. 그러나 이 정책을 이끈 것은 결코 작은 이기심이 아니었다. 미국은 전쟁을 통해 초강대국으로 부상했다. 공장에서 전쟁에 필요한 무기를 생산하면서 미국의 경제 생산량은 약 두 배로 증가했다. 전 세계 생산품의 절반이 미국 공장에서 생산되었다.[42] 미국의 재정적 역할은 그 누구에게도 뒤지지 않았다. 돈과 상품이 전 세계로 자유롭게 이동할 수 있다면 미국보다 더 번영할 나라는 없을 것이다.

제2차 세계대전이 끝난 후 30년 동안 미국에는 뿌리 깊은 인종 및 성차별이 근절되지 않았다. 베트남에서 벌어진 비참한 전쟁과 극심한 사회적 혼란이 그 시기에도 계속되었다. 하지만 그 30년 동안 미국은 광범위한 경제 발전을 이루었다. 부유층에 대한 70%가 넘는 세율은 연평균 3.7%의 강력한 경제성장과 맞물렸다.[43] 이는 백인, 흑인, 라틴계, 아시아인, 남녀, 고졸 학력자, 고학력자 등 거의 모든 계층에서 임금 상승으로 이어졌다. 혜택은 평등하지 않았지만, 밀물은 모든 배를 밀어 올린다는 오래된 격언이 여전히 힘이 있게 작동했다.

브레튼우즈에서 구상된 무역기구는 미국이 자신의 국내 정책보다 우선하는 규정들에 반대하면서 1950년 해체되었다.[44] 그러나 무역 장벽을 줄이기 위한 광범위한 협정인 관세무역일반협정(GATT)이라는 보다 제한적이지만 탄탄한 제도로 대체되었다. 2000년에 이르러 GATT 회원국과 그 후속 기관인 세계무역기구 간의 무역 규모는 반세기 전과 비교해 25배로 늘어났다.[45] 그 결과 소비자에게는 초과이윤이, 전 세계 기업에는 수출 기회가 확대되어 일자리가 창출되었다. 이전 세기의 국가들은 일반적으로 자국에서 생산할 수 없는 품목만 해외로 눈을 돌렸다. 바다는 광활했고 해적, 폭풍우, 기타 공포로 가득했다.

운송은 비용이 많이 들고 사고가 발생하기 쉬웠으며, 의사소통은 오해로 인해 어려움을 겪었다. 그러나 완제품을 표준화된 상자에 담아 트럭과 철도로 쉽게 옮길 수 있는 컨테이너 운송이 등장하면서 적재와 하역 속도가 획기적으로 빨라졌다.[46] 글로벌 뱅킹과 인터넷의 등장으로 전 세계는 더욱 좁아졌다.

무역에 따르는 위험을 다스려 낸 다국적 브랜드는 저임금 국가에서 제품을 생산함으로써 비용을 절감할 매력적인 기회를 얻게 되었다. 지역 무역 블록은 선택의 폭을 넓혔다.

클린턴 대통령은 1993년 북미 자유 무역 협정(NAFTA)에 서명하여 미국, 캐나다, 멕시코를 무관세 무역을 위한 거대한 구역으로 만들었다. 그 순간부터 미국 공장의 노동자들은 국경 남쪽의 경쟁업체들과 경쟁하게 되었다. 동시에 미국 공장은 멕시코에서 생산된 부품을 구매하여 완제품을 생산할 수 있게 되었고, 이는 국내 경쟁력을 강화하는 계기가 되었다.

이러한 경쟁 확대로 인해 미국 노동자들의 협상력이 약화하였다. 더 많은 임금이나 근무 조건 개선을 요구할 때마다 가게 문을 닫고 멕시코로 이전할 수 있다는 경영진의 위협에 직면했다. 동시에 미국 자본주의의 작동 방식을 변화시킨 또 하나의 세력이 등장했는데 주주들이 반란을 일으켜 회사를 인수하고 만족할 만한 수익을 내지 못한 경영진을 쫓아내는 현상이 벌어졌다.

경제학자 밀턴 프리드먼Milton Friedman은 1970년 《뉴욕 타임스 매거진》 기고문의 제목으로 그 핵심 내용을 요약하여 이 혁명을 촉발했다. "기업의 사회적 책임은 이윤을 늘리는 것이다."[47]

프리드먼에게 시장은 신성한 존재였다. 시장 자체의 판단에 맡겨 두면 관료나 선의의 이익 단체보다 더 효율적으로 최선의 투자 방향을 결정할 것이다. 그는 경제 이론의 용어를 동원해 무절제한 탐욕에 면허를 부여하여 다보스맨을 위한 지적 인프라를 구축했다. 경영진은 만약 이렇게 하지 않으면 주주에게 손해를 끼칠 것이라는 이유로 대기를 오염시키고, 기후 변화를 가속화하고, 미국 노동자를 해고하고, 생산을 해외로 이전하는 등 가증스러운 행동을 끝없이 정당화할 수 있었다.

이익 극대화는 단지 해도 좋은 것을 넘어서 도덕적 의무가 되었다.

프리드먼의 공식은 정크본드(junk bonds)라는 새로운 형태의 위험한 부채를 만들어 내 낡고 부실한 기업을 인수하는 기업 사냥꾼들을 부추겼다. 새로운 투자자들은 인력을 줄이고 수익성이 낮은 사업부를 폐쇄하는 등 주가를 끌어올리기 위해 고안된 전술에 기초하여 자신들의 관리자를 임명했다. 임원 보수가 주가에 점점 더 많이 연동되는 상황에서 관리자들에게는 급여 등의 비용을 줄일수록 자신의 급여가 상승한다는 점이 급여 삭감에 강력한 동기를 제공했다.

주주 가치 극대화(Shareholder maximization)의 시대는 1980년대와 그 후 10년 동안 월스트리트가 새로운 자금원을 확보하면서 힘을 얻었다. 연금펀드(Pension Funds)는 급여 노동자의 퇴직연금을 주식 시장으로 유도했다. 뮤추얼 펀드(Mutual Funds)는 일반인의 저축을 끌어모았다. 인터넷 덕분에 일반인도 수시로 주식을 사고팔 수 있게 되고, 경쟁이 치열해지면서 거래 비용이 낮아졌다.

1990년대 중반, 닷컴 시대가 급성장하는 가운데 미국인들은 디너파티에서 주식 정보를 주고받으며 대화를 나누었다. 베조스와 같은 최고 경영자들은 할리우드 스타, 운동선수 들과 함께 화려한 잡지 표지에서 영웅적인 포즈를 취했다.

미국에서 주가가 급등하면서 프리드먼의 주장은 전 세계로 퍼져 나갔고, 많은 선진국의 경제 정책에 주주 가치 극대화를 주입했다. 경영대학원의 학생들은 주주 가치 최적화를 목표로 하는 경영 전략에 젖어 있었다.[48] 졸업생들은 금융 분야에서 경력을 쌓았고, 영리한 사람들은 매출을 늘리거나 내재적 가치를 창출하지 않고도 시장의 보상, 즉 수익의 급증을 유도할 수 있는 새로운 회계 기법과 인수 전술을 구상했다. 전구와 토스터를 만드는 것으로 유명한 제너럴 일렉트릭을 인수하여 다양한 금융 포트폴리오를 보유한 기업으로 탈바꿈시킨 잭 웰치Jack Welch가 그 원형이다.

스티브 슈워츠먼은 프리드먼의 에세이가 출간된 지 2년 후에 하버드 비즈니스 스쿨을 졸업했다. 제이미 다이먼은 10여 년 후 같은 학교를 졸업했다. 그들은 주주가 경제계의 중심이었던 시절에 승승장구했다.

이것이 바로 다보스맨이 설계한 세계화의 핵심 원칙이다.

모건소와 동시대 브레튼우즈 동료들이 구축한 무역 시스템은 프리드먼의 교리에 따른 세계화를 위한 것이 아니었다. 특히 지구상에서 가장 인구가 많은 중국이 포함된 세계 경제를 위해 설계된 것도 아니었다. 중국 공산당 정부는 착취하기 쉬운 노동자들을 사실상 무제한으로 이용할 기회를 제공하며 다보스맨과 그의 돈에 적극적으로 구애했다.

브레튼우즈에서 도출된 전후 질서는 고전 경제학에서 설명하는 것처럼 무역 상대국이 서로 차이보다는 유사점이 많다고 가정했다. 영국은 의류를, 스페인은 와인을 생산했기 때문에 양국의 무역은 상호 이익이 되리라 생각했다. 하지만 2001년 중국이 세계무역기구에 가입하면서 지구상의 거의 모든 제조업체는 더 저렴한 방식으로 제품을 생산할 수 있게 되었고, 일자리가 절실하고, 조직화를 포기하더라도 더 나은 임금을 원하는 사람들로 가득한 권위주의 국가로 생산처를 옮길 수 있게 되었다.

중국은 개방 조건으로 다국적 기업에 자국 시장을 개방하기로 약속하는 대신 자신들의 수출품을 전 세계에 판매할 수 있는 권리를 보장받기로 했다.[49] 다국적 기업에게 이는 현대판 골드러시의 시작이었다. 13억 명이 넘는 인구를 보유한 중국은 잠재적으로 가장 큰 미개척 소비 시장이자 점점 더 매력적인 제조업 시장으로 떠올랐다.

중국이 글로벌 무역 시스템에 편입된 것은 다보스맨과 그들이 워싱턴에서 벌인 끈질긴 로비 활동 덕분이었다. 기업 경영진에게 중국은 밀턴 프리드먼이 제시한 원칙에 따라 주주를 풍요롭게 하는 사명을 달성할 수단으로 보였다. 중국 공장은 청바지부터 자동차 부품, 산업용 화학제품에 이르기까지 다양한 제품을 부유한 국가에 비해 훨씬 저렴한 가격으로 생산할 수 있었다. 북미와 유럽의 제조업체들이 중국으로 생산기지를 옮긴다는 위협만으로도 노조는 임금 삭감을 감수해야 했다.

중국이 WTO에 가입한 이듬해, 미국의 거대 할인 소매업체인 월마트는 글로벌 조달 센터를 중국 선전으로 이전하고 주변 공장에 의존하여 전자제품과 크리스마스 장식품부터 사무용 가구와 도구에 이르기까지 수천 가지 품목을 매장에 채워 넣었다. 월마트의 매출이 증가함에 따라 주가가 치솟았고, 월마트의 창업자인 월튼 가문은 1,360억 달러 이상의 재산을 보유한 미국 최고의 부호로 거듭났다.

미국의 주요 자동차 제조업체들은 얼마 안 가 미국보다 중국에서 더 많은 자동차를 판매하게 될 것이다. 전 세계 기성복 업계의 대부분은 중국에 꾸준히 사업을 집중하여 비용을 절감했고 자라(Zara), H&M, 나이키(Nike)와 같은 주요 브랜드의 경영진은 보상을 받게 되었다.

베조스의 재산은 아마존의 주식 가치가 상승하면서 배가되었는데, 이는 부분적으로는 중국 공장을 활용해 저가 상품을 판매하는 데 성공한 덕분이었다.

제이미 다이먼의 JP모건 체이스와 같은 글로벌 은행들은 고객을 따라 중국에 지점을 설립했다. 슈워츠먼과 같은 사모펀드 거물들은 중국의 막대한 저축을 투자원으로 삼아 주가를 끌어올렸다. 그 과정에서 다보스맨의 로비는 미국에서 법인세를 낮추고 소득과 재산에 대한 개인 세율을 낮추도록 작용했다. 억만장자들은 세무 당국의 손이 닿지 않는 곳에 부를 축적하기 위해 완벽하게 합법적인 전략을 구사하는 회계사 팀을 고용했다.

2007년 한 해 동안 아마존의 주가는 두 배로 상승하여 베조스의 총 재산이 40억 달러 가까이 증가했다.[50] 프로퍼블리카(ProPublica: 뉴욕의 탐사 저널리즘 전문 비영리기구-옮긴이)가 조사한 문서에 의하면 같은 해 베조스는 연방 소득세를 한 푼도 내지 않았다고 한다. 그와 당시 아내였던 맥켄지 스콧MacKenzi Scott은 한 해 동안 4,600만 달러의 소득을 신고했다. 그러나 투자 손실, 대출 이자, 모호한 특별 항목 등 교묘한 회계 처리의 마법을 통해 두 사람의 부담은 모두 사라졌다.

아마존과 다른 미국 기업들이 중국 공장에 의존할 수 있었던 것은 공적 자금 지원을 통해 만들어진 인프라의 일부인 인터넷 덕분이었다. 기업들은 정부가 유지 관리하는 고속도로, 항만, 공항 덕분에 부품, 원자재, 완제품을 전국으로 이동하며 이윤을 추구할 수 있었다. 이러한 비용은 사회화되어 일자리 창출의 촉진제로 납세자에게 전가되었다. 다보스맨은 세금 징수를 회피하면서 중국 호황의 이익을 효과적으로 사유화했고, 배당금과 주가 급등을 통해 수익을 동료 주주들과 공유했다.

WTO 가입 후 14년 동안 중국의 수출액은 연간 2,660억 달러에서 거의 2조 3,000억 달러로 급증했다. 이러한 급증의 수혜자는 쇼핑몰에 발을 들여놓거나 온라인에서 물건을 구매한 거의 모든 사람이라 할 것이다. 그러나 무역은 승자와 함께 패자도 만들어 낸다. 긍정적인 측면은 대체로 얇게 분산되는 경향이 있지만, 손실은 종종 집중적이고 심대하여 값싼 수입품 때문에 공장 일자리가 줄어든 지역사회를 흔들어 놓기도 한다.

다음은 일리노이주 그래닛 시티에서 일어난 일이다.

그래닛 시티는 세인트루이스 건너편 미시시피강 동쪽 기슭에 자리 잡고 있다. 1878년 소수의 독일 이민자가 이곳에 제철소를 세웠다. 그 후 한 세기 동안 제철소가 확장되면서 도시가 성장했다. 공장 단지는 여러 세대에 걸쳐 사람들에게 잔디밭이 딸린 소박한 방갈로 주택을 구매할 정도로 월급을 제공했다. 그들은 수입을 지역사회 전체에 분배하여 철물점, 영화관, 레스토랑, 이발소, 볼링장 등을 유지할 수 있었다.

그가 18세였던 1978년부터 아버지와 쌍둥이 형과 함께 제분소에서 일하기 시작한 댄 시몬스Dan Simmons는 "그것은 마치 가족 사업과도 같았다."라고 말한다. "내가 숙취로 뻗어 버리면 아버지는 이미 그것을 알고 있었다. 청구서가 밀렸거나 자녀가 대학에 진학하면 약간의 초과 근무를 할 수도 있었다. 우리는 전형적 중산층이었다."

하지만 내가 2016년 여름 시몬스가 책임자로 있던 미국 철강노동조합 1899 지역본부를 방문했을 때 그는 사실상 사회복지사가 되어 있었다. 그가 대표하던 그래닛 시티 공장의 1,250명의 노동자 중 375명만이 실제로 일하고 있었다. 나머지는 일시 해고, 해고, 조기 퇴직, 장기 장애 또는 사실상 실업자를 뜻하는 또 다른 관료적 칭호로 불리는 상태였다.

시몬스는 도움을 요청하기 위해 찾아온 사람들을 맞이했다. 한 남성은 컴퓨터 사용법을 몰라 구인 정보를 검색하는 방법에 대한 교육이 필요했다. 어떤 이들은 가족을 먹여 살릴 현금이 없다고 털어놓기도 했다. 시몬스는 이들을 선반이 늘어선 창문 없는 창고로 안내하여 기부받은 파스타 상자와 빵을 가져가도록 했다.

철강 생산을 기반으로 건설된 마을의 중심에 있는 노동조합 회관은 식료품 저장고를 겸하고 있는 셈이었다. "이게 소위 자랑스러운 철강 노동자들이다. 그들에겐 너무 어려운 일들이다."라고 시몬스는 말했다.

전날 밤, 그는 해고된 공장 노동자인 고등학교 동창의 조카로부터 한 통의 전화를 받았다. 그가 두 아이를 남겨 두고 스스로 목숨을 끊었다고 조카는 전했다.

본사 주변에는 상권이 쇠퇴하고 있다는 증거가 곳곳에서 눈에 띄었다. 슈퍼마켓은 달러 스토어(Dollar Store: 1달러 이하의 싸구려 물품만 파는 염가 매장-옮긴이)로 교체되었다. 철물점과 식당은 철거되었고, 그 자리는 월급 담보 대출업체와 전당포가 대신했다. 볼링장은 폐허가 되었다.

시몬스와 그의 동료 노조원들에게는 이런 변화에 대한 설명이 준비되어 있었다. 중국의 제철소는 24시간 내내 가동되어 세계 경제가 필요로 하는 것보다 훨씬 많은 철강을 생산하여 이를 유럽에서 북미에 이르는 시장에 덤핑으로 공급하고 있었다.

시몬스는 "그들은 자국인들을 직원으로 쓰기 때문에 가격에 구애받지 않는다."라고 말한다. "중국은 그 어느 때보다 생산량을 늘리고 있다. 그들이 시장을 장악하고 있다."

중국의 철강 산업은 국영 기업이 지배하고 있었기에 그들은 사실상 무제한의 신용을 마음껏 활용할 수 있었다. 이들은 노동 및 환경 규정을 아무렇지도 않게 위반했다. 지난 10년 동안 중국의 세계 철강 생산량 점유율은 3분의 1 미만에서 2분의 1로 증가했으며, 수출량은 4배 이상 늘었다.[51] 이러한 급증은 전 세계적으로 가격을 하락시켰다. 미국의 제철소들은 손실을 막기 위해 생산량을 제한했다.

비슷한 힘에 의해 캐롤라이나의 가구 제조업체와 섬유 공장, 미시간과 오하이오의 자동차 부품 공장, 캘리포니아의 전자제품 공장이 폐쇄되었다.

1999년부터 2011년까지 중국산 수입품으로 인한 충격으로 거의 100만 개의 미국 제조업 일자리가 사라졌으며, 공장 폐쇄의 여파로 문을 닫은 식당과 주점, 필요 없어진 트럭 운전사, 이웃의 실직으로 함께 일이 없어진 목수 등 파급 효과까지 고려하면 그 두 배에 달하는 일자리가 증발했다.[52] 급증하는 중국 제품 수입의 영향을 받은 지역에서는 임금과 고용이 10년 이상 침체된 상태로 지속된다.

하지만 거대한 중국이 미국 노동자들을 거칠게 억압하고 있다는 식의 묘사가 꼭 맞는 말은 아니다. 중국의 관점에서 중국은 아편 전쟁의 죄악을 포함하여 식민지 약탈을 통해 부를 축적한 서구 경제를 따라잡고 있을 뿐이었다. 중국은 세계 경제에서 자국의 장점, 특히 막대한 저임금 노동력을 활용하고 있었다. 세계화에 대해 어떤 평가를 하든, 3억 명 이상의 중국인을 빈곤에서 벗어나게 했다는 사실은 반드시 여기에 포함되어야 한다.

중국의 노동자들은 미국에서 벌어지고 있는 부의 상향식 이전에 취약했다. 새로운 중국 대부호들은 농부들의 토지를 탈취한 다음 지역 공산당 간부들과 그 일부를 나눠 갖는 방식으로 부를 축적했다. 이들은 서로 결탁하여 밀밭을 골프장으로, 논을 과학 공원으로 바꾸고 그로 인한 상금으로 마카오의 5성급 유흥업소를 들락거렸다.

중화인민공화국은 여전히 명목상으로는 마르크스주의 혁명에 헌신한 국가이지만, 미국만큼이나 불평등해지고 있었다. 1978년부터 2015년까지 중국 가구의 상위 10%가 국민 소득에서 차지하는 비중은 27%에서 41%로 증가했다.[53] 같은 기간 동안 하위 절반의 소득은 국민 소득의 27%에서 15%로 떨어졌는데, 이는 미국 하위 절반의 12%보다 살짝 높은 수치이다. 하지만 그래닛 시티의 주민들은 식료품을 확보하는 데 너무 몰두한 나머지 지구 반대편에서 벌어지고 있는 일에 대해 제대로 대응하지 못했다.

미국의 노조원들은 전통적으로 민주당에 투표했다. 하지만 2016년 7월, 시몬스의 노조원 중 일부는 공화당 대통령 후보로 지명된 이 특이한 인물을 받아들이고 있었다. 이들 중 대부분은 자기 회사를 파산으로 몰고 가곤 했던 도널드 트럼프의 성향에 대해 거의 또는 전혀 알지 못했다. 일부는 트럼프가 여성, 멕시코 이민자, 무슬림, 장애인, 심지어 외국 전장에서 사망한 해병대원의 부모에게까지 모욕을 가한 것에 대한 분노를 정치적 올바름으로 치부하기도 했다.

그래닛 시티의 철강 노동자들은 트럼프에 대해 이런 정도로만 알고 있었다. 그는 부유하고 유명하며, 정치권이 세심하게 꾸며 낸 계획들을 붕괴시킬 것이라고 약속했다. 그는 백악관에 입성하여 세계화를 중단하고 일자리를 국내로 가져올 것이라고 말한다. 공장에서 일했던 일부 사람들에게 트럼프는 주로 백인 노동자들 사이에 존재하는 또 다른 묵계, 즉 백인은 대출금 상환을 걱정하는 것과 같은 불명예를 당해서는 안 된다는 관념을 활용했다. 실직, 식료품 저장고 방문, 무력감 등은 다른 인종들의 문제인 것이다.

42년 동안 제철소에서 일한 아버지와 그래닛 시티에서 자란 짐 펠프스Jim Phelps는 "만약 우리가 복지 혜택이 있는 최고의 일자리를 계속 없애고 일자리를 제3세계로 보낸다면, 우리도 제3세계가 될 것이다."라고 말했다. "나는 도널드 트럼프에게 투표할 것이다. 그는 내가 마음속으로만 생각하고 말하지 못한 대부분을 대 놓고 소리로 말한다."

펠프스가 이해하기엔 이러한 많은 수사가 아직 남아 있는 아메리칸드림 일부를 강탈하려 미국으로 몰려드는 이민자 무리를 막기 위해 멕시코 국경을 따라 장벽을 건설하는 것과 연관되어 있다.

"이곳에서 태어난 백인 미국인으로서 국경이 폐쇄되는 것을 보고 싶다."라고 그는 말했다.

흑인 실업률은 오랫동안 백인 미국인 실업률의 약 2배에 머물러 있었으며, 이는 만약 모든 인종에게 닥쳤더라면 정치계가 국가적 비상 사태로 취급했을 수준이었다. 실업의 재앙이 백인 커뮤니티에 도달하자 점점 더 많은 백인 유권자가 이를 시스템적 위기로 규정하는 경향을 보였다.

트럼프는 이를 본능적으로 이해했다. 그가 중국산 수입품에 부과할 관세는 결과적으로 미국 내 광범위한 상품의 가격 인상을 초래하여 수천만 명의 일반 미국 노동자, 특히 서비스업에 집중된 여성, 흑인, 라틴계 노동자의 월급을 감소시키는 효과를 낳을 것이다. 트럼프는 기업의 비용을 증가시켜 국제 경쟁력을 약화시킬 것이다.

이러한 광범위한 피해에 대한 대가로 트럼프의 무역 전쟁은 미국 노동력의 극히 일부, 즉 제조업에 종사하는 대학 학위가 없는 노동자의 16%에 대한 전망만을 강화할 것이다.[54] 즉, 소득이 낮고 장기 실업률이 높은 여타 지역사회를 희생하는 대신 그래닛 시티와 같은 도시의 대다수 백인 남성 공장 노동자들은 어느 정도 보호를 받을 수 있게 되는 것이다.

경제학자 아담 포센Adam Posen은 "제조업 일자리의 물신화는 중립적인 정책이라고 보기 어렵다."며 "무거운 물건을 생산하기 위해 위험한 일을 하는 남성의 이미지는 인간적인 서비스를 제공하는 여성과는 다르게 향수를 지닌 유권자들에게 공감을 불러일으키는 것 같다."[55]라고 말한다.

시몬스는 트럼프를 사기꾼이라고 경멸했다. 하지만 그는 트럼프가 왜 지지를 얻고 있는지 이해했다. 산업 도시를 형성하는 힘을 설명하는 그의 방식은 사실에 부합했다. 수백 개의 유사한 지역사회에서와 마찬가지로 그래닛 시티에서도, 알람시계를 맞춰 놓고 일터로 나가면 누구나 합리적으로 안락한 삶을 누릴 수 있다는 생각이 오랫동안 미국인들의 기본적인 사고방식으로 자리 잡고 있었다. 하지만 그런 생각은 이제 더 이상 작동하지 않았다.

해고되기 전까지 그래닛 시티의 공장에서 38년 동안 일했던 댄 드레넌Dan Drennan은 "물건이 지구 반 바퀴를 돌아서 배송되는데 그것을 우리가 여기서 만드는 것보다 더 싸게 살 수 있다면 뭔가 잘못된 것이다."며 "이것은 2차 세계대전에 참전한 우리 아버지들이 우리가 살기를 바랐던 세상이 아니다."라고 말했다. 그러나 미국 공장 지역에서 벌어진 박탈의 원인을 무역과 세계화로 돌리는 것은 날아가 버린 지붕에 대한 책임을 조잡한 자재로 집을 지은 건설업자가 아닌 폭풍우 탓으로 돌리는 것과 같았다. 궁극적인 책임은 다보스맨에게 있다. 그는 자신의 부를 더 늘리기 위해 시스템을 조작했고, 노동자들에게는 그에 상응하는 대가를 박탈했다.

그래닛 시티 공장을 소유한 대기업 U.S.스틸은 2016년에 4억 4,000만 달러의 손실을 기록했다고 발표했다. 그런데도 이 회사는 주주들에게 3,100만 달러의 배당금을 지급했다.[56] 사장 겸 CEO인 마리오 롱기Mario Longhi에게 150만 달러의 연봉과 주식 기반 보상 및 기타 혜택을 제공하여 총 급여는 1,090만 달러 이상으로 늘었다.[57] 이것이 미국에서 자본주의가 작동하는 방식이었다. 문제가 발생하면 그 결과는 노동자에게 실직, 파산, 우울증 등으로 돌아갔다. 기업들은 어떤 일이 닥쳐도 금고에 돈을 더 쌓을 방법을 찾았다.

일부 경제학자들은 일찍이 중국의 글로벌 무역 시스템 진입이 다른 제조업 중심 도시에 위험을 초래할 수 있다고 경고했다. 2000년에 경제학자 제프 포Jeff Faux는 워싱턴이 이에 동의한 것은 "노동자 권리와 환경 기준을 국제 무역의 의제로 삼아 온 미국의 대의를 사실상 포기했다는 신호를 전 세계에 보낸 것"이라고 선언했다.[58] 그러나 그런 주장은 다보스맨과 그 지지자들의 열렬한 환호 가운데 묻혀 버렸다. 그들은 중국에 대한 투자가 주주들에게뿐만 아니라 전 세계에도 좋은 일이라고 말했다. 중국의 운명을 세계 경제와 연결하게 함으로써 중국 지도자들이 무역 파트너들의 가치를 수용하도록 만들 것이기 때문이라는 것이다. 다보스맨은 중국을 값싼 노동력으로 착취하려는 것이 아니라 시민의 자유를 옹호하려는 것이라는 말이었다.

빌 클린턴은 중국의 세계무역기구 가입을 위한 캠페인을 벌이면서 이 논리를 받아들였고, 그 과정에서 중국 시장에 침 흘리는 다국적 기업들로부터 막대한 선거자금을 모금할 수 있었다.

클린턴은 2000년에 "중국은 단순히 우리 제품을 더 많이 수입하는 데 동의하는 것만 아니라 민주주의의 소중한 가치 중 하나인 경제적 자유를 수입하는 데 동의하는 것이다."라고 선언했다. "이는 인권과 정치적 자유에 심대한 영향을 미칠 것이다."[59]

5년 후, 클린턴은 중국의 가장 유명한 다보스맨인 전자상거래 기업 알리바바의 창업자 마윈의 초대를 수락해서 한 중국 인터넷 협의회에서 기조연설을 했다. 이 회의는 마윈의 고향인 호반 도시 항저우에서 개최되었다. 당시 웹 포털인 야후는 마윈의 회사 지분의 40%를 소유하고 있었다.

야후 이메일 계정을 이용해 국제 인권 단체에 정보를 유출한 중국인 기자가 징역 10년 형을 선고받았다.[60] 야후는 현지 법률을 준수해야 한다며 그의 정보를 중국 당국에 넘겼다. 인권 단체들은 클린턴이 이 사건에 대해 주의를 환기해야 한다고 촉구했지만, 클린턴은 연설에서 그와 관련해 아무런 언급도 하지 않고 단지 인터넷을 인간 해방의 힘으로 칭송했을 뿐이었다.

연설 후 내가 클린턴에게 자유에 관한 이야기와 자신의 여행 비용을 낸 사람들이 넘겨준 기자의 투옥이 어떻게 앞뒤가 맞는 이야기가 되느냐고 물었더니, 그는 웃으며 질문을 못 들었다는 제스처를 취한 후 보안 경계선 안으로 사라졌다.

서구의 기업들은 중국을 변화시키기는커녕 오히려 중국에 의해 거꾸로 변화됐다. JP모건 체이스는 중국 공산당 간부 자녀들에게 인턴십을 제공했고, 그로써 그 부모들은 이 회사의 투자 은행 서비스의 진가를 알게 되었다.[61]

슈워츠먼의 사모펀드 회사인 블랙스톤(Blackstone)은 뉴욕의 월도프 아스토리아 호텔 등 수백억 달러 상당의 부동산을 중국 기업에 매각했다. 중국 국가투자회사인 한 중국 국부펀드는 블랙스톤의 기업공개에 30억 달러를 투자하여 약 10%의 지분을 확보했다.[62] 이 거래는 중국 지도부의 신속한 허가를 받았다.

슈워츠먼은 자신의 가장 열정적인 사업인 슈워츠먼 장학 프로그램을 중요한 발전의 원천으로 홍보했다. 로즈 장학금을 모델로 한 이 프로그램은 국제적 이해를 증진한다는 명분으로 하버드, 예일, 케임브리지 및 기타 명문 대학의 학생들이 중국 칭화대학교에서 공부할 수 있도록 지원했다.

이 블랙스톤의 대표는 그의 돈을 지원받은 젊은 학자들을 축하하는 행사에서 기쁨을 감추지 못했다. 그는 지원자 선정에 있어 중국 공산당 고위 지도자의 영향에 관한 질문에는 답변을 회피했다.[63] 내가 슈워츠먼에게 제기한 질문에 대해 칭화대학교는 서면을 통해 "중국의 장학생 선발 과정을 지나치게 무시하고 있다."며 "이 프로그램을 시작한 이래, 그 의도는 항상 중국이 미래의 지도자를 발굴하여 함께 참여하도록 하는 것이었다."라고 답했다. 그는 또한 슈워츠먼 장학생들이 중국 서부 강제 수용소에 수용된 소수 민족 위구르족을 감시하는 데 사용된 인공지능을 개발한 중국 기업의 CEO를 졸업식 연사로 초청한 것에 대해서도 언급하고 싶지 않다고 했다.[64] 블랙스톤은 성명을 통해 "이 프로그램은 미래의 리더들을 위한 주제의 관련성과 중요성을 고려하여 인공지능 분야에서 인정받는 글로벌 리더를 연사로 선정했다."며 "캠퍼스 연사를 초청하는 것이 해당 연사가 주장하는 모든 활동에 전적으로 관여하거나 지지하는 것을 의미한다는 일반화된 주장은 터무니없는 것이다. 이러한 견해는 오랜 학문적 전통 및 상식과 근본적으로 상충한다."라고 설명했다. 블랙스톤의 성명서 한 문장은 굵은 글씨로 되어 있고 밑줄이 그어져 있었다. "우리는 미래 정책 수립에 도움을 줄 젊은 학생 지도자들 간의 문화 교류를 취소하는 것이 더 평화로운 세상을 만드는 최선의 길이라는 당신의 전제를 근본적으로 거부한다."

사실 그것은 나의 전제가 아니었다. 나는 중국에서 거의 6년 동안 살았다. 슈워츠먼과 나는 베이징에서 사흘간 열린 한 고위급 회의에서 시진핑 주석과 만난 적도 있다. 블랙스톤은 다보스맨이 흔히 현상 유지를 위해 잘못된 이분법적 선택을 제시하듯 엉뚱한 허수아비만을 두들겨 패고 있었다. 미국 억만장자들이 중국 지도자들과 친하게 지내면서 투자를 끌어내느냐 아니면 관계를 끊느냐 둘 중 하나를 선택하라는 것이었다.

그래닛 시티의 노동자들이 중국을 바라보는 시각은 틀린 것이 아니었다. 중국의 경쟁력은 그들의 생활 수준을 위협하는 요소였다. 그러나 그들의 삶을 악화시킨 궁극적인 원인은 뉴욕과 실리콘밸리의 회의실, 다보스맨이 규칙을 만든 워싱턴 정부 청사 등 자신의 나라에 있었다.

일부 지역, 특히 스칸디나비아 국가에서는 무역으로 피해를 당한 사람들이 정부 프로그램을 통해 피해를 최소화하고 복구할 수 있었다. 일자리를 잃은 노동자에게 새로운 직업을 훈련시키고 실직 기간 중의 생계비를 지원했다. 그러나 미국에서는 다보스맨이 세금 청구서를 줄이면서 사회 안전망 프로그램에 대한 지출이 삭감되었다.

덴마크에서는 4인 가족의 가장이 실직했을 때 실업 수당과 기타 사회 프로그램 덕분에 6개월 후 이전 소득의 88%를 기대할 수 있었다.[65] 미국에서는 같은 가족이 이전 소득의 27%로 생존할 방법을 찾아야 했다. 덴마크는 연간 경제 생산량의 약 45%에 해당하는 세금을 징수했다. 미국의 경우, 정부는 전체 경제 생산량의 25% 미만의 세수로 운영되고 있었다.

그래닛 시티의 절망의 원인은 세계화가 아니었다. 베조스와 같은 다보스맨에게 더 많은 재산을 몰아주기 위해 우연이 아니라 고의적이고 치밀하게 이익을 배분한 방식이 문제였다.

아마존은 겉으로 보기에는 그래닛 시티의 작은 업체였다. 제철소에서 해고된 노동자들을 고용하여 창고를 운영했다. 다른 곳과 마찬가지로 트럭은 시내 거리를 돌아다니며 소포를 배달했다. 하지만 아마존의 진정한 영향력은 더 근본적이었다. 다른 기업들처럼 아마존은 직원과 고용주 사이의 힘의 균형을 바꾸어 놓았다.

130만 명에 육박하는 직원을 보유한 아마존은 월마트에 이어 미국에서 두 번째로 큰 민간 고용 기업으로 성장했다. 아마존은 그 규모에 걸맞게 임금을 낮추는 동시에 노동 시간당 추가 생산성을 짜내는 데 주력하고 있다.

요컨대, 아마존은 현대 세계를 승자와 패자, 즉 독보적인 유통망의 효용을 누릴 수 있는 사람과 그 유통망의 시장 우위로 인해 피해를 보는 사람으로 구분하는 데 일조했다.

강도 귀족들은 철강이 산업의 중심이었던 시대에 지배력을 축적했다. 베조스는 인터넷 대역폭이 중요 상품인 시대에 제국을 건설하여 현대 상거래의 거의 모든 영역에 자신의 서비스를 도입하면서 전 세계로 눈을 돌릴 수 있었다.

베조스는 제2차 세계대전 이후 수십 년 동안 구축된 국제 무역 체제의 수혜자이자, 그 체제의 작동 방식을 왜곡하여 대부분 이익의 물꼬를 자신과 같은 억만장자에게 돌린 주범이기도 했다.

중상류층에서 편안하게 자란 베조스는 이러한 사실이 알려지는 것을 부끄러워하지 않는 연쇄 성공자였다.

"나는 항상 학문적으로 똑똑했다."라고 그는 말한 바 있다.[66]

마이애미 팔메토 고등학교에서 그는 자신이 졸업생 대표가 될 것이라고 모두에게 떠벌렸고, 그 목표를 달성했다.[67] 그 후 그는 유일하게 관심을 보였던 프린스턴 대학에 입학했다("아인슈타인이 거기 있었다니까."라고 그는 말했다).[68]

1986년 우등으로 졸업한 베조스는 통신 스타트업에 취업한 후 은행을 거쳐 헤지펀드 업계에 발을 들였고, 수학적 알고리즘을 활용해 수익성 있는 거래를 찾아내는 기술을 일찍이 개발한 전설적인 투자자 데이비드 쇼David E. Shaw의 밑에서 일하게 되었다. 그곳에서 베조스는 쇼와 함께 "모든 것을 파는 상점"(the everything store)이라고 부르는 훗날 아마존의 아이디어를 구상했다.[69]

1990년대 중반, 인터넷이 비즈니스 세계를 재편하려던 시기였다. 쇼는 베조스에게 어떤 제품이 온라인 판매에서 가장 수익성이 있을지 알아내는 임무를 맡겼다. 인터넷이 인쇄 매체를 파괴할 것처럼 보였기에 도서는 직관적으로 적절하지 않아 보였지만, 베조스는 암호를 풀어냈다. 당시 300만 권의 책이 발행되고 있었다.[70] 이는 대형 오프라인 서점에 비축하기에는 너무 많은 양이었기 때문에, 온라인 시장에 풀면 즉각적인 이점을 누릴 수 있었다.

베조스는 자신과 같이 비상한 두뇌를 가진 사람들을 고용했다. 면접에서 그는 미국에 있는 주유소가 총 몇 개인지 등 소크라테스식 질문을 통해 지원자가 문제를 어떻게 해결하는지를 관찰할 수 있었다.[71] 그는 월마트의 지배력을 모방하여 경영진을 포섭하고 검소함을 추구했다.[72] 그는 시애틀에 있는 아마존 본사의 커피 키오스크에서 단골 적립

카드에 도장을 찍는 쇼를 하기도 했다.[73] 그는 아마존이 판매세에 노출되는 것을 제한하기 위해 이 도시를 거점으로 선택했다.[74] 아마존은 실제 사업장이 있는 주의 거주자에게 배송되는 주문에 대해서만 판매세를 납부하는데, 워싱턴은 상대적으로 인구가 적었기 때문이다. 직원들은 주차비도 내야 했다.[75]

베조스는 단호함이라는 단어를 선호했다. 아마존이 시장 지배라는 베조스의 사명을 달성하기 위해서는 매일 매 순간이 중요했다. 한 여직원이 일과 삶의 균형을 맞출 가능성에 관해 물었을 때 베조스는 험악하게 반응했다. "우리가 여기 있는 이유는 일을 완수하기 위해서다."라고 그는 말했다. "뛰어나거나 모든 것을 쏟아붓지 못한다면 이곳은 당신이 일할 곳이 아닐 수도 있다."[76]

거의 모든 사람이 어디에서나 그를 가장 똑똑한 사람이라 인정했지만, 그의 괴상한 웃음소리는 감당키 어려웠다. 그 소리는 "멍청이가 꿀벌로 양치질하는 소리", "코끼리가 전동 공구와 사랑을 나누는 소리" 등 다양하게 묘사되었다. 처음 접하는 사람들은 응급 치료를 요청하는 소리로 오해하기 쉬웠을 것이다.

웃기는 이야기들에도 불구하고, 베조스는 그에게 아이디어를 발표해야 하는 사람들 사이에 극심한 두려움을 일으켰다. 그는 바보를 견디지 못했고 어디에서나 바보들을 찾아냈다. 한 직원의 제안이 그의 마음에 들지 않자, 그는 "이 문제는 인간의 지능을 적용해야 하는 거다."라고 말한 적도 있다.[77] 다른 부하직원에게는 "당신은 게으른 거야, 아니면 무능한 거야?"라고 호통을 치기도 했다.[78]

아마존 경영진이 제일 긴장하는 것은 고객서비스에 접수된 불만 사항 메모 상단에 베조스가 물음표 하나를 덧붙여 전달할 때이다.[79] 이제는 잘 알려졌지만, 결정적인 변화를 통해 아마존은 의류, 사무용품, 전자제품, 장난감, 심지어 식료품에 이르기까지 다양한 제품을 취급하는 중앙 물류센터로 성장했다. 2019년에는 전 세계 유통망을 통해 연간 35억 개의 상품을 배송하고 있으며, 이는 전 세계 인구 2명당 1개 꼴이다.

그것은 나아가 비디오 스트리밍으로 사업을 확장하고 영화와 TV 프로그램을 제작하며 할리우드의 주요 기업으로 자라났다. 디지털 시대의 철도 시스템이라 할 수 있는 컴퓨터 데이터 호스팅 및 전송 사업을 지배적으로 장악하여 매출의 대부분을 올렸다. 베조스는 또한 어린 시절 매혹되었던 지구 밖 생명체에 관한 관심으로 인공위성을 발사하고 상업적 우주 탐사 사업을 추진했다.

저널리스트 프랭클린 포어Franklin Foer는 "마르크스주의 혁명가들이 미국에서 권력을 장악하면 아마존을 국유화함으로써 하루아침에 끝낼 수 있을 것"이라고 말했다.[80]

그 문화와 구성의 측면에서 베조스의 회사는 그를 배출한 사회의 전통적 권력 구성을 반영했다. 2019년 말까지 베조스의 고위 경영진 17명 중 아프리카계 미국인은 한 명도 없었고 여성도 전혀 없었다.[81] 그러면서 그는 다양성이라는 단어가 기준의 하향 평준화와 동의어라고 경멸하며 아마존은 능력주의라고 주장했다.

1990년대 후반, 닷컴 붐이 한창일 때 베조스는 포럼의 스타로 주목받았다. 다른 많은 참가자와 마찬가지로 그는 자신의 개인적 성공을 사회적 승리의 한 형태로, 좋은 아이디어를 대박으로 만들 수 있게 해 준 시스템이 유효하다는 증거로 삼았다. 그와 다보스의 다른 억만장자들은 그들의 성공이 조작된 시스템이나 인종적 특권, 아이비리그의 사회적 인맥에 의한 것이 아니라 단순히 더 열심히 노력한 결과라는 생각을 퍼뜨렸다. 마치 베조스와 그의 창고 노동자 사이의 차이가 단순히 시험 공부를 열심히 하지 않은 죄에서 비롯되었다는 듯 자신이 누리는 부는 정당한 보상인 것처럼 보였다.

다보스맨은 자신들의 이익을 희석하는 규제에 대한 방어 수단으로 이 관념을 도입했다. 베조스의 지능과 직업윤리는 타의 추종을 불허하지만, 그의 놀라운 부는 순수한 시장의 힘에 의한 것이 아니라 자기 돈과 노하우를 활용하여 시장을 자신에게 유리하게 왜곡시킨 결과다.

아마존의 성공은 국제 무역에 달려 있었다. 베조스는 직관적인 웹사이트와 정교한 물류 운영 시스템을 구축했지만, 배송할 상품을 만드는 것은 전 세계 공장들에 의존했다. 이것이 바로 그가 쇼와 함께 꿈꿔온 "모든 것을 파는 상점"의 기본 개념이었다.

"언제나 누군가가 중개자로서 수익을 창출한다는 생각이었다."라고 쇼는 1999년에 말했다. "중요한 것은 과연 누가 그 중개자가 될 것인가 하는 것이다."[82]

《월스트리트 저널》의 조사에 따르면 아마존이 중국 공급 업체를 적극적으로 모집하여 고객에게 판매하는 과정에서 물품이 광고한 대로 도착하지 않거나, 연방 안전 기준을 위반한 제품이 공급되는 사례가 급증했다.[83] 2019년까지 아마존에서 가장 활발하게 활동하는 계정의 거의 40%가 중국에 기반을 두고 있었다(비록 아마존은 이 기사에 대해 이의를 제기했지만).

베조스는 창고 노동자에 대한 허접한 처우, 독립 서점 및 기타 경쟁업체에 대한 무자비한 평가절하 등 자신의 회사에 대한 비판을 오랫동안 회피하면서 자신을 기술에 의해 필연적으로 발생하고 지구상의 누구도 가둘 수 없는 변화의 수혜자라고 주장해 왔다.

언젠가 그는 "아마존이 출판 사업에서 벌어지고 있는 일은 아니다."라고 말했다. "출판업에서 벌어지는 일은 바로 미래이다."[84]

하지만 베조스는 의도적으로 그 미래라는 것을 설계했다. 아마존은 사업을 침식하려 위협하는 판매세에 맞서기 위한 로비 활동에 자금을 지원했다. 판매세 징수를 고려하던 주들은 더 우호적인 관할 지역으로 떠나겠다는 아마존의 위협으로 괴롭힘을 당했다. 아마존은 법인세 환원 캠페인에 힘을 쏟았고, 트럼프가 대통령이 되면서 이 캠페인은 결실을 보았다.[85]

2018년까지 아마존은 워싱턴에 다른 어떤 기술 기업보다 많은 28명의 로비스트를 고용하고 있었고, 계약직으로 100명을 더 고용했다.[86] 이 막강한 조직에는 전직 국회의원 4명이 포함되어 있었다. 미국 외에도 특히 프랑스와 독일에서 노조와 얽히면서 노동력을 저임금의 대명사인 미국처럼 만들려 한다고 비난을 받기도 했다.

아마존은 또한 수년에 걸친 노력으로 미국의 독점 금지법을 무력화시킨 기업 로비의 주요 수혜자였으며, 이를 통해 시장 점유율을 높이는 과정에서 베조스는 수많은 기업을 집어삼킬 수 있었다. 아마존은 고객들의 구매 습관에 대한 전례 없는 양의 데이터를 수집할 수 있었고, 이러한 지식을 투명하지 않은 방식으로 활용하여 더 많은 제품을 판매할 수 있었다. 볼펜부터 식기 세척제에 이르기까지 모든 품목에서 결정적인 시장 지위를 활용하여 고객을 자사 제품으로 유도했다.[87] 베조스가 쿠웨이트의 연간 경제 생산량보다 더 많은 재산을 모을 수 있었던 이유 중 하나는 고객들이 자신도 모르게 프리미엄을 지급했기 때문이다.

무엇보다도 아마존이 대기업은 더 효율적이어서 소비자에게 보다 유리하다는 핵심 논리를 통해 수십 년간 독점 금지법을 약화해 온 기업 로비의 수혜자였기에 이는 아이러니한 일이었다.

이것은 1930년대 뉴딜정책으로 거슬러 올라가 다보스맨의 선조들이 기업의 폐습에 대한 보호 장치를 해체하기 위해 써먹었던 것과 같은 논거였다. 이것이 대기업들이 노동 착취와 중소기업에 대한 약탈적 취급에 대한 단속을 피하는 방법이었다. 가격을 낮출 수만 있다면 무엇이든 공공의 이익에 부합하는 것으로 박수를 받아야 했다. 아마존은 이러한 공식의 구현에 대한 기념비였다.

아마존은 2021년 4월 창고 내부의 위험한 환경에 대한 보고에 대응하여 50만 명의 직원 임금을 시간당 최저 15달러로 인상했지만, 이는 불공정한 처우를 개선하기보다는 경쟁업체에 피해를 주기 위한 조치로 더 큰 효과를 보였다.[88] 아마존은 임금을 인상함으로써 월마트와 같은 경쟁업체들이 충분한 인력을 고용하는 데 어려움을 겪도록 만들었다. 그 결과 아마존은 전자상거래 시장에서 더 많은 점유율을 확보하여 지배력을 강화할 수 있었다.

무역과 세계화는 브레튼우즈의 선조들이 구상한 대로 적대국을 무역 강국으로 바꾸고, 일자리와 경제성장을 끌어내며, 전 세계 상점에 저렴한 제품을 풍부하게 공급하는 등 효과를 발휘했다. 하지만 이득의 대부분은 베조스와 같은 다보스맨들이 챙겼다.

이것은 그래닛 시티에서 오랫동안 철강 노동자로 일했던 마이클 모리슨이 월급이 너무 절실한 나머지 어쩔 수 없이 아마존 창고에서 이전에 받던 임금의 극히 일부 수준의 급료로 일을 하게 된 사연이다.

모리슨은 서른여덟 살이 되던 1999년에 제철소에서 일을 시작했는데, 어린 자녀 셋을 둔 아버지가 되자 문득 장기적인 진로에 대해 생각에 빠졌다.

"드디어 은퇴할 때까지 일할 만큼 안정된 직장에 들어온 것 같았어요."라고 그는 말했다.

그는 용광로에서 슬래그를 삽으로 퍼내는 고된 일을 하며 가장 낮은 직급에서 시작하여 제일 촉망받는 직책인 크레인 운전사까지 올라갔다. 서까래에 자리 잡은 조종석에서 조종간을 조작하며 녹아내린 쇳물을 쏟아내는 350톤짜리 쇳물 주걱을 조종했다. 단순한 실수가 큰 비용을 초래하거나 치명적일 수 있기에 기술과 집중력이 필요한 어려운 작업이었다. 그는 시간당 24.62달러를 벌어 주택담보대출을 갚을 수 있었다. 그는 낚시 여행을 위한 트럭과 보트도 사들였다.

모리슨은 세 자녀가 화이트칼라 세계에 진출하기를 원했기 때문에 가능한 한 많은 야근을 하며 대학 학비를 모았다. 그의 딸은 역학(疫學) 석사 과정을 마쳤다. 아들은 인근 사립 대학인 맥켄드리 대학교에 등록했다.

그러던 2015년 가을, U.S. 스틸은 그래닛 시티의 생산량을 줄이기 시작했다. 크리스마스 이틀 전, 모리슨은 공장에서 정규 근무를 마치고 휴게실에 들어갔다.

"모두가 좀비처럼 서서 게시판을 바라보고 있었죠." 그는 내게 말했다. 거기에는 명단이 붙어 있었고 그중에는 그의 이름도 있었다. 명단에 오른 사람들은 사물함을 비워야 했다.

"열두 살 때부터 일을 해 왔어요."라고 말한 그는 이 큰 변화를 이해하기 위해 애쓰고 있었다. 그는 신문 배달부터 시작해서 형의 타코 가게에서 요리사로 일했다.

푸른색 철강노조 티셔츠가 그의 건장한 몸을 감싸고 있었다. 굳은살이 박인 그의 손은 수년간의 육체노동을 증명했다. 하지만 그가 격주로 받던 2,000달러의 월급은 주당 425달러의 실업 수당이 되었다. 그리고 그 돈마저 중단되었다. 실업 수당 한도인 6개월에 도달했기 때문이다.

"아들에게 3학년이 되어도 맥켄드리로 돌아갈 수 없다고 말해야 했어요."라고 모리슨은 애써 평정심을 유지하며 말했다. "그 애는 이제 커뮤니티 칼리지에 가야 합니다." 침을 꿀꺽 삼키는 그의 눈꼬리에 눈물이 흘렀다. "정말 가슴이 무너집니다." 그가 말했다. "나는 대학에 가지 못했어요. 내 아이들은 성공하길 바랐는데."

그는 최근 아마존 물류창고에서 감독관으로 일하려 면접을 보았지만, 컴퓨터 기술이 부족했다. 그래서 창고 통로를 돌아다니며 선반에서 제품을 꺼내 상자에 넣는 '처리 직원'이라는 말단 직급으로 취직했다. 시급은 시간당 13달러로 제철소에서 받던 임금의 절반에도 미치지 못했다.

입사 첫날, 감독자들은 교대 전 팀 강화 의식을 위해 직원들을 줄 세웠다. "감독관들은 손뼉을 세 번 치고 '배송장으로 출발!'이라고 외치라고 말했어요." 모리슨은 이렇게 회상했다.

그는 이에 따르지 않았고, 그것이 아마존 상사의 눈에 띄었다. "한 남자가 제게 다가와서 '손뼉을 치지 않는군'이라고 말했어요. 나는 '네, 난 그런 거 안 좋아합니다. 그건 제 취향이 아니에요'라고 말했죠. 그는 '그게 우리가 여기서 단합을 이루는 방식이요'라고 말하더군요. 그래서 나는 '글쎄, 나는 30년 넘게 노조원으로 활동했지만, 박수 같은 건 한 번도 쳐 본 적이 없는데요'라고 말했습니다. 그 순간 나는 강등된 기분이 들었죠."라고 모리슨은 말했다.

그는 근무를 마친 후 다시는 돌아가지 않았고 결국 다른 창고로 옮겨 시간당 17.50달러를 받고 야간 근무를 했다. 대부분의 동료 철강 노동자와 마찬가지로 모리슨은 평생 민주당 당원이었다. 그리고 다른 많은 노조원과 마찬가지로 그는 중국과 맞서겠다는 트럼프의 약속, 그리고 이민자들이 일자리를 탈취하고 있다는 트럼프 선거운동의 핵심 신화에 솔깃해 트럼프에게 마음을 빼앗겼다.

모리슨은 자신이 여성의 사타구니를 움켜잡았다고 트럼프가 말하는 장면이 담긴 비디오테이프를 보고 불쾌감을 느꼈지만, 다른 많은 정치인도 그런 행동을 한다고 생각했다. 트럼프가 신나치 행진자와 백인 우월주의자를 칭찬한 것을 용인할 수 있는지 물었을 때 모리슨은 길게 한숨을 쉬었다. "나 스스로 어떤 식으로든 인종차별주의자라고는 생각하지 않습니다."라고 그는 말했다. 그러나 그는 백인들이 실존적 위협에 직면해 있다는 트럼프 후보의 핵심 이해에 동의한다는 점을 분명히 했다. "불법 이민자들이 몰려오고 있다."

그는 2016년 트럼프에게 투표하지 않았는데, 노조를 존중해 달라는 시몬스의 호소에 흔들렸기 때문이다. 하지만 트럼프를 백악관으로 보내기 위해 동정심을 갖고 투표한 다른 사람들도 매우 많았다. 미국을 기회의 땅이라 생각하는 데 익숙한 이 나라에서 트럼프는 자신의 집권 경로로 하향 착취 현상과 결합한 이민자에 대한 거짓말을 활용했다.

당시의 인스타 분석과는 달리, 트럼프가 단순히 백인 노동자 계층의 표를 얻었다고 해서 승리한 것은 아니다. 2016년 트럼프 지지층의 3분의 1도 이 계층에서 나온 것이 아니었다.[89]

슈워츠먼 같은 다보스맨들이 감세와 규제 완화를 위해 트럼프를 받아들였다. 백인 유권자들이 세대를 거쳐 공화당에 투표하는 경향이 있었던 것과 같은 이유, 즉 실제로는 백인이 가장 큰 수혜자임에도 많은 백인 미국인이 소수자를 위한 시혜라고 생각하는 복지국가에 대한 암묵적인 비난, 다시 말해 작은 정부와 낮은 세금에 대해 충성을 표하기 위해 트럼프에게 몰려들었던 것이다.

그러나 백인 노동계급 유권자의 60%가 2016년에 트럼프에게 표를 몰아주면서 공화당으로 꾸준히, 그리고 장기적으로 이동하고 있다. 공화당 대선 후보에 대한 지지율이 가장 많이 증가한 곳은 중국과 멕시코로부터 수입을 가장 많이 한 지역이었다.[90]

모겐소Morgenthau가 국제 협력이 지배하는 시대의 도래를 선언한 지 70년이 지난 후, 트럼프는 두 단어로 요약할 수 있는 장엄한 취임 연설을 발표했다. "미국 우선주의."(America First) 그는 여전히 세계화를 믿는 사람들을 조롱하듯 이 말을 반복했다.

"우리는 우리 제품을 만들고, 우리 기업을 훔치고, 우리 일자리를 약탈하는 다른 나라들로부터 국경을 지켜야 한다."

2020년이 되자 모리슨은 예전 직장이었던 제철소로 돌아갔고, 트럼프가 중국산 제품에 관세를 부과한 덕을 톡톡히 봤다. 그는 그해 트럼프에게 투표했다.

"내 생각에 공화당은 일자리를 위한 정당이고 민주당은 노조를 위한 정당입니다." 모리슨은 나에게 말했다. "일자리가 없으면 노조가 무슨 필요가 있습니까."

그 무렵에 이르자 그는 중산층의 삶을 파괴한 책임이 언론에 있다고 비난하기 시작했다. 그는 민주당, 이민자, 소셜 미디어 그리고 다보스맨을 제외한 모든 사람을 비난했는데 그들의 약탈은 너무 포괄적이어서 사실상 눈에 보이지 않았던 것이다.

3
"갑자기 주문이 끊겼다"
다보스맨의 선조들

호모 사피엔스의 진화를 연구하려면 침팬지를 조사해야 한다. 다보스맨의 진화를 이해하려면 이탈리아로 가야 한다.

여느 나라와 마찬가지로 부유한 이탈리아 사람들은 정부의 손이 닿지 않는 곳에 돈을 숨기는 기술을 익혀 왔다. 탈세는 때때로 국민 스포츠 자리를 놓고 축구와 경쟁하는 듯 보였고, 이러한 현실은 국민에게 냉소를 불러일으켜 국가 통치를 약화하며 정치를 시끄럽게 분열시키는가 하면 무능한 기회주의자들이 득세하기 쉬운 환경으로 만든다.

다보스맨이 전 세계를 약탈하기 수십 년 전, 그의 선조들은 이탈리아에서 이 기술을 완성하고 있었다. 이들의 공공 금고 약탈은 팬데믹과 같은 위기에 대응하는 국가의 능력을 약화했고, 경제를 더욱 활기차게 만들 수도 있었던 투자를 제한했다.

이탈리아 엘리트들이 자신들의 이익을 위해 자본주의를 왜곡한 대표적인 사례로 특별히 한 기업을 들 수 있다. 이탈리아의 최고 권력자들은 여러 세대에 걸쳐 피아트사를 착취해 왔으며, 공공의 희생을 치르면서까지 이 거대 자동차 제조업체를 개인적 부를 위해 벗겨 먹었다.

이탈리아 전역에서 라보카토(L'Avvocato, 그 변호사)라는 대명사로 불리는 지아니 아그넬리Gianni Agnelli보다 더 공격적으로 사기 행각을 벌인 사람은 없었다.

1921년 이탈리아 북부 도시 토리노에서 태어난 아그넬리는 평생 대중의 인기를 독차지했다. 그의 할아버지가 설립한 피아트는 제2차 세계대전의 폐허를 딛고 이탈리아의 재건을 상징하는 기업으로 성장했다. 회사와 국가는 함께 부를 쌓아 갔으며, 디자인과 엔지니어링 능력을 바탕으로 전 세계가 탐내는 제품을 생산했다.

아그넬리는 1966년에 회사를 인수했다. 피아트는 중산층이 증가함에 따라 신뢰할 수 있고 합리적인 가격의 자동차를 공급하며 승승장구했다. 마케팅은 이탈리아 국기로 포장되었다. 포드가 곧 미국이었던 것처럼 피아트도 그 자체로 이탈리아였다. 1970년까지 피아트는 이탈리아에서 연간 140만 대 이상의 자동차를 생산하고 10만 명의 직원을 고용했다.

"아그넬리는 피아트다."라는 구호는 나아가 "피아트는 토리노, 토리노는 이탈리아다."라는 유명한 슬로건으로 이어졌다.[91]

아그넬리 가문은 부와 화려함, 명성, 비극과 얽힌 인연, 스캔들 성향으로 인해 이탈리아의 케네디 가문으로 불렸다. 지아니는 스포츠카를 몰고 스타들과 함께 프랑스 리비에라로 훌쩍 떠나는 일탈을 즐겼다.

패션에 대한 열정이 남다른 나라에서 그는 관습을 거스르는 아이콘이었다. 《에스콰이어》는 아그넬리를 "세계 역사상 가장 잘 차려입은 남자" 목록에 올리면서 "그는 넥타이를 비스듬히 매고 시계를 팔목 위에 차고 다니며 스프레자투라(sprezzatura), 즉 외모에 신경 쓰지 않는 것으로 보이는 이탈리아의 독특한 미적 감각을 선보여 라이벌들을 당황하게 했다."라고 설명했다.[92]

그는 반은 미국인, 반은 이탈리아인으로 고귀한 출신을 증명하는 칭호를 가진 또 다른 유명 인플루언서 도나 마렐라 카라치올로 데이 프린치피 디 카스타그네토Donna Marella Caracciolo dei Principi di Castagneto와 결혼했다. 예술품 수집가이자 패브릭 디자이너였던 그녀는 패션 잡지에 자주 등장했다. 사교계 명사인 외교관 파멜라 해리먼Pamela Harriman, 그리고 전 미국 대통령 존 F. 케네디의 미망인 재키 케네디 오나시스와 아그넬리가 벌인 열애로 인해 그들의 결혼은 끊임없이 가십거리가 되었다.

전성기 시절 아그넬리의 재산은 20억 달러가 넘는 것으로 추정되었는데 이탈리아 산업의 왕이자 이탈리아 최고 부호로 칭송받았다. 그의 기업들은 이탈리아 주식 시장 가치의 4분의 1 이상을 차지했으며 36만 명의 직원을 고용했다. 그는 이탈리아에서 가장 영향력 있는 신문사 두 곳과 이탈리아에서 강력한 축구팀 중 하나인 유벤투스를 소유하고 있었다. 그는 국가적 아이콘인 페라리의 지배 지분을 인수하여 피아트의 글로벌 확장을 이끌었다.

2003년 80세 생일을 두 달 앞두고 전립선암으로 사망했을 때, 아그넬리의 장례식은 텔레비전을 통해 전국으로 생중계되었다. 아그넬리의 시신이 토리노의 중앙 성당으로 운구되기 전 그의 마지막 모습을 보기 위해 10만 명 이상의 사람들이 피아트 본사에 몰려들었다.

당시 이탈리아 총리였던, 그리고 그의 동료 억만장자인 실비오 베를루스코니Silvio Berlusconi가 기념식에 참석했다. 교황 요한 바오로 2세는 아그넬리를 "이탈리아 역사의 가장 중요한 순간을 함께한 권위 있는 주역"이라고 칭송하는 성명을 발표했다.

하지만 그가 사망하고 6년 후, 아그넬리는 엄청난 규모의 탈세를 저지른 것으로 밝혀졌다. 이 사실은 2009년 아그넬리의 딸인 마르게리타 아그넬리Margherita Agnelli가 자신의 어머니와 몇몇 법률 및 재정 고문을 상대로 아버지의 자산 일부를 숨겼다며 소송을 제기하면서 밝혀졌다. 이 법적 소송은 이탈리아 전역을 뒤흔든 비밀의 장막을 걷어 냈다. 아그넬리는 수년 동안 재산의 일부를 해외에 은닉해 왔던 것이다.

전 세계에 흩어져 있는 고급 아파트 등 그의 은닉 재산은 10억 유로로 추정되는데 파리에만 6채의 아파트가 있었다.[93] 아그넬리는 리히텐슈타인의 재단, 영국령 버진아일랜드에 설립된 3개의 회사, 암스테르담, 룩셈부르크, 델라웨어에 회사를 둔 두 개의 스위스 지주회사 법인 등 여러 가지 차명 수단을 통해 재산을 숨겼다.

이탈리아에 자동차와 월급을 제공하는 것으로 존경받는 아그넬리는 전 세계 모든 조세 회피처에 숨어 있는 회계사와 변호사 들을 조용히 부유하게 만들고 있었다.

이탈리아 당국은 탈세 혐의로 아그넬리의 미망인과 딸을 추적했다. 결국 당국과 합의했지만, 마르게리타는 세계 최고 부호들이 어떻게 재산을 숨겼는지 폭로한 파나마 문서(Panama Papers)가 공개되면서 해외에 은닉한 재산에 대해 다시 한번 설명해야 하는 상황에 부닥쳤다. 이 문건은 그녀 역시 영국령 버진아일랜드에 15억 유로를 보유한 지주회사를 설립했다는 사실을 폭로했다.[94]

그 무렵 이탈리아는 전후 빛나는 성공 사례에서 유럽의 주요 경제국 중 가장 불행한 나라로 전락했다. 마피아가 세력을 유지하면서 부패는 곪아 터졌다. 은행에는 상환할 수 없는 대출금이 넘쳐났는데, 이는 일부분 정치적으로 결탁한 경영자들이 운영하는 수상한 벤처기업을 지원하기 위해 빌려준 대출이 많았기 때문이다. 1980년대 공공 지출의 후유증으로 놀라울 정도로 늘어난 정부 부채는 교육, 의료, 인프라에 투자할 수 있는 국가의 여력을 제한했다.

유럽연합의 창립 회원국인 이탈리아는 1999년에 유로화를 채택하여 부채를 꺼리는 독일인들이 지배하는 통화 시스템의 안정성과 규율을 확보했다. 그러나 재정적자를 엄격하게 제한하는 통화 정책으로 인해 정부는 성장 촉진을 위한 지출을 할 수 없었다.[95]

이탈리아는 다보스맨이 국제 금융의 소굴에서 무모한 도박을 벌임으로써 초래한 2008년의 글로벌 금융 위기에서 회복하지 못했다. 대규모 탈세와 적자 지출에 대한 유럽의 금지 조치가 결합하여 자본이 고갈되고 경제에 불황이 촉발되었다.

2013년에는 청년 실업률이 40%를 넘어서며 치솟자, 젊은이들은 일자리를 찾아 영국과 프랑스로 떠났다. 많은 젊은이가 독립된 일터와 가족을 꾸리려는 계획을 미루고 부모의 집에 머무르게 되고 출산율이 급격히 떨어졌다. 인구 고령화로 인해 은퇴자를 위한 연금과 의료 서비스를 제공할 수 있는 노동 연령 인구가 줄어들면서 절망의 원인은 더욱 심화되었다. 이러한 암울한 진실은 이탈리아 사람들의 일상 언어 속에 스며들어 잃어버린 수십 년, 잃어버린 세대, 잃어버린 꿈에 관한 이야기를 불러일으켰다.

끝을 알 수 없는 경제 불황이 확연한 이탈리아 남부에서 나는 정규직의 보호도 받지 못한 채 집 청소와 귤 따기로 생계를 이어 가고 있는 스물아홉 살의 엘리오 바갈리Elio Vagali라는 청년을 만났다. 그의 절박함은 그의 간절한 열망에 그대로 반영되어 있었다. 그는 이오니아해의 타란토시에 있는 녹슬어 가는 일바(Ilva) 제철소에서 일하고 싶었다. 이 제철소는 주변 지역사회의 암 집단 발병과 관련이 있는 곳이었다. 바갈리는 부모님의 아파트에서 독립할 월급을 벌기 위해서라면 자신의 건강마저 기꺼이 희생할 수 있었다. 하지만 여전히 일자리는 없었다.

2018년 2월에 만났을 때 바갈리는 "누군가 아는 사람이 없으면 취업이 어렵다."며 "여기에는 나를 위한 아무것도 없다."라고 말했다.

유럽의 다른 지역에서는 다보스맨이 노조의 힘을 약화하고 감세 재원을 마련하기 위해 지출을 삭감해야 한다는 '재정 억제'를 촉구하면서 이탈리아를 경고의 사례로 삼는 경향이 있었다. 다보스맨은 정부가 예산 절감을 무시하고 노동자에게 관대한 연금을 지급했을 때 일어나는 일이 바로 이탈리아에서 벌어지고 있다고 말했다. 노동자를 해고하는 것이 거의 불가능해지면서 투자를 유치하려는 이탈리아의 노력도 쇠퇴했다는 것이다.

이러한 묘사에는 한편 진실도 있었다. 이탈리아의 노동 보호는 지나치게 관료적이어서 기업의 성장을 제한했다. 이탈리아의 법원 시스템은 절망적으로 느려서 은행이 부실채권을 처리하지 못해 담보물을 회수할 수 없는 경우가 많았다. 그러나 이탈리아의 문제 중 대부분은 낮은 성장과 정부 재원 부족으로 귀결되었다. 그리고 이탈리아의 부족한 활력과 끝없이 암울한 재정은 상당 부분 다보스맨이 저지른 악행의 결과였다.

로마의 테크노크라트들은 유럽연합의 규칙에 따라 유럽연합의 예산 삭감 요구를 따랐다. 방만 경영과 탈세가 겹치면서 이탈리아는 끊임없이 자금 부족에 시달렸다. 이는 도로, 교량, 철도가 붕괴하는 이유와 정교한 의료 시스템이 팬데믹 앞에서 어떻게 무너지는지 설명하는 데 도움이 되었다. 경영진은 정계 인맥을 이용해 민간 기업에 대한 대중의 지지를 얻은 후 이에 따른 수익금을 챙겼다.

높은 부채와 예산 부족에 직면한 정부는 그 격차를 줄이기 위해 세금 징수 개선에 집중했다. 나중에 탈세 스캔들로 물러난 실비오 베를루스코니 총리는 2009년 해외에 돈을 숨겨 둔 이탈리아인들이 합법적으로 돈을 국내로 가져오는 대신 5%만 정부에 납부하는 이른바 '세금 보호막'을 도입했다.

이 계획은 음지에서 활동하는 부유한 사람들에게는 매력적이었지만 이탈리아라는 국가에는 막대한 비용이 들었다. 당국은 상당한 이익을 거둘 수도 있었던 대대적인 탈세 조사를 중단했다. 스위스에 있는 HSBC 은행의 금고에 돈을 예치한 이탈리아인들에 대한 소송을 취하하면서 7억 유로를 포기했다.[96]

이후 이탈리아 정부는 탈세자들과 간헐적으로 위협적인 전쟁을 벌이면서 사면을 제안했다. 이탈리아의 부채는 증가하고 기반 시설은 악화하였으며, 빈곤층과 중산층은 이탈리아가 점점 더 불평등해지는 것을 지켜보면서 씁쓸함을 감추지 못했다.

유럽연합의 추정에 따르면 2014년까지 유럽 부가가치세 탈세로 인한 이탈리아의 국고 손실은 370억 유로에 달했다.[97] 그 과정에서 피아트는 이탈리아의 쇠퇴와 손실, 일자리 감소, 소비자에게 외면당하는 자동차 생산이라는 경로를 따라갔다. 엔지니어링 기술은 다른 재능, 즉 공공이 내어주는 이익을 확보하기 위해 정치적 줄타기를 하는 수완으로 대체되었다. 아그넬리의 동생 움베르토Umberto가 잠시 피아트의 경영권을 승계했다. 그 역시 이듬해 사망하자 회사는 세르지오 마르치오네Sergio Marchionne를 CEO로 임명했다.

무뚝뚝하고, 대담하며 수익에만 전념하는 마르치오네는 정장을 피하고 격식 없는 복장을 선호했다. 그는 하루에 500만 유로의 손실을 기록하던 회사를 인수했다. 마르치오네는 관리자를 해고하고 수익성이 없는 사업을 정리했다. 그는 위기를 이용해 정부로부터 돈을 끌어내는 데 탁월한 능력을 보여 주며 스스로가 뛰어난 다보스맨임을 드러냈다.

2005년 8월, 대부분의 이탈리아 사람이 해변에 있을 때 마르치오네는 로마에 있는 베를루스코니의 관저를 방문했다. 당시 피아트는 이탈리아에 남아 있는 공장을 폐쇄하는 방안을 검토 중이었는데, 그렇게 되면 수만 개의 일자리가 사라질 것이라고 마르치오네는 경고했다. 유일한 대안은 공적 구제뿐이었다. 마르치오네는 1억 3,000만 유로가 넘는 현금과 연구 개발 프로그램에 대한 정부 보조금, 소비자 구매에 대한 세금 인센티브를 즉시 투입할 것을 주문했다.[98] 그렇지 않으면 베를루스코니는 이탈리아의 대표 기업이 더 이상 이탈리아 기업이 아닌 이유를 설명해야 하는 상황에 부닥치게 될 것이었다.

베를루스코니도 동의했다. 2005년 10월, 피아트는 다시 수익을 내고 주주들에게 배당금을 지급하기 시작했다. 이러한 성공에 고무된 마르치오네는 공적 지원을 확보하기 위해 정리해고로 위협하는 도박을 반복했다. 그는 나폴리 외곽에 있는 피아트 공장의 직원 급여 대부분을 정부가 책임지도록 설득했다. 이탈리아는 회사에 해외 진출을 위한 자금까지 지원했다.[99] 공공 지원에도 불구하고 피아트는 시칠리아에 있는 공장을 폐쇄하고 1,500명의 노동자를 해고했다.

마르치오네의 가장 중요한 사업은 세계 경제에서 이탈리아의 입지를 재편할 합병이었다. 피아트는 미국의 3대 자동차 제조업체 중 하나인 크라이슬러를 인수했다. 2014년 이 거래가 완료된 순간부터 피아트의 주식은 뉴욕증권거래소에서 거래되기 시작했고, 글로벌 투자자들은 이탈리아의 가장 유명한 기업의 임금 및 노동 조건에 대해 더 큰 영향력을 행사할 수 있게 되었다. 동시에 피아트는 공식적으로 이탈리아를 떠나 영국에 법인을 설립했다.[100]

아그넬리는 피아트FIAT 이름의 I와 T가 이탈리아와 피아트의 끊을 수 없는 유대를 보여 주는 증거라고 말한 것으로 알려져 있다. 그러나 이러한 유대 관계는 영국의 낮은 세금, 특히 자본 이득에 대한 세금의 매력 앞에 무너졌고, 이에 따라 회사는 주주들에게 더 많은 배당금을 지급할 수 있게 되었다.

이탈리아의 국가 지원과 임금 억제는 피아트의 경쟁력을 높여 일자리와 미래 세수를 창출할 수 있을 것으로 예상되었다. 그러나 영국으로의 이전은 피아트가 세금 대부분을 영국에 납부한다는 것을 의미했다.

마르치오네가 지휘봉을 잡은 후 10년 동안 피아트의 이탈리아 인력은 4만 4,000여 명에서 2만 3,000여 명으로 줄었다. 남은 노동자의 절반에 대해서도 국가가 규제하는 특별법을 적용, 피아트는 이들에게 계약액보다 낮은 임금을 지급할 수 있었다.

하지만 직원 한 명은 번영을 누리고 있었다. 마르치오네는 2017년 주식 교부금과 보너스를 포함하여 총 4,600만 유로가 넘는 보수를 받아 이탈리아에서 가장 높은 보수를 받는 CEO가 되었다.[101] 이 보수는 그가 성실하게 서비스를 제공한 주주들에게 받은 보상이었다.

피아트가 처한 운명은 이탈리아가 다보스맨에 의해 정복되었다는 신호였다. 수년간에 걸쳐 납세자의 세금과 제도적 지원 혜택을 받은 한 다국적 기업이 런던, 뉴욕 및 기타 멀리 부의 중심지에 있는 주주들에게 포상금을 나누어 주고서는, 자신을 키워 준 지역사회와 노동자들을 내팽개친 것이다.

다보스맨의 이탈리아에 대한 대대적인 약탈과 활력을 잃은 이탈리아의 몰락은 수십 년에 걸쳐 서서히 진행되었다. 이탈리아의 쇠퇴는 제도와 통치 엘리트에 대한 신뢰를 약화시켰다. 2019년 퓨 리서치 센터의 조사에 따르면 이탈리아 국민의 77%는 경제 상황이 나쁘다고 응답했고 73%는 선출직 지도자들이 일반 국민의 상황에 관해 관심이 없다고 생각했다.[102] 이는 이탈리아의 문제를 내부 약탈자가 아닌 얼굴 없는 외부인에게 책임을 돌리는 냉소적인 정치인들이 나아갈 길을 열어 주었다.

미국에서는 트럼프가 백인 노동자 계층의 분노를 자극해서, 집권한 것과 마찬가지로, 이탈리아의 우파 극단주의자들은 경제적으로 어려운 상황을 악용하여 집권했다. 트럼프가 이민자에 대한 근거 없는 공포를 부추겨 표를 얻은 것처럼, 이탈리아 우파는 아프리카 출신 이민자들에 대해 공연히 문제를 일으켜 비난하며 힘을 얻었다.

2014년 이탈리아 해안에 점점 더 많은 이민자가 상륙하기 시작하자, "동맹"이라 불리던 정당의 지도자 마테오 살비니Matteo Salvini는 이민자 유입을 발판으로 삼아 두각을 나타내기 시작했다. 이탈리아가 직면한 문제에 대한 그의 단순한 처방인 이민 중단과 문화적 우월주의에 대한 인종차별적 호소는 대중이 고통받는 근본 원인이 부패, 탈세, 긴축 재정에 있음을 무시한 것이었다. 그는 다보스맨에 대한 비난은 아끼면서 외국인에 대한 분노를 단련시켜 갔다.

그의 유세의 효능은 오랫동안 경제가 기능 마비를 보여 온 나라의 많은 노동자에게 끊임없이 부족주의적 호소를 하는 데 달려 있었다. 살비니와 다른 우익 극단주의자들은 이탈리아 중산층에게 일어난 일에 대해 비록 가짜이긴 하지만 일관성 있는 이야기를 제공함으로써 번창하게 되었다.

토스카나 중부 지역의 도시 프라토와 같이 오랫동안 정치적 좌파를 지지해 왔던 유권자들이 갑자기 우파로 기울고 있는 곳에서도 이러한 변화를 확인할 수 있다.

그래닛 시티가 철강 도시였던 것처럼 프라토는 섬유 도시였다. 에도아르도 네시Edoardo Nesi는 모든 일을 한눈에 내려다볼 수 있는 지휘자의 위치에 있었다. 도시 위 언덕에 자리 잡은 그의 대저택은 자기 가문의 부의 원천이 되어 온 할아버지가 세운 방직 공장을 바로 내려다보고 있었다.

네시는 낮에는 섬유 사업을 경영하고 밤에는 소설을 집필하며 시간을 보냈다. 가족 저택의 벽에는 시와 예술 서적, 좌파 경제학 서적들로 가득 찬 책꽂이가 늘어서 있었다. 그의 아버지는 베토벤, 문학, 고지서 납부의 기한 엄수를 좋아했다. 그는 아들에게 사업의 4분의 3에 달하는 수익성 높은 계약을 물려주었다. 그들은 독일의 외투 제조업체에 양모를 보냈는데, 대부분은 납품 후 열흘이 지나면 어김없이 대금을 보내왔다.

"아버지는 내게 '학교에 갔다가 방과 후 일하러 오기만 하면 아무 문제가 없다'라고 말씀하셨다."라고 네시는 말했다. "'우리는 늘 성공해 왔다. 너도 마찬가지일 것이다.' 아버지는 내게 제때 좋은 품질을 제공하기만 하면 되니 이 얼마나 간단한 일이냐고 계속 말씀하셨다. 그게 비결이었다. 우리는 40년 동안 모든 것이 좋았던 곳에서 살았다. 아무도 미래를 두려워하지 않았다."

수 세기에 걸쳐 프라토는 고급 직물의 중심지로 부를 축적했다. 이 도시에는 로마인들이 설치한 운하 네트워크가 있어 필요에 따라 비센치오 강의 물을 우회할 수 있었다. 제2차 세계대전 이후 주변 시골에서 사람들이 공장으로 몰려들었다. 처음에는 현지 공장에서 저렴한 모직 담요를 생산했다. 그런 다음 그들은 다양한 무게와 질감의 직물로 전환하여 반짝이며 신축성 있는 합성 섬유를 추가했다. 1980년대에 이르러 밀라노의 패션 하우스들은 디자이너들을 프라토로 보내 새로운 섬유에 대한 협업을 진행했고, 현지 공장에서 아르마니, 베르사체, 돌체앤가바나 및 기타 유명 브랜드의 원단을 생산했다. 현지 기업가들은 자신들의 작품을 입고 파리의 패션 무대를 걷는 모델들을 보며 투지가 타올랐다.

"우리는 우리가 세계 최고라고 생각했다."라고 네시는 말한다. "모두가 돈을 벌고 있었다."

프라토가 거둔 부의 결실은 공산당의 지배로 인해 널리 공유되었다. 외형적으로 마르크스주의를 추종하고 소련과 연대하고 있었지만, 당은 자본주의의 전복을 지향하지 않았다. 덴마크와 같은 북유럽 국가들과 마찬가지로 좌파적이면서, 지도자들은 경제성장의 이득을 분배하여 모든 사람이 집과 그릴에 구운 스테이크, 자동차를 살 수 있도록 하려 했다. 지역 노조는 높은 임금과 쾌적한 근무 환경을 보장했다. 공산주의자들은 그들의 권력을 이용해 도서관과 섬유 박물관 등 공공 일자리를 제공했다.

하지만 1990년대에 들어서면서 네시의 독일 고객들은 구동독, 불가리아, 루마니아에서 직조된 더 저렴한 원단을 구매하기 시작했다. 시간이 지나자, 그들은 비슷한 소재를 프라토의 절반도 안 되는 가격에 조달할 수 있는 중국에서 원단을 구매하기 시작했다.

2000년에 네시의 비즈니스는 손익분기점을 넘기기에도 어려운 지경에 이르렀다. 이듬해 중국은 세계무역기구에 가입했다. 그리고 "갑자기 주문이 끊겼다."라고 그는 말했다.

프라토는 자신이 이전에 다른 도시들에 가했던 형벌을 경험했다. 19세기 중반, 이 도시의 장인들은 전 세계에서 중고 모직 의류를 수입해 대체품보다 훨씬 저렴한 새 원사로 재가공하기 시작했고, 이를 통해 프랑스와 영국의 경쟁업체를 압도할 수 있었던 것이다.

그러나 중국의 부상은 그 규모와 야망에 있어 비교가 안 되는 것이었다. 상하이와 광저우 같은 연안 도시의 공장들은 프라토의 공장에서 사용하는 것과 동일한 독일제 기계를 사들이고 있었다. 그들은 이탈리아 컨설턴트를 고용하여 현대 무역 기술을 가르치고 있었다. 프라토의 6,000개 섬유 회사는 3,000개로 줄어들었다. 4만 명에 달하던 섬유 노동자는 1만 9,000명으로 급감했다.[103]

그래닛 시티에서와 마찬가지로, 계속되는 불행은 세계화와 경쟁 불가능한 대상인 중국에 대한 분노를 불러일으켰다. 하지만 중국은 다보스맨이 자신의 이익을 극대화하기 위한 수단이었을 뿐이었다. 압박은 의류 무역을 장악하고 있던 다국적 기업들에서 발생했다.

네시의 독일 고객들은 주주들의 요구에 부응하는 새로운 유형의 소매업체가 업계를 장악하면서 끊임없는 가격 인하 압력에 직면했다. 자라, H&M과 같은 대형 브랜드들은 점점 더 아시아의 저임금 공장에서 제품을 생산하고 있었다.

자라는 훗날 세계 최대 의류 소매업체로 성장한 인디텍스(Inditex)라는 대기업을 설립한 은둔형 외톨이인 스페인 출신 아만시오 오르테가Amancio Ortega가 세웠다. 1936년 스페인 북서부에서 태어난 오르테가는 남성용 셔츠를 판매하는 매장에서 배달원으로 일한 후 재단사의 보조로 있다가 부유층을 대상으로 하는 의류 매장을 직접 운영하기 시작했다. 1975년에는 첫 번째 자라 매장을 개점하고 패스트패션이라는 개념을 개척했는데, 패션쇼를 샅샅이 뒤져 유망한 새 의상을 찾아낸 후 이를 모방하여 몇 주 만에 저렴한 버전으로 매장에 출시하는 트렌드 분석팀을 고용했다.[104]

자라는 구찌, 샤넬과 같은 명품 브랜드 근처에 전략적으로 위치한

세련되고 우아한 매장에서 제품을 판매하며, 그 근접성을 활용해 자신의 매력을 보여 주었다.[105]

인디텍스는 생산의 대부분을 스페인에서 했지만, 중국 공장에 대한 의존도가 높아지면서 임금이 낮게 유지되었다. 이렇게 해서 오르테가는 550억 달러라는 재산에도 불구하고 회사 구내식당에서 식사하는 것을 좋아한다고 알려진, 대부분의 사람이 들어 본 적도 없는 최고 부자가 됐다.[106]

H&M은 세계에서 두 번째로 큰 의류 소매업체이자 또 다른 패스트패션의 아이콘이다. 1947년 스웨덴에서 얼링 페르손Erling Persson이 여성복 소매점으로 시작한 이 회사는 1980년대에 전 세계로 확장되었다. 1980년대 초에는 창업자의 아들인 스테판 페르손Stefan Persson이 경영을 맡아 글로벌 확장을 이끌었다. 이들의 해외 거래에서는 노동 착취가 드러나기도 했는데 캄보디아의 옷을 만드는 공장에서 화학 연기를 마시고 기절한 것으로 추정되는 노동자, 미얀마 공장에서 발견된 아동 노동자 등이 그들이었다. 우연치 않게도 그 수익은 막대했고, 페르손은 135억 달러로 추정되는 부를 얻게 되었다.[107]

한편 프라토의 네시의 매출은 급감했다. 그는 자라를 위해 직접 옷을 만들어 보기도 했지만, 끊임없는 납품 가격 인하 요구에 분개했다.

네시는 "자라에 납품하기 위해서는 자신의 품질을 떨어뜨리는 방법을 연구하는 것으로 시작해야 한다."라고 말했다. "자신의 품질처럼 보이지만 실제로는 아닌 것이어야 했다. 그것은 그들이 우리의 삶에 요구하는 것, 즉 우리 삶처럼 보이지만 사실은 품질이 떨어지는 삶과도 비슷하게 닮아 있다."

그는 아버지를 "수치로 가득 찬 노년"으로부터 구하기 위해 피할 수 없는 파산을 앞둔 2004년에 사업을 매각해 버렸다. 15년 후 식당 테이블에서 파스타를 먹으며 그 이야기를 들려주었을 때, 결말에 대한 그의 슬픔은 그때까지도 또렷했다.

"아버지는 내 우상이었다."라고 네시는 말했다. "아버지가 신전을 세웠는데 내가 판매할 방법을 찾지 못해 그 신전을 망쳐 버렸다고 생각하곤 했다. 그러다 내 문제가 사실 매우 흔한 문제인 것을 깨달았다. 다른 많은 회사도 더 이상 원단을 팔지 못하고 있었다."

프라토의 평야 지대에서 두 성인 아들을 둔 예순한 살의 어머니 로베르타 트라바글리니Roberta Travaglini는 부모님의 연금에 의존해, 식료품을 조달하고 있었다. 그녀 또한 이탈리아 우파에 대한 열정을 키웠고, 자신의 지위 상실을 인종차별주의적 비난—망해 가는 방직 공장에 가게를 차린 중국인 노동자나 자기 아파트 앞 공원을 배회하던 아프리카 이민자들에 대한— 으로 설명하는 경향을 보였다.

트라바글리니와 그녀의 가족은 거의 모두 지역 섬유 공장에서 일했고, 정치적 좌파의 확고한 지지자였다. 그녀는 어린 시절 아버지가 데리고 갔던 시끌벅적한 공산당 집회, 음악과 춤, 와인이 자유롭게 흐르는 모임에 대한 좋은 기억을 가지고 있었다.

하지만 2019년 봄 프라토에서 그녀를 만났을 때 트라바글리니는 3년 동안 실직 상태였다. 그녀는 부모님이 사는 아파트 1층에 있는 작업장에서 동네 사람들의 옷을 수선하는 잡일을 하고 있었다. 그러던 중 중국 이민자들의 유입과 그들의 사업 성공에 혐오감을 느꼈다. 그들은 중국에서 원단을 수입해 옷을 수선하고, 완성된 제품을 파리의 거리 박람회에서 판매하면서 'Made in Italy'라는 값비싼 라벨을 붙여 프리미엄 가격을 받고 있었다.

그 라벨이 붙은 제품은 이탈리아 사람이 만들어야 하며, 중국인은 절대 그 자격을 가질 수 없다고 혀를 찼다. 심지어 프라토에서 태어나고 교육받은 이민자 자녀들도 이탈리아어를 모국어로 구사하며 의류 재봉에서 점점 더 정교한 디자인 작업으로 영역을 넓혀 자체 상표를 출시하고 있었다.

중국 소유의 공장에 일자리가 있었지만, 트라바글리니는 지원할 생각이 없었다. "중국인들이 이탈리아 사람들의 일자리를 빼앗아 가는 것은 공정하지 않다고 생각한다."라고 그녀는 말했다. "이념적으로 나는 이에 반대하기 때문에 그곳에서 일할 수 없다."

말도 안 되는 소리였다. 중국 이민자들이 유입되기 전에는 프라토의 망한 공장들은 텅 비어 있었다. 이제 재봉틀이 돌아가는 소리로 가득 찼다. 이민자들은 프라토를 잠식하는 존재가 아니라 부흥의 원동력이었다.

중국에서 가난한 지역 중 하나인 안후이성에서 14년 전에 도착해 테이크아웃용 쌀과 채소를 판매하는 식당을 열었던 상웨이Sang Wei는 "우리는 이탈리아 사람들이 꺼리는 일을 하고 있다."라고 말한다. "우리는 더 열심히 일한다. 매일 아침 일찍 일어나서 일주일 내내 아침 6시부터 저녁 8시까지 일하는데 이탈리아 사람들은 그렇게 하지 않을 거다."

프라토에는 유럽에서 가장 큰 중국인 커뮤니티가 형성되어 있는 것으로 추정된다. 트라바글리니는 아파트 근처 부티크에서 할인 옷을 사는 것으로 그 사업을 후원했다. 그러나 그녀는 이민자의 출현을 이탈리아의 부패, 세계화의 악영향, 그리고 국가 지도자들이 더 이상 자신과 같은 사람들을 돌보지 않는 시대에 자신의 취약성을 드러내는 증상으로 여겨졌다. 작년 총선에서 그녀는 살비니의 정당에 한 표를 던졌다.

글로벌 금융 위기 이후 몇 년 동안 살비니가 이끄는 당(당시 북부 동맹으로 알려진)이 프라토에서 정권을 장악했다. 이 당은 중국인 소유 공장에 대한 단속을 시작했다. 야간에 공장을 급습해 노동자들을 괴롭히는 한편, '불법 이민'을 경제 쇠퇴의 원인이라고 비난했다.[108] 현재 이 정당은 시리아, 아프가니스탄, 소말리아의 전쟁을 피해 북아프리카에서 이탈리아 해변에 상륙한 최근의 이민자들에 초점을 맞췄다. 살비니는 이들의 이슬람 신앙을 지적하며 유럽이 "이슬람 칼리프 국가"가 될 위험에 처해 있다고 경고했다.[109]

그는 이주를 이탈리아인을 "인종 청소"로 위협하는 "침략"이라 묘사했다.[110] 트럼프와 마찬가지로 그는 자신을 글로벌 통합을 위한 해결사이자, 이미 오래전에 고고한 엘리트로 변질된 이탈리아 좌파들로부터 못 가진 사람들을 구출할 당당한 민족주의자로 내세웠다.

살비니는 트라바글리니의 귀에 대고 그녀의 삶에 일어난 일에 관해 설명하고 있었다. "우리는 우리를 점점 더 가난하게 만들려는 세계 엘리트들의 손아귀에 있다."라고 트라바글리니는 말한다. "내가 어렸을 때는 노동자를 보호하고 우리 사회 계층을 보호하는 것은 공산당이었다. 이제 국민을 보호하는 것은 '동맹'이다."

살비니는 이미 극도로 무능한 '오성운동'(Five Star movement)이 이끄는 불운한 연정을 통해 정부 내 자리를 확보한 상태였다. 그런 다음 그는 선거를 촉발할 것이라는 기대로 정부를 무너뜨렸다. 그러나 오성운동은 다른 연정 상대를 찾았고, 살비니는 국외자로 전락했다. 그런데도 그는 다음 선거까지 시간을 끌며 세력을 유지했다.

토스카나, 움브리아, 마르케, 에밀리아 로마냐 등 1980년대까지만 해도 공산당 후보를 선출한 후 중도 좌파 후보를 안정적으로 지지했던 이탈리아의 4개 주에서 최근 극우 정당이 득세하고 있다.

좌파의 포기는 배분할 이익이 있을 때만 좌파의 프로그램이 효과가 있다는 신호로 읽힐 수 있다. 배분할 월급이 없는 불황의 시기가 오자 좌파는 답이 없었고, 우파에게 기회가 열렸다.

그런데 애초에 왜 일자리는 충분하지 않았을까?

프라토를 가득 메운 중국인 이민자들과는 아무런 관련이 없다. 그들은 일자리를 창출하고 있었다. 이탈리아가 폐허가 된 지 몇 년 후에 도착한 북아프리카 출신 이민자들과도 아무런 상관이 없다. 탈세, 금융사기, 권력자의 시스템 약탈 등 다보스맨의 흔적은 곳곳에 남아 있다.

극우파는 이런 것들에 대해 거의 언급하지 않았다. 생활 수준을 높이기 위한 그들의 처방도 미미하고 일관성이 없었다. 극우파는 공포를 이용하고 외국인 유입 금지를 통해 과거 이탈리아의 편안한 이미지를 되살리겠다고 약속함으로써 영향력을 얻었다. 그것은 이민 배척이라는 수사에 접근할 수가 있는 가난한 사람들과 정서적 유대감을 강화했다. 손으로 생계를 유지하던 사람들은 자기의 삶과 안전이 국경 너머의 힘에 좌우된다는 것을 잘 알고 있었다. 살비니는 통제권을 회복할 수 있다는 환상을 투영했다.

프라토 꼭대기에서 가족의 옛 직물 공장을 내려다보던 네시는 이런 방향 전환이 고통스러웠다. 그는 과거에 극우파를 퇴행적인 방향 전환이라고 경멸했다. 하지만 그는 이것이 바로 그들의 매력인 것을 이해했다. "그것은 향수(nostalgia)의 힘이다."라고 그는 말했다.

그가 공장을 매각한 다음 해, 당시 열 살이었던 네시의 딸은 오버코트를 사고 싶다며 그를 끌고 H&M에 들어갔다.

"가게는 환상적이었다."라고 그는 회상했다. "밝은 조명에 아름다운 사람들이 있었고, 옷도 예뻤다. 하지만 나는 30미터 정도 떨어져서 그들을 보고 있었다. 그리고 내가 한 걸음 한 걸음 내디딜 때마다 뭔가가 잘못된 것을 알았다."

"그리고 옷을 만져 봤다." 네시가 계속했다. "원단이 매우 나빴다. 가격을 보니 다른 상점에서 지급하는 가격의 절반도 안 되는 것을 보고 서양 세계는 끝났다는 것을 알 수 있었다."

그러나 그 말은 이탈리아가 자신의 문제를 인식하지 못하도록 하는 문화적 오만의 고급 버전에 불과했다. 네시의 가업은 '동양'이나 세계화, 또는 중국과의 불공정 경쟁을 의미하는 다른 모호한 용어들에 의해 무너진 것이 아니었다. 자라와 H&M은 유럽 기업이었다. 프라토를 고통에 빠뜨린 것은 그들의 출신이 아니라 다른 모든 고려 사항보다 우선하여 주주 수익 극대화를 위한 수단으로 이들 기업이 조직된 방식이었다.

네시의 쇠락한 유산은 서구 문명의 실패를 반영하는 것이 아니었다. 그것은 특정 집단이 어떻게 이익을 독점했는지를 보여 주는 증거였다. 프라토는 다보스맨에 의해 몰락했다.

네시가 극단주의 우파의 연료로 생각한 향수는 이탈리아 사람들이 중산층 지위를 당연하게 여길 수 있었던 시절에 대한 대중의 열망을 반영한다. 이를 빼앗아 간 사람들은 바다 건너편에 있지 않았다. 그들은 로마의 관공서, 플로렌스 옆의 고급 빌라, 그리고 이탈리아 사람들의 노동과 저축을 개인 은행 계좌로 빼돌린 다보스맨의 또 다른 보루 등 곳곳에 있었다.

향수는 이탈리아를 넘어 전 세계 사람들을 동원할 수 있는 정치적으로 강력한 힘을 가졌다. 영국 해협 건너편에서는 다보스맨의 한 세력이 개인적인 이익을 위해 세계 경제에서 영국의 입지를 와해하려 향수를 이용했다.

4

"우리가 그들을 엿 먹일 기회"

다보스맨과 브렉시트

조지 오스본George Osborne은 대중의 인정을 받으려는 성향이 강한 사람은 아니었다. 그는 영국 귀족의 일원으로서 자신의 지위에 걸맞게 품위 있는 태도와 연설로 대중의 존경을 받는 사람처럼 행동했다.

그는 1629년까지 거슬러 올라가는 세습 작위인 발린테일러(Ballintaylor)가 17대 남작의 장남이었다. 그는 런던 템스강 변에 보트장과 크리켓 경기장 7개가 있는 엘리트 기숙학교인 세인트 폴스에 다녔다. 그후 그는 담쟁이덩굴로 뒤덮인 지배 계급의 보금자리인 옥스퍼드 대학교에 입학했다.

화려한 정치 경력을 쌓는 동안 오스본은 영리한 전략가이자 자신의 영리함을 다른 사람들과 공유하는 데 주저하지 않는 사람으로 명성을 얻었다. 2010년, 겨우 서른여덟 살이었던 오스본은 옥스퍼드 동창이자 같은 음주동아리 회원인 데이비드 캐머런David Cameron이 이끄는 정부에서 영국 역대 최연소 재무장관이 되어 국고를 통제하고 관리했다. 그는 그 자리를 이용해 이 나라의 자랑스러운 사회 안전망을 공격하고, 재정 건전성이라는 명목으로 광범위한 정부 프로그램을 삭감했다.

타블로이드 신문은 그를 빈곤층, 노약자, 노쇠한 노인, 장애인의 요구에 부담을 느끼지 않는 작은 정부를 위해 이념적 성전을 벌이는 무자비한 인물로 그려냈다. 오스본은 이러한 캐릭터를 명예로운 훈장처럼 여겼으며, 자신이 영웅적이지 못한 사람들이 회피하는 중요한 싸움을 맡았다는 증거로 여기는 듯했다. 그는 여덟 살짜리 아들에게 아버지에 대한 그다지 좋지 않은 평판을 듣게 될 것이라고 경고한 적이 있다고 한다.

오스본은 "아들을 앉혀 놓고 아빠가 하는 일에 대해 알아야 할 것들이 있다고 말했다."라고 회상한다. "아빠가 항상 인기가 있는 것은 아니며 아빠를 싫어하는 사람도 있을 수 있다는 것을 이해시켜야 했다."[111]

그러나 2016년 6월 어느 날, 영국 남부 해안의 소박한 도시 본머스에 있는 한 사무실 건물의 아트리움에 서서 오스본은 주변에 모인 수백 명의 사람들에게 평소와 달리 그들의 호의를 애걸하는 자신을 발견했다. 오스본과 캐머런 총리는 영국 역사상 가장 비참한 공직자로 기록될 위기 상황에 직면했다. 불과 3주 후, 영국은 유럽연합 탈퇴 여부라는 막중한 문제에 대해 투표를 시행하게 되는 것이다.

캐머런 총리는 이에 대한 선택을 국민투표로 제시했는데, 그는 영국이 유럽에서 중심적인 위치가 되어 자유무역지대가 될 것이라는 기대로 잔류에 투표할 것이라 예상했다. 총리가 투표를 소집한 이유는 단지 집권 보수당 내부의 반발을 잠재우기 위한 것으로서, 한 파벌이 오랫동안 영국의 유럽연합 가입을 이용해 극렬 민족주의자들의 지지를 불러일으키고 있었기 때문이다. 유권자들이 브렉시트, 곧 유럽연합 탈퇴를 거부하면 그들의 선거 전략은 영원히 힘을 잃게 될 것이었다. 보수당 지도자들은 영국 국기를 흔들어 대는 기회주의자들의 매복을 두려워하는 일 없이 안전하게 정치를 계속할 수 있었을 것이다. 하지만 유권자들은 이에 동조하지 않았다. 여론조사는 불편할 정도로 박빙이었으며, 이에 따라 캐머런과 오스본의 정치적 미래는 국가의 존립과 함께 심각한 불확실성에 처하게 되었다. 스코틀랜드는 브렉시트가 통과되면 영연방을 탈퇴하겠다고 위협했다. 또한 국민투표는 영국 해협을 통한 원활한 무역에 크게 의존하고 있던 영국 경제에 엄청난 위험을 초래했다.

우려의 중심에는 재무부 감독관으로서 오스본의 직무에 필수적인 산업이자 브렉시트 이후의 공직 생활에서 그의 개인적 운명을 좌우할 금융이 있었다.

현대 영국 경제의 역사는 금융의 부상, 특히 미국 은행의 글로벌 확장과 깊이 얽혀 있다. 1980년대 영국의 철의 여인 마거릿 대처 총리는 거래를 제한하는 규제를 철폐하여 투자를 유치했고, 그 결과 런던은 뉴욕과 어깨를 나란히 하는 글로벌 금융 중심지로 발돋움했다. 매일 런던의 거래 시장에서는 파생 상품으로 알려진 이색적인 금융 상품류의 거래가 이루어지고 있으며, 그 총액은 전 세계 총액의 약 4분의 3에 해당하는 1조 달러에 육박했다.[112] 전 세계 은행 거래의 거의 5분의 1이 영국 어딘가에서 이루어졌고, 매일 2조 4,000억 달러 상당의 외화가 교환되었다. 금융 산업은 영국에서 110만 명 이상의 직원을 고용하고 있으며,

연간 매출은 2,500억 달러가 넘는다.

브렉시트는 이러한 비즈니스의 상당 부분을 뒤흔들 위협이 되었다. 영국에서 이루어지는 금융 거래의 3분의 1은 유럽 대륙 어딘가에 기반을 둔 고객과 관련된 거래였다. 영국이 실제로 유럽을 떠나면 앞으로 어떤 규칙이 적용될지 아무도 알 수 없었고, 이는 돈을 관리하는 사람들이 돈을 다른 곳에 숨겨 두기에 충분한 이유였다.

오스본 총리는 브렉시트의 위험성을 강조하고 유권자들에게 브렉시트 반대를 촉구하기 위해 영국이 금융 강국으로 부상하는 데 주요 역할을 한 미국 최대 은행 JP모건 체이스의 본머스 사무실을 찾아갔다.

오스본은 "철조망을 치고 자신을 스스로 봉쇄할 수 있다고 믿는 것은 우리가 현실에서 마주한 도전에 대한 해답이 아니다."라고 선언했다. "우리는 영국을 둘러싸고 벽을 쌓을 여유가 없다. 그리고 우리는 참여를 통해 성공해 왔다."

그는 이날의 주인공인 제이미 다이먼 은행 회장 겸 최고경영자에게 경건하게 고개를 끄덕이며 그가 영국 땅에 존재하는 것 자체를 중요시한다는 메시지를 전달했다. 즉 브렉시트는 단순한 국내 정치 문제가 아니라 세계 경제에 대한 위협이라는 것이다. 브렉시트가 가져올 잠재적 결과는 2조 5,000억 달러의 자산을 보유한 은행을 운영하는 이 남자의 관심을 불러일으킬 만큼 충격적이었다. 오스본과 달리 다이먼은 호감을 받는 데 익숙한 사람처럼 행동했다. 그의 엉뚱한 매력, 찡그린 미소, 흰머리의 인상은 마주치는 사람들을 진정한 따뜻함으로 무장 해제시키는 힘이 있었다. 다른 CEO들은 부하 직원들과 경직된 태도를 유지하며, 상투적인 농담을 던지거나 돈 버는 일보다 사람들의 삶에 관심을 두는 척하는 데 어려움을 겪었다. 모두에게 제이미로 알려진 다이먼은 그를 거의 알지 못하는 사람들에게도 친근감을 불러일으키는 인물이었다.

하지만 국민투표가 코앞으로 다가온 이날, 다이먼은 사람들을 편안하게 내버려두지 않았다. 그는 그들의 두려움을 노렸다. 당연히 그는 다른 주권 국가의 선거에 간섭하지 않겠다는 뜻을 분명히 밝혔다. 그는 직원들에게 브렉시트에 투표하는 것은 돈을 불태우는 것과 같은 짓이라 경고하기에 앞서 "영국 국민에게 어떻게 투표해야 하는지 말할 수 없고 앞으로도 그렇게 하지 않을 것"이라 전제했다. 그러나 그는 "영국 경제와 일자리에 끔찍한 일이다."라고 말했다.

다이먼의 은행은 영국에서 약 1만 6,000명의 직원을 고용했으며, 본머스에만 약 4,000명의 직원을 두고 있었다. 이러한 일자리는 상당 부분 영국이 유럽연합에 합류한 덕분에 생겨난 것이었다. 이 은행은 영국 허브를 통해 유럽 대륙 전역의 고객에게 서비스를 제공했다.

영국이 탈퇴에 투표하면 풀어 버린 달걀 요리를 거꾸로 복구하는 것에 비유할 정도로 지루하고 복잡한 해체 절차가 시작될 것이다. 유럽연합에 남아 있는 27개 회원국과의 향후 거래에 적용될 규정에 수년간 비용이 많이 들고 무역을 저해하는 불확실성이 발생할 것이다. 어떻게 될지는 아무도 몰랐다. 다이먼의 은행은 현재 체제를 유지한 채 거래가 성사되기를 그저 기다릴 수는 없었다. 그는 최악의 상황을 가정하고 이에 대한 계획을 즉시 수립해야 했으며, 영국 내 은행의 영업이 새로 부활한 국경을 사이에 두고 유럽 고객과 분리되는 시대를 예상해야 했다. 그는 은행이 어떤 일이 있어도 중단 없이 고객에게 서비스를 제공할 수 있도록 일자리를 해협 건너편으로 옮겨야만 했다. "1,000개인지, 2,000개의 일자리인지 모르겠다."라고 그는 말했다. "4,000개까지 늘어날 수도 있다."

다보스맨은 브렉시트가 글로벌 상거래의 지형을 파괴적으로 재편하는 것을 보고 대체로 놀라움을 금치 못했다. 수십 년 동안 런던은 키프로스에서 아일랜드에 이르는 자유무역지대인 유럽 단일 시장에서 영국이 차지하는 위치 덕분에 전 세계 5억 명의 부유층이 거주하는 탁월한 금융 중심지로 자리 잡았다.

스페인의 한 전력회사가 새로운 발전소 건설을 위한 현금이 필요했을 때 런던에 와서 채권을 매각했다. 덴마크의 돼지고기 수출업체는 통화 시장 변동 위험을 방어하기 위해 런던에서 파생 상품을 구매했다. 유럽 전역의 연금 기금은 자금 관리를 위해 런던에 의존했다. 브렉시트는 이러한 비즈니스의 많은 부분을 변화시켰다. 유럽연합은 이미 회원국 중 19개국이 사용하는 통화인 유로화 거래를 유럽 대륙으로 제한하겠다고 위협하고 있었다.

규제와 관련하여 다보스맨들은 통합된 하나의 중앙 기관을 상대하기를 선호했다. 브렉시트로 인해 은행 경영진은 에스토니아에서 몰타에 이르기까지 흩어져 있는 규제 기관에서 누가 중요한 사람인지 파악하는 데 시간을 할애해야 하고, 갑자기 전 세계 자금의 흐름을 뒤흔들 거대한 권력을 손에 쥐게 된 하찮은 사람들에게 아첨하고 아부해야 한다. 이를 위해서는 자존심 구기는 저녁 식사, 그들의 백수 자녀들을 위한 인턴십, 지역 내 음침한 관행에 대한 지식 등이 필요했다. 수익은 희석되고 시간만 낭비하는 골치 아픈 일이 될 것이 분명했다.

또한 역사적으로도 이는 퇴행적이었다. 대처 총리가 금융규제를 완화하여 런던을 투기꾼들의 천국으로 만든 이후 글로벌 은행들은 꾸준히 런던으로 영업을 집중해 왔다. 밀라노, 프랑크푸르트, 암스테르담에서 사람들을 끌어모아 런던의 급성장하는 본사로 데려왔고, 런던 동부의 부둣가를 카나리아 워프로 알려진 고층 빌딩 숲으로 바꾸어 놓았다. 브렉시트는 역사를 거꾸로 되돌려 은행들이 사람들을 유럽 대륙으로 다시 이주하도록 만들었다.

브렉시트는 단순히 금전적인 문제를 넘어 제2차 세계대전이 끝나고 형성된 자유민주주의 질서의 또 다른 축인 유럽연합에 대한 실존적 도전이었다. 유럽연합은 승전국 연합군이 무역을 촉진하고 민주주의를 더 광범위한 연대로 대체하기 위한 수단으로 구상한 것이었다.

유럽연합은 그 윤곽과 프로세스를 이해하기 어려운 우연으로 구성된 조직이었다. 냉전 종식과 함께 헝가리와 폴란드 등 구동구권 국가들이 가입하면서 회원국이 늘어났고, 이들 국가 정부는 유럽 개발 자금에 큰 관심을 보였으나 법치주의에 관한 관심은 적었다.

관료주의적이면서 자신의 사명에 대해 철학적 논쟁을 벌이는 것으로 유명한 유럽연합은 심각한 긴급 상황에도 불구하고 결정을 내리는 데 시간이 오래 걸리는 경우가 많았다. 마치 점보제트기가 지상을 향해 추락해 갈 때 항공 관제센터가 어떤 통신 주파수를 사용할지 논쟁하는 것과 같았다. 유럽연합은 그리스가 국가 부도 위기에 빠지자, 채권자(주로 독일 은행)를 보호하는 구제 금융을 실시하면서 그리스 국민을 수년간 고통에 빠뜨렸고, 결국 일반 그리스인은 절망의 나락으로 떨어지게 되었다. 2015년 여름 지중해 해변에 밀려드는 이민자에 대응하는 방안, 즉 얼마나 많은 이민자를 수용하고 어디로 대피시킬 것인지에 대해 끝없이 논쟁을 벌인 유럽연합 지도부는 본질적으로 아무것도 하지 않은 채 각국 정부가 서로를 비난하고 장벽을 세우며 이웃의 불행을 외면하도록 방치했다.

유럽연합의 개혁은 각종 싱크탱크 모임과 논문의 영원한 화두였지만, 이해하기 어려운 절차와 기술 전문 용어에 대한 선호로 인해 변화의 여지가 없어 보였다. 영국에서 정치 우파는 오랫동안 유럽연합을 소중한 주권에 대한 침입이자 국가적 자부심의 정원에서 자라는 끈질긴 잡초처럼 혐오해 왔다. 우파 성향의 타블로이드 언론은 세부 사항을 규율하는 유럽의 지나친 규칙에 대해 바나나의 곡률 허용치 같은 터무니없이 지어낸 이야기로 가득했다. 한편 좌파는 유럽연합을 다국적 기업의 횡포에 유럽을 개방하는 수단으로 국가 규칙을 평준화하는 데 전념하는 신자유주의의 틀로 혐오했다.

그러나 유럽 통합 프로젝트가 전후 시대의 눈에 띄는 성공 중 하나였다는 데는 의문의 여지가 없었다. 유럽연합은 평화와 번영, 유럽의 공동 정체성 확립으로 정의되는 수십 년 역사의 주역이었다. 블록의 중심이 된 단일 시장은 튼튼하고 풍요로운 것으로 입증되었다. 기업들은 이 시장을 국경 통제, 세관 검사 및 기타 상거래에 대한 장애물 없이 하나의 거대한 국가처럼 취급할 수 있었다.

"나는 유럽연합이 인류 역사상 제일 위대한 노력 중 하나라고 믿는다."라고 다이먼은 본머스에서 말했다. "왜냐하면 이 대륙은 한 세기 정도가 아닌 무려 천 년 동안의 전쟁을 끝내고 함께 모여 평화롭게 살기 위해 노력했고, 지금까지는 성공했기 때문이다. 완벽하지는 않다. 리더십이 필요하며, 이것이 우리가 계속 남아 있어야 하는 이유이다."

브렉시트에 대한 다이먼의 평가는 정확했으며, 국민투표 이후 몇 년이 지나야만 그 사실이 명확해질 것이었다. 영국이 경제 쇠퇴를 배경으로 유럽과의 미래 협상을 준비하기 위해 고군분투하는 동안 끊임없는 정치적 공방이 벌어졌다. 영국 수출업체들은 상품의 거의 절반을 유럽연합 회원국에 판매했다. 어떤 종류의 브렉시트가 실현되든 이러한 교역의 일부가 차질을 빚을 것은 분명했다. 그동안 지루한 협상으로 인해 투자가 위축되고 성장이 둔화하였다.

브렉시트 캠페인이 유럽을 벗어나 규제를 피하려는 헤지펀드 업계의 일부 다보스맨의 수단이었다는 사실은 거의 알려지지 않았다. 그들은 자신의 이익을 추구하기 위해 국가 간 이해관계를 기꺼이 훼손했다.

다이먼의 메시지는 정당한 것이었지만, 이 미국 최대 은행의 책임자는 영국 국민에게 무엇이 최선인지에 대해 의견을 제시할 입지가 없었다. 게다가 그의 부족이라 할 글로벌 금융을 운영하는 다보스맨은 애초 브렉시트를 촉발한 대중의 분노에 대해 책임이 있었는데, 공적 자금이 투입된 구제 금융을 통해 은행가들은 그들이 자행한 재앙적인 투기의 피해에서 벗어날 수 있었고, 이에 뒤이은 예산 긴축은 모든 사람에게 영향을 주었다. 브렉시트가 영국 경제에 타격을 줄 것이라는 다이먼의 경고는 오스본과 같은 다보스맨의 협력자들이 제이미 다이먼과 같은 사람들의 투자를 유치하기 위해 설계한 정책으로 인해 영국 노동자들이 수십 년 동안 임금 정체와 생활 수준 저하를 겪으며 그 피해를 흡수해 왔다는 사실과 상충하는 것이었다.

오스본이 긴축의 설계자 역할을 하게 됨에 따라 모든 사안에 대해 표를 얻어야만 하는 공공의 사절로서 그의 활용도는 줄어들었다. 그의 혈통, 파란색 정장, 잘난 척하는 우월감, 트레이드마크인 능글맞은 미소로 인해 그는 걸핏하면 자격지심에 사로잡혀 있다고 조롱받곤 했다.

노동당 소속의 한 의원은 "그는 늘 핑크빛에 익살스러운 표정이었다."라며 "마치 인생 자체가 어떤 공립학교 학생의 도 넘은 장난처럼 보인다."라고 말한 적이 있다.[113]

이는 타인에게 끊임없이 희생을 요구하는 인물로 명성을 쌓아 온 정치인에게는 도움이 되지 않는 특성이었다. 오스본은 사회복지 프로그램에 대한 지출과 지방 정부에 대한 지원을 삭감하여 지역사회 시설의 폐쇄를 낳았다. 그리고 그는 우주적 거짓말을 통해 법인세를 인하했다. 요컨대, 그는 평범한 영국 시민의 경제적 안정을 다보스맨의 부와 맞바꾼 것이다.

그리고 본머스에서 다이먼 옆에 선 오스본은 모든 일이 훌륭하게 잘 풀렸다고 주장했다. "지난 5~6년 동안 우리가 상황을 반전시킨 것이 자랑스럽다."라고 오스본은 말했다. "우리의 성공은 세계 속에 참여함으로 이룩되었다."

그로 인해 브렉시트 반대 주장은 국가적 트라우마가 지속하는 데 찬동하는 것처럼 들렸다.

제이미 다이먼이 아홉 살이었을 때, 그의 아버지는 커서 무엇이 되고 싶은지 물었다. "저는 부자가 되고 싶어요."라고 그는 대답했다.[114]

이것은 야심이라기보다는 자신이 태어난 삶을 유지하고 싶다는 소망이었다.

그의 할아버지는 1921년 고향인 그리스에서 뉴욕으로 건너와 식당 종업원으로 시작하여 주식 중개인으로 경력을 쌓아 갔다.[115] 할아버지는 다이먼의 아버지에게 사업을 가르쳤고, 아버지는 다시 제 아들에게 이를 가르쳤다. 파파데메트리우Papademetriou라는 성은 미국에 동화되는 과정에서 다이먼으로 바뀌었다.[116]

그리스 이민자 출신이라는 자기 뿌리와 뉴욕시 퀸즈 자치구(귀족 맨해튼의 강 건너 위치한 서민 지역)와의 인연을 부지런히 알리고 다녔지만, 다이먼은 사실 대부분의 어린 시절을 파크애비뉴에서 살았다.[117] 그의 가족 집은 그가 성인이 되어 구매한 아파트 바로 길 아래 있었다.[118]

그와 그의 두 형제는 록펠러 가문 출신이 다수 포함된 남자 사립학교인 브라우닝 스쿨에 다녔다.[119] 그는 주말마다 코네티컷주 그리니치에 있는 가족 별장에서 시간을 보냈는데, 그곳은 이름만으로도 엄청난 부와 권력을 상징하는 지역이었다.[120] 그곳에서 그는 자신의 멘토가 될 증권사 대표 샌디 웨일Sandy Weill을 만나 금융계의 정점에 오를 경력을 쌓기 시작했다. 그것은 우연한 만남이 아니었다. 그의 아버지는 웨일의 회사에서 30년 동안 근무했다. 그리니치에 있는 집이 가까웠고 두 가족은 정기적으로 친목 모임을 가졌다. 웨일은 브루클린 플랫부시(Flatbush)의 블루칼라 세계에서 자란 폴란드계 유대인으로, 그의 가족은 20세기 초 뉴욕에 상륙한 유럽 이민자 물결의 일부였다.[121]

웨일과 다이먼 부부는 미국이 누구나 번영할 무한한 기회의 땅이라는 인식을 공유했다. 그들은 또한 미국에서의 성공은 종종 엘리트 사회의 네트워크를 효과적으로 활용하는 것과 관련이 있다는 잘 알려지지 않은 진실도 보여 주었다. 다이먼이 터프츠 대학교 2학년이 되자 웨일은 다이먼에게 여름 방학 동안 자신의 회사에서 일할 것을 제안했다.[122]

다이먼은 경영대학원을 졸업한 후 웨일과 다시 일하게 되었는데 그때는 웨일이 자신의 회사인 시어슨을 막 아메리칸익스프레스에 매각한 직후였다. 다이먼은 볼티모어에 기반을 둔 한 작은 대출 기관을 역사상 가장 큰 금융 대기업 중 하나인 씨티그룹으로 성장시킨 일련의 대담한 합병을 지휘하며 웨일의 뒤를 잇는 모험을 이어 갔다.

다이먼은 후계자로 유력하게 거론되던 인물이었다. 하지만 다이먼이 조급한 마음에 웨일에게 더 빨리 승계를 실행하라고 밀어붙였고, 이는 그의 스승을 화나게 했다. 은퇴할 준비가 되지 않은 웨일은 다이먼에게 은행 업무를 맡기지 않았고 곧이어 그를 해고했다.[123]

닷컴 붐이 한창이던 1998년이었다. 다이먼은 아마존닷컴이라는 스타트업 회사에 취직할까도 고민했지만, 금융업에 남기로 했다. 그는 시카고에 본사를 둔 대출 기관인 뱅크원을 인수하여 불과 4년 만에 회사 가치를 두 배로 끌어 올렸다. 2004년에는 이 은행을 580억 달러에 사들이도록 JP모건 체이스를 설득했다.[124] 이듬해 그는 합병 법인의 CEO가 되었다.

다이먼의 승승장구는 탁월한 업무 윤리와 세세한 부분까지 놓치지 않는 꼼꼼함 덕분이었다. 월스트리트에서 그는 거침없이 진실을 말하는 똑똑한 친구로 유명했다.

"멍청한 짓은 하지 말라." 그는 함께 일하던 임원에게 이렇게 말한 적이 있다. "그리고 돈도 낭비하지 말라. 다른 모든 이들이 돈을 낭비하고 멍청한 짓을 하도록 내버려두라. 그러면 우리가 그들을 사들일 것이다."[125]

　다이먼은 국제 금융 위기가 발생하기 1년 전인 2007년 월스트리트가 은행 변호사들이 결코 좋아할 수 없는 이례적 방식으로 빚을 산더미처럼 쌓아 가며 점점 더 위험한 투자에 도박을 해 왔다고 인정했다. 그는 주주들에게 보내는 연례 서한에서 "우리는 최근 산업계의 무절제함이 궁극적으로 어떤 영향을 미칠지 아직 알지 못한다."라고 단언했다.[126] 그러나 정작 그의 회사는 실제로 이러한 무절제로 이익을 얻고 있었다. 다이먼은 은행의 주가를 끌어올리는 위험한 베팅을 계속하기 위해 직원들을 동원하면서 짐짓 위험 신호를 외면하는 것처럼 보였다.

　JP모건 체이스는 버나드 마도프Bernard Madoff가 미국 역사상 최대 규모의 다단계 금융 사기로 투자자들에게 190억 달러의 사기를 치는 동안 그에게 은행 서비스를 제공했다.[127] 은행 내부에서는 수년 동안 많은 사람이 마도프의 장부가 조작된 것으로 보인다고 경고했다. 한 직원은 그의 수치가 "사실이라기에는 너무 좋은 것 같다."고 썼고, 한 전직 임원은 실제로 마도프의 수익이 "다단계 금융 사기의 일부로 추측된다."라는 의미로 말했다.[128]

　은행은 다단계 금융 사기에 대한 일관된 이해를 얻기에는 비참할 정도로 체계적이지 못했다고 주장하여 경영진을 형사상 과실의 위협으로부터 보호했다.[129] 이들은 잘못을 인정하지 않는 조건으로 연방 당국에 21억 달러의 벌금을 내는 데 합의했다.

　JP모건 체이스가 국제 금융 위기를 낳는 핵심 역할을 할 때도 다이먼은 이곳의 책임자였다. 미국 금융 업계는 자기 서명만 할 줄 알아도 거의 모든 사람에게 주택담보대출을 제공했다. 은행들은 수백만 건의 대출을 채권으로 묶어 신용평가 기관에 돈을 주고 보증을 받은 다음 전 세계 투자자들에게 이 상품을 팔았다.

주택 가격 하락으로 주택담보대출에 묶인 수조 달러 상당의 투자가 털렸다. 2008년 가을이 되자 이러한 증권을 공격적으로 거래하던 기관들은 붕괴를 향해 치닫고 있었다. 조지 W. 부시 행정부와 의회, 연방준비제도 이사회는 돈으로 시장을 압도하지 않으면 또 다른 디플레이션이 발생할 수 있다는 인식하에 정책을 운용했다.

다이먼은 부시의 재무장관 행크 폴슨Hank Paulson과 함께 금융위기의 첫 번째 주요 피해자로 아슬아슬한 상태이던 투자 은행 베어 스턴스를 JP모건 체이스가 인수하도록 설계했다. 다보스맨과 규제 당국 간의 밀접한 관계를 보여 주는 전형적인 사례이다. 폴슨은 또 다른 거대 투자 은행인 골드만삭스의 전 대표였다. 그는 다보스맨 네트워크를 활용, 다이먼을 통해 베어 스턴스와 그 악성 담보대출 관련 투자 상품을 시장에서 퇴출함으로써 금융권의 연쇄적인 부실화 위험을 억제했다. 폴슨은 연방준비제도 이사회가 베어 스턴스의 포트폴리오상 손실을 메우기 위해 290억 달러의 공적 자금을 투입하도록 도움을 주었다. 다이먼은 납세자들의 자금 지원으로 라이벌의 잔해와 함께 살아남았다.

폴슨은 곧 3쪽 분량의 "계획서"를 들고 국회의사당으로 달려가 7,000억 달러를 아무 조건 없이 사용할 수 있도록 승인해 달라고 요청했다.[130] 의회는 면밀한 척 간단한 검토를 거친 후, 이 돈을 세상을 날려 버릴 뻔한 바로 그 임원들에 대한 보너스 이외의 용도로 사용해야 한다는 조건만을 추가한 채 이를 승인했다.

다이먼은 자신의 은행에는 실제로 돈이 필요하지 않았는데도 재무부의 요구로 구제 금융을 받은 것이라 주장했지만(그는 연방정부의 조치가 없었다면 자신의 회사에 돈을 빌려준 많은 회사가 사라졌을 것이라는 사실을 빼놓았다) 결론적으로 JP모건 체이스는 250억 달러의 연방 구제 금융을 받았다. 혼란 속에서 JP모건 체이스는 또 다른 실패한 대출 기관인 워싱턴 뮤추얼의 소매 사업도 인수했다. 다이먼은 돈이 아니라 좋은 시민의식이 중요하다고 주장했다.

10년 후 다이먼은 직원들에게 보낸 메모에서 "대부분의 사람이 생각하는 것과는 달리, 우리가 취한 극단적인 조치 중 상당수는 수익을 창출하기 위한 것이 아니었다."라고 주장했다. "그것은 국가와 금융 시스템을 지원하려는 조치였다."[131]

하지만 다이먼이 감독한 조치로 인해 이미 거대해진 은행의 규모는 더욱 커졌고, 그 가치는 더욱 높아졌다. 미국 5대 은행이 관리하는 예금은 20년 전에는 전체 은행 예금의 12%에 불과했으나 2019년에는 전체의 46%를 관리하게 되었다.[132]

투자자들은 이들 기관이 실패하기에는 너무 큰, 즉 정부가 언제든 구하러 달려올 만큼 시스템적으로 중요한 기관인 것을 이해했다. 덕분에 이들은 더 저렴한 금리로 대출을 받을 수 있었고, 수익성을 높이고 주가를 끌어올려 제이미 다이먼과 같은 다보스맨의 주머니에 돈을 채워 줄 수 있었다.

폴슨의 옛 회사였던 골드만은 거대 보험사인 아메리칸 인터내셔널 그룹(AIG: American International Group)에 대한 1,820억 달러의 구제 금융을 통해 납세자들로부터 129억 달러의 거래 손실을 만회했다. AIG는 또한 이 자금 중 일부를 최고 경영진에게 보너스를 지급하는 데 사용했다. 850억 달러의 첫 구제 금융을 받은 지 일주일도 채 지나지 않아 경영진은 남부 캘리포니아의 고급 해변 리조트로 날아가 스파 트리트먼트 비용 2만 3,000달러를 포함, 44만 달러 이상을 지출했다.[133]

이 에피소드는 미국 자본주의가 약탈자의 천국이 되었다는 인식을 심어 주었다. 기업 감독자들은 거의 8조 달러에 가까운 부를 소멸시키고 수천만 명의 일자리를 파괴하는 대재앙을 설계한 다음, 그 구조금을 바닷가 호화 궁전에서 마사지를 받고 초콜릿을 바른 딸기를 사 먹는 데 써 버릴 수 있었다.

2009년 1월에 취임한 버락 오바마 대통령은 경기 부양을 위한 8,000억 달러 규모의 공공 지출 대책을 발표했다. 또한 다이먼과 다른 주요 은행의 CEO들을 백악관으로 불러 엄중한 대화를 나누었다. 오바마는 이들을 국빈 식당에 모아 놓고 물 한 잔만 제공된 긴 마호가니 테이블에 둘러앉게 했다. 그곳에서 대통령은 은행가들에게 막대한 급여를 계속 지급한 것에 대해 훈계했다. 그들의 재능에 수반되는 시장 가격을 지급한 것이라며 참석자들이 항의하자 대통령은 그들의 말을 잘라 버렸다. "신중히 발언하시오, 여러분." 오바마가 말했다. "대중은 그 말을 믿지 않습니다. 내 행정부는 당신들과 죽창 사이에 있는 유일한 존재요."[134]

결과적으로 오바마 행정부는 다보스맨을 책임 추궁으로부터 보호하는 데 충분한 완충 역할을 해냈다. 그의 법무부는 금융위기와 관련하여 단 한 명의 임원도 감옥에 보내지 못했고, 대신 일련의 온건한 합의안을 협상하는 데에만 성공했을 뿐이다.[135]

오바마는 또한 미국 주택 소유주들에게 의미 있는 구제책을 시행하는 것을 거부했다. 월스트리트 출신으로 사모펀드 회사를 이끌게 된 티머시 가이트너Timothy Geithner 재무장관은 주택 압류가 급증하고 파산과 노숙자 문제까지 겹쳤음에도 불구하고 주택 소유자에 대한 직접 구제안을 거부했다. 그는 모기지 부채를 탕감해 주는 것은 "도덕적 해이"에 해당하며, 휴가비와 새 차 구매를 위해 자기 주소를 현금인출기 마냥 신용 한도까지 무모하게 사용한 대출자에게 행복한 결말이 될 것이라고 주장했다.

그런 방식으로 대출을 받은 사람들도 있었지만, 대부분의 사람은 수십 년 동안 임금이 정체되거나 감소했음에도 불구하고 주거비, 의료비, 교육비가 계속 상승하는 바람에 연체 상태에 빠지게 된 것이었다. 베니오프와 같은 다보스맨들이 주식으로 받은 급여로 부동산을 사들이면서 집값이 천정부지로 치솟자, 일반 서민들은 더 많은 비용을 내야만 했다. 자녀를 좋은 학교에 보내고 싶어도 최고의 학군에 살기 위해서는 더 큰 비용이 들었다. 사람들은 자녀를 대학에 보내고 응급 의료 비용을 충당하기 위해 두 번째 주택담보대출을 받기도 했다. 이러한 현실로 인해 많은 주택 소유자가 과도한 대출을 받게 되었다.

하지만 가이트너와 오바마는 꿈쩍도 하지 않았다. 그들은 부실 대출자들에게 단순히 상환 기간 연장과 이자율을 낮추는 미미한 구제책을 제공한 후 대출 기관이 이러한 조치를 방해하는 동안 다른 곳을 바라보며 딴청을 피웠다. 이러한 정책 실패로 인해 주택 소유자들은 부동산을 잃게 되었고, 스티브 슈워츠먼과 같은 기회주의적 투자자들에게는 부실 부동산의 막대한 재고를 보장해 주었다.

한편, 연방준비제도(Federal Reserve, 이하 연준)는 수조 달러의 채권을 사들여 차입 비용을 낮게 유지함으로써 기업들이 빚을 내서 잔치를 벌일 수 있도록 했다. 기업들은 공짜 신용을 악용하여 주주들의 배를 불리지만, 투자나 공격적 고용은 하지 않았다.

금융위기 이후 10년 동안 미국 주식 시장의 대부분을 차지하는 S&P 500 지수를 구성하는 기업들은 이익의 절반 이상인 5조 3,000억 달러를 자사주 매입에 지출하여 주가를 상승시켰다.[136] 배당금 지급에 3조 8,000억 달러를 추가로 지출했다. 이 10년 동안 미국 억만장자들의 재산은 80% 이상 증가했다. 그 사이 대다수의 미국인은 여전히 경기 회복을 기다리고 있었다.[137]

결국 다이먼의 회사는 미 정부 규제 당국에 130억 달러의 벌금과 함께 대출을 구매한 기관을 속였다는 사실을 공개적으로 인정하는 합의안을 제출했다. 베어 스턴스와 워싱턴 뮤추얼 관련 부정의 대부분은 다이먼이 은행을 장악하기 이전에 일어난 일이었으나, 일부 사건은 다이먼의 직접 지휘 아래 발생했다. 2013년에 체결된 이 합의는 은행에 큰 타격을 줄 것으로 예상되었다. 하지만 2조 달러가 넘는 자산을 보유한 기관에게 이 정도 벌금은 사소한 것이었다. 그해 다이먼의 보수는 거의 두 배로 증가하여 2,000만 달러에 달했다.[138] 그런데도 그는 이듬해 1월 다보스에서 자신의 은행에 대한 불미스러운 묘사 때문에 매우 화가 났다고 불평했다.

다이먼은 "많은 부분이 불공평하다고 생각한다."라면서도 "세세한 내용까지 언급하진 않겠다."라고 말했다.[139]

미국 의회가 은행이 미래의 실패에 대비하여 더 많은 달러를 준비금으로 적립하도록 강제하는 규제로 금융계에 대응하자, 다이먼과 그의 로비 하수인들은 오바마 행정부가 이 규정을 해외 자회사에 적용하지 못하도록 강력하게 막으려 했다. 그는 준비금을 충분히 늘리지 않은 은행에 과징금을 부과하겠다고 위협하는 국제 규칙에 대해 불만을 토로했다. 당시 캐나다 중앙은행 총재이자 나중에 잉글랜드 은행(The Bank of England: 영란은행, 영국의 중앙은행, 종종 The Bank로 표현하기도 함-옮긴이) 총재가 된 마크 카니Mark Carney와 비공개로 열띤 토론을 벌인 다이먼은 이 규칙을 "반미적"이라고 불렀다.[140]

이듬해 JP모건 체이스가 그들의 런던 거래소가 일련의 충격적인 베팅 실패로 60억 달러가 넘는 손실을 초래한 무대가 되었다고 공개함에 따라 규제가 지나치다는 다이먼의 항의는 더욱 진정성이 없어 보였다.[141] 이 무모한 베팅을 주도한 트레이더는 '런던 고래(London Whale)'로 알려지게 되었다.

다이먼은 금융위기를 낳은 나쁜 알들은 사라졌으니, 이제는 정부가 긴장을 풀고 은행가들이 은행가답게 행동하도록 내버려둬야 할 때라고 누구에게나 말하곤 했었다. '런던 고래' 사태는 거대 은행들이 여전히 경영진이 암묵적으로 승인했거나 파악하지 못한 엉뚱한 계획을 짜고 있다는 사실을 뼈아프게 일깨워 주었다.

이러한 불행한 역사에도 불구하고 다이먼은 브렉시트의 무모함에 대해 영국에 조언하기를 주저하지 않았다. 브렉시트의 존재 자체가 이러한 불미스러운 역사의 산물이었다.

2009년 12월, 최악의 금융위기가 닥쳤을 때 영국 납세자들은 위기에 처한 은행에 1조 파운드에 가까운 보증을 제공해야 하는 상황에 부닥쳤다. 구제 금융은 노동당 정부에 의해 제공되었다. 2010년 5월, 보수당이 이끄는 새로운 연립 정부가 집권하면서 이 재앙을 기회로 삼아 이제까지 영국에 남아 있던 사회복지 국가의 흔적에 대한 장기적인 공세가 벌어졌다.

금융위기는 회계장부를 황폐화했다. 영국의 연간 재정 적자 규모는 약 100억 파운드에서 1,000억 파운드가 증가하여 총 국가 부채는 약 1조 파운드로 늘어났다. 차기 재무장관으로 취임한 오스본은 고통의 집단적 분담을 통한 해방을 약속하며 긴급 예산을 편성했다. 거의 모든 분야의 정부지출은 향후 4년간 약 4분의 1로 삭감될 것이며, 그 이후 몇 년 동안은 그보다 더 많이 삭감할 것이다. 빈곤층, 장애인, 실직자를 위한 프로그램은 간소화되고, 사람들에게 급여 수표를 복지 수표와 맞바꾸도록 장려할 것이다. 투자를 유인하기 위해 법인세를 낮출 것이다.

오스본은 아빠의 신용카드를 손에 넣은 술에 취한 십 대들로 가득 찬 방에 들어선 냉철한 어른 역할을 맡아 이 암울한 산술적 상황을 전달했다. 그는 의회에서 "경기 침체가 닥쳤을 때 국가가 감당할 수 있는 수준을 넘어선 생활을 하고 있었다는 것이 진실"이라며 "오늘 우리는 실패한 과거의 빚을 갚고 더 번영하는 미래를 위한 토대를 마련했다."라고 말했다. 그와 캐머런은 긴축을 '빅 소사이어티'라고 부르며 고결한 재구성 작업의 하나로 묘사했다. 일단 영국이 비대해진 정부 관료 조직을 해체하면 풀뿌리 조직, 자선 단체, 민간 기업이 전면에 나서서 어려움을 겪고 있는 지역사회를 되살리고 도움이 필요한 사람들을 위한 행정 업무를 맡게 될 것이다.

긴축재정의 여파로 자원봉사 정신이 어느 정도 고양되기도 했다.

공공 도서관은 관심 있는 시민들의 노동력 기부에 의존하게 되었고, 결국 유급 직원보다 더 많은 자원봉사자가 필요하게 되었다. 학교에서는 가난한 가정의 학생들이 결식하는 경우가 많다는 사실을 인지하고 아침과 점심을 제공하기 시작했다. 학부모들은 중고 교복을 물려받기도 했다. 그러나 이러한 집단주의를 빅 소사이어티의 일부로 기념하는 것은 마치 자기 집에 불을 내고 이웃들이 달려와 불을 끄는 것을 도와주는 것을 보며 공동체 정신을 즐기는 것과 비슷했다. 정부는 법 집행, 도로 유지보수, 노인 돌봄에 대한 지출을 삭감했다. 법원은 업무 처리에 어려움을 겪었다. 교도소에서는 과밀 수용과 직원 감소로 인해 폭력과 자살이 발생했다.

긴축은 단순히 산술적인 예산 작업을 넘어서 국가 정체성에 스며들어 미래에 대한 기대감을 떨어뜨렸다.

이러한 현상은 산업에서 밀려난 도시와 마을로 가득한 영국 북부에서 가장 뚜렷하게 나타났다. 이 지역사회에서 현대사는 한탄의 연속이자 간헐적인 방치와 약탈의 역사로 전해지곤 했다. 1980년대에 조직적 노동운동을 굴복시키려는 일련의 조치로 인해 대처의 이름은 욕설이 되었다. 그녀는 "사회란 존재하지 않는다."라는 유명한 선언을 남겼다. 그녀는 또한 광산을 민영화하면서 파업하는 광부들을 탄압했다. 그녀는 협박에 직면한 사람들을 돕는 정부 프로그램을 축소했다.

25년 후, 오스본의 긴축정책은 대처주의를 완성하기 위한 노력의 일환이 되었다.

리버풀 외곽 커크비에서 은퇴한 60세의 벽돌공 데이브 켈리Dave Kelly는 "이것은 명백히 우리 계급에 대한 공격이다."라고 말했다. "우리의 정체성에 대한 공격이다. 사회구조 전체가 무너지고 있다."

　제2차 세계대전 당시 커크비는 군수 공장을 중심으로 건설되었다. 전쟁이 끝난 후에는 산업의 중심지로 번영했다. 켈리의 아버지는 크레인 운전사였다. 그의 어머니는 냉동식품 공장의 검사관으로 일했다. 그는 형과 여동생과 함께 차고가 있는 침실 3개짜리 집에서 자랐다. 그들은 지역 커뮤니티 센터에서 탁구를 치고 집 건너편에 있는 공공 수영장에서 수영을 했다.

　하지만 2018년 초 내가 찾아갔을 때, 그의 어머니가 일하던 수영장은 이미 철거되어 섬뜩한 광경이었다. 수영장은 몇 년 전 지방 의회의 자금이 바닥나면서 문을 닫았다. 켈리가 건립을 도왔던 댄스홀은 해고된 노동자들이 장애 수당을 받기 위한 서류 접수센터가 되었다. 켈리와 그의 자녀들이 모이던 청소년 클럽의 전면 창문에는 사람들이 이곳을 찾는 주요 이유 중 하나가 적힌 스티커가 붙어 있었다. "돈 관리 또는 부채 상담. 주택 상담. 임대료 체납."

　"이건 비극이에요."라고 켈리는 말했다. "이 마을은 말기적 쇠락을 맞고 있어요."

　남쪽으로 몇 마일 떨어진 프레스콧 마을의 주민들은 지방 의회가 자금 마련을 위해 개발업자에게 매각을 고려 중인 자산 목록에 인기 있는 공원이 포함되었다는 사실을 알고 경악했다. 그들은 이미 도서관이 매각되어 전면 유리로 된 고급 주택으로 개조되는 것을 목격했다. 지역 박물관은 마을 역사 속으로 사라졌다. 경찰서도 사라지고 새 청사 내의 대부분은 직원 없는 책상으로 대체되었다. 이제 주민들은 브라운스 필드를 잃을 위기에 처했다. 마을 중심부에 자리 잡은 이 공원에는 놀이터와 축구장이 있었다.

"모두가 이 공원을 이용합니다." 무성한 잔디밭에서 개를 산책시키던 두 아이의 엄마 재키 루이스Jakie Lewis가 말했다. "이곳이 아마 우리의 마지막 커뮤니티 공간일 겁니다. 그동안 여러 차례 벌어진 일이에요. 결국 낙담만이 남죠."

사람들은 곧 퇴임할 노슬리 시의회 의장인 앤디 무어헤드Andy Moorhead가 브라운스 필드를 매각하기로 한 이유에 대해 음모론을 펼쳤다. 내가 무어헤드를 만났을 때 그는 긴축을 주장하는 악당처럼 보이지는 않았다. 당시 62세였던 그는 일생 대부분을 가난한 아이들을 위해 봉사하는 데 보냈다. 그는 노동당 당원이었고 평소 구석진 주점의 친절한 단골손님 같은 모습으로 보였다.

"나는 사람들에게서 무언가를 빼앗으려 정치인이 된 것이 아닙니다."라고 그는 말했다. "하지만 현실을 해결해야 합니다."

현실은 런던 정부가 지방에 대한 보조금을 단계적으로 폐지하면서 주택세와 사업세로만 공공 서비스 비용을 내도록 강요하고 있다는 것이었다. "이념적인 정책이죠."라고 그는 말했다. "전 세계에서 다섯 번째로 부유한 나라에서 누구도 이런 일을 해서는 안 되는 겁니다."

50만 명의 인구가 살고 있는 거칠지만, 멋진 해안 도시 리버풀에서는 긴축 예산이 도입된 이후 지방 공무원들의 예산이 약 3분의 2가 삭감되었다. 리버풀을 관할하는 머지사이드 소방 구조대는 소방서 5곳을 폐쇄하고 약 1,000명에 달하던 인력을 620명으로 축소해야 했다. 댄 스티븐스Dan Stephens 소방서장은 "이번 예산 삭감으로 누구도 더 안전해지지는 않을 것"이라고 말했다.

그는 3년 전의 화재를 떠올렸다. 한밤중에 한 노부부가 집에 갇혀 있었다. 첫 번째 소방차는 6분 만에 도착했지만, 두 번째 소방차는 다른 소방서에서 출발해야 했기 때문에 4분이 더 지나서야 도착했다.

"한 명은 살았고 한 명은 죽었습니다."라고 그는 말했다. "우리가 좀 더 빨리 출동할 수 있었다면 둘 다 살았을 가능성이 높습니다."

개별적인 예산 문제가 결합하자 전체적으로는 부분의 합보다 더 나쁜 결과를 초래했다. 긴축재정으로 인해 재택 의료 서비스가 사라지면서 점점 더 많은 노인이 집에 방치되고 있었다. 시에서는 정신 건강 서비스를 삭감했기 때문에 집 안에 오래된 신문을 쌓아 두는 저장 강박 장애인들을 확인할 직원 수가 줄어들었다. 가난한 사람들은 현금 보조금을 잃고 전기 요금이 밀려서 어둠이 깔린 시간 동안 촛불에 의지해 불을 밝히고 있었다.

이러한 우려의 대부분은 소방서장만의 문제가 아니었다. 종합적으로 보면 화재 위험은 놀라울 정도로 증가한 것이다. 방치된 노인들과 신문지 더미 그리고 촛불, 소방차 사이렌의 굉음을 떠올리는 데는 대단한 상상력이 필요하지 않았다.

스티븐스는 "시스템 전체에 걸쳐 파급 효과가 있습니다."라고 말했다. 몇 주 후 그는 직장을 그만두고 호주로 이주했다. 미국이 1930년대 대공황을 뉴딜정책의 원동력으로 삼아 사회보장 같은 정부 프로그램을 만들었던 것처럼, 영국은 국민 건강보험을 중심으로 한 사회 제도를 만들어 냈다. 의료 시스템의 설립은 영국이 식민지 시대의 야만성, 노예무역의 금융 및 물류 중심지의 역할 등 역사적 유산을 극복하고 더욱 명예로운 목표를 위해 부와 창의력을 활용하려는 전환점이 된 순간으로 평가받았다.

리버풀의 한 의료 센터의 일반의인 사이먼 바우어스Simon Bowers
는 "우리는 하나의 국가로서 '이제까지 우리가 잔인했다. 이제 친절함
으로 모두를 돌보자'라고 말했죠."라고 말했다. "NHS(국가의료서비스)
는 모든 사람의 편입니다. 얼마나 부유하든 가난하든 상관없습니다. 이
는 이 나라의 정신에 새겨져 있습니다."

2018년 내가 바우어스를 방문했을 때, 그의 진료실은 진료받기 위
해 몇 시간씩 기다리는 사람들로 가득 차 있었다. 그는 고혈압, 심장 질
환, 불면증, 불안 등 스트레스와 관련된 질병이 점점 더 많이 발생하는
것을 긴축의 증거로 보았다. 이는 합리적인 보건 정책이라면 낳을 수 없
는 결과였다.

"영국을 엉뚱한 방향으로 움직이기 위한 정치적 선택이죠."라고
그는 말했다. "부자들을 더욱 풍요롭게 하는 동시에 가난한 사람들의
삶을 더욱 비참하게 만들겠다는 것 말고는 이해할 수 없습니다."

2016년 6월 영국 유권자들이 유럽연합 잔류 여부를 결정하기 위
해 투표에 나섰을 때 투표 항목에 긴축이 명시적으로는 없었지만, 긴축
프레임은 투표 항목에 영향을 미쳤다.

탈퇴파는 브뤼셀에 숨어서 규칙에 집착하는 유럽연합 정부가 영
국이 글로벌 강대국으로서의 자기 운명을 성취하는 것을 방해하고 있
다고 주장했다. 그들은 중국, 인도, 미국 등 빠르게 성장하는 국가들과
무역 협정을 체결하겠다고 약속했다. 이들 국가와의 무역은 유럽과의
무역량보다는 적을 것으로 예상되었지만, 그것이 상징하는 바는 숫자
보다 더 중요했다.

캐머런 총리는 시끄러운 선거운동 기간이 지나면 영국인들이 잔류에 찬성하는 쪽을 지지할 것이라고 믿고 투표에 임했다. 그러나 그와 오스본은 많은 유권자가 지닌 자신들과 같은 종류의 인간들에 대한 혐오감이 어느 정도인지 몰랐다. 두 사람 모두 과도한 음주, 공공 기물 파손 등으로 악명 높은 옥스퍼드의 남성 전용 사교 모임인 불링던 클럽(Bullingdon Club) 출신 엘리트로서 다보스맨과 한통속인 특권층이었다. 그들은 자신의 권력을 이용해, 영국인들을 제이미 다이먼과 같은 사람들에게 호의적으로 만들려 했다.

투표 당일 밤 BBC가 개표 결과를 보도하기 시작하면서 그들의 계산 착오가 명백해졌다. 첫 번째 결과는 영국 북부의 도시 선덜랜드에서 나왔는데, 선덜랜드 주민의 최대 고용주는 일본 자동차 제조업체인 닛산이었다. 닛산은 선덜랜드에서 자동차를 생산한 후 유럽 전역에 면세로 운송했는데, 브렉시트로 인해 이 시스템이 위태로워졌다. 이 회사의 CEO는 영국이 유럽에 남는 것을 "기업으로서 선호한다."라는 입장을 공개적으로 표명했었다.[142] 물론 다른 어떤 것보다 급여에 대한 우려가 컸을 것이다.

그런데도 선덜랜드는 유럽 탈퇴에 찬성표를 많이 던졌다. 몇 달 후, 나는 대체 무슨 일이 일어난 것인지 알아보려 기차를 타고 선덜랜드로 향했다. 그때는 브렉시트 투표의 결과가 이미 명확하게 드러났을 때였다. 영국은 유럽과의 미래 관계를 놓고 수년간의 갈등을 예고했다. 투자는 둔화하고 있었다. 어떤 결과가 나오든 선덜랜드는 분명 타격을 받을 것이 분명했다.

사람들은 왜 이렇게 투표했을까?

나는 닛산 직원들과 함께 복지급여를 아끼려 브렉시트에 찬성하는 바람에 오히려 접시닦이를 고용하는 데 어려움을 겪어 이미 '리그렉시트(Regrexit: 브렉시트를 찬성했다가 그 때문에 오히려 더 어려워져 후회하는 현상-옮긴이)'를 경험하고 있는 한 식당 주인과 이야기를 나눴다. 그런 일자리를 주로 맡던 동유럽 이민자들이 영국을 떠나고 있었다. 하지만 내가 들은 가장 진솔한 이야기는 —외신 기자의 진부한 표현이지만— 택시 기사에게서 들었다.

"브렉시트가 무엇인지, 브렉시트에 투표하면 어떤 일이 벌어질지 아무도 이해하지 못했어요."라고 그는 말했다. "우리는 그저 런던의 그 인간들이 우리가 기억할 수 있는 한 오랫동안 우리를 엿 먹여 왔다는 것만 알고 있었죠. 대처가 우리를 엿 먹였죠. 그리고 카메론과 오스본이 우릴 엿 먹였어요. 그런데 캐머런과 오스본이 여기 와서 브렉시트 반대표를 던져 도와달라고 했어요. 우린 그들이 원하는 투표를 하지 않았어요. 이건 우리가 그들을 엿 먹일 기회였죠."

영국이 유럽연합에서 탈퇴하는 것을 유권자들이 선호하게 된 다른 이유도 많았다. 탈퇴 캠페인은 유럽에 도착한 무슬림 난민들의 사진을 보여 주며 테러에 대한 두려움에 호소했다. 그들은 브렉시트를 이민자에게 문을 닫는 수단으로 홍보했다. 이 캠페인은 영국이 유럽연합을 탈퇴함으로써 절약될 돈으로 국민건강서비스와 같은 국내의 더 중요한 일에 지출할 수 있다고 거짓말을 했다. 그들은 영국이 유럽 블록으로부터 자금을 지원받고 있으며 무역 타격으로 인해 영국 자체의 금고가 비어 갈 것이라는 사실을 숨겼다.

그러나 논쟁은 결국 유권자들이 영국이 더 큰 유럽 블록의 중요한 구성원이자 점점 더 다문화적이고 세계와 통합된 국가가 된 것을 인정할 것인지, 아니면 독립적인 제국주의 강국이라는 오래전의 비전을 추구할 것인지로 귀결되었다.

탈퇴 옹호자들은 브렉시트가 통제권을 되찾는 일이라는 명제를 중심으로 뭉쳤다. 헤지펀드를 운용하고 부동산 도박을 일삼는 다보스맨들을 배신한 무리가 펼친 향수를 자극하는 냉소적 작업이었다. 그들은 자신들에게 특별한 이득이 되는 한 분야, 즉 금융규제를 장악하기 위해 영국 국기를 흔들어 댔다. 그들은 유럽 관료들의 간섭 없이 영국 소셜 네트워크를 활용해 규칙을 만들 수 있던 시절에 대한 향수를 품고 있었다.

"우리는 부담스럽고 불필요한 규제에서 벗어나고 싶다."라고 탈퇴 캠페인을 함께 주도한 런던의 부동산 거물 리차드 타이스Richard Tice는 말했다. 투표 한 달 전 그를 만나러 갔을 때의 일이다. 그는 앞으로 몇 년 동안 경제가 "약간의 충격과 혼란"을 겪게 될 것이라고 인정했다. "인생은 돈이 전부가 아니다."라고 그는 말했다.

타이스의 회사는 7억 5,000만 달러가 넘는 부동산을 관리하고 있었다. 그는 푸른 더블브레스트 정장을 입고 침실 2개짜리 스위트룸이 하룻밤에 4,300달러나 하는 호화 메이페어 호텔 로비 위쪽 벤치에 앉아 있었다. "여기는 내 사무실의 확장판이나 다름없다."라고 그는 말했다. 웨이터들은 두려운 표정으로 서둘러 샴페인이 가득 담긴 쟁반을 들고 왔다. 빨간 마세라티 한 대가 입구 앞에 주차되어 있었다.

유럽연합 규제 당국은 헤지펀드 운영을 제한함으로 금융위기에 대응했다. 헤지펀드는 엄청난 양의 서류를 제출해야 하고, 적립금을 공개해야 하며, 차입이 제한되고, 보상 제한 규정을 준수해야 했다. 가장 불길한 것은 펀드를 '전문 투자자'에게만 판매할 수 있고, 개인 고객은 보호를 위해 차단되었다는 점이다.[143] 이러한 새로운 규칙은 대저택을 더 많이 보유하는 데 위협이 되었다. 브렉시트는 헤지펀드 매니저들이 원하는 대로 운용할 수 있는 황금기로 돌아갈 탈출구를 제공했다.

영국 금융계 임원 100명이 탈퇴 캠페인을 지지하는 서한에 서명했다. "우리는 EU의 규제 방식이 현 영국 금융 서비스 산업에 진정한 위협이 되고 있음을 우려한다."라고 선언했다.[144] 가장 눈에 띄는 서명자 중에는 8억 2,500만 파운드의 재산을 보유한 헤지펀드 매니저 크리스핀 오데이Crispin Odey가 있었다.[145] 그는 한때 자신의 시골 저택에 세계에서 가장 호화로운 닭장을 꾸미기 위해 13만 파운드를 투자했는데, 아테네 조각상으로 장식된 팔라디안 스타일의 회색 아연 사원은 나중에 '클럭킹엄 궁전'(Cluckingham Palace)으로 알려지게 되었다.[146] 그 역시 탈퇴 캠페인에 약 90만 파운드를 기부했다.[147] 또 다른 서명자는 6억 3,000만 파운드로 추정되는 재산을 소유한 헤지펀드 매니저 폴 마샬Paul Marshall이다.[148]

이들은 주권을 되찾고, 유럽의 주변부라는 불명예를 종식하며, 국민에게 돈을 돌려주겠다는 과격한 구호를 영국에 포화상태가 되도록 퍼뜨린 캠페인에 자금을 지원한 사람들이었다.

브렉시트가 영국인의 삶을 지배하게 된 실제 이야기는 트럼프가 철강 노동자들의 분노를 타고 오벌 오피스로 들어가 억만장자들에게 감세 혜택을 줄 수 있는 위치에 오르게 된 과정과 비슷하다. 그것은 다보스맨에 대항하는 가지지 못한 세력의 반란이었고 이는 모든 문제를 일으킨 무모한 짓들을 다시 할 자유를 추구하던 일부 다보스맨에 의해 촉진된 것이었다.

브렉시트는 마녀의 가마솥에서 유독가스가 예측할 수 없이 새어 나와 땅 위로 퍼져 나가듯 감독자들에게 위험천만한 것임이 드러날 것이었다.

브렉시트 국민투표의 치욕적인 결과가 나온 다음 날, 캐머런 총리는 잿빛 얼굴로 사임했다. 2016년 선거운동 기간 동안 공개적으로 브렉시트에 반대했던 정치적으로 불운한 테레사 메이Theresa May가 뒤를 이었지만, 그녀는 브렉시트를 현실로 구현해야 하는 피할 수 없는 과제를 물려받게 되었다.

메이 총리는 이후 3년간에 걸쳐 이제는 의례화된 의회의 고문을 겪어 가며 당내 반란의 위협 속에서도 단일 시장의 회원국이라는 핵심 요소를 해치지 않으면서 동시에 브렉시트를 기술적으로 만족시키는 방안을 마련하기 위해 노력했지만 결국 실패했다. 일생일대의 고난 끝에 그녀는 브렉시트라는 미완의 과제를 후임자인 보리스 존슨Boris Johnson에게 넘겼다.

존슨은 20명 이상의 영국 총리를 배출한 엘리트 학교인 이튼 칼리지에서 캐머런과 같은 반이었던 또 다른 영국 사회의 산물이었다. 그는 공붓벌레의 흐트러진 머리카락으로 덮인 동그란 얼굴과 스테이크 하우스와 분명 친숙할 것 같은 체격의, 정치 만화가들의 꿈과 같은 외모였다. 저널리스트로 경력을 시작한 그는 브뤼셀에서 유럽연합에 대하여 몇몇 사실에 근거한 창의적인 공격으로 이름을 알렸고, "브렉시트를 완수하라."는 임무를 받고 정권을 잡았다. 기존의 통념에 따르면 그는 메이의 전철을 밟을 것이었다.

그러나 존슨은 어떤 명확한 신념에 얽매이지 않는다는 장점이 있었다. 그는 다우닝가 10번지에 계속 거주하고 싶다는 욕망에만 사로잡힌 것처럼 보였다. 그리고 그는 야당 원내대표였던 제레미 코빈Jeremy Corbyn이라는 엄청난 정치적 선물을 받았는데 그의 인기는 젖은 양말 정도였기 때문이다.

스타일로나 정치적으로 다른 시대에 갇혀 있던 코빈은 1983년부터 국회의원을 역임했다. 그는 오랫동안 좌파적 입장에서 유럽연합에 대한 반감을 키워 왔다. 이는 브렉시트에 경악하는 시민들이 점점 더 많이 찾아올 그의 당의 잠재적 매력을 약화시켰다. 유권자 대다수가 브렉시트가 실수였다고 생각하는 쪽으로 방향을 전환하는 와중에도 존슨은 노동당의 이런 약점을 이용해 2019년 12월 총선에서 압도적인 과반을 차지했다.

존슨의 승리는 내전의 첫 단계가 끝났다는 신호였다. 브렉시트는 실현될 것이었다. 유럽과의 협상을 통해 이루어질 것인가, 아니면 미지의 바다로 혼란스럽게 빠져들 것인가? 아무도 몰랐다. 하지만 어떤 형태로든 브렉시트는 다가왔다.

그러나 존슨의 승리는 모험이 앞에 놓여 있다는 인식이 있었기 때문에 가능했다. 그는 영국 북부 지역사회에서 보수당으로 돌아선 전통적 노동당 유권자들에게 큰 빛을 지고 있었다. 이들의 지지를 계속 유지하려면 긴축에서 벗어나야 했다. 철도와 도로에 대한 지출을 늘려 사람들을 일할 수 있도록 해야 했다. 또한 국민보건서비스에 대한 예산을 획기적으로 늘려야 했다. 이 모든 일에는 돈이 필요했다. 그러나 존슨은 진정한 브렉시트를 요구한 보수당 지지층에도 빚을 졌다. 메이처럼 부드러운 브렉시트가 아니라 유럽과의 완전한 단절이 필요했다. 그것은 무역을 방해하여 돈을 빼앗는 것이었다.

존슨은 영국을 유럽 궤도에서 이탈시키는 임무를 완수하거나, 아니면 경제를 확장, 그를 포용해 준 산업 공동체의 삶을 덜 비참하게 만들 자금을 마련할 수 있다. 존슨이 두 가지를 모두 해낼 수 있을지는 미지수였다.

수십 년에 걸친 서민들의 경제적 고통이 브렉시트를 낳았다. 영국이 유럽에서 분리되는 지저분한 협상 과정은 브렉시트 이후의 여정도 끝없이 위협했다. 이에 따라 경제 분쟁도 지속되었다.

무역 협정을 무산시키고 협상 테이블에서 떠나겠다는 수개월 간의 허풍과 위협 끝에 존슨 총리는 2020년 12월 마침내 유럽과 해협을 가로지르는 무역의 주요 측면을 보존하는 최소한의 합의에 도달했다. 그러나 이 합의에서 금융 부문이 제외되면서 다이먼은 자신의 은행이 영국을 완전히 떠날 수도 있다는 생각을 품게 되었다.

다이먼은 2021년 4월 주주들에게 보낸 서한에서 "파리, 프랑크푸르트, 더블린, 암스테르담에서 더 많은 금융 기능이 수행됨에 따라 그 중요성이 커질 것입니다."라며 "유럽에 제공하는 모든 서비스를 영국 밖으로 이전하는 것이 합리적이 될 전환의 계기가 수년 후에 나타날 수 있습니다."라고 썼다.

영국 해협 건너편에서는 또 다른 다보스맨 협력자가 영국의 내분을 주시하며 일부 은행가들을 파리로 유인할 기회를 엿보고 있었다.

5
"이건 폭발할 수밖에 없어요"
다보스맨의 대통령

기업에 대한 적대감으로 유명한 이 나라에서 억만장자를 동경하는 투자 은행가 출신 에마뉘엘 마크롱Emmanuel Macron은 부유층을 만족시키면 프랑스에 더 큰 기회가 생길 것이라는 생각을 중심에 두고 대통령직을 수행했다.

"우리 사회가 더 나아지려면 성공하는 사람들이 필요하다."라고 그는 2017년 그의 임기 첫 달에 말했다. "우리는 그들을 질투해서는 안 된다. 우리는 '환상적이군요'라고 말해야 한다."[149]

'우주적 거짓말'에 대한 마크롱의 충성은 그의 정책을 형성하는 동시에 그의 임기를 위태롭게 만들었다. 그는 부유층에 대한 세금을 인하하고 휘발유에 새로운 세금을 부과하여 노동자들을 격분시켜 노란 조끼 운동으로 알려진 격렬한 시위를 촉발했다.

국민연금 시스템을 재구성하는 과정에서 마크롱은 누구보다 많은 돈을 관리하고 프랑스의 은퇴 저축에 대한 정책적 접근에 영향을 준 다보스맨, 즉 블랙록의 회장 래리 핑크를 신탁(神託)으로 여겼다. 대중이 핑크의 관여에 대해 알게 되었을 때, 마크롱은 억만장자들의 쾌락을 위해 프랑스 국민의 이익을 팔아넘겼다는 비난을 받았다.

프랑스를 다보스맨의 피난처로 만들려는 이 시도로 마크롱은 모두의 서식지를 위험에 빠뜨렸다.

마크롱은 평생을 부유층의 사고방식과 사회적 관습에 젖어 살았다. 그는 유럽 전역의 철도 노선 건설과 영국 정부의 군사적 모험에 자금을 지원하는 등 세계화의 역사와 독특하게 얽혀 있는 로스차일드의 투자 은행 부서에 근무했다.

야망이 넘치는 마크롱은 평생 프랑스를 이끌 준비를 해 왔다. 그는 마키아벨리에 관해 학부 논문을 썼고, 7명의 프랑스 대통령과 13명의 총리를 배출한 프랑스 엘리트의 산실인 사이언스 포(Science Po)에서 석사 학위를 취득했다. 그 후 그는 지배층을 위한 또 다른 준비 과정인 국립행정학교에서 공무원 경력을 쌓기 위한 훈련을 받았다. 국립행정학교는 그의 영웅이자 롤 모델, 나치에 맞선 프랑스군의 지도자이자 전후 첫 수십 년간 국가를 이끌었던 샤를 드골Charles de Gaulle이 설립한 학교였다.

마크롱은 대권을 잡기 훨씬 전부터 자신감, 유창한 영어, 세련된 정장, 억만장자들에 대한 존경심으로 세계경제포럼에서 새로운 버전의 프랑스를 대표하리라는 느낌을 주었다. 그의 당선은 프랑스가 비즈니스에 대한 수십 년간의 반감을 떨쳐 내고 있다는 신호로 부유층 사이에서 환영받았다.

2017년 6월 래리 핑크는 "이번 대통령직은 프랑스와, 무엇보다도 유럽에 유리할 것으로 믿는다."라고 말했다. "프랑스는 정력적으로 경제를 변화시킬 것이다."[150]

금융 중심지로서의 파리를 홍보하기 위한 한 모임에서 제이미 다이먼은 마크롱이 "기업가 정신, 성장, 일자리"를 위해 박차를 가할 것이며 부유층을 위한 환영 매트를 마련할 것이라고 말했다.

"사람들이 나를 필요로 한다는 것은 기분 좋은 일이다."라고 다이먼은 덧붙였다.[151]

마크롱은 불과 서른아홉 살의 나이로 프랑스 역사상 최연소 대통령이 되었다. 그는 디지털 시대의 현실에 정통했고, 전통에 대한 존중이라고 너무 자주 낭만화되는 구태의연한 프랑스적 삶을 치유할 것처럼 보였다.

그는 프랑스 기성 정치권의 운이 다한 후보들에 비해 가장 거부감이 적은 대안으로 자신을 드러내며 정권을 잡았다. 사회당은 붕괴했다. 현직 대통령인 프랑수아 올랑드François Hollande는 재선 출마조차 불가능할 정도로 인기가 없었다. 마크롱은 올랑드의 경제부 장관을 지냈지만, 당이 표류하자 탈당했다. 중도 우파의 내부에는 불화가 만연해 있었다.

마크롱은 고쳐야 할 것을 고쳐 내겠다는 실용적 기술관료 자격으로 출마했다. 그는 어느 진영에도 얽매이지 않는다는 증거로 새로운 정당인 '앙 마르슈'(En Marche)를 창당했다. 그는 거의 1,600만 유로에 달하는 선거자금을 모금했는데, 이 놀라운 액수는 그가 대중적 지지를 받고 있다는 증거가 되었다.

그러나 그들은 핵심을 놓쳤다. 마크롱은 잉태 시점부터 다보스맨의 협력자로 자신을 내세우며 권력을 키워 나갔다. 선거자금의 거의 절반을 단 800명의 기부자로부터 모금했다.[152] 마크롱은 바스티유를 점령한 민중 봉기와는 거리가 먼, 스스로 세운 궁정을 대변하는 인물이었다.

마크롱의 기금 모금 활동은 프랑스의 주요 은행인 BNP 파리바(BNP Paribas)의 임원이 직접 운영했다. JP모건 체이스의 전 수석 리더였던 에마뉘엘 미켈Emmanuel Miquel도 여기에 함께했다. 로스차일드의 필립 게즈Philippe Guez 이사는 자신의 파리 아파트에서 기금 모금 행사를 주최하여 다른 은행 임원들이 마크롱과 만날 수 있는 장소를 제공했다. 이 은행의 경영 파트너인 올리비에 페코Olivier Pecoux는 샹젤리제 거리에서 모금 행사를 개최했다.

마크롱은 경제부 장관으로 재직하던 시절, 그의 예전 문학 교사였던 아내 브리지트Brigitte와 함께 센 강이 내려다보이는 파리 아파트에서 프랑스 최고 부호들을 정기적으로 접대했다. 때로는 하룻저녁에 두 번의 만찬을 주최하기도 했다.

거의 매주 세계 최대 명품 제조업체인 모엣 헤네시 루이비통의 회장 겸 최고경영자인 베르나르 아르노Bernard Arnault와 함께 식사했다. 그의 회사는 크리스챤 디올, 불가리, 지방시 등 다양한 브랜드의 제국이었다. 가방 한 개에 15만 달러를 기꺼이 소비하는 사람들을 대상으로 한 사업 덕분에 아르노는 1,000억 달러 이상의 재산을 보유하게 되었고, 세계 3대 부호 중 한 명으로 꼽혔다.[153]

아르노의 요트 심포니(Symphony)는 축구장보다 길고 댄스장, 골프 연습장, 헬기장, 야외 영화관 등 6개의 갑판을 갖추고 있었다. 바닥이 유리로 된 수영장에는 폭포수가 물을 흘려보내고 있었다. 그는 해변 휴양지 생트로페의 별장, 바하마의 개인 섬, 파리의 궁전 같은 저택, 보르도의 세계적으로 유명한 포도주 제조장 샤또 디켐을 소유하고 있었으며, 이곳의 진하고 달콤한 디저트 와인은 시적 영감을 줄 정도였다. 그의 현대 미술 컬렉션에는 피카소, 앤디 워홀, 제프 쿤스의 작품이 포함되어 있다.[154]

아르노가 열정을 보이는 것은 피아노 연주, 자기 영지 내 꽃밭을 거니는 것, 그리고 세금 납부를 피할 수 있는 새로운 방법을 생각해 내는 것이었다. 그는 마크롱이 후자를 추구하는 데 유용할 것이라고 재빨리 눈치챘다.

경제부 장관으로서 마크롱은 100만 유로 이상의 소득에 75%의 세금을 부과하려는 올랑드의 실패한 시도에 반대하며, 이는 프랑스를 "태양이 없는 쿠바처럼" 만들 것이라고 경고했다. 아르노는 이 시도에 너무 놀란 나머지 세금을 피하려고 벨기에 여권을 신청하는 바람에 반역죄로 고발당했다.

아르노는 자신이 소유한 신문사 레제코(Les Echos)를 통해 친구 후보를 지지하는 기명 논평을 게재했다. "에마뉘엘 마크롱의 정책은 민간 기업이 프랑스에서 지속 가능하고 건전하며 대규모 일자리를 창출하는 유일한 효과적 수단이라는 신념에 기반을 두고 있다."라고 아르노는 썼다. "성장에 대한 열망이 꺾이지 않는 기업, 불합리한 세금이나 관료적 절차에 방해받지 않는 기업에게 투자와 혁신, 지속 가능한 일자리 창출 외의 다른 의제는 없다."[155]

아르노가 방해받는 것으로는 보이지 않았다. 그는 세금 회피 기술의 대가였다. 그의 요트는 약 1억 3,000만 유로의 가치가 있었기 때문에 연간 약 200만 유로의 부유세를 납부해야 했다. 아르노의 회계사들은 심포니를 조세 회피처인 몰타에 등록된 유령 회사의 공식 소속으로 두어 이 법을 무력화했다. 유령 회사는 베르나르 아르노가 독점적으로 즐길 수 있도록 그에게 선박을 재임대해 주었다.[156]

언론인들이 이 계약을 들어 아르노가 경제 정책에 대해 건전하지 못한 조언을 하게 되었다고 지적하자, 마크롱은 자신의 식사 파트너를 옹호했다. "당신이 세금 사기라고 부르는 것은 법적으로 형사 처벌이 불가능한 것이다."라고 그는 텔레비전 인터뷰에서 말했다.[157]

마크롱에게 아르노의 명민함과 부는 지지의 핵심 포인트였다. 아르노는 마크롱이 후보로서 적합하다는 것을 입증했고, 다른 부유층이 마크롱의 캠페인에 기부하도록 유도했다. 마크롱은 은행가, 기업가, 로비스트, 영향력 있는 인사들을 대상으로 모금 활동을 펼치며 세금으로부터의 해방을 약속했다.

마크롱은 부유한 프랑스인들의 이탈을 되돌리는 데 특히 관심을 집중했다. 마크롱은 2016년 10월 프랑스 유명 남성복 브랜드 셀리오의 창업자 마크 그로스만Marc Grossman 소유의 브뤼셀 외곽 빌라에서 기금 모금 만찬을 열며 분위기를 조성했다. 그곳에서 미래의 대통령은 참석자들에게 부유세를 폐지하겠다고 약속했다. 그는 30만 명의 프랑스 시민이 거주하는 런던을 여러 차례 방문하여 국제 금융 분야에서 일하는 외국인들로부터 기부금을 확보했다.[158]

결선 투표에서 마크롱은 무슬림 이민자에 대한 신랄한 비난과 상승하는 인기로 유럽이 우파 포퓰리즘으로 기울어지는 것에 경각심을 고조시키고 있던 마린 르펜Marine Le Pen의 주류화된 극단주의 정당 국민전선(National Front)의 시끄러운 반격을 진압했다.

마크롱은 허풍스러운 발언으로 쉽게 웃음거리가 되었다. 그는 프랑스 대통령직을 로마 신화에 나오는 모든 신의 왕인 주피터에 비유한 것으로 유명하다(블라디미르 푸틴과 시진핑의 지상 권력을 대놓고 부러워했던 트럼프조차도 하늘의 권위에는 기대지 않았다). 하지만 누구도 마크롱의 비전이 부족하다고 비난할 수 없었다. 그는 민족주의와 반자유주의 세력에 대한 해독제로서 프랑스를 훨씬 뛰어넘는 세계에 희망을 불어넣었다.

2018년 1월 그의 기조연설을 듣기 위해 모인 사람들로 다보스의 메인 강당이 가득 찼다. 마크롱은 제2차 세계대전 이후 질서 유지의 핵심은 프랑스의 부흥이라며 자신을 자유민주주의의 수호자로 내세웠다. 그는 브렉시트와 트럼프, 민주주의 약화에 대한 대응책으로 광범위한 유럽 연대를 강화해야 한다고 역설했다.

마크롱은 포럼에서 "세계의 분열을 피하려면 더 강한 유럽이 필요하며, 이는 절대적으로 중요하다."라고 말했다. "프랑스는 다시 유럽의 핵심이 되었는데 유럽의 성공 없는 프랑스의 성공은 없을 것이기 때문이다."[159]

마크롱은 르펜을 비롯한 혐오를 부추기는 세력의 매력을 깎아내리는 데 필요한 단 한 가지에 집중했는데 그것은 곧 경제성장이었다. 10%에 육박하는 실업률과 함께 국가 정체성에 스며든 무기력증을 뿌리 뽑을 것이다. 교육을 강화하는 동시에 인공지능과 같은 분야의 연구를 강화하여 현대 경제에서 번영하는 데 필요한 기술을 배양할 것이다. 프랑스를 기후 변화에 대응하는 세계적인 리더로 변모시킬 수 있는 기술에 투자할 것이다. 런던, 뉴욕, 실리콘밸리에서 가장 뛰어난 프랑스 인재들이 돌아와 프랑스를 혁신의 온상으로 만들 것이다. 성장은 전 세계 민주주의를 병들게 하는 분노에 맞서 국가를 보호하게 될 것이다.

마크롱은 다보스에서 "내가 사람들에게 세계화가 당신들에게 좋은 일이며, 자신의 삶을 발전시키는 데 도움이 된다고 설득할 수 없다면 그들은 체제에서 벗어나고 싶어 하는 극단주의자, 즉 민족주의자가 될 것"이라 말했다. "그리고 그들은 모든 나라에서 승리할 것이다."[160] 이러한 혁신의 핵심은 기업이 위험을 감수하지 못하게 하는 낡은 규칙의 족쇄를 풀어주는 것이었다.

마크롱은 프랑스 노동법의 대대적인 개편이라는 첫 번째 과제를 수행하면서 프랑스 노동조합과 직접적으로 대립하게 되었다. 비록 그들은 프랑스 전 노동자의 10% 미만을 대표하지만, 대중을 동원하여 국가를 멈추도록 파업을 일으킬 수 있는 능력을 오랫동안 입증해 왔다. 마크롱은 3,324쪽에 달하는 투박스럽기로 유명한 프랑스 노동 규정을 다시 쓰려고 했다.[161]

프랑스에서 직원을 해고하려면 퇴직금과 긴 법적 절차로 인해 큰 비용과 시간이 소요되었다. 이 때문에 직원을 고용하는 것은 결혼하는 것과 비슷했다. 관계가 만족스럽지 못한 것으로 판명될 때 이혼은 값비싼 고통이 따르기 때문에 프랑스 고용주들은 약정 공포증에 시달렸다. 계약직과 임시직 노동자에 의존하는 경향이 점점 더 커졌고, 이에 따라 실업률은 높고 임금은 낮았다.

지난 20년 동안 집을 구매하거나 미래의 삶을 계획할 수 있는 합법적인 정규직 일자리는 약 100만 개로 제자리걸음을 하였지만, 한 달 미만 계약직은 160만 개에서 450만 개로 폭증했다.[162]

마크롱의 개혁은 노동자를 해고하는 것이 쉬워지면 고용주들이 과감하게 고용을 늘릴 것이라는 논리적 전제에 기반을 두고 있었다. 더 나은 일자리를 가진 사람들은 더 많이 소비하여 경제성장을 촉진할 것이다.

마크롱은 프랑스 최대 노조가 대중의 광범위한 이익과 동떨어진 채 조합원들만의 특권 클럽으로 기능하고 있다는 사실에 주목했다. 그들은 주로 백인 중년 토착민 출신 프랑스인들의 지속적인 고용만을 사수하기 위해 동원되었다.

24세 미만 청년 5명 중 1명은 고용되지 않은 상태였다.[163] 대도시를 둘러싸고 있는 음침하고 외진 교외 지역인 반리에(banlieue)에는 정규 일자리를 가져 본 적이 없는 아프리카 이민자들이 가득했다. 프랑스에서는 인종 간 격차를 측정하는 것이 금지되어 있기 때문에 위기의 전체 규모는 알려지지 않았으며, 이는 나치 시절의 흔적이자 만인의 평등에 대한 프랑스의 환상을 보여 주는 증거였다.

노조는 일자리 창출 방안에 대한 논의에 거의 우스꽝스러울 정도로 무관심했다. 프랑스 최대 노조 중 하나인 노동총연맹(CGT)의 이사인 마누 블랑코에게 이 질문을 던졌을 때, 그는 주당 근무 시간을 현재의 35시간에서 단축하여 더 많은 사람이 기존 노동을 공유할 수 있도록 하자고 제안했다. 프랑스만이 노조 위원장이 일거리 부족에 대한 해결책으로 일을 덜 하자는 제안을 할 수 있는 곳이었다.

거리 시위는 예상대로 마크롱의 노동법 개정을 환영했지만, 그는 추가 퇴직금 지급을 약속하며 노조를 분열시켰다.[164] 마크롱은 자신의 변화를 프랑스의 사회적 관습법에 충실한 것으로 포장했다. 창고를 수용소처럼 운영하는 제프 베조스의 미국식 자본주의가 아니라 북유럽식 자유 기업 같은 온건한 변형이었다.[165]

몇 달 만에 파업은 사라졌다. 새로운 개혁은 법이 되었다. 하지만 마크롱은 다보스맨에게 도가 넘친 선물을 주는 데 자신의 정치적 자본을 걸었다. 그는 부유세를 폐지하겠다는 공약을 이행하여 부유세를 70%까지 효과적으로 낮췄는데, 이는 처음 3년간 국가가 100억 유로의 비용을 부담하게 될 조치였다.[166] 그는 억만장자들에 대한 이러한 관대함이 해외로부터 투자를 유치하고 사업 확장을 촉진할 것이라고 주장했다.

그 결과 즉각적이고 강렬하며 가차 없는 분노가 뒤따랐다.

프랑스는 사회 불안이 지속적으로 확산될 것 같지 않은 곳이었다. 경제적 불평등은 미국이나 영국의 수준처럼 심각하지는 않았다.[167] 프랑스는 모든 국민에게 포괄적인 국가 의료 서비스를 제공했다. 덴마크, 스웨덴, 벨기에만이 노동 연령층을 위한 사회복지 프로그램에 프랑스보다 예산 대비 더 큰 비중을 지출했다.[168]

하지만 부유층과 그 외 계층 간의 격차는 수십 년 동안 계속 벌어지고 있었다. 1983년부터 2015년까지 프랑스 가구 중 가장 부유한 1%의 평균 소득은 두 배로 증가했지만, 나머지 하위 99%의 소득은 4분의 1 증가에 그쳤다.[169] 그리고 도시에 사는 사람과 시골에 사는 사람, 정규직과 임시직 사이의 불평등, 정부 프로그램에서 대부분 배제된 노년층과 젊은층 사이의 불평등 등 극단적인 형태의 불평등은 큰 그림 속에 가려졌다.

프랑스에서 평등은 특별한 의미가 있다. 프랑스 혁명의 이상인 자유, 평등, 박애는 정부 건물 현관 위에 새겨진 문구 이상의 의미를 가졌다. 그것은 국가와 국민 사이의 언약이었다.

이전 시대에는 재난이 평등을 증명했다. 제1차 세계대전이 시작되고 제2차 세계대전이 끝나기까지 몇 년 동안 대부분의 부를 통제하던 사람들의 부가 붕괴함으로써 불평등이 극적으로 감소했다.[170] 이후 20년 동안 평등은 더욱 확대되었다. 그러다가 1968년 5월 대학과 공장에서 폭발적인 파업과 시위가 일어났고, 이는 드골의 보수주의와 전통적인 성 관습에 대한, 그리고 미국의 베트남 전쟁과 자본주의 그 자체에 대한 반발, 즉 정치적인 것 못지않은 문화적 혁명이었다.[171]

반세기 후 마크롱이 펼칠 정책의 틀을 마련한 드골은 시위대를 달래기 위해 최저임금을 인상했다. 그 결과 빈곤층의 소비력이 향상되어 불평등 격차가 줄어들었다. 하지만 1980년대는 반전의 시작이었다. 대처가 영국에서 사회 프로그램을 삭감하고 로널드 레이건이 미국에서 정권 전복을 주도한 것처럼, 프랑스의 역대 정부는 빈곤층에 대한 임금 인상을 무효화하고 실업 수당을 줄였다. 2014년까지 사회 프로그램에 대한 국가 지출의 20%만이 소득 하위 5분의 1에 해당하는 가구에 지원되었는데, 이는 미국보다도 적은 비중이다.[172] 이전에는 빈곤층에게 지원되던 자금이 아르노와 같은 사람들에게 돌아가고 있었다.

노란 조끼를 걸친 사람들에게 마크롱은 새로운 분노가 아니라 마지막 지푸라기를 의미한다.

부유세는 프랑스의 광범위한 구조조정의 충격을 완화하기 위해 고안된 제도이다. 이는 1982년 프랑스 최초의 사회당 대통령 프랑수아 미테랑에 의해 사회 프로그램을 강화하기 위한 수단으로 도입되었다. 그 이후로 이는 프랑스를 풍요로움에 적대적인 나라로 묘사하는 소품으로 사용되었고, 프랑스는 베레모를 쓴 비트족이 지배하고 회색 정장을 입은 사람을 민중의 적으로 여긴다는 고정관념의 대표적 증거가 되었다.

마크롱은 부동산을 제외한 모든 것에 대한 세금을 폐지하면 프랑스가 외국 자본을 환영한다는 것을 널리 알릴 수 있다고 주장했다. 이는 부분적으로는 제이미 다이먼과 같은 사람들이 브렉시트 발생과 함께 JP모건 체이스가 영국에서 철수할 때 파리를 은행가들의 안식처로 삼도록 유도하기 위한 메시지였다. 마크롱은 런던 기업을 위한 또 다른 공약으로 사모펀드 수익에 대한 세율을 75%에서 30%로 인하하겠다고 약속했는데, 이는 스티브 슈워츠먼과 같은 경영진에게 직접적으로 달콤함을 선사할 것이었다.[173]

취임 후 마크롱은 천천히 속도 조절을 했는데 특히 노동 개혁과 같은 그의 주요 목표에 대해 신중했다. 하지만 마크롱의 가장 충성스러운 지지층인 다보스맨은 이런 일확천금의 기회를 참지 못했다. 2017년 여름 에두아르 필리프Edouard Philippe 총리가 부유세가 향후 2년 더 유지될 것이라고 연설할 때 프랑스 최고 부자들은 격분했다. 3일 후 엑상프로방스 시에서 열린 연례 경제 포럼에서 경영진들은 배신감을 노골적으로 표출했다.[174]

이 포럼을 주최한 신자유주의 싱크탱크인 경제학자협회(Cercle des Economistes)는 마크롱에게 부유세를 즉각 폐지할 것을 요구했다. 강력한 프랑스 기업 모임인 프랑스 민간 기업협회 회원사들은 엘리제궁에서 대통령을 비밀리에 만나 부유세 유지에 대해 불만을 표출했다.[175] 협회 회원사 중에는 아르노의 회사도 있었다. 회의 직후 마크롱의 재무부는 이듬해인 2018년에 부유세가 폐지될 것이라 발표했다.

부유세 폐지는 부유층이 프랑스로 이주하도록 유도했다.[176] 하지만 눈에 띄는 투자 증가 효과는 없었다. 나중에 프랑스 상원 재정위원회의 보고서에 따르면 세금 감면으로 프랑스에서 가장 부유한 100명이 연평균 120만 유로를 절약했다고 결론지었다.[177] 이들은 이 돈을 공장을 확장하거나 새로운 사업을 시작하거나 사람을 고용하는 데 사용하지 않았다. 그들은 자동차와 주식을 사들이고 루이비통 가방, 그리고 돔 페리뇽 샴페인을 궤짝으로 구매해 아르노의 재산만 늘려 주었을 뿐이었다.

"낙수 효과는 없었다."라고 위원회의 위원장은 참석 패널들에게 말했다. "이것은 부자들을 위한 무시 못할 선물이었다."

부유세가 폐지되기 전해에는 인구 6,700만 명인 프랑스의 부유층 35만 1,000가구(부유층 상위 1퍼센트의 절반)에 이 세금이 부과되었다.[178] 부유한 파리지앵들의 해변 놀이터인 르 투케에 주택을 가진 대통령 부부도 이번 감세 혜택의 수혜자였다.[179] 마크롱은 자신의 기반은 다졌을지 몰라도, 그 대가로 '부유한 자의 대통령'이라는 원치 않는 오명을 뒤집어썼다. 하나둘 일이 벌어짐에 따라 얻게 된 오명이었다. 취임 첫 3개월 동안 마크롱이 메이크업 서비스 비용으로 2만 6,000유로를 썼다는 소식이 먼저 전해졌다.[180] 마크롱은 마흔 번째 생일을 맞아 루아르 계곡의 사파리 공원 소재 282개 이상의 벽난로가 있는 다용도 저택 샤토 드 샹보르에서 파티를 열어 군주처럼 호화롭게 지냈다는 비난을 받았다.[181] 마크롱이 엘리제궁에 50만 유로에 달하는 비용으로 900개의 디너 플레이트와 300개의 사이드 플레이트 세트를 새로 주문했다는 사실[182]과 함께 코트다쥐르에 있는 대통령 별장에 호화로운 새 수영장을 설치하려 한다는 소식이 공개되면서 이러한 구설은 더욱 커졌다.[183]

마크롱의 고가품 취향은 국가 예산 규모가 비대하다고 불평하거나, 자신의 수영장을 때맞춰 재단장하지도 못할 정도로 일의 우선순위에 무지한 일반인이 부자가 된다는 것에 완강히 거부감을 보이는 그의 성향에 어울렸다. 마크롱은 결국 그에게 특별한 재앙이 되어 버린 한 텔레비전 프로그램에 출연하여 "정부는 사회 프로그램에 엄청난 현금을 쏟아붓고 있지만 국민은 여전히 가난하다."라고 말했다.[184] 그는 한 시골 지역의 공장 폐쇄에 불만을 품은 노동자들에게 "헛수고 그만하고" 일자리가 있는 곳으로 이사하라고 말하기도 했다.[185] 이러한 에피소드는 단순한 우발 사건으로 치부할 수 없었다. 이들은 다보스맨의 세계관에 젖어 부패의 과실 중에 자기 몫이 있다고 스스로 주장하는 마크롱의 핵심 정체성을 드러냈다.

2017년 가을, 마크롱이 자신의 대통령직을 규정할 때 이러한 배경이 있었다. 아르노와 같은 친구들의 세금을 깎아 준 마크롱은 친환경 에너지 전환을 위해서라고 주장하며 휘발유에 대한 세금은 인상했다.

프랑스 전역에서 시위대는 노동계급의 유니폼인 노란색 안전 조끼를 입고 전국을 멈춰 세웠다. 마크롱이 거주했던 파리는 편리한 지하철 시스템과 유비쿼터스 대중 버스, 자전거 도로망 등 효율적인 대중교통 네트워크가 구축되어 있었다. 그러나 그 외 프랑스의 거의 모든 지역에서 사람들은 직장, 학교, 상점에 가기 위해 자동차에 크게 의존했다.

많은 지역사회에서 사람들은 유류세 파동을 자신들의 고통이 마크롱에게는 아무런 의미도 없다는 증거로 여겼다. 마크롱의 자기 정당화는 특히 더 짜증 나는 것이었다. 더 친환경적인 프랑스를 추구한다는 마크롱의 주장은 다보스 같은 곳에서는 잘 먹힐지 모르지만, 자신들에게 대가를 강제하는 것이었다. 노란 조끼의 한 유명한 구호처럼 "마크롱은 세상의 종말을 걱정하고 있다. 우리는 월말을 걱정한다."

유류세는 마흔 살의 세 자녀를 둔 싱글맘인 버지니 보닌Virginie Bonnin을 전국을 뒤흔든 봉기의 투사로 만들었다. 그녀는 프랑스 중심부에 있는 인구 6만 명의 도시 부르주에 살았다. 부르주는 고딕 양식의 대성당을 중심으로 좁은 골목길이 이어져 있고, 주변 들판으로 대형 소매점과 주차장이 뻗어 있는 낙후한 교외 지역이다. 한때 군수 공장과 섬유 공장의 중심지였던 부르주에서는 많은 일자리가 사라졌다. 남아 있는 공장들도 점점 더 임시직 노동자를 고용하려 했다. "우리는 일회용이에요." 자동차 부품 공장에서 대부분의 직장 생활을 해 온 보닌은 말했다.

그녀는 한 달에 1,900유로를 벌고 있었다. 목요일 밤까지 기다려야 다음 주 근무 시간을 알 수 있었기 때문에 육아 책임을 감당하기 어려웠다. 이런 한탄은 월마트 노동자들에게 익숙한 미국인들의 이야기였지만, 프랑스에서도 점점 더 현실이 되어 가고 있었다. 일감이 없을 때 보닌은 보통 실업 수당으로 생계를 유지했다. 그녀는 "월말까지 버틸 수 있을 정도는 되지만 쉽지 않지요."라고 말한다. "그런 때는 아이들에게 고기를 먹이려면 정작 나는 고기를 먹지도 못해요." 몇 달 동안 계속된 유가 상승의 정점에는 유류세가 있었다. "일하러 가기 위해 연료를 채우고, 연료를 채우기 위해 일하는 셈이에요."라고 그녀는 말한다.

그녀의 페이스북에는 분노에 찬 글과 행동을 촉구하는 글이 가득했다. 사람들은 도시 남쪽의 고속도로 진입로에 모일 계획이었다. 노란 조끼를 입고 트럭과 승용차를 막는 것이었다.

2018년 11월의 쌀쌀한 회색 아침, 이 운동이 시작된 첫날 보닌은 몰려든 수백 명의 사람 중 한 명이었다. 이들이 도로에 서서 프랑스를 물리적으로 멈춰 세우고 있을 때, 뒤따라오는 교통 체증에 갇힌 운전자들은 경적을 울리며 연대의 뜻을 표했다.

"모두가 열받았어요."라고 보닌은 말했다. "이건 폭발할 수밖에 없어요."

노란 조끼 운동은 곧 프랑스의 거의 모든 도시를 혼란에 빠뜨렸다. 시위대는 파리를 가득 메우고 은행과 상점의 유리창을 깨고 자동차에 불을 지르며 개선문까지 파손했다. 경찰은 분노를 잠재우기 위해 고무탄과 최루탄을 발사했고 시위대와 서로 뒤엉켰다.[186]

평소 흔들림이 없어 보였던 마크롱은 포위당한듯 보였다. 몇 주 후 그는 방침을 바꾸고 유류세를 유예했다.[187] 격렬한 반대 여론에 직면한 이례적인 양보였다. 하지만 너무 늦었다.

이 운동은 더 이상 하나의 정책이나 마크롱이 대변하는 것들에 대한 저항이 아니었다. 노란 조끼 시위는 프랑스의 핵심 이념인 평등을 통해 사회적 화합이 나온다는 믿음이 침해당하는 것에 대한 분노의 표현으로 사람들의 마음을 사로잡았다. 마크롱은 유류세를 폐지할 수는 있었지만, 국민정신에 입힌 상처, 즉 프랑스의 도덕규범을 무너뜨렸다는 인식을 되돌릴 수는 없었다.

시위는 계속되었고, 마크롱의 기술관료다운 침착함을 무너뜨려 그의 지지율은 23%까지 떨어졌다. 5개월이 지나며, 마크롱은 여러 차례 타운홀 미팅을 열어 민원을 청취한 후 대통령 취임 후 첫 기자회견을 열었다.

"사람은 언제든 더 나아질 수 있다."라고 그는 말했다. "우리가 항상 사람을 정책의 중심에 둔 것은 아니었다. 항상 명령만 내리는 듯한 느낌을 주었다. 불공평하다고 느끼게 하였다." 그는 "내가 믿어 온 철학을 더 인간 중심으로, 인간적인 방향으로 심도 있게 재조정"하겠다고 약속했다.[188]

마크롱은 중산층을 위해 50억 유로 상당의 감세를 약속했다. 그는 병원과 시골 학교의 폐쇄를 중단하고, 그 자신도 공부했던 공무원 교육을 담당하는 엘리트 교육 기관인 국립행정학교를 역사 속으로 추방하겠다고 약속했다.

하지만 불공평하다는 인식에서 확산된 분쟁에서 돈은 한계가 있었다. 보닌의 가족은 정부의 주택 보조금으로 일부 비용을 지급한 저렴한 아파트에 살고 있었다. 그녀가 노란 조끼 시위에 참여한 것은 절망감이라기보다는 깊은 불만감 때문이었다.

"부자들이 더 이상 세금을 내지 않는데 희생을 감수해야 한다는 점 말이죠."라고 그녀는 말했다. "절망감뿐만 아니라 사회적 불공정에 대한 느낌도 있어요."

노란 조끼는 부르주 남쪽 가장자리에 자리한 첫 번째 집결지였던 로터리 근처, 그들을 지지하는 한 농부의 땅에 설치한 허름한 천막에 모였다. 내부에는 10여 명의 사람이 나무 벤치를 차지하고 앉아 인스턴트 커피를 마시며 담배를 나눠 피우고 있었다. 몇몇은 이슬비가 내리는 가운데 건설용 팔레트 더미가 불타고 있는 임시 화덕 주위에 모여 있었다. 한 노인은 연금으로 생활비를 충당하지 못한다고 한탄했다. 코랄리 아노바찌Coralie Annovazzi라는 스무 살 여성은 임시직 웨이트리스 일자리를 전전하며 부모님과 함께 살고 있다고 호소했다. 그녀 나이 또래는 저소득층을 위한 현금 보조금과 같은 정부 혜택에서 제외되었다. 마크롱에 대한 그녀의 증오는 적나라한 것이었지만, 사람들을 가장 즉각적으로 자극했던 심한 발언은 아프가니스탄, 수단, 시에라리온 등 전쟁으로 폐허가 된 여러 나라에서 온 난민들이 고속도로 옆 모텔에서 생활하고 있다는 말이었다. 아노바찌에게 이들의 존재는 자신과 주변 사람들이 거꾸로 난민이 되었다는 증거였다. "이주민들은 최신 운동화, 최신 스마트폰을 가지고 있는데 이 모든 것에 국가가 비용을 부담하고 있어요."라고 그녀는 말했다.

또 다른 여성인 클라우딘 말라르디Claudine Malardie가 지지 발언을 이어 갔다. 그녀는 난민들이 "현지 여성들을 지속해서 성폭행하고 있다."라고 말했다. "프랑스인이면 아무런 도움도 받지 못하고, 외국인이면 도움을 받는다."라고 그녀는 계속했다. "검은색 페인트를 주면 내 얼굴을 검은색으로 칠하겠다. 그러면 나도 아마 혜택을 받겠지."

그녀의 인종차별적인 표현을 확인하려 내가 세세한 질문으로 압박해 들어가자 말라르디는 그녀가 사실 한 달에 860유로의 장애 수당을 받고 있다는 사실을 무심코 발설했다. 그녀는 공공 주택에 살면서 국가 보조금을 받아 아파트 월세로 300유로만 내고 있었다.

그녀는 난민들과 실제로 접촉한 사람을 알지 못했다. 남성들이 여성 주민을 폭행한다는 주장에 대해 말라르디는 그녀가 단지 어디선가 들었던 말을 반복해 전했을 뿐이라 인정했다. "페이스북에서 읽었다."라고 그녀는 말했다. 프랑스 노동계급의 문제가 난민 탓이라는 생각은 최소한의 검증조차 통과하지 못했다.

내가 그들을 살펴보러 갔을 때 대부분 젊은 남성인 아흔아홉 명은 과거 모텔이었던 건물에 갇혀 자기 방에 조용히 앉아 있었다. 망명 신청이 처리되기를 기다리는 동안에는 일을 할 수 없었기 때문에 그들은 낡은 교과서를 모아 프랑스어 공부를 하거나 집에 있는 친구나 친척 들과 문자를 주고받고 있었다. 걸어서 갈 수 있는 거리에는 상점이 없었기에 버스를 타고 시내로 나가 식료품을 사면서 공공 지원금으로 받는 한 달 200유로를 아끼기 위해 애쓰고 있었다.

이들이 만약 프랑스의 번영을 훔친 범인이라면, 그들은 자신의 정체를 잘 감추고 있는 셈이었다. 하지만 이주민들은 기회주의적 극우 세력에게 기회를 제공했다. 2019년 초 유럽의회 선거에 출마한 마린 르펜은 노란 조끼를 대표한다고 자처하며 선거운동에 나섰다.

"이제 싸움은 민족주의자와 세계주의자 사이의 싸움이다."라고 그녀는 선언했다.[189]

그녀의 정당은 가장 높은 득표율을 보이며 등장했다.

노란 조끼의 비난에도 불구하고 마크롱은 프랑스 재건 프로젝트를 중단하지 않았다. 2019년 가을, 그는 프랑스 연금 시스템 개편에 착수했다. 프랑스는 경제 총생산의 14%를 연금에 지출하고 있었는데, 이는 세계 주요 선진국의 평균 8%에 비해 훨씬 높은 수준이다. 프랑스 노동자는 보편적으로 60세에 은퇴했다.[190] 프랑스 연금 제도는 42개의 개별 연금 체계로 구성되어 있으며, 각 체계마다 복잡하고도 사소한 규칙들이 적용되고 각각 노조에 의해 보호되고 있다.

마크롱은 노란 조끼의 공격을 너무 많이 받아 정년을 늘리거나 연금에 대한 정부지출을 줄이지 않겠다고 임기를 시작하며 약속했다. 그는 단지 질서를 확립하는 것을 목표로 내세웠다. 서로 얽혀 있는 연금 프로그램을 하나의 통합된 시스템으로 재구성하겠다는 것이다.

노조는 여기서 계략의 냄새를 맡았다. 그들이 보기에 연금을 위해 많은 돈을 지출하는 것은 문명사회의 특징이자 국가적 자부심으로 간주하여야지 개혁되어야 할 문제로 취급되어서는 안 되는 것이다. 기존 연금 제도 아래에서는 일반적으로 은퇴할 때 연금액의 기준은 자신이 최고 소득을 얻었던 25년간 소득의 평균치와 일치했다. 마크롱은 이를 사람들이 일하는 동안 포인트를 적립하고 최종 총합에 따라 연금 지급액이 결정되는 방식으로 대체할 것을 제안했다. 국가가 보장하는 노후의 확실성을 로또처럼 보이는 무언가를 위해 내팽개치자는 것이다. 어떤 사람은 잃게 될 것이었다.

수십 년 동안 조용히 전 세계 자금 이동에 독보적인 영향력을 쌓아온 다보스맨, 래리 핑크가 최종 우승자 반열에 올랐다. 래리 핑크는 마크롱의 관심을 끌었고, 이를 발판으로 프랑스 은퇴 연금 시스템을 재편하여 이를 세계 금융 서비스 업계의 손길이 거의 닿지 않는 벽으로 둘러싸인 피난처에서 매력적인 개척지로 탈바꿈시키고 있었다.

핑크는 금융계에서 가장 영향력 있는 인물 중 한 명이었지만, 신기하게도 그의 영역 밖에서는 잘 알려지지 않았다. 그의 회사인 블랙록은 전 세계를 돌아다니며 연금 시스템, 대학 기부금, 의료 네트워크 및 기타 기관을 설득하여 포트폴리오 관리를 담당하여 7조 달러 이상의 자산을 관리하는 데 성공했다. 그 과정에서 핑크는 억만장자가 되었고, 세계 자본주의에서 젤리그(1983년 우디 앨런의 영화 〈젤리그Zelig〉의 주인공, 외모와 행동, 태도를 상황에 맞게 자유자재로 바꾸는 사람-옮긴이) 같은 인물로 대통령, 중앙은행가, 동료 다보스맨의 막후 조언자가 되었다.

그는 특히 가장 돈이 많은 고객인 미국 정부의 신뢰를 능숙하게 얻어 냈다. 전직 투자 은행가에서 금융 저널리스트로 변신한 윌리엄 D. 코한William D. Cohan은 "그는 마치 오즈의 마법사 같다."라고 평하며 "커튼 뒤의 남자"라 불렀다.[191]

로스앤젤레스 북쪽 샌퍼난도 밸리에서 자란 핑크는 경영대학원을 졸업한 후 동부로 향했고, 월스트리트에서 경력을 쌓기 시작했다. 그는 당시 미국 금융 채권 거래의 불모지나 다름없던 퍼스트 보스턴 은행에 입사했다. 핑크는 모기지담보부증권이라는 새로운 종류의 채권을 개발하여 이 은행을 엄청난 수익 센터로 탈바꿈시키는 데 이바지했다. 개별 모기지를 매입하여 한데 모은 다음 그 채권을 투자자에게 판매함으로써 주택담보대출은 수익성이 매우 높은 투자 수단의 기초가 되었다. 핑크의 혁신은 처음에는 주택담보대출의 위험을 줄이고 주택 소유를 장려하는 진보적인 방향으로 진행되었다. 하지만 월스트리트의 모기지담보부증권에 대한 과도한 도박은 2008년 글로벌 금융위기의 주요 원인으로 부상하게 된다.

핑크는 복잡한 기업 구조조정의 대가로 명성을 쌓았다. 서른한 살의 나이에 그는 퍼스트 보스턴 역사상 최연소 전무이사에 올랐다. 하지만 1986년, 그는 금리 상승에 대한 잘못된 베팅으로 회사에 1억 달러의 손실을 입히는 엄청난 실수를 저질렀다. 핑크는 이를 자신이 의존했던 분석 시스템 탓으로 돌렸지만, 이 실수는 은행에서의 그의 경력을 망가뜨렸다. 또한 이 실수는 그가 컴퓨터를 활용한 데이터 분석에 대해 집요한 관심을 두게 된 시작점이었다.

그 일이 있은 지 2년 후, 핑크는 은행을 떠나 스티브 슈워츠먼의 회사인 블랙스톤에 합류하여 블랙록이라는 채권 거래 전문 벤처를 운영하게 되었다. 엄청난 수익성을 가진 회사였지만 핑크와 슈워츠먼이 평화롭게 공존하기에는 둘 다 자존심과 허세가 너무 강했다. 두 사람은 상금을 어떻게 분배할지를 두고 충돌했고, 결국 슈워츠먼은 이 회사를 월스트리트 최고의 거래꾼으로서는 보기 드물게 끔찍한 액수인 단돈 2억 4,000만 달러로 피츠버그의 한 은행에 매각했다. 핑크의 회사는 수많은 합병을 통해 경쟁사를 집어삼켰고, 1999년에 지분을 일반에 매각했다. 채권에서 주식, 부동산, 헤지펀드 등 금융의 모든 영역으로 사업을 확장했다.

블랙록의 규모는 세계 시장에 대한 독특한 관점을 제공했다. 이것이 바로 가장 중요한 사업 부문의 핵심이 되었다. 퍼스트 보스턴에서의 값비싼 실수로 인해 징계를 받았던 핑크는 시장 심리의 급격한 변화, 이자율의 변동, 기타 결과적 상황의 영향을 시뮬레이션하여 포트폴리오에서 보이지 않는 위험을 찾아내는 컴퓨터 기반 위기관리 시스템의 개발을 주도했다. 알라딘으로 알려진 이 첨단 시스템을 통해 블랙록은 시장에 숨어 있는 위험을 식별할 수 있는 역량을 갖추게 되었다. 1990년대 중반, 핑크는 알라딘을 다른 기관에도 하나의 서비스로 판매할 수 있다는 사실을 깨달았다. 제이미 다이먼의 은행도 이 서비스를 사용하게 되었다. 100개 이상의 다른 금융 기관도 마찬가지였다. 알라딘은 궁극적인 투자자인 미국 정부의 사업을 따낼 수 있는 입지를 다졌다.

2008년 가을 금융위기로 인해 미국이 구제 금융을 실시하면서 정부는 방대한 채권 및 기타 유가 증권 포트폴리오를 관리하게 되었다. 누군가는 이 모든 투자를 관리해야 했다. 래리 핑크가 그 일을 맡게 되었다. 그는 내부자 중의 내부자였기 때문에 이 일에 최고의 적임자였다. 블랙록은 금융위기가 발생하기 몇 달 전부터 거대 보험사인 AIG, 리먼 브러더스, 정부 지원 주택담보대출 회사인 패니매(Fannie Mae)와 프레디맥(Freddie Mac) 등 거의 모든 주요 기업을 위해 일했다.[192]

데이터 전문가로 구성된 그의 팀은 이들의 포트폴리오를 조사하여 위험에 대한 내부 정보를 제공했다.

미 재무부 장관인 행크 폴슨Hank Paulson과 티모시 가이트너Timothy Geithner는 연방 구조 대응책을 수립할 때 핑크의 조언에 의존했다. JP모건 체이스가 베어스턴스를 긴급 인수할 때의 법적 문제, 특히 연방준비은행이 보증을 서는 바람에 입은 손실을 재무부가 보상할 권한이 있는지 여부로 인해 거의 무산될 뻔했을 때, 핑크는 이 문제를 해결했다. 그는 폴슨과 가이트너에게 연방준비은행의 추가 손실 위험이 최소화되었음을 블랙록이 문서로 증언할 수 있다고 말했다.[193]

핑크는 사소하지 않은 몇 가지 세부 사항에 대해 그릇된 판단을 내렸다. 베어스턴스가 무너진 후에도 그는 고객들에게 더 큰 보상을 얻기 위해 더 위험한 투자에 더 크게 베팅하라고 조언했다. 그리고 그는 리먼 브러더스가 파산하기 전까지 리먼 브러더스의 견고함을 공개적으로 보증하여 금융계에 공포의 파도를 일으켰다.[194]

하지만 핑크에게는 귀중한 자산이 있었으니 바로 제도를 운용하는 사람들의 신뢰였다. 미국 정부와의 합의에 따라 블랙록은 고객인 패니와 프레디, AIG, 그리고 당시 다이먼이 경영 중이던 베어스턴스 등이 날조한 재앙적인 거래의 찌꺼기로 가득 찬 납세자의 포트폴리오를 관리하게 되어 있었다. 이에 따라 이해 상충 문제가 발생했다.[195] 부실채권 가격에 영향을 미치는 블랙록이 그 채권을 거래하고 있었다. 핑크는 그런 이야기에 코웃음을 치며 말했다. "우리 고객들은 우리를 신뢰한다."[196]

그 주장에는 약간의 진실이 있었다. 평범하지 않은 옷차림에 대머리, 신경질적인 에너지, 구식 뿔테 안경을 쓴 핑크의 브랜드는 사소한 일에도 초조해하는 괴짜 이미지였다. 여가 시간은 거대한 요트가 아니라 콜로라도에 있는 자택에서 플라이 낚시를 즐기며 보냈다. 아르노는 프랑스산 백포도주의 위대함을 시적으로 칭송할 수 있었다. 그러나 핑크는 인앤아웃 버거의 열렬한 팬이었다. 물론 그는 은행장, 뉴욕증권거래소 소장, 심지어 빌 클린턴까지 끌어들이는 등 돈 많은 사람들의 프라이빗 클럽 역할을 하는 맨해튼 미드타운의 이탈리안 레스토랑 산 피에트로스(San Pietros)의 단골손님이었다.[197]

그는 세계경제포럼의 단골 참석자였으며, 나중에는 세계경제포럼의 이사로 활동하기도 했다. 이를 통해 핑크는 프랑스를 이끄는 다보스맨의 협력자로서 입지를 다질 수 있었다.

취임한 지 한 달도 채 되지 않은 2017년 6월, 마크롱은 대통령궁에 핑크를 초청했다.[198] 그달 말, 마크롱의 경제부 장관 브루노 르 마레Bruno Le Maire는 월스트리트 투자를 유치하기 위해 뉴욕을 방문했다. 그의 일정에는 핑크와의 만찬이 포함되어 있었다.[199] 그로부터 4개월 후, 마크롱 정부는 블랙록 프랑스 대표를 포함, 30명의 전문가로 구성된 패널을 소집하여 연금 개혁 계획을 수립했다. 블랙록은 약 20개의 투자 회사와 함께 연금 개혁을 비롯한 프랑스의 새로운 기회에 대해 논의하기 위해 대통령궁에서 열린 최고위 회담을 지원했다.[200]

핑크는 참가자들에게 보낸 "기밀-배포 금지"라고 표시된 메모에 서명했다. 이 메모는 이 회담을 국가의 최고 지도자들이 "독특하고 역동적인 대화"를 가질 기회라고 표현했다. "우리는 하루 종일 내각 대표들과 함께 마크롱 대통령의 혁신적 비전을 주제로 토론할 것이다." 핑크는 이 회의에 참석했다. 그는 또 다른 다보스맨 부역자이자 긴축정책의 설계자인 조지 오스본 전 영국 재무장관을 데려왔다. 오스본은 브렉시트 국민투표의 참패로 직을 잃은 지 1년 만에 금융 서비스 산업의 앞잡이로 재탄생했다.

오스본은 재무부를 형편없이 운영하여 브렉시트를 초래하는 데 일조했고, 자기 나라에서 사악한 인물로 취급받았다. 하지만 이 경험을 통해 그는 금융과 정부 간의 내부적 상호작용에 대한 이해를 얻었고, 이는 다보스맨이 기꺼이 지불할 가치가 있는 귀중한 자산이었다.

오스본은 기꺼이 그 자산의 판매에 나섰다. 브렉시트 국민투표 이후 몇 달 동안 오스본은 씨티은행과 블랙록을 비롯한 금융 서비스 회사에서 강연하여 60만 파운드 이상을 모았다.[201] 오스본은 또한 고객의 탈세를 도와준다는 이유로 유럽 여러 나라에서 수시로 조사받던 악명 높은 은행 HSBC를 위해서도 일했다.

오스본은 재무장관을 맡고 있던 2015년에 HSBC가 본사를 런던에 계속 유지하도록 설득하기 위해 은행 특별세를 인하해 준 바 있다. 브렉시트로 인해 HSBC는 이러한 계획을 재고하게 되었다. 브렉시트 국민투표 6개월 후인 2017년 1월 다보스에서 HSBC의 최고경영자는 은행이 약 1,000개의 일자리를 파리로 이전하는 방안을 고려하고 있다고 말했다.[202] 같은 해 다보스에서 HSBC는 20명의 고객을 대상으로 비공개 행사를 열고 오스본을 연사로 세웠다.

며칠 후 핑크는 오스본을 자문역으로 고용했다고 발표했다. "전 세계 사람들이 은퇴 후를 위해 저축하고 투자할 수 있도록 돕는 것이 우리의 중심 사명이다."라고 핑크는 발표문에서 말했다. "조지의 통찰력은 고객이 자신의 목표를 달성하는 데 도움이 될 것이다."[203]

오스본은 블랙록에서 한 달에 4일만 일하고 연간 65만 파운드의 연봉을 받았다. 2017년 10월 말, 그는 그 4일 중 하루를 할애하여 프랑스의 은퇴자들로부터 수익을 뽑아내는 방법에 대해 핑크에게 자문을 제공하고 있었다. 파리에서 열린 수뇌 회의에서 오스본은 "지정학과 시장"이라는 제목으로 발표했다. 이어서 마크롱 내각의 각료들이 연달아 연금 및 노동 개혁 계획, 프랑스 교통에 대한 투자, 국제 금융에서의 기회요인 등에 관한 일련의 발언을 했다. 나중에 프랑스 언론이 지적했듯이, 장관 중 누구도 이 회의를 공식 일정에 기록하지 않았고 대중의 눈에 띄지 않도록 숨겼다. 그 회담은 마크롱과의 리셉션으로 끝났다.

2년 후, 마크롱이 연금 제도 개편을 추진하기 시작했을 때 블랙록은 정부의 제안 속에 자신들의 목표를 교묘하게 심어 두었다. 2019년 10월에 발표된 블랙록의 분석에 따르면, 프랑스는 글로벌 자산운용사들에게 금광처럼 매력적인 시장이었다. 프랑스인들은 현금저축이나 안정적 국채에 엄청난 액수를 예치하고 있었다. 미국의 34%에 비해 프랑스는 저축의 약 5%만이 주식에 투자되고 있었다.[204] 블랙록은 일반인이 주식이라는 바구니에 돈을 넣어 두도록 개인 퇴직 계좌 도입을 장려할 것을 정부에 촉구했다.

2020년 1월 마크롱이 장 프랑수아 시렐리Jean-Francois Cirelli 블랙록 프랑스 대표에게 훈장을 수여해 프랑스 레지옹 도뇌르의 반열에 올리기 전까지 이러한 세부 사항은 프랑스 대중의 관심을 거의 끌지 못했다. 세계 최대 자산 운용사의 현지 지사장은 이제 공식적으로 국민적 영웅이 된 것이다.

투쟁 현장에서 볼 때 블랙록 대표에 대한 공공연한 칭송은 마크롱에 대한 모든 의혹, 즉 국제 금융의 앞잡이, 다보스맨에게 국민 혈세를 쏟아부으며 공익을 팔아먹은 부자들의 대통령이라는 의혹을 입증하는 듯했다. 100명에 가까운 시위대가 파리에 있는 블랙록 사무실에 몰려들어 블랙록이 공공의 부를 탈취하려는 음모를 꾸미고 있다고 비난했다.[205] 이들은 경찰이 도착하기 전에 벽과 카펫에 스프레이 페인트로 반자본주의 구호를 썼다.

블랙록은 자신은 무고한 제삼자라고 항의했다. 블랙록은 성명에서 "우리 회사가 정치적 목적에 따른 근거 없는 논란에 계속 휘말리고 있는 현실을 개탄한다."라고 말했다. "블랙록은 현재 연금 개혁 프로젝트에 관여한 적이 없으며 앞으로도 관여할 의사가 없음을 다시 한번 밝힌다."[206] 그러나 블랙록이 연금 변경을 위해 로비를 했는지 여부나 그 방법과는 상관없이, 핑크의 회사는 세계 최대 자산 운용사라는 사실만으로도 프랑스인들의 저축이 주식 시장으로 이동하는 데 따른 이득을 얻을 것이 확실했다. 주식, 채권, 뮤추얼 펀드 등 글로벌 시장에서 거의 모든 것을 매입할 수 있다는 점에서 블랙록이 이 기회를 잡을 가능성이 높았다.

이날의 승자는 다보스맨이었다. 마크롱의 당은 당파적 이해관계는 차치하고서라도 연금 제도를 개편할 권한을 갖게 되었다. 끊임없는 체면 손상과 비웃음, 비난의 구호에도 불구하고 마크롱은 가히 혁명을 일으켰다. 이제 프랑스는 미국에서 영국에 이르기까지 억만장자들의 상향 이동을 촉진한 것과 같은 원리, 즉 래리 핑크와 같은 사람들의 삶을 더 보람 있게 만드는 것이 국가 구원의 열쇠라는 생각에 지배되었다.

우주적 거짓말은 전 세계를 포괄적으로 장악하여 사회민주주의의 최후 보루인 스웨덴의 경제 정책까지 주무르고 있었다.

6

"내 주변의 모든 돌은 블랙스톤이었다"
다보스맨은 어떻게 유토피아를 정복했나

유엔 주택 특별보고관으로 활동한 캐나다 인권 변호사 레일라니 파르하Leilani Farha는 전 세계를 돌아다니며 주택을 마치 대체 가능한 상품처럼 거래하는 금융업자들이 낳은 결과물들, 즉 퇴거와 압류, 집과 이웃을 버려야 했던 가족의 트라우마, 뿌리를 잃은 절망감 등을 기록했다.

파르하는 프라하에서 오랫동안 극심한 차별을 받아 온 취약한 소수 집단인 로마족이 가득 모여 사는 건물을 발견했다. 그들은 새로운 개발로 인해 밀려나 곧 노숙자로 전락할 위기에 처해 있었다. 파르하는 한 미국 기업이 이 프로젝트의 투자자였다는 사실에 놀랐다. 그녀는 곧이어 독일, 스페인, 미국에서도 같은 회사를 만났다.

파르하는 "내 주변의 모든 돌은 블랙스톤이었다."라고 말했다. "그들은 어디에나 있었다."

블랙스톤은 세계 최대의 사모펀드 회사였다. 전 세계에서 독보적인 부동산 컬렉션을 소유하고 있었으며, 수익 창출에만 무자비하게 전념하는 집주인이었다. 블랙스톤의 공동 창립자인 스티븐 슈워츠먼은 수년에 걸쳐 지칠 줄 모르는 추진력을 발휘하여 그 누구도 따라올 수 없는 비즈니스 제국을 건설했다.

슈워츠먼의 회사는 일련의 지주회사와 합작투자를 통해 전 세계 도시의 아파트 블록, 주택, 사무용 빌딩을 장악했는데 일단 취약한 세입자가 사는 지역에서 물건을 저렴하게 매입한 후, 임대료를 인상하고, 수수료를 부과하며, 자산을 다른 사람에게 넘긴다는 동일한 각본에 따랐다. 이 모델은 슈워츠먼의 주주들에게는 큰 수익을 안겨 주었지만, 그가 손을 댄 지역사회에는 큰 충격이 되었다.

블랙스톤은 계몽된 사회민주주의의 표본으로 여겨지는 스웨덴에도 존재했다. 이 회사는 스톡홀름 외곽의 저소득층 밀집 지역에 현지 파트너와 함께 투자했는데, 세입자들은 서비스 저하, 기하급수적으로 높아진 임대료, 퇴거 조치에 분노하고 있었다. 파르하는 이 사실이 놀라웠다. 스웨덴은 억만장자 집주인의 약탈을 막기 위해 설계된 국가라는 말도 있을 정도였다. 하지만 이러한 이야기도 빠르게 옛말이 되어 가고 있었다.

다른 곳과 마찬가지로 스웨덴에서도 다보스맨은 우세한 입장에서 정부를 설득하여 부유층에 대한 세금 감면을 이끌어 냈다. 경제적 불평등은 심화하고 있었다. 공공 서비스는 축소되어 대중의 불만은 커져 갔다. 이는 신나치 운동에 뿌리를 둔 우파 정당인 스웨덴 민주당에 기회가 되었다. 이 운동은 스웨덴의 문제를 이민자 탓으로 돌리며 지지를 얻고 있었다. 프랑스, 이탈리아, 미국에서와 마찬가지로 이런 담론은 표를 얻는 데는 매우 효과적이었지만, 그 설득력은 엉뚱한 방향으로 미쳤다. 이 설명은 스웨덴 문제의 진짜 주범인 슈워츠먼과 같은 다보스맨에게 면 죄부를 제공했을 뿐이다.

스웨덴이 맞닥뜨린 불행의 원인 중에는 슈워츠먼과 다른 억만장 자들이 부동산 시장을 뒤집어 버리는 바람에 저렴한 주택을 구하기 어 렵게 된 현실이 한몫했다.

2019년 3월, 파르하와 다른 유엔 인권 특별보고관은 슈워츠먼에 게 개인적으로 서한을 보냈다.

"주택의 금융화는 전 세계 수백만 명의 사람들이 적절한 주거의 권 리를 누리는 데 심각한 영향을 미치고 있다."라고 그들은 서한에서 언 명했다. "세계 최대 규모의 부동산 사모펀드 회사 중 하나이자 북미, 유 럽, 아시아 및 라틴 아메리카에서 1,360억 달러의 자산을 관리하는 당 신의 기업 활동이 이에 큰 원인이 되고 있다."[207]

이 서한에는 파르하가 방문했던 스웨덴의 한 지역에서 임대료 상 승으로 세입자들이 쫓겨난 사례를 직접 인용했다. 이 서한은 블랙스톤 이 "국내법과 정책을 약화하기 위해 상당한 자원과 정치적 영향력"을 행사하고 있으며, 특히 임대료 규제법을 없애고 있다고 비난했다.

블랙스톤은 나무랄 데 없는 다보스맨의 논리로 자신을 방어했다. 부동산 투자는 문제의 원인이 아니다. 오히려 해결책이었다. 블랙스톤 은 "우리는 전 세계 주요 대도시 중심지의 만성적인 주택 공급 부족에 대한 여러분의 우려를 공유하고 있다."라며 "블랙스톤이 이 분야에 상 당한 자본과 전문성을 제공함으로써 잘 관리된 임대 주택을 공급하는 데 이바지한 것을 자랑스럽게 생각한다."라고 응답했다.

경제적 불평등에 관해 대화하다 보면 십중팔구 누군가가 스웨덴에 관해 이야기하기 시작한다. 사회 문제 해결을 위해 정부가 적극적인 역할을 하는 것에 찬성하는 사람들 사이에서 스웨덴은 이상적인 접근 방식의 대명사처럼 여겨진다. 스웨덴은 스칸디나비아 전역에 널리 퍼져 있는 경제 구조인 이른바 북유럽 모델을 기반으로 운영되는데, 자본주의의 거친 모서리를 부드럽게 다듬어 주는, 이미 효과가 입증된 수단으로 많은 경제학자 사이에서 높은 평가를 받고 있다. 이 모델은 혁신과 경쟁이라는 시장 원리의 미덕을 유지하면서 동시에 노숙자와 빈곤을 방지하고 사회의 낮은 곳에는 바닥을 깔아 주고 있다.

그 비결은 스웨덴 국민이 넉넉한 공공 서비스를 받는 대가로 세계에서 가장 높은 세금을 기꺼이 지급하겠다는 의지가 있었기 때문이다. 의료와 교육은 국가가 전 국민에게 보편적으로 제공하고 있다. 스웨덴에서는 아기가 태어나면 부모에게 480일의 휴가가 보장되며, 부부가 이를 나눠서 사용할 수 있다. 이러한 정책과 정부에서 제공하는 보육 서비스가 결합하여 스웨덴 여성의 고용은 다른 어느 나라보다 높은 비율로 유지되고 있다.[208]

노조는 사용자 협회와 함께 기본임금의 수준을 정하는 계약을 체결하고, 노동자가 회사 이익의 정당한 몫을 받을 자격이 있다는 점을 모두가 명확히 한다. 사람들이 일자리를 잃으면 포괄적인 실업급여를 받을 수 있고 매우 효과적인 직업 훈련 프로그램을 이용할 수 있다.

미국인들은 승자독식 체제를 진정한 자본주의의 형태로 간주하는 반면, 북유럽의 변형된 체제는 유모국가 사회주의라고 무시하는 경향이 있다. 하지만 이는 시대에 뒤떨어진 생각이다. 미국에서 시행되는 자본주의는 미국의 최소화된 사회 안전망에 의해 촉진된 것이 아니라 오히려 방해받았을 뿐이다. 만약 대학 1년의 학비가 BMW 한 대 값도 안 되었다면 얼마나 많은 해고 철강 노동자들이 자발적으로 더 생산적인 직업을 위해 훈련받을 수 있었을까? 의료보험을 고용주에게 의존할 수밖에 없는 미국의 현실에서 새로운 시도가 부담되어 지레 포기해 버린 스타트업 기업은 또 얼마나 많을까?

스웨덴의 정부 관리들은 일자리가 아니라 사람을 보호한다고 말하곤 한다. 비즈니스의 성패는 시장이 결정하게 하지만 대신 노동자에 대해 완충장치를 적용, 그 결과로부터 보호받도록 보장한다.

2017년 스웨덴 중심부에 있는 한 채굴장을 방문한 적이 있는데 이곳의 트럭 운전사들은 자율주행 차량으로 대체될 예정이었다. 추운 갱도 안으로 들어가 먼지와 배기가스를 들이마시던 작업자들은 이제 내부에 앉아 조이스틱을 사용하여 은과 니켈을 물리적으로 추출하는 로봇을 조종하는 소수의 작업자로 대체되었다.

전 세계 많은 곳에서 자동화는 직장인들에게 공포의 대상이었으며, 월수입에 직접적인 위협이 되었다. 로봇은 아프지도 않았고 가족과 함께 시간을 보내는 것에도 관심이 없었다. 베조스는 "절약이 혁신을 이끈다."고 말한 적이 있다.[209] 그는 배송 기사를 대체할 드론과 창고 작업자를 대신할 로봇을 개발하는 데 이 원칙을 적용하고 있었다. 많은 나라에서 노조가 자동화에 저항하는 움직임을 보이고 있었다.

스웨덴에서는 아니었다. 탄광 노동자들은 북유럽 모델을 믿었다.[210] 그들은 회사가 자동화를 진행할 수 있는 유연성을 확보하면 수익이 증가하고 결국 이익을 공유할 수 있을 것이라는 믿음을 보였다. 하지만 이러한 믿음은 북유럽 모델이 지속될 것이라는 가정에 기초한 것이었다. 그리고 그 가정은 인구 비례 난민 유입이 유럽 최대치에 이르자 혹독한 시험대에 직면했다.

시리아, 소말리아, 아프가니스탄, 이라크 등 지구상에서 가장 문제가 많은 지역에서 난민들이 도착했다. 이들은 신체적, 정서적 상처를 안고 있었다. 이들에게는 주거, 의료 서비스, 정신 건강 상담, 직업 훈련이 필요했다. 아이들에게는 학교가 필요했다. 이 모든 것에는 비용이 들었다.

광범위한 공공 서비스에 대한 스웨덴 사람들의 전통적인 재정 지원 의지는 오랫동안 이어 온 한 가지 기본적 이해에 바탕을 두고 있었는데 그것은 모든 사람이 일해야만 한다는 것이었다. 많은 새 이주자가 스웨덴에서 경력을 쌓는 데 어려움을 겪었다. 스웨덴어를 구사하지 못했고 교육도 제대로 받지 못한 경우가 많았다.

"사람들은 일하지 않는 사람들을 지원하기 위해 세금을 내고 싶어 하지는 않는다."라고 스톡홀름 서쪽 호숫가에 있는 필립스타드 마을의 지방 의원 우르반 페터슨Urban Petterson은 말했다. "난민의 90%는 사회에 기여하지 못합니다. 이 사람들은 평생 사회복지에 의존하게 될 것입니다. 이것은 큰 문제입니다."

이러한 고정관념은 페터슨의 소속 정당인 스웨덴 민주당에서 흔히 볼 수 있었다. 이주민들이 스웨덴어를 공부하고 취업을 위해 바쁘게 훈련하고 있음에도 불구하고 당원들은 이들을 게으른 기생충으로 치부하는 경향이 있었다. 이 정당은 이주민 이슈를 이용해, 반전의 기회로 삼고 있었다. 재정의 엄정성이라는 명분으로 다문화주의에 대한 인종차별적 거부감을 재정립하고 있었던 것이다.

2019년 6월, 시내 중심가의 한 카페에 앉았을 때 페터슨은 이민자 수용에 반대하는 이유를 예산에 대한 수학적 계산에 근거하여 설명했다. 그러나 우리가 함께 시간을 보낼수록 그는 마을 거리에서 쇼핑 카트를 밀고 다니는 소말리아 여성들의 존재에 대해 기본적으로 불편함을 드러냈다.

페터슨은 "이 그룹들은 같은 언어를 사용하지 않습니다."라고 말했다. "종교도 다르고 삶의 방식도 다릅니다. 차이가 너무 크면 어울리기 어렵죠. 다른 나라에서 온 사람을 30분 동안 만나는 것은 흥미로울 수 있습니다. 하지만 함께 살라고 하면 힘들죠."

스웨덴 민주당은 정치적 약세에서 벗어나 주류로 부상했다. 이 당은 2019년 총선에서 난민 통합이 국고를 고갈시킨다는 메시지를 앞세워 3위를 차지했다.

필립스타드에서는 처음에 지방 정부가 예산 문제 해결을 위해 난민을 받아들였다. 한때 주요 고용주였던 주변 철광석 광산은 1970년대에 문을 닫았다. 사람들이 일자리를 찾아 떠나면서 마을 인구는 절반으로 줄어 2만 명에서 1만 명이 되었다. 남아 있는 사람들은 대부분 고령자였기 때문에 값비싼 의료 서비스가 필요했다. 노인들을 돌보는 것은 지방 정부의 책임 중 핵심 사안이었다. 과세 기반이 줄어드는 상황에서 누가 조부모를 돌보는 데 비용을 지불할까?

정부의 계획대로라면 난민들이 그 공백을 메울 것이었다. 그곳에 도착하는 대부분의 사람은 공공 지원이 필요했지만, 그들의 자녀들은 스웨덴어를 사용하며 자랄 것이다. 그들은 스웨덴 학교에서 교육받아 충분히 직업을 가질 수 있게 될 것이다. 그들의 세금은 필요한 서비스를 위한 재원이 될 것이다.

필립스타드시 관리인 클레스 홀트그렌Claes Hultgren은 "이번 일로 스웨덴의 복지 모델이 흔들리지는 않을 것"이라며 "만약 우리가 이 사람들과 함께 성공한다면 오히려 그들은 큰 자원이 될 것이다."라고 말했다. 스웨덴의 수십 년간의 경험은 이것이 사실임을 시사한다. 문제는 정부가 필요한 지원을 제대로 하지 않고 있다는 것이었다.

1980년대 필립스타드에 처음 도착한 난민은 대부분 발칸 반도에서 온 사람들이었다. 현재의 물결은 2012년에 시작되어 2015년에는 16만 명이 망명을 신청하여 절정에 달했다. 스웨덴은 인구 1000만 명의 나라였다. 이는 미국으로 치면 한 해 500만 명이 유입되는 것과 맞먹는 숫자이다.

정부는 빈 주택이 있다는 이점을 활용해 이들을 한꺼번에 필립스타드로 수송했다. 지자체 공무원들이 너무 많은 난민을 수용하는 데 드는 비용에 난색을 표하자 정부는 처음 2년 동안 지원금을 보냈다. 그 이후에는 난민들이 일할 준비가 되었으리라 추정하여 현금 지원을 중단했다. 하지만 그것은 망상이었다. 처음 도착한 사람들은 의사와 다른 숙련된 전문가들로, 쉽게 적응할 수 있는 사람들이었다. 나중에 도착한 사람들은 훨씬 더 어려웠다. 내가 2019년에 방문했을 때 이 마을의 난민 중 노동 가능 연령자는 750명이었다. 이 중 500명은 고등학교 중퇴자였고 200명은 문맹이었다.

"주 정부는 계속해서 사람들을 빨리 준비시키라고 말합니다."라고 지자체 교육 프로그램 운영자 하네스 펠스만Hannes Fellsman은 말한다. "그건 불가능합니다. 교육을 먼저 해야만 하죠."

스웨덴 민주당 당원과의 만남에서 이민에 관한 모든 대화는 정부의 난민 할당에 대한 조심스러운 이야기로 시작되는 듯하다가 스웨덴이 더 다양한 사회가 되는 것에 대한 거부감으로 급작스레 전환되곤 했다.

필립스타드 의회의 또 다른 스웨덴 민주당 소속 의원인 조니 그란 Johnny Grahn이라는 버스 운전사는 난민에 대한 지출이 늘어나면서 마을이 어쩔 수 없이 삭감한 예산에 대해 불만을 토로했다. 이에 따라 노인 센터의 활동 코디네이터가 없어졌다. 사람들은 노인 돌봄 서비스를 받기 위해 하염없이 기다려야 했다.

"시스템이 거의 붕괴되고 있어요."라고 그는 말했다. "이 모든 삭감은 복지에 치우쳐 있는 현행 예산의 균형을 맞추기 위해 이루어진 것이죠. 일하지 않는 사람들이 너무 많이 들어오면 모든 것이 무너집니다." 그리고서 그는 마을에 세워진 모스크에 관해 이야기했다. 새벽 기도 소리가 이곳에서 오랫동안 살아온 주민들을 깨우고 있다고 그란은 불평했다. 유치원은 난민 어린이들로 "넘쳐나고" 폭력 범죄도 증가하고 있다며 "우리는 지금 스웨덴어를 배우려 하지 않고 사회로 나가고 싶어 하지 않는 사람들에 대해 이야기하는 것입니다."라고 그는 말했다. "통합은 단순히 우리가 그들을 돕는다고 되는 문제가 아닙니다. 그들이 그것을 원해야 하는 것이죠."

이런 종류의 말도 안 되는 생각들은 이곳까지의 여정을 견뎌 낸 거의 모든 이주자를 만나자 무너졌다.

스웨덴 남부에서 나는 어느 날 오후에 바박 자말리Babak Jamali라는 아프가니스탄 출신 난민과 함께 시간을 보냈다. 6년 전, 겨우 열세 살이던 그는 고향인 아프가니스탄에서 전쟁을 피해 자동차 트렁크에 실려 파키스탄을 거쳐 이란으로 건너왔다. 그곳에서 그는 반쯤 완성된 아파트 건설 현장에서 일당 2달러를 받고 웅크린 채 일하며 지냈다. 법적 서류가 부족했던 그는 뇌물을 요구하며 그를 괴롭히는 경찰에게 항상 취약했다. 그는 밀입국 안내자에게 돈을 주고 트럭으로 터키(2022년 국명 튀르키예로 변경-옮긴이)를 거쳐 그리스로 이동했다. 그는 이어 버스를 타고 발칸 반도를 거쳐 독일 남부에 도착했다. 또 다른 아프가니스탄 난민이 스웨덴에서의 삶이 더 쉬울 것이라고 말해 주어 그는 기차를 타고 말뫼로 향했다.

작년 한 해 동안 그는 호르비 마을 외곽의 배관도 없는 낡은 벽돌집에서 한 예술가와 함께 살고 있었다. 법적으로 망명 신청이 계류 중에는 일을 할 수 없었기 때문에 그는 스웨덴어를 공부해 가며 전기 기술자가 되기 위해 일주일에 6일을 수업에 참석하고 있었다. 수업에 출석하기 위해 그는 영하의 겨울 날씨에도 먼지가 나는 도로를 15분 동안 걸어서 마을버스를 기다렸다. 한 운전기사는 그에게 승차 거부를 하여 다음 버스를 기다리게 만들었다. 어떤 때는 지나가던 운전자들이 그에게 너희 집으로 돌아가라고 소리를 지르기도 했다.

난민 관리 업무를 맡은 공무원들이 작성한 파이 차트에서 자말리는 최악의 경우에 해당했는데, 즉 납세자의 혜택을 무한정 받을 가능성이 가장 높은 사람이라는 뜻이었다. 그는 중학교도 마치지 못했고 스웨덴어를 거의 하지 못했다. 하지만 이러한 프로파일은 그가 여기까지 오기까지 끔찍한 장애물을 헤쳐 왔으며 경력을 쌓기 위해 노력했다는 사실을 외면하고 있었다. 그것은 그의 지능과 추진력을 분명하게 증명하는 것이었다.

"다른 사람들처럼 살고 싶어요."라고 그는 내게 말했다.

스웨덴 민주당에 불어닥친 인종주의는 공공 재정에 대한 그들의 시각과 무관하지 않았다. 인종주의는 세금 징수에 대한 혐오감을 키웠고, 이런 정서는 북유럽 모델을 위협했다. 공동의 수혜자에 다수 국민과는 다른 사람들이 대거 포함되자 집단주의 정신은 흔들리기 시작했다.

1980년대부터 시작된 미국 내 납세 거부 저항운동의 밑바탕에도 이와 유사한 연대 의식의 약화가 자리 잡고 있었다. 인종 통합정책은 백인 지배 권력이 공공사업을 폐지하도록 촉발했다.

미국 남부에서는 1960년대 인종차별적인 짐 크로우 법(Jim Crow Laws)이 폐지되면서 흑인 커뮤니티와 거리를 두고자 하는 백인 가정이 교외로 탈출하기 시작했다. 교통수단으로 미니밴에 의존하게 된 전문직 백인 가구는 대중교통과 같은 공공 서비스를 지원하는 세금을 내는 것을 꺼렸다.

2010년대 들어 미국이 대침체에서 벗어나기 위해 노력하면서 애틀랜타나 내슈빌과 같은 도시의 실업 사무소는 자기 사정에 맞는 일자리를 구하지 못한 아프리카계 미국인 남성들로 가득 찼다. 그들 대부분은 시내에 거주했던 반면, 많은 일자리가 교외에 몰려 있었기 때문이다. 공공 버스는 그 격차를 이어 주지 못했다.

흑인들이 대중교통에 대한 동등한 권리를 확보하자 백인 납세자들은 재정 시스템을 위축시켰다. 로자 파크스Rosa Parks는 버스에서 자기가 원하는 자리에 앉을 수 있는 권리를 얻었다. 다만 이제는 버스 자체가 사라지고 있을 뿐이다.

스웨덴은 더 많은 동정심을 보였어야 했다. 하지만 스웨덴은 지구상에서 가장 동질적인 사회 중 하나였다. 스웨덴 토박이들이 자신들이 낸 세금으로 외모가 다르고 다른 신에게 기도하는 사람들의 정착에 자금을 지원한다는 사실을 깨닫자, 일부 사람들은 이를 거부하기도 했다.

이민과 공공 자원에 대한 영향을 둘러싼 논쟁의 프레임 속에는 중요한 핵심 행위자, 즉 세금 부담을 줄이는 데 성공하여 수십 년 동안 예산 삭감을 강요한 억만장자들에 대한 꼼꼼한 조사가 빠져 있었다.

스웨덴은 전통적으로 관대한 공공 서비스를 유지하기 위해 실로 고군분투하고 있었다. 하지만 이는 새로운 이민자들이 도착하여 불협화음을 내는 기도원을 짓고 치과 치료를 독점했기 때문이 아니었다.

다보스맨이 스웨덴을 자신들의 피난처에 추가했기 때문이었다.

2018년 1월, 아흔한 살의 나이로 세상을 떠난 이케아의 창립자 잉바르 캄프라드Ingvar Kamprad는 국가적 아이콘으로 추앙받았다. 혹시 그의 관도 조립식이 아니냐는 농담이 나올 수밖에 없었지만, 그의 죽음은 스웨덴판 허레이쇼 앨저Horatio Alger(19세기 미국의 저명한 입지전적 소설 작가. 노력하면 누구나 성공할 수 있다는 신화의 대명사로 알려짐-옮긴이) 이야기를 다시 한번 되새길 기회를 제공했다.

캄프라드는 다섯 살 때 첫 사업을 시작했는데 가족 농장에서 성냥을 대량으로 구매해 이웃에게 소매로 팔았다. 곧 그는 크리스마스 장식, 볼펜, 시계를 팔기 시작했다. 열일곱 살이 되자 그는 자신의 우편 주문 카탈로그를 만들었고, 우유 밴을 이용해 지역 기차역으로 상품을 배달했다. 그 후 그는 가구로 품목을 바꾸었다. 사람들은 그가 판매하는 제품의 매끄럽고 각진 외관이 마음에 들었고, 특히 가격이 마음에 들었다.

이 방식은 이케아를 지구상에서 가장 큰 가구 소매업체로 성장시켰다.

캄프라드는 재벌의 전형적인 화려한 취향을 경멸하고 이코노미 클래스를 이용하는 것으로 유명하다.[211] 그는 자기의 모든 프로필에 필수적으로 등장하는 낡은 볼보를 몰았다(포르셰도 몰았지만). 벼룩시장에서 산 중고 옷을 입었고, 베트남과 같은 저임금 국가에 갔을 때 이발하는 습관이 있었다.[212] 그는 전 세계 이케아 매장에 예고 없이 나타나 고객인 척하며 경험을 테스트하는 버릇이 있었다.[213] 그의 외모와 태도는 미트볼 접시보다 잽싸게 싸구려 책장을 먼저 잡아채는 여느 사람처럼 보였다.

그 삶의 세세한 사항까지 모두 사랑스러운 것은 아니었다. 캄프라드는 나치에 동조하는 파시스트 단체에 참가했다는 사실을 인정할 수밖에 없었다.[214] 그가 운이 없는 부하들을 훈련할 때 보이는 성깔은 전설적이었다. 그러나 대부분 그는 근면하고, 수완이 풍부하며, 혁신적이고, 좋은 아이디어를 미리 얻기 위해 먼 거리를 기꺼이 여행하는 등 스웨덴 사람들이 자신에게 바라는 특성을 복합적으로 보여 주었다.

그러나 캄프라드가 스웨덴에서 가장 유명한 기업가였지만, 한편 좀 더 모호한 업적의 상징이기도 했는데 바로 그는 스웨덴에서 가장 부유한 사람들의 세금을 낮추는 데 성공한 사람이었기 때문이다. 1973년 그는 90%에 달하는 높은 세금을 피하려고 스웨덴을 떠나 덴마크로 이주한 후 다시 스위스로 이주했다. 1982년에는 네덜란드에 등록된 재단으로 이케아의 경영권을 이전했는데, 이는 회사가 최소한의 세금만 납부할 수 있는 합법적인 방법이었다. 캄프라드의 오랜 비서는 회고록에서 "잉바르의 오랜 철학은 이케아가 어떤 대가를 치르더라도 세금을 피해야 한다는 것이었다."라고 썼다.[215] "잉바르는 자신 외에는 아무도 모르는 이유로 세금이 사람들의 보편적 복지를 위해 쓰이는 것을 원치 않았다. 말하자면 의료 서비스, 학교, 사회복지 등은 캄프라드의 단어집에는 없는 어휘였다." 그는 자선 단체에 기부금을 냈지만 그것은 "상징적인 금액에 불과했다."라며 그 비서는 이케아 창립자가 "일반 납세자라면 이해하기 어려울 정도로 한없는 탐욕을 품고 있다."고 비난했다.[216]

2013년 아내가 사망한 후 캄프라드는 스웨덴으로 귀국했다.[217] 그가 떠나 있던 40년 동안 이 나라는 부유한 사람들에게 더 많은 환대를 베풀었고, 이는 부분적으로는 미래의 캄프라드들이 떠나지 않도록 설득하기 위한 것이었다. 최고 소득세율을 57%로 낮추고 재산, 부, 상속에 대한 많은 부과금을 없앴다. 법인세도 인하했다. 그 결과 국가 경제 생산량의 7%에 해당하는 정부 수입이 감소했다(세금을 피해 나갈 구멍을 메우고 다른 세금을 확대함으로써 약 40%가 회복되었지만).[218] 스웨덴은 전체 경제의 약 65%에 달하던 공공 지출을 50%를 약간 웃도는 수준으로 줄임으로써 이 비용을 충당했다.[219] 노인 돌봄을 포함한 정부 서비스를 민영화했다.

이러한 변화의 대부분은 스웨덴의 정책 입안자들이 거의 모든 다른 나라의 정책 입안자들과 마찬가지로 밀턴 프리드먼과 같은 경제학자들의 이론을 어떻게 수용하는지를 보여 주었다. 대학 캠퍼스, 싱크탱크, 정책 저널에서 일부 경제학자들은 국가를 사회 문제의 해결책이 아니라 국가적 역동성을 저해하는 장애물로 묘사하기 시작했다.

스웨덴 노동조합인 코뮤날의 수석 이코노미스트인 토르비욘 달린 Torbjorn Dalin은 "그건 패션과 비슷합니다."라고 말한다. "여러분은 스스로 유행을 좇고 있다고 생각하지 않습니다. 그런 것에는 관심이 없죠. 하지만 사진을 돌아보면 '그래, 내가 비록 이해하진 못했어도 유행을 따르고 있었구나'라는 것을 알 수 있습니다. 당연히 따르고 있죠. 이는 곳곳에서 나타나는 현상입니다."

경제학자들은 노동자에 대한 관대함이 스웨덴에서 지속 가능하지 않을 것이라고 있는 그대로 경고했다. 정부지출에 힘입은 경제성장으로 스웨덴 국민은 실업에 대해 거의 알지 못했고, 1960년부터 1994년까지 평균 실업률은 2%를 약간 웃돌았다.[220] 그러나 비즈니스 리더들은 정부가 국제 경쟁력이 없는 산업에 지원하고 있다고 불평했다. 임금이 상승하면서 인플레이션이 스웨덴 경제 전반에 퍼졌다.[221]

1992년 가을, 스웨덴 중앙은행은 인플레이션을 억제하고 통화인 크로나 가치의 급락을 막기 위해 금리를 75%까지 올렸다.[222] 경제는 극심한 침체에 빠졌다. 이듬해에는 실업률이 8%를 넘어섰다.[223]

스웨덴이 1995년 유럽연합 가입을 목표로 추진하면서 정부는 유럽연합의 부채 한도를 준수하기 위해 공공 부문 일자리를 줄이고,[224] 직업 훈련과 실업 수당을 줄였다.[225] 보육에 대한 지출을 줄이고, 국가 의료 시스템에 수수료를 추가하고, 노인을 위한 돌봄 서비스도 줄였다.

스웨덴의 대기업들은 글로벌 확장을 통해 임금을 낮추기 위해 미국 노조에 먹혀들었던 위협, 즉 더 낮은 임금을 받고 더 많이 일하지 않는다면 생산설비가 해외로 이전하는 것을 보게 될 것이라는 협박을 사용했다. 스웨덴 정부는 감세로 부유층을 만족시켰고, 장관들은 그것이 투자를 촉진함으로써 대가를 지불할 것이라는 '우주적 거짓말'을 앵무새처럼 반복했다.[226] 스웨덴이 세계적 수준의 사회 프로그램에 지출한 기금 중 일부는 H&M 창립자의 후손인 스테판 페르손과 같은 사람들에게 지원되었다.

스웨덴이 부유세를 폐지한 후 몇 년 동안 그는 실제로 투자를 늘렸는데 바로 영국 교외 지역이었다. 그는 8,700에이커에 달하는 교외 지역을 사들였는데[227] 그것은 중세 예배당과 크리켓 경기장이 있는 영국의 한 마을을 통째로 산 셈이었고,[228] 이어서 또 다른 8,500에이커 규모의 저택을 구입,[229] 마치 영주처럼 자고새와 꿩을 사냥하며 구불구불한 경내를 거닐었다.

스웨덴의 소득 격차는 지구상의 그 어떤 부유한 국가보다 빠르게 확대되고 있었다.[230] 1995년부터 2013년까지 빈곤층은 두 배로 증가해 전체 인구의 14%에 이르렀다.[231] 한편, 부동산 가치가 치솟으면서 상위권 사람들은 더 많은 돈을 벌고 있었다. 전국적으로 젊은이 4명 중 1명은 주거비가 부담스러워 부모와 함께 살고 있었다.[232] 사람들이 주 정부가 임대료를 규제하는 싼 아파트를 얻으려면 14년을 기다려야 했다. 특히 스톡홀름의 경우 공실률이 약 1%로 저가 주택의 보루인 뉴욕시의 3.8%에 비해 상황이 더 심각했다.

주택 가격의 이런 상승을 주도한 사람 중에는 스티븐 슈워츠먼도 있었다.

다른 다보스맨들과 마찬가지로 슈워츠먼도 한 사람에게 너무 많은 부가 몰리는 불공정을 면밀하게 조사하려는 사람들에 대한 방어 수단으로 자신의 출신 배경을 내세웠다.

"나는 필라델피아의 중산층 교외에서 1950년대 미국의 가치인 정직, 솔직, 근면을 배우며 자랐다."라고 그는 회고록에 썼다.[233] 10대 시절, 그는 주말마다 아버지의 가게인 슈워츠먼 커튼 앤 린넨에서 일해야 하는 것이 불만이었다. 고등학교 댄스파티에 참석하는 대신 그는 커튼의 치수를 재고 있어야 했다.

미국은 제2차 세계대전 이후 건설 붐의 한가운데 있었다. 갓 귀국한 수백만 명의 군인이 가정을 꾸리면서 새 주택에 대한 수요가 폭발적으로 증가했다. 슈워츠먼은 아버지에게 이 매장을 전국적인 체인점으로 만들어 달라고 간청했다.

"우리도 시어스처럼 될 수 있어요."라고 그는 말했다. 하지만 그의 아버지는 슈워츠먼이 결코 이해할 수 없는 죄의식, 즉 자족감이라는 감정이 있었다.

그는 아들에게 "스티브, 나는 매우 행복한 사람이다. 좋은 집도 있고, 차도 두 대나 있고, 너와 네 형제를 대학에 보낼 충분한 돈도 있어. 더이상 뭐가 필요하겠니?"[234]라고 말하곤 했다.

그러나 슈워츠먼은 더 많은 것이 필요했다.

예일대학 4학년이 끝날 무렵, 그는 비밀 모임인 스컬 앤 본즈에서 활동한 경험을 살려 또 다른 회원이자 뉴욕 주지사를 지낸 외교관 W. 애버렐 해리먼W. Averell Harriman에게 조언을 구했다. 해리먼은 맨해튼 어퍼이스트사이드에 있는 자기 집으로 그를 점심 식사에 초대했다. 슈워츠먼이 정계 진출에 관한 생각을 털어놓자, 당시 여든에 가까웠던 해리먼은 질문을 던졌다. "젊은이, 자네는 독립적이고 부유한가?" "아니요." 슈워츠먼이 대답했다.

해리먼은 그에게 "그게 자네 인생에 큰 변화를 불러올 거야."라고 말했다. "정치에 조금이라도 관심이 있다면 나가서 최대한 많은 돈을 벌라고 조언하고 싶네. 그래야 나중에 정치를 하고 싶을 때 자립할 수 있을 테니까. 내 아버지가 유니언 퍼시픽 레일웨이의 E. H. 해리먼이 아니었다면 오늘 이 자리에 앉아 나와 이야기를 나누지 못했을 걸세."[235]

슈워츠먼은 월스트리트에서 경력을 쌓았다. 그는 맨해튼 로어이스트사이드의 바퀴벌레가 들끓는 4층짜리 아파트에서 투자 은행인 도널드슨, 루프킨 & 젠레트(Donaldson, Lufkin & Jenrette)의 말단 직원으로 시작했다.[236]

옛 동료가 드 쿠닝의 그림으로 서재를 장식한 그녀 가족의 파크애비뷰 아파트로 저녁 식사에 초대했을 때, 슈워츠먼은 우월한 삶의 방식이란 무엇인지 깨달았다.[237]

리먼 브라더스에 입사한 지 6년 만에 파트너가 된 그는 닉슨 행정부에서 상무부 장관을 지낸 당시 CEO 피터 G. 피터슨Peter G. Peterson과 인연을 쌓았다.[238] 피터슨이 숙청으로 리먼에서 쫓겨나자, 슈워츠먼은 그와 함께 힘을 모아 자신들의 사업을 시작했다. 1985년에 론칭한 블랙스톤은 설립자의 이름을 따라 '검은색'을 뜻하는 독일어 슈바르츠와 그리스어로 '피터'를 뜻하는 스톤을 합쳐서 지었다.

그들이 추구하던 소위 사모펀드라고 불리는 이 사업은 불명예스러운 전임자인 레버리지 방식의 바이아웃 산업을 대체하는 건전한 용어였다. '기업 습격'(coperate raiding) 기법은 1980년대의 특징이었으며, 그 대표적 인물인 마이클 밀켄Michael Milken은 증권 사기 혐의로 2년 가까이 감옥에서 복역한 금융가였다.[239]

천문학적인 돈을 빌려 기업을 인수하고, (종종 대량 해고를 통해) 비용을 절감하고, 막대한 배당금을 챙긴 후 자산을 처분하는 전략의 윤곽은 변하지 않았다. 은행 강도들은 도주를 계획했지만, 사모펀드 거물들은 투자액 회수를 추구했다.

이 공식의 핵심은 레버리지였다. 자산으로 10달러를 지급하고 11달러에 팔았다면 1달러의 수익, 즉 10%의 수익에 불과하다. 하지만 10달러 중 9달러를 빌려서 1달러만 투자하면 같은 1달러의 수익이 100%의 수익이 된다. 피터슨과 슈워츠먼은 연기금을 설득하여 적립금을 그들에게 맡기도록 했다. 그들은 대학 기금과 의료 기관의 문을 두드렸다. 그들은 페르시아만의 석유 자산으로 가득 차 있는 국부 펀드에게 구애를 하며 국제적으로 부유한 큰손들의 투자를 유도했다.

블랙스톤의 경영진과 함께 번영을 누린 일부 그룹은 세무 변호사, 회계사, 로비스트 등 정부가 전리품에 지저분한 손을 내밀지 못하도록 하는 데 고용된 사람들이었다.

슈워츠먼과 블랙스톤의 나머지 경영진은 상금 일부를 소위 이월 이자(carried interest)—회계 용어로, 다른 거래에 종사하는 사람들이 내는 소득세의 절반에 불과한 세율로 소득세를 내는 것—로 처리했다.

블랙스톤은 글로벌 시장의 변동성에서 수익을 내는 헤지펀드를 출시하며 사업을 확장했다. 그리고 부동산에 투자하는 또 다른 펀드를 시작했다. 슈워츠먼의 개인 부동산 포트폴리오도 함께 성장했다. 2000년에 그는 한때 록펠러가 소유했고 뉴욕 아르데코를 대표하는 740 파크애비뉴 건물 3개 층에 총 35개의 방이 있는 아파트를 3,700만 달러에 매입했다.[240] 이 건물의 이웃에는 트럼프 행정부에서 재무장관이 된 전 골드만삭스 임원 스티브 므누신과 불운했던 투자 회사 메릴린

치의 최고경영자 존 테인John Thain이 있었다.[241]

3년 후, 슈워츠먼은 플로리다에 있는 1만 3,000제곱피트 규모의 영국 식민지풍 저택을 2,100만 달러에 매입했다. 이 저택은 팜 비치의 건축가 모리스 파티오가 설계하고 역사적인 명소로 지정되었지만, 슈워츠먼은 이 저택을 해체하고 더 큰 형태로 재건축하여 지역 보존론자들을 경악하게 만들었다. 그로부터 3년 후, 그는 3,400만 달러를 들여 햄튼에 있는 한 집을 사들여 생트로페의 부동산과 자메이카의 바닷가 저택을 포함한 여러 해변 주택 컬렉션에 추가했다.

"나는 집을 좋아한다."라고 그는 말한 적이 있다. "그 이유를 잘 모르겠다."[242]

블랙스톤은 곧 주식 시장에 진출하여 2007년 초에 기업공개를 위한 증권 신고서를 제출했다. 이 과정에서 회사는 일반인이 열람할 수 있도록 파일 캐비닛을 공개해야 했고, 대차대조표에 780억 달러의 자산이 있다는 사실이 드러났다.[243]

전 세계는 곧 슈워츠먼이 현금 6억 7,700만 달러와 주식의 24%를 합쳐 80억 달러에 달하는 지분을 얻게 된 IPO의 가치를 알게 되었다. 그와 다른 수혜자들은 창의적인 회계의 힘을 활용하여 37억 달러의 소득을 과세로부터 보호했다.[244]

그 무렵 시대정신은 그에게 불리하게 작용했고, 슈워츠먼은 희대의 낭비를 상징하는 인물로 전락했다. 블랙스톤이 미국 상업용 부동산을 390억 달러에 인수하는 사상 최대 규모의 사모펀드 거래를 성사하자 언론은 그를 월가의 새로운 왕으로 추켜세웠다. 플로리다에 있는 그의 수석 셰프는《월스트리트 저널》과의 인터뷰에서 슈워츠먼을 주말

동안 접대하려면 다리 하나에 40달러에 달하는 돌게를 포함해 식료품에 3,000달러를 지출해야 한다고 털어놓았다.[245] 슈워츠먼은 한 직원이 유니폼에 필수인 검은색 신발을 신지 않았다는 이유로 수영장 일광욕을 중단한 적도 있다.

정치에 정통한 피터슨은 젊은 파트너에게 부의 과시를 피하라고 경고하려고 했다. 하지만 그 조언은 슈워츠먼의 환갑 생일잔치의 규모에 압도당하고 말았다.

그와 그의 아내 크리스틴 허스트 슈워츠먼은 맨해튼 어퍼이스트사이드의 한 블록 전체를 차지하는 벽돌로 된 무기고 건물을 빌렸다. 그들은 난초와 야자수로 장식하고, 생일 주인공의 전신 초상화를 비롯한 슈워츠먼의 개인 소장 미술품의 복제품으로 벽을 장식했다.[246] 그들은 코미디언 마틴 쇼트와 팝스타 로드 스튜어트를 고용했다. 소울 아티스트 패티 라벨이 "해피 버스데이 투유"를 불렀다. 손님으로는 부동산 재벌 도널드 트럼프, 억만장자이자 뉴욕 시장인 마이클 블룸버그, 제이미 다이먼을 비롯한 수 명의 월가 최고경영자가 참석했다.[247] 파티 비용은 약 300만 달러에서 500만 달러 사이로 추산되었다. 슈워츠먼은 훗날 이 행사를 "우리가 아끼는 600명의 사람과 함께한 축하 행사"로 묘사했다.[248]

한 세기 전, 뉴욕의 사교계 인사 코넬리아 마틴Cornelia Martin은 월도프 호텔에서 악명 높은 파티를 열어 도금 시대(Gilded Age)에 그녀의 흔적을 남겼다. 당시의 지배 엘리트들은 유럽의 부유한 선조들에게 경의를 표하기 위해 약 800명의 손님 명단을 작성했다. 이들 중 복수의 참석자가 사치스러운 소비로 국가를 파산에 이르게 하고 단두대에 목이 잘린 마리 앙투아네트로 분장했다.[249]

그러나 이들은 자신들의 안락함을 정의 사회의 상징으로 내세우지 않았다. 한 참석자는 "우리는 부자다."라 선언했다. "우리는 미국을 소유하고 있다. 우리는 그것을 얻어 냈다. 신만이 그 이유를 알겠지만, 우리는 그것을 지켜 갈 것이다."[250]

슈워츠먼과 그의 동료 다보스맨들은 단순한 부에 만족하지 않았다. 그들은 사회가 자신의 특권을 도덕적으로 건전한 것으로 인정해 달라고 요구했다. 슈워츠먼은 마하라자와 같은 쾌락적 향락을 즐기면서도 자신은 평민이라 주장했다.

"내가 부자라는 생각은 들지 않는다."라고 그는 말한 적이 있다. "다른 사람들은 나를 부유한 사람으로 생각하지만 나는 그렇지 않다."[251]

다른 사람들도 분명히 그랬다. 블랙스톤의 주식 공개매수 직후 상원 재무위원회는 사모펀드에 대한 세금을 대폭 인상하는 법안을 발의했다. 이 법안으로 인해 이월 이자 혜택이 줄어들었다. '블랙스톤 법안'이라는 별명을 가진 이 법안의 초당적 공동 발의자에는 일리노이주의 젊은 상원의원 버락 오바마가 포함되어 있었다.[252]

하원의 또 다른 법안도 비슷한 결과를 낳았는데, 블랙스톤의 세율을 15%에서 35%로 인상하여 향후 10년간 재무부가 260억 달러를 추가로 가져가게 하겠다고 위협했다.[253]

슈워츠먼은 해리먼과 함께 일찍이 세운 탈세 계획에 충실했다. 그는 영향력을 행사하기 위한 수단으로 부를 축적했다. 이제 그는 자신의 부를 지키기 위해 자기의 영향력을 활용했다. 그는 다른 업계 관계자들과 함께 무역 협회인 사모펀드 협의회를 결성했다. 이 협의회와 회원사들은 20개 로펌을 동원해 대대적인 로비 활동을 펼쳤다. 블랙스톤 혼자 2007년 한 해 동안 로비에 들인 돈은 거의 500만 달러에 이르렀다.[254]

그들은 월스트리트의 본거지인 뉴욕주의 민주당 소속 척 슈머 Chuck Schumer 상원의원에게 주목했다. 슈머는 공익적 규제를 옹호하면서도 한편으로 현상 유지를 보장하는 새로운 수단을 동원했다.[255] 그는 법안의 적용 범위를 넓혀 부동산에도 적용되도록 법안을 재상정했고, 이는 당연히 더 폭넓은 반대를 불러왔다. 법안은 폐기되었다.

승리한 후에도 슈워츠먼은 물러서지 않았다. 그는 공화당과 민주당 행정부에서 근무한 워싱턴 내부 인사들을 고용하여 조직을 강화했다. 2011년부터 2020년까지 블랙스톤과 그 직원들은 연방 공직 후보자들과 기업 수익금으로 조성된 선거자금 풀인 이른바 슈퍼 팩(super PAC, 정치자금 모금 단체)에 약 5,400만 달러를 기부했다.

한편 슈워츠먼은 새로운 집착을 좇았다. 미국 경제는 70년 만에 가장 혹독한 경기 침체에 빠져들고 있었다. 수백만 가구가 주택담보대출을 연체하고 있었다. 새로운 오바마 행정부가 의미 있는 구제책을 마련하지 못하면서 주택 압류 쓰나미가 몰려왔고, 이는 엄청난 기회였다. 블랙스톤은 법원 계단에서 열리는 경매에 구매팀을 파견했다.[256]

2014년 말까지 슈워츠먼의 회사는 78억 달러(대부분이 차입금인)를 들여 미국 12개 이상의 도시에 흩어져 있는 4만 1,000여 채의 주택을 매입했으며, 이 중 대부분은 캘리포니아, 플로리다, 애리조나, 조지아의 선벨트 주에 집중되어 있었다. 특히 아프리카계 미국인 및 라틴계 가족이 많이 거주하는 지역에 집중적으로 투자했다. 결국 블랙스톤의 압류 주택에 대한 투자는 100억 달러로 늘어났다. 블랙스톤은 부실 부동산을 관리하기 위해 새로운 법인을 설립했다. 인비테이션 홈즈(Invitation Homes)였다. 슈워츠먼은 압류 주택을 대량으로 매입한 것이 시민적 정의의 실천이었으며 엄청난 재난으로부터 조국을 복구하는 데 도움을 준 순간이었다고 말했다.

"수백만 명의 미국인이 이제 주택 구입 대신 임대를 선호하고 있다."라고 그는 마치 주택 압류 위기가 소비자 선호도의 갑작스러운 변화를 반영하는 것처럼 회고록에 썼다. 그의 회사는 전기 기술자, 배관공, 건설 노동자를 고용했다. 그들은 방치된 집을 수리하고 설치류가 득실거리는 잡초가 무성하게 자란 잔디밭을 정리했다.

슈워츠먼은 "우리가 집을 고쳐서 가족들에게 임대하자 이 동네가 다시 살아나고 사회구조가 회복되는 것을 목격했다."라고 썼다.[257]

갓 페인트칠을 마친 식민지풍 잔디밭에서 사랑스러운 아기가 황금색 레트리버 강아지와 함께 뛰어노는 모습이 마치 생명보험 광고의 사운드트랙처럼 들릴 것만 같았다. 하지만 인비테이션 홈즈의 이야기는 그다지 건전하지 않았다. 세입자들은 해충, 누수, 곰팡이, 하수 역류에 대해 불만을 토로하며 누군가의 도움을 끝없이 필요로 했다. 인비테이션 홈즈는 세입자들에게 훨씬 더 높은 임대료를 내든지 아니면 짐을 싸라고 종용했고, 자주 오작동하는 웹 포털로 인한 연체에도 연체료를 부과하는 등 세입자들을 괴롭혔다.[258]

내가 이 같은 제보 사항을 알아보기 위해 슈워츠먼에게 연락을 취했을 때 회사는 인터뷰 요청을 거절했지만, 대변인 팀이 인비테이션 홈즈의 우수성과 이에 반하는 보고서의 허위성, 공익을 위한 블랙스톤의 헌신을 증명하는 성명을 발표했다.

놀랍게도 블랙스톤은 금융위기 이전에는 자신들이 단독 주택을 소유한 적이 없었기 때문에 차압 위기로부터 이익을 얻지 못했다고 주장했다. 그러나 이 회사는 투자자들에게는 자신을 현명한 수혜자로 내세웠다. 2013년 10월, 블랙스톤은 3,000여 채의 부실 주택을 담보로 한 채권을 판매하여 4억 7,900만 달러를 벌었다. 슈워츠먼은 채권 발행을 축하하기 위해 한 세기 전 도금 시대 연회에 사용되었던 월도프 아스토리아 호텔에서 300명을 위한 파티를 열었다.[259]

블랙스톤은 2019년 말 인비테이션 홈즈 지분을 마지막으로 매각할 때까지 약 70억 달러를 벌어들였는데, 이는 초기 지분의 두 배가 넘는 금액이다.[260]

미국 주택 가격은 극적으로 회복되었지만, 그 이익이 지역사회가 몰락한 블루칼라 또는 중산층 주택 보유자들에게는 돌아가지 않았다. 슈워츠먼이 이끄는 사모펀드 거물들이 현상금 대부분을 챙겼다.

전 세계 부동산에서 이익을 거두기 위한 블랙스톤의 전략 중 스웨덴은 그 일부에 불과했다. 금융위기가 전 세계로 확산하면서 그와 함께 블랙스톤이 다뤄 온 주택 공급 부족 문제도 늘어났다. 슈워츠먼이 예견했던 순간이었다. "현재 유럽의 상황에 비추어, 우리는 기본적으로 사람들의 정신이 얼마나 피폐해지고 자신의 자산을 매각할 의향이 높아 갈는지 보기 위해 기다리는 중이다."라고 슈워츠먼은 2010년 골드만삭스 컨퍼런스에서 말했다. "그야말로 거리에 피가 흐를 때까지 기다려야 한다."

블랙스톤은 1990년대 중반부터 스웨덴의 선도적인 투자 은행인 엔스킬다 증권과 손잡고 스칸디나비아 전역에 걸쳐 구매 잔치를 즐기면서 스웨덴에서 활발히 활동해 왔다.[261] 블랙스톤의 스웨덴 파트너 중에는 다보스에서 친숙한 인물인 야콥 발렌베리Jacob Wallenberg가 포함되어 있었는데, 그의 가족은 유럽 주요 기업의 지분을 보유하고 있었다.[262]

2016년, 블랙스톤은 스톡홀름을 중심으로 1만 6,000채의 아파트를 소유하고 관리하던 스웨덴 최대 상장 부동산 회사 D. 카네기 앤 코에 전체 가치의 3분의 1도 안 되는 금액인 2억 8,700만 달러를 투자했다.[263] 이는 결국 그들의 지분율을 61%까지 끌어올렸다.[264]

에바 카네테그Eva Kaneteg와 그녀의 가족은 이렇게 해서 다보스맨을 눈앞에서 목격하게 되었다. 카네테그는 스톡홀름 교외 허스비에 있는 방 3개짜리 아파트에서 40년 넘게 살았다. 그녀는 그곳에서 두 아들을 키웠다. 이 아파트는 넓고 밝았으며 시내버스 운전사로 일하던 그녀의 월급에 비추어 저렴했다. 그녀가 입주했을 당시 이 단지는 지방 자치단체 소유였다. 일꾼들은 수리 요청에 즉시 응답했다. 그러나 1990년대 초에 이 단지는 민영화되어 소유주가 여러 번 바뀌었다. 2017년에는 블랙스톤이 사실상 그녀의 집주인이 되었다.

변화의 첫 징후는 카네테그가 필요한 수리를 예약한 현지 고객 서비스 사무소에서 드러났다. 이전에는 사무소가 일주일에 5일 문을 열었다. 그런데 갑자기 일주일에 이틀만 문을 열었고, 그마저도 2시간만 운영했다. 카네테그는 핫라인으로 전화하도록 권유받았지만, 보통 한 시간 동안 대기해야 했다.

그녀의 아파트는 44년 동안 개선되지 않았지만, 카네테그는 개보수를 요구할 수 없다는 것을 알고 있었다. 그녀의 임대료는 블랙스톤이 소유한 자회사 헴블라와 세입자 협회의 협상을 통해 결정되어 임대료 인상으로부터 보호받을 수 있었다. 집주인이 아파트를 리모델링할 때는 세입자와 개별적으로 협상할 수 있는 자유가 주어져 있지만, 이 경우 임대료가 대폭 인상될 수 있었다.

카네테그는 "그들은 세입자를 쫓아내기 위해 할 수 있는 모든 방법을 동원하고 있어요."라고 말했다. 그녀는 공과금을 포함해, 한 달에 8,400크로네(약 950달러)를 지불하고 있었다. 이웃 중 한 명인 빈타 잠메Binta Jammeh는 리모델링을 마친 방 하나짜리 아파트에 그보다 더 큰 비용을 내고 있었다. 그녀는 남편과 함께 2017년 11월에 이사를 왔다. 6개월이 채 지나지 않아 헴블라는 집세를 인상하면서 수도세와 전기세까지 내라고 요구했고, 총 5분의 1 정도 인상되었다.

잠메의 가족은 그녀가 여덟 살 때인 20년 전에 감비아에서 스웨덴으로 이주했다. 그녀는 스웨덴어를 유창하게 구사했고 자신의 권리를 이해했다. 그녀는 세금 인상에 맞서 싸워서 소폭의 세금 인하를 얻어 냈다. 하지만 아프리카 이민자 커뮤니티에 속한 그녀의 부모와 친구들은 항의하는 힘이 부족했고, 그녀가 보기에는 명백한 차별에 시달리고 있었다.

"우리 대부분은 문제를 일으키기를 원치 않아요."라고 그녀는 말한다. "그냥 있는 그대로 받아들이는 편이죠."

2019년 가을, 블랙스톤은 독일의 한 주거용 부동산 회사에 헴블라 지분을 매각하여 12억 6,000만 달러를 회수했다.[265] 블랙스톤의 유럽 부동산 책임자는 이번 매각을 통해 블랙스톤이 "세입자에 대한 변함없는 집중"을 재확인했다고 밝혔다.[266]

카네테그는 이 거래에 놀라움을 금치 못했다. 64년 동안 대부분의 시간을 보냈던 고향이 먼 나라 강대국을 위한 금전적 놀음의 대상에 불과했다는 사실이 드러났기 때문이다.

"이곳 거주자들은 아무것도 얻지 못했습니다."라고 그녀는 말했다. "세계 최대 사모펀드 중 하나가 우리를 위해 아무것도 하지 않으면서도 우리에게 조건을 지시하고 엄청난 이득을 취할 수 있다는 것은 이해할 수 없습니다."

"과거에 스웨덴에서는 경험해 보지 못한 일입니다."라고 그녀는 말한다. 그녀는 계속해서 "우리가 안전하고 안도감을 느껴야 할 유일한 장소인 집은 더 이상 안전하지 않아요."라고 말했다.

이들 중 과연 어느 것이 노르딕 모델의 지속성과 관련이 있을까? 모든 것이, 그리고 아무것도.

다보스맨의 약탈, 공공 지출 삭감, 민영화, 치솟는 주거비 등이 수십 년에 걸쳐 한꺼번에 벌어지면서 삶의 배경을 형성했다. 난민들이 눈에 띄는 물결을 이루며 도착했다. 기차역, 쇼핑 거리, 공원에서 새로운 이민자들을 쉽게 볼 수 있었다. 스웨덴 민주당에게 이민자들은 애국심을 불러일으키는 데 유용한 수단이었으며, 스웨덴에 일어난 일에 대한 거짓이긴 하지만 확실한 설명이 될 수 있었다.

스웨덴에서도 이런 역사가 벌어질 수 있다는 것은 사실상 모든 곳에서 이런 일이 일어날 수 있다는 것을 의미한다.

이런 협잡질은 특히 미국을 중심으로 그 속도가 빨라지고 있었다.

7

"그들은 지금 입맛을 다시는 중"

트럼프의 다보스질

2018년 1월 세계경제포럼에 참석하기 위해 다보스에 도착했을 때만 해도 트럼프 대통령의 인상은 웃통을 벗어젖히고 탈무드 학자 모임에 불쑥 나타난 바비큐 집 주인과 비슷하다는 통념이 있었다.

대통령 취임 1년이 지난 지금, 트럼프는 "미국 우선주의"라는 구호에 걸맞은 행보를 보이고 있다. 그는 국제 협력의 중요성을 전제로 한 행사(올해 회의의 주제는 "분열된 세계에서 공유된 미래 만들기"였다)에 참석했지만, 다자주의를 속물들의 영역이라고 조롱했다. 트럼프는 기후 변화를 부정하고 양성평등에서 인종 정의에 이르기까지 다보스 참석자들이 열렬히 관심을 보이는 '정치적 올바름'의 범주에 속하는 모든 것을 조롱했다.

그러나 트럼프가 벌인 글로벌 엘리트와의 전쟁 때문에 다보스 포럼에서 적대적인 대우를 받았다는 생각은 다보스맨의 속셈을 잘못 이해한 것이다. 트럼프는 억만장자들에게 가장 중요한 부분 —즉 그들의 부풀어 오르는 돈 더미—을 획기적으로 개선해 주며 알프스에 도착한 것이다.

다보스행 비행기에 오르기 약 한 달 전, 그는 1조 5,000억 달러에 달하는 "크고 아름다운" 감세 패키지를 법으로 제정했다. '감세 및 일자리 법'이라는 교묘한 이름의 이 법안은 감세 혜택은 많았지만, 나머지는 모호했는데, 다보스맨이 벌인 로비 활동에 조금이라도 관심을 기울인 사람이라면 누구나 알 수 있는 사실이었다.

억만장자들은 아래로부터 위로 올라가는 경제 재분배를 통해 포상금의 상당 부분을 가져갔다.

이 법안의 핵심은 법인세율을 35%에서 21%로 인하하는 것이었다. 감세 혜택의 4분의 3은 주주가 가져가게 되며, 전체 가구 중 가장 부유한 1%가 가장 큰 이익을 얻게 된다.[267] 중산층은 세금 감면의 맛은 보았지만 8년 만에 사라지고 다시 세금 인상으로 이어졌다. 가장 부유한 사람들과 기업의 배를 불려 주는 수많은 회계상의 장난은 무한정 지속될 것이다.

2027년까지 연 소득 4만 달러에서 5만 달러 사이의 미국인은 총 53억 달러의 세금을 더 내야 하지만, 100만 달러 이상의 소득자는 58억 달러에 달하는 감세 혜택을 누리게 된다.[268]

"이 모든 것을 종합하면 결국 엄청난 돈을 낭비하고 있는 셈이다." 라고 전 미국 의회 조세 합동위원회의 수석 참모 고(故) 에드워드 D. 클라인바드Edward D. Kleinbard는 내게 말했다. "이것은 성장을 겨냥한 것이 아니다. 중산층을 겨냥한 것도 아니다. 이것은 저들의 정치 자금 기부자 계층에 대한 감사를 전하기 위해 매번 세심하게 신경을 쓴 결과물이다."[269]

권력에 안주하기 위해서라면 원칙을 절대 허용하지 않는 클라우스 슈바프는 트럼프의 대표적 업적에 대해 찬사를 보냈다. 슈바프는 트럼프 대통령을 소개하면서 "이 자리에 모인 비즈니스 리더들을 대표하여 지난달 역사적인 세제 개혁안의 통과를 특별히 축하한다."라고 말했다. 그는 감세 조치가 "일자리 창출을 보호하고 미국의 경제성장을 촉진할 뿐만 아니라 세계 경제에도 큰 도움이 될 것"이라고 평가했다. 심지어 슈바프는 트럼프의 인종차별적 공격, 여성 비하, 아프리카 대부분을 "똥통 국가"로 묘사하는 등 그의 놀라운 품위 위반에 대해 면죄부를 주는 듯한 발언을 하기도 했다.

그는 트럼프에게 "당신의 강력한 리더십이 오해와 편향된 해석에 노출되고 있다는 것을 알고 있다."라며 "그 때문에 이 자리에 있는 우리가 당신의 의견을 직접 듣는 것이 매우 중요하다."라고 말한 것이다. 이는 트럼프가 다보스를 포옹한 것은 다보스 포럼의 사명 선언문에 담긴 고귀한 관심사, 즉 "글로벌 공익", "최고 기준의 거버넌스", "도덕적, 지적 청렴성"을 위해 헌신한다는 것이 돈을 내는 사람들이 지닌 자기 만족적 희망 사항을 넘어서 완전한 엉터리였다는 점을 드러낸 것이기도 하다.

다보스 포럼은 다보스맨이 더 큰 부와 권력을 추구하기 위한 소품에 불과했다. 그 외에는 모든 것이 허구였다.

트럼프는 취임 첫날부터 슈바프와 그의 조직이 추구하는 의제에 대해 유독 적대적인 태도를 보였다. 그는 미국을 파리기후협약에서 탈퇴시켰다. 또한 2차 세계대전 종전 이후 유럽에서 우세해 온 군사 동맹 나토의 적절성에 의문을 제기했다. 그뿐만 아니라 트럼프는 본격적인 무역 전쟁을 준비하면서 미국 기업에게 중국을 포기하라는 제국주의적 칙령을 내렸다.

트럼프는 많은 동료로부터 사기꾼으로 조롱받았지만, 트럼프랜드에서는 진실을 말하는 전사로 칭송받는 경제학자 피터 나바로Peter Navarro 수석 무역 고문의 인도 아래 국정을 운영했다. 나바로는 『중국에 의한 죽음』(Death by China)이라는 책을 공동 저술했는데, 이 책은 미국의 경제 문제가 다보스맨이 워싱턴을 조종해서 생긴 것이 아닌, 베이징에서 내린 결정의 결과라는 터무니없는 생각을 담고 있었다.

트럼프는 북미자유무역협정을 파기하겠다고 위협하고 있었다. 그는 규칙에 기반을 둔 국제 무역 시스템의 핵심인 세계무역기구에서 탈퇴할지를 놓고 고심하고 있었다. 트럼프주의자들의 계산에 따르면, 세계무역기구는 미국의 근육을 약화시키는 무의미한 장애물이었다. 세계 최대 경제 대국으로서 미국은 제네바의 글로벌리스트들이 설계한 규칙에 복종하기보다는 자국의 이익에 따라 규칙을 결정할 수 있는 권한이 있다고 주장했다.

트럼프는 허풍이 아니었다. 그에게는 지난 세기 모건소와 미국의 동맹국들이 구축한 전후 자유주의 질서를 무너뜨리려는 진지한 의도가 있었다. 다보스 포럼이 내걸은 수사에 의미가 있었다면, 다보스맨은 이 역사적 전환에 경악해야만 했고, 트럼프의 다보스 포럼 참석은 자극적 기대를 불러일으켰을 것이다.

재계에서는 트럼프가 미국 외 지역에 공장을 설립한 다국적 기업을 거론하며 그래닛 시티와 같은 곳에 공장을 세울 것을 요구하는 경향에 대해 불안해하고 있었다. 무역 전쟁은 많은 미국 기업에게 치명적인 타격을 입힐 것이며, 보호해야 할 미국 제조업 일자리를 오히려 위협할 것이다. 관세는 중국에서 들여오는 부속과 부품의 가격을 인상하여 미국 공장에 타격을 입혔다.

트럼프는 결국 유럽, 캐나다, 일본과 같은 굳건한 동맹국에도 철강에 관세를 부과하면서 핵 옵션 정도에 해당하는 정당성을 내세웠다. 국가 안보에 대한 위협을 해결하기 위해 관세가 필요하다고 주장했던 것이다. 미국 우선주의 시대에 온타리오에서 철강 코일을 구매하는 것은 디즈니 월드의 보안을 위해 ISIS를 고용하는 것과 비슷했다.

트럼프의 무역 전쟁은 미국 제조업 전반에 걸쳐 침체를 초래할 것이다. 특히 철강 관세는 큰 타격을 입혔다. 트랙터와 건설 기계를 생산하는 캐터필러와 같은 주요 기업들은 철강 가격이 치솟자 생산량이 감소하고 있었다.[270]

미시간주에서는 철강 관세로 인해 비용이 증가하자 그동안 멕시코로 생산지를 옮기는 것을 거부하던 공장들이 갑자기 멕시코로의 이전을 고려하고 있다.

트럼프는 미국 노동계급을 대신하여 중국을 공격하라는 명령을 이행하고 있었다. 그 결과 그를 대통령에 당선시키는 데 결정적인 표를 던진 사람들에게 상처를 입혔다. 그런데도 트럼프는 산업계에서 여전히 인기를 누렸으며, 이는 그가 틀림없이 성공했던 한 가지 분야인 리얼리티 TV 쇼에서 그의 천재성을 입증하는 증거였다. 대통령 재임 기간 동안 이미지는 정책보다 더 중요했다.

제철소에 고용된 미국인보다 자동차를 만드는 일에 종사하는 미국인이 7배 이상 많았다. 트럼프의 철강 관세는 전자를 만족시키기 위해 후자의 경쟁력을 훼손하고 있었다. 그러나 트럼프는 텔레비전 콘텐츠처럼 소수의 사람이 잃었던 일자리를 다시 찾는 것이 다수의 사람이 자신의 일자리를 계속 유지하고 있는 것보다 훨씬 더 강렬한 인상을 준다는 것을 이해하고 있었다. 전자는 카메라를 들이댈 수 있지만 후자는 상무부 보고서의 일개 각주에 불과했다. 그는 그래닛 시티로 날아가 안전모를 쓰고 제철소가 재가동되자 환하게 웃는 제철 노동자와 함께 사진 촬영을 했다. 그들의 고마움이 현실을 규정했다.

다보스맨은 무역 전쟁이 일시적인 연극으로 끝나고 트럼프가 다른 이슈로 넘어가기를 바랐다. 슈워츠먼은 지구상에서 가장 큰 두 경제 대국이 마치 말다툼을 벌이는 부부처럼 중국과의 '디커플링'에 대해 이야기하는 것에 놀랐다. 그는 막후에서 트럼프와 시진핑 주석 양쪽에게 접근하여 긴장을 완화하고 값비싼 파열을 막기 위해 노력했다.[271]

또한 핑크도 중국 최초의 외국계 뮤추얼 펀드를 운용할 수 있도록 중국 정부의 허가를 받는 과정에서 중개자 역할을 수행하기도 했다.[272] 다이먼은 무역 전쟁은 어리석은 일이라고 걱정했다. "보복이 있을 수 있어요."라고 그는 텔레비전 인터뷰에 말했다. "그것은 일종의 판도라의 상자같이 추가 문제가 발생할 수 있죠. 문제가 확대될 수 있습니다. 성장에 타격을 줄 수 있는 거죠."[273]

트럼프가 새로운 무역 조치를 위협하거나 무역 전쟁에서 이길 수 있다고 주장할 때마다 주식 시장은 공포에 질려 후퇴했다. 트럼프는 다른 나라에서 생산되어 미국에서 판매되는 모든 제품을 미국인이 바가지를 쓰는 것으로 묘사했지만, 투자자들은 글로벌 공급망을 이해하고 있었다. 투자자들은 미시간에 있는 공장이 중국에서 중요한 부품을 생산하는 공장과 분리되면 얼마나 큰 타격을 받을지 계산할 수 있었다. 일부는 므누신이 중재에 나서서 대통령이 나바로의 파괴적 조언에서 벗어나기를 바랐다. 휴전의 순간이 있었고 나중에 잠정 합의가 이루어졌지만, 주요 관세는 트럼프 대통령의 변함없는 주장임이 입증되었다.

이것은 트럼프가 블루칼라 미국인들을 위해 펼친 공연의 대가였으며, 미국 마초주의에 대한 공허한 시위였지만 만족스러웠다.

한편, 그는 다보스맨에게 견고하고 지속적인 무언가를 주었다. 돈을 나눠 준 것이다.

프랑스의 베르나르 아르노처럼 스티브 슈워츠먼도 다보스맨의 협력자를 고위직에 두어 그 효용성을 활용하고자 했다.

슈워츠먼은 트럼프의 플로리다 영지인 마러라고(Mar-a-Lago)에서 트럼프와 자주 식사를 했는데, 마러라고는 트럼프의 해안가 저택 근처에 자리 잡고 있었다. 슈워츠먼은 2016년 트럼프의 선거 캠페인에 기여하지는 않았지만, 취임 위원회에 25만 달러를 기부하며 이를 만회했다.[274]

트럼프는 슈워츠먼을 경제 문제에 대한 자문을 맡을 '전략 및 정책 포럼'의 의장으로 지명했다. 이 패널에는 다이먼과 핑크도 포함되었다. 그리고 트럼프는 사모펀드라는 젖과 꿀에 부리를 담근 채 슈워츠먼에게 편안한 느낌을 주는 남자들(거의 모두 남성이었다)로 행정부를 채워 자신을 둘러쌌다.

상무부 장관 윌버 로스는 자기 사모펀드를 소유하고 있었다. 금융의 경찰이라 불리는 증권거래위원회 위원장은 사모펀드 업무를 핵심 전문 분야라 자부하는 월스트리트 로펌 설리번 앤 크롬웰 LLP 출신이었다. 트럼프는 슈워츠먼의 파크애비뉴 이웃이자 압류 애호가인 므누신에게 재무부를 맡겼다.

트럼프 취임 직후 슈워츠먼은 자신의 칠순을 기념하는 또 다른 획기적인 생일 파티를 열었다. 환갑 맞이가 소란스러웠던 탓에 신도금시대의 대표자라는 명성을 이어 가는 데 혹 주저하리라 생각했을지 모르나, 플로리다에 있는 포 윈즈 에스테이트에서 펼친 화려한 파티에서 그런 모습은 찾아볼 수 없었다. 낙타 두 마리가 모래 위를 돌아다녔다. 12분간 펼쳐진 불꽃놀이가 밤하늘을 수놓았다. 팝스타 그웬 스테파니가 "해피 버스데이"를 부른 후 슈워츠먼과 함께 곡예사들이 뛰어다니는 2층 텐트 안의 무대를 가로질러 샤세 댄스를 즐겼다. 케이크는 용과 함께 중국 사원 모양으로 조각되어 나왔다. 이는 적절한 파티 없이 생일을 그냥 지나치지 않으려는 사람이 900만 달러로 살 수 있는 모든 것이었다.[275]

이 자리에는 트럼프의 딸과 사위인 이방카 트럼프Ivanka Trump와 재러드 쿠슈너Jared Kushner가 참석했다. 므누신 장관도 참석했다. 이들의 참석은 슈워츠먼이 80세에 이르기까지 그의 돈 창고가 어떠한 공격으로부터도 안전할 수 있도록 보장할 트럼프의 역할을 분명하게 보여 주었다.

제이미 다이먼 또한 모든 것을 거래로 파악하는 권력자의 친구가 백악관에 있다는 점을 이용하고 싶어 했다.

다이먼은 미국 최대 은행을 운영하는 것 외에도 최고경영자 모임인 비즈니스 라운드테이블(Business Roundtable)을 이끌고 있었다. 2017년 1월에 그는 워싱턴에서 별다른 영향력을 발휘하지 못하던 이 단체의 회장직을 맡았다. 다이먼은 공감대를 형성, 라운드테이블의 영향력을 강화하고 싶었다. 그는 기업계 모두 즉시 지지할 수 있는 이슈인 감세 문제를 선택했다.

그는 조지 W. 부시 대통령 시절 백악관 비서실장을 지낸 조슈아 볼튼Joshua Bolten을 영입하여 조직을 관리하게 했다. 볼튼은 트럼프에 반대하는 캠페인을 적극적으로 펼쳤으며, 자주 파산하는 부동산 재벌은 대통령 집무실에 가장 적합하지 않을 수 있다고 돌려 말하곤 했다. 그러나 공짜 돈 냄새만큼 워싱턴 사람들의 기억을 빨리 잃게 만드는 것은 없었다.

볼튼은 "그때는 그때고 지금은 지금이다."라고 말했다. "트럼프 행정부와 공화당 의회가 매우 유익한 친성장 정책을 제정할 기회를 만들어 낸 것에 대해 나는 기대가 크다."[276]

'친성장'은 워싱턴에서 그 누구도 반대할 수 없는 마법의 용어 중 하나였다. 연방 절차의 노련한 베테랑들은 소수의 거대 기업이 누리는 농업 보조금, 소수의 정치 기부자들이 경쟁에서 이기게 하려고 수백만 소비자에게 실제 제품(스노우 타이어, 목재)의 가격을 인상하는 무역 보호 등 거의 모든 것을 설명하는 데 뻔뻔스럽게도 이 용어를 사용했다.

그러나 트럼프의 감세 정책은 이 가장무도회를 다른 차원으로 끌어울렸다. 억만장자들에게 새로 수십억 달러를 건네는 워싱턴의 의례는 병든 중산층을 위한 강장제처럼 보여야 했다. 비즈니스 라운드테이블은 냉소적인 조작의 극치인 텔레비전 광고 캠페인을 시작했다.

실업률이 5%도 안 되던 2017년 8월에 방영된 한 광고에서 내레이터가 "수백만 명의 미국인이 직장을 그만둡니다."라고 말한다. 카메라는 구직사무소의 긴 대기열을 훑고, 황량한 사무실, 창문이 깨진 폐쇄된 공장을 지나 이런 실업률 하락의 주범으로 지목된 국세청 본부를 향해 이동했다.

"미국의 낡은 세금 제도는 경제성장 둔화를 초래했습니다."라고 내레이터는 계속 말했다. "좋은 일자리가 사라지고 있습니다." 해결책은? "세제 개혁입니다."[277]

'개혁'은 다보스맨의 또 다른 명명법 중 하나로, 퇴직 수당을 없애 학교 교사들로부터 돈을 빼앗는 것부터 이를 제이미 다이먼에게 줘 버리는 것까지 무엇이든 진보처럼 보이게 하는 수단으로 사랑받았다.

트럼프는 감세를 '우주적 거짓말'에 함께 포장했다. 결과적으로 기업은 투자하고 고용할 것이다. 부유층은 소비할 것이다. 그 돈은 웨이트리스와 자동차 딜러, 세탁소 직원들의 주머니에 들어갈 것이다. 므누신 재무장관은 의회 통과를 촉구하면서 "이 세금 계획은 그 자체로 비용을 감당할 뿐만 아니라 부채를 갚아 가게 할 것이다."라고 말했다.[278]

이 선언은 거의 우주적인 조롱을 불러일으켰다. 시카고 대학교는 모든 이념적 입장을 망라한 유명 경제학자 38명을 대상으로 설문조사를 실시했다. 단 한 명만이 감세가 실질적인 경제성장을 가져올 것이라고 믿었다.[279]

므누신 재무장관은 자신의 주장을 입증하라는 의회의 압박에 한 장짜리 메모를 작성하여 상상 속의 환상적인 경제성장률을 전제로 삭감액을 충당할 수 있는 넉넉한 세수를 제시했다.

"우리는 일부 경제학자들이 다른 성장률을 예측한다는 것을 인정한다."는 그의 말은 워싱턴 식으로 이해한다면 "그것은 토성에서 석유를 추출한 후에나 가능한 것"이라는 뜻으로 읽혔다.

감세가 시행된 지 2년이 지난 후 기업 투자는 이전보다 감소했다.[280] 기업들은 장비를 구입하고 인력을 고용하는 대신 횡재로 얻은 부로 2018년 한 해 동안 1조 달러 상당의 자사주를 매입하여 주주들의 배를 풍요롭게 불려 주었다.[281] 또한 그해에 기록적인 1조 3,000억 달러의 배당금을 지급했다.[282] 감세 후 첫해 임금은 실업률이 하락했음에도 불구하고 3퍼센트 미만으로 상승했다. 예산 적자는 3분의 1 이상 확대되어 감세 효과가 나타날 것이라는 므누신 장관의 주장은 조롱거리가 되었다.

하지만 감세는 중요한 사람들, 즉 비즈니스 라운드테이블에 참석한 제이미 다이먼과 그의 동료 CEO들에게 완벽한 특혜로 작용했다. JP모건 체이스는 2018년 325억 달러라는 사상 최대 실적을 발표했다. 다이먼은 주주들에게 보낸 연례 서한에서 법인세 인하로 37억 달러의 수익이 발생했음을 인정했다. 다이먼은 그해 3,100만 달러의 보수를 받았고, 월스트리트는 총 275억 달러의 보너스를 지급했는데, 이는 미국의 모든 정규직 최저임금 노동자 총수입의 3배가 넘는 금액이다.[283]

마크 베니오프는 법인세율 인하를 위해 직접 로비를 벌였다. 베니오프는 세금 인하로 인해 투자가 급증할 것으로 기대했다.

2018년 후반, 그는 "경제가 뜯겨 나가고 있다."라고 말했다. "나는 개인적으로 이 나라뿐만 아니라 전 세계의 수백, 수천 명의 CEO들과 이야기를 나눴고, 그들 모두는 일관되게 더 많은 투자를 하는 이유가 세금이 감면될 것이라는 확신 때문이라고 말했다."[284]

감세안은 이미 20조 달러를 초과한 미국 연방 부채에 추가될 것이다. 결국 공화당과 보수적인 민주당은 이러한 수치를 예산 삭감의 원동력으로 삼아 제일 먼저 노인과 저소득층을 위한 의료 서비스, 식료품 보조, 주택 지원, 빈곤층을 위한 현금 보조금 등 가장 취약한 사람들을 위한 프로그램을 노릴 것이다.

일자리보다 복지를 원하는 사람들에게 돈을 퍼붓는다고 그들이 비난하는 민주당과 달리 공화당은 재정 건전성을 지키기 위해 냉정하게 행동하는 공공 재정의 수호자로 보이기를 즐겼다. 트럼프의 감세 정책은 이러한 주장의 허구성을 드러냈다.

공화당은 자신들에게 '선거자금을 조달해 준 다보스맨의 이해가 걸리지 않은 사안에 관한 논의에서는 갑자기 재정적자에 대해 경종을 울렸다. 공공 부채는 거의 모든 선진 민주주의 국가에서 어떻게든 유지하는 국가 의료 서비스를 미국은 감당할 수 없는 명분이 되었다. 그런데도 억만장자를 위한 감세 정책에는 항상 쓸 돈이 넘치는 것처럼 보였다.

비정부기구, 인권 단체, 환경 옹호 단체 등 다보스에 보다 정직한 이유로 참여하는 사람들 사이에서 트럼프의 존재는 진실로 불편한 것이었다.

금융 트레이더이자 민주주의 옹호자인 조지 소로스는 매년 포럼의 부대행사로 주최하는 만찬에서 트럼프가 권위주의 통치자 계보의 일부라고 경고했다. 소로스는 "김정은과 도널드 트럼프 같은 지도자들의 부상"을 예로 들며 "우리 문명 전체의 생존이 위태롭다."고 말했다.[285] 하지만 가장 많은 돈을 쓰고 가장 호화로운 파티를 열었던 무리들 사이에서 트럼프는 하늘이 돈을 뿌리게 만든 사람이었다.

트럼프 대통령이 버지니아주 샬러츠빌에서 행진했던 백인 우월주의자들과 신나치주의자들에 대한 공감을 표명한 후, 임기 초에 트럼프 대통령이 자문을 구하기 위해 슈워츠먼을 내세워 조직한 CEO 패널이 갑자기 해산되었다. 비즈니스 리더들은 나치 문양을 들고 "유대인이 우리를 대체할 수 없다."는 구호를 외치는 폭력적인 퍼레이드 참가자들을 "매우 훌륭한 사람들"이라고 묘사한 대통령에게 조언하는 상황을 떠올리기 어려웠다.

감세 조치는 그 기억 속의 불쾌감마저 지워 버렸다. 슈워츠먼은 패널 토론에서 "미국을 바라보며 '여기야말로 바로 개발된 세상에서 일할 곳'이라고 말하는 기업들이 세계 곳곳에 있다."라고 선언했다. 사적으로 슈워츠먼은 편견에 대한 비난으로부터 트럼프를 옹호했다. 슈워츠먼은 포럼에서 연설하는 내내 "트럼프의 뼛속에는 인종차별주의가 없다."라고 자주 말했다.

트럼프는 다보스에서 유럽 주요 기업 총수 12명을 초청해 비공개 만찬을 열었다. 그는 테이블을 돌아다니며 임원들의 등을 두드리며 미국에 투자할 것을 촉구하는 등 마치 1인 경제 개발 책임자처럼 행동했다. 다음 날 콩그레스 센터의 기조연설은 그의 차례였다.

트럼프의 연설은 짧고, 평소와 달리 온화했으며, 심지어 절제되어 있었다. 그는 "미국 우선주의가 미국만을 의미하는 것은 아니다."라고 선언하며 국제주의자들에게 평화 제안을 던졌다. 연설은 대부분 미국 기업을 옹호하며 외국인 투자를 응원했다.

나는 나중에 노벨 경제학상을 수상한 미국 경제학자 조지프 스티글리츠를 만났다. 그는 그동안 금융계 인사들과 만나고 있었다.

"그들은 이제 입맛을 다시고 있다."라고 그는 말했다. "다보스맨은 자신들의 이익 앞에서 트럼프의 '미국 우선주의' 수사, 반기후 변화 행동, 보호주의, 국수주의, 인종주의, 편협함, 나르시시즘, 여성 혐오에 눈감을 수 있었고, 이것이 다보스맨의 진정한 동기로 보인다."고 덧붙였다.

다보스맨의 식탐을 바닥까지 드러내기 위해선 팬데믹을 보아야 한다.

2부

팬데믹을 이용하여 돈을 벌다

혼돈은 구덩이가 아니다. 혼돈은 사다리이다.

–페티르 "리틀핑거" 바엘리시, 〈왕좌의 게임〉

"시위대, 사모펀드 조성 없는 기업 약탈 행위 비판"

–풍자 신문의 헤드라인, 《더 어니언》(The Onion), 2020년 5월 28일

8

"그들은 우리의 우려에 관심이 없다"

다보스맨, 보건의료를 죽이다

밍 린Ming Lin은 위험이 고조되고 있다는 것을 알 수 있었다.

2020년 3월이었고, 그가 응급실 의사로 근무하던 워싱턴주 벨링햄의 병원에는 독감과 비슷한 증상을 호소하는 환자가 점점 더 늘어나고 있었다. 린 박사는 응급실의 노련한 베테랑 의사였다. 텍사스에서 자란 그는 2001년 9월 11일 테러가 발생했을 때 뉴욕에서 세계무역센터와 가장 가까운 병원에서 근무하고 있었다. 2003년 가족과 함께 태평양북서부로 이주한 그는 시애틀에서 북쪽으로 약 100마일 떨어진 퓨젯사운드의 작은 도시 벨링햄에 있는 병원에 취직했다. 17년 후, 그는 그곳에 뿌리를 내렸다.

린 박사의 부모님과 아내는 대만 출신으로, 대만 정부는 코로나19에 대한 조기 경계에 앞서가고 있었다. 그는 아시아에서 바이러스가 확산되는 상황을 주시해 왔기 때문에 특히 미국에 닥친 위협에 촉각을 곤두세우고 있었다. 코로나19는 이미 전 세계적으로 10만 명을 감염시켰다. 오리건주, 캘리포니아주, 그리고 최근 주지사가 비상사태를 선포한 워싱턴주에서도 확진자가 발생했다. 그러나 심지어 2020년 3월 환자들이 린 박사의 병원에 도착하기 시작했을 때까지도 관리자들은 이 위협을 심각하게 받아들이지 않는 듯했다.

고열과 기침을 하는 사람들은 병원에 도착한 후에도 사회적 거리 두기 없이 대기실에 앉아 있었다. 수납 데스크의 직원들에게도 보호용 마스크가 제공되지 않았다. 일부 사람들이 마스크를 가져왔을 때 다른 환자들을 놀라게 할 수 있다는 이유로 착용하지 말라고 권고했다.

마스크 부족으로 수술실 간호사들은 교대 근무 때마다 더 강력한 보호 기능이 있는 N95 등급 마스크가 아닌 수술용 마스크만 한 개씩 공급받았다. 간호사들은 환자를 옮길 때마다 마스크를 재사용할 수밖에 없었고, 이는 기본적 위생을 위협하는 일이었다.

린 박사는 병원에 야외 분류 센터를 설치하여 의사가 바이러스 확산 위험을 제한하는 환경에서 외래 환자의 상황을 평가할 수 있도록 하자고 제안했다. 경영진은 그의 제안을 무시했다. 치료를 받기 위해 도착하는 환자들에게 설문지와 체온 측정으로 선별 검사를 해야 한다는 그의 제안도 마찬가지였다. 경영진은 수익성이 좋은 외래 수술 환자들을 불안하게 할지 우려했다.

그는 병원 측에 일주일 이상 기다려야 하는 일반 검사기관에 의존하는 대신 하루 안에 결과를 확인할 수 있는 지역 검사실을 이용해 바이러스 검사를 더 빨리 진행할 것을 촉구했다. 그러나 병원의 일반 검사실은 검사 비용이 50달러로 더 빠른 검사비의 4분의 1에 불과했기에 이도 실행 불가였다.

린 박사는 엄밀히 말하면 응급실에 의사를 제공하는 인력 파견 회사인 팀헬스(Team Health)의 소속이었다. 그는 병원이 인구 3억 명이 넘는 나라의 공중보건과 자신의 안전을 위협하고 있다고 상사에게 불만을 제기했지만, 상사는 변화를 선택하지 않기로 했다. 이는 자신 회사에 돈을 지불하는 고객인 병원의 관리자를 불편하게 할 수 있기 때문이었다.

린 박사는 수익성에 대한 고려가 결국 50만 명 이상의 미국인의 목숨을 앗아갈 팬데믹에 대한 우려보다 더 중시되고 있다는 사실에 두려움을 느꼈다. 하지만 그는 충격 받지 않았다. 그의 고용주인 팀헬스는 블랙스톤이 소유한 회사였기 때문이다.

스티브 슈워츠먼은 돈 냄새를 맡아 내는 재주가 있었다. 21세기 지구상에서 가장 큰 경제 대국에서는 점점 더 많은 돈이 의료 서비스에 투자되고 있었다.

미국인들은 2019년에만 3조 8,000억 달러를 의료비로 지출했다.[1] 이는 20년 전의 2배가 넘는 수준이며 독일의 연간 경제 생산액보다 더 큰 금액이다. 이 돈은 다보스맨에게 특히 매력적인 방식으로, 종종 피할 수 없고 거의 불투명하다 싶은 거래를 통해 여러 손을 옮겨 가고 있었다.

슈워츠먼의 부동산 성공은 그가 취약 계층을 착취하는 데 능숙하다는 것을 보여 주었다. 그런 그에게 미국 의료 서비스는 최고의 기회로 다가왔다. 의료보험 정책의 복잡성을 이해하는 사람은 거의 없었기 때문에 의료는 가격 폭리를 취하기에 좋은 분야였다. 또한 의료는 경기 침체에 거의 영향을 받지 않는 산업이었다.

병원 응급실은 특히 매력적이었다.[2] 전체 의료 서비스의 거의 절반이 이곳에서 제공되었다. 고객들은 비용에 대해 흥정하거나 치료를 받는 데 따른 재정적 결과를 고민할 마음의 여유가 없는 경우가 많았다.

슈워츠먼은 회고록에서 "모든 투자자의 삶에서 몇 번씩은 엄청난 기회가 찾아온다."라고 썼다.[3]

그중 하나가 2016년에 찾아왔는데 블랙스톤이 61억 달러를 들여 린 박사의 고용주인 팀헬스를 인수한 것이었다. 이 거래는 사모펀드가 공격적으로 미국 의료 서비스에 진출한 이정표가 되었다. 지난 20년 동안 사모펀드 업계는 7,000여 건의 거래에 8,330억 달러 이상을 투자했으며, 2018년에만 1,000억 달러를 투자했다.[4] 사모펀드 플레이어들은 (주 정부의 금지 사항에 걸리지 않도록 의사들이 합법적으로 통제하는 듯 가짜 형식을 갖추고) 의료 행위 전체를 인수했다. 이 산업은 성형외과, 피부과, 심장 수술과 같은 고가의 전문 분야에 집중했다. 구급차 서비스도 장악했다.

사모펀드의 손길이 닿은 모든 분야가 그러했듯이 의료 서비스 역시 수익에 대한 요구가 거세졌다. 병원과 클리닉의 새로운 소유주들은 비용을 줄였고, 이는 일반적으로 치료의 질 저하로 이어졌다. 그들은 시설을 통합하고 가격을 인상하는 한편, 로비스트와 변호사를 고용하여 전통적인 반독점 의지를 무력화했다. 적절한 수익을 내지 못하는 기관은 문을 닫았다.

의료의 전통적인 의무와 경쟁하는 수익 극대화 논리가 영향력을 얻으면서 관리자들은 보호 장비나 인공호흡기를 제한적으로 구매하여 미래에 다가올 재난에 대한 미국의 대비 태세를 허술하게 만들었다. 그들은 의사들이 건강을 우선시하기보다는 수익 향상에 초점을 맞춰 사업체처럼 운영하도록 독려하는 지표를 도입했다.

대비 태세는 효율성에 종속되었다. 주주 이익이 지배하던 시대에 사용하지 않는 병실은 비어 있는 호텔 객실이나 팔리지 않은 자동차와 다를 바 없었다. 이는 자본 낭비였으며, 배당을 통해 주주에게 돌아갈 현금을 확보하기 위해서라면 생략하는 것이 가장 나은 지출이었다.

일부 전문가들은 슈워츠먼과 같은 다보스맨에게 방대한 규모의 미국 의료 서비스를 맡기는 것은 위험하다고 경고했다. 경제학자 에일린 아펠바움Eileen Appelbaum은 2019년에 "사모펀드가 사용하는 것과 동일한 가치 적출 전략"이라며 "이번에는 말 그대로 생사가 걸린 문제"라고 썼다.[5]

이듬해에는 신종 코로나바이러스가 미국과 전 세계를 휩쓸면서 그 위험의 규모는 상상할 수 없을 정도로 커졌다.

팀헬스는 응급실 인력 지원 업계에서 가장 큰 두 업체 중 하나였다. 가장 큰 기업은 또 다른 사모펀드인 KKR이 거의 100억 달러에 인수한 인비전 헬스케어(Envision Healthcare)였다. 미국 응급실에서 근무하는 의료진의 대략 3명 중 1명을 이 두 회사가 고용하고 있는 셈이었다.[6]

이 두 회사는 서로 다른 의사 네트워크에 소속된 경쟁 보험회사가 복잡하게 얽혀 있고, 각기 다른 환급률로 관리되며 주마다 다른 규칙에 따라 규제되는 미국 의료 시스템의 특성을 잘 파악하고 있었다. 이들은 메디케어와 같은 정부 운영 프로그램과 달리 민간 보험에 가입한 사람들은 보험에 따라 같은 치료에 대해 지불하는 금액이 크게 다르다는 사실을 악용했다. 또한 들것에 실려 응급실로 실려 온 사람들은 말할 것도 없고 건강하고 사려 깊은 사람들조차도 보험의 세부적인 내용에 당황하는 경우가 많다는 현실을 이용했다.

대부분의 환자들이 이해하지 못했던 핵심 사항 중 하나는 보험 네트워크에 확실히 속해 있는 병원에 가면 최저 요금으로 치료를 받을 수 있다는 합리적인 가정하에 병원에 갔지만 그를 치료한 응급실 의사가 해당 네트워크에 소속된 의사가 아니었을 경우 종종 엄청난 청구서를 받게 될 수 있다는 점이었다.

팬데믹이 발생하기 훨씬 전부터 이러한 관행은 이른바 기습 청구서(surprise billing)를 조사하던 의회 패널의 조사를 받고 있었다. 그 조사 결과야말로 깜짝 놀랄 일이었다. 보험 네트워크에 속한 병원의 응급실을 방문한 환자의 5분의 1 이상이 나중에 네트워크 외부의 전문의가 진료했다는 사실을 알게 되었다. 그 결과 메디케어에서 허용하는 금액의 7배까지 청구되는 경우도 종종 있었다.[7] 월급쟁이로 생활하는 저임금 직종에 종사하는 사람들은 감당할 수 없는 청구서 때문에 수금 대행업체로부터 번거로운 일을 겪는 경우도 많았다.[8]

의료 위기가 미국인들을 파산으로 내몰고 있다는 이야기의 핵심에는 이 기습 청구서가 있었다.

예일대학 연구팀의 2017년 논문은 기습 청구를 미국 의료 서비스에 대한 조직적인 공격이자 자유 시장 시스템에 대한 모욕으로 규정했다. 이 논문은 "공급이나 수요에 의한 것이 아니라 일종의 '매복' 능력으로 인해 발생하는 이러한 높은 지급 비율이 환자로부터 의사에게로 이전되는 것을 의미한다."라고 주장했다.[9]

2020년 여름, 캘리포니아에서 제기된 집단 소송에 직면한 팀헬스는 내용을 숙지하지 못한 응급실 환자들을 대상으로 조직적으로 보험금을 청구했다는 의혹을 받고 있었다. 블랙스톤 대변인은 팀헬스가 기습 청구에 관여했다는 주장은 "완전한 거짓"이라고 반박했다. 그러나 예일대학 연구팀의 논문에 따르면 팀헬스가 응급실을 인수한 후 첫 달 동안 네트워크 외 요금으로 청구된 환자 비율이 10% 미만에서 60% 이상으로 급증했다.[10] 같은 논문에 따르면 팀헬스가 병원 응급실을 인수한 직후 네트워크 외 청구 비율이 약 3분의 1 정도 증가했다.[11]

　　기습 청구가 매우 보람찬 관행이 되었기 때문에 팀헬스와 인비전은 2019년의 광고 캠페인에 2,800만 달러 이상을 들여 이를 금지하려는 의회의 노력을 무산시킨다.[12] 그런 목적의 하나로 제작된 이 광고는 아이러니하게도 '환자연합'(Patient Unity)라는 단체가 작업한 것인데, 잘 못된 방향 설정의 걸작이었다. 널리 퍼진 한 광고에서는 금발 머리의 한 어머니가 심각한 표정으로 카메라를 응시하며 "특히 응급실에 다녀온 후 예상치 못한 의료비 청구서는 충격적일 수 있습니다."라고 말한다. 그러나 발의된 법안은 "대형 보험회사들"에 의해 추진되고 있다고 그녀는 경고한다. 그들은 "정부의 요금 설정이라는 계획"을 통해 "기록적인 이익"을 거두려고 한다. 만약 그들이 성공한다면 그 결과는 "의사 부족과 병원 폐쇄"가 될 것이다.

　　다보스맨이 자신이 저지른 바로 그 장난에 대한 두려움을 자극하여 고객을 휘두를 수 있는 능력을 확보하는 한편, 발의된 규제 수정안을 불공정 행위의 원인으로 돌리려 한 것은 이번이 처음은 아니다.

　　바이러스의 확산은 린 박사의 병원이 다른 많은 상업적 실체처럼 주주들에게 보상을 제공하기 위해 긴축 경영을 해야 한다는 강박에 과도하게 지배당하고 있음을 드러냈다.

다국적 기업들은 '적시 생산'(JIT: Just-in-time manufacturing)에 지나치게 의존하여 창고에 예비 부품을 비축하는 비용을 아끼려고 온라인에 의존하여 필요한 부품을 실시간으로 주문했다. 전자제품 제조업체들이 중국이 봉쇄되면서 한국에서 미시간에 이르는 공장들은 중국산 부품 부족으로 어려움을 겪었다. 아이폰이나 자동차 부품의 공급이 지연되는 것은 세상이 견딜 수 있지만, 의료 서비스 부족으로 인한 결과는 심각했다. 린 박사의 병원과 전 세계 의료 시설의 보호 장비 부족은 부분적으로 이러한 "적시에 맞춰야 한다."는 사고방식의 산물이었다. 이런 방식을 도입한 후 가장 심각하게 나타난 현상은 극심한 병상 부족이었다.

미국에서는 지난 10년 동안 680건의 병원 합병이 이루어졌지만, 연방 독점 금지 당국은 거의 아무런 제재를 가하지 않았다. 새로운 기업 소유주들은 병원을 찾는 사람들을 환자라기보다는 고객으로 보는 경향이 있었다. 그들은 가격 책정에 대한 제한 규제를 받는 메디케어와 메디케이드 같은 정부 프로그램의 적용을 받는 환자들과의 거래를 최소화하는 한편, 민간 보험에 가입한 부유층 환자들에 대한 치료는 극대화하려고 노력했다. 상대적으로 인구가 적고 저소득층이 많아 상대적으로 수입이 적은 지역에는 병원을 폐쇄했다.

팬데믹이 발생하기 15년 전부터 농촌 지역에서만 170개의 병원이 문을 닫았다.[13] 같은 기간 동안 미국의 시골 카운티에서는 수술부터 산부인과 진료까지 다양한 서비스의 이용률이 감소했으며, 이러한 추세

는 메디케어 삭감으로 인해 더욱 악화되었다.[14]

　　기업 소유주들은 병원을 수요에 맞춰 관리해야 하는 서비스 공급업체로 운영했다. 병상 수가 너무 많으면 가격 하락 압력을 받게 된다. 병원을 폐쇄하고 병상을 줄이기 위해 운영을 중단함으로써 항공사가 항공편을 제한하여 얻은 것과 동일한 이점, 즉 더 많은 요금을 부과할 수 있는 능력을 확보했다. 1970년대 중반 150만 개에 육박하던 미국의 병상 수는 팬데믹이 닥쳤을 때 92만 4,000개로 줄었다.[15]

　　통합이 가장 많이 진행된 25개 대도시 지역에서는 병원 입원료가 최대 50%까지 상승했다.[16] 뉴욕시에서는 2003년 이후 18개의 병원이 문을 닫아 2만 개 이상의 병상이 사라졌고, 의료 수요가 급증하는 상황에서 미국에서 가장 인구가 많은 이 대도시가 감염병에 노출되었다.[17] 2020년 3월 말에 이르자, 뉴욕시는 센트럴 파크에 응급 야전 병원을 건설하기 시작했다.[18] 지역 영안실은 자리가 없어 시신을 냉장 트레일러에 보관할 공간마저 부족했고, 시신 가방의 공급도 고갈되었다.[19]

　　2020년 12월, 미국에서 하루 20만 명 이상의 코로나19 신규 확진자가 발생하면서 2차 대유행이 시작되자 환자들은 병상 부족으로 몇 시간 동안이나 병원 복도에 비치된 들것에 누워 치료를 기다렸다. 전체 인구의 3분의 1에 해당하는 1억 명 이상의 미국인을 치료하는 병원들이 중환자실의 85% 이상을 가동하는 등 심각한 상황에 처해 있었다.[20]

　　코로나바이러스가 발생하기 몇 년 전부터 린 박사는 세계 최대 사모펀드의 고용 아래 의술을 펼칠 때 나타나는 미묘한 징후를 알아차렸다. 그의 병원은 블랙스톤의 팀헬스 인수로 인해 환자의 이익이나 기본 원칙에서 벗어나 수익성 위주의 경영으로 균형이 약간, 그러나 눈에 띄게 기울어져 있었다. 뇌졸중 환자에 대한 적절한 프로토콜부터 박테리아 감염 검사에 이르기까지 다양한 의학적 선택에 대한 응급실 의사들의 고민은 이제 환자를 더 빨리 치료하는 데만 관심이 있는 병원 경영진의 지시와 우선순위를 두고 경쟁하게 되었다.

직원 회의의 절반은 환자 치료에 관한 것이었고, 나머지 절반은 각 환자로부터 더 많은 수입을 창출하는 방법에 관한 것이었다. 슈워츠먼의 회사는 환자당 수익의 척도인 상대 가치 단위(RVU: Relative Value Unit)를 기준으로 응급실 의사에게 급여를 지급했다. 회의에서 팀헬스 감독관은 의사들에게 심전도 같은 일부 검사가 추가 RVU를 발생시킨다는 사실을 상기시켰다. 수익성이 더 높은 검사를 주문하고 반드시 문서화하라는 의미였다. 팀헬스는 모든 의사의 이름이 나열된 스프레드시트를 배포하고 RVU별로 순위를 매겨 누가 목표를 성취하고 누가 더 노력해야 하는지를 명확히 하여 이러한 요구를 강조했다.

린 박사는 이 방식의 이점도 발견했다. 응급실 의사에게 근무 시간에 따른 급여를 지급하는 병원에서는 앉아서 거의 아무 일도 하지 않는 사람도 일부 있었다. 그러나 린 박사의 병원에서는 앉아서 일하는 사람이 아무도 없었다. 급여가 치료한 환자 수와 직접적으로 연계되어 있었기 때문이다. 하지만 단점도 분명했다. 의사들이 환자를 수익원으로 간주하도록 유도하는 인센티브가 있었다.

린 박사는 기습 청구의 심각성도 깨달았다. 심장마비나 둔기로 인한 부상으로 심각한 외상을 입고 응급실에 도착한 사람들은 과거 병원 방문 때 경험한 엄청난 청구서 액수 때문에 입원에 대한 두려움을 드러내기도 했다. 들것에 누워 고통스러워하면서도 사람들은 보험이 무엇을 보장해 줄지 걱정했다.

그러나 이제까지는 이러한 변화 과정이 천천히 진행되었다. 이제는 팬데믹으로 인해 심각한 위험이 빠르게 드러나고 있다.

린 박사는 접수 데스크에 있는 사람들이 왜 마스크를 착용하지 않았는지 물었고, 병원 당국은 환자들이 겁을 먹게 하고 싶지 않다고 대답했다. 일부는 대장 내시경, 무릎 및 고관절 치환술, 탈장 수술, 허리 수술과 같은 선택적 시술을 받으러 왔으며, 이는 병원의 주요 수입원이었다.

이것은 미국 의료 시스템을 관통하는 단층선이었다. 연방정부는 전염병학자들의 경고에 따라 선택적 치료의 취소를 촉구했다. 그러나 주주의 요구에 부응해야 하는 기업 소유의 병원들은 존립에 위협이 된다는 이유로 그 요구에 저항했다. 선택진료제를 폐지한 병원 중 상당수는 수익에 타격을 입자 직원들의 급여를 삭감하거나 심지어 해고하기도 했다.[21]

피츠버그 대학교 의료 센터는 일련의 합병을 통해 다른 의료 서비스 제공업체를 집어삼키며 서부 펜실베니아 의료시장의 41%를 점유했다. 연 매출이 200억 달러에 달하는 이 회사의 사장 겸 CEO인 제프리 로모프Jeffrey Romoff는 전년도에 총 850만 달러 이상의 보수를 받았다.[22]

이 회사는 펜실베이니아 주지사의 선택진료 폐지 명령을 따르지 않고 있었다. 동시에 이 시스템의 최고 의료 및 과학 책임자인 스티븐 샤피로Steven Shapiro 박사는 팬데믹의 위협을 공개적으로 일축하고 당국에 경제 재개를 촉구하고 있었으며, 이는 명백한 이해 상충이었다. 삶이 정상으로 돌아간다면 그의 병원은 더 많은 돈을 벌게 될 것이었다.[23]

벨링햄에서 린 박사는 생명을 위협하는 질병을 치료하는 데 꼭 필요한 수술만 시행해야 한다고 주장했다. 하지만 선택적 수술은 이 산업의 핵심이었다. 수술은 중단 없이 계속되었다.

린 박사는 병원이 지역 신문에 마스크 재고가 충분하다고 밝혔음에도 불구하고 수술실 내부의 간호사들이 적절한 보호 장비 없이 근무하는 모습을 보고 특별히 분노를 느꼈다. 그는 팀헬스 관리자를 찾아가 직원들의 생명이 위험에 처해 있다고 문제를 제기했다. 하지만 아무런 조치도 취해지지 않았다. 팀헬스는 병원 경영진에 불만을 제기함으로써 병원과의 관계를 위태롭게 하고 싶지 않았기 때문이다.

좌절감을 느낀 린 박사는 페이스북을 통해 경종을 울렸다. 평소에 이 사이트를 자주 방문하지 않던 린 박사는 몇 달 동안 아무 내용도 게시하지 않았다. 그는 특정 대의명분을 뚜렷하게 내세운 적도 없다. 그의 프로필 사진은 수영장에서 세 자녀에게 둘러싸인 모습이었다. 그는 이전에 엘비스 프레슬리 흉내를 낸 사진과 바이올린을 연주하는 아내의 사진을 공유한 적이 있다. 3월 16일, 린 박사는 병원 내부의 위험한 상황에 대한 걱정을 매니저에게 표했다는 포스트를 올렸다. 그는 "환자와 지역사회를 보호하는 데는 너무 뒤처져 있다."며 "직원들을 보호하는 데 있어서는 더욱 심각하다."고 적었다.

팀헬스의 인사 부서는 그의 페이스북 게시물을 발견하고 다음 날 린 박사와 회사 임원, 병원 관리자와의 전화 통화를 진행했다. 한 시간 동안 통화한 후에도 린 박사는 결코 확신할 수 없었다.

"제가 받은 인상은 그들이 우리의 우려에 관심이 없다는 것입니다."라고 그는 페이스북에 썼다. "술집과 식당, 필수적이지 않은 상점이 문을 닫아야 한다면 선택진료 역시 마찬가지여야 합니다.”

린 박사의 직속 상사인 워스 에버렛Worth Everett은 린 박사에게 전화를 걸어 페이스북 게시물을 삭제하고 팀헬스의 CEO에게 사과하라고 요구했다. 그는 린 박사가 자신의 고용주를 비판하는 것은 부적절하다고 말했다. 에버렛 박사는 당시 응급실을 찾는 사람이 줄어드는 바람에 팀헬스의 사업이 “저조한 매출”로 어려움을 겪고 있다고 했다. 그는 린 박사가 사람들에게 겁을 줘서 이러한 추세를 악화시켰다고 비난했다.

린 박사는 이에 응하지 않았다. 그는 수익 극대화가 아니라 환자, 동료, 공중보건에 충성하는 의사였다. 당시 병원 내에서는 코로나19 확진자가 증가하고 있었다. 그의 페이스북 피드에는 전 세계의 응원이 쏟아졌다. 사람들은 그를 영웅이라고 불렀다. 다른 의료 종사자들도 자신들 역시 불충분한 보호 장비로 고생하고 있다고 입을 모았다. 일부는 마스크를 기부하겠다고 제안했다. 린 박사는 마스크 모으기 운동을 조직하고 가까운 보건소에 물품을 기부하도록 안내했다. 그 후 병원 CEO는 병원 간병인 중 코로나바이러스 환자와의 접촉을 통해 감염된 사람은 한 명도 없다고 지역 신문을 통해 확언했다.

린 박사는 화가 났다. 그는 페이스북에서 이 주장을 조롱했다.

첫 번째 게시물을 올린 지 12일이 지난 그날, 다른 상사로부터 그에게 문자가 왔다. “더 이상 출근할 필요가 없습니다. 당신의 임무는 다른 사람으로 대체되었습니다.”

린 박사는 이를 확인하기 위해 에버렛 박사에게 문자를 보냈다. 상사의 답장은 의심할 바 없었다. 그가 해고되었다는 것이었다. 그는 나중에 병원을 상대로 부당 해고로 소송을 제기했다. 에버렛 박사에게 반복해서 음성 메시지를 남겼지만 응답하지 않았다. 린 박사가 제기한 문제에 대해 질의하기 위해 내가 블랙스톤에 연락하자, 내러티브 스트래티지스 DC라는 기업 커뮤니케이션 회사에서 일하는 팀헬스의 대변인이 성명을 이메일로 보내 주었다.

성명은 "코로나19 팬데믹 초기부터 팀헬스는 영웅적인 일을 하는 임상의들을 지원하기 위해 가능한 모든 조치를 취했습니다."라고 말했다. 성명서에 따르면 팀헬스는 린 박사를 해고하지 않았다. 대신 그는 병원에 의해 자신의 직위에서 "해임"된 것이다. 성명은 "우리는 린 박사가 전 세계적으로 팬데믹이 계속되는 동안 환자를 돌보는 중요한 업무를 수행할 수 있도록 전국 어디든 다른 계약 병원으로 재배치할 것을 거듭 제안했다."라고 밝혔다.

이는 전형적인 다보스맨의 공격 수법이었다. 더 강하게 반격하라. 팀헬스가 공중보건보다 이윤을 우선시했다는 증언에 직면한 회사는 린 박사가 재난을 방치했다고 비난했다.

린 박사가 떠난 지 몇 주 후, 팀헬스는 수익 감소에 직면하여 응급실 의사들의 근무 시간을 줄였다. 그때 슈워츠먼과 그의 동료 다보스맨들은 새로운 수탈의 기회를 포착했다. 팬데믹은 경제에 심각한 위협이 되고 있었다. 전 세계 각국 정부는 기념비적인 보조금 패키지를 준비 중이었지만, 그 감독 체계는 미흡했다.

다보스맨이 이미 전에도 경험한 상황이었다. 그들은 무엇을 해야 할지 알고 있었다.

9

"언제나 돈을 버는 방법은 있다"

다보스맨은 위기를 낭비하지 않는다

카지노 거물인 도널드 트럼프의 전문 분야는 절대 갚지 않을 빚을 쌓는 것이었다. 미국 대통령이 된 그는 이제 반대로 지구상에서 가장 부유한 사람들에게 공적 자금을 나눠 주는 편에 서게 되었다.

트럼프의 감세는 재선을 향한 티켓이 될 것으로 예상되었다. 코로나바이러스가 아니었다면 이 전략은 매우 성공적이었을 것이다. 그것은 실물 경제에는 거의 도움이 되지 않았지만 주식 시장에는 활기를 불어넣었다.

트럼프가 감세 법안에 서명한 2017년 12월 말부터 2020년 2월 초까지, 널리 알려진 주식 지수인 S&P 500 지수는 20% 이상 급등하여 3조 달러 이상의 수익을 올렸다. 트럼프는 자신의 능력을 가늠할 수 있는 척도이자 미국의 부흥을 보여 주는 지표로 주식 시장을 들먹이며 모든 기록에 환호했다.

미국 전체 가구의 약 절반은 주식을 하나도 소유하지 않았지만, 가장 부유한 10분의 1은 전체 주식의 84%를 보유했다.[24] 블루칼라 경제의 척도로서 주식 시장은 프랑스 칸에 요트를 정박하는 가격만큼이나 쓸모없는 숫자였다. 하지만 이런 사실은 기록적인 주가 상승에 대한 언론의 호들갑에 가려져 있었다. 이러한 주식 시장과 실물 경제의 결합은 다보스맨과 백악관의 부역자들에게 도움이 되었다. 트럼프는 주식 시장의 활황을 틈타 미국 경제가 활력을 되찾았다는 느낌을 전달하는 데 성공했다(오바마 대통령이 재임하는 동안 경제 호황이 시작되어 일자리가 늘어났다는 사실은 전혀 안중에 없었다).

포르노 스타에게 지급된 은밀한 돈, 행정부 내 끝없는 이합집산, 수사, 그치지 않는 거짓말, 편견, 탄핵 등 대통령직을 괴롭혔던 한없는 스캔들에 대한 트럼프의 반격은 경제였다. 그의 연임은 경제에 달려 있었다.

"세계 최고"라는 표현을 그는 입에 달고 살았다. "역사상 최고다."

트럼프는 백악관을 무난하게 재임대할 것으로 보였다. 미국 대선 캠페인이 휩쓸고 지나가는 가운데, 경제 호황을 앞세운 현직 대통령이 연임에 성공할 가능성은 높아 보였다. 하지만 팬데믹이 그 승리의 퍼레이드를 망쳐 버렸다.

이 바이러스는 중국 중부의 산업 도시인 우한에서 처음 발생했다. 2월에는 이탈리아 북부까지 확산되어 전염병학자들은 이것이 진정한 범세계적 위협이라는 경고를 내렸다. 도쿄에서 런던, 뉴욕에 이르기까지 주가가 폭락했다. 3월 말까지 다우존스 산업평균지수는 역사상 최

악의 하루 하락 폭을 세 차례나 기록하며 3분의 1 이상 급락했다.[25]

시장은 글로벌 경제에 대한 명백한 진실을 인식하고 있었다. 중국 공장이 가동을 멈추면 전 세계는 곧 다양한 상품에 대한 공급 부족에 직면하게 될 것이다. 런던에서 로스앤젤레스에 이르는 소매업체들은 중국산 의류, 스마트폰, 가구 또는 중국산 원단, 전자제품, 부품을 사용하여 생산된 제품을 확보하는 것이 어려워질 것이다. 동유럽에서 라틴 아메리카에 이르는 자동차 공장들은 필요한 부품을 구입하는 데 큰 어려움을 겪을 것이다.

전 세계적으로 산업 생산이 크게 둔화하면서 석유와 천연가스에 대한 수요가 약화되어 페르시아만에서 멕시코만까지 에너지에 의존하는 경제가 위협받게 된다.

그리고 중국은 단순히 거대한 상품 생산국이 아니었다. 그것은 또한 빠르게 성장하는 거대한 구매자이기도 했다. 중국 소비자들이 쇼핑몰과 유흥 시설로 몰려들지 않고 자가격리에 들어가는 것은 할리우드 영화, 건설 장비, 대두, 철광석, 투자 은행 등 다양한 상품과 서비스에 대한 수요가 줄어드는 것을 의미한다.

대재앙이 전개되면서 미국부터 유럽연합까지 각국 중앙은행은 소비자와 기업의 소비와 투자를 장려하기 위해 전례 없이 많은 양의 신용을 공급하고 금리를 마이너스 영역으로 밀어붙였다. 그러나 팬데믹 초기 몇 달 동안, 새로운 구제책이 발표될 때마다 또다시 엄청난 투매가 발생했다.

중앙은행들은 전통적인 무기를 동원했지만, 그 무기는 무력해 보였다. 사람들은 대출 금리가 너무 높다며 휴가를 취소하고 백화점을 찾지 않았다. 다른 사람과의 접촉은 죽음의 위험이 따르기 때문에 소비는 급감하고 있었다. 세계 경제를 구할 수 있는 유일한 방법은 바이러스를 막는 것이고, 바이러스를 막는 유일한 방법은 경제를 위축시키는 것이었다.

처음에 팬데믹을 자신의 재선 가능성을 약화시키기 위해 조작된 또 다른 가짜 뉴스라고 일축했다는 사실 때문에 트럼프에게는 위기가 더욱 가중되었다. 그는 대중에게 사회적 거리 두기에 대해 교육하는 동시에 대규모 검사를 시행할 수 있었던 몇 달을 모든 것이 괜찮고 바이러스는 독감과 같으며 사람들은 일상생활을 계속해야 한다는 공식 견해를 유지하느라 낭비했다.

여러 사건으로 인해 이러한 입장을 유지할 수 없게 되자 트럼프는 전략을 바꿨다. 팬데믹은 끔찍하지만, 트럼프의 잘못은 아니다. 그는 검사 부족을 이미 대통령직을 떠난 지 3년이나 된 오바마 전 대통령 탓으로 돌렸다. 그는 이 바이러스를 중국에서 뒤늦게 수출된 최신 바이러스라고 설명하면서 인종차별적 비유를 서슴지 않았다. 그는 이 바이러스를 "쿵플루"(Kung flu), "중국 바이러스"라고 부르며 아시아계 미국인에 대한 지속적인 공포의 물결을 일으켰다.

바이러스가 만연하자 트럼프는 이번에는 누구보다 일찍 위험을 파악한 전시 대통령으로 다시 변신했다. 그는 백악관에서 매일 기자회견을 주재하며 기적의 치료제가 가까이 있다는 자신감 넘치는 발언을 쏟아냈다. 미국 공장들은 그의 주장에 따라 마스크 생산에 박차를 가하고 있다는 것이다.

그는 기본적인 세부 사항에 대해 근거 없는 주장을 하여 공포가 증폭되었다. 한때 그는 미국인들에게 바이러스를 죽이기 위해 표백제를 몸에 주사해야 한다고 제안했고, 저명한 세제 제조업체인 클로록스는 끔찍한 생각이라고 해명하는 성명을 발표해야 했다.

트럼프는 성인 시절부터 사회적 관습을 어기고, 전통적인 회계를 무시하고, 막대한 빚을 지면서도 의미 있는 결과를 얻은 적이 없었다. 여러 차례의 파산과 은행가와 배관공 모두를 동시에 괴롭힌다는 평판은 그의 아우라만 증폭시켜 책 출판과 인기 TV 시리즈물만 낳았을 뿐이었다. 하지만 팬데믹은 트럼프가 처음 마주한, 단순히 무시하거나 다른 사람에게 떠넘길 수 없는 전혀 다른 차원의 힘이었다. 스타 파워에 매료된 그를 구제해 줄 믿을 만한 대출 기관은 어디에도 없었다. 자연계는 그의 브랜드가 얼마나 대단한지 신경 쓰지 않았다. 팬데믹은 트럼프가 피할 수 없는 결과를 가져올 것이었다.

3월 말 한 주 동안 300만 명 이상의 미국인이 실업 수당을 신청했으며, 이는 이전 최고치의 거의 5배에 달하는 기록이다. 경기 침체로 인해 트럼프 대통령 재임 기간의 일자리 증가세가 완전히 사라졌다. 다음 달이 되자 실업률은 14%를 넘어섰다. 사람들은 푸드뱅크에 몇 시간씩 줄을 서며 또 다른 대공황에 대해 우려를 쏟아냈다. 거의 하룻밤 사이에 트럼프의 재선 전망은 심각한 위험에 처한 것처럼 보였고, 트럼프는 최악의 단어인 '패배자'에 근접하는 불편한 상황에 부닥쳤다. 그는 포위망을 풀기 위해 필사적이었다. 사람들이 다시 일터로, 쇼핑몰로, 호텔과 공항, 식당으로 돌아가야만 시장이 회복될 수 있었다.

4월 중순, 트럼프는 미국 대기업을 대표하는 최고경영자들이 모인 '위대한 미국 부흥 산업 그룹'(Great American Revival Industry Group)의 결성을 발표하면서 자신의 트레이드마크인 과시욕과 쇼맨십에 빠져들었다. 그들은 그에게 경제를 다시 활성화하는 방법에 대해 조언을 해 줄 것으로 기대되었다. 이 명단에는 다이먼, 베니오프, 베조스 등 다보스맨이 대거 이름을 올렸다.

"이 위대한 투쟁의 다음 단계를 준비하면서 우리는 미국 노동자의 번영을 회복하기 위해 모든 힘을 다해야 한다."라고 트럼프는 패널을 발표하는 언론 브리핑에서 말했다. "미국의 건강과 부가 최우선 목표이다."

'미국의 건강과 부'라는 이 구조는 직접적으로 충돌하는 중요한 요소들을 피해 갔다. 베조스가 가장 명백한 예다. 베조스의 부는 창고 노동자들의 보호받지 못하는 노동을 통해 급성장한 것이었다.

트럼프의 고문 명단에는 거대 육류 가공업체인 타이슨 푸드의 CEO 딘 뱅크스Dean Banks도 포함되어 있었다. 트럼프는 곧 전시 군수 물자생산법을 발동하여 미국 도축장이 바이러스의 주요 위험지로 떠오르는 와중에도 도축장을 계속 운영할 수 있도록 했다. 그는 육류 포장업계에서 작성한 초안의 단어를 그대로 사용해, 이러한 공장을 '주요 기반 산업'이라고 분류하여 내부에서 일하는 사람들을 필수 노동자로 지정했다.[26]

화이트칼라 전문가들은 웹을 통해 안전하게 재택근무를 하고 있었다. 하지만 수만 명의 도축장 노동자들, 대부분 최저임금을 받는 이민자들은 목숨을 걸고 돼지고기, 쇠고기, 가금류 등을 계속 도축했다.[27] 그들은 조립 공정에서 서로 가까이 붙어 일했다. 그들은 건강을 지키거나 아니면 월급을 보존할 수는 있었다. 그러나 두 마리 토끼를 모두 잡을 수는 없었다.

타이슨은 육류 부족을 피하기 위해서는 트럼프의 행정 조치가 필수적이라고 주장했다. 타이슨과 타이슨의 두 최대 경쟁업체가 소규모 경쟁업체를 모두 삼켜 버렸기 때문에 미국 육류 공급이 부족해졌다는 사실은 언급되지 않았다. 통합으로 인해 돼지고기 가공 능력이 4분의 1로 줄었다.[28] 덕분에 타이슨과 타이슨의 주주들은 더 높은 가격을 통해 이익을 얻을 수 있었다.

트럼프의 전형적인 모습처럼, 이 발표는 무대 연출에 불과했다. 베니오프는 자신이 패널에 속해 있다고 누군가 말해 주기 전까지는 패널에 대해 들어 본 적도 없었다. 베니오프는 이 그룹이 소집된 적도 없고, 어떤 조언을 해 달라는 요청도 받지 않았다고 말했다.

연임을 위한 트럼프의 필사적인 노력은 결국 그에게 가장 익숙한 통화, 즉 돈으로 귀결되었다. 그는 국민에게 싸구려 장신구들을 던져 주며 관대한 군주인 척했다. 그는 의회와 협상을 시작하여 막대한 구제책을 내놓았다.

공중보건 비상사태와 경제 침체가 맞물리면서 공공 지출에 대한 일반적인 정치적 통제가 사실상 중단되었다.

트럼프는 세계 최대 경제를 살린다는 명분으로 수조 달러를 최소한의 감독도 없이 신속하게 집행할 예정이었다. 미국은 최고의 얼간이, 즉 납세자 덕분에 공짜 돈으로 넘쳐나기 일보 직전이었다.

다보스맨은 로비스트들을 풀어 이 축제에 참여할 기회를 잡았다.

2020년 3월 말 트럼프가 서명한 2조 2,000억 달러 규모 법안의 이름은 '코로나바이러스 지원, 구호 및 경제 보안을 위한 법안'(CARES Act:

Coronavirus Aid, Relief, and Economic Security Act)이었다. 공공의 희생을 치르면서 재앙을 악용해 이익을 취한 대표적인 사례로 역사에 기록될 법안의 이름으로서는 적절하게 매끄러운 약어였다.

이 법안에는 소비를 촉진하기 위해 실업 수당을 대폭 확대하여 매주 600달러를 추가 지급하는 내용이 포함되었다. 수백만 명의 미국 가정에 1,200달러의 현금 보조금이 지급되어 경기 침체에서 벗어날 수 있었다. 이 접근 방식은 궁극적으로 매우 효과적이었으며, 가장이 임금과 급여를 잃어도 퇴거, 파산 및 기타 재난을 피할 수 있는 여력을 가족에게 제공했다. 그러나 황제의 개인 선물처럼 트럼프의 이름이 새겨진 수표는 몇 달이 지나 미지급 청구서가 쌓여 가도 도착하지 않았다.

실업급여, 수표, 학자금 부채를 지원한 기업에 대한 세금 공제 등을 합치면 6,000억 달러가 넘는 지출이 발생했으며, 이는 평상시라면 엄청난 구제책이었고 경기 침체가 실직자들에게 그다지 심각하지 않은 주요 이유였다. 그러나 일반 국민을 위한 이러한 지원에 대한 정치적 대가로 모든 다보스맨은 바닥으로 추락할 위기였다.

한 가지 항목은 팬데믹과 전혀 관련이 없는, 부동산 개발업체 등에 대한 1,700억 달러의 감세 혜택이라는 완전히 엉뚱한 내용이었다. 나의 동료인 제시 드러커Jesse Drucker가 밝혔듯이, 상원의 공화당 의원들은 880쪽 분량의 법안 203쪽에 이 조항을 삽입하여 법안 처리가 완료될 때까지 아무도 눈치채지 못할 것이라고 확신했다. 이 조항은 부동산 개발자들이 코로나19라는 단어를 듣기도 훨씬 전인 수년 전에 발생한 서류상 손실에 대해 현재 세금 고지서에서 공제할 수 있도록 했다.[29]

재무부의 돈을 부유한 사람들에게 이체하는 수단이라고밖에는 아무런 존재 이유가 없었다. 이를 현금화할 준비가 된 사람 중에는 도널드 트럼프와 그의 사위인 재러드 쿠슈너도 있었다.

이 법의 핵심은 항공사에 할당된 290억 달러와 "국가 안보에 필요한 사업"(거대 항공우주기업인 보잉사를 지칭하는 암호)에 170억 달러를 포함하여 대기업에 5,000억 달러를 지원한다는 것이었다.

재무부는 약 4,540억 달러의 지원금을 관리하고, 이를 연방준비제도이사회가 발행할 4조 달러 이상의 대출을 위한 담보로 제공했는데, 이는 내부자만이 이해할 수 있는 복잡하지만, 엄청난 결과를 초래하는 절차였다.

하루가 멀고 쏟아져 나오는 숫자도 어마어마하지만, 4조 달러라는 액수는 도저히 이해할 수 없는 금액이었다. 이는 전년도에 모든 미국 기업이 벌어들인 총수입의 2배가 넘는 금액이었다. 이 현금이 어디로 향하고 어떤 조건으로 유증될지는 트럼프의 재무부 장관인 스티븐 므누신에 의해 크게 영향을 받을 것이다.

므누신은 만화책에 나오는 부자의 모습과 닮았고, 항상 웃는 모습은 실크 잠옷을 연상케 했다. 그의 할아버지는 요트 클럽을 운영했고, 아버지는 월스트리트에서 일하며 골드만삭스에서 경영진으로 승진한 경력이 있다.[30]

1962년에 태어난 그는 파크애비뉴에서 자랐고 주말에는 햄튼에서 보냈다. 그는 뉴욕시 사립학교 중 가장 희귀한 리버데일 컨트리 스쿨에 다녔고, 빨간 포르셰를 타고 울창하고 넓은 캠퍼스로 등교했다. 그는 아버지의 발자취를 따라 처음에는 예일대학교로, 그다음에는 골드만삭스로 진출했다.

주택담보대출 부서에 발을 들여놓은 므누신은 여기에서 훗날 큰 성공을 거두게 해 준 지식을 습득했다.[31] 그는 실패한 대출 기관인 인디 맥을 인수하여 부실 주택 소유주에게 막대한 서비스 수수료를 부과하는 한편, 한꺼번에 주택을 압류하고 투기성 매매를 통해 차익을 남겼다. 사람들을 집에서 내쫓는 일을 하며 므누신 장관은 파크애비뉴 복층 주택과 함께 벨 에어에 있는 침실 9개, 욕실 10개짜리 저택에 거의 2,700만 달러를 지불할 수 있을 정도의 큰 수익을 올렸다.[32]

2016년 트럼프 캠프에 합류하여 재무위원장직을 맡았을 때, 그를 아는 사람들은 충격을 받았다. 그는 기금 모금 경험이 부족했고 정치적 대의에는 전혀 관심이 없었기 때문이다. 하지만 그는 트럼프를 뉴욕 부동산 거래업에 종사하는 동료로 생각하고 있었다.[33]

그는 트럼프가 집회에서 연설하는 모습을 보고 그의 승리를 확신했다. 하지만 가족들은 므누신과 트럼프와의 관계에 경악했다. 그의 아버지의 새 부인은 자신이 므누신의 친모가 아니라는 사실을 사람들에게 넌지시 상기시키기 시작했다.[34]

대선 후 트럼프는 제이미 다이먼을 설득하여 재무부 장관을 맡기려 했었다. 다이먼이 거절하자 트럼프는 므누신으로 결정했다.[35] 어색하고 내성적인 므누신은 영화 〈핑크 팬더〉의 어리바리한 주인공 클루소 경감의 성대모사를 하는 것으로도 유명했지만, 소소한 대화에는 서툴렀다.[36] 파이 모양의 얼굴을 감싸는 두껍고 뭉툭한 안경을 쓴 그는 훨씬 어린 금발의 아내인 스코틀랜드 출신 여배우 루이스 린턴Louise Lin-ton과 함께 정장 차림으로 종종 사진에 찍혔다.

그의 아내는 무엇에도 만족하지 못하는 자의식으로 사사로운 특권을 무감각하게 드러내는 것으로 악명을 떨쳤다. 그녀는 고등학교 졸업 후 잠비아에서 보낸 일 년을 만화처럼 모욕적으로 묘사한 글("아프리카에는 위험이 가득 숨어 있다는 사실을 곧 알게 되었죠.")을 게시해 잠비아 정부로부터 공식적인 비난을 받은 적도 있다.[37]

조폐국이 남편의 서명이 담긴 첫 달러 지폐를 인쇄하던 날, 린튼은 검은 가죽 장갑을 낀 채 카메라를 향해 달려들었고 강도가 강탈한 보석처럼 갓 인쇄된 지폐를 므누신과 함께 들고 있었다. 그녀는 므누신과 함께 포트 녹스에 있는 연방 금 보관소를 방문하면서 정부 제트기에서 내리는 자신의 사진을 게시하고 해시태그를 사용하여 에르메스와 발렌티노 의상을 입은 모습을 전 세계에 알렸다. 오리건주의 한 여성이 이를 천박하다고 하자 린튼은 그녀에게 "사랑스러울 정도로 감각이 없다."고 공격하며 자신과 므누신이 사심 없이 납부한 막대한 세금에 대해 감사를 표하라고 했다. 만약 마리 앙투아네트가 인스타그램을 볼 수 있을 만큼 오래 살았다면, 그녀의 피드가 아마도 이런 모습이었을 것이다.

이제 므누신은 절차에 무지한 대통령 밑에서 일하면서 연준이 우주적인 규모의 돈을 배포하는 데 앞장서게 된 것이다. 항공사와 보잉에 배정된 현금은 수령자가 배당금을 지급하거나 임원 보상을 늘리는 데 사용하는 것을 금지하는 규정과 함께 제공되었으며, 회사는 직원 대부분을 고용 유지해야 한다. 하지만 심각한 문제는 므누신 장관과의 협의에 따라 연준이 지급하기로 한 4조 달러는 이러한 조건에 구애받지 않고 지급될 수 있다는 점이었다.[38]

상원의 한 조항은 구제 금융을 받은 기업이 해고를 피하고 단체 교섭을 존중하도록 의무화하면서 임원 보수를 인상하는 것을 금지하려고 했다. 그러나 이 조항은 므누신 장관에게 이러한 세부 사항을 준수하도록 "노력"하도록 요구했을 뿐이다.[39] 연준은 즉시 시장에 현금을 투입하기를 열망했기 때문에 관리들은 경영진이 돈을 받는 데 주저할 조건을 부과하는 것을 꺼려했다.

의회의 민주당 의원들은 이 모든 정황이 트럼프 행정부가 통제하는 거대한 비자금으로 보인다는 사실에 경악을 금치 못했다. 그런데도 그들은 더 이상의 심의가 비상사태에 처한 노동자들의 구호를 지연시킬 수 있다는 공화당의 주장에 굴복했다. CARES 법안은 96대 0으로 상원을 통과했다. 실직자들은 다보스맨의 재산을 챙기기 위한 인질로 성공적으로 이용되었다. 민주당은 이 지출이 공식적으로 의회의 촘촘한 감시를 받았다는 사실에 위안을 삼는 척했다. 그러나 2008년 구제 금융을 통해 이것의 허점이 드러났다. 의회는 정부 지출을 감시하고 기록할 수는 있었다. 하지만 개입하거나 돈을 다른 곳으로 돌릴 수 있는 권한은 부족했다.

CARES 법에 서명한 지 몇 시간 만에 트럼프는 감찰관에게 재갈을 물릴 수 있는 권한을 주장하여 과도한 감시를 효과적으로 제거했다.[40] 므누신과 연준은 거의 감독 없이 4조 달러 이상을 집행할 수 있는 확실한 길을 확보했다.

금융위기 이후 구제 금융을 실시할 때와 마찬가지로 므누신과 연준은 금융자산의 가치를 안정시켜 질서를 회복하는 것을 목표로 삼았다. 처음에는 신용 평가 기관의 승인을 받은 '투자 등급'의 부채를 가진 기업을 강화하는 데 관심을 두었다. 이들은 아마도 팬데믹 이전에는 안정적이었던 기업이었을 것이다. 그러나 4월 말 므누신 장관과 제이 파월Jay Powell 연준 의장은 사실상 파산 상태인 석유 및 가스 기업, 즉 정크 등급으로 분류된 채권을 보유한 기업도 구제 금융 대상에 포함할 수 있도록 기준을 확대했다.

수년 동안 에너지 업계의 투기꾼들은 지난번 금융 위기 때 활용하고 남은 값싼 신용을 이용해 이득을 취했다. 그들 중 다수가 환경 파괴적인 수압 파쇄(fracking) 관행에 의존했다. 생산 비용이 많이 들었기 때문에 경제는 높은 유가에 의존할 수밖에 없었다. 에너지 가격이 하락하자 많은 의심스러운 도박들이 손실로 이어졌다.[41] 그렇다고 해서 그들이 주주들에게 부를 몰아주는 것을 막은 것은 아니다. 지난 10년간 5대 석유 및 가스 기업은 배당금과 자사주 매입에 5,360억 달러를 지출했는데, 이는 매출보다 훨씬 많은 금액이었다.[42] 이들은 땅을 파서 에너지를 채굴하는 동시에 더 많은 보상을 받을 수 있는 막대한 신용의 저수지를 구축하여 그 수익금을 투자자들에게 나눠 주었다.

파티는 끝나는 듯했다. 세계 경제가 봉쇄되면서 수요는 증발했고 시장은 추가 대출을 보류하고 있었다. 그래서 석유 및 가스업계는 (전가의 보도인) 핵심 엔지니어링 전문 지식에 몰두했는데 그것은 바로 워싱턴 정가에 대한 로비였다. 조금은 견실한 기업에만 지원된다는 규칙이 강력한 로비로 무너지면서 므누신 장관과 연준은 부실로 오염된 업체를 구제할 수 있었다.[43]

므누신 장관은 회사 자체뿐만 아니라 채권 시장의 광범위한 불안으로 투자 가치를 잃고 있는 슈워츠먼과 같은 금융계의 선수들도 구해냈다.[44] 이 블랙스톤의 리더는 구제 금융에 감사했다.

슈워츠먼은 4월 한 TV 방송에 출연하여 "경제 관리에 꽤 높은 점수를 주고 싶다."라고 말했다. "대통령이 주도하고 있으며, 다행히도 우리 사회의 나머지 모든 사람들에게는 일이 잘 풀릴 것이다."[45]

"우리 사회의 나머지 모든 사람들"이라는 다보스맨의 이 유려한 문구는 아마존 창고에서 일하는 사람들, 코로나19 환자를 돌보는 의사들, 푸드뱅크에서 줄을 서는 실직자들과 파크 애비뉴의 은신처에서 화상 회의로 텔레비전 쇼에 출연하는 억만장자 사모펀드 황제의 이해관계를 하나로 깔끔하게 묶어 낸 것이었다.

CARES 법의 또 다른 주요 구성 요소는 나중에 6,600억 달러로 확대된 3,490억 달러 규모의 급여 수표 보호 프로그램으로 알려진 계획이다. 은행은 이 돈을 중소기업에 분배하여 대출을 했다. 규정에 따라 고용주가 해고를 억제하면 이 대출의 대부분을 탕감받을 수 있었다.

이론적으로는 중소기업이 정부에 직접 대출을 신청할 수 있었다. 하지만 실제로 그것은 퇴근 시간 후에 국세청에 전화하여 공무원에게 자신의 세금 서류를 정리하는 것을 도와 달라고 하는 것과 비슷했다. 연준은 프로그램을 운영할 인력이 부족했기 때문에 대형 은행에 의존하여 자금을 배분해야 했다. 은행은 대출 대상자를 결정할 때 사회적 요구가 아니라 은행의 주주를 고려했다. 은행들이 자신들의 수익을 늘려 줄 만한 사람들과 거래한 것이다. 대출을 받기 위해서는 일반적으로 어플을 통해 신청을 일괄 처리하도록 설정된 JP모건 체이스와 같은 은행과의 관계가 필요했다.

제이미 다이먼의 은행은 이러한 중소기업 대상 대출을 우수 고객에게 제공하는 사은품처럼 뿌려 댔다. 이 은행은 가장 오래 거래하고 가장 가치 있는 고객을 위해 서류 작성과 신청서 제출을 도와주는 '컨시어지 서비스'에 심혈을 기울였다.[46]

인디애나에 본사를 둔 한 상장 스포츠용품 제조업체는 이미 JP모건 체이스에서 5,000만 달러의 신용 한도를 보유하고 있었는데, 560만 달러의 대출을 받게 되었다.[47] 주요 레스토랑 체인, 제약 회사, 호텔 프랜차이즈는 아무것도 하지 않고도 대출을 받았지만, 미국 최대 은행과 거래 관계가 없는 기업들은 스스로 자유롭게 사업을 해야 했다. 그것은 다시 말해, 거의 받을 것이 없었다는 말이다.

아프리카계 미국인, 라틴계 미국인, 여성이 소유한 기업은 거의 배제되었다. 이 프로그램은 궁극적으로 65만 명에게 각각 최소 15만 달러 상당의 대출을 제공했어야 했다. 이 정도 규모의 대출을 받은 흑인 기업가는 143명에 불과했다.[48]

므누신 장관은 이 프로그램의 "무엇보다 중요한 초점"은 "노동자의 임금과 고용을 유지하는 것"이라고 약속했었다. 그러나 몇몇 대기업은 돈을 받은 후 노동자를 해고했고, 대출을 받자 사라져 버린 도덕성이 의심스러운 인물들의 행렬이 이어졌다.

샌디에이고의 한 고급 호텔인 페어몬트 그랜드 델 마르는 640만 달러를 받았지만, 수백 명의 직원에게 월급을 지급하지 않고 문을 닫아 버렸다.[49] 조지아에 본사를 둔 바이오 제약 회사인 미메덱스 그룹은 최근 재향군인회에 바가지를 씌웠다는 의혹을 해결하기 위해 650만 달러의 벌금을 지불했다. 이 회사는 이전에 매출을 과장했다는 혐의로 증권거래위원회와 소송을 벌여 합의한 바 있다. 이 회사의 고위 경영진은 회계 사기로 뉴욕 연방 검찰에 의해 기소되기도 했다. 그러나 이 중 그 어느 것도 이 회사가 급여 수표 보호 프로그램에 따른 1,000만 달러의 대출을 받는 것을 방지하지 못했다.[50]

중소기업 프로그램의 가장 큰 단일 수혜자는 세인트 토마스와 레이크 타호에 있는 리츠칼튼 리조트, 베벌리힐스와 라스베이거스에 있는 메리어트, 뉴욕의 힐튼 등 100개 이상의 호텔을 총체적으로 관리하는 댈러스에 본사를 둔 세 회사 이사회의 의장 몬티 베넷Monty Bennett이었다. 3월 중순까지 호텔 사업이 침체되면서 베넷이 소유한 상장사 중 하나인 애쉬포드 호스피탈리티 트러스트(Ashford Hospitality Trust Inc.)의 주가는 90% 이상 하락했다. 이 회사는 부채 상환이 연체되고 있었다.

애쉬포드사는 보통주 주주에게 배당금을 지급하려던 계획을 취소했지만, 베넷과 그의 아버지에게 200만 달러를 포함해 우선주 주주에게 1,000만 달러를 지급하는 데 성공했다.[51] 막판에 이르자 베넷은 짐짓 성찰하는 분위기를 내보였다. 그는 "미국, 무엇이 문제인가?"라는 제목의 공개서한을 발표했다.

"내 사업과 우리 업계는 완전히 무너졌다."라고 그는 썼다. "나를 더 슬프게 하는 것은 워싱턴 DC에서 벌어지고 있는 일이다. 일부 정치인들은 발의된 정부 프로그램이 '대기업'보다 중소기업, '기업'보다 개인에게 도움이 되는지에 지나치게 관심을 두고 있다."[52]

줄을 서 있는 실직자들 앞에 세상의 소금 같은 부동산 거물들이 뛰어들어 구제할 수 없다면 이 나라의 수도를 지배하고 있는 우선순위는 얼마나 왜곡된 것인가? "우리가 낸 그 많은 세금은 도대체 우리에게 무엇을 제공해야 하는 걸까?" 베넷은 이렇게 썼다. "나는 미국의 자본가라는 이유로 사과하지 않겠다."

베넷은 2016년 트럼프의 대선 캠페인과 공화당 전국위원회에 20만 달러 이상을 기부했고, 대통령의 재선 선거 자금으로 40만 달러를 더 기부했다.[53] 그는 도전에 직면할 때 뜨거운 피를 가진 미국 기업가라면 누구나 해야 할 일을 재빨리 실행에 옮겼다. 로비스트를 고용한 것이다. 그가 먼저 선택한 제프 밀러Jeff Miller는 트럼프 취임 위원회의 재무 부위원장이었으며 공화당 전국위원회와 대통령의 재선 캠페인을 위해 거의 300만 달러를 모금하여 담당자들로부터 호평을 받았던 사람이다.[54]

베넷은 또 다른 트럼프 측근인 로이 베일리Roy Bailey가 운영하는 베일리 전략 상담소와도 계약을 맺었다.[55] 곧 급여 보호 프로그램에서 개별 사업장의 고용 인원이 500명 미만인 경우 대규모 호텔 및 레스토랑 체인이라도 대출을 신청할 수 있다는 허점이 발견되었다.[56] 베넷의 호텔 제국은 7,000만 달러 상당의 대출을 확보했다.[57] 하지만 상장 기업이 중소기업 구호라는 명목으로 세금을 빼돌렸다는 소문이 퍼지면서 분노가 이어졌다. 베넷의 사업이 무엇이든 간에 결코 작은 기업은 아니었다. 애쉬포드사는 전년도에 2억 9,100만 달러의 매출을 기록했다.[58] 베넷은 총보상금으로 560만 달러 이상을 가져갔다.[59]

므누신 장관은 겉으로는 그가 카사블랑카에서 도박을 한 것에 대해 불쾌감을 느낀다는 태도를 보였다. 그는 행정부가 프로그램 규정을 강화하고 감사가 뒤따를 것이라고 경고했다. 규칙을 위반한 것으로 밝혀진 기업은 2주 이내에 돈을 반환하거나 형사 기소에 직면하게 된다.[60] 빅 하우스(Big House) 감방보다 리츠칼튼 스위트룸을 선호했던 베넷은 당연히 현금을 돌려주었다. 8월이 되자 그의 회사들은 증권거래 위원회의 조사를 받고 있었다.[61]

미국 보건의료의 상당 부분을 뻔뻔하게 주무르고 있는 금융계 세력들을 제압하기는 어려웠다. 팬데믹에 대응하는 시스템을 취약하게 만든 그들은 이 재난을 보조금을 뽑아낼 기회로 악용했다.

2020년 3월, 사모펀드 거물인 케르베로스 캐피털이 소유한 병원 체인인 스튜어드 헬스케어는 펜실베이니아주가 자신들에게 4,000만 달러를 지원하지 않으면 필라델피아 북쪽에 있는 병원을 폐쇄하겠다고 협박했다.[62] 댄 퀘일Dan Quayle 전 부통령이 회장으로 있던 이 회사는 430억 달러 상당의 투자를 관리하고 있었다. 공동 창립자이자 공동 CEO인 스티븐 파인버그Stephen A. Feinberg는 18억 달러로 추정되는 순자산을 자랑했다. 하지만 이 회사는 팬데믹으로 인해 펜실베이니아주 이스턴의 3만 명의 주민들이 병원을 잃게 될 위기에 처해 있다며 주 정부의 구호 자금이 필요하다고 주장했다.

이 병원은 100여 년 전 지역 교회 신도들의 기부로 설립되었다. 이 병원은 2001년에 영리 병원 체인이 인수하기 전까지 비영리 단체로 운영되었다. 6년 후, 이스턴 병원의 부동산은 케르베로스가 투자한 부동산 신탁에 매각되었다. 계약 조건에 따라 병원은 이전에 자신이 소유하던 건물을 임차하기 위해 매년 수백만 달러를 지불해야 했다.[63] 주정부는 800만 달러의 생명줄을 던졌다. 그럼에도 불구하고 스튜어드사는 당국에 병원 폐쇄를 추진하겠다고 통보했다. 6월에 지역 비영리 단체인 세인트 루크 대학 의료 네트워크가 병원을 계속 운영하기 위해 구매 의사를 밝혀 왔다.[64] 그러나 새 소유주는 병원의 약 700명의 노동자를 대표하는 두 개의 노조를 인정하지 않겠다고 통보하며 해고를 위협했다.[65]

CARES 법에는 선택적 수술 금지로 인해 수익에 타격을 입은 의료 서비스 제공자를 보상하기 위한 보건복지부의 보조금이 포함되어 있었다. 린 박사를 고용했던 블랙스톤 소유 자회사 팀헬스는 '금융개혁을 위한 미국인들'(Americans for Financial Reform)의 공공 기록에 따르면 이 연방 대출로 최소 280만 달러를 수령했다. 미국 최대 병원 체인 중 하나인 프로비던스 헬스 시스템(Providence Health System)은 2018년 CEO에게 1,000만 달러를 지급하고 120억 달러의 현금을 보유하고 있음에도 불구하고 5억 달러가 넘는 보조금을 확보했다.[66] 이 회사는 사모펀드와 거래하면서 약 3억 달러를 운용하는 두 개의 벤처 캐피털 펀드를 운용했다.

클리블랜드 클리닉(Cleveland Clinic)은 미국 최고의 의료기관 중 하나로 명성이 높았으며, 의료의 질을 높이는 혁신으로도 유명했다. 하지만 팬데믹 상황에서 클리블랜드 클리닉은 구제 금융의 운영자이자 다보스맨의 협력자로서 두각을 나타냈다. 70억 달러의 현금을 보유하고 있으면서도 정부에 1억 9,900만 달러의 구제 금융을 요청했고, 12억 달러의 투자 수익을 창출했다.[67] 이 회사는 포트폴리오 관리를 위해 투자자문사에 2,800만 달러를 나누어 주었다.

2020년 6월, 팬데믹이 미국 남부와 서부로 걷잡을 수 없이 확산되자 클리블랜드 클리닉은 블랙스톤의 설립자라는 독특한 배경을 가진 한 자금 관리자에게 특별한 호의를 베풀었다. 클리블랜드 클리닉의 CEO인 톰 미할예비치Tom Mihaljevic는 "내일을 위한 가상 아이디어"라는 시리즈의 일환으로 온라인 이벤트를 시작하면서 "스티븐 슈워츠먼은 우리 시대에 가장 놀라운 경력을 쌓은 사람 중 한 명이다."라고 선언했다. "그의 관대함 역시 놀라울 정도이다." 미할예비치는 아버지의 린

넨 가게, 교외 잔디를 깎던 어린 시절, 오바마 및 트럼프 대통령과의 친교, 중국에서의 벤처 사업 등 슈워츠먼의 삶을 담은 사진 몽타주를 이어 홍보 동영상으로 제작했다.

슈워츠먼은 자신의 중국어판 회고록을 들어 보이며 자랑했다. "저는 중국에서 가장 많이 팔린 베스트셀러 작가가 되었습니다."라고 그는 말했다. 그는 자신의 성공 비결로 윤리에 대한 집요한 헌신을 꼽았다. "청렴에 대한 기준을 세워야 합니다." 그는 예일대 재학 시절 뉴욕시립 발레단을 설득하여 동급생들을 위해 기획한 특별 공연을 위해 발레리나를 뉴헤이븐으로 파견한 이야기를 들려주며 자신의 전반적인 성취에 대한 거창한 전기적 배경을 설명했다.

"제가 인생에서 배운 것은 비전이 있으면 많은 일을 할 수 있다는 것입니다."라고 슈워츠먼은 말한다. "정말로 간절하게 구걸하면 누군가가 당신을 불쌍히 여길 수도 있습니다."[68]

당시 미국 경제 전체에서 수천만 명의 사람들이 불쌍한 처지에 놓여 있었다. 실업률은 11% 이상을 유지했다. 2020년 말까지 팬데믹으로 인해 공식 실업자 1,100만 명, 근무 시간과 임금이 삭감된 700만 명, 구직 활동을 포기해 장부에서 삭제된 500만 명 등 미국 노동자 2,300만 명 이상이 일자리를 잃게 될 것으로 예상되었다.[69] 실업 수당을 받는 데 10명이 성공할 동안 3명은 신청자 폭증으로 실패했다.[70]

살바도르 도밍게즈Salvador Dominguez는 이 암울한 셈법에서 성공한 사례로 꼽히는 사람 중 한 명이다.[71] 맨해튼에서 부동산 영업을 하다 실직한 후, 그는 CARES 법에 따라 긴급 실업 수당을 받을 자격을 얻었다. 하지만 2020년 3월 마지막 월급을 받고 첫 실업 수당을 받기까지

72일 동안, 그는 아파트 임대료를 연체하지 않기 위해 친구와 친척에게 돈을 빌려야 했다. 식료품을 살 돈이 부족했던 그는 폐점 시간이 지난 어둠 속에서 맨해튼의 유명 식료품점 앞에 서서 유통기한이 지난 식품으로 가득 찬 쓰레기봉투가 쓰레기통에 버려지기를 기다렸다. 그는 먹고살기 위해 쓰레기 더미를 뒤졌다. 도밍게즈는 "정말 힘들었습니다."라고 말한다. "나와 같은 많은 사람이 이렇게 하고 있다는 것을 알고 있었기 때문에 외롭지는 않았죠."

미국인 4명 중 1명은 청구서를 내지 못해 어려움을 겪고 있었으며, 이 수치는 흑인 가구의 경우 43%, 라틴계 가구의 경우 37%로 급증한다.[72] 학교가 문을 닫고 저소득층 가정이 끼니를 거르면서 아동 기아가 급증했다. 로비스트들이 제멋대로 폐기해 버릴 지역사회가 아니었다.

이와 대조적으로 슈워츠먼은 워싱턴에 연방 지원금으로 운영되는 사무실을 유지했다. 블랙스톤의 응급실 인력 파견 회사인 팀헬스는 의회의 자비를 구하고 있었는데, 일부 의원들이 향후 연방 지원금 패키지에 기습 청구 금지를 포함할 것을 요구하는 바람에 자신들의 비즈니스 모델을 면밀히 재검토하고 있었다.[73]

다행히도 슈워츠먼은 입법자들에 대한 과감한 투자로 귀중한 배당금을 얻었다. 매사추세츠주 민주당 소속 리치 닐Richie Neal 하원 세입세출위원회 위원장은 통과 가능성이 약한 법안을 추진할 때 자신이 사용하는 검증된 입법 전략을 통해 기습 청구를 크게 제한할 수 있는 제안을 무산시켰다. 그는 가격 규제 대신 중재 시스템을 도입하여 청구 분쟁을 해결했다. 중재자는 최근 몇 년간 지급된 요율을 기준점으로 삼아 사모펀드가 인상한 수수료를 효과적으로 묶어 둘 수 있었다. 그리고 그 법안조차도 통과되기까지 1년이나 걸렸다. 이것이 워싱턴 스타일의 유권자 서비스였다. 블랙스톤과 관련된 임원들은 닐의 선거 자금의 가장 큰 원천이었다.[74]

인터뷰 대신 제출한 서면 성명서에서 팀헬스는 법안이 모두가 수용할 수 있는 타협안이라고 설명했다. "아직 불완전한 면은 있으나 최종 결과는 환자에게 좋았고 주요 보험 회사가 추진한 재앙적인 제안에 비해 크게 개선되었다."라고 성명서에서 밝혔다. "팀헬스가 기습 청구에 대한 해결책에 저항했다는 주장은 완전한 거짓이다."

블랙스톤의 궁극적인 보호막은 규모와 다각화를 통해 사업상의 리스크를 문제가 된 단일 지점에 묶어 두는 것이었다. 시장의 혼란으로 인해 기업의 가치가 하락할 때, 블랙스톤은 오히려 좋은 기회를 포착할 수 있는 위치에 있었다.

슈워츠먼은 그해 봄 한 투자자 모임에서 "폭락한 증권을 사들이기 시작하라."라고 말했다. "우리는 처음 2~3주 동안 110억 달러의 증권을 매입했다."

그것은 시작에 불과했다. 블랙스톤은 특히 의료 서비스 분야에서 더 많은 거래처를 찾고 있었다.

슈워츠먼은 "이 분야는 엄청난 성장의 영역이 될 것이다."라고 말한다. "이렇게 변동성이 큰 상황에서는 언제나 돈을 버는 방법이 있다."[75]

연준은 막대한 양의 국채와 회사채를 매입하여 경제를 바로잡는 데 필요한 모든 조치를 다 하겠다는 약속을 이행하고 있었다. 누군가는 그 포트폴리오를 관리해야 했다. 지난 금융위기가 반복되자 래리 핑크의 회사가 그 일을 맡게 되었다. 블랙록은 연준을 위해 최대 7,500억 달러 상당의 증권을 선정하고 거래를 실행할 수 있는 권한을 얻었다.

이에 대해 누구도 블랙록의 전문성이 부족하다고 비난할 수 없었다. 당시 블랙록은 영국, 프랑스, 캐나다의 연간 경제 생산액을 합친 것보다 많은 7조 4,000억 달러의 투자를 관리하고 있었기 때문에 금융계의 구석구석에 대해 잘 알고 있었다.

핑크는 최근 몇 년 동안 월가의 현자들 중 가장 현명한 사람으로 명성을 떨쳤다. 그의 조언은 민주당과 공화당 양쪽에서 모두 소중하게 여겼다.

하지만 2008년 금융 위기 당시 블랙록의 역할이 이해 상충을 초래했다면, 이번 경우 분리된 충성심은 더 큰 문제를 기하급수적으로 야기했다. 블랙록은 30개국에 지사를 두고 거의 모든 시장에 관여하는 독보적인 거대 기업으로 성장했다. 블랙록은 S&P 500에 상장된 기업 중 97.5%의 주식을 최소 5% 이상 보유하고 있었다. 200여 개의 금융회사와 연방준비제도이사회, 유럽중앙은행 등이 블랙록의 알라딘 리스크 관리 시스템을 사용하여 시장의 문제점을 조사했다. 이를 통해 블랙록은 약 20조 달러 규모의 투자를 모니터링하는 위치에 올랐으며, 전 세계 자금의 움직임을 비교할 수 없을 정도로 명확하게 파악할 수 있게 되었다.[76]

2020년 봄에 구제 금융이 구체화될 무렵, 핑크는 막후에서 세부 사항에 영향을 미치는 활동을 하는 동시에 일상적인 개발로 수익을 창출하는 회사를 운영했다. 연준이 채권 시장 진출을 발표하기 며칠 전, 그는 워싱턴으로 건너가 트럼프 및 다른 관리들과 시장의 대학살을 막기 위한 적절한 조치에 대해 논의했다.[77]

핑크는 구제 금융 패키지가 발표되기 전 주말 동안 므누신 장관과 다섯 차례 통화했다.[78] 한 번은 파월 연준 의장과 트럼프 대통령의 경제 고문인 래리 커들로Larry Kudlow와 통화했다.[79] 사람들은 블랙록을 정부의 제4부라고 불렀다.[80]

연준은 기업이 자금을 조달할 수 있도록 이미 유통 중인 회사채와 신규 발행 회사채를 매입했다. 중앙은행은 최후의 수단으로 채권을 매입하는 역할을 맡았고, 블랙록은 매입 대상 채권을 결정하는 데 도움을 주었다. 그 결과 핑크에게는 누가 살아남고 누가 사라질지에 대한 고민스러운 영향력이 주어졌다. 뉴욕주 민주당 소속 알렉산드리아 오카시오 코르테즈Alexandria Ocasio-Cortez 의원과 일리노이주 민주당 소속 예수G. 추이 가르시아Jesus G. "Chuy" Garcia 의원 등 9명의 하원 의원은 므누신 장관과 파월 연준 의장에게 보낸 서한에서 블랙록과 연방 정부의 거래에 대한 감독을 강화할 것을 요구했다.

"블랙록은 이미 큰 기업이다."라고 그들은 썼다. "이 위기 동안 블랙록의 업무가 세계 경제에서 블랙록의 구조적 중요성과 그에 대한 우리의 의존을 더욱 공고히 하지 않도록 확실히 해야 한다."[81]

중앙은행 매입의 일부는 주식과 채권을 기초자산으로 하는 소위 상장지수펀드(ETF)에 집중될 것이다. 블랙록은 아이셰어스(iShares)라는 회사를 인수한 덕분에 이 펀드의 주요 공급자였다. 블랙록은 지난 위기 당시 영국 은행 바클레이즈(Barclays)로부터 135억 달러를 내고 3,000억 달러 자산을 관리하던 아이셰어스를 인수했다. 그 후 블랙록은 2조 달러에 가까운 자산을 운용하는 거대 기업으로 성장했다.

연준의 자금은 블랙록이 관리하는 펀드에 투입될 것이 확실했다.

어떤 펀드에 얼마를 투자할지는 블랙록이 직접 결정했다. 이 설정은 기본적인 페어플레이 정신에 위반되는 것이다. 시장이 자기 가족이 지배하는 회사에 시 계약을 몰아주면 안 되는 것과 마찬가지로, 다보스맨은 비상시 납세자의 돈을 감독하는 입장에서 그 돈을 자신의 회사 기금이 아닌 다른 곳에 예치해야 하는 것이다.

4월 중순, 핑크는 주식 애널리스트들과 컨퍼런스콜을 열어 회사의 최근 분기 실적에 대해 논의했다. "블랙록의 가장 큰 우선순위는 직원과 모든 가족의 건강과 안전에 초점을 맞추고 있다."라고 핑크는 말했다.

그러나 회사는 투자금을 계속 진공청소기로 빨아들였다. 올해 첫 7주 동안 750억 달러의 신규 자금이 유입되었다고 핑크는 말했다. 자금 대부분이 아이셰어스로 들어왔다.

애널리스트들은 일반적으로 실적 발표 행사에서 권력에 아부하는 질문을 던져 또 하나의 훌륭한 분기를 축하하는 멘트로 활용한다. 하지만 이번 컨퍼런스 콜에서는 오토노머스 리서치(Autonomous Research)의 애널리스트 패트릭 대빗Patrick Davitt은 블랙록의 펀드를 겨냥해, 이례적으로 날카로운 질문을 던졌다.

"많은 투자자가 연준이 ETF, 특히 비투자등급 ETF를 매입함으로써 ETF 업계에서 블랙록에 일종의 구제 금융을 제공했다고 불평해 왔다."라고 대빗은 말했다. "이에 대해 어떻게 생각하는가?"

핑크는 격분했다. "나는 당신의 구제 금융이라는 프레임에 반대한다."며 "그 질문이 어디서 나온 것인지도 모르겠다. 모욕적이라고 생각한다. 우리가 정부와 함께하는 모든 사안은 훌륭한 관행에 기반하고 있다."라고 그는 말했다.[82]

블랙록은 정부를 위해 일하는 컨설턴트 부서는 펀드 운용 업무와는 차단되어 있다고 강조했다. 즉, 미국 정부의 자산 운용사로서 얻을 수 있는 정보를 바탕으로 거래하지 않았다는 뜻이다.

다보스맨은 그들의 회사가 운영의 한 부분과 다른 부분을 분리하는 불침투성 장벽을 세우기 위해 채택한 구조에 대해 끊임없이 선전하고 있었다. 그러나 정보의 힘으로 수십억 달러를 벌어들이는 사람들은 자신이 알아야 할 정보를 어떻게든 찾아내는 경향이 있었다.

2020년 3월 뉴욕 연방준비은행이 공개한 계약서에 따르면 블랙록의 컨설팅 사업부와 나머지 사업부 간의 분리는 유연성을 지녔다. 블랙록은 중앙은행의 통화 정책, 즉 금리 설정에 대한 "기밀 정보"를 받는 것이 금지되어 있었다. 하지만 블랙록은 연준의 "비즈니스, 경제 및 정책 계획과 전략"에 관한 기밀 정보에는 접근할 수 있었다. 이는 마치 개인 의료정보 보호 정책이 환자의 질병에 대한 공개는 금지하면서도 환자가 복용하는 모든 약의 공개는 허용하는 것과도 같았다.

이 계약은 블랙록이 중앙은행 이외의 다른 사람을 위해 거래를 설계하는 데 기밀 정보를 사용하는 것을 금지했다. 연준과의 비즈니스를 관리하는 블랙록 직원은 다른 고객에게 "기밀 정보에 의해 정보를 제공받은 것으로 간주될 수 있는" 방식으로 조언하는 것이 "금지"되었다. 하지만 여기에서 핵심은 이 금지 규정이 2주간의 "냉각기간" 동안만 적용된다는 것이다.[83]

간단히 말해, 블랙록은 연준의 매입 업무를 담당할 직원을 배치하여 미국 중앙은행이 경제를 어떻게 바라보는지 내부에서 학습한 다음, 2주 후 그 직원을 다른 계좌 관리에 배치할 수 있었다. 블룸버그 뉴스가 이 수치를 자세히 살펴본 결과, 블랙록은 정부 과제를 통해 약 4,800만 달러를 벌 수 있을 것으로 예상했다.[84] 전년도 수익이 45억 달러에 달했던 회사로서는 길바닥에서 동전을 주운 정도였다. 블랙록은 자문 수수료를 포기함으로써 미국 납세자에게 서비스를 제공하고 있다고 말했다. 하지만 핑크와 블랙록에게 정부와의 관계를 강화하고 연준의 내부 업무에 대한 영감을 얻는 것은 청구서 숫자 그 이상의 가치가 있었다.

5월 말, 연준이 긴급 대출 운영에 따른 매입을 자세히 설명하는 첫 번째 보고서를 발표하면서 중앙은행이 상장지수펀드를 통해 회사채에 15억 8,000만 달러를 지출한 것으로 나타났다. 이 지출의 거의 절반이 아이셰어스-블랙록의 투자 상품 구매에 사용되었다.[85] 블랙록은 또한 연준이 무심코 흘려 주는 계획을 통해서도 이익을 얻었다. 연준은 회사채로 가득 찬 펀드에 자금을 투자할 계획이었기 때문에 투자자들은 가치 상승이 현실로 나타나기 전에 서둘러 투자에 뛰어들었다.[86] 2020년 상반기에 블랙록은 연준이 매입한 펀드에 340억 달러의 순자산이 유입되었음을 보았고, 이는 전년 대비 160% 증가한 것이었다.[87]

무엇보다도 블랙록은 다른 기업 영역과 마찬가지로 연준이 신용을 광범위하게 제공하는 데에서 혜택을 누렸다. 중앙은행의 개입 덕분에 기업들은 상여금 제한, 배당금 유보, 해고 방지 등 정부의 공식 구제 프로그램 대출에 수반되는 까다로운 조건에 응하지 않고도 민간 시장에서 필요한 만큼 낮은 금리로 대출을 받을 수 있었다. 심지어 비행기가 연달아 불행하게 추락하는 심각한 문제를 안고 있던 보잉 같은 기업들도 매력적인 금리로 채권을 빌릴 수 있었다.[88]

세계 경제와 함께 유가도 급락하고 있었지만, 엑손모빌은 미국 정부가 지불해야 하는 가격보다 약간 높은 가격으로 95억 달러 상당의 채권을 인수할 수 있었다.[89] 재무 상태가 탄탄했던 아마존은 채권 발행 사상 최저 이자율 기록을 세웠다. 100억 달러의 자금을 조달하면서 대출자에게는 단 10분의 1에 불과한 1%의 이자율로 보상했다.[90] 8월 말까지 채권 시장은 2조 달러에 조금 못 미치는 신규 투자금을 기업에 공급했으며, 이는 연간 기준 사상 최대 규모다.[91]

이러한 신용의 분출은 다보스맨을 연쇄적인 파산에서 구해 주었고, 재앙적 실업 상황의 와중에도 주식 시장에서는 부가 창출되는 붐이 일어났다.

전문가들은 이러한 단절에 대해 의아해했다. 노동자들이 임대료를 마련하기 위해 고군분투하는 동안 어떻게 대기업은 번창할 수 있었을까? 그러나 그 더러운 비밀은 이것이 수십 년 동안 미국 자본주의가 작동하는 방식이었으며, 그것이 임금 노동자가 쇠락하는 동안 다보스맨을 풍요롭게 해 주었다는 사실이었다.

10

"자금이 턱없이 부족하여 붕괴에 직면해 있다"
다보스맨이 연기금을 빼돌린 방법

미국 상원의 의전 담당이자 다보스 포럼의 헌신적인 협력자인 미치 매코널Mitch McConnell은 최근까지도 연방 재정 적자 증가에 대해 심각한 우려를 표명하지 않았다.

트럼프의 감세안이 논의되던 3년 전만 해도 마찬가지였다. 매코널은 우주적 거짓말을 계속하면서 성실하게 표를 모았다. 그는 텔레비전 앵커인 조지 스테파노풀러스George Stephanopoulous에게 "그것은 언젠가는 스스로 비용을 충당하게 될 것이라는 것이 많은 경제학자들의 견해이다."라고 말했지만, 그 경제학자들의 이름을 말해 달라는 요청에는 정중히 거절했다. "(감세를 통해) 결국 조세 수입이 새롭게 창출될 가능성이 매우 높다."라고 그는 덧붙였다.[92]

그 주장은 거짓으로 판명되었다. 감세가 시행된 지 2년이 채 지나지 않아 연방 재정 적자는 4분의 1 이상 증가하여 거의 1조 달러에 달했다. 하지만 2020년 4월, 수백만 명의 미국인이 끝없는 어려움에 직면한 현재, 갑자기 매코널은 폭증하는 연방 부채에 대한 공포를 드러내고 있다. 그는 최근의 팬데믹 구호 법안에 반대하면서 지출을 억제해야 한다고 경고했다. 지구상에서 가장 부유한 국가가 일생일대의 재난에 처한 국민을 돕기 위해 더 많은 지출을 감당할 수 없다는 것이었다.

"엄청난 숫자를 보이고 있는 국가 부채를 고려할 때 처음부터 나의 주장은 가능한 한 신중해야 한다는 것이었다."라고 매코널은 말했다. "문제가 해결될 때까지 충분한 돈을 우리가 무한정 빌릴 수는 없다."[93]

매코널은 워싱턴의 전설적인 인물로, 에너지 회사, 금융기관, 방위 산업체, 제약 회사 등의 고객을 위해 헌신적인 의정활동을 펼쳤다. 상원 의원 경력 40년을 훌쩍 넘긴 그는 미국 민주주의의 생명줄이라 할 선거 자금을 뽑아내며 다보스맨의 이해관계에 끊임없이 부응해 왔다. 그의 성공은 상원 절차에 대한 노련함과 당 지역위원회 내에 조용히 위기감을 조성하는 힘, 그리고 무엇보다도 표심을 하나로 모으는 능력 덕분이다. 그는 미국 수도에서 보기 드문 정치인이며, 소수의 호감을 받는 것에 자부심을 느끼는 것으로 보인다. 그는 한때 "과묵함을 타고난 카리스마를 지닌 사람"으로 묘사되기도 했다.[94] 그는 이 말을 입법 과정의 메커니즘에 대해 걱정하느라 바빠 정작 사람들과 만나 악수하며 돌아다닐 시간이 없다는 뜻으로 삼아 명예의 훈장처럼 달고 다녔다.

서로 주고받는 매코널의 세계에서는 제안된 지출의 장단점을 파악하려면 누가 그 돈을 받게 될지 실용적으로 계산하여 평가해야 했다. 선거 자금 기부를 통해 포상금을 자기들과 공유하는 산업에 현금이 흘러 들어간다면, 그 지출은 중산층을 위한 친성장 정책에 대한 신중한 투자라고 부를 것이다. 그러나 그 자금이 매코널의 권력을 강화할 수 있는 위치에 있지 않은 사람들에게 흘러 들어갔다면 이는 납세자의 세금을 무모하게 낭비한 것이 된다.

문제가 된 구호 법안은 후자의 진영에 속하는 사람들을 돕기 위한 것이었다. 민주당은 어려움에 빠진 주 및 지방 정부에 1조 달러의 연방 지원금을 보내 교사, 경찰, 소방관 등의 해고를 막자고 제안했는데 해당 직군은 일반적으로 공화당의 모금에 큰 도움이 되지 않는 사람들이었다.

의심할 여지 없이 재정 적자는 막대했다. 연방 정부는 2020년 한 해 동안 예상 세수보다 거의 4조 달러를 더 지출할 것으로 보여 2차 세계대전 이후 어느 해보다 두 배 가까이 큰 격차가 발생했다.[95] 그러나 경제학자 대부분은 공중보건과 생계에 대한 엄청난 위협에 직면한 상황에서 이러한 조치는 적절하고 심지어 필수적이라고 생각했다.

샌프란시스코 외곽에 사는 윌리엄 곤잘레스William Gonzalez는 최근 집주인에게 자비를 구하는 편지를 보냈다. 손님이 뚝 끊긴 호텔 내 직원 식당에서 종업원으로 일하던 그는 일자리를 잃었다. 주당 700달러의 월급은 414달러의 실업 수당으로 바뀌었다. 그의 아내인 소니아 바우티스타Sonia Bautista는 다른 호텔에서 청소부로 마지막 근무를 하고 있었다. 집주인은 그의 가족을 불쌍히 여겨 월세 2,800달러의 절반만 내도록 허락했지만, 그의 관대함이 얼마나 오래 지속될까? 그리고 그들이 새로운 일자리를 찾는 데 얼마나 걸릴까? 바이러스는 그 세력이 여전히 지속될 것으로 보였다.

곤잘레스와 그의 가족은 비용을 줄이기 위해 애쓰고 있었다. 열네 살짜리 아들 리카르도를 위해 영화관에 가거나 다른 문화생활을 할 돈이 없었다. 항상 빚을 지지 않기 위해 청구서를 꼼꼼히 관리해 왔지만, 이제는 신용카드 한도에 다다르고 있었다. 최근에는 실업 상담소를 방문하는 데 필요한 마스크를 사기 위해 어쩔 수 없이 10달러를 지출하기도 했다. 그리고 아내의 실직으로 건강보험 혜택마저 받을 수 없게 될지도 모른다고 생각해 두려움에 떨고 있었다. 곤잘레스는 "이것이 우리의 가장 큰 걱정거리입니다."라고 말했다. "우리는 매우 걱정하고 있어요. 아프면 어쩌나? 우리 돈으로는 감당이 안 됩니다."

수천만 명의 다른 미국 가정들도 비슷한 두려움에 휩싸였다. 정부와 다양한 구호 프로그램만이 전면적인 붕괴를 막는 유일한 방법이었다. 이는 대공황과 경제학계의 거장 존 메이너드 케인스John Maynard Keynes로까지 거슬러 올라가는 명백한 진실이었다. 경제가 멈춰서 사람들이 생계를 유지할 수 없게 되면 정부는 돈을 풀어 상품과 서비스에 대한 수요를 창출해야 한다. 미국은 자국 통화를 통제하고 있었고, 투자자들은 미국 정부 부채의 최저 안정성에 끝없는 탐욕을 드러내며 재무부에 필요한 지출을 조달하기 위한 자유 재량권을 부여했다.

그에도 불구하고 매코널은 주와 지방 정부에 대한 지원을 확고하게 반대했다. 이는 주택 자산의 손실과 주식 시장의 하락이 맞물려 소비자 지출이 심각하게 위축되고 세금 수입이 감소했던 10여 년 전의 대불황을 반복할 위험이 있었다. 지방 정부는 교사, 경찰 및 기타 공공 부문 노동자의 수를 감축하여 공공 서비스를 줄이고 경제를 더욱 약화하는 방식으로 대응했었다.

매코널은 국가적 비상사태 속에서 실직과 공공 서비스의 약화를 받아들이는 것을 넘어 피해자를 비난하기까지 했다. 그는 팬데믹 때문이 아니라 경찰, 공립학교 교사, 기타 공무원 등 실직의 위협을 받고 있는 바로 그 사람들에 대한 사치스러운 지원 때문에 도시와 주가 어려움에 처해 있다고 주장했다.

"공화당은 미래 세대로부터 돈을 빌려서 주 연금을 구제하는 일은 하지 않을 것이다."라고 매코널은 말했다. 주 정부가 법안을 관리할 수 없다면 백악관에 상주하는 카지노 운영자가 종종 사용하는 법적 수단을 활용할 수도 있다고 그는 덧붙였다. 매코널은 "나는 주 정부가 파산 제도를 활용하도록 허용하는 것에 명백하게 찬성한다."라고 말했다.[96] 이 경우 주 연금 시스템은 공공 부문 노동자에게 더 엄격한 기준을 적용하게 될 것이다.

매코널의 세상에는 다보스맨을 구할 수 있는 돈은 많았지만, 일반 직장인들을 위해서는 그 아무것도 마련되어 있지 않았다.

매코널은 주 및 지방 정부의 예산 문제에 대해 일반 공무원들을 비난하는 데 있어 자신의 기준에서도 놀라울 정도로 냉소적인 태도를 보이고 있었다.

헤지펀드, 사모펀드, 그리고 금융이라는 공공 해역을 항해하는 다른 해적들 같은, 소위 대체 자산 운용사들은 수년 동안 다이아몬드가 흩어져 있는 매력적인 개척지, 즉 주 및 지방 공무원의 퇴직금이 적립된 연금 시스템을 식민지화하려고 노력해 왔다. 업계는 선거 자금으로 무장한 선거운동원과 로비스트 군단을 동원해 이 목표를 뒤쫓았다. 금융의 귀재들이 알고리즘을 활용하면 단순히 인덱스 펀드나 국채와 같은 저비용의 지루한 투자에 연금을 넣는 것보다 더 높은 수익을 창출할 수 있다고 주장하여 주목받았다.

사모펀드 업계는 최근 몇 년 동안 미국 공적 연기금을 설득하여 막대한 자금을 맡았다. 2015년부터 2018년까지 총 금액은 3,200억 달러에서 6,380억 달러로 증가했다.[97] 스티브 슈워츠먼과 같은 영리한 기회주의자들이 이끄는 이 업계는 고객들에게 자신들을 마치 부를 만들어내는 기계처럼 세일즈하면서 비즈니스의 불투명성을 악용하여 자금관리, 위험 관리, 포지션 모니터링, 기타 불분명한 자문 서비스 등에 많은 수수료를 끝도 없이 부과했다.[98]

다보스맨은 스포츠 경기 티켓, 고급 와인, 세계 각지로 떠나는 시찰 여행 등 다양한 유인책으로 귀가 얇은 연금 관리자들을 유혹했다. 2010년, 세계 최대 규모의 캘리포니아 연금 시스템의 한 관리자는 부패 조사에서 투자 회사들이 '일대일' 전략 회의라는 청구 명목 아래 자신을 개인 제트기에 태워 상하이, 뭄바이, 뉴욕 등 전 세계로 데리고 다녔다고 증언한 바 있다(수탁 책임에 집중하는 데는 샤또 마고 한 병만 한 것이 없었다).[99]

10년 후, 슈워츠먼의 회사와 캘리포니아 연금 시스템 자산 관리자 사이의 관계는 거래의 적절성에 대한 새로운 의문을 불러일으켰다. 2020년 6월 재무 공시에 따르면, 당시 약 4,000억 달러의 자산을 보유한 캘리포니아 시스템의 최고투자책임자였던 벤 멩Ben Meng은 개인적으로 블랙스톤의 주식을 소유하고 있었다.[100]

그보다 3개월 전에 캘리포니아 연금 시스템은 10억 달러를 블랙스톤 펀드에 위탁한 바 있다. 이 거래가 캘리포니아 납세자의 최선의 이익이 아니라 블랙스톤의 실적에 대한 멩의 개인적 이해관계에 의해 영향을 받은 것은 아닌지 의심할 만했다. 또한 멩은 중국 칭화대학교의 슈워츠먼 장학생 프로그램에서 강의하는 대가로 1만 달러에서 10만 달러 사이의 보수를 받기도 했다. 2020년 8월, 이러한 사실이 금융 블로그인 네이키드 캐피털리즘(Naked Capitalism)에 의해 폭로되자 멩은 갑작스럽게 사임했다. 국가 차원의 기업윤리 조사가 진행 중이었다.[101]

옥스퍼드 대학교 사이드 비즈니스 스쿨의 연구에 따르면, 15년 동안 사모펀드는 자신들이 운용하는 연기금과 대학 기부금에서 2,300억 달러의 수수료를 빨아들인 것으로 나타났다. 하지만 업계 수익률은 초저가 수수료가 특징인 지수 연동형 기금과 같은 전통적인 옵션에도 미치지 못했다.[102] "이러한 부의 이전은 현대 금융 역사상 가장 큰 규모 중 하나이며, 수억 명의 연금 가입자에서 수천 명의 사모펀드 종사자에 이르기까지 다양하다."라고 연구팀은 결론지었다.[103]

달러를 굴착하는 기계를 슈워츠먼보다 더 효율적으로 운용한 사람은 없었다. 최근 몇 년 동안 블랙스톤은 체계적으로 성장하는 금융 기업에서 월스트리트의 사랑을 받는 기업으로 거듭났으며, 2019년 한 해 동안 주가는 거의 두 배 가까이 올랐다. 슈워츠먼의 플로리다 이웃인 도널드 트럼프의 선물 덕분에 그 성과는 더욱 높아졌다. 트럼프 대통령은 법인세율 인하를 추진하면서 사모펀드 업체들이 세금으로부터 소득을 보호하기 위해 만들었던 이른바 파트너십이라는 기존 구조를 버리고 일반 법인으로 전환할 수 있도록 했다.[104] 이를 통해 뮤추얼 펀드와 같은 수익성 높은 새로운 투자자의 세계가 열렸다. 이전에는 파트너십 거래와 관련된 복잡한 세금 신고로 인해 사모펀드에 투자하지 못했다.

블랙스톤이 일반 법인으로 전환하면서 자금이 급증했다. 2019년 말 블랙스톤의 주가가 급등하면서 슈워츠먼의 순자산은 8개월 전 132억 달러에서 190억 달러로 증가했다.[105] 슈워츠먼은 이 횡재를 이를 가능하게 해 준 공화당 지도부와 공유했다. 매코널의 주요 기금 모금 수단인 상원 리더십 기금은 넘쳐나 슈워츠먼 혼자 기부한 금액만 2,000만 달러에 달했다.

매코널이 주 및 지방 재정의 위험한 상황에 대해 은퇴한 공공 부문 노동자들을 비난하던 것과 거의 동시에, 그의 고향인 켄터키주에서는 사모펀드와 연금 제도의 불완전한 상호작용에 대한 불안함이 낳은 소송이 제기되었다. 이 소송은 최근 켄터키주 검찰총장으로 선출된 공화당 소속의 다니엘 카메론Daniel Cameron이 제기했다. 그는 켄터키주 퇴직자 중 절반이 블랙스톤과 또 다른 거대 사모펀드인 KKR에 속았다고 주장했다. 그는 이들이 주 연금 감독관들의 순진함을 어떻게 이용했는지, 즉 대도시 은행가들이 남을 잘 믿는 시골뜨기들을 속였다는 고전적인 이야기로 가득 찬 세세한 비난을 담아 고소장을 제출했다.

지난 20년 동안 미국은 역사상 가장 큰 강세장을 누렸고, 일반인들은 저비용 인덱스 펀드에 투자하여 엄청난 수익을 올렸다. 그러나 켄터키 연금 시스템은 "자금이 턱없이 부족하여 붕괴에 직면해 있다."고 공소장은 지적했다. 켄터키 연금 시스템은 2000년 이후 60억 달러 흑자에서 파산으로 치닫고 있다. 소송에 따르면 켄터키의 연금 관리자들은 문제의 심각성을 은폐하고 잃어버린 기반을 만회하기 위해 블랙스톤과 KKR의 제안을 받아들였다. 2011년, 주 연금 시스템은 두 거대 사모펀드가 구성한 한 헤지펀드의 일부인 세 개의 펀드에 12억 달러 이상을 투자했다.

블랙스톤과 KKR은 켄터키주 공무원들에게 펀드가 긍정적인 수익을 낼 것이라고 장담했지만, 실제로는 엄청난 수수료를 받도록 설계된 펀드였다고 공소장은 주장했다. 손실이 발생하자 켄터키주 정부는 흔들리는 연금 제도를 강화하기 위해 예상보다 더 많은 10억 달러를 투입해야 했다. 의원들은 부분적으로 공립학교에 대한 지원을 삭감하여 이 자금을 마련했다. 블랙스톤은 자체적으로 제출한 소송 서류에서 켄터키주 연금 시스템에 대한 수익률이 목표를 초과 달성했다고 주장했다.

켄터키주가 제기한 공소 사실의 한 세부 사항에 의하면 슈워츠먼은 켄터키주를 마치 길거리 카드 야바위꾼이 촌뜨기를 대하듯 했다. 납세자의 현금을 자신의 주머니로 이체하기 위해 자신의 개인 제트기를 활용했다는 의혹이 그것이다. 그는 블랙스톤의 에이전트들을 켄터키주에서 열리는 회의에 참석시키기 위해 비행기를 띄운 다음 주 정부에 비행 비용을 청구한 것으로 추정된다. 청구 금액은 연간 500만 달러를 상회한다고 주장되었다.

블랙스톤 대변인은 해당 주장을 "완전한 거짓"이라고 말했다. 이는 슈워츠먼이 켄터키주의 은퇴한 공무원들의 재산을 약탈했다는 엄청난 주장이었다. 그는 수익금으로 상원을 운영하는 다보스맨의 부역자에게 자금을 지원했고, 다보스맨은 재앙을 맞이한 자국민에 대한 지원을 거부하는 데 그들의 권력을 사용했다.

한편, 슈워츠먼은 트럼프 행정부로부터 또 다른 배당금을 받을 예정이었다. 전 세계가 팬데믹에 집중하고 있는 가운데 노동부는 조용히 이들에게 유리한 지침을 발표했다. 정부는 사모펀드와 헤지펀드가 정부 연금 시스템을 넘어 기업과 개인이 관리하던 수조 달러 규모의 은퇴 저축도 관리할 수 있는 길을 열어 주었다. 이는 슈워츠먼이 수년 동안 추구해 온 변화였고, 그는 개인 은퇴 저축을 보물이 산재한 개척지라고 제대로 인식하고 있었다.

연방 정부의 한 부서에서 나온 간결하고 전문 용어로 가득 찬 이 지침은 언론에서 거의 언급되지 않았다. 그나마 보도된 내용도 사모펀드 회사들이 선호하는 중립적인 용어, 즉 황혼기를 계획하는 사람들이 이용할 수 있는 대안으로 설명하는 정도에 그쳤다.

이 법규를 통해 슈워츠먼과 그의 동료들은 8조 7,000억 달러에 달하는 아직 개발되지 않은 방대한 투자의 저수지로 뛰어들 수 있었다.[106]

다보스맨에게도 이는 엄청난 금액이었다.

그러나 억만장자 부족의 다른 구성원들은 단지 획기적인 재난이 가져다준 기회를 통한 이익에 만족하지 않았다. 그들은 팬데믹을 자신의 도덕적 근거를 보여 줄 기회로 삼아 새로운 이득을 얻을 수 있는 유용한 수단으로 활용하고자 했다.

11

"우리는 사실 모두 하나"

다보스맨의 사랑 언어

마크 베니오프는 놀라운 팬데믹을 경험하고 있었다. 이는 그의 포트폴리오와 영혼에 자양분을 공급해 주었고, 모든 인류가 하나의 큰 '오하나'라는 사실을 일깨워 주었다.

전 세계가 봉쇄에 들어가면서 지하실과 침실이 새로운 사무실이 되었다. 운 좋게 원격으로 업무를 할 수 있었던 사람들은 기술에 의존하여 재택근무를 하면서도 외부 세계와 연결을 유지할 수 있었다. 코로나19 이전에는 대부분 들어 본 적도 없던 화상 회의 소프트웨어 줌(Zoom)은 다른 사람과 소통하는 기본 수단으로 빠르게 자리 잡았다. 이러한 힘은 베니오프의 회사를 그 어느 때보다 가치 있게 만들었다.

세일즈포스는 웹을 통해 제품을 배포하였기 때문에 사람들은 어디서든 다운로드할 수 있었다. 속옷을 널어놓은 건조대가 책상에 부딪

히거나, 학교가 문을 닫아 집에 있게 된 아이들이 흥분하여 더 오래 모니터 앞에 앉아 있으려 하거나, 아마존의 배달원들이 땅콩버터, 브라우니 믹스, 기타 대재앙에 대비한 비상 식품을 배달하느라 일시적으로 회의를 방해하는 와중에도 전문직들은 이 플랫폼을 사용하여 실시간으로 협업할 수 있었다.

2020년 3월 말부터 8월 중순까지 세일즈포스의 가치는 두 배로 증가하여 무려 2,250억 달러 규모의 사업이 되었다. 이 회사의 설립자인 베니오프도 가장 공감 능력이 높은 기업 총수라는 타이틀을 거머쥐기 위해 노력하고 있었다.

팬데믹의 첫 번째 물결이 일었을 때, 그는 월스트리트의 카페인 과잉 어릿광대인 짐 크레이머Jim Cramer가 진행하는 CNBC의 〈매드 머니〉(Mad Money)에 출연했다. 크레이머는 흥분을 억누르며 베니오프를 "기업이 미국의 사회 변화를 위한 가장 강력한 원천"임을 증명하는 "선구자"라고 소개했다. 세일즈포스의 최고 책임자는 직원들에게 출근하지 않는 동안에도 청소나 개 산책 도우미에게 계속 급여를 지급하라고 촉구했다. 그는 최소 90일 동안은 해고하지 않겠다고 약속했으며, 다른 기업들에게도 같은 조처를 취해 줄 것을 호소했다.

"지금은 기업이 변화를 위한 최고의 플랫폼이 되어야 하는 순간이다."라고 베니오프는 말했다. "이것이 바로 내가 전 세계 CEO들에게 90일의 서약을 제안한 이유이다."

베니오프는 바이러스가 사람들을 하나로 만들어 전통적인 부, 계급, 국적, 인종의 구분이 무의미해졌다고 말한다. "바이러스는 차별하지 않는다."라고 그는 말했다. "그것이 우리가 기억해야 할 엄청난 영적 메시지라고 생각한다. 국경이라는 환상과 인간으로서 우리 사이를 분리하는 모든 착각을 넘어 우리는 사실 모두 하나이며, 이것은 우리가 하나의 인류로서 함께 모여 모든 사람에게 봉사하고 이 끔찍한 시간을 겪고 있는 모든 사람에게 사랑을 표할 수 있는 엄청난 순간이다."[107]

팬데믹이 모든 인류를 가장 원초적인 상태, 즉 모든 인간을 동등하게 대하는 바이러스로 인해 취약해진 하나의 종으로 환원시킴으로써 부의 격차, 인종적 차이, 기타 구별의 중요성을 감소시킨 위대한 통합의 경험이라는 생각은 다보스맨의 열렬한 지지를 받으면서 점점 더 많은 사람이 이에 공감하게 되었다.

바이러스는 실제로 가능한 모든 숙주에 침투했다. 영국 보리스 존슨 총리는 이 병에 걸려 입원해야만 했다. 트럼프와 그의 행정부 상당수가 실제로 바이러스에 감염되기도 했다. 스타 운동선수와 할리우드 유명인들도 마찬가지였다. 부와 명성이 백신 접종을 대신할 수 없었다.

그러나 발병의 위험은 저소득층 가구에 더 큰 영향을 미쳤다. 특히 아프리카계 미국인과 라틴계 미국인은 수십 년에 걸친 체계적인 차별에 노출되어 있었기 때문에 사회적 거리 두기가 어려운 밀집된 지역에 더 많이 거주하고, 건강보험이 없는 저임금 서비스업 일자리에 고용될 개연성이 높았다.

미국에서 2020년 상반기 동안 아프리카계 미국인의 코로나19 감염률은 백인보다 3배 가까이 높았으며, 라틴계 미국인의 감염률은 훨씬 더 높았다.[108] 2020년 미국인의 기대 수명은 1년 반 감소하여 제2차 세계대전 이후 가장 가파른 감소세를 보였으며, 이는 코로나19가 얼마나 광범위하고 치명적인 영향을 미치고 있는지를 보여 준다.[109] 그러나 히스패닉계와 아프리카계 미국인의 경우 백인 미국인의 1.2년 감소에 비해 각각 3년, 2.9년으로 약 2배 더 심각하게 줄어들었다.

팬데믹이 모든 이에게 기회 균등한 위협이라는 피상적 생각은 누가 택배를 배달하고, 누가 식료품점의 진열대를 채우고, 누가 노인 사망이 속출하는 요양원에서 침대보를 비우는지를 관찰하는 것만으로도 거짓임이 드러난다. 미국에서는 여성, 흑인, 라틴계가 이러한 직업에서 눈에 띄게 다수를 점하듯 그들은 사망자 수에서도 마찬가지였다.

영국에서는 모든 사람에게 무료 의료 서비스를 제공하는 사회화된 의료 시스템에도 불구하고 카리브해 및 아프리카계 사람들의 사망률이 백인보다 두 배, 세 배 높았다. 남아공의 마을, 인도의 빈민가, 남미의 바리오 지역에서는 사회적 거리 두기가 거의 불가능했다. 사람들은 일하러 가든가 아니면 굶주려야 했다.

이러한 현실은 코로나바이러스의 본질적인 특성이 아니라 코로나바이러스가 확산되고 있는 사회의 극심한 불평등을 반영하는 것이었다. 경제적으로 취약한 수백만 명의 미국인이 일자리를 잃고 쫓겨나 친구나 친척과 함께 난민 생활을 하면서 바이러스 감염의 위험이 커졌다. 2020년 한 해 동안 퇴거 유예 조치를 해제했던 27개 주에서는 코로나19로 인한 사망자가 주변 지역보다 1.5배가 넘게 발생했다.[110] 의료진은 목숨을 걸고 치료를 담당했다. 워킹맘들은 자녀의 원격 학습으로 인한 고된 책임을 고스란히 떠안고 있었다.

베니오프는 샌프란시스코만이 내려다보이는 2,800만 달러짜리 자택에서 연설하고 있었다. 그는 자신이 가장 사랑하는 연례 모임인 드림포스를 취소해야 했다. "메탈리카의 공연은 없다."라고 베니오프는 주식 애널리스트들에게 말했다. "우리가 모두 함께하지 못한다니 슬프다."[111]

하지만 위로도 있었다. 수천만 명의 미국인이 일자리를 잃은 가운데 세일즈포스 주식의 가치는 상승했고, 2020년 가을 베니오프의 순자산은 58억 달러에서 75억 달러로 증가했다.[112] 남태평양에서 카리브해에 이르기까지, 다른 사람들의 손이 닿지 않는 곳에 안식처를 마련하면서 부동산 중개업자들은 개인 섬에서 활발한 사업을 벌이고 있었다.[113] 개인 제트기 산업도 호황을 누리고 있었다.[114] 슈워츠먼이 소유한 뉴욕의 고급 해변 보호구역인 햄튼에서는 호스트가 손님들에게 즉석에서 코로나19 검사를 하는 가운데 디너 파티가 계속 이어졌다.[115] 한편, 검사 부족으로 인해 뉴욕시 공립학교 대면 수업 재개 계획은 차질을 빚고 있었다.

가장 부유한 사람들은 오랫동안 다른 부류와 자신을 분리하려고 노력해 왔다. 팬데믹은 그러한 본능을 행동으로 옮길 편리한 환경을 제공했다.

8월 말, 미국 교육청이 올가을 대면 수업을 재개하지 않을 것이라는 암울한 소식을 전한 가운데 베니오프는 크레이머의 쇼에 다시 출연해 월가의 예상을 크게 뛰어넘은 실적에 대해 감사의 뜻을 표했다.

세일즈포스는 4월에서 6월 사이에 50억 달러 이상의 매출을 올렸다. 기업이 팬데믹을 추적하고 사업 재개를 계획하는 데 활용할 수 있는 새로운 디지털 대시보드인 Work.com은 회사 역사상 그 어떤 제품보다 빠르게 팔려 나갔다. 이 회사는 엑손모빌을 제치고 다우존스 산업평균지수에서 독점적인 위치에 올랐다.

크레이머의 흥분은 발작 수준에 가까웠다. 엑손모빌은 화석 연료의 주요 생산업체로 기후 변화의 주범으로 지목된 기업이다. 베니오프는 자선 활동을 통해 전 세계에 수백만 그루의 나무를 심는 등 환경 보호에 앞장섰던 인물이다.

"선량함이 실제로 훌륭한 수익을 창출한다고 우리가 결론을 내릴 수 있을까요?" 크레이머가 물었다.

베니오프는 환하게 웃었다.

"이것은 이해관계자 자본주의의 승리입니다."라고 그는 말했다. "지구는 주요 이해관계자이죠."[116]

다음 날, 베니오프가 이끄는 회사는 '오하나'에 속한 1,000여 직원에게 약간 덜 놀라운 뉴스를 조용히 전했다. 그들은 모두 일자리를 잃게 되었다.

이해관계자 자본주의라는 용어는 수년 동안 다양한 형태로 사용됐지만, 경영진부터 컨퍼런스 순회강연에 이르기까지 갑자기 주요 화두로 떠올랐다.

클라우스 슈바프는 1970년대부터 세계경제포럼을 통해 기업의 이익과 다른 사회적 관심사를 동조시키는 새로운 비즈니스 모델로서 이 개념을 설파했다. 이해관계자 자본주의는 이윤 극대화를 넘어선 진화적 도약을 상징하는 것으로 여겨졌다.

슈바프는 2021년 출간한 저서 『이해관계자 자본주의』에서 "새롭고 더 나은 글로벌 시스템이 필요하다."라고 선언했다. "이 시스템에서는 경제와 사회의 모든 이해관계자의 이익이 고려되고, 기업은 단기적인 이익 이상을 위해 최적화하며, 정부는 기회 평등의 수호자가 된다."[117]

블랙록에서 핑크는 다보스에서 논의된 이론적 원칙을 상장 기업의 이사회에 적용했다. 그의 표현에 따르면, 경제적 평등, 기후 변화 및 기타 우려 사항은 기업의 정당한 관심 분야일 뿐만 아니라 온전히 현대의 위험과 씨름하고 있는 기업에는 필수적인 고려 사항이다.

2018년, 핑크는 동료 CEO들에게 보낸 편지에서 이러한 방식으로 비즈니스를 경영하지 못하는 기업은 피할 수 없는 심판을 만나 사라질 것이라고 경고해 화제를 모았다. "시간이 지날수록 번영하기를 원하는 모든 기업은 재무적 성과뿐만 아니라 사회에 긍정적 기여를 하는 방법을 보여 주어야 할 것이다."라고 그는 썼다.[118]

2020년 1월, 핑크는 또 다른 서한을 통해 CEO들이 기후 변화를 경영 계획에 반영할 것을 촉구했다. 그는 "시간이 지나면 이해관계자에게 대응하지 않고 지속가능성 리스크를 해결하지 않는 기업과 국가는 시장에서 회의론에 직면하게 될 것이며, 결국 자본 비용이 커질 것"이라고 썼다.[119] 경제 언론은 핑크에게 "월스트리트의 새로운 양심"이라는 별명을 붙여 주었다.[120]

하지만 그는 선행을 베푸는 자선을 요구한 것이 아니었다. 그는 위험을 완전히 통제하기 위해 회계 기준을 강화해야 한다고 주장했다. 해수면 상승과 폭풍우가 몰아치는 세상에서 부동산은 얼마나 안전하며, 주택담보증권에 어떤 영향을 미칠까? 화석 연료 생산업체들이 소비자 불매운동에 점점 더 취약해지고 있는 가운데, 석유 또는 가스 회사 주식에 대한 적절한 가치 평가가 이루어졌을까? 그리고 평가가 적절했다면 해당 주식을 보유한 연기금의 대차 대조는 얼마나 확고했을까?

핑크가 관리한 막대한 자금을 염두에 두고 볼 때, 이것은 논평 이상의 의미가 있다. 그가 관리한 투자 규모는 주주총회에서 그에게 표를 몰아주었다. 그는 자신의 권력을 이용해 기후 변화의 위험에 제대로 대처하는 계획을 발표하지 않은 CEO에게 불이익을 주겠다고 협박했다.

"기업이 이에 대해 충분한 진전을 이루지 못할 때 우리가 경영진과 이사회에 반대표를 던지는 경향은 점점 더 높아 갈 것이다."라고 핑크는 위협을 강조했다.[121] 그러나 2021년 초 현재까지도 환경운동가들은 그의 경건한 선언이 홍보용 허풍에 그치지 않도록 할 후속 조치를 기다리고 있다.

블랙록은 기후 변화 대응 100+(Climate Action 100+)라는 단체에 가입했는데, 이 단체는 총 40조 달러에 이르는 투자를 관리하는 자산 운용사들로 구성된 단체였다. 화석 연료 생산업체들이 이산화탄소 배출량 감축 계획을 공개적으로 약속하도록 하는 것이 목표였다. 그러나 블랙록의 펀드는 BP, 쉘, 엑손모빌 등 블랙록 그룹의 표적이 된 기업의 주식을 870억 달러어치 이상 보유하고 있었다.[122]

그리고 블랙록은 명확한 추진 목표를 설정하기 위해 이 기구가 제안한 결의안에 반복적으로 반대표를 던졌다.

2020년 초 호주에서 엄청난 산불이 발생한 후, 호주 석유 회사 두 곳의 투자자들은 파리기후협약의 배출량 감축 목표를 준수한다는 결의안을 지지했다. 블랙록은 이에 반대표를 던졌다.[123] 브라질에서는 지구상에서 가장 중요한 탄소 저장고 역할을 하는 열대우림이 불타고 있었다. 목초지를 만들기 위해 광활한 산림을 개간한 목장주들에게 그 책임의 대부분이 돌아갔다. 블랙록은 브라질 최대 육류 포장 대기업 한 곳의 지분을 공격적으로 늘렸다.[124] 블랙록은 세계 최대 석유 기업인 사우디 아람코가 운영하는 파이프라인 사업의 지분을 인수하기 위해 협상 중이었다.[125] 이 거래에는 제이미 다이먼의 은행이 자문을 제공했다.

다이먼은 비즈니스 라운드테이블의 의장을 맡아 가장 중요한 결과물인 〈기업의 목적에 관한 성명서〉를 발표하는 등 이해관계자 자본주의의 또 다른 주요 지지자였다. 2019년 여름에 큰 화제를 불러일으키며 발표된 이 성명은 반세기 전 밀턴 프리드먼이 주장한 기업 조직의 기존 방식을 개선한 것이라 포장되었다. 기업은 더 이상 수익 창출에만 집중하지 않고 주주에 대한 의무와 노동자, 고객, 환경, 지역사회에 대한 책임을 균형 있게 고려해야 한다는 것이었다. 미국 최대 기업 중 181개 기업의 수장들이 이 성명서에 서명했다.

"주요 고용주들은 이것이 장기적 성공을 보장하는 유일한 방법인 것을 알기 때문에 직원과 지역사회에 투자하고 있다."라고 다이먼은 선언했다. 수많은 전문가가 원탁회의의 행동을 이정표가 되었다며 찬사를 보냈다. 저널리스트 앨런 머레이Alan Murray는 《포춘》지에 기고한 글에서 이 선언은 자유주의 세계 질서를 무너뜨리는 세력에 대한 해독제이자 기업가들이 문제 해결에 동참해야 한다는 사실을 인정한 것이라며 환영했다. "그들이 자기 일에 접근하는 방식에 근본적이고 심오한 변화가 생겼다."라고 그는 썼다.[126]

다보스맨은 수십 년 동안 로비스트와 변호사를 동원해 정부의 개입을 무력화하고 규제를 철폐하며 전통적인 반독점 이슈를 진화하는 데 주력했다. 비즈니스 라운드테이블의 성명서를 그대로 믿고 받아들이는 모습들은 그 노력이 얼마나 대단한 성공을 거두었는지 잘 보여 준다. 억만장자들은 대중의 상상 속에, 기업 활동에 대한 이미지를 바꿔놓아 활력과 선의 원천으로 재탄생시킴으로써 정부의 무능 등 발전에 저해되는 요소들과 대비시켰다.

라운드테이블의 성명서에는 다음과 같은 암묵적인 개념이 포함되어 있었는데 그것은 다보스맨은 모든 사람에게 옳은 일을 하고, 필요한 조정 역할을 과감하게 해낸다고 믿어도 좋다는 것이었다. 사회는 더 이상 깨끗한 공기나 공정한 경쟁과 같은 공공의 이익을 보호하기 위해 기업 활동을 방해하는 규제와 규칙 따위가 필요 없다. 적절한 임금을 보장하기 위해 노동조합과 밀고 당기고 할 필요도 없다. 경영진은 자기 영토의 자비로운 영주였고, 비난할 수 없는 미덕을 지녔기 때문에 이를 견제하려는 어떤 이해관계도 그들의 역동성을 방해하는 것으로 간주될 수 있다는 것이다.

그해 말, 세계경제포럼은 이해관계자 자본주의의 부상에 대한 원탁회의의 입장을 강화하는 다보스 선언문을 발표했다.

"기업은 정당한 몫의 세금을 납부하고, 부패에 대해 무관용의 태도를 보이고, 글로벌 공급망 전반에서 인권을 지지하고, 경쟁이 가능한 공정한 운동장을 옹호해야 한다." 슈바프는 베니오프가 작년에 매입한 유서 깊은 간행물인《타임》지 기고문에 이렇게 썼다.[127] 이 개념은 "민간 기업을 사회의 수탁자로 자리매김하는 것"이었다.

본질적으로 기후 변화와 사회 불공정에 대처하는 일은 핑크나 다이먼, 베니오프, 그리고 다른 억만장자들에게 위탁하라는 말이었다.

2020년 1월 다보스에서 열린 포럼의 공식 주제는 "이해관계자 자본주의 구축에 대한 집중"이었다. 가장 주목을 받은 기조연설은 공감 능력이 뛰어나지 않은 것으로 알려진 도널드 트럼프였고 그를 다시 무대로 불러들인 슈바프가 환영사를 했다.

트럼프가 미국 역사상 최대 규모의 감세안을 발표한 지 2년이 넘었다. 트럼프는 《워싱턴 포스트》칼럼니스트를 야만적으로 살해하고 토막 낸 사건으로 핑크가 법정에 세운 사우디아라비아 정부의 행위를 사우디가 미국 방위산업체에 수십억 달러를 지원했다는 점을 들어 못 본 척했다.[128]

트럼프의 행정부는 미국 국경에서 서류 미비 이민자 자녀를 부모로부터 강제로 분리했다. 그는 세금 신고서의 공개를 거부하여 투명성을 훼손했다. 그리고 그는 우크라이나에 압력을 가해 곧 대선에 도전할 조 바이든에 대한 수사를 추진하도록 한 혐의로 탄핵을 당하여 상원에서 재판받고 있었는데, 이는 개인적인 목적을 추구하기 위해 미국의 외교 정책을 훼손한 것이었다. 이 모든 것도 이해관계자 자본주의의 모범이라는 트럼프의 자격을 무효로 하지는 못했다.

슈바프는 "경제뿐만 아니라 사회를 위해 당신이 이룬 업적을 축하한다."라고 말했다. "당신의 모든 정책은 미국 국민을 위해 더 큰 포용성을 만들어 내는 것을 목표로 하고 있음이 분명하다."

트럼프는 국민의 대표다운 세련된 포즈를 취하며 기꺼이 이에 맞장구 쳐 주었다. 트럼프는 "수십 년 만에 처음으로 우리는 더 이상 소수의 손에 부를 집중시키지 않고 있다."라고 말했다. "우리는 모든 인종, 피부색, 종교, 신념을 가진 미국인들을 일으켜 세우고 있다."

신종 코로나바이러스는 곧 이해관계자 자본주의의 텅 빈 허상을 드러낼 것이다.

새로운 기업 목적 선언문으로 무장한 비즈니스 라운드테이블은 코로나19 관련 정책을 조율하기 위해 특별 태스크포스를 소집했다. 이 특별 태스크포스의 의장은 세계 최대 호텔 체인인 메리어트의 최고경영자 아르네 소렌슨Arne Sorenson이 맡았다.

이듬해 췌장암으로 사망한 소렌슨은 포럼의 단골 참석자였지만, 약 1억 2,100만 달러로 추정되는 그의 순자산은 그를 억만장자 중 서민으로 만들었다. 그는 이해관계자 자본주의를 장기적 목표 아래 경영되는 모든 회사에서 작동하는 원칙의 논리적 확장이라고 설명했다.

2020년 1월에 열린 포럼에서 그는 "단기 결산 때문에 미래를 포기하지는 않을 것이다."라고 말했다. "이는 곧, 직원에게 투자하고, 지역사회에 투자하고, 장기적인 성공에 크게 좌우될 다른 이해관계자에게 투자하는 것을 의미한다."[129]

두 달 후, 소렌슨은 진지하게 카메라를 들여다보며 직원들을 위한 영상 메시지를 녹화했다. 팬데믹은 그에게 지금까지 경험한 것 중 가장 암울한 순간을 가져왔다. 메리어트의 140만 개 호텔 객실은 131개국에 분포되어 있다. 일반적으로 사업의 범위가 넓게 퍼져 있을 경우 어느 한 지역에 문제가 생겼을 때 회사를 보호할 수 있다는 강점이 있었다. 하지만 이제는 전 세계에 퍼져 있다는 것은 곧 모든 곳에서 위험에 노출되어 있다는 것을 의미했다.

소렌슨은 많은 시장에서 비즈니스가 4분의 3으로 급감했다고 말했다. 미국에서는 메리어트가 최소 두 달 이상, 어쩌면 더 오래 직원들을 무급 휴직 처리했다. "회사의 핵심이라 할 소중한 직원들에게 자기 일이 완전히 통제할 수 없는 요인으로 인해 영향을 받고 있다고 말하는 것보다 더 나쁜 일은 없다."라고 소렌슨은 덧붙였다. "여러분의 건강과 낙관적인 마음을 기원한다."[130]

샌프란시스코 남부의 아파트에 웅크리고 앉아 있는 소니아 바우티스타와 남편 윌리엄 곤살레스(해고된 호텔 식당 종업원)는 그러나 낙관적인 태도를 보이기 어려웠다. 작년 한 해 동안 그녀는 샌프란시스코 시내의 고급 호텔인 팰리스 호텔에서 시간당 26.44달러를 받고 청소부로 일했다. 그녀는 이미 경영진으로부터 무급 휴직을 통보받았다. 바우티스타는 가족에게 쌓여 가는 부채, 퇴거에 대한 두려움, 다가오는 건강보험 만료 등을 넘어서는 깊은 불공평을 느꼈다.

"소렌슨을 비롯한 모든 경영진은 매년 수백만 달러의 연봉을 받는데, 우리는 고작 몇 달러밖에 받지 못합니다." 바우티스타는 내게 말했다. "우리는 메리어트에서 일하는 것이 자랑스럽습니다. 우리는 회사를 위해 최선을 다해 영혼을 바쳤어요. 손님이 다시 찾아올 수 있도록 객실을 아름답게 꾸미기 위해 노력했죠. 이는 불공평합니다. 메리어트는 우리에게 신경도 쓰지 않는군요."

그녀와 남편은 엘살바도르에서 온 이민자였다. 그들은 1980년대 피비린내 나는 내전에서 살아남아 미국에서 안정된 삶을 꾸려 가고 있었다. 그들은 진짜 비상사태에 직면했을 때, 어떻게 부유한 고용주가 실제 일을 하는 사람들에게 아무것도 남기지 않을 수 있는지 이해하기 힘들었다.

"그들은 그저 '우리는 당신이 필요 없다. 당신은 스스로 알아서 하라'고 하네요."라고 곤잘레스는 말했다.

메리어트는 지난 2년 동안 31억 달러 이상의 수익을 올렸다. 직원들에게 투자한다는 소렌슨의 말과는 달리, 그는 주주들의 즉각적인 만족만을 추구했다. 그는 급격히 악화되는 위기를 극복할 최소한의 준비금만 남기고 메리어트의 이익과 부채를 모두 50억 달러 상당의 자사주를 매입하는 데 쏟아부었다.

이것이 다보스맨의 표준 모드였다. 다이먼은 새로운 미션 선언을 통해 이해관계자 자본주의를 주장했지만, 그와 나머지 비즈니스 라운드테이블 참가자들은 "자본시장 효율화", 즉 금융이 돈을 임금 따위에 낭비하지 않고 투자자를 만족시키는 데 사용하는 수단으로 자사주 매입을 승인했다. 2017년부터 2019년까지 S&P 500 주가지수를 구성하는 기업들은 자사주 매입에 총 2조 달러를 지출했다.[131] 이러한 자사주 매입으로 주가는 상승했고, 소렌슨이나 다이먼과 같은 사람들은 큰 부자가 되었다.

소렌슨은 영상 메시지를 통해 희생 의식을 거행했다. 그는 피해 노동자와 연대하기 위해 130만 달러에 달하는 자신의 1년 치 연봉을 반납했다. 그러나 그는 전년도에 800만 달러를 초과한 주식 보상 급여나 350만 달러의 현금 인센티브에 대해서는 아무 말도 하지 않았다. 2주도 채 지나지 않아 메리어트는 주주들에게 6개월 동안 5,000명 이상의 청소부를 고용할 수 있는 1억 6,000만 달러의 배당금을 예정대로 전달했다.

그로부터 며칠 후, 소렌슨은 메리어트의 고객들에게 회사의 조치에 대해 업데이트하는 이메일을 배포했다. 메리어트는 호텔 객실에 주거 보건 전문가를 배치했다. 메리어트는 비어 있는 호텔의 객실 조명을 켜서 하트 모양과 '사랑', '희망'과 같은 단어를 만들었다.

비즈니스 라운드테이블 선언문과 다보스 매니페스토는 공허한 말일 뿐이었다. 다보스맨이 새로운 경영 철학이나 변화를 위한 약속, 자선적 목표를 설명하는 언어는 고갈되지 않았다. 소렌슨은 대부분의 상장 기업이 수십 년 동안 운영해 온 것과 같은 방식으로 사업을 감독해 왔다. 호텔 청소부들을 "이해관계자" 또는 "매우 소중한 동료" 등 제 마음 대로 부를 수 있었지만, 수익이 악화하면 그들은 가차 없이 삭감해야 할 비용이 되었다.

비즈니스 라운드테이블 선언서에 서명한 기업 중 이해관계자 자본주의에 충실할 것을 이사회가 결의한 기업은 거의 없다.[132] 그 사실만으로도 이 문서가 실제로는 책략에 불과하다는 사실을 보여 준다. 이 문서는 다보스맨이 조력자들의 찬사를 받으며 지금까지와 같이 계속 활동할 수 있는 명분을 제공했다. 비즈니스 라운드테이블의 회장인 볼트는 이러한 비판을 일축했다. 회원사들은 이미 선언의 원칙에 따라 운영되고 있었으므로 결의는 필요하지 않았다는 것이다. "그것은 뜬금없이 나타난 것이 아니다."라고 그는 말했다. "이 선언문은 진화를 포착하는 동시에 열망을 표현한 것으로 보아야 한다."

선언문이 현재 상황의 역사적 영속화를 광고하는 보도자료와 함께 발표되었더라면 아마도 합리적인 주장이었을 것이다. 주주들이 많은 노동자의 처우를 개선하기 위해 희생을 감수했거나 성명서가 공허한 것이었거나 둘 중 하나였다.

그러나 볼튼은 이 성명을 기업 경영에 대한 단기적 집착에 대한 부고 기사로 보아야 한다고 주장했다. 기업들은 오랫동안 노동자를 해고 하거나 복리후생을 없애는 방식으로 주가를 뛰게 해 왔다. 볼튼은 "장기적으로 볼 때 다른 모든 이해관계자를 제대로 돌보지 않는다면 기업에 도움이 되지 않을 것"이라고 주장했다. "모두를 돌보지 않고는 어느 하나도 돌볼 수 없다."

이는 매우 교묘한 프레임이었다. 또한 명백히 거짓이었다. 지난 반세기 동안 미국 자본주의가 증명한 것이 있다면, 그것은 주주라는 특별한 이해관계자 한 사람이 다른 모든 사람을 희생시키면서 엄청난 번영을 누릴 수 있다는 것이었다.

2020년 8월 말, 베니오프가 크레이머 쇼에서 환호성을 지른 바로 다음 날에 세일즈포스가 발표한 성명서에는 '오하나' 정신이 결여되었다는 지적이 있었다. "지속적인 성장을 위한 회사의 포지셔닝을 위해 자원을 재배치하고 있다."라고 선언하며, 이 조치에는 "더 이상 비즈니스 우선순위에 부합하지 않는 일부 직책을 없애는 것"을 포함한다고 밝혔다.[133] 베니오프는 90일간의 공약을 지켰고, 이제 필요한 만큼 자유롭게 일자리를 줄일 수 있게 되었다.

하지만 이 세일즈포스 CEO는 나와의 전화 인터뷰에서 이것이 불공평한 조치였음을 인정했다. 그는 다른 분야에서도 채용을 진행 중이며, 그해 가을에 4,000개 이상의 일자리를 더 늘릴 것이라고 말했다. 그리고 이 조치에 영향을 받은 1,000명의 직원도 여전히 급여를 받고 있었다. 그들은 회사 내 다른 직책에 지원하라는 권유를 받고 있었다. 퇴사한 직원들은 상당한 퇴직금을 받게 될 것이다.

그럼에도 베니오프는 어느 날은 이해관계자 자본주의의 승리를 선언하고 다음 날은 직원 1,000명을 해고하는 것이 이상적이지는 않다는 점을 인정했다. "그중 일부는 홍보를 위한 속임수다."라고 그는 말했다.

세일즈포스는 전 세계에 5만 4,000명의 직원을 고용하고 있다. "우리가 조정을 해야 할 부분이 약간 있다."라고 베니오프는 말한다. "우리는 성장하고 변화를 만들 수 있어야 하며, 그렇지 않으면 고객과 주주, 그리고 이해관계자를 위해 더 크고 훨씬 더 성공적인 회사가 되겠다는 목표를 달성할 수 없다."

다보스 포럼은 최근 2021년 1월로 예정된 다음 포럼을 가상현실 모임으로 진행한다고 발표했다. 하와이에 머물고 있던 베니오프는 이 소식에 불만을 표했다. "내 생각에 세계는 지금 당장 다보스 회의가 필요하다."라고 그는 말했다. "그래야 모두가 한자리에 모여 앞으로 나아갈 방향을 논의할 수 있다."

그는 내가 느끼는 회의감을 감지하고 이에 대응했다. 다보스 포럼은 세계 최빈국 수백만 명의 어린이에게 예방접종을 실시한 글로벌 파트너십의 발판이 되었다. 환경운동가, 노동 옹호자, 시민 사회의 다른 핵심 요소들은 다보스를 중요한 만남의 장소로 활용했다.

"다보스가 완벽하지는 않지만, 다른 대안은 무엇인가?"라고 그는 말했다. "당신의 주장은 대부분 기업이 여전히 밀턴 프리드먼처럼 행동하고 있고, 지분 보유 주의를 명분으로 삼고 있으며, 다보스는 여전히 돈을 버는 것이 목적이기에 사람들이 모두 여기에 참석한다는 전제를 깔고 있다." (상당 부분 맞는 말이다.)

베니오프는 "전적으로 이해한다."라며 "나도 그런 측면을 보지만 다른 모든 것, 다른 모든 대화, 다른 모든 사람, 다른 모든 일들도 보이기 때문이다."라고 말했다.

베니오프는 나의 서술이 불완전하다고 주장했다. "그것은 분명 완전한 사실은 아니다. 50% 정도? 60~70%일 수도 있다. 하지만 여기에 분명히 쐐기가 박혀 있다. 그리고 그 쐐기는 점점 더 커지고 있다."

베니오프는 선한 일에 대한 집중이 단순히 보도자료를 위한 소모품이었다면 직원들은 이를 눈치챌 것이라 주장했다. 직원들은 사회적 목적에 진심인 다른 기업에 매력을 느껴 그곳으로 옮겨 가리라는 것이다.

이는 자유시장이 인종 차별을 방지할 것이기 때문에 직장 내 인종 차별을 걱정할 필요가 없다는 밀턴 프리드먼의 주장을 연상시킨다. 인재에 대한 접근을 제약하는 기업은 처벌받을 것이라는 말이다. 이후 미국 자본주의는 기업이 생존할 수 있고, 실제로 주주들에게 엄청난 부를 안겨 줄 수 있다는 것을 보여 주었지만, 노동력이 사회의 인구 구성을 반영하도록 하는 데는 소홀했다. 베니오프 자신의 회사가 대표적인 예이다. 세일즈포스에서 아프리카계 미국인은 전체 직원의 3% 미만이고, 책임자급에는 1.5%에 불과했다.[134]

베니오프는 최고 평등 책임자로 토니 프로펫이라는 흑인 임원을 고용했다. 그는 하와이 원주민, 아메리카 원주민, 태평양 섬 주민이 전체 직원의 1%도 되지 않는다는 사실을 지적하면서 베니오프가 끊임없이 '오하나'를 문화 전용의 한 형태로 이용하는 것을 경멸하는 직원들에게 대응해야 했다.[135]

팬데믹 초기, 바이러스가 그의 고향 샌프란시스코를 위협하자 베니오프는 지역 병원을 위한 보호 장비를 확보하기 위해 동분서주했다.

그는 마윈이 설립한 중국 전자상거래 대기업 알리바바의 최고경영자이자 그와 함께 포럼 이사회의 멤버로 있던 다니엘 장에게 전화를 걸었다. 장은 중국 공급업체에 연락하여 보호 장비를 확보했고, 베니오프는 747기를 전세 내 중국에서 샌프란시스코로 물품을 운송했다.

베니오프는 비즈니스 라운드테이블의 동료들과 통화를 하여 다른 대기업도 이런 노력을 확대해 달라고 요청했다. 세일즈포스는 시카고로 화물을 보냈고, 월마트는 멀리 뉴올리언스까지 일선 병원으로 운송하기 위해 트럭 팀과 함께 대기 중이었다. 유나이티드 항공은 무료 항공화물 운송에 동의했다. 몇 주 만에 베니오프와 다른 회사들은 2,500만 달러를 들여 5,000만 개의 개인 보호 장비를 미국 기관에 전달했다. 그는 영국으로 배송물을 보내 곤경에 빠졌던 국민보건서비스에 장비를 기부했다.

베니오프는 "내가 이런 관계를 맺을 수 있다는 것은 엄청난 경험이었다."라고 말했다. "내가 말하고 싶은 것은 그 회사들이 잘하는 일과 좋은 일을 동시에 할 수 있는 많은 환상적 기회로 내가 상황을 반전시켰다는 점이다."

베니오프는 회사의 규모, 글로벌 입지, 운영 전문성, 다른 CEO들과의 개인적인 친분 등을 바탕으로 상당한 성과를 거둘 수 있었다. 그의 노력 덕분에 긴급 상황에서도 필수 물자를 확보할 수 있었다. 그의 캠페인이 생명을 구했다고 가정하는 것이 합리적일 것 같았다.

하지만 베니오프의 항공 지원은 동시에 왜 지구상에서 가장 부유하고 강력한 국가가 범세계적인 팬데믹에 직면한 의료진에게 기본적인 보호 장비를 갖추기 위해 영리를 목적으로 하는 소프트웨어 회사의 자선에 의존해야 하느냐는 중요한 의문을 제기했다.

베니오프와 같은 개인이 사회 환원에 대해 자랑할 수 있었던 이유 중 하나는 그들이 처음부터 헤아릴 수 없는 포괄적 혜택을 받았기 때문이다. 그들은 납세자들의 세금으로 운영되는 공공재(직원들을 교육하는 학교, 공공 연구비로 개발된 인터넷, 상거래를 가능하게 하는 도로, 다리, 기타 현대적 인프라 등)의 혜택을 누렸고, 로비스트, 회계사, 변호사를 고용해 합법적인 탈세 수법을 익혀 시스템을 고갈시키는 데 성공했다.

그들은 자신들에게 유리하게 세법을 고쳐 대중의 부를 자신들에게 이전했고, 정부는 팬데믹으로부터 국민을 보호하기에 너무 취약해졌다. 그리고 이제 그들은 그 결과로 얻은 자원을 자선을 위해 사용하면서 찬사마저 요구하고 있었다.

다보스맨이 옹호하는 모든 이니셔티브와 마찬가지로 이해관계자 자본주의는 자발적인 사업이며, 신중하게 관대함을 드러내는 것이다. 베니오프조차도 일부 CEO가 이전과 크게 다르지 않게 회사를 운영하면서 미덕을 과시하기 위해 이를 활용하고 있다는 사실을 인정했다.

베니오프는 "이는 매우 현실적인 위험이다."라고 말했다. "그러나 한편 나는 우리가 진전을 이루고 있다고 생각한다. 혁명이라고는 말 못하겠지만 개선이라고 말할 수는 있다."

12

"우리는 안전하지 않다"

다보스맨과 인간의 문제

제프 베조스도 비즈니스 라운드테이블의 성명서에 서명하며 "각 개인이 노력과 창의성을 통해 성공하고 의미 있고 존엄한 삶을 영위할 수 있도록 하겠다."고 약속했다.

서명의 잉크가 마르는 동안에도 베조스는 자신을 지구상에서 가장 부유한 사람으로 만들어 준 자본주의의 냉혹한 버전을 그대로 이어 갔다.

수년 동안 아마존에서는 창고 내부의 저임금 노동자들이 압도적인 물량을 관리해야만 하는 끊임없는 압박에 시달리며 착취를 당했다는 이야기가 전해 왔다. 팬데믹은 그 압박을 극적으로 가중시켰다. 그 어느 때보다 많은 배달 물량이 쏟아졌다.

2020년 4월부터 6월까지 첫 번째 물결이 전 세계를 강타하면서 아마존은 전년 같은 기간보다 57% 더 많은 상품을 판매했다.[136] 7월 한 달에만 4억 1,500만 개의 패키지를 배송했다.[137]

아마존의 거대한 창고와 배송 업무가 이러한 엄청난 물량 증가에 직면한 초기에는 배송 지연과 소비자 불만이 발생했으며, 이는 직원들에 대한 끊임없는 압박을 고객 만족이라는 명분으로 정당화해 온 회사로서는 심각한 문제였다. 회사는 이커머스 성장에 편승해 수백억 달러를 투자한 블랙스톤으로부터 공간을 빌려 창고를 확장하는 등 용량 확대에 열을 올렸다. 아마존은 또한 전시 대량 동원에 버금가는 고용 폭풍을 일으켰다. 2020년 한 해 동안 약 50만 명의 직원을 추가하여[138] 불과 2년 전보다 약 2배에 달하는 130만 명으로 인력을 늘렸다.[139] 그러나 이러한 채용 속도조차도 창고로 몰려드는 상품의 엄청난 증가 속도를 따라잡지 못했다.

아마존의 온라인 쇼핑 제국은 오프라인 매장들의 문을 닫게 만들며 오랫동안 번영을 누려 왔다. 2020년에는 오프라인 매장이 갑자기 문을 닫거나 위험 구역으로 분류되는 바람에 디지털 영역만이 사람들이 쇼핑할 수 있는 거의 유일한 통로가 되어 버렸다. 식기세척기 세제부터 트레이닝 바지까지 모든 제품에 대한 수요가 폭발적으로 증가했다. 침실을 업무 공간으로 꾸며야 했던 전문직 종사자들에게는 프린터와 컴퓨터 모니터가 필요했다. 휴가를 포기해야 했던 사람들은 새 수건과 거품 목욕 비누로 스스로 만족해야 했다. 부모들은 지하실을 장난감으로 채우고 부엌에 제빵 재료들을 비축했다. 모두가 손 소독제와 화장지를 쌓아 두었다.

그해 상반기 동안 아마존은 1,640억 달러 상당의 상품을 판매했으며, 이는 매 초당 1만 달러가 넘는 금액이다. 같은 기간 동안 아마존의 주가는 거의 두 배 가까이 상승했으며, 베조스의 순자산 증가는 기록적인 야구 스타의 타율이나 허리케인의 풍속 같은 일상적인 화젯거리로 변했다. 8월 말까지 베조스의 재산은 팬데믹이 시작된 이후 870억 달러가 증가하여 2,000억 달러가 넘는 재산을 보유한 최초의 인물이 되었다 (이 덕분에 매켄지 스콧에게 380억 달러를 지급하게 된 사상 최대 규모의 이혼 합의가 낳은 충격도 완화할 수 있었으리라 추정된다).[140]

2020년이 끝나기도 전에 베조스는 공중보건 비상사태를 틈타 바이러스에 밀접한 상태로 일하는 직원들을 희생시키면서까지 부를 축적한 억만장자 계급의 탐욕스러운 기회주의의 전형으로 떠오르게 되었다.

세 자녀를 둔 서른한 살의 이 아버지는 이제 더 이상 참을 수 없었다.

크리스찬 스몰스Christian Smalls는 뉴저지주 뉴어크 외곽에 있는 아마존 창고에서 시간당 12.75달러의 초급 임금을 받으며 4년 넘게 근무했다. 그는 주문 완료된 상품을 선택하여 컨베이어 위의 가방에 넣어 이를 박스로 포장하는 다른 팀으로 보내는 상품수집원으로 일을 시작했다.

스몰스는 이전에 식료품 도매 유통업체에서 물건을 선반에서 꺼내 팔레트 위에 10피트 높이의 피라미드로 쌓는 막노동을 했기 때문에 이런 일에 능숙했다. 그의 직장 동료들은 거의 모두 뉴어크 주변 지역에서 온 흑인 남성으로, 일자리가 부족하고 빈곤과 갱단의 폭력이 끊이지 않는 곳이었다. 상사들은 대부분 백인이었다. 그들은 팔레트 잭을 타고 바닥을 돌아다니다가 잠시 멈춰 숨을 고르는 노동자들에게 고함을 쳐 댔다.

스몰스는 "그건 마치 현대판 노예 노동 같았다."고 말했다. "마치 우리가 목화밭에 있는 듯했다."

스몰스는 인근 병원에서 일하는 홀어머니 밑에서 중산층으로 자랐다. 그는 고등학교를 졸업하고 플로리다에서 대학에 다녔으나 향수병에 걸려 중퇴했다. 힙합에 열정을 가졌던 그는 음악으로 경력을 쌓으려 했지만, 생계를 위해 꿈을 포기했다. 스물두 살에 결혼한 그는 아내의 아들과 함께 둘 사이에서 태어난 쌍둥이를 부양해야 했다. 아내가 간호대학에 다니기 시작하면서 그는 유일한 생계 부양자가 되었다.

2015년 가을, 그의 어머니는 뉴어크 외곽에 아마존 창고가 새로 문을 연다는 소식을 들었다. 어머니는 아들을 대리하여 지원했다. 스몰스는 처음 채용된 500명 중 한 명이었다. 이전 창고와 비교하면 아마존은 한 단계 업그레이드된 곳이었다. 창고에는 에어컨이 설치되어 있었고 휴게실에는 비디오 게임기가 늘어서 있었다. 그는 불과 7개월 만에 관리자로 승진하여 신입 사원을 교육하는 책임을 맡게 되었다. 그의 급여는 시간당 18.50달러로 인상되었다.

아마존이 코네티컷주 하트포드 외곽에 또 다른 창고를 열었을 때, 스몰스는 그곳으로 이직하여 신입 채용자가 되었다. 주말마다 그레이하운드 버스를 타고 뉴저지의 아내와 아이들을 보러 갔지만 스트레스와 불화가 심해져 결혼 생활이 파탄에 이르렀다. 2018년 가을 아마존이 뉴욕에 또 다른 시설을 열었을 때, 스몰스는 집과 더 가까운 그곳으로 옮기는 대신 야간 근무를 수락해야 했다.

그 무렵 그는 세 자녀의 단독 양육권을 갖고 뉴저지에 정착했다. 새로운 아마존 창고가 스태튼아일랜드에 자리 잡았다. 스몰스는 자가용이 없었다. 출근하려면 버스 두 노선과 지하철, 스태튼아일랜드 페리를 타고 3시간이나 걸렸는데, 야간 근무로 벌어들이는 시간당 27달러로 겨우 버틸 수 있었다.

몇 달 후, 그는 주간 근무로 돌아갈 수 있었다. 그는 30명 이상의 직원을 감독했다. 창고에는 수천 명의 노동자가 가득 차 웅성거리고 있었다. 그러던 중 2020년 3월 초, 직원들이 느닷없이 기침하면서 심한 피로감을 호소하기 시작했다. 스몰스는 텔레비전 뉴스에 집중하며 팬데믹의 진행 상황을 예의 주시했다. "휴게실에 앉아 이 모든 상황을 지켜보면서 '도대체 이 노동자들을 보호하기 위해 우리는 무엇을 하는 걸까'라고 생각했다."

아마존은 마스크나 소독제를 공급하지 않았다. 사회적 거리 두기를 강제하지도 않았다. 심지어 직원들에게 손 씻기의 필요성에 대해 교육하지도 않았다.

스몰스는 자녀에게 바이러스를 옮길까 봐 걱정했다. 인사팀에 가서 우려를 표명하자 회사는 "상황을 예의 주시하고 있다."라고만 답했다. 일부 직원은 열이 나는 와중에도 계속 출근했다. 아마존은 유급 병가를 인정하지 않았기 때문에 출근하지 않으면 급여를 받지 못했다. 비록 일부 주에서는 법적으로 유급 병가를 의무화하고 있지만, 미국은 아마존 같은 행위를 허용하는 소수의 주요 경제국 중 하나였다.[141]

워싱턴의 권력자들은 이 문제를 해결했다고 주장했다. 의회가 첫 번째 연방 구제안을 승인하면서 낸시 펠로시Nancy Pelosi 하원의장은 고용주가 유급 병가를 제공하도록 의무화하는 내용을 포함했다고 요란하게 선전했다.

"노동자들이 집에 머물러 질병 확산을 방지하는 것과 가족 생계를 위한 월급 사이에서 끔찍한 선택을 해야 하는 상황에서는 코로나바이러스 확산을 늦출 수 없다."라고 그녀는 말했다.[142]

그러나 '가족 우선'(Family First)이라는 위안이 되는 이름으로 통과된 이 법안도 우선순위를 재조정하는 데는 거의 도움이 되지 못했다. 이 법안은 정규직 노동자에게 10일의 연간 유급 병가를 부여했지만, 500인 이상 기업에는 적용되지 않았다.[143]

이 법안은 직원 수가 50명 미만인 기업도 경영상의 어려움을 이유로 이의 면제를 신청할 수 있도록 허용했다. 이 법안으로 인해 미국 노동자의 80%는 여전히 병에 걸렸을 때 계속 일하거나 급여를 포기해야 하는 상황에 직면하게 되었다. 압박을 받은 아마존은 의사의 격리 명령을 받은 직원에게 최대 2주간의 유급 휴가를 제공하겠다고 발표했다. 그런데도 일부 아마존 직원은 돈을 받지 못했다고 제보했다.[144]

아마존은 유급 병가를 보류하면서 단순히 미국 법의 허점을 악용한 것만이 아니었다. 아마존은 그 허점을 계속 열어 두기 위해 기업의 역량을 총동원했다. 아마존은 미국 상공회의소, 전미 소매업 연맹, 전미 자영업 연맹, 식품 마케팅 연구소 등 여러 업계 협회를 동원, 구린 일들을 하청했다.[145] 이들은 모두 가족우선법의 유급 병가 정책에 대해 로비를 펴고 이를 보고했다. 이해관계자 자본주의를 공개적으로 옹호하는 다이먼의 장사판인 비즈니스 라운드테이블도 마찬가지였다.

스몰스가 가족의 건강이 걱정된다며 휴가를 요청하자 아마존 관리자는 무급으로 집에 머물러도 좋다고 말했다. 그는 가진 휴가를 다 사용했다. 그는 401 퇴직연금(401 k: 고용주가 후원하는 은퇴 저축 제도로서 노동자는 세금을 공제하기 전에 급여 일부를 저축하고 투자할 수 있다. 이는 1980년 대에 연금을 보완하기 위해 생겨난 것으로, 당시에는 고용주 대부분이 연금 기금을 제공했다.-옮긴이)에 적립된 1,000달러를 모두 소진했다. 한편, 그는 질병통제센터, 주지사, 시장, 지역 언론에 이메일을 보내 사람들이 병에 걸렸음에도 불구하고 아마존의 스태튼아일랜드에 물류창고가 보호 조치 없이 정상 운영을 계속하고 있다는 사실을 알렸다. 하지만 그는 아무런 답변도 듣지 못했다.

3월 중순, 현금이 바닥난 그는 다시 일터로 돌아갔다. 그는 여전히 마스크나 손 소독제를 구비하지 못했다고 말했다. 일부 노동자는 자기 마스크를 가져와 재사용하고 있었다. 일부는 보호 가운 대신 쓰레기봉투를 착용하기도 했다. 그는 많은 직원이 코로나19 증상을 보인다고 말했다. 스폴스가 인사부에 코로나19 정책의 세부 사항을 문의했을 때, 그는 상사와 상담하라는 대답을 받았다. 하지만 그의 상사는 사라지고 없었다.

"관리자들은 직원들에게 휴가를 간다고 했어요."라고 스폴스는 말했다. "팬데믹이 한창인데 휴가라고요? 거짓말이죠." 그는 관리자들이 바이러스에 노출되는 것을 피하려고 재택근무를 한다고 생각했다.

위험에 처한 사람이 누구인지에 대해 그가 충격을 받은 것은 이것이 처음은 아니다. "관리자의 대부분은 백인이고 노동자들은 흑인, 갈색 이민자들입니다."라고 스폴스는 말한다. "여기서 정말 보호받고 있는 사람은 누구일까요?"

일부 노동자가 집에 머무르는 것을 우려한 아마존은 노동자에게 시간당 2달러의 추가 급여를 지급하고 초과 근무에 대해서는 평소보다 두 배의 수당을 지급하기 시작했다. 스몰스는 이를 "핏값"이라고 불렀다. 7개 주의 아마존 노동자는 수입이 너무 적어서 많은 노동자가 푸드 스탬프(회사가 빈곤층 수준의 임금을 지급할 수 있도록 세금으로 보조금을 지급하는 효율적 제도) 수급 자격이 있었다. 아마존 노동자들은 절망적이었고, 별도로 지급되는 현금은 그들이 두려움을 극복하고 계속 일할 수 있도록 유도하는 추가적인 유인책이었다.

3월 21일, 베조스는 아마존 회사 웹사이트에 메시지를 올렸다.

"친애하는 아마존 가족들께"라는 글귀로 시작했다. "지금은 평상적인 비즈니스 환경이라 할 수 없고, 큰 스트레스와 불확실성의 시기이다."[146]

베조스는 '모든 것을 파는 상점'으로 알려진 아마존이 적절한 보호 장비를 확보하지 못해 사람들이 보호 장비 없이 일하고 있다는 사실을 인정했다. 베조스는 "재택근무가 불가능한 직원과 계약업체에 제공하고자 수백만 장의 마스크를 구매하려 주문했지만, 거의 성공하지 못했다."라고 썼다. "마스크는 전 세계적으로 여전히 공급이 부족하며, 현재 각국 정부는 병원과 진료소 등 마스크가 가장 필요한 시설에 우선하여 공급하고 있다."

베조스는 적절한 보호 장치 없이도 창고를 계속 운영할 수 있는 도덕적 정당성을 펼쳤다. "우리는 모든 곳의 사람들, 특히 가장 취약한 노인과 같은 사람들에게 필수적인 서비스를 제공하고 있다."라고 그는 썼다. "사람들은 우리에게 의존하고 있다." 다시 말해, 베조스의 또 다른 저택 구입이나 우주 탐험에 대한 더 큰 열정을 위해 스몰스와 그의 동료들이 목숨을 걸도록 압박을 받는 게 아니라는 말이었다. 그들은 영웅적으로 사람들의 할머니들을 안전하게 지키고 있었다. 무엇보다도 회사는 희생을 함께 나누고 있었다.

베조스는 "물류, 운송, 공급망, 구매 및 3자 판매자 프로세스를 변경하여 생필품, 소독제, 분유, 의료용품과 같은 필수 품목의 재고 확보 및 배송에 우선순위를 두었다."라고 설명했다.

스몰스는 그의 팀이 상자에 무엇을 넣는지 볼 수 있었다. "그들은 품목을 변경한 적이 없다."라고 그는 말했다. "그건 모두 거짓말이었다. 섹스 용품, 성인용품, 보드게임, 가정용품, 의류 등 똑같은 물건들이었다."

아마존은 후광을 누리는 동안에도 재난을 통해 이익을 얻고 있었다. 감시 단체인 퍼블릭 시티즌(Public Citizen)은 아마존이 우선순위를 두어야 할 상품의 가격을 인상하고 있다고 훗날 폭로했다. 고객들은 당사 플랫폼에서 판매하는 독립 공급업체의 저렴한 제품을 찾을 수는 있었지만, 아마존은 자신들이 가장 공격적으로 홍보하는 자체 상품의 가격을 대폭 인상하고 있었다. 하루에 6만 명의 미국인이 바이러스 양성 반응을 보이며 병원과 영안실을 가득 메웠던 기간인 2020년 4월부터 8월까지 아마존은 평소 4달러에 판매하던 일회용 마스크 50장 팩에 39.99달러를 요구했다.[147] 아마존은 평소 1.49달러였던 항균 비누에 7달러를 매겼다.

아마존은 또한 배송 사업을 장악하기 위해 운송을 방해하고 있었다. 페더럴 익스프레스나 우체국 택배와 같은 경쟁업체를 통해 상품을 배송하는 공급업체에 불이익을 주었다. 아마존은 특정 상품에 대해 그 합법성과 배송 속도를 보증하는 내부 승인 마크인 '프라임' 지정을 받을 수 있도록 하여 이를 구현했다. 아마존을 통해 판매하는 판매자에게

'프라임' 자격을 얻는 것은 네브래스카 중부의 길가 가판대에서 물건을 파는 것과 뉴욕 타임스퀘어에 매장을 차리는 것을 비교하는 것이었다. 팬데믹 기간에 아마존은 판매자가 '프라임' 자격을 얻기 위해 자사의 배송 네트워크를 사용하도록 사실상 강요했다. 이 전략은 너무 잘 먹혔다. 아마존의 물류 운영이 폭주하면서 배송 지연이 발생했다.[148] 베조스에게 있어 고객들에게 중요한 상품의 재고를 유지하는 것은 독점력 확보의 뒷전으로 밀려났다.

직원들이 양성 판정을 받게 되자 아마존은 이러한 사례를 은밀히 처리했다고 스몰스는 말했다. 그는 관리자에게 대청소를 위해 건물을 전면 폐쇄하면서 직원들에게 경고를 하도록 요구했지만, 바이러스 감염자로 판명된 사람과 접촉하였을 때 개별 직원에게 비밀리에 통보하겠다는 약속만 받아냈다. 관리자들은 스몰스에게 공황 상태를 방지하기 위해 자신들의 지침을 따라 달라고 요구했다.

스몰스는 성인이 된 후 자신과 별 차이 없는 행복을 추구하는 사람들을 위해 일해 왔다. 그러나 이제 그는 자신이 생명을 위협하는 사기극의 공범이 되라는 압박을 받고 있다는 생각이 들었다. 그는 카페테리아 테이블에 앉아 동료들에게 그들이 위험에 처해 있다고 말하기 시작했다. 사람들은 아팠고 아마존은 이를 은폐하고 있었다.

3월 25일, 그는 12명의 창고 직원을 이끌고 관리자들이 가득 모인 회의실로 들어가 보호 장비와 대청소를 요구하며 회의를 중단시켰다. 관리자들은 자신들이 할 수 있는 일이 없다고만 말했다. 아마존은 이에 대한 응답으로 직원 한 명을 유급 격리 조치하는 데 동의했다. 바로 크리스찬 스몰스였다. 표면적으로는 건강상의 이유로 집으로 돌려보낸 것이지만,

스몰스는 이 조치가 자신의 요구를 빗겨 가려는 시도라고 해석했다.

3월 30일, 스몰스는 50여 명의 동료를 이끌고 창고로 돌아와 건물 밖 취재진의 카메라 앞에 섰다. 노동자들은 길고 낮은 건물 앞 주차장에 서서 피켓을 흔들고 있었다. 한 명은 아마존의 음성 인식 스피커인 '알렉사'를 부르며 "우리를 집으로 보내 줘."라고 적었다. "노동자를 고객처럼 대하라."는 구호도 적혀 있었다.

스몰스는 큰 검은색 수건을 안면 마스크처럼 쓰고 카메라를 정면으로 응시했다. "우리는 도움을 호소하기 위해 이곳에 나왔습니다."라고 그는 말했다. "우리는 안전하지 않습니다."

그의 시위는 입소문을 타면서 아마존의 이익과 베조스의 부가 평소에는 보이지 않던 취약 계층의 희생을 통해 이루어졌다는 사실이 세상에 알려졌다.

두 시간 후 스몰스는 아마존으로부터 계약이 해지되었다는 전화 통보를 받았다. 공식적인 이유는 그가 격리 조치를 위반했다는 것이었다.

"나는 세 자녀를 돌봐야 해요."라고 스몰스는 그날 늦게 말했다. "목소리를 내지 못하는 사람들을 대변하다 보니 직장을 잃게 되었네요."

스몰스의 해고 소식이 퍼지자, 전국의 아마존 직원들이 자기의 경험을 공개하면서 노조 캠페인, 의회 조사, 주 정부 집행 조치를 촉발했다. 로스앤젤레스 동쪽의 인랜드 엠파이어 지역에서는 아마존이 2주간의 유급 격리를 의무화한 주지사의 행정 명령을 어기고 아픈데도 창고로 출근하도록 강요하고 있다고 노동자들이 불만을 토로했다.[149]

미니애폴리스 외곽의 한 창고에서 아마존이 단기적으로 실시된 무급 휴가 정책을 철회하는 대신 위험수당 지급을 중단하자 노동자들이 직장을 떠났다.[150] 이 공장에는 약 1,000명의 노동자가 근무하고 있었으며, 이들 중 다수는 동아프리카에서 온 이민자였다.[151]

아마존은 2020년 가을까지 약 2만 명의 직원이 코로나19에 감염된 사실을 공개적으로 시인했지만, 감염률은 일반 인구 대비 전체 감염률보다 훨씬 낮다고 주장했다.[152] 이는 전형적인 다보스맨의 회피 작전으로, 불리한 질문을 차단하기 위해 데이터를 열거하여 권위적인 분위기를 연출하는 것이다. 역학자들이 지적했듯이 아마존의 분석은 허술했다.[153]

실직자를 포함한 일반 인구는 거의 모든 고용 노동자보다 언제나 바이러스에 취약할 가능성이 높았다. 실직자는 일과 혜택을 동시에 추구하는 경향이 더 강했다.

전염병 전문가인 프리티 말라니Preeti Malani는 "누군가 단순히 여러 숫자를 나열한 데 불과한 듯 보인다."고 말했다.[154]

아마존은 시위에 대해 자성의 계기라기보다는 관리해야 할 홍보 위기로 대응했다. 베조스를 포함한 고위 경영진이 모인 회의에서 아마존의 법률 고문인 데이비드 자폴스키David Zapolsky는 스몰스에 대한 집중 조명을 통해 급증하는 노동자의 반발을 무마하기 위한 캠페인의 윤곽을 설명했다.

"그는 똑똑하지도 않고 조리도 없으며, 언론이 우리와 그 사이의 대립에 초점을 맞추고 싶어 하는 한 우리는 단순히 우리가 얼마나 노동자를 보호하려는지만 반복해서 설명하는 것보다 홍보에 있어 훨씬 더 유력한 위치에 있을 것이다."라고 자폴스키는 바이스 뉴스(Vice News)

가 입수한 메모에 썼다. "그를 이 모든 스토리에서 가장 흥미로운 부분으로 만들고 가능하면 노조/조직 운동 전체의 얼굴로 삼도록 만들어야 한다."[155]

자폴스키는 주로 백인이 거주하는 뉴저지 교외의 중산층 출신이다. 그는 컬럼비아 대학과 UC 버클리에서 학위를 받았다. 그의 페이스북 페이지에는 고산 지대에서 하이킹하며 찍은 사진과 민권 운동의 영웅인 존 루이스와 함께 포즈를 취한 사진이 게시되어 있었다. 이제 그는 본질적으로 아이비리그 대학 출신 백인이 대부분인 아마존의 경영진에게 이 운동을 불온한 인물의 소행으로 매도함으로써 흑인과 갈색 노동자들의 반발을 잠재워야 한다고 주장하고 있었다. 회사 내부에 널리 유출된 자폴스키 발언의 요약본에 따르면 그가 제안한 역공 계획이 참석자들 사이에서 "보편적 동의"를 얻었다고 했다.[156]

이해관계자 자본주의에 대한 헌신을 공개적으로 표명했던 아마존은 이런 이야기를 어떻게 정당화할 수 있을까? 아마존은 내가 관련 임원에게 던진 이 질문에 답을 거부하고 대신 자신들의 고귀한 의도를 증명하는 성명서를 쏟아냈다.

"아마존은 팬데믹 동안 모든 방법을 동원하여 직원들을 보호하기 위해 노력해 왔다."라고 한 성명은 말했다. 스몰스에 대해서는 "아마존의 사회적 거리 두기 규칙을 반복적으로 위반하여 해고되었다."고 적혀 있었다. 이어, 법률 고문인 자폴스키의 메모에 관해 그는 회의에서 보호 장비 구매의 필요성 등 다른 많은 사항에 관해서도 이야기했다고 주장했다. 회사가 시위의 지도자에게 관심을 집중해야 한다는 그의 제안은 "스몰스 씨와 관련된 상황에 대한 개인적인 좌절감의 결과"였다. 회의 당시 자폴스키는 "스폴스 씨의 인종"에 대해 알지 못했다 등의 이야기들이었다.

자폴스키의 메모가 공개되면서 아마존은 홍보 재앙에 직면했다. 베조스는 1분기 수익 전액(40억 달러)을 더 많은 노동자를 고용하고 적절한 보호 장비를 갖추는 데 사용하겠다고 발표했다.

베조스는 4월 말 "우리가 속 좁은 사람들이 아니니 아마존의 주주라면 한번 고려해 볼 만한 일이다."라고 말한다. 그는 아마존의 가장 큰 죄가 노동자들에게 닥칠 위험의 규모를 예상하지 못한 것이며, 그 과오는 거액의 돈으로 해결될 수 있다고 암시하고 있었다.

하지만 아마존 직원들이 직면한 위험은 예기치 못한 팬데믹 그 이상이었다. 직원들이 병에 걸린 것은 경영진이 적절한 계획을 실행하지 못했기 때문이 아니라, 처음부터 실행되어 왔던 계획 때문이었다. 아마존은 창립 초기부터 비용 지출을 극도로 경계함으로써 주주들에게 더 많은 수익을 안겨 주는 데에 전념해 왔다.

베조스가 고급 주택을 소유한 반면, 직원들은 창고에서 목숨을 걸고 일하거나 주거를 위협받아야 했던 것은 우연이 아니었다. 직접적으로 이는 베조스가 모든 직원의 성과를 평가하기 위해 정교한 방법을 도입하여 최대한의 생산량을 쥐어짜는 회사 운영 방식에서 파생된 것이었다.[157]

아마존은 개인이 얼마나 빨리 작업을 완료하는지, 화장실에 가거나 동료와 잡담하는 등 업무 외 일에 얼마나 많은 시간을 소비하는지 파악하는 지표를 만들었다. 회사의 모든 측면에 대한 강박적이고 체계적인 접근 방식으로 베조스는 주주들 사이에서 추앙받았고, 비즈니스 스쿨의 사례 연구 분석 대상이 되었다.

바로 전해에 아마존 물류창고 내부의 열악한 근무 환경에 대한 뉴스가 쏟아지자, 한 행동주의 주주가 다음 주주총회에서 표결에 부쳐야 한다고 제안했다.[158] 아마존은 직원들의 건강과 안전을 도모하기 위한 세부 계획을 수립하는 동시에 노동조합에 가입할 수 있는 직원들의 권리를 명시적으로 확인해야 한다는 것이다. 그 주주는 이 제안서를 자폴스키에게 보냈다.

주주총회 날짜가 다가오자, 아마존은 증권거래위원회에 이 제안을 표결 없이 무시할 수 있도록 허가해 달라고 청원하여 이 제안을 무산시키려 했다. 아마존은 이미 자체 국제인권준칙을 준수하겠다고 약속했기 때문에 이러한 조치는 불필요하다고 주장했다. "우리는 깨끗하고 안전하며 건강한 근무 환경을 제공합니다."라고 이 원칙은 선언하고 있었다. 증권거래위원회는 회사의 논리를 승인했다. 이 제안은 의제에서 사라졌다.[159]

판결 3일 후, 아마존은 크리스천 스몰스를 해고했다. 그로부터 2주후, 아마존은 물류창고 노동자들에게 유급 병가를 제공하라는 청원서를 배포한 사무직 직원 두 명을 해고했다. 그러던 중 회사의 부사장이었던 팀 브레이Tim Bray가 갑자기 그만두면서 기업 가치에 대한 독설을 블로그에 게시했다.

"아마존은 물류창고에 근무하는 인간을 골라 담는 기능을 지닌 대체 가능한 단위로 취급한다."라고 그는 썼다. "내부 고발자를 해고하는 것은 거시 경제의 부작용도, 자유시장 기능의 본질적인 문제도 아니다. 이는 기업 문화의 혈관에 독소가 흐르고 있다는 증거이다."[160]

베조스의 순자산이 2,000억 달러를 넘어선 8월 말, 워싱턴에 있는

2만 7,000제곱피트 규모의 저택 앞에 모인 시위대는 여러 가지 색의 스프레이 페인트로 "아마존 노동자를 보호하라."고 길 한복판에 썼다. 그들은 가짜 단두대를 설치하면서 부유세를 요구했다.[161]

현대판 루이 16세처럼 궁전 안에 숨어 있던 베조스의 악명은 곧 회사가 자기 보호 방안을 보강하고 있다는 폭로로 증폭되었다. 아마존은 '노동조직'과 '활동가 그룹'을 감시하기 위해 피닉스에 있는 글로벌 보안 운영 센터에 정보 분석가 구인 공고를 올렸던 것이다.[162] 이에 분노가 표출되자 아마존은 해당 공고를 삭제했다.

아마존은 "직원의 안전과 건강 유지"에 대한 회사의 성과를 과대 선전하는 텔레비전 프로그램을 제작해 배포하면서 콘텐츠에 굶주린 지역 텔레비전 방송국에 이를 사실 보도인 양 전달한 사실이 적발되기도 했다.[163]

최소 11개 방송국에서 이 패키지를 방영했는데, 앵커들은 똑같은 대본을 한 자도 다르지 않게 읽었다.

이해관계자 자본주의에 대한 적절한 찬사, 즉 기업의 공식적인 공감 발언이 일제히 방송되는 동안 카메라는 아마존 창고 주차장에 모인 시위 노동자들의 모습을 비추지 않았다.

13

"이것이 사람들을 죽이고 있다"

다보스맨의 유럽에서의 재난

키아라 레포라Chiara Lepora는 재난이 일어나는 중심부에서 일하는 데 익숙했다. 그녀는 남수단, 아프가니스탄 등 전쟁으로 폐허가 된 빈곤 국가에서 긴급 의료 서비스를 제공하는 노벨 평화상을 수상한 국제 구호 단체 '국경없는의사회'에서 감독관으로 일했다. 가장 최근에는 하늘에서 폭탄이 쏟아지는 예멘에 파견되어 굶주림으로 쇠약해진 아이들의 팔다리를 치료해야 했다.

하지만 레포라는 고국인 이탈리아를 재난 지역으로 간주해 본 적은 없었다. 2020년 봄, 레포라에게 주어진 임무는 당황스러우면서도 예상치 못한 것이었다. 그녀는 이탈리아 북부의 한 공공 병원에 배치되어 팬데믹으로 무력화된 의료 시스템을 지원하는 의사팀을 감독하게 되었다.

레포라는 미국 여행을 마치고 두바이에 있는 기지로 돌아오던 중 가족을 만나려 이탈리아 피에몬테 지역에 들렀다. 팬데믹으로 인해 항공 여행이 전면 중단되면서 그녀는 그만 그곳에 발이 묶여 버렸다. 그녀의 이탈리아 동료 24명도 비슷한 상황에 처했다. 그래서 그들은 초기 발병의 진원지인 로디시의 한 병원에 의료반을 편성하여 일하기 시작했다.

의사와 간호사는 충분한 보호 장비 없이 일하면서 코로나19 환자로 가득 찬 중환자실을 돌보느라 바이러스에 감염되고 그것을 퍼뜨리고 있었다. 중환자실의 병상은 날이 갈수록 더 많은 환자가 들어오는데도 이미 만원이었고, 의사들은 누가 살고 누가 죽게 될지 결정해야 했다.

레포라가 로디에 머물렀던 4개월 동안 그녀는 신종 코로나바이러스보다 주변의 암울한 상황이 더 놀라운 것임을 깨닫게 된다. 이탈리아에서 가장 부유한 롬바르디아 지역의 의료 시스템은 이윤추구라는 이해관계로 인해 생명을 보호하기 위해 조직된 공기업이라기보다는 사업체처럼 변해 버렸다. 수십 년에 걸쳐 기회주의자들은 의료 시스템을 민영화하여 자신들에게 유리한 기회를 만들어 가는 동시에 기본적인 의료 서비스를 제공할 수 있는 역량을 약화시켰다.

유럽 전역에서 공중보건보다 자신의 금전적 이익을 우선시한 다보스맨의 성공이 팬데믹이 그토록 치명적이었던 이유를 설명해 주고 있었다. 또한 다보스맨은 유럽 구조 기금을 자신들에게 유리하게 써먹었다.

영국에서는 10년간의 긴축으로 인해 그들이 자랑하던 국민보건 서비스가 약화되어 일상적인 의료 수요는 물론 코로나19에 대한 대처마저 불가능했다.

스웨덴에서는 다보스맨에 대한 감세로 인해 안전망이 약화되는 바람에 수년에 걸쳐 요양원 돌봄이 줄어들면서 노인들이 죽음의 물결에 휩싸였다. 자원이 너무 부족해 의사들은 요양원 거주자들이 코로나19 증상을 보이는 즉시 안락사를 시행하여 요양원 사망률을 완화시킬 뿐이었다.

세계적 수준의 의료 시스템의 취약성을 금전적 이해관계와 직결시킬 수 있는 미국과는 달리 유럽의 비극은 여러 요소와 정책 결정이 겹친 결과이며, 개인에게 책임을 묻기는 쉽지 않았다.

미국과는 극명하게 대조적으로 유럽 전역에서는 누구나 의료 서비스를 받을 수 있는 국가 의료 시스템이 정착되어 있었다. 그러나 공통적인 뒷배경에는 다보스맨이 성공적으로 세금 부담을 제한함에 따른 결핍 현상과 이윤 동기의 개입이 있었다.

이것이 바로 로디에 자리 잡은 레포라가 마주한 현실이었다.

한정된 보호 장비를 잘 활용하기 위해 그녀는 필사적으로 보호 장비 사용을 억제하는 시스템을 도입하려고 했다. 핵심은 병원에 들어오는 사람의 수를 제한하는 것이었다. 그러니 이 계획은 식사외 청소 서비스 용역 계약을 맺은 민간 기업과 충돌했다. 이들은 계약 위반으로 고발 당할 수 있다는 이유로 방문자 수를 제한하는 것을 거부했다.

레포라는 환자 유입을 줄이기 위해 원격진료를 확대하려 지역 보건 서비스를 활용했다. 8개의 회사가 각각 이 서비스 시스템을 나누어 소유하고 있었지만, 그중 어느 곳도 완전히 책임지는 회사는 없었다. 일부 코로나19 환자는 하루에 세 통의 전화를 받았고, 어떤 환자는 아무런 연락도 받지 못했다.

레포라는 "환자보다는 서비스가 중심이 되어 있었다."고 말했다.

"건강이 아닌 이윤을 의료 서비스의 최종 목표로 삼는다면 여기에서 소외되는 사람들이 생길 것이다."

유럽의 사망률은 어느 나라가 공중보건에 지속해서 투자했으며 어떤 나라의 의료 시스템이 다른 사항을 고려하느라 뒷전으로 밀려났는지를 보여 준다.

독일 정부는 병원 수를 줄여야 한다는 국제 컨설턴트들의 권고를 거부했다. 독일의 사망률은 상당했지만, 팬데믹 첫해의 영국과 미국에 비하면 절반에도 미치지 않았다.

2020년 초, 이탈리아는 유럽의 최전선 국가였으며, 다른 유럽 국가들은 자신들에게 앞으로 닥칠 사태를 미리 보듯 놀라움과 공포가 뒤섞인 시선으로 지켜보았다. 이탈리아 북부 롬바르디아 지역이 가장 큰 타격을 입었다. 이탈리아의 패션 및 금융 중심지인 밀라노가 위치한 이 지역은 세계 최고 수준의 의료 서비스와 함께 정교한 제조업을 자랑했다. 그러나 병원과 가정의학 클리닉은 수십 년에 걸쳐 수익성이 높은 전문 과목에 치우쳐 기본 의료 서비스와는 동떨어진 투자로 인해 궤멸 상태였다.

1990년대 중반, 로베르토 포미고니Roberto Formigoni라는 화려한 지역 정치인이 롬바르디아 지역의 행정을 담당하면서 이야기는 시작되었다.

'천국'이라는 뜻의 "일 셀레스테"(Il Celeste)라는 별명으로 널리 알려진 포미고니는 경건한 사회 보수주의와 막대한 돈벌이를 결합한 가톨릭 운동인 '친교와 해방의 형제회'의 지도자였다. 이 단체는 롬바르디아 전역의 주요 병원에 대한 이권을 장악하여 낙태를 억제하는 영향력을 행사했다.

포미고니의 조직은 그가 지역 의회를 통해 추진한 민영화 법안 덕분에 병원을 장악할 수 있었다. 이 법은 지역 의료 시스템을 통해 의료 서비스를 제공하는 민간 기업에 공적 자금을 지출할 수 있도록 했다. 법이 통과된 지 25년 만에 민간 병원은 롬바르디아 의료 시장의 40%를 장악했다.[164]

민영화는 재정 지원 감소로 어려움을 겪고 있는 의료 시스템에 더 큰 효율성을 불어넣는 방편으로 추진되었다. 글로벌 금융위기로 타격을 입은 이탈리아는 막대한 부채를 줄여야 한다는 유럽 규정에 따라 인구 고령화에도 불구하고 인플레이션을 감안해 의료비 지출을 삭감했다. 팬데믹이 닥쳤을 당시 이탈리아의 의료 서비스 지출은 연간 경제 생산량의 8.7%로 독일 11.7%, 프랑스 11.2%, 영국 10.3% 등 다른 유럽 국가에 비해 현저하게 적었다.[165]

중환자실은 특히 심각한 영향을 받았는데, 2012년 인구 10만 명당 12.5개였던 중환자실 병상이 팬데믹 직전에는 8.6개로 줄어들어 29.2개이던 독일과 크게 대조되었다.[166]

하지만 롬바르디아 지역 의료 서비스의 모든 분야가 위축된 것은 아니었다. 민영화 구상은 종양학이나 심장 수술과 같은 고수익 전문 분야에 대한 투자를 급증시켰지만, 전통적인 가정의학은 포기했다.

이탈리아 최고의 병원 중 하나인 밀라노의 산 라파엘레 병원에서는 지역 의료 시스템에 일반 외래 환자로 예약하려면 전화를 걸고 40분 가까이 대기해야 했지만, VIP 서비스 비용을 지불한 사람들은 40초 만에 진료 예약을 마칠 수 있었다.[167] 지역 의료 시장화의 직접적인 수혜자 중 한 명이 바로 이 사업을 시작한 포미고니였다.

가십 잡지들은 롬바르디아의 의료 장비 로비스트이자 컨설턴트인 친구 피에란젤로 다코Pierangelo Dacco 소유의 요트에서 호화로운 휴가를 보내면서 즐기는 그의 모습을 포착하고 스토킹했다. 훗날 기소장에 따르면 다코는 10년 이상에 걸쳐 포미고니에게 카리브해에 자리한 고급 리조트의 개인 별장에 묵으며 개인 요리사를 포함, 주당 8만 유로에 달하는 선물과 휴가를 제공했다.[168] 이 로비스트는 650만 유로 상당의 선물로 포미고니의 통치에 대한 감사를 표시했다. 그 대가로 포미고니는 의료 서비스에 대한 공공 예산을 다코의 고객들에게 몰아주었다. 다코는 결국 다른 정치인과 행정가 들이 엮인 복잡한 사기 사건을 통해 많은 돈을 긁어모아 해외에 은닉했다. 검찰은 그가 지역 의료 시스템에서 7,000만 유로를 빼돌린 사실을 밝혀냈다.[169] 검찰은 그의 요트, 거대한 와인 저장고, 여러 채의 주택, 30개가 넘는 은행 계좌를 압수했다.[170]

2012년 가을, 이 지저분한 거래가 대중의 눈앞에 공개되자 이에 대한 분노로 인해 포미고니의 롬바르디아 주지사 통치는 끝났지만, 그의 정치 경력은 놀랍게도 끝나지 않았다. 부패 혐의로 조사를 받고 있는 와중에도 포미고니는 실비오 베를루스코니의 당 소속으로 상원의원에 당선되었다.

포미고니는 결국 5년이 넘는 시간을 감옥에서 보냈다. 혐의에 대해 유죄를 인정한 다코는 감형을 받아 2년 6개월을 복역했다. 스캔들의 중심에 있던 병원은 새로운 손에 넘어갔다. 2012년 이탈리아 최대 병원 체인인 산 도나토 그룹이 산 라파엘레 그룹을 인수했다.

팬데믹이 발생하기 전 롬바르디아의 관리들은 비용 절감을 위해 병원 관리자들에게 검사 튜브와 화학 시약과 같은 품목의 비축을 줄이도록 회유책을 제공했는데, 이는 팬데믹이 닥쳤을 때 코로나19에 대한 대량 검사 능력을 감소시킨 결과를 초래했다.

관리자들은 자신들만의 이익 창출 방법을 찾았다. 밀라노 검찰에 따르면 산 도나토 그룹의 경영진은 노바티스, 일라이 릴리, 바이엘 등 주요 제약사 경영진과 공모하여 주 정부를 기만하고 의약품에서 폭리를 취했다.[171] 병원은 할인된 가격으로 약품을 공급받고 이를 납세자들이 부풀려진 가격으로 병원에 환급해 주었으며 경영진은 차액(약 1,000만 유로)을 챙겼다. 이러한 속임수는 예외 없이 민영화를 추진하는 사고방식을 보여 주는 지표였다. 지역 행정 지도자들은 공무원이라기보다는 벤처 자본가처럼 행동하고 있었다.

밀라노의 신생아 전문의이자 중도 좌파인 피우 유로파 당 소속 전 지방의원 미켈레 우수엘리Michele Usuelli는 "위생 및 예방, 일차 의료, 외래 진료소, 전염병 및 전염병학과 같은 전문 분야는 전략적 자산이 아니며 충분히 섹시하지 않은 것으로 간주되어 왔습니다."라고 말했다. "그것이 우리가 복잡한 질병도 잘 대응할 수 있는 의료 시스템을 갖추고 있으면서도 팬데믹과 같은 상황에 대처할 준비는 전혀 되어 있지 않은 이유입니다."

지역 공무원들은 대중이 필요한 치료를 받을 수 있도록 자신의 권한을 사용하지 못했다. 신축 암센터에 고가의 암 치료비를 받도록 허용하는 대신 개인 병원에게 노인 및 소아 치료와 같이 수익성이 낮은 서비스도 제공하도록 요구할 수 있었다.

"그들은 민간 부문이 원하는 것은 거의 무엇이든 할 수 있는 권한을 부여했어요."라고 우수엘리는 말한다. "민간 기업에게 사회적 책임을 물을 기회를 완전히 놓친 것이죠."

2020년 2월 코로나19 첫 확진자가 발생하자 이탈리아에서 가장 영향력 있는 재계 로비 단체인 콘핀두스트리아(Confindustria)는 롬바르디아 공장의 계속 가동을 허용해 경제적 피해를 방지하고, 바이러스 확산을 억제할 수 있는 더 빠른 봉쇄를 자제해 달라고 정부에 촉구했다.[172]

이탈리아 북부의 산업 지역과 중국의 공장이 연결되어 있다는 점을 고려할 때 이는 특히 무모한 결정이었다. 많은 사람이 두 나라를 오가며 바이러스를 전파하는 매개체가 되었다.

밀라노는 130만 명이 넘는 인구가 거주하는 도시였다. 첫 번째 물결이 닥쳤을 때 공중보건 및 위생 전문 의사는 5명에 불과했다. 이들은 검사 및 접촉자 추적 체계를 구축하는 일을 담당했다. 두 번째 물결이 몰려오자, 롬바르디아주 보건부는 의사들에게 "더 이상 신속 역학 조사를 수행할 수 없다."고 통보했다.

"가정의는 비용이죠."라고 전국 의사 및 치과의사 연맹의 회장 필리포 아넬리Filippo Anelli는 말한다. "의료 서비스를 통해 돈을 벌어야 한다는 관점에서라면 지역 의료에 대한 투자는 분명히 보상이 적어 보입니다."[173]

에리카 콘포르티Erika Conforti는 2020년 2월 초, 팬데믹 시기에 맞춰 가정의학과 의사로 경력을 쌓기 시작했다. 레지던트 과정을 갓 마친 30대 중반의 그녀는 밀라노의 한 아파트 건물에 있는 개인 사무실에서 개업하다가 은퇴한 의사의 병원을 인수했다. 그녀는 일상적인 질병을 앓고 있는 사람들을 돕고 싶다는 열망에서 일반 진료에 매력을 느꼈다. "나는 환자들과 대화하는 것을 좋아합니다."라고 그녀는 말했다. "환자들과 함께 시간을 보내는 것이 좋아요."

하지만 팬데믹이 확산되면서 콘포르티는 하루 12시간씩 일하면서도 코로나19 증상을 호소하는 환자들로부터 쏟아지는 전화와 이메일을 감당하지 못했다.

2020년 말 두 번째 물결이 밀려오면서 이 지역의 병상은 늘어났지만, 간호사와 마취과 의사가 부족했다. 콘포르티는 "병원 환경에서 일하는 방법을 아는 사람이 충분하지 않다면 병상 수만 늘리는 것은 무의미합니다."라고 말했다. 그녀가 운영하는 병원에서는 하루 만에 30명의 환자가 코로나19 양성 판정을 받았고, 50명의 환자가 격리되어 6일이 걸리는 검사를 기다리고 있었다.

"적어도 하루에 한 번은 코로나19 확진자를 진료하고 싶지만, 그럴 시간이 없어요."라고 그녀는 말했다. "사소한 방심 하나하나가 굉장히 심각한 결과를 초래할까 걱정됩니다."

영국에서는 보리스 존슨 정부가 이탈리아와 같은 운명을 피하려 노력했다. 2020년 봄에 바이러스가 확산되자 정부는 병원에 환자가 넘쳐나는 것을 막았지만 막대한 대가를 치렀다. 병상을 확보하기 위해 국민보건서비스는 수천 명의 노인을 병원에서 요양원으로 옮겼는데, 이들 요양원 중 상당수는 개인이 운영하고 있었고 규제가 약하며 재난에 대한 대비가 미흡했다. 팬데믹이 시작된 지 3개월 만에 잉글랜드와 웨일스의 요양원에서만 평소보다 2만 명이 더 사망했다.[174]

영국은 모든 자원을 코로나19 퇴치에 집중하여 나머지 의료 시스템을 효과적으로 폐쇄했다. 다시금 드러난 의료 인력 부족 사태는 팬데믹 이전에 영국 의료 시스템이 얼마나 취약했는지 여실히 보여 주었다.

리버풀에서 긴축재정을 한탄하던 의사 사이먼 바우어스Simon Bowers는 다른 질병을 앓고 있는 자신의 환자들이 평상시라면 며칠이면 끝나는 치료와 검사를 위해 몇 주, 심지어 몇 달씩 기다려야 하는 것에 대해 불평했다.

"코로나19가 아니었다면 암으로 사망하지 않았을 환자 두 명의 사망진단서를 지난주에 작성해야 했어요."라고 바우어스는 지난 10월에 나에게 말했다. "10년간의 긴축으로 인해 시스템은 일 년 정도나 겨우 대처하는 수준에 머물러 있습니다. 팬데믹은 시스템의 결함을 무자비하게 드러낸다는 점에서 완전 최악입니다."

또한 정실주의가 공중보건보다 우선하는 양상도 드러났다. 정부가 보호 장비, 인공호흡기 및 기타 필수 물품에 대한 긴급 계약을 체결하면서 정치적으로 연결된 기업들이 비밀 VIP 경로를 이용할 수 있도록 해 주었다.[175]

중앙 정부에 의해 체결되어 최종적으로 공개된 약 1,200건의 계약 (총 220억 달러 규모) 중 약 절반은 심각한 적절성 문제를 일으킨 기업이 수주한 계약이었다. 지원금을 받은 기업들은 집권당인 보수당과 관련된 사람들이 운영하는 경우가 많았다.

정부 기관인 무역위원회 직원이 운영하는 한 회사는 의료진에게 보호 장비를 공급하는 3억 4,000만 달러 규모의 계약을 따냈다. 이 회사는 결국 2억 달러의 비용으로 5,000만 개의 마스크를 생산했다. 하지만 마스크에 결함이 발견되어 사용할 수 없었다. 반면, 자격을 갖췄음에도 높은 자리에 친구가 없는 기업들은 대부분 탈락했다.

바이러스가 변이를 일으키며 2021년 첫 달 동안 영국을 빠르게 확산되는 변종의 진원지로 만들면서 영국 병원 시스템은 다시 한번 환자 폭증으로 위협을 받았다. 노인 환자들이 다시 요양원으로 이송되었다. 감염률은 또다시 치솟았다.

2021년 8월까지 이 팬데믹으로 인해 13만 명 이상의 영국인이 사망했으며, 이는 유럽에서 최악의 숫자였다. 스웨덴에서마저도 팬데믹을 겪으면서 드러난 사회 안전망의 낙후가 공중보건 비상사태를 관리할 수 있는 능력을 얼마나 소홀히 여겨 왔는지를 보여 주었다.

다른 유럽 국가들과 마찬가지로 스웨덴도 이탈리아의 재난을 전조로 받아들였지만, 색다른 대응 방식을 선택했다. 정부는 국민에게 사회적 거리 두기를 권고하면서도 상점, 레스토랑, 나이트클럽, 학교는 문을 열도록 방치했다. 스웨덴 사람들 대다수는 마스크 착용에 관한 규정 없이 자유롭게 일상생활을 이어 갈 수 있었다.

정부는 보다 계몽적인 접근 전략을 보였다. 사람들이 직장을 피하고 집에 웅크리고 있으라고 강요하면 실직과 절망을 초래할 수 있다. 코로나바이러스의 영향과는 별도로 우울증과 같은 정신건강 질환의 영향도 함께 고려해야 했다.

전 세계적으로 팬데믹 제한 조치를 비난하는 사람들은 스웨덴을 대안 모델로 주목했다. 폭스 뉴스의 논설가 터커 칼슨Tucker Carlson은 "스웨덴은 봉쇄하지 않고도 봉쇄한 다른 유럽 국가보다 훨씬 더 나은 성과를 거두었다."라고 말했다.[176]

이 평가에는 한 가지 문제가 있었는데 스웨덴의 전략은 재앙이었던 것이다. 2020년 여름까지 인구 1,000만 명의 나라에서 5,000명 이상이 사망하여 스웨덴은 지구상에서 인구 비례 사망률이 가장 높은 나라 중 하나가 되었으며, 노르웨이의 12배, 핀란드의 7배, 덴마크의 6배 등 주변 국가에 비해 기하급수적으로 높았다.

이러한 죽음의 물결에 대한 대가로 스웨덴이 실제로 경제적 이득을 얻은 것은 아무것도 없었다.[177] 오히려 봉쇄령이 내려진 이웃 국가들보다 더 암울한 경기 침체의 덫에 걸려들었다. 정부 전략의 지지자들은 이 전략이 장기적인 관점으로 보아야만 공정하게 평가될 수 있다고 주장했다. 그러나 11월 중순이 되자 잔인한 두 번째 물결은 유럽에서 가장 빠른 속도로 스웨덴 국민을 다시 병원으로 보냈다.[178] 코로나19로 사망한 사람 중 거의 절반이 요양원 거주자였다. 공식 전략의 지지자들은 암묵적으로 그들의 죽음을 부수적인 피해로 치부했는데, 이는 스웨덴의 극단적인 사회 공학 실험에 대한 불편한 기억을 자극하는 것이었다. 1970년대 말, 정부는 고아나 비행 청소년 등 사회적으로 용인될 수 없다고 판단되는 여성에게 강제 불임 수술을 시행했었다.

국가 전략의 설계자인 스웨덴의 국가 전염병학자 안데르스 테그넬Anders Tegnell은 개인적으로 사람들을 바이러스에 충분히 노출해 추가 확산을 막을 수 있는 항체를 생성하는 이른바 집단 면역에 관한 관심을 보이고 있었다.[179]

스웨덴의 전략에 대한 비판이 거세지자, 관리들은 노인들을 대화에서 배제하기 시작했다. 그래, 요양원에 문제가 있었던 것은 사실이지만, 그것을 빼고는 스웨덴은 대체로 잘하고 있다. 과거 많은 사람이 사망했던 사건들에 비하면 사망한 사람은 그리 많지 않다.

그러나 요양원 사망자 문제는 팬데믹에 대한 스웨덴의 훌륭한 대처에서 약간의 아쉬운 부분이 아니다. 이는 스웨덴이 사회 안전망의 핵심 부분을 과감히 축소하여 다보스맨에게 전달할 돈을 확보하며 노인 돌봄의 대부분을 영리 민간 기업에 맡긴 직접적인 결과였다.

1990년대에 시작된 일련의 개혁에 따라 스웨덴은 노인에 대한 책임을 지방 정부에서 지방 자치 단체로 이양하고, 요양원에 의존하던 전통적인 방식 대신 재택 간호를 우선시했다. 지자체는 민간 기업과 서비스 계약을 맺을 수 있는 권한을 얻었다. 2020년에는 스톡홀름 지역 요양원 거주자의 약 절반이 영리 기관에 거주하게 되었다.

그 추진 동력의 일부는 철학적이었다. 스웨덴의 지도자들은 사랑하는 사람들에게 둘러싸여 집에서 편안하게 여생을 맞이하는 것이 노인들에게 더 낫다고 결론을 내렸다. 민간 기업들은 시설이 필요한 노인들을 위해 더 수용적이고 편안한 건축과 경험을 설계했다. 하지만 민간 기업들은 또 다른 장점, 즉 비용은 쥐어짜 수지를 맞추는 능력도 가져왔다.

H&M의 대표와 같은 억만장자들에게 혜택을 준 10년간의 감세 정책은 그들이 결국 스스로 수입을 발생시킬 것이라는 우주적 거짓말에도 불구하고 정부 수입을 감소시키는 결과를 가져왔다. 미국에서와 마찬가지로 영리 요양원도 직원을 감원하여 부분적으로 비용을 절감했다.

스톡홀름 대학의 노인 돌봄 전문가인 마르타 세베헬리Marta Szebe-hely는 "이 분야는 노동 시장에서 저평가된 부분이다."라고 말한다. "일부 간병인은 급여도 제대로 받지 못하고, 교육도 제대로 받지 못하며, 고용 조건도 매우 열악하다. 그리고 그들은 아무도 잘 알지 못하는 전염병을 아무런 지원도 없이 막아내야 했다."

스웨덴은 여전히 연간 경제 생산의 3.2%에 달하는 막대한 금액을 노인 돌봄에 투자하고 있는데, 이는 미국의 0.5%와 비교하면 매우 높은 수준이다. 이보다 더 큰 비용을 지출하는 나라는 네덜란드와 노르웨이밖에 없다.[180] 그러나 증가하는 금액은 관리 비용과 가장 결정적으로 민간 기업 주주에 대한 배당금으로 흡수되고 있었다.

2018년 여름 부모를 스톡홀름 중심부에 있는 사바츠버그스빈 양로원으로 모셨을 때만 해도 미아 그레인Mia Grane은 이런 사실을 전혀 알지 못했다. 이 요양원은 스웨덴 최대 영리 요양원 운영사인 아텐도(Attendo)가 소유하고 있었다. 106명의 입소자가 거주했는데, 대부분 치매를 앓고 있었다. 이들은 3개의 낮은 건물에 걸쳐 있는 11개의 병동에 나뉘어 있었다.

그레인의 어머니는 알츠하이머 환자였다. 그녀의 아버지는 휠체어가 필요했다. 시설에는 한여름 파티에 사용되는 아름다운 정원이 있었다. "거기는 완벽한 곳이었어요." 그레인이 말했다. "집처럼 편안했지요." 하지만 팬데믹이 확산되면서 불안감이 마음의 평화를 빠르게 대체했다.

1월 말 스웨덴에서 첫 확진자가 발생했다. 그레인이 요양원 직원들에게 입소자들을 보호할 계획이 있는지 묻자, 직원들은 그녀를 마치 괴물을 무서워하는 아이처럼 대했다. "그곳에서 일하던 사람들은 아무런 정보가 없었습니다."라고 그녀는 말했다. "그들은 나에게 '아무 문제도 없다'고만 말했어요."

3월 3일, 그레인은 부모님을 함께 볼 수 있는 마지막 기회일지도 모른다는 생각에 요양원 식당에서 부모님과 함께 사진을 찍었다.

"나는 이때 '바이러스가 이곳에 침투한다면 많은 사람이 죽게 되겠다'라고 생각했어요."라고 그녀는 말했다.

며칠 후 그녀는 지역 신문에서 같은 병동에서 누군가가 사망했다는 소식을 읽었다. 그녀는 당황한 마음에 병원에 전화를 걸어 코로나19가 원인이었는지 물었다. 직원은 그 질문에는 대답을 거부했지만, 그녀의 아버지가 감기 증상을 겪고 있다고 말했다. 병동에 있던 다른 두 명도 아팠다.

처음에는 시설 내 직원들에게 전염 억제 지침이 제공되지 않았다고 한 간병인은 내게 말했다. 관리팀에서도 마스크를 즉시 제공하지 않았기 때문에 그녀는 병동에 들어가기 전에 플라스틱 파일 폴더와 끈을 이용해 직접 안면 보호대를 만들었다.

간호팀은 비상 계획을 수립했다. 직원들은 감염을 예방하기 위해 다른 병동에 출입하지 않고 각자의 병동에만 전념하도록 했다. 하지만 이것은 가용 자원이 부족한 상황에서 무리한 계획이었다. 간호사가 충분하지 않았다. 인력소개소를 통해 요양원에서 일하게 된 한 노인 전담 간호사는 낮 근무 시간에는 다른 한두 명과 함께 시설 전체를 돌보는 것이 일반적이었다고 말했다. 주말과 야간에는 그녀가 유일하게 근무하는 간호사인 경우도 많았다.

이 간호사는 상사에게 바이러스 확산을 막을 수 있도록 직원을 추가해 달라고 촉구했지만, 상사는 이를 무시했다. 그녀가 그만둘 무렵인 5월 초까지 바이러스는 11개 병동 중 7개 병동에 침투했고, 최소 20명의 환자가 사망했다고 그녀는 말했다.

"우리가 일해야 했던 방식은 질병 통제에 관해 학교에서 배운 모든 것에 반하는 것이었어요."라고 이 간호사는 말했다. "우리는 그들에게 '이것은 잘못된 것이다. 이것이 사람들을 죽이고 있다'고 말했지요. 하지만 그들은 듣지 않았습니다."

이 요양원을 소유한 아텐도사는 전년도에 13억 달러가 넘는 매출을 기록했다. 하지만 마스크와 가운과 같은 보호 장비를 충분히 비축하지 못했다. 국가 지침을 준수하기에는 충분했지만, 팬데믹에 맞서기에는 충분하지 않았다. 바이러스가 확산되자 아텐도는 물품을 구매하기 위해 노력했다. 이 회사의 최고경영자인 마틴 티베우스Martin Tiveus는 "중국에서 물량을 빼내 오는 데에만 5~6주가 걸렸다."라고 내게 말했다.

요양원 내 마스크 부족 사태는 스웨덴이 시장주의에 얼마나 사로잡혀 있는지를 여실히 보여 주었다. 마스크를 비축하는 데는 돈이 들었다. 정규직 간호사를 고용하는 것도 마찬가지였다. 그냥 온라인과 임시직 대행업체에 의존해 그때그때 필요에 따라 제품과 인력을 구하면 되지 않나? 비용을 규제하여 주주에게 보상하는 것이 사회 복지보다 우선시되었다. 스웨덴 보건사회부 산하 보건 연구 협의회인 포르테(Forte)의 올레 룬드버그Olle Lundberg 사무총장은 "이번 팬데믹으로 인해 수년 동안 드러나지 않았던 여러 시스템 오류가 드러났다."라고 말했다. "우리는 글로벌 생산 체인과 적시 배송에 전적으로 의존하고 있다. 오늘 필요한 주사기는 오늘 아침에 배달되어야 했다. 안전을 위한 여유는 없었다. 한편으로는 경제적으로 매우 효율적일 수 있으나 아주 취약하다."

간병 보조원은 열이 나자 집에 머물렀다. 하지만 아텐도 홈의 다른 저임금 노동자들은 계속 출근했다. 간호사는 탈의실에서 몇몇 사람이 정부에서 지급하는 유급 병가가 즉시 시작되지 않고 임금 손실을 모두 보전해 주지 않기 때문에 계속 일해야 한다고 이야기하는 것을 우연히 들었다.

간병 보조원이 집에서 회복하는 동안 그녀는 아텐도에서 보낸 소포를 받았다. 그 안에는 팬데믹 관리에 대한 지침이 자세히 적힌 두꺼운 바인더가 들어 있었다. 안전 장비를 올바르게 착용하는 방법은 초기에 장비를 주지 않았기에 따르지 못했고, 도우미가 요양원 입주자와 2미터 이상 떨어져 있어야 한다는 것은 치매 환자의 경우 애초에 불가능한 지침이었다.

양로원에서는 전화가 쉴 새 없이 울렸고, 통화자는 대기 상태로 남아 있었다. 미아 그레인은 하루에 다섯 번, 열 번씩 전화를 걸었다. 그녀의 아버지가 코로나19 양성 판정을 받았기 때문이다. 그녀는 아버지가 아무런 치료 없이 죽음으로 치닫고 있다는 사실에 두려움을 느꼈다. 그녀는 직원들에게 아버지를 병원으로 이송해 달라고 요구했다.

"그들은 '아무도 병원에 보내지 않을 것'이라고 말했어요."라고 그레인은 회상했다. "그게 규칙이었죠."

스톡홀름에서는 요양원 거주자가 코로나19 증상을 보이는 즉시 의사에게 완화 치료(생명을 구하기 위한 노력을 포기하고 마지막 날을 편안하게 보내기 위한 치료)를 처방하도록 권장하는 지침이 마련되었다. 이 지침에 따라 의사는 환자의 전반적인 건강 상태에 대한 정보를 얻기 위한 진찰이나 혈액 또는 소변 검사 없이도 진료를 진행할 수 있었다. 의사들은 그로 인해 며칠 내에 사망할 수 있다는 사실을 알면서도 모르핀을 처방했다. 전문가들은 이를 스웨덴에서 불법인 적극적 안락사에 비유했다.

"환자의 사망 여부를 결정하기 전에 개별 평가를 하지 않은 의사가 있다는 사실이 의사의 한 사람으로 부끄럽다."라고 우메오 대학교의 노인학 교수인 잉베 구스타프슨Yngve Gustafson은 말했다.

의사들은 병상 부족에 적응하고 있었다. 지난 두 차례의 봉쇄 조치 동안 스웨덴의 병상 수는 인구 1,000명당 3.58명에서 2.1명으로 감소하여 이탈리아와 영국보다도 낮은 수치를 기록했다.[181]

스톡홀름의 중환자실 의사 마이클 브로메Michael Broome는 "우리는 어떻게 하면 가장 많은 환자에게 혜택을 줄 수 있을지 매우 신중하게 생각해야 한다는 것을 일찍이 깨달았습니다."라고 나에게 말했다. "다른 상태에 있는 노인들에게 인공호흡기를 달아야 할지 다시 한번 생각해야 했죠."

스웨덴의 요양원은 죽음을 기다리는 사람들을 위한 창고가 되었다. 사바츠버그스빈 요양원의 노인 전담 간호사는 과로 상태의 동료가 기록한 보고서에 의존하여 적절한 간호를 제공해야 했다. 그러나 중요한 정보가 누락되었다.

그녀는 임종 징후를 보였던 한 노인의 사건으로 인해 아직도 괴로워하고 있었다. 그녀가 근무를 시작했을 때 아무도 그의 상태를 알려 주지 않았다. 그의 가족도 임종이 가까워졌다는 말을 듣지 못했다.

간호사는 "내가 알았다면 그를 확인하러 갔을 것이고, 그의 손을 잡고, 불안이나 고통을 느끼는지 물었을 거예요."라고 말했다. "나는 아마도 모르핀을 투여했을 겁니다." 그녀의 목소리는 갈라졌다. "그는 혼자 죽었어요."

4월 2일, 그레인은 요양원에 전화를 걸어 아버지가 간신히 살아 계신다는 소식을 들었다. 아버지는 그날 오후 아무도 지켜보지 않는 가운데 사망했다.

그녀는 직원들에게 어머니를 살려 달라고 애원했다. 하지만 어머니는 아무것도 먹지 않았고 탈수 상태였다. 이번에는 그레인은 적어도 끝까지 방에 앉아 어머니의 임종을 지킬 수 있었다.

그레인은 그 경험으로 인해 큰 충격을 받았다. 그녀는 당시의 혼란, 부족한 인력, 팬데믹으로 인해 부모님을 모두 떠나보내면서 겪은 자각 부족 등 대체 어떤 일이 벌어진 것인지 꼼꼼히 살펴보았다.

"내가 보기에는 그들이 비용을 절감하고 싶었던 것이 분명해요."라고 그녀는 말했다. "결국은 모든 게 돈이었죠."

2021년 중반까지 스웨덴은 코로나19로 1만 4,000명 이상이 사망하여 1인당 사망률이 덴마크의 3배 이상, 핀란드의 거의 8배에 달해 이웃 국가들보다 훨씬 더 심각했다. 아텐도는 최근 실적에 대해 논의하기 위해 주식 애널리스트들과 통화했다.

팬데믹으로 인해 스칸디나비아 사람들은 친척을 요양원에 맡기는 것을 꺼렸다. 이에 따라 "고객"의 수가 제한되어 "1년 전에 비해 평균 이용률이 낮아졌다."고 CEO인 티베우스는 말했다.

하지만 주주들에게는 더 좋은 소식이 있었다. 회사는 향후 3년간 수익의 30%를 배당하겠다는 목표를 반복했다.

팬데믹이 유럽 경제를 강타하면서 다툼과 반목, 부족 간 적대감이 팽배한 유럽 대륙에서 최선의 결과를 이끌어 낼 가능성은 없어 보였다. 유럽은 10년 전 금융위기로 인한 경제적 피해에서 완전히 회복하지 못했다. 이제 더 큰 충격이 닥쳐와 은행 파산과 실직의 물결이 밀려오고 있었다.

　유럽연합은 마치 트라우마가 기존의 불화를 더욱 심화시키기만 하는 어떤 가족과도 같았다. 지난 10년간의 위기 동안 유럽연합이 공동 구호 활동을 벌여야 하는지와 방법을 둘러싸고 갈등이 있었으며, 일부에서는 모든 회원국이 지원하는 유로채권을 판매하여 자금을 조달해야 한다고 제안했다. 그러나 북유럽 국가들은 그리스, 스페인, 이탈리아 등 가장 큰 타격을 입은 국가에게 고통을 떠넘기며 망설이고 있었다.

　북유럽 사람들이 집단 부채를 부담하기를 꺼리는 것은 전통적으로 남유럽 형제들에 대한 거친 고정관념에 기인한다. 독일인들은 전성기에 은퇴한 공무원들이 바다를 바라보는 빌라 발코니에 기대어 호화로운 연금으로 생활하는 그리스와 이탈리아에 방만한 차입을 허용하기 위해 자신들이 힘들게 모은 저축을 위험에 빠뜨릴 수도 있다는 가능성에 아연실색했다.

　"술과 여자에 돈을 다 쓰고 나서 도움을 요청할 수는 없다."라고 네덜란드 재무부 장관인 제로엔 디셀블룸Jeroen Dijsselbloem은 말한 적이 있다.[182] 이러한 종류의 묘사는 그리스인들의 노동시간이 많은 북유럽 국가보다 실제로는 더 길다는 사실을 간과했다. 또한 독일 은행들이 지중해 투자 실패에 자금을 조달하기 위해 공격적으로 대출을 해 준 사실도 무시했다. 유럽의 구호를 제한하고 긴축을 강행하는 과정에서 독일은 자국의 대출 기관이 채권을 회수할 수 있도록 남유럽의 일반 가계가 수년간 절망의 나날을 보내도록 했다.[183]

　남유럽 사람들은 이 중 그 어떤 것도 잊지 않았다. 특히 오스트리아, 네덜란드, 덴마크, 스웨덴 등 이른바 '검소한 4인방'이 원조를 각국 정부가 상환해야 하는 대출 형태로 연장할 것을 요구하면서 범유럽인의 불만이 되살아났다.

마크 루테Mark Rutte 네덜란드 총리는 2020년 5월에 "다음에는 그들에게 어떤 자구책이 있는지 최소한 물어볼 수는 있지 않나."고 말했다.[184]

스페인에 영안실이 넘쳐나면서 마드리드의 지방 당국은 시신을 보관하기 위해 아이스 링크를 활용해야 했다.[185] 이탈리아 국민들은 격리 조치로 인해 장례식도 치르지 못했다.[186] 스페인령 북쪽의 부유한 국가들의 재정 건전성에 대한 강의는 늘 귀에 거슬렸다. 이제 그것은 유럽의 연대란 결국 사기에 불과하다는 신호처럼 보였다.

그러던 중 놀라운 합의가 이루어졌다. 유럽 지도자들은 걸맞지 않은 신속함과 결단력으로 예산 압박을 버리고 행동에 나섰다. 팬데믹의 잠재적 위험은 너무나도 놀라웠고, 한 번에 계산할 수 없을 정도로 마대했기 때문에 유럽 국가들은 자주 분열시키는 임상적인 반목을 덮고 피해를 제한한다는 한 가지 근본적인 목표에 집중하게 되었다. 긴축을 지향하던 북유럽 정부들도 당장은 공공 부채보다 더 큰 두려움이 있었기 때문에 최악의 피해를 당한 국가들이 필요에 따라 대출을 받을 수 있도록 규칙을 유예하는 데 동의했다. 유럽연합은 국가 간 불신을 뛰어넘어 7,500억 유로에 달하는 공동 구제 기금을 조성했다. 금액보다 더 중요한 것은 그 조성 방식이었는데 그들은 이것을 공동 차입을 통해 조달했다.[187]

유럽은 이른바 코로나 채권 매각에 합의함으로써 브렉시트 이후 유럽연합의 신성함에 대한 의구심을 줄이는 동시에 근본적인 쓰라림을 치유하기 위한 연고 처방을 내린 것이다. 이는 치명적인 반목을 원동력 삼아 유럽연합 창설의 주역이 된 독일과 프랑스 양국의 설계가 승리한 것이었다. 마크롱은 유럽연합의 다음 단계를 구축하는 것을 주요 목표로 삼았다. 유럽연합의 지속가능성과 활력을 핵심 쟁점으로 삼으며 집단 부채에 반대하는 핵심 세력인 앙겔라 메르켈 독일 총리를 설득했다. 다보스맨은 공적 자금이 일자리 보호라는 명분 아래 실시되었던 문제가 있는 투자를 구원해 주는 데 사용될 수 있다는 점을 깨닫자, 공격적인 지출을 반갑게 받아들였다.

수십 년에 걸친 불평등 확대, 이민, 공공 서비스 삭감으로 인해 유럽연합의 구조가 파열되었고, 유럽연합을 공격함으로써 표를 구걸하는 극단주의 정당에 생기를 불어넣었다. 팬데믹은 유럽식 사회 민주주의의 장점을 보여 주면서 유럽연합의 연대를 강화하는 듯 보였다.

미국은 므누신의 비자금으로 제이미 다이먼의 은행을 통해 자금을 조달하고, 래리 핑크의 회사가 연준을 대신해 채권을 매입해 스티브 슈워츠먼의 사모펀드 제국이 무상으로 대출을 받는 루브 골드버그(Rube Goldberg)식 수법을 구사했다. 이 모든 돈은 이들이 아닌 일반 국민에게 흘러갔어야 했다.

유럽 정부는 다보스맨의 중개를 배제하고 직접 나서서 급여를 국유화했다. 억만장자를 구하는 대신 노동자를 구한 것이다. 덴마크부터 아일랜드까지, 각국 정부는 팬데믹으로 인해 경영에 위협을 받는 기업들이 직원들을 고용하는 조건으로 임금의 대부분을 지급하기로 합의했다.[188]

미국의 실업률은 치솟았지만, 대부분의 유럽에서는 2020년 가을까지 실업률이 소폭 상승하는 데 그쳤다.

영국에서는 긴축 시대를 끝내야 할 만큼 충격이 컸다. 보리스 존슨 총리는 국가 재정 내에서 생활해야 한다는 엄숙한 강론 대신 적절한 지출을 할 것을 촉구했다.[189] 인프라 지출을 중심으로 재정의 획기적 증가가 있었고, 이를 통해 존슨은 재정 악화를 이유로 반란을 일으킴으로써 그의 집권을 도와줬던 영국 북부 지역사회를 강화할 수 있었다.

부채에 대한 혐오가 국가 종교에 가까웠던 독일에서도 정부는 7,500억 유로에 달하는 지출 패키지인 보조적 구제 프로그램의 재원을 마련하기 위해 차입을 단행했다.[190]

하지만 이 새로운 유럽 화합의 정신이 얼마나 오래 지속될까? 유럽연합 회원국의 지출을 제한하는 예산 규칙은 여전히 규정으로 남아 있었다. 그것이 무한정 중단되지는 않을 것이다. 결국 구조 비용에 대한 청구서가 집계될 것이고 그 돈은 갚아야만 할 것이다.

이론적으로는 정부가 세금을 인상하여 필요한 재원을 마련할 수 있다. 실제로 영국 재무부 장관인 리시 수낙Rishi Sunak은 2021년 3월 노동자를 위한 구제 프로그램을 가을까지 연장하는 새로운 예산안을 발표하면서 결국에는 법인세를 인상하여 재원을 마련해야 한다고 말했다.

그러나 다보스맨은 다른 곳으로 부담을 돌리기 위해 영향력을 행사하는 데 능숙했고, 결국 정부 서비스를 삭감하고 일반 노동자에게 더 큰 부담을 지우는 등 의례적인 방식으로 부채를 갚을 수 있다고 주장했다. 수낙은 이미 다수 공무원의 급여 동결을 발표하면서 "부채를 통제하겠다."고 약속했다.[191]

존슨 총리가 2021년 가을에 국가 의료 시스템 강화에 필요한 재원을 마련하기 위한 세금 인상안을 발표했을 때도 일반 노동자가 상당 부분을 부담할 것이라는 점은 분명했다.

긴축은 무작위적인 믿음이 아니었다. 그것은 '우주적 거짓말'을 보완하는 것이었고, 이 거짓말의 혜택을 받은 부유한 사람들이 조장하는 가치 체계였다. 공공 지출을 줄이면 세금의 필요성이 줄어들고 이는 다보스맨에게 더 많은 것을 의미했다. 그리고 불안한 대중을 진정시키는 데 필요한 공공 지출은 다른 사람들, 특히 젊은이들의 희생으로 충당할 수 있었다.

긴축론은 잠시 잠잠해졌을지 몰라도 완전히 사라진 것은 절대 아니었다.

미국의 구호 활동은 투명성에 기초한 것이 아니었다. 그러나 영국에서는 정부 보증 대출을 받은 기업의 미상환 금액이 520억 파운드 이상으로 불어났음에도 재무부는 해당 기업의 이름을 공개하기를 거부했다. 대출 업무를 처리하던 정부 기관인 영국 비즈니스 은행의 관리들은 대중에게 자금의 사용처를 공개하면 대출자들이 불편을 느껴 대출을 꺼릴 수 있다고 우려했다.[192] 그런데도 불구하고 이러한 프로그램에 대한 이례적인 공개는 다보스맨이 대중의 관대함을 길들이는 데 자신의 평소 기량을 발휘하고 있음을 보여 주었다.

영국 재무부는 대출을 배분하기 위해 100개 이상의 자격을 갖춘 대출 기관 네트워크에 의존했다. 그중 한 기관인 그린실 캐피털(Greensill Capital)은 웨일스에 개인 제트기와 저택을 소유한 인도 태생의 케임브리지 출신 철강재벌 산지브 굽타Sanjeev Gupta가 지배하는 여러 회사에 3억 5,000만 파운드 상당의 정부 지원 대출을 제공했다.[193]

이 대출로 두 회사는 일시적으로나마 재앙을 피할 수 있었다. 그린실은 수년 동안 굽타의 제국에 약 35억 파운드를 빌려주었다. 그 돈으로 굽타는 미국, 유럽, 호주에서 철강 및 알루미늄 공장을 인수하여 약 3만 5,000명의 직원을 고용하고 연간 200억 달러의 매출을 기록할 수 있었다.[194]

글로벌 경제 셧다운은 굽타의 채무 상환 능력을 위협하고 있었다. 그의 사업 그룹이 채무 불이행에 빠지면 대출 기관을 무너뜨릴 수 있을 만큼 큰 손실이 발생할 수 있었다. 이후 공개된 내용에 따르면, 그린실은 굽타 그룹이 이미 상환금을 연체하고 있으며 이들이 납세자의 돈을 빌려 부족한 자금을 메꾸면서 파산에 빠질 심각한 위기에 처했다는 사실을 이미 알고 있었다.[195] 이 때문에 공적 자금이 투입된 구조조정 대상에서 제외되었어야 했다.

그러나 두 가지 숨은 이유로 그토록 당연한 사실은 무시되었다. 굽타 그룹은 영국에서 4,000명 이상의 직원을 고용한 제철소를 보유하고 있었기 때문에 회사가 무너질 경우 잠재적인 재앙이 될 수 있었다. 그리고 대출 기관인 그린실은 데이비드 캐머런 전 영국 총리를 고용하여 120만 파운드 이상의 연봉과 보너스를 지급했으며, 2019년에는 300만 파운드 이상의 주식 보조금을 현금화했다.[196]

이듬해인 2021년 3월, 영국 당국은 그린실이 굽타의 회사에 적절한 담보를 요구하지 않아 규정을 위반했다는 혐의를 조사하면서 그린실의 정부 대출 프로그램 참여를 다시 취소했다.[197] 그린실 투자자들이 자본을 회수하면서 회사는 파산 위기에 처했다. 굽타는 두바이에 은신하며 신선한 금융처를 찾아 동분서주했다.

잉글랜드 은행은 2020년 가을까지 190억 파운드에 달하는 부채를 매입할 기업 목록을 발표했다. 저가 항공사인 이지젯(EasyJet)은 4,500명을 해고할 계획을 밝혔음에도 중앙은행에 6억 파운드의 지원을 요청했다.[198] 이 회사는 주주들에게 배당금을 지급하기 위한 1억 7,400만 파운드를 확보할 수 있었다.[199] 영국 최대 항공사인 브리티시항공은 1만 2,000개의 일자리를 폐쇄할 계획을 발표했음에도 중앙은행으로부터 3억 파운드를 지원받았다.[200]

경제가 풍요로울 때 영국 국고에 세금을 내지 않던 기업들은 관대함이 지배하는 이 시기를 구걸의 기회로 활용했다. 피아트를 지배하던 아그넬리 가문은 CNH 인더스트리얼이라는 재벌을 소유하고 있었다. 이 회사는 2017년부터 2019년까지 1,500만 파운드가 넘는 영국 세금 환급금을 확보할 수 있었는데, 이 기간에 전직 영국 재무장관인 조지 오스본의 조언을 따랐다. 아그넬리 소유의 이 재벌은 팬데믹 상황 속에서도 잉글랜드 은행으로부터 6억 파운드의 신용을 지원받았다.[201]

그러나 영국 공적 자금의 가장 주목할 만한 수혜자는 일반인들이 그 자회사들은 잘 알지만 정작 들어 본 적도 없는 회사인 멀린 엔터테인먼트(Merlin Entertainment)라는 곳이었다. 이 회사의 포트폴리오에는 천문학적인 가격의 놀이공원 체인인 레고랜드와 유명인들을 저속하게 본뜬 밀랍 인형으로 유명한 마담 투소 등이 포함되어 있었다. 25개국에 130개의 엔터테인먼트 시설과 20개의 호텔을 운영하며 유럽 최대 규모의 관광 명소 운영사라고 자부했다. 팬데믹 상황에서 좋은 일은 아니었다.

2020년 4월 초, 이 회사는 채권단을 안심시키기 위해 공공 지원을 요청하는 동시에 비용 절감 조처를 하고 있다는 성명을 발표했다. "우리는 다양한 정부 조치의 혜택을 받을 것으로 기대한다."[202] 그달 말, 멀린은 연례 보고서를 발표하며 봉쇄와 사회적 거리 두기 조치가 "우리의 사업에 전례 없는 혼란을 초래했다."고 경고했다. 팬데믹으로 인해 "현재 우리의 거의 모든 명소가 임시 폐쇄된 상태"라고 밝혔다.[203]

멀린은 전 세계 직원의 80%를 무급 휴직시키고 있었다. "자발적인 급여 삭감"을 시행한다고 말하지만 사실 없이 일하는 직원들이 할 수 있는 다른 선택은 무엇일까 궁금해졌다. 이러한 조치로 비용을 45% 절감했지만, 부채 상환을 유지하기 위해서 매달 1,200만 파운드가 필요했다.[204] 이 부채는 캐나다 연기금, 억만장자인 레고 창업자 가족, 그리고 다름 아닌 스티브 슈워츠먼의 회사 등 막강한 자금력을 가진 3인방이 전년도에 합병을 완료한 결과 발생한 것이었다. 그들은 집단적으로 60억 파운드를 투자해 멀린의 경영권을 인수했다. 그런 다음 그들은 새로운 자산을 담보로 무제한 차입을 통해 사업 확장 자금을 조달하는 전형적인 사모펀드 방식을 따랐다.

그 전략은 누더기가 되었다. 투자자들은 월 1,000만 파운드의 임금 보조금과 경영난에 대한 월 200만 파운드의 정부 지원을 요구했다. 블랙스톤은 멀린이 일시 해고 프로그램을 활용하여 폐쇄된 부동산에 대한 세금 감면 혜택을 받았다고 말했다.

회사는 "거의 모든 노동자에게 자격이 주어지는 급여 지원 프로그램에서 개인 회사라는 이유만으로 멀린의 직원들만 자의적으로 배제되어서는 안 된다고 생각한다."라고 말했다.

하지만 멀린이 납세자의 관대함에 호소하는 동안 슈워츠먼은 회사의 풍부한 재정을 공개적으로 자랑하고 있었다. 그는 주식 애널리스트들에게 "우리는 매우 유리한 위치에서 이 위기와 마주했다."라고 말했다.[205] 블랙스톤은 1,500억 달러의 현금을 보유하고 있었고, 헐값에 매물로 나온 기업을 "공격적으로" 인수하려고 했다.[206]

슈워츠먼의 회사는 2020년 1분기에 7억 달러 이상의 배당과 자사주 매입을 단행했다. 이듬해에 블랙스톤은 보유 자금의 일부를 사용하여 종합 가족형 리조트 사업체인 또 다른 영국 회사 본 레저(Bourne Leisure)의 최대 지분을 인수했다.

정부의 멀린 구출은 실패할 것이 뻔한 벤처기업을 지원하는 것을 금지하는 법적 규제와 충돌했는데, 이는 브렉시트로 이어지는 과도기에도 여전히 적용되던 유럽연합 법의 흔적이었다. 멀린은 막대한 부채 부담으로 인해 파산 위험에 처한 기업 범주에 속하게 되었다.

그러나 멀린, 재무부, 주요 무역 협회인 영국산업연맹은 함께 의회에 국가 지원 금지를 해제해 달라는 로비를 벌여 정부가 구조 자금을 제공할 수 있는 길을 열었다.

브렉시트는 통제권을 되찾기 위한 수단이라고 대중을 호도했다. 유럽의 속박에서 벗어난 영국은 이제 다보스맨에게 납세자의 돈을 넘겨줄 권리를 주장하며 주권을 행사하고 있었다.

키아라 레포라가 국경없는의사회 활동을 재개하기 위해 두바이로 돌아온 지 몇 달이 지났지만, 그녀는 세계적 수준의 의료 시설을 갖춘 유럽 국가가 공중보건 비상사태로부터 자국민을 보호하는 데 어떻게 그렇게 심각하게 실패했는지 이해하기 위해 여전히 고군분투하고 있었다.

팬데믹은 인류가 정부를 만든 동기가 된 사건으로, 개인의 대응 능력을 크게 뛰어넘는 위협이었다. 이 사건은 자원을 모으고, 공동의 대응 계획을 세우고, 전문가들이 감독하는 효과적인 행동을 요구했다. 하지만 레포라와 동료들은 세계에서 가장 가난하고 분쟁으로 폐허가 된 나라에서 목격했던 고통을 이탈리아가 똑같이 겪고 있는 것을 경악의 눈으로 지켜보아야 했다.

레포라는 "우리가 처음 의술을 접했을 때와 비슷한 환경의 병원에서 전 세계에서 보던 것과 같은 종류의 문제점을 우리나라에서 발견한 것은 분명 충격적이었어요."라고 말했다.

하지만 한 가지 중요한 차이점이 있었다. 예멘과 남수단 같은 곳에서는 의료 자원이 부족하여 주민들이 외부 구호 단체에 크게 의존하고 있었다. 반면 이탈리아는 일반적인 유럽 국가들과 마찬가지로 의료 지식과 시설이 정교하고 풍부했다. 그러나 그들의 조직은 더 이상 공중보건에 주안점을 둔 것이 아니었다. 이러한 사정은 종종 갈등을 빚어내는 결정적 요소를 갖추었는데 그것은 바로 주주의 배를 불려 주어야 한다는 점이었다.

롬바르디아주는 의사들이 수익성이 높은 전문 분야에 집중하도록 장려하는 과정에서 기본적인 예방 진료에는 소홀했다. 이에 따라 팬데믹 상황에서 가장 기본적인 감시 시스템인 주치의와 환자 사이의 소통에 한계가 생겼다. 병원의 여러 서비스를 민영화하면서 이 지역은 아무도 완전히 책임지는 사람이 없고, 응급 상황에 어떻게 대응하고 어떤 보호 장비를 사용할 수 있는지 누구도 체계적으로 판단할 권한이 없는 환경이 만들어졌다. 이는 코로나바이러스 확산으로의 초대장이었다.

유럽 전역의 코로나19 치사율에 대한 원인 중 일부는 다보스맨에게 세제 혜택을 주기 위해 의료 서비스가 축소되었다는 것이다. 하지만 구조도 강력한 요소였다. 다보스맨의 이해관계가 정책 논의의 우선순위를 차지하면서 다른 관심사는 부차적인 문제로 밀려났다. 최고의 훈련을 받은 의사, 최고의 시설을 갖춘 의료 시설, 최첨단 의약품을 보유하고도 공중보건 위기에 효과적으로 대응하지 못하게 된 것이다.

레포라는 "우리가 본 것은 중앙 집중적이고 통합된 방향의 부재였으며, 이는 이 지역에서 일반적으로 일어나고 있는 일의 징후라고 생각합니다."라고 말했다. "팬데믹은 이러한 모든 약점을 드러내고 있었습니다."

14

"지금이 수익을 낼 때인가?"

다보스맨이 이기거나 사람이 죽거나

2020년 3월, 현직 미국 대통령에게는 모든 상황이 좋지 않았다. 11월 대선이 가까워지면서 코로나바이러스는 미국 전역으로 확산되고 있었다. 팬데믹을 통제하는 데 실패한 도널드 트럼프는 기적적인 치료제와 백신 개발이라는 구원을 약속하고 있었다.

"우리는 정말 훌륭한 해결책을 내놓을 것이다."라고 그는 노스캐롤라이나에서 열린 집회에서 선언했다. "미국은 현재 대비 능력에서 세계 1위를 차지하고 있다."

이는 터무니없는 주장이었다. 팬데믹의 위협을 가짜 뉴스라고 일축한 트럼프는 미국 공중보건 인프라의 작동을 효과적으로 방해했고, 미국은 사람들이 상상하는 대비 수준에서 한참 못 미치게 되었다. 트럼프가 연설할 당시 미국은 하루에 20여 건의 코로나19 신규 확진자가 발생하고 있었다. 그달 말에는 그 수가 2만 건에 육박할 것으로 예상되었다. 재기를 도모하기 위해 그는 백악관 회의실에 세계 최대 제약 회사들의 수장들을 불러 모았다.

이 회의에는 화이자와 모더나를 포함해 백신을 개발 중인 6개 회사 대표가 참석했다. 트럼프는 자신의 바로 맞은편 테이블에 앉은 한 사람에게 특별한 관심을 보였는데 그는 길리어드 사이언스라는 생명공학 회사를 운영하는 다니엘 오데이Daniel O'Day라는 다보스맨 지망생이었다.

백신을 개발하는 데는 수개월에서 수년이 걸릴 수도 있다. 길리어드는 보다 즉각적으로 완성시킬 수 있는 렘데시비르라는 치료제를 개발 중이었다. 오데이의 설명에 따르면, 이 약물은 다른 종류의 코로나바이러스에 사용하기 위해 10여 년 전부터 개발해 온 항바이러스제였다. 오데이는 트럼프 대통령에게 "코로나19에 효과가 있기를 기대하고 있습니다."라고 말했다. "실험실에서는 매우 높은 효과를 보인다고 알고 있습니다."

트럼프는 마치 재선을 위한 마법의 묘약이라도 찾은 듯 흥분한 목소리로 말을 가로챘다.

"그러니까 당신은 이미 코로나바이러스 관련 약을 개발했는데 그것이 이 특정 코로나바이러스에 효과가 있는지 확인해야 한다는 말인가?"라고 그는 말했다. "내일이면 알 수 있지 않나?"

당황한 오데이는 내일은 불가능하다고 답했다.

"중요한 것은 임상시험을 하는 것"이라며 그는 진행 중인 테스트를 자세히 설명했다.

트럼프는 조바심을 내며 고개를 끄덕였지만, 왜 불로초를 손에 넣기 위해 과학자들이 인간의 안전 따위의 형식적인 절차를 밟는 것을 기다려야 하는지 듣고 싶지 않다는 표정이 역력했다. "아직 반응이 없나?" 트럼프가 물었다. "언제쯤이면 효과를 알 수 있다고? 이미 이 약을 가지고 있다면서?"

오데이는 다음 달에 예비 결과가 나올 것이라고 대답했다. 길리어드는 이미 약물 생산을 준비하고 있었다. "우리는 최대한 빨리 움직이고 있습니다."라고 오데이는 말했다.

트럼프는 "해내게, 다니엘."이라고 간청했다. "우리를 실망시키지 말게, 다니엘. 알겠나?"[207]

오데이는 해냈다. 비록 임상시험 결과 렘데시비르는 코로나19로 인한 사망자를 억제하는 데 별다른 효과가 없었고, 백신의 출현이 트럼프를 망해 가는 대통령직에서 구해 내지는 못했지만, 길리어드의 재무제표를 치료하는 데는 극적인 성공을 거둔 치료제로서 그 가치를 입증했다. 2021년 초, 비록 트럼프는 사라졌지만, 렘데시비르는 그해 30억 달러의 매출을 기록할 것으로 예상되었다.

제약 산업은 맛있는 먹잇감으로 가득한 다보스맨의 독특한 보물 창고와도 같은 곳이었으며, 그 대부분은 공공의 소유였다. 제약 회사들은 납세자들의 연구비를 지원받아 시장성 있는 신약을 개발했다. 그런 다음 주주들의 수익을 극대화하기 위해 가격을 책정했는데, 그 가격은 보통 인류가 감당할 수 없는 수준이었다.

팬데믹은 제약 회사를 운영하던 다보스맨들에게 사회적 필요보다 주주들의 이익을 우선시할 추가적인 인센티브를 제공하면서 가치를 증폭시켰다.

코로나바이러스의 전 세계적 확산은 수십 년 동안 심화되어 온 불평등의 함정 또한 드러냈다. 다보스맨의 부의 독점에 대한 반발로 트럼프와 같은 강경 민족주의자가 권력을 잡았고, 이에 국제 협력이 절실히 필요했다.

각국이 의약품과 보호 장비를 확보하기 위해 고군분투하면서 공급망에 심각한 혼란을 겪었고, 이는 부분적으로는 트럼프의 무역 전쟁으로 인한 결과였다. 유럽에서 인도에 이르기까지 각국 정부는 필수품의 수출을 금지하여 모든 사람의 생존을 위협했다. 이러한 경쟁의식은 2021년 초 백신이 출시되면서 더욱 심화되었고, 백신에 접근할 수 있는 사람과 그렇지 않은 사람이라는 새롭고 확실한 형태의 불평등을 초래했다.

다보스맨의 기업들은 세계 최고 수준의 연구 역량을 활용하여 대부분의 전문가들이 생각했던 것보다 훨씬 짧은 시간 내에 효과적인 백신을 개발했다. 하지만 생명을 구할 수 있는 이 백신도 그 가격 때문에 전세계 인구의 대부분이 접종받지 못했다. 미국, 영국 및 기타 선진국들은 국가주의적 자유방임주의 아래 자국민에게 필요한 것보다 훨씬 많은 양의 백신을 선주문했다. 가난한 국가들은 백신보다 보도자료를 더 많이 배포하는 단체들에 의존해야만 했고 백신에 접근하는 길이 대부분 차단되었다. 남아시아에서 아프리카, 라틴 아메리카에 이르기까지 수십억 명의 사람들이 향후 몇 년 동안 백신 없이 지낼 가능성이 높다.

단 한 가지 확실한 것이 있었다. 다보스맨은 돈을 벌게 되리라는 것이었다.

많은 약물과 마찬가지로 렘데시비르도 처음 개발할 때는 실패했다. 6년 전 길리어드는 에볼라 치료제로 렘데시비르를 임상시험에 투입했다. 그 실험은 실패로 돌아갔고, 렘데시비르는 진열대에서 사라졌다. 그러다 팬데믹이 닥쳤다. 갑자기 바이러스를 공격할 수 있는 모든 방법이 시도해 볼 만한 가치가 있게 되었다.

길리어드는 코로나19 치료제로 테스트하기 위해 중국 당국에 렘데시비르를 공급했다. 세계보건기구 패널은 렘데시비르를 잠재적 치료제 중 "가장 유망한 후보"라고 결론지었다. 미국 내 임상시험이 시작되었다.[208]

오데이가 백악관 회의에 참석한 지 나흘 후, 그는 미국의 대표적인 무역 협회인 제약 연구 및 제조업체 협회(PhRMA로 더 잘 알려져 있음)가 구성한 업계 경영진의 일원으로 국회의사당을 방문했다. 기자회견에서 그는 렘데시비르의 잠재력을 선전하며 길리어드가 "이 약의 개발에 수십억 달러를 투자했다."고 주장했다.[209] 그러나 그는 중요한 투자자인 미국 납세자에 대한 언급을 생략했다. 미국 질병통제센터와 미 육군, 국립보건원 모두 이 약물 개발의 토대를 마련한 연구 프로젝트에 기금을 지원했다.[210]

그달 말, 길리어드는 미국식품의약국(FDA)으로부터 렘데시비르를 희귀 질환 치료제로 등록할 수 있는 승인을 받으면서 납세자로부터 또 다른 선물을 받았다. 이 지정으로 복제 의약품의 진입이 금지되는 7년간의 판매 독점권, 연구 개발 비용에 대한 세액 공제, 규제 허가 심사 시간 단축 등 다양한 혜택이 주어졌다.

의회는 1980년대 초에 소수의 사람에게만 영향을 미쳐 무시되기 쉬운 질병에 대한 연구를 장려하기 위해 이 분류를 만들었다. 이 카테고리는 환자 수가 20만 명 미만인 질병에 대해서만 지정할 수 있도록 제한되었다. 엄밀히 말하면, 길리어드가 신청한 시점에 미국에는 약 5만 명의 환자가 있었기 때문에 코로나19는 이 조건에 해당했다. 그러나 이는 마치 추운 겨울에 아무도 해변에 가지 않기 때문에 해변이 인기 없는 여행지라고 주장하는 것과 같았다. 코로나19가 시장에서 사라질 위험은 없었다. 2020년 가을까지 미국에서만 800만 건 이상의 확진자가 발생했다.

퍼블릭 시티즌(Public Citizen)이 이끄는 51개 소비자 권익 단체는 오데이에 보낸 서한에서 "이는 희귀 질환 치료제의 연구 개발을 장려하기 위해 고안된 프로그램을 비양심적으로 악용하는 것"이라고 비난했다. "코로나19를 희귀병이라고 부르는 것은 사람들의 고통을 조롱하고 법의 허점을 악용하여 치명적인 팬데믹을 통해 이익을 취하는 것이다."[211]

퍼블릭 시티즌은 납세자들이 이미 "최소 6,000만 달러의 보조금과 연방 과학자들의 막대한 기여를 통해 약값을 지불했다."고 지적했다.[212] 더 광범위한 연구에 따르면 렘데시비르에 이바지한 프로젝트 중에는 65억 달러 상당의 연방 보조금이 지급된 것도 있었다.[213] 이것은 다보스맨의 표준 운영 프로세스였다. 납세자는 오랫동안 블록버스터 의약품에 대한 최고의 엔젤 투자자 역할을 해 왔다.[214]

2010년부터 2019년까지 미국식품의약국은 356개의 신약을 승인했다. 각 신약은 미국 국립보건원으로부터 2,300억 달러의 보조금을 포함, 공공 연구비를 지원받았다.

겉으로 보기에는 긍정적이었다. 미국은 타의 추종을 불허하는 연구 역량을 보유하고 있었다. 대중은 생명을 구하는 의약품을 개발하기 위해 이러한 역량을 활용하고 있었다. 하지만 오데이와 그의 선대 회장인 길리어드 같은 주주들이 그 혜택을 독차지하고 있었다. 2000년부터 2018년까지 35개 대형 제약 회사의 총매출은 약 12조 달러, 이익은 약 2조 달러에 달했다.[215]

이러한 수익은 부분적으로 일반인이 감당할 수 없을 정도로 높은 의약품 가격을 책정함으로써 달성할 수 있었다. 예를 들어 인슐린은 지난 10년 동안 가격이 거의 4배나 올랐고, 다발성 경화증 치료제는 5배 이상 상승했다.[216] 미국인 4명 중 1명은 처방 약 구입을 감당하기 어렵다고 답했다.[217]

제약 회사 경영진은 중요한 의약품을 개발하기 위해서는 막대한 이익이 필요하다고 주장하며 폭리를 취했다는 혐의에 대해 스스로 방어해 왔다. "이렇게 대담하게 혁신적이고 위험을 감수하는 데 대해서는 더 많은 보상이 있어야 한다."라고 당시 길리어드의 기업 및 의료 담당 부사장이었던 그레그 알튼Gregg H. Alton은 언명한 적이 있다. "그렇지 않으면 사람들이 이러한 투자를 하기가 매우 어려울 것이다."[218]

그러나 이러한 개념은 제약 회사가 이익을 얼마나 사회적으로 유용한 분야에 투자하는지를 과장한 것이다. 2006년부터 2015년까지 미국의 대형 제약 회사 18곳은 배당금과 자사주 매입을 통해 수익의 99%를 주주에게 배분했다.[219] 이들이 주주들에게 배당한 총 5,160억 달러는 연구 개발에 투자한 4,650억 달러보다 더 많은 금액이다.

제약 회사들은 마케팅 캠페인에 많은 돈을 지출했다. 제약사들은 2019년에만 처방 약 가격을 규제하려는 시도에 맞서 의회를 상대로 2,900만 달러의 로비 비용을 지출한 미국제약협회(PhRMA)와 같은 무역 협회에 회비를 냈다.[220]

길리어드는 놀라울 정도로 부를 축적했다. 이 회사의 최고경영자인 존 마틴John C. Martin은 20년 동안 10억 달러가 넘는 보수를 받았는데, 이 중 대부분은 주식 교부금의 형태로 지급되었다.[221] 이러한 수익은 연구소라기보다는 투자 은행처럼 운영되는 사업체인 길리어드의 성공을 보여 주는 것이었다. 2011년 길리어드는 110억 달러 이상을 지불하고 유망한 C형 간염 치료법을 개발하던 애틀랜타 소재 생명공학 스타트업인 파마셋(Pharmasset)을 인수했다. 2년 후 길리어드는 미국식품의약국의 승인을 받아 소발디라는 이름의 약을 개발했다. 곧 12주 코스 분량을 8만 4,000달러(1정당 약 1,000달러)에 판매하기 시작했다. 출시 첫해인 2014년에 소발디는 103억 달러의 매출을 올렸다. 하지만 가격이 너무 비싸서 메디케이드 환자들의 치료비 대부분을 부담하는 주 정부에서는 가장 심각한 경우에만 처방하고 있었다.[222] 약 70만 명의 메디케이드 환자가 C형 간염을 앓고 있었지만, 이 중 3% 미만이 약을 구할 수 있었다.[223] 이듬해 길리어드는 12주 코스에 9만 4,500달러의 가격이 책정된 또 다른 C형 간염 치료제인 하보니를 약 140억 달러어치 판매했다.

이 두 블록버스터는 길리어드가 어떻게 2014년부터 2016년까지 260억 달러 이상을 자사주 매입에 쏟아부을 수 있었는지, 가난한 환자들이 약값을 감당할 수 없는 상황에서 어떻게 자사주를 매입할 수 있었는지를 잘 설명해 준다. 길리어드는 세제상 허점을 악용해 해외로 돈을 빼돌리고 거의 100억 달러에 달하는 수익에 대한 세금을 깔끔하게 회피했다.[224]

2017년 1월, 당시 길리어드의 CEO였던 존 밀리건John Milligan은 세계경제포럼에 참석하기 위해 스위스로 날아가 "의료 산업의 신뢰 재구축"이라는 제목의 패널 토론에 참여했다. 패널의 사회는 금융 뉴스 채널 CNBC의 텔레비전 앵커인 사라 아이젠Sara Eisen이 맡았다. 그녀는 최근 사적 이익을 위해 공익을 약탈한 전직 제약 회사 임원들의 사례를 소개했다. 생명을 위협하는 기생충 감염을 치료하는 데 사용되는 약을 장악했던 전 헤지펀드 매니저인 일명 "파마 브로"(Pharma Bro) 마틴 슈크렐리Martin Shkreli의 사례가 있었다. 그는 한 개에 13.50달러이던 알약을 750달러로 인상하여 환자들이 연간 수십만 달러 이상을 지출하도록 만들었다. 테라노스라는 회사는 혁신적인 혈액 검사 기술을 선전했지만 사기로 드러났다.

아이젠은 토론을 시작하면서 이러한 사례로 인해 "많은 사람이 의료 서비스에 대한 신뢰에 문제를 제기하고 있다."고 말했다. 그녀는 "저명한 패널리스트"를 초청하여 신뢰를 회복하는 방법에 대한 "미래 지향적 사고"를 제공했다. 이 설정은 모든 참가자가 의식 있는 시민으로 분장하고 참석하는 다보스의 중점 행사인 가장무도회와도 같았다. 아이젠은 환자를 빨대처럼 취급하는 시스템에서 이득을 취한 사람들을 비판적으로 추궁하는 대신, 제약 회사 임원 패널을 초청해 그가 세계 보건 개선에 헌신하는 사람인 양 조언을 구했다.

그해 연봉이 1,500만 달러를 넘었던 밀리건은 길리어드의 간염 치료제 가격 책정에 대한 논란에 대해 질문을 받았다. 그는 문제를 인정했지만, 이를 착취적인 비즈니스 모델의 결과가 아닌 메시지의 문제로 치부했다.

"우리가 잘 대처하지 못했다."라고 그는 말했다. "우리는 충분히 대화하지 않았다."

이는 다보스맨의 전형적인 수법으로, 커뮤니케이션 실수나 오해를 고백함으로써 인간 고통에 대한 자신의 책임을 최소화하는 것이었다. 이는 모든 문제에 대한 해결책을 더 나은 커뮤니케이션에 떠넘기는 것이었다. 그는 솔직하고 심지어 항복하는 듯한 포즈를 취하며 잘못된 단어 선택이라는 덜 심각한 범죄에 대한 비난을 받아들이는 한편, 저렴한 의약품이 없어 환자가 죽어 간다는 훨씬 더 심각한 문제로부터 관심을 돌렸다.

밀리건은 길리어드를 지나치게 복잡한 시스템, 즉 보험 회사와 의료 서비스 제공자가 서로 좋은 조건을 요구하면서도 협상 지위가 약화될까 봐 조건을 공개하지 않으려는 시스템으로 인한 피해자로 묘사했다.

"투명성이 부족하다."라고 그는 말했다. "기회주의자는 항상 존재한다."

이것은 마치 도박장에 당연히 등장하는 술주정꾼을 비난하는 비열한 카지노의 주인과 같았다. 슈워츠먼이 보험 정책의 특수성을 잘 모르는 응급실 환자들의 취약성을 노렸던 것처럼, 밀리건의 회사는 업계의 특징인 복잡성을 악용했다. 투명성 부족은 길리어드가 한탄할 일이 아니라 그가 수십억 달러를 벌어들이는 수단이었다.

길리어드는 HIV 전염병에서 이익을 내는 데에도 비슷한 수법을 사용했다. 질병관리본부가 바이러스 전파를 차단하기 위해 개발한 기술을 악용한 것이다. 정부는 2015년에 이 기술에 대한 특허를 취득했고, 길리어드는 이 기술을 사용하여 연간 2만 달러에 판매하고 있는 트루바다라는 약을 개발했다. 2018년 매출은 30억 달러에 달했지만, 길리어드는 특허가 무효라고 주장하면서 정부에 로열티를 한 푼도 내지 않았다.[225] 정부는 심지어 길리어드를 상대로 소송을 제기하여 반환을 요구했다.

이러한 역사의 대부분은 오데이가 2018년 12월에 CEO로 취임하기 전의 일이다. 하지만 그는 곧바로 새 고용주의 불미스러운 평판에 대해 해명해야 하는 상황에 처했다.

2019년 5월에 열린 하원 감독 및 개혁위원회 청문회에서 의원들은 트루바다의 터무니없는 가격에 대해 집중적으로 추궁했다. 이 자리에서 오데이는 합리적인 가격도, 생명을 구할 수 있는 약의 탄생도 가능한 일이지만, 둘 다 가능할 수는 없다는 견해를 고수했다. 오데이는 "10년 전에 우리가 약품 가격을 낮추었더라면 오늘날처럼 HIV 에이즈의 양상을 혁신적으로 개선하기란 불가능했을 것"이라고 말했다.[226]

하지만 전 세계적인 팬데믹 상황에서 평상시 같은 사업 태도는 특히 위험한 것이었다. 길리어드가 렘데시비르를 희귀 질환 치료제로 인증하는 데 성공한 것에 대한 분노가 너무 커서 길리어드는 신청을 철회해야 했다. 오데이는 곧 렘데시비르 비축분 150만 회분을 의료진에게 무상으로 기부하겠다고 발표했다. 이러한 관대한 제스처에는 한계가 있었다. 길리어드는 2020년 말까지 100만 명의 환자에게 공급할 수 있도록 렘데시비르 생산 설비를 늘리고 있었다. 그때가 되면 약값을 청구하게 될 것이다.

미국 국립보건원은 곧 렘데시비르의 임상시험 결과를 발표했다. 이 약물은 중증 환자들의 입원 기간을 단축했지만, 사망률을 낮추는 데는 효과가 미미했다.[227]

트럼프는 미국식품의약국에 이 약을 시장에 출시할 수 있도록 공개적으로 로비했다. 리얼리티 TV쇼 스타였던 그는 코로나19 신약 발표가 시청률을 높일 수 있는 콘텐츠라는 사실을 파악했다. "나는 그것이 가능한 한 빨리 진행되기를 원한다."라고 트럼프는 기자들에게 말했다.[228]

이틀 후, FDA는 렘데시비르를 긴급 승인했다. 오데이는 트럼프와 함께 백악관 기자회견에 모습을 드러냈다.

"우리는 막중한 책임감을 느낀다."라고 오데이는 말했다. "우리는 대통령님과 행정부와 협력하여 도움이 필요한 환자들이 이 중요한 신약을 받을 수 있도록 최선을 다하고 있다."[229]

옛날 옛적이라면 미국 정부는 이러한 결과를 보장할 수 있는 위치였다. 1989년, 국립보건원(NIH: National Institutes of Health)은 정부의 연구지원을 받아 생산된 의약품에 대해 "합리적인" 가격을 요구하겠다고 선언했다.[230] 그러나 제약 업계는 천문학적인 약값이 혁신의 발목을 잡는다는 논리를 앞세워 이 규정을 폐기하도록 치열한 로비를 벌였다. 다보스맨이 돈을 벌거나 사람들이 죽거나 둘 중 하나였다.

1995년, 기업 모금에 탁월한 빌 클린턴이 이끄는 정부가 들어서고 제약업계의 기부금이 자유롭게 흘러들어오자, NIH는 이 규정을 폐지했다.[231] 미국 정부는 제약 회사가 합리적인 가격을 책정해야 하는 법적 의무에서 벗어나게 함으로써 다보스맨식 개념의 승리를 비준했다. "이 조항을 삭제하면 미국 국민의 건강을 증진할 수 있는 연구가 촉진될 것"이라고 NIH는 보도자료를 통해 밝혔다.[232]

5년 후, 의회 의원들은 더 광범위한 법안에 수정안을 첨부하여 현실적인 가격 책정 규칙을 부활시키려고 시도했다. 민주당 의원 8명이 상원에서 공화당 의원들 편을 들어 이 법안을 무산시켰는데, 그중에는 조 바이든이라는 델라웨어 주 상원의원도 포함되어 있었다.[233]

그로부터 20년이 지난 2020년 6월 29일, 다니엘 오데이는 길리어드의 렘데시비르 가격을 공개하는 서한을 공개했다. 그는 이 약이 입원 기간을 평균 4일 단축하는 것으로 나타났으며, 이는 환자당 1만 2,000달러의 가치가 있는 혜택이라고 말했다. 길리어드는 이를 근거로 1만 2,000달러를 청구하는 것을 정당화할 수 있다. 그러나 길리어드는 "가능한 한 많은 환자를 돕기 위해" 사심 없이 돈을 테이블 위에 내려놓았다.[234]

부유한 국가의 정부에 대해서는 5일 코스 가격으로 환자당 2,340달러를 청구할 것이다. 민간 보험 회사는 3,120달러를 지급하게 될 것이다. 이런 식으로 계산한다면 칫솔 한 개가 치아 신경 치료를 예방할 수 있다는 점을 감안하면 1,000달러이어야 한다. 한 분석에 따르면 길리어드는 렘데시비르 한 코스에 10달러만 청구해도 수익을 낼 수 있었다고 한다.[235] 하지만 그렇게 했다면 주요 이해관계자인 다니엘 오데이와 그의 동료 주주들이 렘데시비르에 대한 포상금을 받지 못했을 것이다.

트럼프 행정부는 이 회사가 발표한 가격으로 렘데시비르의 공급량 거의 전부를 구매하고 병원에 약을 배포할 것이라고 발표했다. 미국 전역의 30개 주의 초당파 법무장관 연합은 트럼프 행정부가 국가개입권을 발동, 다른 회사들이 렘데시비르의 복제약을 만들도록 허용하여 공급을 늘리고 가격을 낮추라고 강하게 주장했다.[236]

길리어드는 이를 자사의 자비심에 대한 의심으로 보고 "깊은 실망"을 표명했다. 이 회사는 트럼프 행정부에 "길리어드와 다른 기업들이 절실히 필요한 치료제와 백신 개발에 계속 투자할 수 있도록 인센티브를 유지해야 한다."고 촉구했다.

트럼프 대통령이 재임하는 한 길리어드는 두려워할 것이 없었다. 대통령 선거 한 달 전인 2020년 10월, 트럼프는 코로나19에 감염되어 이 약을 투여받았는데, 이는 쇼의 마지막 시즌을 장식하는 효과적인 제품 노출 홍보가 되었다.

국경을 넘어 빠르게 확산되는 코로나바이러스로 인해 국제 협력이 요청되었다. 그러나 수십 년간 이어진 다보스맨의 약탈은 불신과 역기능을 심어 주었고, 국제 협력을 국익에 대한 위협으로 여기는 부족주의자들이 목소리를 높였다.

팬데믹의 첫 번째 물결이 전 세계를 휩쓸면서 각국 정부는 수술용 마스크와 가운, 의약품 원료, 인공호흡기 부품 등 유용성이 입증될 수 있는 거의 모든 물품의 수출을 금지했다. 2020년 4월까지 유럽연합의 여러 회원국을 포함하여 거의 70개국에서 이러한 수출 금지 조치를 취했다.[237]

원자재와 부품이 글로벌 공급망에서 조달된다는 점을 고려할 때 이러한 장벽은 모든 사람의 이용 가능성을 위협했다. 두 나라가 글로벌 공급망에서 특히 중요한 역할을 담당하고 있다. 인도는 항생제부터 진통제까지 세계 최대의 제네릭 의약품 생산국이었으며, 중국 제조업체는 의약품 원료의 거의 70%를 인도에 공급했다.[238] 두 나라 모두 대중의 지지를 얻기 위해 습관적으로 민족주의를 부추기는 지도자들이 통치했다. 그리고 2020년 여름, 두 나라는 폭력적인 국경 분쟁을 겪으며 교역이 심각하게 위축되었다.

인도 총리 나렌드라 모디는 소수 무슬림 인구를 악마화한 힌두교 우월주의자였다. 그는 국제 투자자들에게 자기가 고향인 구자라트 주에서 경제 기적을 일으킨 장본인이라고 선전하면서 정작 자신이 2002년 그곳에서 무슬림 학살을 조장했다는 혐의에 대해서는 침묵했다. 10억 명이 넘는 인구의 인도 시장에 진출하기 위해 다보스맨은 모디 총리의 퍼레이드에 동참했다.

"다보스에서 모디 총리와 함께할 수 있어서 좋았다." 2018년 1월, 베니오프는 포럼이 끝난 후 트위터를 통해 자신의 100만 팔로워에게 인도 지도자와 악수하며 환하게 웃고 있는 사진을 올렸다. "인도 경제의 변화는 매우 인상적이다. 그는 기업 활동에 열린 마음을 가지고 있다."

클라우스 슈바프는 그에 질세라 블로그 게시물을 통해 모디 총리가 "단일 정체성을 투영하면서 만연한 다양성과 균형을 능숙하게 맞추는 강력한 제도적 메커니즘"을 갖춘 국가를 통치하고 있다고 찬사를 보냈다.[239] 그의 글은 모디 정당의 한 정치인이 힌두교 전설을 왜곡했다고 알려진 발리우드 블록버스터 영화감독과 배우를 참수하는 사람에게 150만 달러의 현상금을 주겠다고 제안한 사실이 적발된 직후에 게시된 것이었다.[240]

실제로 모디 총리는 경제 침체를 주도하는 한편, 실업률을 감추기 위해 장부를 조작하는 등 매우 유능하게 지도자로서의 면모를 과시했다. 코로나19 팬데믹은 모디 총리에게 실망스러운 경제 성과로부터 사람들의 눈을 돌리는 데 민족주의적 마초주의를 활용할 새로운 기회를 제공했다. 그는 코로나19의 잠재적 치료제로서 초기 가능성을 보였던 말라리아 치료제 하이드록시클로로퀸을 포함한 20여 종의 의약품과 원자재 수출을 규제했다.

중국의 최고 지도자 시진핑은 공중보건 비상사태를 이용해 자주 국가로서 전 세계 국가에 필수 의약품과 백신을 공급할 수 있는 초강대국으로 부활한 중국의 위상을 과시하고자 했다. 동시에 트럼프 행정부는 미국 제조업체들이 중국을 포기하도록 강요함으로써 팬데믹을 중국의 부상을 저지할 기회로 삼았다.

미국에서 제조되는 의약품 원료 공급업체의 약 4분의 3이 해외에 있으며, 그중 13%는 중국에 있다.[241] 전 세계 마스크의 절반 이상이 중국에서 생산되었다. 또한 중국은 코로나19 입원 환자들의 치료제인 광범위한 제네릭 의약품의 핵심 원료가 되는 화학 물질의 90%를 공급하는 국가였다.[242]

트럼프는 자신의 무역 고문인 피터 나바로에게 미국 산업계를 동원하여 마스크, 인공호흡기 및 기타 필수 장비를 생산하는 일을 맡겼다. 2020년 3월, 나바로는 연방 기관에 의약품과 보호 장비를 미국 업체로부터 구매하도록 지시하는 행정 명령을 준비하기 시작했다. 나바로는 이 명령이 특정 국가를 겨냥한 것이 아니라고 주장했지만, 이는 명백히 말도 안 되는 소리였다. 그는 중국이 신종 코로나바이러스를 만들어 의도적으로 전 세계에 퍼뜨렸다고 비난한 바 있다.[243]

미국이 의약품과 보호 장비에 대한 해외 공급업체 의존도를 줄여야 한다는 생각에는 나름의 일리가 있었다. 그러나 비상사태 한가운데서 그러한 요구를 하면서 자신의 필요를 충족시켜 줄 수 있는 한 국가를 적대시하는 것은 어리석은 일이었다.

미국 산업의 대부분은 폐쇄되었다. 유럽도 비슷한 상황이었다. 바이러스를 가장 먼저 겪은 중국은 이미 경제를 재개하고 있었다. 중국의 공장은 전 세계가 필요로 하는 제품을 생산할 수 있었다.

워싱턴 소재 피터슨 국제경제연구소의 무역 전문가인 채드 바운 Chad Bown은 "우리가 취약해진 이유가 중국으로부터 이런 물건을 사들였기 때문은 아니었다."라고 말했다. "그 원인은 우리가 중국에서 이런 물건을 사들이고 있는 와중에 중국과 무역 전쟁을 시작하기로 결정한 것이다."

심지어 트럼프도 이를 파악한 듯했다. 그는 나바로 행정 명령에 서명하는 것을 미뤘다.[244] 8월에 마침내 서명했을 때, 그것은 외국 공급원에 대한 금지라기보다는 미국 공급업체를 우선시하라는 지시처럼 보였다.[245]

거의 20년 전, 중국이 사스로 알려진 또 다른 코로나바이러스로 황폐해졌을 때 미국 질병통제센터는 중국 정부가 위험을 최소화할 수 있도록 베이징에 인력을 파견한 바 있다. 그후 몇 년 동안 중국과 미국 당국은 아프리카에서 전염병을 억제하기 위해 자신들의 전문 지식을 한데 모았다. 하지만 코로나19가 발생하기 전에도 과학 협력은 지정학적 재편으로 인한 희생양이 되었다. 팬데믹이 발생하기 전 2년 동안 트럼프 행정부는 과학자들을 베이징에서 꾸준히 철수시켰다.

"모든 과학 연구가 중국에 도움이 될 것이라는 전반적인 정서에 맞춰 미국은 중국과의 협력을 줄이려고 노력하고 있습니다."라고 랜드사

(RAND Corporation)의 전염병학자이자 중국 전문가인 제니퍼 황 부이Jennifer Huang Bouey는 내게 말했다. "이는 전 세계인의 보건에 정말로 해가 되는 일입니다."

끝없이 암울했던 시기에 백신은 삶을 정상으로 되돌릴 수 있는 궁극적인 희망의 빛줄기였다. 하지만 과학자들은 기대가 실망으로 이어질 위험이 있다고 경고했다.

의학 역사상 백신이 개발되어 시장에 출시되는 데 가장 빠른 기간은 4년이었다. 그 누구도 코로나19에 대한 치료법을 그렇게 오래 기다리기를 원하지 않았다. 전 세계에서 사람들이 죽어 가고, 아이들이 학교에 가지 못하고, 생계가 막막해지고, 기아가 확산되는 상황에서 최대한 빨리 백신을 생산하기 위한 특별한 노력이 진행 중이었다.

2020년 가을까지 전 세계에서 45개의 잠재적 후보 물질이 사람을 대상으로 임상시험을 진행 중이며, 90개 이상의 후보 물질이 동물실험 단계에 있었다. 긴급한 상황이라는 점은 인정되었지만, 국가 간 경쟁은 위험한 양상이었다. 생명을 구할 제조물에 누가 접근할 수 있는지를 결국 돈과 권력이 결정할 것이라는 암시였다. 트럼프는 팬데믹 초기 몇 달 동안 유망한 백신 후보를 개발하던 독일 기업을 효과적으로 장악하기 위한 강력한 조치로 이런 식의 위협을 가한 바 있다.

독일 남서부에 본사를 둔 큐어백은 보스턴에도 사무실을 두고 있었다. 이 회사의 최고경영자인 다니엘 메니첼라Daniel Menichella는 앞서 길리어드의 CEO가 렘데시비르를 선전했던 백악관 모임에 참석했었다. 메니첼라는 트럼프 대통령에게 "우리는 코로나19 백신을 매우 빠르게 개발할 수 있다고 믿는다."라고 말했다. "그리고 그 백신을 제조할 수 있는 곳도 확보하고 있다."

며칠 후, 트럼프는 미국인을 위한 백신 공급을 확보하기 위해 큐어백에 연구 및 최종 백신 생산을 미국으로 이전하는 조건으로 10억 달러를 제안한 것으로 알려졌다.[246]

이 소식이 전해졌을 때 회사는 트럼프의 요청을 거부했고 백악관은 연구 결과를 전 세계와 공유할 생각이었다고 주장했다. 그러나 독일 정부 관계자들은 이 문제를 국가 안보의 문제로 파악했다. 그들은 이 회사를 자국 내에서 계속 운영할 수 있도록 반대 입찰을 조성했다.[247] 결국 이 회사는 적정 수준의 효과만 보이는 백신을 생산하게 되었다.

큐어백의 성과를 가로채려는 트럼프의 시도는 각국 정부가 직접 나서서 자신의 문제를 해결해야 한다는 신호로 받아들여졌는데 그것은 결국 각 정부가 백신을 개발하고 제조하기 위해 산업계의 노력을 동원하거나, 아니면 더 공격적인 국가들이 백신을 확보하는 동안 자국민이 죽어 가는 것을 지켜볼 위험을 감수해야 할 것이라는 뜻이었다.

브렉시트를 앞둔 영국은 백신 개발과 보급을 위해 협력하자는 유럽연합의 사업 제안을 거부했다.[248] 보리스 존슨 정부는 옥스퍼드에서 개발된 유망한 후보 백신이 다른 백신들의 대량 주문 추세와 결합, 궁극적으로 성공할 것이라는 데 명운을 걸었다. 이는 현명한 판단이었다. 영국은 2021년 첫 달 동안 국민에게 적극적으로 백신을 접종하여 바이러스 확산을 극적으로 줄였지만, 유럽은 초기의 관료적 혼란으로 인해 자체 캠페인을 어설프게 진행했다.

트럼프는 보건복지부 내 잘 알려지지 않은 부서를 활용하여 백신 개발 속도를 높이기 위해 기업에 보조금을 지급했다. 이 보조금에는 중요한 조건이 따랐다. 수혜자는 생산된 백신을 미국 내에 비축해야 한다는 것이었다. 10월까지 연방 정부의 여러 부처는 국내 의약품 및 백신 생산에 박차를 가하기 위해 10억 달러 이상을 배분했다.[249]

백신에 대한 특별한 노력으로 곧 화이자가 독일의 바이오엔텍과 제휴한 백신인 모더나, 스위스-영국 회사인 아스트라제네카와 제휴한 백신, 옥스퍼드가 제휴한 백신 등 세 가지의 유망한 후보 백신이 탄생했다. 러시아와 중국은 상대적으로 효과는 떨어지지만, 바이러스 확산을 억제하는 데 도움이 되는 백신을 생산했다.

인류가 생명을 구하는 백신을 그렇게 빨리 만들 수 있다는 것은 기적에 가까운 일이었다. 아울러 다보스맨이 백신 접종 대상자를 결정할 수 있다는 사실도 놀라운 징후였다. 팬데믹을 통해 그 어느 때보다 불평등한 세계가 나타날 것이 확실해 보였다.

백신을 만드는 일은 상대적으로 느린 작업이었기 때문에 희소성이 보장되었다. 주사기, 유리 바이알, 생물 반응기 등 기본 요소와 주요 화학 물질의 공급이 제한되어 있어 업계의 백신 생산 속도에도 제약이 있었다. 화이자와 모더나의 선도적인 백신은 전문 노하우가 필요한 새로운 기술에 의존했다.

제약 회사에게 희소성은 이점이었다. 그들은 궁극의 공급자 시장에서 제품을 만들고 있었다. 각국 정부는 치료제를 확보하기 위해 필사적이었고, 어떤 가격이라도 기꺼이 지불했다.

아스트라제네카는 팬데믹이 지속되는 한 수익을 포기하겠다고 발표했다. 그러나 화이자는 2020년에 CEO인 앨버트 불라Albert Bourla에게 2,100만 달러에 달하는 급여 패키지를 가져다준 모델을 계속 추구했다. 화이자는 시장이 감당할 수 있을 최대치의 가격을 청구했다.

불라는 이해관계자 자본주의를 서약한 비즈니스 라운드테이블의 또 다른 서명자였다. 하지만 그의 회사는 시민적 책임감보다 주주들의 이익을 우선시했다.

2021년 2월, 백신이 인류에게 공급되기 시작하면서 화이자는 2021년 한 해 동안 코로나19 백신으로 150억 달러의 매출을 예상하였다.[250] 그러나 불과 3개월 후, 각국 정부가 백신 확보를 위한 입찰 경쟁에 뛰어들면서 화이자는 올해가 가기 전에 260억 달러 상당의 코로나19 백신을 판매할 수 있을 것으로 보인다고 발표했다.[251] 화이자는 부유한 국가들이 추가 접종을 위해 백신 재고를 추가로 확보함에 따라 매출이 계속 증가할 것으로 예상했다. 이미 캐나다와 2024년까지 백신을 공급하기로 계약을 맺었다.[252]

불라는 부유한 국가들의 정부를 상대로 서로 경쟁하게 만들며 가격을 끌어올렸다. "끊임없는 협상이었다."라고 그는 말했다. "당연한 일이지만 모두가 그것을 더 빨리 받기 원했다."[253]

그는 여러 건의 부패 혐의로 실추된 평판을 회복하고 싶었던 비비 네타냐후Bibi Netanyahu 이스라엘 총리의 절박한 심정도 이용했다.[254] 화이자는 미국의 구매 가격보다 50% 높은 가격으로 이스라엘에 막대한 양의 백신을 공급하는 계약을 이끌어 냈다.[255] 이스라엘은 처음에는 지구상의 어느 나라보다 빠르게 국민에게 백신을 접종했지만, 점령지에 있는 팔레스타인 사람들의 접근은 대부분 거부했다.[256]

미국은 가격이 공개되지 않은 계약을 통해 필요한 것보다 더 많은 백신을 조달했다.[257] 유럽과 영국은 일련의 불투명한 거래를 통해 자국민에게 접종할 수 있는 충분한 백신 용량을 확보했다. 페르시아만의 석유 부국들도 모두 상당한 재고를 확보했다.

2021년 초, 최악의 팬데믹이 전 세계를 초토화할 무렵 부유한 국가 사람들의 혈류에 백신이 도달하면서 이들은 팬데믹 종식의 흐릿한 전조를 엿볼 수 있었다. 그러나 가난한 국가의 사람들은 정부가 충분한 양의 백신을 확보할 2024년까지 기다려야 했다.

인도 정부는 편중된 백신 공급의 균형을 맞추기 위해 여러 국가에 저렴한 가격으로 백신을 판매하겠다고 약속했다. 모디 총리는 2021년 1월 "인도는 인류를 구할 준비가 되어 있다."고 선언했다.[258] 그러나 두 달 후, 인도가 하루에 5만 건 이상의 신규 확진자를 기록하는 등 세계 최악의 감염 사태를 겪게 되자 모디 총리는 수출을 전면 중단했다.[259] 이에 따라 가난한 국가들은 인도 최대 백신 제조업체인 세럼 인스티튜트에서 공급받을 것으로 기대했던 수억 도즈의 백신을 받지 못하게 되었다.[260] 네팔은 인도에서 백신을 조달할 수 없다며 백신 배포를 중단했고, 모로코와 브라질은 백신 공급 지연을 우려했다.[261]

인도로부터의 수출 손실은 이미 어려움을 겪고 있는 백신의 공평한 분배를 보장하기 위한 국제적 노력, 즉 코백스(Covax)라는 사업에도 새로운 타격을 입혔다. 코백스를 출범시킨 것은 세계보건기구와 함께 2000년 다보스에서 결성된 예방접종 연합체인 세계백신면역연합(Gavi)이었다. 이 단체는 전 세계 백신 수요를 합리적으로 조정하는 글로벌 백신 정보 센터로서 모든 국가에서 가장 중요한 인구, 즉 노인, 노약자, 일선 의료 종사자가 우선하여 예방접종을 받을 수 있도록 하는 임무를 수행해야 했다. 사하라 사막 이남 아프리카와 남아시아에서 의료진이 백신 접종 없이 코로나19 환자를 계속 치료하는 동안 미국과 영국의 젊고 건강한 사람들이 백신을 모두 접종받는 시나리오를 방지하기 위해 설계된 것이었다.

코백스에게는 기회가 주어지지 않았다. 워싱턴에서 런던, 도쿄에 이르기까지 각국 정부는 줄을 서지 않고 직접 백신을 구매했고, 미국과 유럽의 제약 회사들은 최고 입찰자에게 백신을 판매하여 수익을 창출했다. 이로 인해 코백스는 공개 시장에서 백신을 구매할 여력이 없는 국가에 백신을 공급하는 것을 목표로 하는 본질상 자선 단체로 축소되었고, 여전히 중요하지만 규모가 작고 덜 유망한 단체로 남게 되었다. 코백스가 불가능한 분배 목표를 제시하는 발표를 쏟아내는 와중에도 공여국들의 약속된 기부금은 턱없이 부족했다.

영국 킬 대학교의 전염병 전문가인 마크 에클스턴 터너Mark Ec-cleston-Turner는 "전 세계 대부분의 사람이 백신 접종을 위해 코백스에 의존해야 하는 국가에 살고 있다."라고 말했다. "이는 엄청난 시장의 실패다. 백신에 대한 접근은 필요에 기반한 것이 아니다. 지불 능력에 따라 결정되고 있는데, 코백스는 이 문제를 해결하지 못하고 있다."

2021년 1월, 테드로스 게브레예수스Tedros Ghebreyesus 세계보건기구 사무총장은 부유층이 백신을 사재기하는 것을 비난했다.

"직설적으로 말하겠다."라고 그는 집행위원회에서 말했다. "세계는 재앙에 가까운 도덕적 실패의 위기에 처해 있으며, 이 실패의 대가는 세계 최빈국의 생명과 생계로 치르게 될 것이다."[262]

그의 말은 강력했지만 충분히 직설적이지는 않았다. 문제는 부유한 국가의 정부가 백신 주식을 독점하는 데 그치지 않았다. 이러한 거래의 구조, 즉 무엇보다도 다보스맨이 돈을 벌 수 있는 구조가 문제였다.

제네바에 있는 세계보건기구 본부에서 2마일도 채 떨어지지 않은 세계무역기구에서는 또 다른 절차가 진행 중이었다. 남아프리카공화국과 인도를 중심으로 한 개발도상국들은 백신을 보호하는 특허에 대한 면제를 요청하여, 저렴한 가격으로 제네릭 버전을 제조할 수 있는 법적 권한을 부여해 달라고 요청했다. 이들은 이러한 요청에 위협을 느껴 제약 회사들이 저렴한 가격에 백신을 공급하기를 바랐다.

남아프리카공화국 공관의 무스타킴 드 가마Mustaqeem De Gama 참사관은 "문제는 '지금이 이익을 얻을 때인가?'입니다."라고 내게 말했다. "우리는 정부들이 마음대로 경제를 폐쇄하고 자유를 제한하는 것을 보아 왔지만 지적 재산은 너무 신성시되어 건드릴 수 없는 것으로 여겨지고 있습니다."[263]

세계무역기구는 합의에 따라 운영되므로 회원국 전체가 동의하지 않으면 아무것도 할 수 없다. 수개월 동안 미국, 영국, 유럽연합은 지식 재산권의 신성함에 대한 추상적인 믿음 때문이라기보다는 다보스맨의 영향력 때문에 이 제안을 거부했다. 화이자와 같은 거대 기업들은 자신들에 유리한 정책을 확보하기 위해 전문적으로 캠페인 자금을 집행하는 PhRMA와 같은 로비 단체에 자금을 지원했다.

업계는 개발도상국들이 특허권을 우회하려는 시도에 대해 다보스맨의 오랜 주장인 '생명을 구할 혁신에는 거대한 이익이 필수적이다'는 논리를 내세워 맞섰다.

2021년 초에 화이자 CEO인 불라는 "지금 우리가 백신을 보유할 수 있는 유일한 이유는 활기찬 민간 부문이 있기 때문이다."라고 말하면서 또 다른 중요한 이유인 공공 자금 지원 연구를 빼놓지 않았다. "민간 부문의 활기, 즉 생명줄은 지적재산권 보호이다."[264]

이러한 서술의 허구성은 특허권을 둘러싼 이전의 주요 논쟁인 1990년대 HIV 치료에 사용되는 항레트로바이러스 약물에 대한 접근성을 둘러싼 논쟁에서 분명하게 드러났다. 그해 중반에 미국 규제 당국이 승인한 치료법으로 생명을 구할 치료제를 구입할 수 있었던 미국과 유럽에서는 사망자가 급감했다. 그러나 그 후에도 사하라 사막 이남의 아프리카에서는 사망자 수가 줄어들지 않고 계속 급증했다.

2001년, 세계무역기구는 제약 제조업체가 특허를 포기하고 항레트로바이러스제의 제네릭 버전을 생산할 수 있도록 허용하기로 합의했고, 이에 업계에서는 연구 개발에 대한 인센티브가 위협받고 있다는 우려의 목소리가 높았다. 어떻게든 업계는 살아남았고, 생명을 연장하고 돈을 벌 수 있는 다양한 제품을 계속 생산해 냈다.

"당시 많은 사람이 '어떻게 그럴 수 있지? 제약 산업이 파괴될 것이다'라 했다."라고 바이든 대통령의 팬데믹 최고 의료 고문인 앤서니 파우치Anthony S. Fauci 박사는 말했다. "그들은 전혀 파괴되지 않았다. 그들은 여전히 수십억 달러를 벌고 있다."[265]

세계보건기구 수장의 경고가 있은 지 나흘 후, 화이자는 코백스에 합류하여 2021년에 4,000만 도즈의 백신을 공급할 것이라고 발표했다.

"화이자는 모든 사람이 드러나고, 목소리가 들려지며, 보살핌을 받을 자격이 있다고 믿는다."라고 회사 CEO인 불라는 보도자료에서 말했다. "우리는 코백스의 사명을 공유하며 개발도상국도 다른 국가와 동일한 접근성을 가질 수 있도록 함께 일하게 된 것을 자랑스럽게 생각한다."[266]

이는 인류에 대한 선물로 포장된 거짓말로, 다보스맨이 늘상 해 온 뻔뻔한 속임수였다. 그로부터 2주도 채 지나지 않아 불라는 주식 애널리스트들에게 화이자가 2021년 말까지 전 세계적으로 20억 도즈를 공급할 수 있을 것이라 말했다. 화이자의 코백스에 대한 매출은 (비공개 수치로) 전체 생산량의 2%에 불과했다.[267]

2021년 5월 초, 바이든 대통령은 제약업계의 로비와 결별하고, 코로나19 백신에 대한 특허 보호를 해제하려는 세계무역기구 발안에 미국의 지지를 보냈다.[268] 표면적으로 이것은 놀라운 발전이었다. 특히 제약업계는 워싱턴에서 힘이 있었고, 바이든은 오랫동안 캠페인 자금 조달에 제약 업계의 기여에 크게 의존해 왔다. 그러나 이 발표는 의미 있는 현실의 변화라기보다는 헤드라인을 장식하는 것에 불과했다. 유럽은 바이오테크 시장을 보호하려는 독일을 중심으로 이 발안에 계속 반대했다. 메르켈 총리는 10년 전 부채 위기 당시 유럽 연대보다 독일 은행의 대차대조표를 우선시했던 것처럼, 이제는 세계 공중보건보다 국내 제약 회사의 이익을 우선시하고 있다. 바이든은 표면적으로는 메르켈 총리에게 이러한 입장을 바꾸도록 압력을 가할 기미를 보이지 않았다.

어차피 특허권 자체는 그 가치가 의심스러운 것이었다. 백신 공급을 크게 늘리려면 기존 제조업체들이 이른바 기술 이전을 통해 백신 제조법뿐만 아니라 생산 공정도 공유해야 했다.

유럽은 이에 찬성하는 것으로 알려졌지만, 단지 자발적인 경우로만 한정해 결국 자상한 목소리로 현상 유지를 지지하는 것에 불과했다.

주요 제약사들은 적어도 이론적으로는 전 세계적인 파트너십 구축을 찬성했지만, 대부분 이미 할 수 있는 만큼 했다고 주장하며, 필요한 전문성과 표준을 갖춘 공장의 공급이 바닥났다는 태도를 고수했다.

일부 전문가들은 세계무역기구에서의 논쟁이 마치 불이 났을 때 소방서에서 조직도를 놓고 다투는 것과 같은 위험한 곁다리에 불과하다고 주장했다. 전 세계의 주도권은 주주를 대변하는 다국적 기업에 의해 지배되고 있다. 이것이 바람직한 것인지 한탄스러운 것인지에 대한 논의는 더 차분한 시기에 하는 것이 제일 나을 것이다. 정부는 화이자와 같은 기업이 방해받지 않고 가능한 한 많은 백신을 생산할 수 있도록 허용해야 한다. 나머지는 유통 문제다.

그러나 다른 사람들은 제약 업계에 대한 가부장적 우대가 바로 이 사태를 초래했다고 반박했다. 팬데믹은 일회성 비상사태가 아니라 역사적 연속성의 일부였다. 식민주의 시대부터 근대 무역 협정이 체결될 때까지 부유한 국가의 지도자들은 다른 국가를 명목상 공정성과 평등을 고려해야 할 곳이라기보다는 채굴할 원자재와 착취할 저임금 노동자의 공급처로 간주하는 경향이 있었다. 코로나19 변종은 이미 새로운 감염의 물결을 예고하고 있었고, 아마도 수년 동안 추가 주사가 필요하게 될 것으로 보여 더 많은 공급이 필요했다. 또 다른 팬데믹이 발생하여 지금과 같은 상황이 반복될 수도 있다. 이러한 상황에서 개발도상국이 가만히 앉아서 부유한 후원자들이 팬데믹으로부터 구해 주기를 기다리는 것은 비도덕적이고 비현실적인 일이다. 개발도상국들은 다보스맨의 선의에 의존하기보다는 자국민에게 필요한 백신과 치료제를 스스로 만들 수 있어야 했다.

인도네시아에서 방글라데시, 남아프리카공화국에 이르기까지 제약업체들은 기존 제조업체들이 도와준다면 백신을 만들 준비가 되어 있다고 공언했다. 하지만 이는 시혜적인 제스처나 이해관계자 자본주의로는 불가능한 일이었다. 코백스의 비참한 성과가 이를 증명했다.

2021년 8월 중순까지 코백스는 연내 배포하겠다고 약속한 19억 회 분 중 1억 9,600만 회 분만 배포했다.[269]

아프리카의 13억 인구 중 2%만이 코로나19 백신을 완전히 접종했지만, 영국은 62%, 독일은 59%, 미국은 51%에 달했다. 부유한 국가들이 추가 접종을 예상하며 백신 비축량을 늘리면서 이 격차는 더 벌어지고 있다.[270]

"일부 부유한 국가들이 백신을 비축하면서 백신 형평성을 조롱하고 있다."라고 세계보건기구의 아프리카 담당 책임자인 마트 시디소 모에티Matshidiso Moeti 박사는 말했다.[271]

이러한 특성 분석에는 진실이 있었지만, 불완전한 설명이었다. 백신 보급의 격차는 단순히 어느 국가가 가장 많은 힘을 가졌는지를 반영하는 것이 아니라 국가 내에서 어떤 이해관계가 우선순위를 차지하고 있는지를 반영하는 것이었다. 여느 때와 마찬가지로 다보스 포럼에서도 다보스맨이 정책의 방향을 결정하고 있었다. 그 결과 가난한 나라에서는 인도주의적 비극, 즉 끊임없는 죽음의 물결이 일어났고, 모든 곳에서 팬데믹이 장기화할 가능성이 커졌다. 일부 국가의 백신 부족 현상으로 코로나바이러스는 추가 면역이 필요한 변종을 만들어 낼 가능성이 생겼다. 다보스맨의 이익 보호가 생명을 구하는 것보다 우선시되었다.

2021년 여름, 코로나19 백신에 대한 특허를 포기하겠다는 바이든의 공약은 희미한 기억이 되었다. 전 세계 대부분이 최악의 팬데믹을 겪고 있는 동안 미국은 거의 아무것도 하지 않았다는 비난을 잠재우기 위해 바이든은 5억 회 분의 화이자 백신을 구매하여 주로 코백스를 통해 도움이 필요한 국가에 기부한다는 계획을 발표했다. 이 기부에는 미국 납세자들의 세금으로 화이자 백신을 35억 달러어치를 사들이는 것이 포함된다.[272]

이 가격은 1회 접종당 약 7달러에 해당하며, 이는 화이자가 미국에서 접종하는 백신에 대해 받는 20달러와 비교하면 매우 저렴한 가격이다. 화이자는 이 가격이 "영리를 목적으로 하지 않는" 가격이라고 말했다. 그러나 외부인은 그 주장의 진위를 확인할 수 없었다.[273] 5억 명은 눈길을 끄는 숫자였지만, 전 세계 인구의 약 3% 정도에나 접종하기 충분한 백신 양에 불과했다. 그리고 대부분의 백신 재고는 이듬해 중반이 되어서야 비축될 수 있었다.

한편, 화이자는 그 어느 때보다 탄탄한 수익성을 확보하고 있었다. 유럽연합과의 계약에서 화이자는 코로나19 백신 가격을 25% 인상했다.[274] 미국에서 화이자는 많은 과학자가 데이터가 그 과정을 뒷받침하는지 의문을 제기했음에도 불구하고 바이든 행정부에 더 빨리 추가 주사를 승인하도록 로비를 했다. 2021년 가을에 소위 델타 변종이 확산되면서 부스터가 실제로 필요할 수 있다는 전망이 제기되었지만, 추가 주사를 통해 이익을 얻을 수 있는 가장 좋은 위치에 있는 회사가 바로 그 조언을 제공하는 회사라는 점이 문제가 되었다. 화이자는 주식 애널리스트들에게 2021년 백신 판매로 인해 기존 예상보다 3분의 1이 넘는 330억 달러의 수익을 기대한다고 말했다.[275]

백신 배포에 관한 이야기는 거의 모든 다른 이야기들과 마찬가지였다.

화이자의 불라와 같은 다보스맨 지망생들은 점점 더 부자가 되어가는 반면, 인류는 허술한 방역 체계로 인해 코로나바이러스의 지속적인 확산에 여전히 취약한 상태였다. 지구상에서 가장 부유하고 영향력 있는 사람들의 상징적 기부와 우려의 목소리를 제외하면, 가난한 국가들은 대부분 스스로 심각한 문제를 관리해야 했다.

실제로 많은 개발도상국이 감당할 수 없는 부채에 직면한 상태에서 래리 핑크와 같은 다보스맨들이 빚을 갚으라고 이들을 압박하는 가운데 자원 부족 사태는 더욱 연장되고 있었다.

15

"우리는 원금을 100% 돌려받을 것이다"

아무도 다보스맨을 막을 수 없다

래리 핑크는 사색에 잠겨 있었다.

2020년 여름, 콜로라도주 아스펜에 있는 자신의 별장에서 팬데믹을 겪어 내고 있던 핑크는 전 세계적인 트라우마가 어떻게 사회 발전의 원천이 될 수 있을지 고민하고 있었다.

봉쇄령으로 인해 직원들은 출퇴근을 생략하고 재택근무를 했고, 이는 환경과 가족 관계에 긍정적인 변화를 가져올 수 있었다. 핑크는 사회가 우선순위를 재정립할 드문 기회를 포착했다.

바이러스는 더 이상 사회적 격변의 유일한 원인이 아니었다. 미니애폴리스에서 백인 경찰이 조지 플로이드를 살해한 사건 이후 '흑인의 생명도 소중하다' 운동으로 촉발된 인종 차별에 대한 전 세계적인 심판이 진행 중이었다. 그해 5월과 6월에 시위가 확산되어 60여 개국으로 퍼져 나갔고, 사람들은 고질적인 차별에 대한 광범위한 불만을 표출했다. 아프리카에서 남아시아, 유럽에 이르기까지 사람들은 아프리카계 미국인에 대한 경찰의 최근 폭력 사건을 계기로 각자의 사회에서 억압과 불평등을 거부하는 데 힘을 모았다.

팬데믹이 생계를 파괴하는 것과 동시에 지역사회가 불공정에 대한 분노로 들끓은 것은 결코 우연이 아닌 듯했다. 경제적 불평등은 더욱 심화되었고 인종에 따라 현저하게 왜곡되었다. 식민주의의 유산은 여전히 강력한 힘을 발휘하여 인도 사람들은 영국 통치 시절로 거슬러 올라가는 잔인한 경찰의 전술에 노출되어 있었다. 남아공의 흑인들은 아파르트헤이트가 공식적으로 종식된 지 25년 이상 지났음에도 불구하고 일자리에서 멀리 떨어진 마을에 갇혀 살아야 했다.

북미와 유럽의 부유한 국가들은 아시아, 아프리카, 라틴 아메리카의 개발도상국을 지원하겠다고 약속하면서도 실제로는 거의 아무것도 하지 않았고, 팬데믹에 맞서고 있는 가난한 국가 정부들은 최소한의 자원만 확보한 채로 방치되었다.

한편, 다보스맨은 가난한 나라에 부채 상환을 요구하며 위기를 더욱 심화시키고 있었다. 많은 개발도상국이 교육과 의료에 지출하는 것보다 더 많은 돈을 뉴욕, 런던, 베이징의 채권자들에게 송금하고 있었다. 주요 경제국 정상들은 부채 상환 유예를 통해 구제책을 약속했지만, 가장 중요한 역할을 하는 금융 서비스 산업은 이 약속에 참여하지 않았다.

록키산의 은신처에 앉아 있던 핑크는 진행되고 있는 전 세계적 저항운동을 자신이 오랫동안 지지해 온 기업 혁신의 원동력으로 삼을 변곡점으로 꼽았다.

"인종 불평등의 영향으로 이해관계자 자본주의에 대한 논의가 더욱 활발해질 것이라고 믿는다."라고 그는 2020년 7월 블랙록이 주최한 가상 글로벌 정상회의에서 선언했다. "그리고 나는 우리 모두가 기업으로서, 기업의 리더로서, 사업가로서, 심지어 민간 부문 기업들도 모두 환경 문제나 사회적 이슈와 관련하여 어떻게 성과를 내고 있는지로 무겁게 평가를 받게 될 것이라고 믿는다."

외국 정부, 투자자, 동료 경영진과의 줌 회의에서 핑크는 "코로나 이후의 세계"에 대한 비전을 스케치했다. 많은 사람이 재택근무를 계속하면서 교통 체증의 고통으로부터 해방될 수 있을 것이다. 부모는 자녀와 더 많은 시간을 보낼 수 있게 된다. "우리는 이 상황을 긍정적으로 만들 것이다."라고 핑크는 말했다. "나는 콜로라도주 아스펜에서 1년에 30일 동안 일할 수 있다. 나쁘지 않다."

그것은 매력적으로 보였다. 핑크의 가상 모습에는 노출된 나무 기둥으로 장식된 현대식 헛간에 앉아 있는 핑크의 모습이 담겨 있었고, 유리문 너머로 숲이 살짝 비쳤다.

블랙록이 2020년 3분기 실적을 발표할 때 핑크는 주식 애널리스트들에게 "팬데믹의 위험으로부터 우리가 배우고 있는 많은 축복이 있다."라고 말했다. 그의 회사 금고에는 1,290억 달러의 신규 투자가 유입되었다. 출퇴근 시간에서 해방된 이들에게는 횡재와도 같은 시간이 주어졌다.

"두 시간을 운동으로 건강을 개선하는 데 투자할 수 있다."라고 핑크는 말한다. "더 깊고 강하고 탄력적인 가족을 만드는 데 두 시간을 더 투자할 수 있다."

팬데믹의 충격과 인종적 불공정에 대한 시위의 물결은 근본적으로 불공정한 세계 경제의 징후로 볼 수 있다. 하지만 핑크는 오히려 이를 더 나은 세상으로 나아갈 기회로 생각했다.

"이러한 과정을 통해 사회는 더 나아질 것이다."라고 그는 말했다. 하지만 바로 그 순간, 핑크가 속한 업계는 최빈국들이 팬데믹으로부터 구제를 받을 수 있는 조치들을 방해하기 위해 노력하고 있었다.

지구 반대편 카타르의 수도 도하의 모하메드 헤론Mohammed Heron은 자신만의 시간을 더 찾았지만, 더 탄력적인 가족을 꾸릴 수는 없었다. 그는 실직에 빈털터리가 되어 비슷한 처지에 놓인 다른 남성들과 함께 아라비아해에서 아내와 아이들과 떨어져 기숙사에 갇혀 지냈다.

3년 전, 헤론은 수천만 명의 남아시아 이주 노동자들이 걸어온 북부 경로를 따라 방글라데시의 마을을 떠났다. 그는 가족에게 돈을 보내 저녁 식탁에 고기와 생선을 올리고 아이들을 학교에 보내도록 해줄 임금을 받기 위해 모험을 떠났다. 여행 경비를 마련하기 위해 그는 방글라데시 평균 연소득의 3배가 넘는 5,000달러를 빌렸다. 그 돈으로 항공권을 구입하고 카타르에서 취업 비자를 받고 도착하자마자 일자리를 보장해 준 채용 대행사에 비용을 지불했다. 그의 아내 모노와라 베굼Monowara Begum은 이 계획에 겁을 먹었다. 10년 전, 헤론의 형이었던 그녀의 첫 남편은 사우디아라비아에 청소부로 일하러 떠났다가 돌아오지 못했다. 그는 음주 운전자에 의해 살해되었으나 처벌이나 보상도 없었다. 남편을 떠나보내고 세 아이를 혼자 키우게 될지도 모른다는 생각에 헤론은 두려움에 휩싸였다.

하지만 이 상태로는 더 이상 버틸 수 없었다. 그녀의 가족은 몬순의 폭우에 취약한 판잣집에서 살았다. 혜론은 운 좋게도 주변 논에서 일하며 하루 3.50달러를 벌었다. 가족은 쌀과 감자로 연명했다. 큰아들 하산은 학교에 다니며 컴퓨터 사용법을 배우고 있었지만, 학비가 1년에 70달러가 들었다.

2018년 9월, 용광로 같은 더위 속에 혜론이 도하에 도착했을 때 채용 대행사는 일자리를 연결해 주지 않았다. 그는 미친 듯이 일자리를 찾았다. 몇 달 후, 그는 사무실과 호텔 방 청소, 정원의 잡초 뽑기, 광케이블을 깔기 위한 도랑 파기 등 다양한 임무를 맡을 수 있는 인력 파견 회사를 찾았다. 그는 한 달에 약 250달러를 벌었다. 회사는 그에게 기숙사 한 칸을 배정했고, 그는 다른 방글라데시 이주 노동자 15명과 함께 거주했다. 격월로 그는 몇 푼의 돈을 집으로 보냈다. 혜론은 페르시아만 전역 다보스맨의 운명에 결정적인 역할을 했던 엑소더스의 일부였다. 사우디아라비아의 석유 시설에서 쿠웨이트의 조경 정원에 이르기까지 남아시아 및 동남아시아의 가족을 부양하기 위해 결박한 사람들은 이 지역에서 가장 부유한 남성들이 구축한 상업 제국의 핵심 요소인 착취 가능한 노동력 공급원이 되었다.

두바이에서는 빌라 가격이 400만 달러에 달하는 고급 개발지에 트럼프 브랜드 골프장을 건설하는 이주 노동자들이 회사가 월 200달러에서 400달러 사이의 임금을 강요하고 있다고 불만을 토했다.[276]

트럼프의 파트너는 두바이 최대 개발업체 중 하나인 다막 프로퍼티(Damac Properties)로, 에미리트의 거물인 후세인 사즈와니Hussain Sajwani가 대표하는 이 기업의 가치는 20억 달러로 추산된다.

헤론의 임금으로는 60만 년 이상 일해야 그만한 금액을 벌 수 있을 것이다. 갑자기 그는 돈을 한 푼도 벌지 못하게 되었다. 팬데믹으로 인해 건설이 중단되고 도하 전역의 호텔이 텅 비었기 때문이다. 헤론의 고용주는 그에게 임금을 지급하지 않았다. 그는 천식 발작으로 병원에 입원해야 했고, 남은 돈은 모두 병원비로 지급했다.

2020년 7월 내가 화상 회의 앱을 통해 연락을 취했을 때, 그는 몇 달 동안 집에 돈을 보내지 못한 상태였다. 그는 몇 시간 동안 침대에 누워 원활하지 않은 인터넷 연결을 통해 방글라데시의 마을에 있는 아내와 아이들과 대화를 나누었다.

대화 후 그는 허탈했고 낙담했다. 그는 가족을 부양해야 했지만, 이제 가족은 빚을 어떻게 갚을지 고민하면서 식료품 구매를 줄여야 했다. 아내는 집으로 돌아오라고 애원했지만 비행기 표를 살 돈이 없었다. 아내는 하산에게 학업을 중단하고 건축 현장이나 자동차 수리점 같은 일자리를 찾으라고 재촉했다. 하산은 집에서 계속 공부하고 싶다고 버텼다. 헤론은 침착을 유지하려고 애쓰며 "내 아들들은 인생에서 무언가를 이루기를 꿈꿉니다."라고 말했다. 그러다 와이파이가 끊기고 우리의 대화는 끝났다.

팬데믹이 발생하기 전해에 전 세계 이주 노동자들은 5,540억 달러라는 기록적인 금액을 고국으로 보냈다.[277] 이 금액은 공적 개발 기관이 빈곤 국가에 분배한 금액의 3배가 넘는 금액이었다. 하지만 팬데믹으로 일자리가 사라지면서 이러한 송금액도 줄어들고 있다. 남아시아와 사하라 사막 이남 아프리카의 국가들은 5분의 1 이상의 감소를 겪고 있었다. 이는 1억 5,000만 명에 달하는 사람들이 극심한 빈곤 상태에 빠질 위험에 처해 있고,[278] 2억 6,500만 명이 생명을 위협하는 수준의 영양실조에 빠진 주요 원인이었다(이는 전년 대비 약 2배 증가한 것이다).[279]

송금 감소는 이미 해외 채권자에 대한 부채를 상환할 현금을 마련하는 데 어려움을 겪고 있는 가난한 국가에 압박을 가중시키고 있다. 예를 들어, 파키스탄은 지난 10년 동안 해외 채권자에 대한 지불금이 정부 수입의 11.5%에서 35% 이상으로 급증했다.[280]

해외 노동자들이 가난한 자신의 나라로 보내는 돈이 줄어들면서 최악의 시기에 위기가 악화되고 있었다. 바이러스가 확산됨에 따라 파키스탄은 의료에 대한 지출을 늘렸지만, 부채 상환에 우선순위를 두면서 다양한 사회 서비스에 대한 지원을 삭감했다.

워싱턴에서는 어려움에 부닥친 국가를 지원하는 임무를 맡은 국제기구들이 특별한 캠페인을 약속했다.

"세계은행 그룹은 강력하고 대규모로 대응할 계획이다."라고 데이비드 맬패스David Malpass 총재는 선언했다.

같은 날 국제통화기금(IMF)의 크리스탈리나 게오르기에바Kristalina Georgieva 총재는 가난한 국가를 보호하는 데 필요한 만큼 1조 달러의 대출 한도를 활용하는 데 주저하지 않을 것이라고 말했다.

"지금은 내 생애에 맞이한 인류 역사상 가장 어두운 시기이다."라고 그녀는 단언했다. "지금이야말로 우리가 일어나 단결하여 가장 취약한 사람들을 보호해야 할 때이다."

6개월 후, 기금은 76개 회원국에 약 310억 달러의 긴급 대출을 비교적 소액으로 분배했다.[281]

전체 기금의 대출 규모는 약 2,800억 달러로, 전체 가용 자금의 3분의 1에도 미치지 못했다. 세계은행은 대출 규모를 두 배 이상 늘렸지만, 자금 배분은 더디게 진행되었다.[282]

주요 경제국 정상회의인 G20은 채무 유예라는 형태로 구제책을 제공하기로 합의했다. 하지만 이는 대출금 상환을 연기하는 것일 뿐, 미상환 잔액만 쌓이는 결과를 초래했다. 그리고 이 프로그램에서는 가장 큰 채권을 보유한 글로벌 금융 서비스 업계가 제외되었다.

2020년 10월까지 사하라 사막 이남 아프리카에 있는 46개 국가가 총 53억 달러의 즉각적인 부채 상환을 면제받았다.[283] 이는 그해 개발도 상국이 갚아야 할 총 국제 부채 상환액의 2%에도 미치지 못하는 금액이었다.

금융 서비스 업계는 가난한 국가들이 실제로 지불금 감면을 원하는 것이 아니라고 주장했다. 그들이 채무 상환 유예를 요청하면 신용 평가 기관이 이를 채무 불이행으로 기록하여 향후 대출 능력이 위태로워질 수 있다는 것이었다. 이는 사실이었지만, 금융 서비스 업계에서는 '돈의 신'을 화나게 할 수 있다는 두려움을 적극적으로 조장했다. 그 선두에 선 것은 전 세계 70개국의 400여 개 금융기관을 대표하는 글로벌 무역 협회인 국제금융협회(Institute of International Finance)였다.

2020년 9월 G20 재무장관들에게 보낸 서한에서 다보스 포럼에 단골로 참석하는 동 협회의 티모시 아담스Timothy Adams 회장은 금융회사들이 부채 유예 제안의 "취지를 강력히 지지한다."고 주장했다. 그런 주장에는 물론 돈이 한 푼도 들지 않았지만 말이다.

아담스는 가장 중요한 고려 사항은 차입국이 향후 더 많은 대출을 받을 수 있는 능력을 보존하는 것이라고 덧붙였다. "민간 자본의 투입이 불가피하거나 엄청나게 비싸다면, 이들 국가는 어떻게 생활 수준을 개선하는 데 필요한 높은 성장률을 회복하고 달성할 수 있겠는가?"[284]

한 가지 질문을 덧붙여 본다면, 다보스맨에게 계속 빚을 갚기 위해 학교와 의료 서비스에 인색해야 한다면 이들 국가가 경제성장과 생활 수준 향상을 어떻게 달성할 수 있을까?

연구나 경험, 상식이 자명하게 보여 주듯 부채가 많은 가난한 국가가 성장할 수 있는 가장 좋은 방법은 채권자로부터 대출금 일부를 탕감받는 것이었다. 대출 기관으로서 이러한 계약은 자선이 아니라 냉철한 계산의 산물이었다. 정부가 갚을 수 없는 빚을 떠안게 되면 채무 불이행의 위험에 처하게 된다. 그러나 구제 금융을 받으면 인프라, 교육, 의료 및 기타 개발에 투자하여 의무를 이행하는 데 필요한 돈을 벌 수 있다.

아담스는 민간 채권자들이 "단기적인 유동성 문제와 장기적인 지급 능력 위험으로 어려움을 겪고 있는 국채 차입자들을 돕고 싶어 한다."는 확신을 제공했다.[285] 그러나 협회의 가장 영향력 있는 회원사인 블랙록은 이미 이러한 논지에 회의적인 반응을 보였다.

래리 핑크는 이해관계자 자본주의를 옹호하는 것으로 유명했지만 개인적으로 문제가 많은 차주인 아르헨티나에 대해서는 강경한 태도를 보였다.

과도한 차입으로 위험에 처한 국가들의 연대기적 흐름에서 아르헨티나는 홀로 우뚝 서 있었다. 아르헨티나는 국채 상환을 최소 9번 이상 불이행(디폴트)했다.

핑크는 근본적인 변화에 베팅한 국제 투자자 그룹에 속해 있었다. 이들은 2015년에 선출된 마우리시오 마크리Mauricio Macri 신임 대통령의 변혁적 힘에 베팅하며 아르헨티나에 부채를 쌓아 가고 있었다. 고학력의 테크노크라트인 마크리는 아르헨티나를 낙후된 국가라는 굴곡진 역사에서 해방할 것이라는 희망을 투자자들 사이에 심어 주었다.

아르헨티나 역사의 많은 기간 동안 이 나라는 매우 번영했다. 유럽 이민자들의 물결은 아르헨티나의 비옥한 토양을 곡물 농장과 소 목장으로 바꾸어 전 세계에 상품을 판매했다. 1913년에는 프랑스보다 1인당 국민 소득이 더 높았다.[286]

하지만 1946년 카리스마 넘치는 육군 장군 후안 도밍고 페론Juan Domingo Peron이 대통령으로 등장했다. 페론은 권위주의적인 리더십과 강력한 국가 권력을 바탕으로 예산은 고려하지 않고 가난한 사람들의 이익을 대변하는 데 주력했다. '에비타'라는 별명으로 널리 알려진 아내 에바 두아르테Eva Duarte는 사후에도 아르헨티나의 정계를 장악하며 수많은 정치인에게 영감을 주었고, 그들의 뒤를 잇는 정치인들이 속속 등장했다.

역대 정부는 아르헨티나 페소화를 찍어 내어 자금을 조달하면서 무분별하게 소비했고, 이는 초인플레이션을 초래했다. 피할 수 없는 대가를 늦추기 위해 수출업자들로부터 경화를 압수하고 해외에서 최대한 많은 돈을 빌렸다. 이후 역사는 포퓰리즘의 붐과 붕괴의 연속이었다. 정부들은 가난한 사람들에게 구호금을 지급하겠다는 전통적인 페론주의의 약속을 앞세우며 들어섰고, 고의로 산술적 계산을 무시하다가 위기가 닥치면 퇴장했다. 신자유주의 개혁주의자들은 간헐적으로 재정 건전화를 통해 모든 것을 바로잡아야 한다고 주장하며 사회 서비스를 삭감하여 시민들을 분노하게 했다.

특히 1990년대에 IMF가 아르헨티나에 페소화 가치를 미국 달러에 고정할 것을 촉구하면서 충격적인 전환이 일어났다. 이는 환율의 변동성을 막아 안정성을 확보하는 것처럼 보였다. 그러나 이 정책은 아르헨티나 정부를 해결 불가능한 상황으로 몰아넣었다. 아르헨티나는 항상 1페소를 1달러로 교환하겠다고 약속해야 했고, 이를 위해서는 막대한 경화를 비축하고 있어야 했다. 아르헨티나 정부는 달러가 부족해지자 IMF에서 돈을 빌렸고, IMF는 긴축이라는 독소 조건을 내걸었다.

경제가 둔화하면서 투자자들은 더 많은 대출에 대해 더 높은 이자율을 요구했고, 이는 경기 침체를 더욱 심화시켰다. 2001년 이 계획이 무산되자 투자자들은 아르헨티나를 떠났고 아르헨티나는 1,410억 달러에 달하는 공공 부채 대부분을 채무 불이행했다.[287] 진정한 불황으로 인해 수백만 명의 아르헨티나 국민이 저축한 재산이 사라졌고, IMF는 무자비한 악당이 대명사가 되었다. 이후 10년 반 동안 아르헨티나를 지배한 네스토르 키르치네르Nestor Kirchner와 크리스티나 페르난데스 키르치네르Cristina Fernandez de Kirchner 부부의 리더십 아래 경제는 성장하고 실업률은 감소했으며 생활 수준은 높아졌고 빈곤율은 71%나 급감했다. 그러나 크리스티나 대통령의 두 번째 임기가 끝날 무렵 아르헨티나의 재정은 파탄에 이르렀고, 그녀는 대통령직 내내 끈질기게 따라다닌 부패 스캔들의 상징으로 전락해 버렸다.

마크리는 자신을 포퓰리즘과 긴축의 구조적 악순환에서 벗어나게 할 해방자로 내세웠다. 부에노스아이레스 시장 출신인 그는 미국의 엘리트 기관에서 교육받고 영어를 구사하는 경제학자로 대통령궁 각료실을 채웠다. 이들은 규율에 입각한 재정으로 복귀를 약속하며 국제 투자자들의 신뢰를 얻었고, 확장된 사회 프로그램을 통해 빈곤 퇴치에 나서겠다고 다짐했다. 조지프 스티글리츠는 "마크리가 다보스맨에게 어필한 이유는 그가 다보스맨의 입장을 반영했기 때문"이라고 내게 말했다. "아르헨티나는 전환점을 맞이하는 중이었다. 신자유주의 국가가 될 것으로 보였다."

그 누구보다 이 이야기에 매료된 사람이 핑크였다. 이 블랙록의 최고 책임자는 2016년에 "마크리는 정부가 국가의 미래를 바꾸려고 노력할 때 무엇을 할 수 있는지 보여 줬다."고 선언했다.[288] 핑크는 돈으로 그 선언을 뒷받침했다. 블랙록은 갑자기 아르헨티나에 대한 대출을 재개한 수많은 외국 기관 중 하나였다. 마크리 정부는 재임 첫 2년 반 동안 1,000억 달러 상당의 국채를 새로 매각하여 계획되었던 공공 지출 삭감을 미룰 수 있었다.

그러나 2018년 아르헨티나의 소고기와 곡물 수출은 끔찍한 가뭄으로 황폐해졌다. 동시에 미국 중앙은행은 금리를 점차 인상했고, 글로벌 금융 위기에 대한 이례적인 개입 정책을 마무리하기 시작했다. 투자자들은 이를 신호탄으로 삼아 신흥 시장에서 벗어나 갑자기 높은 수익을 내고 있던 미국으로 몰려들었다.

자금이 빠져나가면서 아르헨티나 페소화 가치는 하락했고, 식량과 연료 등 수입품 가격이 상승하면서 경제성장은 멈췄다. 2018년 6월 마크리는 IMF에 구조 패키지를 요청할 수밖에 없었고, 이는 마치 과거에 자신을 납치했던 납치범에게 찾아가 하룻밤만 재워 달라고 부탁하는 것과 같았다.

IMF는 역사상 가장 큰 규모의 구제 금융인 570억 달러 규모의 대출을 제공했다.[289] 여느 때와 마찬가지로 자금은 긴축 요구와 함께 마크리에게 제공되었다. 그는 전기, 연료, 교통에 대한 보조금을 삭감했다. 또 다른 암울한 경기 침체의 와중에서 이것은 사회 화합을 위한 처방이 될 수 없었다.

2019년 4월 부에노스아이레스의 노동자 계층이 거주하는 교외에 사는 클라우디아 베로니카 제노베시Claudia Veronica Genovesi는 "이것은 신자유주의 정부입니다."라고 나에게 말했다. "이 정부는 인민의 편이 아니에요."

그녀와 남편은 사무실 청소를 하며 근근이 생계를 유지했다. 보조금이 끊기면서 그들은 요리용 가스 구입을 중단했다. 그들은 소고기 섭취도 중단하고 아르헨티나 사람들이 상용하는 뜨겁게 우려 낸 음료인 마테를 희석해 마시고 있었다.

수도 북서쪽에 있는 파라나시 외곽에는 6,000가구가 시립 쓰레기 처리장 주변에 있는 판잣집에서 생활하고 있었다. 이들은 쓰레기 수거 트럭이 도착하기를 기다렸다가 방금 내린 쓰레기봉투를 찢으며 지역 재활용 업체에 팔 수 있는 유리 조각, 철사 가닥, 저녁 식사용으로 냄비에 넣을 고기 조각 등을 찾았다.

경제가 극도로 악화되면서 쓰레기장에서 이런 일을 하려는 사람들이 최근 몇 달 동안 두 배로 늘었다. 보모 일을 하다 실직한 한 어머니는 식료품을 사기 위해 노점에서 팔 만한 버려진 옷을 찾으려 두 살배기 딸을 데리고 쓰레기장을 지나갔다.

아르헨티나의 전통적인 역사는 다음에 일어날 일을 암시했다. 마크리가 퇴진하고 예산 따위는 무시하는 포퓰리스트가 다시 집권하는 것이다.

그해 말 대통령 선거에서 유권자들이 마크리를 재빨리 내보내면서 첫 번째 파트가 이루어졌다. 일부에서는 차기 행정부가 화폐 발행을 재개하고 아르헨티나의 부채를 탕감할지 궁금해했다. 그러나 마크리의 후임인 알베르토 페르난데스Alberto Fernandez는 실용주의자로서의 면모를 빠르게 드러냈다. 그는 블랙록을 포함하여 650억 달러 상당의 국채를 보유한 민간 채권자들과 실행 가능한 합의를 모색하여, 정부가 나머지 잔액을 상환하겠다고 약속하는 대신 일부 채무를 탕감하는 협상을 타결하려고 했다. 그는 아르헨티나가 먼저 민간 채권단과 협상을 타결하고 나면 기금 패키지 조건을 재조정하겠다는 의사를 비친 IMF 관리들의 지지를 얻었다.

2020년 초 페르난데스가 아르헨티나의 채권단과 협상을 시작하면서 IMF는 아르헨티나 재정에 대한 평가를 시행하여 합의의 매개변수를 효과적으로 설정하는 보고서를 작성했다. 아르헨티나의 공공 부채는 연간 경제 생산량의 거의 90%에 달해 우려할 만한 수준이었다. "부채의 지속가능성을 회복하기 위해서는 아르헨티나의 민간 채권자들로부터 상당한 부채 탕감이 필요할 것이다."라고 기금의 전무이사는 밝혔다.[290]

페르난데스 정부는 처음에 IMF의 분석을 근거로 미결제 채권에 대해 달러당 40센트 미만으로 상환하겠다는 헐값의 제안을 내놓으며 과도하게 포장된 손을 내밀었다. 채권단은 달러당 75센트로 맞섰고, 곧

60센트로 낮췄다. 채권자들은 보유 채권에 대해 얼마를 지불했는지, 어떤 채권을 보유하고 있는지(마크리 정부 이전에 발행된 오래된 채권인지, 혹은 마크리 정부가 판매한 최신 채권인지)에 따라 이해관계가 다른 세 개의 진영으로 나뉘었다. 당사자들은 팬데믹으로 인해 부에노스아이레스로 가서 직접 대면할 수 없었다. 이들은 줌 화상회의를 통해 여러 채권자가 포함된 그룹 통화를 통해 소통했다.

블랙록의 대표인 핑크는 마크리 정부가 발행한 채권의 3분의 1 이상을 보유한 컨소시엄의 사실상 대표로, 합의안에 대한 거부권을 행사할 수 있었다. 채권 약관에 따라 지급금 상각에 대한 합의는 채권 가치의 3분의 2를 보유한 채권 보유자의 동의를 얻어야 했다. 핑크는 마크리에 대한 자신의 베팅이 실패로 돌아간 것에 대해 개인적으로 당혹스러워했다. 또한 그는 베팅 금액이 한 국가보다 더 크다는 결론을 내렸다.

팬데믹으로 인해 개발도상국 정부의 재정이 황폐화되면서, 핑크는 다른 국가들로부터도 부채 탕감 요구에 직면하게 될 것이라는 사실을 알고 있었다. 블랙록은 가나, 케냐, 잠비아, 나이지리아, 세네갈이 발행한 10억 달러 상당의 채권을 보유하고 있었는데, 이들 국가는 모두 광산과 연결된 도로, 학교 신설, 깨끗한 물 공급 확대, 의료 서비스를 위해 막대한 자금을 차입한 상태였다.[291]

팬데믹으로 인해 경제가 초토화되면서 부채 상환에 필요한 수입이 줄어든 동시에 서비스, 특히 의료 서비스는 그 어느 때보다 열악해졌다. 아르헨티나는 선례가 될 것이다. 아르헨티나는 앞으로 다른 정부들이 구제를 요청하는 것을 꺼릴 만큼 불쾌한 경험을 맞아야 했다.

2020년 5월, 협상이 교착 상태에 빠진 상황에서 블랙록 대표는 콜

롬비아에서 스티글리츠와 함께 공부했던 서른일곱 살의 마르틴 구즈만Martin Guzman 아르헨티나 경제부 장관에게 전화를 걸었다. 정부가 달러당 50센트에서 55센트 사이로 제안을 낮추면 거래를 성사할 수 있다고 핑크는 말했다. 이 사적인 대화에서 구즈만은 그 요구에 만족했다. 하지만 핑크는 에콰도르에서 비슷한 협상이 더 관대한 보상금 지급으로 흘러가고 있다는 사실을 인지하고 더 많은 것을 요구했다. 이러한 입장은 정부를 격분하게 했다.

핑크가 손실을 막아야 한다는 특별한 압박감을 느끼는 이유는 그가 대리하고 있는 투자자의 유형 때문이었다. 그가 관리하는 자금의 3분의 2는 연금 펀드와 개인 퇴직 계좌에 속해 있었다. 수십 년 전만 해도 개발도상국이 발행한 채권은 소위 신흥 시장을 전문으로 하는 몇몇 대형 은행의 영역이었다. 위기가 닥치면 소수의 은행가가 정부 관계자와 함께 한 방에 모여 합의를 도출할 수 있었다. 블랙록의 독보적인 규모는 일반 노동자의 은퇴 저축을 관장하는 펀드의 신뢰를 얻는 데 성공했음을 말해 주었다. 네브라스카의 소방관이나 영국의 교사들에게 퇴직금의 절반이 사라졌다고 말하는 것은 극도로 피해야 할 선택이었다.

협상에서 핑크는 아르헨티나의 이익이 전 세계의 이익과 같다고 주장했다. 마치 아르헨티나가 더 토해 내야 한다고 주장함으로써 자신이 모든 가난한 나라에 호의를 베푸는 양 그는 과도한 상각은 개발도상국 전체의 국채 수요에 타격을 줄 수 있다고 경고했다. 이는 글로벌 금융 서비스 업계가 채무 유예에 참여하지 않으려는 것을 정당화하기 위해 사용했던 것과 동일한 논지였다. 국가들은 나중에 다시 대출받을 수 있도록 자신의 신용등급을 보호해야 했다. 핑크가 다른 곳도 아닌 아르헨티나에서 이런 주장을 펼쳤다는 것은 역사를 고의로 부정하는 것이나 다름없다. 아르헨티나의 디폴트 사태가 증명한 것이 있다면, 기회주의자들은 항상 돈을 더 주겠다며 돌아온다는 것이었다.

아르헨티나 사람들은 블랙록의 협상가들이 오만하고 심지어 신식민주의적인 생색내기를 한다고 생각했다. 핑크의 직원들은 예정된 회의에 자주 나타나지 않아 정부 대표들이 앉아서 기다릴 수밖에 없었다. 블랙록 팀은 아르헨티나의 미숙함에 노골적으로 놀랍다는 반응을 보였다. 그들은 대부분 구즈만과 같은 젊은 지식인들이었다. 거래를 무산시키면서 핑크는 "신탁 의무" 때문에 아르헨티나에 더 큰 혜택을 줄 수 없었다고 주장했는데, 이는 도덕적 과실에 대한 보호를 위한 다보스맨의 전문 용어를 방어막으로 앞세운 것이었다. 그는 개인적으로 자신이 원하는 것은 아르헨티나가 팬데믹 상황에서 더 많은 의료 재정을 확보할 수 있도록 정부에게 여유를 주는 것뿐이라는 점을 내비쳤다. 하지만 그것이 자기의 돈이 아니었기 때문에 그렇게 할 수 없었다는 것이다. 그 돈은 블랙록에 관리를 맡긴 연기금과 여타 기관의 것이다.

블랙록은 실제로 신탁 의무가 있었지만, 이는 아르헨티나의 지속 불가능한 부채를 탕감해 채무 불이행 가능성을 낮춰야 할 의무로 해석될 수도 있는 것이었다.

구즈만은 핑크와의 대화에서 아동 빈곤율이 50%에 육박하는 아르헨티나의 상황을 고려할 때 이 정도가 한계라고 설명했다. 핑크는 이해한다고 말했지만, 곧이어 아르헨티나를 안정시키는 데 실패한 IMF의 구조 계획을 비난했다. 고장 난 토스터기 앞에서 보증서를 흔들며 화를 내는 소비자처럼, 핑크는 IMF가 대출금 일부를 탕감하는 것으로 책임을 지라고 요구했다. 미국은 IMF의 최대 주주였다. 핑크는 므누신 장관에게 미국 재무부에 대한 권한을 행사하여 기금이 고통을 분담하도록 압력을 가하겠다고 다짐했다.

아르헨티나의 장관은 이 대화에서 동요되었다. 구즈만은 모든 것을 사적으로 받아들이는 불안정한 적을 상대하고 있는 것 같았다. 핑크는 국제 금융의 규칙을 전혀 몰랐거나 규칙을 무시할 만큼 거만했다. IMF는 간단히 대출을 상각해 주지 않았다. 므누신은 기금에 그런 간청을 하지 않았고, 핑크의 요청은 별 의미가 없었다.

구즈만은 곧 그의 옛 교수인 스티글리츠의 지지를 얻었고, 그는 또 다른 노벨상 수상자인 에드먼드 펠프스Edmund Phelps와 함께 정부의 최근 제안을 받아들이라고 채권단에게 촉구했다. 이들은 곧 세계은행의 수석 이코노미스트가 된 카르멘 라인하트Carmen Reinhart를 비롯한 138명의 경제학자의 서명을 받은 서한에서 "아르헨티나는 채권단에 국가의 지불 능력을 반영하는 책임 있는 제안을 제시했다."라고 선언했다.[292]

그 편지에 분노한 핑크는 누구에게도 책임지지 않는 교수들이 스스로를 정의의 중재자로 임명했다며 분통을 터뜨렸다. 블랙록과 그 컨소시엄은 계속 버텼다.

해결이 절실했던 정부는 페소화 가치를 달러당 53센트로 인상하여 제안했다. 페르난데스 대통령은 이를 "최대한의 노력"이라고 표현하며, 그 이상은 아르헨티나가 감당할 수 없는 부담이라고 말했다. 그의 입장은 IMF의 새로운 분석으로 확인되었다.[293]

팬데믹은 아르헨티나의 국고를 더욱 고갈시키고 있었다. 아르헨티나의 지급 능력은 약화되고 있다. 핑크는 아르헨티나가 국제 채권단과의 마지막 대결이 어떻게 진행되었는지를 살펴볼 때 자신은 또 다른 추가적 영향력을 가지고 있다고 계산했다.

2001년 아르헨티나의 채무 불이행 이후 10년 넘도록 악명 높은 헤지펀드 엘리엇 매니지먼트 코퍼레이션의 대표이자 탐욕적 자본가 다보스맨인 폴 싱어Paul Singer는 상환을 받기 위해 잔인한 전쟁을 벌여 왔다. 그는 미국 법원에 아르헨티나를 상대로 소송을 제기했다. 그런 다음 그는 가나 법원을 설득하여 가나 해안에 정박해 있던 아르헨티나 해군 선박을 압류하도록 명령함으로써 판결금을 회수하려고 노력했다.[294] 결국 가나는 싱어가 투자한 금액의 3배가 넘는 24억 달러를 지급하고 합의했다.[295]

블랙록은 교착 상태가 지속되면 기존 채권 보유자들이 투자를 포기하고 기업구조조정 펀드에 매각할 것이라고 암시했다. 그러면 아르헨티니 정부는 핑크처럼 냉철하고 합리적인 사람이 아니라 싱어처럼 탐욕스러운 해적과 거래하게 될 것이다.

특히 신경전을 벌이던 한 통화에서 블랙록의 신흥 시장 포트폴리오 매니저는 구즈만에게 "내가 당신보다 더 오래 버틸 것이다."라고 말했다. 통화 상대도 그 의미를 분명히 알 수 있었다. 정부가 거래하지 않으면 투자자들은 기다리며 버틸 것이고, 결국 위기가 심화되어 정권이 무너질 것이다.

배후에서 블랙록은 다른 투자자들을 설득하기 위해 로비를 벌였고, 결국 분열이 초래되었다. 범세계적인 경기 침체 속에서 치솟는 빈곤으로 고군분투하는 정부를 협박하는 것 외에도, 핑크의 입장은 더 큰 손실을 낳을 위험이 있었다. 그는 부채의 포화 상태에서 빚을 갚지 않을 생각을 하는 다른 정부들에 경고를 보내기 위해 기꺼이 그런 결과를 감수했다.

그레이록 캐피털 매니지먼트의 사장 겸 최고 투자책임자인 한스 흄스Hans Humes는 2020년 7월 말 나에게 "블랙록 직원들이 수많은 주요 채권자와 통화를 했다."라고 말했다. "이건 미친 짓이다. 자존심 때문이다. '우리는 블랙록이고, 우리가 결정을 내릴 수 있으며, 누가 보스인지 모두에게 보여 줄 것이다'. 어느 면으로 보나 이것은 실패작이다."

2020년 여름에 핑크의 역할을 이해하려고 내가 블랙록에 전화를 걸었을 때, 블랙록은 처음에 웹사이트에 "투자 업계의 평판 관리" 전문 회사라고 소개된 런던에 본사를 둔 커뮤니케이션 회사에 내 질문을 넘겼다. 이 회사의 파트너들은 기록에 남기는 것을 거부하며 모든 것이 아르헨티나 국민의 복지에 대한 채권단의 염려에서 비롯된 것이라 확신한다는 입장문을 보내왔다.

8월 1일자 《뉴욕 타임스》에 나의 기사가 실렸다. 기사는 핑크가 미래 바이든 행정부의 잠재적 재무장관 후보로 거론되고 있다는 점, 다보스에 자주 참석하며 이해관계자 자본주의를 지지한다는 점, 아르헨티나의 부채 위기 해결을 위해 사전 투자에 나섰다는 점 등을 언급했다.

사흘 후 아르헨티나는 마침내 채권단과 협상을 타결했다고 발표했다. 정부는 달러당 약 55센트를 지불하기로 했다.[296]

세계 최대 자산 관리 회사를 운영하던 억만장자가 절망에 빠진 국가에 1달러당 단돈 2센트를 더 받겠다고 협박을 한 것이다. 핑크는 평판에 손상이 커질 때까지 너무 오래 버텼다. 거래가 끝난 후 블랙록은 아르헨티나인 보유 지분 대부분을 재빨리 처분하여 미결제 채권의 가치를 급락시켰다. 몇 달 후 채권이 회복되기 시작했을 때는 이미 핑크의 투자자들이 빠져나간 뒤였다.

로키 산맥에 자리 잡은 핑크는 여전히 보기 드문 굴욕을 받아들이느라 전전긍긍하는 사람처럼 굴었다.

"라틴 아메리카에 관심이 있다면 아르헨티나보다 더 안전하고 안정적인 투자처가 있다."라고 2020년 말 가상 금융 컨퍼런스에서 핑크는 열변을 토했다. "우리는 고객이 맡긴 돈을 해치지 않을 것이라고 확신해야 하며, 투자의 100%를 돌려받을 것이라는 확신을 가져야 한다."[297]

이것은 터무니없는 기준이었다. 아르헨티나처럼 위험한 국가에 100% 보장되는 투자는 없었고, 특히 채권은 더더욱 아니었다. 핑크의 이러한 지적은 아르헨티나 국채에 돈을 맡긴 연기금에게 블랙록이 아르헨티나 국채의 위험성을 충분히 인지하지 않은 채 매력적인 수익률을 선전하며 과대광고를 했다는 인상을 심어 주었다.

엄격한 분석과 규율이 핑크의 브랜드 가치였다. 허풍쟁이와 맹목적 추종 군중들이 넘쳐나는 세상에서 그는 계산을 잘하고 다양한 가능성을 고려하는 드문 인물로 자신을 알려 왔다. 하지만 아르헨티나에서의 성과는 이러한 평판에 의문을 불러왔고, 그는 자신의 선입견에 부합하는 대통령에게 매혹된 다보스맨으로 드러났다.

스티글리츠는 "그의 팀은 제 역할을 하지 못했다."라고 말했다. "그들은 숙제도 제대로 하지 않고 마크리와 마크리가 만들어 낸 신화를

믿었다. 그들은 잘못된 결정을 내렸다는 사실을 인정하기는 커녕 오히려
아르헨티나를 비난했다."

3부

역사 초기화

문명화된 삶이라고 불리는 것의 혜택을 보존하는 동시에
그것이 낳은 악을 해결하는 것이 개혁 입법의 첫 번째 대상으로
고려되어야 한다.

-토머스 페인Thomas Paine, 『농민의 정의』(Agrarian Justice), 1797

이 나라가 민주주의를 가질 수도 있고 소수의 손에 엄청난 부를
집중시킬 수도 있지만, 둘 다 가질 수는 없다.

-미국 대법관 루이스 브랜다이스Louis Brandeis, 1941

16

"워싱턴을 어지럽힐 사람은 아니다"

바이든, 다보스맨의 자리를 재배치하다

스티브 슈워츠먼은 패배에 익숙하지 않았다. 2020년 선거운동 기간 동안, 이 블랙스톤의 최고 책임자는 공화당 조직과 트럼프의 재선을 위한 전쟁 자금에 1,000만 달러 이상을 쏟아부었다.

그는 공화당 기부자 중 금융 서비스업계에서 유일하고 가장 중요한 인물이었다. 그의 돈은 다보스맨의 궁궐 대문을 보강하는 데 투자되어 트럼프의 감세를 철회한다거나, 이월 이자의 허점을 개선하거나 규제 완화를 반대하는 세력을 두텁게 차단하는 데 사용되었다.

그러나 선거일까지 23만 명 이상의 미국인이 사망한 팬데믹을 제대로 관리하지 못한 것이 미국 대통령 재임에 특별히 도움이 될 일은 아니라는 것이 밝혀졌다. 11월이 되자 미국인들은 투표소로 나갔고 도널드 트럼프는 해고되었다.

그는 평화롭게 떠나지 않았다. 트럼프는 증거가 없음에도 불구하고 선거가 도둑맞았다고 주장했다. 그는 경솔한 법적 소송을 남발했고, 격전지의 공화당 관리들을 괴롭히며 결과를 뒤집으려 했지만 실패했다. 그리고 의회가 마침내 선거 결과를 인증하던 1월, 트럼프는 군중을 선동하여 국회의사당을 습격했다.

이 포위 공격은 미국 역사상 가장 추악한 날 중 하나로 기록되었다. 경찰, 전직 군인, 자칭 백인 우월주의자 등 수천 명의 사람들이 부족한 경찰 병력을 폭력적으로 제압하고 하원과 상원 의사당에 침투했다. 이들은 의회 사무실을 파손하고 성조기를 두른 채 셀카 포즈를 취하며 열광적으로 인종 차별, 민족주의, 분노를 드러냈다.

트럼프는 이 공격을 부추기고 칭송함으로써 권력을 유지하기 위해 미국 민주주의의 가장 기본적인 규범을 기꺼이 무너뜨릴 수 있는 사람으로 스스로를 확고하게 자리매김했다.

그가 바이든 행정부로 순조롭게 이양되도록 결과에 승복하지 않은 것은 그의 통치 기간 격동의 시기를 경험한 사람이라면 누구도 놀라지 않았을 것이다. 그런데도 트럼프의 행동은 선거를 방해하려는 폭도들을 자극하는 극단적인 행동이었기에 이전과는 상상할 수 없는 차이를 보였다. 트럼프는 두 번째로 탄핵당한 최초의 대통령이 되었으며, 이는 상징적이면서도 역사에 큰 획을 긋는 행위였다.

민주주의에 대한 이 뻔뻔스러운 공격에 대중은 경악을 금치 못했고, 결국 다보스맨은 자신에게 관대했던 대통령을 포기할 수밖에 없었다.

"평화적인 권력 이양은 민주주의의 토대이다."라고 핑크는 말했다.

베니오프는 트위터에 "우리 민주주의에는 폭력이 들어설 자리가 없다."라고 적었다.

"국민으로서나 국가로서 이것은 우리의 모습이 될 수 없다."라고 다이먼은 단언했다.

슈워츠먼조차 신중하게 조율된 비난을 내놓았다. "오늘 대통령의 발언에 이은 반란은 끔찍한 일이며 우리가 소중히 여기는 민주적 가치에 대한 모욕이다."

주목할 점은 그가 트럼프가 조장한 폭력에 대해 직접적으로 트럼프를 비난한 것이 아니라 폭도들에게 책임을 돌린 것이다. 그의 성명은 또한 수년 동안 트럼프가 권력을 얻고 유지하는 데 도움을 준 사람들, 즉 슈워츠먼 자신과 다른 다보스맨들이 갑자기 미국 백인들의 최악 충동질에 놀아났다며 그들에게 부의 기회를 제공해 주었던 대통령을 다급하게 부정하고 나선 점에 대해서도 전혀 언급하지 않았다.

선거 후 첫날, 선거 결과에 대한 장기적인 정쟁이 불러올 불안정한 영향에 대한 우려 속에서 슈워츠먼을 비롯한 주요 기업의 최고 책임자 20여 명은 화상 회의를 열고 상황을 논의했다. 일부에서는 선거 과정에 대한 트럼프의 공격이 쿠데타 시도로 해석될 수 있다는 우려를 표명하기도 했다. 그러나 슈워츠먼은 트럼프가 선거 결과에 이의를 제기할 권리를 옹호했다.[1]

그 후 슈워츠먼은 미치 매코널과 연계된 공화당의 전투자금에 1,500만 달러의 선거 자금을 전달하여 조지아주를 대표하는 두 명의 현직 상원의원에게 넉넉한 자금을 지원했다. 1월에 치러진 결선 투표에서 어느 정당이 상원을 장악할지가 결정될 것이다. 두 사람 모두 트럼프의 열렬한 지지자였다. 두 사람 모두 의회가 트럼프의 선거 패배를 인정한다고 결정하는 데 반대한다고 표명했는데, 이는 바로 폭도들이 달성하고자 했던 목표였다.

슈워츠먼은 트럼프의 두 번째 임기에 대한 투자금을 회수하기 위해 마지막까지 기다렸다. 미국 민주주의의 신성함에 대한 그의 11시간 동안의 경고를 일일이 분석하기는 어려웠지만, 그 당시 트럼프는 이미 지칠 대로 지친 세력이었다. 그는 다보스맨의 제국을 확장하기 위해 감세, 규제 철폐, 사모펀드의 광활한 개척지 개척 등 자신이 할 수 있는 역할을 다했다.

트럼프가 백인 우월주의자와 신나치주의자를 지지하고, 이민자 부모와 자녀를 국경에서 분리하고, 그와 그의 가족이 이탈리아 거물도 얼굴을 붉힐 만한 규모의 세금 탈루자임을 나의 언론인 동료들이 밝혔을 때도 슈워츠먼과 다른 억만장자들은 그에게 선거 자금을 지원하고, 그의 정책을 지지하고, 그의 인격을 옹호했다. 트럼프에 대한 억만장자들의 가혹한 심판은 국회의사당 폭도들을 도울 수 있는 트럼프의 능력이 소진된 후에야 내려졌다.

미국 민주주의의 성채에 대한 공격은 트럼프와의 접촉을 방사선 피폭처럼 여겨지게 했고, 그의 조력자로 알려진 모든 사람의 이익을 위태롭게 만들었다. 슈워츠먼도 핑크와 마찬가지로 차기 연기금, 즉 급성장하는 대학 기부금 사업을 따내기 위해 혈안이 되어 있었다. 9·11 테러 이후 미국 영토에 대한 가장 악의적인 공격을 선동한 대통령의 잠재적 후원자로 노출되면 일부 펀드 매니저들이 블랙스톤의 금고에서 돈의 운용을 보류하거나 심지어 인출할 위험이 있었다. 활동가들은 주 연금 관리자들에게 그렇게 하라고 압력을 가하고 있었다.

"왜 공무원 연금 플랜이 트럼프와 쿠데타 음모에 자금을 대고, 혜택을 받고, 지원한 스티브 슈워츠먼의 블랙스톤과 같은 사모펀드에 계속 투자하는가?" 노조 조직가인 스티븐 레너Stephen Lerner가 트위터에 남긴 글이다.

다보스맨이 백악관의 협력자로부터 재빨리 돌아선 데에는 또 다른 이유가 있었다. 억만장자들은 기업 이익에 우호적인 것으로 유명한 델라웨어주 출신 차기 대통령을 두려워할 이유가 없었던 것이다.

바이든은 말 그대로 호감형이었고, 풍부한 경험과 제도적 신뢰, 국가 및 외교 정책 문제에 대한 이해도를 갖춘 친숙하고 든든한 존재였다. 그는 팬데믹을 막기 위해 진지하고 과학에 기반한 노력을 펼칠 것으로 기대되었다. 그는 아마도 동맹 관계를 회복하고 자유민주주의 질서의 옹호자로서 미국의 리더십을 회복할 것이다. 그의 대통령 임기는 전통적인 정책의 복귀를 의미했다.

선거 기간 내내 바이든의 핵심 공약은 정상성 회복이었다. 그는 온건파가 좋아할 만한 후보였고, 정치꾼들은 그에 대해 '뽑을 만한'이라는 표현을 계속 사용했다. 그는 4년 전 트럼프에게 기울었던 블루칼라 커뮤니티의 지지를 호소하면서도 선거 자금 조달에 기여해야 하는 기업의 이해관계를 도외시하지 않았다.

민주당 공천을 받으면서 그는 자신을 조작된 시스템에 대한 공격자라거나 혹은 억만장자 계급에 대한 적으로 포장하여 후보에 나선 버니 샌더스Bernie Sanders나 엘리자베스 워런Elizabeth Warren 같은 라이벌을 제치고 정상으로 돌아갈 것이라 약속했다. 바이든의 공식에 따르면 미국인들에게 필요한 것은 혁명이 아니라 트럼프의 제거였다. 전자를 추구하다가 후자를 위태롭게 할 수 있다.

바이든은 2020년 7월 기금 모금 행사에 모인 17명의 부유한 기부자들에게 "미국의 기업 세계는 방식을 바꿔야 한다."고 말했다. 그러나 그는 이 과정이 부드럽게 시작될 것이라고 확신시켰다. 바이든은 "입법은 필요하지 않을 것이다."라고 덧붙였다. "나는 어떤 것도 제안하지 않는다. 우리는 사람들을 어떻게 끌어들일지 생각해야 한다."[2]

기금 모금 행사는 블랙스톤의 CEO 존 그레이Jon Gray가 주최했으며, 그의 순자산은 45억 달러로 추정된다. 그의 참여는 블랙스톤이 자신의 베팅에 대해 위험 분산을 시도하고 있음을 시사한다. 슈워츠먼은 트럼프를 위해 거액의 수표를 쓰고 있을지 모르지만, 다른 블랙스톤 최고 경영진은 바이든과의 접근성을 키우고 있었다. 그리고 바이든은 기꺼이 그들의 돈을 받았다. 그 전달에는 블랙스톤의 부회장인 토니 제임스가 또 다른 바이든 기금 모금 행사를 주최하여 초부유층 기부자 30명을 소집했다.

바이든이 자신의 임기 동안 법적 변화를 두려워할 필요가 없다고 기부자들을 안심시킨 것은 이해관계자 자본주의를 지지한 것일 수도 있다. 그의 선거 자금으로 350만 달러를 기부한 사모펀드나 기타 투자회사의 선량한 운영자들은 입법과 같은 급진적인 개입 조치 없이도 부를 더 공평하게 공유할 것으로 기대할 수 있을 것이다.

오랫동안 민주당의 요직을 맡았던 힐러리 로젠Hilary Rosen이 말했듯이, 바이든은 "워싱턴을 어지럽히기 위해 들어오는 사람이 아니다. 그는 워싱턴을 치유하기 위해 오는 것이다."[3]

그러나 정상화는 트럼프가 민주주의에 대한 반란을 일으켜 집권

할 수 있게 만든 절망과 슬픔의 순환이 반복될 수 있다는 예측을 높였다. 지난 40년 동안 다보스맨은 자신의 돈으로 정치권에 영향력을 행사하고 억만장자들이 더 많은 수입을 유지할 수 있는 규칙을 만드는 데 사용했다. 슈워츠먼과 같은 사모펀드의 제왕들이 의료 시스템을 무너뜨리고, 아마존이 시장 지배력을 이용해 경쟁업체를 짓밟고 노동자를 착취하는 것도 마찬가지였다.

오랫동안 미국인의 삶에서 표준으로 여겨져 왔던 것이 격렬한 반발을 불러일으켰고, 자격이 없는 권위주의자가 정상성을 파괴하겠다는 공약을 내세워 대통령이 될 수 있었다. 그 선택의 위험성은 팬데믹에 직면한 지구상에서 가장 부유한 국가를 무력하게 만든 미국 정부의 기능 부전으로 드러났다. 이제 트럼프의 후임자는 정상으로 돌아갈 것을 약속했다.

이것은 단순한 수사적 우려가 아니었다. 대통령 집무실이 더 이상 인종차별주의 무장 세력을 자인하는 자에게 경례하는 곳이 되지 않는다는 것은 환영할 만한 변화였다. 대통령이 독재자를 공개적으로 찬양하거나, 개인적인 정치적 이익을 위해 외교 정책에 영향을 미치거나, 의도적으로 증오를 부추기지 않는다는 것은 트럼프 대통령 재임 기간 동안 관행처럼 여겨지던 것에 의미 있는 변화를 가져왔다. 그럼에도 불구하고 정상성은 트럼프주의를 고착시킨 조건을 넘어서야 한다는 면에서 볼 때 변화의 기준이 낮았으며, 이를 그대로 두면 다시 한번 불만들을 낳아 현실 문제에 부족주의를 내세워 대응하는 또 다른 기회주의적 정치인이 이를 악용할 수 있었다.

미국 경제를 정의하는 불평등, 즉 합법화된 탈세, 구조적인 인종

차별, 노동력의 약화, 일반 임금으로는 점점 더 많은 청구서를 지급할 수 없는 상황은 트럼프 이전부터 존재해 온 현실이었다. 이러한 문제들은 트럼프가 백악관에서 쫓겨난다고 해서 해결되지 않을 것이다. 트럼프가 집권하게 된 동력은 수십 년 동안 미국 사회를 움직여 온 세력이 계속 살아남아 있다는 사실이었다.

레이건은 정부를 벗겨 내고 감세를 통해 절감된 재원을 분배하기 시작했으며, 트리클 다운(trickle-down: 낙수, 혹은 통화침투로 번역되며, 트리클 다운 경제학은 부유층이 부유해지면 그들의 지출이 가난한 사람들에게 혜택으로 돌아간다는 이론이다. 그러나 연구 결과에 따르면 이는 효과가 증명되지 않았다. - 옮긴이)을 경제 정책의 핵심 원칙으로 삼았다. 양당을 번갈아 대표했던 역대 행정부는 번영의 부산물인 불평등을 용인하면서 사회 복지 지출을 줄이고 주주 계급을 위한 정책을 펼쳤다. 클린턴은 재정 적자와 감축의 회복력을 강조하는 한편, 혁신에는 무한한 보상이 필요하다는 논리를 확고히 했다. 그와 오바마는 금융과 기술에 경제 설계의 중심을 두었고, 다보스맨의 순자산에 자릿수를 늘려 주었다. 그들은 반독점법을 역사 속으로 묻어 버렸다. 조지 W. 부시는 감세의 신에게 정부를 제물로 바쳤고, 사회 프로그램을 더욱 축소했다.

다보스맨은 이러한 이념적 변화의 우연한 수혜자가 아니었다. 그는 '우주의 거짓말'을 홍보하는 로비스트와 변호사를 배치하고 자금을 지원하는 한편, 자선 활동과 이해관계자 자본주의를 위한 공약으로 자신의 자비심을 과시하는 등 이 변화의 주동자였다.

트럼프는 전임자들보다 더 나아가 억만장자 계층에 유리한 더 큰 감세 혜택을 베풀면서 국가 자체를 기업 이익의 통제하에 두었다.

트럼프가 패배했다는 공식 발표가 나오자, 미국 주요 도시 거리에서는 자발적인 댄스 파티가 열렸다. 그러나 트럼프가 백악관에서 쫓겨난 것이 축하할 일이라면, 그것은 또한 그 자체로 끝난 일이지 근본적인 재편의 시작은 아닌 듯 느껴지기도 했다. 바이든은 말과 행동으로 자신은 다보스맨과 미국을 지배적으로 통치하는 그들의 지위에 위협이 되지 않는다는 신호를 보냈다.

바이든이 행정부를 구성하며 내린 선택들은 그가 일반 국민을 위한 부양책을 수용하고 부유층에 대한 추가 세금을 통해 세수를 늘리되, 일반적으로 다보스맨과의 악감정은 피하면서 자신의 길을 정교하게 모색할 것임을 시사했다.

므누신은 이전에 연준을 이끌던 존경받는 경제학자인 재닛 옐런Janet Yellen으로 교체되었다. 그녀는 노동자에 대한 관심이 높았지만, 재산 공개 현황을 통해 다보스맨과의 친분이 드러나기도 했다. 옐런은 지난 2년 동안 골드만삭스, 세일즈포스, 공화당의 주요 기부자인 켄 그리핀Ken Griffin이 설립한 헤지펀드 시타델 등 거대 기업들로부터 연설료로 700만 달러 이상을 받아 챙겼다. 옐런의 차관은 블랙록에서 핑크의 임시 참모로 일했던 월리 아데예모Adewale Adeyemo가 될 것이다.

바이든은 연방 정부에 의약품 특허를 무효화하여 의약품 가격을 낮출 독점 금지권을 발동하도록 압력을 가했던 캘리포니아 검찰관 하비어 베세라Xavier Becerra를 보건복지부장관으로 세웠다. 하지만 바이든의 최측근 중 한 명인 스티브 리체티Steve Ricchetti는 이전에 주요 제약 회사의 로비스트로 일한 적이 있다. 그의 동생인 제프 리체티Jeff Ricchetti는 최근 아마존에 고용되어 CARES 법 등 팬데믹 관련 이슈에 대한 로비를 담당하고 있다.[4]

흑인 최초로 대통령 경제자문위원회 의장이 된 존경받는 노동 경제학자 세실리아 루즈Cecilia Rouse가 이끄는 다양한 경제학자 팀도 백악관에 자리를 잡았다. 하지만 바이든의 주요 경제 고문은 또 다른 블랙록 졸업생인 브라이언 디스Brian Deese였다. 그는 핑크의 지속 가능한 투자 전략을 감독하여 현상 유지를 영속화하면서 의미 있는 변화로 포장하는 정책의 설계자였다.

슈워츠먼에게 또 다른 타격은 조지아 출신의 공화당 현직 상원의원 두 명이 패배하여 민주당이 상원에서 작지만, 중요한 과반을 차지하게 된 것이다. 이로써 바이든은 자신의 정책 제안을 법으로 만들 힘을 얻게 되었다. 그러나 다보스맨의 지속적인 정치적 영향력은 그의 행동을 제약할 것이다.

바이든은 취임도 하기 전에 실업 수당 확대, 어려움에 빠진 주 및 지방 정부 지원, 중산층과 저소득층 주택 보유자에 대한 현금 지원 등 1조 9,000억 달러 규모의 새로운 팬데믹 구호 지출을 제안했다. 이는 자산 가격 부양에 집중했던 이전의 경기 부양책을 대폭 수정한 것이었다.

그러나 민주당 중도파의 반란으로 인해 바이든이 법안에 첨부하려던 핵심 요소인 연방 최저임금 15달러 인상안이 저지되었다. 최저임금은 12년 동안 인상되지 않았다. 수십 년 동안 의회는 비즈니스 라운드 테이블과 같은 기업 대표들의 로비 때문에 최저임금이 인플레이션으로 꾸준히 침식되는 것을 방치했다. 로비스트들은 최저임금이 인상되면 일자리가 사라질 것이라고 경고했지만, 경제학자들은 그렇지 않다고 말했다. 최저임금을 인상하면 노동자의 주머니에 더 많은 돈이 들어가고 노동자는 이를 소비할 것이며 이는 다른 사람들을 위한 일자리를 창출한다. 인플레이션을 고려하면 최저임금은 1968년보다 4분의 1 이상 낮아졌다.[5]

다양한 여론조사에서 공화당원 다수를 포함한 대부분의 미국인이 최저임금 인상을 선호하는 것으로 나타났지만, 바이든의 제안은 무산되었다. 그의 임기는 분명 타협을 통해 결정될 것이다.

백악관에 누가 오든 다보스맨은 자기 지위를 지켰다.

바이든의 집권과 그의 당이 상하 양원을 장악하면서 팬데믹과 그에 따른 경제적 재앙에 대한 미국의 대처 방식이 바뀌었다. 바이든은 대통령직을 맡게 되며 분명히 변화했다. 그는 국가 인프라를 강화하기 위한 대규모 지출 계획과 아동 세금 공제 확대를 통해 빈곤을 극적으로 줄이려는 또 다른 조치를 지지했다. 정상성의 회복을 위해 과거로 돌아가는 대신 바이든은 프랭클린 루스벨트 대통령, 그리고 대공황으로 비롯된 사회 안전 프로그램인 뉴딜정책과 과장된 비교를 유발했다. 바이든은 법인세를 인상하고 슈워츠먼과 같은 사모펀드 거물들이 오랫동안 소득을 과세로부터 보호할 수 있게 해 준 이월 이자의 허점을 부분적으로 폐쇄함으로써 정부의 근육을 부활시킬 자금을 조달하려고 노력했다.

바이든은 수사와 행동을 통해 미국 민주주의가 돈에 의해 납치되었다고 생각하는 사람들에게 말을 건네고 있다. 그러나 그가 경제적 불평등을 의미 있게 줄일 수 있을지, 즉 기업 기부자들을 화나게 할 배짱이 있는지, 확고한 반대를 극복할 용기가 있는지에 대한 질문은 여전히 열려 있다.

그가 이를 이행하지 못한다면 그 결과는 잠재적으로 심각할 수 있다. 바이든 시대에는 공정한 보상에 대한 기대가 높아지다가 임금이 정체되고 억만장자들의 상금이 늘어남에 따라 익숙한 실망으로 바뀔 수 있다. 이는 결국 규제 완화, 감세, 정부 해체라는 공화당의 전통적인 목표를 추구하면서 이를 성장 동력으로 포장하는 사람, 노동 계급에 공감하는 동시에 가진 자들의 요구에 부응하는 사람, 선거 자금을 지원한 특권층의 특권을 강화하면서 동정의 언어에 탐닉하는 사람 등, 더욱 정교한 버전의 트럼프가 등장할 수 있는 토양을 마련할 수 있다. 트럼프는 사라졌지만, 트럼프주의의 장래는 여전히 밝을 수 있는 것이다.

미국 외에도 각국이 팬데믹의 폐허를 헤쳐 나가는 과정에서 고착된 정치 현실은 변화에 대한 전망을 어둡게 한다. 영국에서는 2021년 초에 특히 전염성이 강한 바이러스 변종의 출현으로 인해 국가 의료 시스템이 다시 한번 붕괴될 위기에 처했고, 정부는 또 한 번의 셧다운을 시행, 경제는 다시 침체로 돌아섰다. 영국이 마침내 유럽연합을 탈퇴하면서 영국 해협 양쪽의 수출업체들이 다시 통관 절차를 밟아야 하는 소폭 무역 협정으로 인해 경기 침체는 더욱 악화되었다. 이로 인한 항구에서의 혼란은 쉽게 예측할 수 있는 것이었다. 유럽 전역의 지도자들은 초기에 지체된 백신 접종으로 인해 팬데믹이 계속되는 동안 대륙 전체에 걸친 채권의 수익금을 어떻게 분배할 것인지에 대해 논쟁을 벌였다.

세계 경제는 팬데믹에서 더욱 불평등한 상태로 전이될 것이 확실해 보인다. 다보스맨의 약탈로 더욱 치명적이 된 공중보건 재앙 이후의 삶에 대한 세계의 고민은, 민주주의 자체가 대부분의 돈을 소유한 사람들의 통제하에 있는 상황에서 어떻게 민주주의 사회가 불평등을 배격

할 수 있을까이다.

억만장자들이 갑작스럽게 부의 공평한 재분배에 자발적으로 참여하지 않는다면, 지역사회는 어떻게 고착화된 경제적 불공정에 맞설 수 있을까? 어떻게 하면 생활 수준을 광범위하게 개선할 수 있는 잠재력을 지닌 경제성장을 촉진할 수 있을까?

이는 명확한 답이 없는 엄청난 질문이다. 하지만 해결책을 모색해야 한다. 그렇지 않다면 민주주의의 지속적인 쇠락을 받아들이는 것뿐이다.

다보스맨의 은신처를 탐험했으니 이제 나머지 인간 서식지로 돌아가 보자.

일부 커뮤니티에서는 평범한 사람들의 부를 확대하고, 공공 지출의 방향을 바꾸고, 새로운 형태의 사회 보험을 시험하는 방법을 실험하고 있다. 이러한 실험은 이상주의적 환상이 아니라 이미 세계가 알고 있는 것, 즉 시장 시스템의 장점을 활용하면서도 이익을 공평하게 공유하는 자본주의의 또 다른 모습을 되찾기 위한 실용적인 설계이다.

영국 북부의 프레스턴이라는 도시에서 지역 지도자들은 다보스맨이 완전히 무시한 발전의 길을 개척했다.

17

"돈은 바로 지금 커뮤니티에 있다"

다보스맨 우회하기

잉글랜드 북서부의 랭커셔 카운티 주변 지역과 마찬가지로 프레스턴도 산업 혁명의 영향을 받아 성장했다. 리버풀의 부두에서 리블강을 거슬러 올라가는 배들이 면화를 운반하여 방직공장에서 직물로 만들었다. 20세기 초에는 약 60만 명의 사람들이 지역 섬유 공장에 고용되었다. 나무가 늘어선 거리를 따라 벽돌로 지은 주택들이 그들이 만들어 낸 부(富)로 건설되었다.

최근 수십 년 동안 섬유 무역이 저임금 국가로 이동하면서 공장이 문을 닫고 실업률이 급증했다. 상점 전면은 판자로 폐쇄되었다. 도심의 거리에는 종종 노숙자가 쇼핑객보다 더 많은 것처럼 보일 정도였다.

지역 관리들은 새로운 쇼핑센터를 중심으로 한 재개발 계획에 대한 투자를 요청했다. 이 계획은 한때 주민들이 모이는 장소였으나 이제는 생선 비린내가 진동하고 소매치기와 취객이 골목길에 숨어 있어 기피 지역으로 전락한 중앙 시장을 대체할 것이다.

2005년, 지방 의회는 귀족 출신의 국제적인 부동산 개발업체인 그로스베너 그룹과 개발 협약을 체결했다. 이 회사는 웨스트민스터 공작 제럴드 그로스베너Gerald Grosvenor가 소유한 130억 달러의 재산 중 일부를 관리했다. 그의 소유지는 런던의 고급 지역인 메이파부터 도쿄의 롯폰기 지구까지 60개국에 흩어져 있었다. 이제 그로스베너는 프레스턴의 오래된 시장을 쇼핑과 엔터테인먼트 단지로 탈바꿈시키려 한다. 그러나 글로벌 금융 위기가 닥치고 긴축으로 인해 지역 금고가 타격을 입자 프레스턴은 휘청였고 그로스베너는 발을 빼고 도망쳤다.

"끔찍한 상황이었다."라고 프레스턴 의회 매튜 브라운Matthew Brown 의장은 말했다. "사람들을 지원할 우리의 역량은 완전히 무력화되고 말았다."

브라운은 국제 개발업자를 믿고 지역사회와 정서적 유대감이 없는 펀드 매니저의 변덕에 도시의 장래를 맡긴 것은 오류였다고 결론지었다. 프레스턴에게 필요한 것은 외부인에 의존하지 않는 계획이었다.

2012년 3월 어느 날 밤, 브라운은 맨체스터에서 한 시간도 채 걸리지 않는 거리에서 지역경제전략센터라는 연구 기관을 대표하던 닐 맥킨로이Neil McInroy와 동네 주점에서 머리를 맞댔다. 이 연구소의 관심은 임금, 세수, 저축이 지역 경제를 통해 순환할 방법을 설계하는, 이른바 지역사회 부의 구축에 초점을 맞추고 있었다. 두 사람은 맥주를 마시며 대안을 구상했다.

그들이 만든 계획은 지방 정부가 가능한 한 지역 내 기업과 거래하도록 하는 데 중점을 두었다. 교육구청에서 급식 공급을 위한 계약업체가 필요할 때, 전국적인 대기업이 아닌 지역 기업에 사업을 수주했다. 일을 수주한 계약업체는 인근 농부들로부터 육류와 농산물을 조달할 수 있었다. 지출된 돈은 멀리 떨어진 주주가 지배하는 회사로 빠져나가지 않고 프레스턴에 남아 주변 상점에서 쇼핑하는 사람들에게 급여로 분배될 것이다.

훗날 프레스턴 모델로 알려진 이것은 긴축의 독소를 해독해 주는 처방이었다. 이는 총선 결과나 다보스맨의 승인이 필요하지 않았다. 이미 지역사회에 투자한 기업들 간의 협력이 필요했을 뿐이다.

멀쩡한 대낮에 브라운이 이 아이디어를 프레스턴 의회의 동료들에게 발표했을 때, 일부 사람들은 그가 그날 술을 너무 많이 마셨다고 결론지었다. 히피들이나 하는 소리처럼 들렸던 것이다. 그러나 긴축으로 인해 삶의 구조가 찢어지면서 거버넌스에 대한 기본적인 가정이 재고되어야 했다. 기존의 운영 방식은 빈곤과 절망을 낳았고, 이제 정통적이 아닌 접근 방식이 필요했다.

"새로운 방식으로 이 아이디어를 바라보는 문화적 전환이 있었습니다."라고 브라운은 다른 동네 주점에서 나에게 말했다. "우리는 자본주의 모델에 대한 대안을 찾으려고 노력하고 있습니다."

브라운은 지역 기관을 조직하는 데 앞장섰다. 프레스턴 지방 정부, 랭커셔 카운티 주변 의회, 지역 경찰서, 주택 당국, 인근의 두 대학은 모두 지역 기업과 가능한 한 많이 거래하기로 합의했다.

소위 앵커 인스티튜션이라고 불리는 이 기관들은 이 제도 도입 이전까지 전체 지출의 5%만 프레스턴 내에서, 39%는 랭커셔 카운티 내

에서 집행했다. 5년 후, 그 수치는 각각 18%와 78%로 증가했다.[6]

프레스턴 모델은 법적 강제력을 가지고 운영되지는 않았다. 지역 기관들이 돈을 쓸 때 단순한 수익 이상을 고려해야 한다는 인식을 바탕으로 사회적 협약을 맺는 방식으로 작동했다. 이는 다보스 선언과 같은 모호한 공약에 의해서가 아니라 민주적 선거를 통해 선출된 사람들이 이해관계자들에게 실제로 응답하는 방식으로 운영되는 이해관계자 자본주의와도 같았다.

랭커셔 경찰서는 10년 전 3,000여 명에 달하던 경찰관이 2,200명으로 급감하는 등 긴축 재정으로 인해 큰 타격을 입었다. 카니발 놀이기구와 놀라운 범죄율로 유명한 해변 도시 블랙풀에 새 경찰 본부를 짓기 위한 입찰을 진행하면서 경찰청은 "사회적 가치"를 우선시하겠다고 명시했다. 입찰자가 지역 주민이고, 젊은 견습생을 고용하여 기술을 향상하며, 노동조합을 인정하는 경우 우대했다. 낙찰된 회사는 맨체스터에 기반을 두고 있었지만 예산의 80% 이상을 블랙풀 내에서 집행해야 했다.

"우리는 바탕칸과 범죄 사이에 상관관계가 있다고 믿는다."라고 클라이브 그룬쇼Clive Grunshaw 경찰서장은 말했다. "이 지역사회에게 방탄조끼를 입힐 수 있다면 분명히 도움이 될 것이다."

폐허로 방치되었던 쇼핑몰 부지는 프레스턴 모델의 기념비가 되었다. 시의회는 19세기의 철제 기둥은 그대로 둔 채 오래된 시장을 개조했다. 높은 지붕 아래 전면이 유리로 된 매력적인 공간인 새 건물에는 생선 카운터, 정육점, 현지 맥주를 제공하는 펍, 커피 매장이 들어섰다.

시의회는 프레스턴 태생의 건축가인 존 브리지John Bridge를 비롯한 지역 상인들에게 크게 의존했다. 그는 이 경험을 발판 삼아 자신의 사업을 시작했다. 그는 지역사회의 노후화를 변곡점으로 인식하게 되었다.

"내면을 들여다볼 수밖에 없었다."라고 브리지는 말한다. "우리는 다르게 사고해야 했다."

프레스턴에서 매튜 브라운에게 조언을 해 준 사람 중에는 테드 하워드Ted Howard라는 미국인도 있었다. 민주주의 협동조합이라는 비영리 단체의 설립자인 하워드는 다보스맨이 임금을 낮추려고 하는 상황에서도 협동조합이 생활 가능한 임금으로 일자리를 창출할 수 있다는 믿음을 가지고 있었다.

그와 그의 동료들은 미국에서 여러 협동조합을 설립했는데, 그중 클리블랜드의 저소득층 밀집 지역에 세탁 서비스를 제공하는 협동조합도 있었다. 회사는 건강 관리 및 이익 공유를 포함하여 중산층 생활 수준을 유지하기에 충분한 임금을 지급했다. 이 회사는 클리블랜드 클리닉의 침구류 세탁 계약을 따냈는데, 기부 방식이 아닌 경쟁 입찰을 통해 일감을 확보했다. 협동조합으로서 손익 분기점만 넘기면 되었다. 주주들에게 배당금을 지급해야 한다는 강박에서 벗어나자, 경쟁사로부터 사업을 따내면서도 직원들에게 충분한 급여를 지급할 수 있었다.

하워드는 "협동조합은 지역사회의 변화라는 진정한 사회적 사명을 가지고 있다."면서 "하지만 결국에는 재정적으로 성공해야 한다."라고 말했다.

하워드의 아이디어는 스페인 바스크 지방의 협동조합 기업들로 구성된 몬드라곤 그룹에서 영감을 얻었는데, 이 그룹은 7만 명 이상의 직원을 고용한 스페인의 10대 대규모 고용주 중 하나였다. 몬드라곤 그룹은 스페인 최대 식료품 체인, 은행, 자동차 부품 및 기타 부속품을 전 세계로 수출하는 공장을 소유하고 있었다.

몬드라곤은 최고 경영진의 급여를 최저임금 노동자의 임금의 6배 이내로 제한하는 계약에 따라 운영되었는데, 이는 미국 상장 기업들의 300대 1 이상이라는 비율과 대조된다.[7] 노동자들은 파트너로서 회사를 공동소유하고 매년 수익의 일부를 분배받았다. 한 사업체가 어려움을 겪으면 파트너들은 다른 협동조합에서 일자리를 찾을 수 있었다.

글로벌 금융 위기 이후 스페인의 실업률이 26%를 넘어섰을 때도 몬드라곤은 일자리를 거의 모두 보전할 수 있었다. 2013년 냉장고 제조 업체였던 몬드라곤 협동조합이 무너졌을 때 약 1,900명의 일자리가 사라졌다. 하지만 6개월 후 많은 사람이 파트너 협동조합에서 새로운 일자리를 찾았고, 나머지는 조기 퇴직하여 넉넉한 퇴직금 패키지를 확보했다.

국제협동조합연맹에 따르면 전 세계적으로 협동조합은 이미 2억 8,000만 명 이상의 사람들을 고용하고 있다. 미국에만 3만 개 이상의 협동조합이 있다. 한 추산에 따르면 이들 협동조합은 총 3조 달러 이상의 자산을 관리하고 있다.[8]

하워드는 또한 미국 전역에서 700개 이상의 병원을 운영하는 45개 비영리 및 정부 의료 시스템으로 구성된 컨소시엄이라는, 주목받는 또 다른 유망한 아이디어를 추진하고 있었다. 하나의 그룹으로서 '헬스케어 앵커 네트워크'의 회원사들은 1,500억 달러의 자산을 관리하면서 연간 500억 달러를 벌어들이고 있다.

프레스턴 모델과 마찬가지로, 회원사들은 대부분의 지출을 지역 일자리 창출에 도움이 되도록 하자고 약속했다. 또한 저소득층의 퇴거를 막기 위한 주택 구입 대출, 소수자 소유 기업을 위한 종잣돈, 근로 빈곤층을 위한 보육 서비스 등 이른바 '임팩트 투자'에 예비 자금의 일부를 투입하기로 결의했다. 2020년 초까지 회원들은 3억 달러 이상의 실적을 올렸다.

이 모델은 특히 오랫동안 미국 거버넌스를 괴롭혀 온 조건, 즉 방위산업이나 다보스맨을 위한 감세와 관련된 경우를 제외하고는 의회에서 돈을 빼내는 것이 거의 불가능하다는 조건에 알맞게 구성되었다. 사회 서비스 프로그램 확장에 자금을 지원하도록 의회를 설득하는 대신, 이미 지출되고 있는 기업 자금을 다른 방향으로 흐르게 함으로써 저소득층 커뮤니티를 지원하는 데 필요한 자금을 찾아낼 수 있었다.

현금의 잠재적 비축량은 엄청났다. 미국 병원 및 의료 서비스 제공업체는 총지출액이 연간 7,800억 달러에 이르고, 4,000억 달러의 투자 포트폴리오를 관리하며 560만 명 이상의 직원을 고용하고 있다. 자금 운용 방식을 조금만 변경해도 엄청난 결과를 만들어 낼 수 있다.

하워드는 "자금이 부족하다는 전제에 대한 한 가지 해답은 돈이 바로 지금 커뮤니티에 있다는 것이 우리의 깨달음이었다."라고 말했다. "언제나 제자리에 서 있던 기관 내부에 자금이 있었다."

의료 서비스는 특히 오바마케어로 더 잘 알려진 '건강보험개혁법' 덕분에 비옥한 토양이 되었다. 이 법에 따라 비영리 병원은 고용 시장, 저렴한 주택, 대중교통, 공원 등 가장 광범위한 맥락에서 지역사회의 의료 요구 사항을 매년 평가해야 했다. 그들은 지역사회의 생활 여건을 개선하기 위한 방안을 제안해야 했다. 그 과정은 빈곤이 곧 살인자였다는 단순한 관찰에서 출발했다. 노숙을 경험한 사람들은 퇴원 후 병원에 재입원할 가능성이 더 높았다. 일자리가 없는 사람들은 유기농 과일과 채소를 구매하지 않는 경향이 있었고, 헬스장 멤버십에 가입할 가능성이 낮아 심장병부터 당뇨병에 이르기까지 다양한 질병에 취약했다. 점점 더 많은 사람이 출근에 필요한 자동차 수리비와 같은 더 긴급한 필요를 충당하기 위해 건강보험을 해지하는 것을 발견했다.

네트워크의 주요 회원사인 카이저 퍼머넌테의 최고 커뮤니티 보건 책임자인 베차라 추케어Bechara Choucair는 "미국인 4명 중 1명은 '오늘 우유를 살 것인가' 아니면 '처방을 위해 건강보험료를 납부할 것인가' 중 하나를 선택해야 한다."라고 회사 설문조사를 인용하며 말했다. "'이달 집세를 내야 할까? 아니면 수술을 받기 위해 공제액을 지불해야 할까?'"

1,200만 명의 미국인을 위한 의료 서비스 제공자인 카이저는 이에 참여하게 된 실리적인 동기도 가지고 있었다. 지역사회에 더 많은 사람이 고용되면 카이저의 서비스를 이용할 수 있는 잠재적 고객이 늘어나고 의료 서비스 제공에 드는 비용도 낮아질 수 있는 것이다. 이는 카이저가 볼드윈 힐스와 크렌쇼 지역이 맞닿아 있는 로스앤젤레스 중남부 지역에 새로운 의료 센터를 건설할 때 계획에 반영한 계산법이었다.

이 지역에는 병원보다 훨씬 더 많은 것이 필요했다. 주민 27만 8,000명(대다수가 흑인 또는 히스패닉계)의 약 30%가 공식적으로 빈곤층이었다. 상당수는 고등학교를 졸업하지 못했다. 갱단 폭력은 오랫동안 지역 생활의 일부였다. 교도소 수감자들은 석방 후 스스로를 부양할 수단이 없어 지역 공공주택에서 생활했다. 건강 증진을 위해서 엑스레이 기계를 비치하거나 약국을 운영하는 것 이상의 문제를 해결해야 했다.

2015년 말, 카이저는 회의를 열어 지역사회에 필요한 것들을 파악하려 했다. 사람들에게 가장 필요한 것은 일자리였다.

이듬해 초에 착공한 카이저는 계약업체에 전체 일자리의 30%를 건설 현장 5마일 이내에 거주하는 주민들을 위해 열어 놓도록 요구했다. 처음에는 적절한 후보자를 찾는 데 어려움을 겪었다. 채용 박람회를 열었지만 아무도 나타나지 않았다. 그러던 중 프로젝트 관리자들은 빅 존으로 알려진 동네의 터줏대감 존 해리엘John Harriel을 만났다. 해리엘은 이 동네에서 자랐고 악명 높은 갱단인 블러드(Blood)에서 마약을 거래한 혐의로 5년을 복역한 적이 있었다. 그는 그 시간을 이용해 고등학교 학력을 취득하고 전기 기술자 훈련을 받았으며, 출소 후 이 분야에서 경력을 쌓을 수 있는 입지를 다졌다. 그는 수십 명의 전기 기술자로 구성된 팀을 이끌며 로스앤젤레스 레이커스 농구팀의 홈구장인 스테이플스 센터를 비롯해 서부 해안에서 가장 큰 프로젝트를 수행한 감독자 반열에 올랐다. 그는 전직 수감자들이 가족을 부양하도록 재취업 준비를 목표로 하는 세컨드 콜(2nd CALL: Second Chance At Loving Life)이라는 커뮤니티 조직에서 활동했다.

당당하고 무뚝뚝한 인상의 해리엘은 기업이 후원하는 미담 따위는 좋아하지 않았다. 특히 흑인이 주를 이루는 지역사회를 분쟁의 소용돌이에서 구하기 위해 찾아와 성자 포즈를 취하는 백인 외부인들을 불신했다. 초등학교 시절에는 산타클로스라는 개념을 비웃어 징계받기도 했다.

그는 내게 "나는 '정리해 봅시다'고 말했어요."라고 말했다. "'뚱뚱한 백인 남자가 하늘을 날아다니며 굴뚝으로 선물을 배달한다고요? 이 프로젝트에는 굴뚝이 보이지 않네요.' 나는 '그건 거짓말이죠. 당신은 내게 거짓말을 하는 겁니다'라고 대답했습니다."

감옥에서 그는 아프리카계 미국인의 역사를 읽었고, 백인들이 마틴 루터 킹 주니어의 유명한 연설, 특히 '내게는 꿈이 있다'라는 연설을 칭송하는 모습에 반감을 품었다.

해리엘은 "꿈은 잠자는 사람에게나 오는 것"이라고 말했다. "그들은 꿈을 가진 비폭력적인 사람을 선택한 것이다."

카이저가 직원 모집에 도움을 요청하기 위해 그에게 접근했을 때 해리엘은 처음에 이것이 홍보용이라는 냄새를 맡았다. 그는 전과자를 취업자로 전환하는 것이 혁신적이지만 상당히 위험한 일이라는 사실을 알고 있었으므로 잠재적 노동자의 채용을 통제할 것을 요구했다.

매년 약 60만 명이 미국 교도소에서 출소한다. 출소자들의 실업률은 27%에 달했다.[9] 해리엘은 이 수치를 경고이자 희망의 지표로 보았다. 감옥에서 갓 출소한 사람들은 자신들에게 불리한 상황을 인식하고 있었기 때문에 더 열심히 일하고 싶어 했다. 그들에게 월급은 단순히 공과금을 납부하는 수단이 아니라 자유를 지키는 수단이었기 때문이다. 하지만 해리엘은 일반 고용주들이 유죄 판결을 받은 살인자나 마약상을 고용하고 싶어 하지 않는다는 사실도 잘 알고 있었다. 고용주는 고용하려는 사람의 장점을 확신해야 했다. 그가 보낸 구직자들은 적절한 태도와 예의를 보여야 했다.

"전 세계가 우리를 지켜보고 있다."라고 그는 말했다. "2분 늦는 것보다 2시간 일찍 도착하는 것이 낫다."

해리엘의 조직이 운영한 것이 직업 훈련 세미나였다고 생각한다면 핵심을 놓친 것이다. 그것은 사람들이 교도소 밖에서 삶의 구렁텅이를 헤쳐 나갈 수 있도록 도왔다. 분노 조절이나 재정 이해 과정을 운영하고 트라우마 상담도 제공했다. 해리엘은 흑인과 라틴계 전직 갱단원들에게 백인 교도관의 눈을 똑바로 보라고 조언했는데 그것은 교도소 내 폭력을 조장할 수도 있는 행위였다. 그는 그들이 진정으로 헌신적이라는 확신이 들기 전까지는 견습생으로 보내는 것도 거부했다.

그는 "누군가 엉뚱한 짓을 한다면 내가 가장 먼저 해고하라 말할 것"이라고 했다.

카이저는 빅 존에게 신병 모집을 맡겼다. 그는 갱단 커뮤니티에 들어가 문을 두드렸다. 다음 취업 박람회에는 수백 명의 사람이 몰려들었다. 카이저는 그 사람 중 수십 명을 고용했고, 그 안에는 찰스 슬레이 Charles Slay라는 사람도 포함되었다.

해리엘처럼 슬레이도 이 동네에서 자랐다. 그의 어머니는 그가 열살 때 돌아가셨다. 그는 정비공으로 일하던 아버지 밑에서 자랐다. 돈은 늘 빠듯했고 좋은 일자리는 찾을 수 없었다. 햄버거를 뒤집거나 식료품을 포장하는 일을 했지만, 가난에서 벗어날 수 있는 길은 아니었다. 슬레이는 원시적 방법으로 재정적 혜택을 제공하는 조직과 손을 잡았다. 그는 블러드에 합류했다. 열네 살 무렵에는 총을 겨눠 상점을 털고, 카이저가 새 캠퍼스를 건설할 바로 그 장소인 볼드윈 빌리지의 황량한 황무지에 매복해 사람들을 습격했다.

스물한 살이 되던 해, 슬레이는 라이벌 갱단의 한 멤버를 살해한 혐의로 감옥에 갇혔다. 그는 수감 중 고등학교 학력을 마친 후 사회학을 공부했다. "내가 강탈한 사람들에 대해 생각하기 시작했다."라고 그는 말했다. "내 행동이 얼마나 큰 죄였는지 생각하기 시작했다. 어머니가 사랑하던 어린 소년이 어떻게 다른 사람의 목숨을 빼앗는 사람이 되었을까? 내게 부족했던 몇 가지에 대해 생각하기 시작했다. '만약 집에 돌아갈 수 있는 기회가 주어진다면 그 기회를 누려야겠다'고 생각했다."

마흔여덟 살에 기회가 찾아왔다. 27년간의 감옥 생활을 마치고 출소한 슬레이는 고모와 함께 살게 되었다. 그는 트럭 운전사가 되겠다고 지원했지만 가석방 조건 때문에 집에서 50마일 이상 이동하는 것이 금지되었다. 그는 항구에서 화물을 내리는 일을 시작했다. 시간당 9달러를 받았지만 의료 혜택은 없었다.

그러다 빅 존을 만났다. 카이저가 새 의료 센터를 건설하기 시작했을 때 슬레이는 팀에 합류하여 전기 기술자로 일하게 되었다.

"평생 전동 공구를 사용해 본 적이 없었다."라고 그는 말했다. "내가 사용한 유일한 도구는 총뿐이었다. 복역하는 동안 여러 삶을 경험했던 것 같다."

슬레이는 미국의 정치 과정과 거의 연결되지 않은 세상에 살았다. 미국의 목표였던 '정상화'에는 주로 흑인이 거주하는 가난한 지역사회 내 양질의 일자리가 포함되지 않았다.

프레스턴 모델이나 헬스케어 앵커 네트워크와 같은 접근 방식은 결함이 있는 시스템에 대한 영리한 적응이었으며, 의미 있는 출발점이었다. 그들은 부를 다보스맨에게 보내지 않고 지역사회 내에 유지했다. 그러나 사람들을 대규모로 빈곤에서 벗어나게 하고 중산층의 안정을 회복하려면 다보스맨으로부터 다른 모든 사람에게 부를 이전하는 메커니즘이라는 보다 포괄적인 장치가 필요하다.

수 세기 동안 사회 이론가, 시민권 지도자, 환경운동가 들은 사회 구성원 중 일부가 생계를 유지하지 못하는 현실을 해결할 수 있는 가장 효과적인 방법에 대해 논의해 왔다. 팬데믹이 확산되며 수억 명의 사람들이 빈곤에 처할 위기가 닥치자 이 논쟁은 새롭게 시급성을 띠게 되었다.

전혀 실용적이지 않아 보였던 한 가지 흥미로운 아이디어가 갑자기 현실로 나타나게 되었다.

18

"사람들의 주머니에 돈을 넣어 주자"
기본소득의 전 세계적 부상

10년 넘게 경제 관련 글을 쓰면서 보편적 기본소득에 대해 처음 들었을 때, 나는 그것을 유토피아적 공상의 나래를 펼치는 것으로 일축했음을 고백한다.

핵심 아이디어는 정부가 모든 사람에게 필수적인 필요를 충당하도록 정기적인 수당을 지급하는 것이었다. 이의 실현 가능성은 스티브 슈워츠먼이 자신의 부동산 제국을 노숙자들에게 기부할 가능성과 비슷해 보였다. 하지만 이 아이디어는 수 세기 동안 다양한 모습으로 존재해 왔고, 이제 현대판 기본소득이 주목받고 있었다. 경제적 불평등에 대한 논쟁의 한 구석에서 소수의 활동가와 경제학자들이 더 이상 외면할 수 없는 문제에 대한 해결책으로 보편적 기본소득을 주장하고 있었다. 글로벌 자본주의는 분명 위기에 처해 있다. 전 세계 경제에서 점점 더 많은 사람이 일자리의 막다른 골목에 갇혀 있었다. 노동시장에서 탈락한 사람들과 함께 근로 빈곤층이 확대되고 있었다. 급여가 더 이상 안정적인 생계 수단이 되지 못하는 상황에서 정부는 노인과 젊은이, 부자와 가난한 사람, 건강한 사람과 허약한 사람 모두에게 정기적으로 배분하여 식량, 주택, 의료 서비스 같은 필수품이 결여된 사람이 없도록 보장할 수 있다.

1983년 가을, 벨기에의 세 명의 연구자가 '보편적 할당'(allocation universelle)이라는 아이디어를 논의하기 위해 모임을 결성했다. 3년 후, 이들은 영국의 경제학자 가이 스탠딩Guy Standing을 비롯한 50여 명의 참가자가 모인 국제 컨퍼런스를 개최했다. 이 행사를 통해 기본소득에 관심 있는 사람들이 모이는 온라인 모임인 기본소득 지구 네트워크(Basic Income Earth Network)가 탄생했다.

스탠딩은 2017년 『기본소득, 어떻게 실현할 수 있을까』(Basic Income: And How We Can Make It Happen)라는 책에서 "안전은 소중한 자산이다."라고 썼다. "기본소득은 타인의 불안을 이용해 고의로 이득을 취하는 특권 엘리트들의 배를 불리는 사회가 아니라 진정으로 좋은 사회를 만들고자 하는 모든 사람의 목표가 되어야 한다."[10]

실제로 안전이 결핍된 것은 사실이었지만, 기본소득은 다보스맨이 지배하는 정치 시스템에서는 비현실적인 목표, 즉 실제로 달성할 수 있는 것과는 동떨어진 목표처럼 느껴졌다. 노동 빈곤층 문제가 심각한 미국에서는 복지와 관련된 어떤 정책이라도 로비스트들이 쉽게 저지할 수 있었다. 그리고 기본소득은 세계 자본주의 초강대국 미국에서 사회주의의 한 형태, 즉 궁극적인 이념 말살의 낙인이 되어 쉽게 무시되었다.

그러다가 내가 유럽 경제를 취재하기 위해 런던으로 자리를 옮긴 2016년, 핀란드는 기본소득 제도를 2년간 시범 실시한다고 발표했다. 핀란드는 납세자들이 이미 광범위한 사회 복지 프로그램에 자금을 지원하는 북유럽 국가로, 기본소득을 실제로 실현하고자 하는 열망이 있었다. 핀란드는 또한 스칸디나비아에서 가장 시장 지향적인 경제 국가로, 비즈니스 세계에서 무자비한 경쟁이 벌어지는 나라였다. 이 실험이 무엇이든 간에 멍청한 사회주의라고 매도할 수는 없었다. 오히려 자본주의에 활력을 불어넣으려는 시도로 보였다.

나는 경제학계 일각에서 기본소득에 매료된 바로 그 시기에 핀란드의 실험을 가까이서 살펴보기로 결심했다. 아스펜에서 런던까지, 노동의 미래에 관한 컨퍼런스에서 갑자기 다양한 기본소득 제도의 장점에 관한 토론이 이어졌다. 노동이 너무 근본적으로 변했기 때문에 모든 노동인구를 위한 직업이라는 전통적인 생각은 만년필이 우리 주변에서 사라지듯 사라졌다는 주장이 지배적이었다. 기본소득은 광범위한 형태의 사회 보험 역할을 할 것이다. 모든 사람이 시간제 우버 드라이버가 되든, 우버 드라이버가 자율주행차로 대체되든, 어떤 일이 일어나든 사람들은 생계를 유지할 수 있다. 2017년 1월 다보스에서 스탠딩은 어디에나 나타났다. 한 사회자는 스탠딩의 프레카리아트(Precariat: 세계화로 인해 스스로를 부양할 능력이 없는 계층)에 대한 연구를 근거로 그를 포럼의 "도덕적 양심"이라고 소개했다.

스탠딩은 프레카리아트가 증가하는 이유는 "모든 제도와 사회적 연대의 메커니즘을 체계적으로 해체하는 것"과 함께 "모든 것을 상품화"하는 시장의 힘에 대한 과도한 믿음 때문이라고 말했다. 기본소득은 이들의 균형을 바로잡을 방안이었다.

베니오프와 같은 다보스맨들은 수익성 높은 기술 혁신이 일자리를 없애는 경향에 대한 보상책으로 기본소득을 제시하면서 이 아이디어를 점점 더 선호했다. 만약 억만장자들이 이 아이디어를 좋아한다면, 이해관계자 자본주의처럼 부의 이전을 막기 위한 계산된 수단일 수도 있다는 전망도 제기되었다. 하지만 이는 기본소득이 정치적 지지를 얻을 가능성이 더 크다는 것을 의미하기도 했다. 페이스북의 공동 창립자인 크리스 휴즈Chris Hughes는 이 아이디어를 옹호하는 데 전념하는 옹호 및 연구 그룹인 경제안전프로그램(Economic Security Program)을 출범시켰다. 이 단체는 압류 위기로 폐허가 된 캘리포니아주 스톡턴을 기본소득 프로그램의 시험장으로 삼았다.[11]

케냐에서는 자격을 갖춘 학자들이 감독하는 '직접지급'(GiveDirectly)이라는 단체가 약 200개 마을의 주민들에게 지원금을 분배하기 시작했고, 이후 12년 동안 발생할 변화를 연구했다. 인도, 한국, 캐나다에서 실험이 계획되었거나 진행 중이다.

2018년에는 또 다른 기술 기업가인 앤드류 양Andrew Yang이 모든 미국 성인에게 월 1,000달러의 '자유 배당금'을 지급하겠다는 공약으로 기본소득을 대선 캠페인의 중심에 내세워 예상보다 많은 지지를 끌어냈다.

그러나 기본소득이 분명 추진력을 얻었음에도 불구하고, 기본소득이 주는 실익은 차치하고 그 정치적 채택 전망에서 일단 가성비를 인정받기 어려웠다. 모든 미국인이 연간 1만 달러를 받는다면 그 비용은 거의 3조 달러에 달할 것이다. 이는 정부가 기존 사회 서비스 프로그램에 지출하는 비용의 약 8배에 달하는 금액이다. 워싱턴은 차라리 유니콘을 나눠 주기로 약속하자 할 것이다.

하지만 현실 정치는 쉽게 냉소주의로 바뀔 수 있다. 불과 몇 년 전만 해도 연방 최저임금을 두 배로 올리자는 미국 노동운동의 "15달러를 위한 투쟁" 캠페인은 많은 전문가로부터 비현실적이라는 평가를 받았다. 하지만 이러한 전국적인 노력은 많은 주와 지방 정부를 설득하여 목표를 달성할 수 있었다.

그리고 위기는 정치적 가능성의 한계를 뛰어넘는다. 팬데믹은 일반적인 계산법을 뒤흔들었다. 워싱턴에서 브뤼셀에 이르기까지 각국 정부는 또 다른 대공황을 막는다는 명목으로 평소 같으면 터무니없어 보이는 숫자를 쏟아내고 있었다. 실업 수당과 임금 보조금부터 정부에서 제공하는 의료 서비스까지, 이 법안들은 막대한 액수를 요구했고, 이에 따라 공공 재원을 분배하는 대안적인 방법에 대한 진지한 고려가 필요했다.

팬데믹은 또한 많은 국가의 평범한 사람들이 어쩌다 한 번의 불운으로 겪게 될 정도로 재앙은 가까이 있다는 현실을 다시 한번 확인시켜 주었다. 연방준비제도이사회에서 널리 배포한 설문조사에 따르면 코로나바이러스 이전에는 미국인 10명 중 4명이 자동차나 고장난 가전제품 수리와 같은 예기치 않은 상황에 대처하기 위해 단돈 400달러를 마련하는 데 어려움을 겪었다.[12] 갑자기 한꺼번에 수천만 명의 미국인이 망가진 변속기보다 훨씬 더 심각한 고통을 겪고 있었다.

2020년 코로나바이러스로 인해 미국인의 일상이 중단되면서 라스베이거스의 화려한 호텔들은 텅 비었고, 수천 명의 무주택자들이 도심 인도에서 노숙하고 있었다. 미니애폴리스에서 마드리드에 이르기까지 쇼핑몰은 텅 비었고 푸드뱅크는 사람들로 가득 찼다.

유럽 국가들은 실업 보험, 주택 지원, 현금 보조금과 같은 자동 개입 프로그램을 통해 고통을 최소화하기 위해 비용을 지불할 것이다. 미국의 프로그램은 상대적으로 규모가 크지 않았지만, 실업률이 급증하면 납세자의 세금을 고갈시킬 장기적인 문제들, 즉 범죄가 급증할 경우 법 집행 기관과 교도소에 들어가는 비용, 그리고 의료 보험이 없는 수천만 명의 사람들을 위한 응급실 비용 등이 수반될 것이 확실했다. 실제로 트럼프 정부와 바이든 정부에 이르며 워싱턴에서 실시한 팬데믹 구호 프로그램의 비용은 2021년 중반까지 5조 달러를 넘어섰다.

정부를 운영해야만 하는 강경 실용주의자들 사이에서도 보편적 기본소득은 갑자기 모든 곳에 동시에 나타나는 문제에 대한 잠재적으로 실제적인 해결책처럼 보였다.

후보 시절 바이든은 양질의 일자리 창출에 중점을 두면서 이 아이디어를 무시했다. 그러나 2020년 5월, 부통령 내정자 카말라 해리스 Kamala Harris 당시 캘리포니아주 상원의원은 팬데믹 기간 동안 지속될 CARES 법안 수준을 훨씬 뛰어넘는 기본소득 현금 지급 법안을 지원했다. 독신자는 한 달에 2,000달러, 가족은 한 달에 최대 1만 달러를 받을 수 있는 것이었다.[13]

하원의장이자 현실주의의 실천가인 낸시 펠로시는 기본소득이 공적 의제로 다뤄질 만하다고 제안했다.

"사람들의 주머니에 돈을 넣어 줄 몇 가지 다른 방법을 생각해야 할 수도 있다."라고 그녀는 말했다. "일부 사람들은 최소 소득, 즉 사람들에게 보장된 소득을 제안하고 있다. 우리가 이에 관심을 가져야 할까? 아마 그럴지도 모른다."[14]

펠로시는 이 아이디어를 지지하는 유력 인사들 중 가장 최근의 인물일 뿐이다. 곧 바이든도 그 방향으로 한 걸음 내디뎠다.

역사적으로 불평등의 함정을 드러낸 위기를 맞아 주요 사상가들은 정부가 일반 국민에게 정기적으로 돈을 지급하는 사회보험제도의 개념을 수용하게 되었다. 어떤 이들은 윤리적 이유로, 어떤 이들은 무도한 폭도들이 그들의 담을 넘는 것을 방지하는 수단으로 이 개념을 선호했다.

팬데믹은 현대의 불평등이 얼마나 심각한지 여실히 드러냈다. 기본소득은 잠재적인 해결책으로 신뢰를 얻고 있었다.

고려해야 할 다른 솔루션도 있다는 점을 명시해 두겠다.

정부는 연방 일자리 보장 제도를 만들어 생활 수준을 직접적으로 높일 수 있다. 이 접근 방식에 따르면, 정부는 일자리 은행을 운영하여 생활이 어려운 사람들에게 기본적인 생활비를 충당하도록 소위 생활임금을 지급하는 일자리를 상시 제공할 수 있다. 일자리가 많을 때는 일자리 은행은 한산한 곳이다. 그러나 경기 침체가 오면 정부는 실업 수표를 발행하는 대신 대규모 고용주가 될 것이다. 일자리 보장은 극심한 일자리 부족에 대한 우아하고 간단한 해결책이며, 이 역시 꾸준히 호응을 얻고 있다.[15]

이 제도의 가장 큰 장점은 노동 조건에 미치는 영향이 광범위하다는 점이다. 정부는 모든 노동인구가 생활 임금을 지급하는 일자리를 얻을 수 있도록 보장할 수 있다. 이렇게 되면 모든 민간 고용주가 이 기준을 충족해야 하며, 그렇지 않으면 노동력 부족으로 어려움을 겪게 된다.

팬데믹 상황에서 아마존이 충분한 보호 장비를 제공하지 못하면 사람들은 연방 고용 센터에서 피난처를 찾을 수 있는 것이다. 아마존이 직원에 대한 처우를 개선하지 않으면 미배송 소포가 쌓여 가는 것을 지켜볼 수밖에 없다.

일자리 보장은 미국의 심각한 두 가지 문제, 즉 많은 사람이 일자리를 필요로 하는 동시에 해야 할 일도 많다는 현실을 한 번에 깔끔하게 해결할 수 있다. 미국 전역의 주요 도시에서 고속도로는 유지 보수 부족으로 낡았고, 공립학교는 노후화되고 있으며, 기후 변화와의 전쟁의 일환으로 대중교통 연결도 확장되어야 한다. 한편, 숙련된 건설 노동자들은 실업 사무소에서 빈곤층 수준의 임금을 지급하는 일자리를 찾기 위해 구인 목록을 훑고 있다. 일자리 보장은 불완전 고용으로 고통받는 사람들을 위한 소비력을 창출하는 동시에 교육과 교통 개선을 통해 모두를 위한 경제성장을 촉진할 수 있는 인프라를 마련할 수 있다.

우리는 필요한 지출을 정당화하기 위해 이러한 투자 자체가 결국 보상할 것이라는 진보 버전의 우주적 거짓말에 의지할 필요가 없다. 우리는 매코널과 같은 다보스맨의 협력자들이 억만장자를 위해 다음 감세안을 연장할 준비가 되어 있으면서도 일반 국민을 위한 지원에 관해서는 예산 부족을 외치는 전형적인 적자 공포 조장에 넘어가지 말아야 한다.

그러나 일자리 보장은 기본소득보다 훨씬 더 강력한 정치적 장애물에 직면해 있다. 여기에는 대규모 관료 시스템의 신설과 동시에 임금

규제에 대한 국가 역할의 대폭적 강화가 수반된다. 기본소득은 관료주의를 제거한다. 주택 바우처부터 보조금 지원 보유에 이르기까지 개별 지원 제도에 대한 복잡한 규칙을 충족하도록 강요하는 대신, 모든 사람에게 일정한 금액을 지급하고 사용 방법을 스스로 결정하도록 허용하는 것이 기본소득이다.

이 특징이야말로 기본소득이 수 세기에 걸쳐 정치적 스펙트럼에서 신뢰를 얻을 수 있었던 요소이자 그 매력의 핵심이다. 5백 년 전, 토머스 모어의 저명한 소설 『유토피아』는 사형 선고의 위협보다 공공 지원이 도둑질을 더 효과적으로 억제할 수 있다는 제안을 담고 있다.

18세기 중반 미국의 혁명적 선동가인 토머스 페인Thomas Paine은 현재 우리가 사회 정의라고 부르는 것을 보장하기 위한 수단으로 토지 보유에 대한 상속세를 통해 재원을 마련하고 모든 성인에게 분배하는 국가적 자금 풀을 만들자고 주장했다.

페인은 모든 사람이 "국가적 유산"이라는 것을 가지고 세상에 태어났다고 가정했는데 그것은 자연계가 제공하는 자양분을 의미했다. 사유재산제도는 일부 사람들에게 토지에 대한 접근을 거부했고, 이에 따라 스스로 생존할 수 있는 능력이 제한되었다.

페인은 "인류에게서 가장 풍요롭고 가장 비참한 곳은 문명국이라고 불리는 나라들에서 발견된다."고 썼다. "풍요로움과 비참함이 끊임없이 만나고 이들 사이의 불쾌한 대조는 마치 죽은 시체와 산 시체가 서로 묶여 있는 것과 같다."[16]

페인은 마르크스주의에 앞장선 사람이 아니었다. 그는 토지를 경작하는 부유한 사람들에게 확고한 충성심을 지녔다. 그러나 그는 모든 사람이 국가적 유산의 붕괴에 대한 보상으로 정기적으로 돈을 분배받을 권리가 있다고 주장했다. "부유하든 가난하든 모든 사람에게" 보편적으로 지급되어야 하며, 이를 통해 "차별적인 구별을 방지"해야 했다.

오늘날 페인이 살아 있었다면 그는 아마도 포괄적인 사회 보험 시스템에 자금을 조달하기 위해 일종의 부유세를 선호했을 것이다. 그리고 의미 있는 부의 재분배를 대신할 수 없는 자선 활동이나 이해관계자 자본주의를 거부했을 것이다.

페인은 "이렇게 빼앗긴 사람을 옹호하면서 내가 주장하는 것은 자선이 아니라 권리이다."라고 썼다. "어느 나라에나 개인이 설립한 훌륭한 자선 단체가 있다. 그러나 구제해야 할 고통의 전체 범위를 고려할 때 개인이 할 수 있는 일은 거의 없다. 개인의 양심은 만족시킬 수 있을지 몰라도 마음은 만족시키지 못할 것이다."[17]

거의 2세기 후, 마틴 루터 킹 주니어 목사는 시민권 운동의 하나로 일종의 기본소득을 장려했다. 그는 경제적 불평등을 짐 크로우 법과 같은 명백한 인종적 차별과 다름없는 근본적인 불공정이라 설명했다.

1967년에 출간된 그의 마지막 저서에서 킹은 "우리 경제의 혼란스러운 시장 운영과 차별의 만연은 사람들을 게으름에 빠지게 하고, 자신의 의지와 상관없이 지속적이거나 빈번한 실업에 속박시킨다."라고 썼다. "빈곤의 전면적, 직접적, 매개적 폐지를 통해 우리 자신을 문명화해야 할 때가 왔다."[18]

킹은 정부가 모든 사람이 "사회의 중간 수준"에서 생활할 수 있도록 수당을 지급하고, 생활 수준에 따라 인상해야 한다고 주장했다. 그는 경제학자 존 케네스 갤브레이스John Kenneth Galbraith의 추정에 따르면 이러한 프로그램을 운영하려면 200억 달러가 소요될 것으로 예상했는데, 이는 그해 정부가 베트남 전쟁에 지출할 예산보다 약간 더 많은 금액이었다.[19]

주주 극대화의 대부인 밀턴 프리드먼도 기본소득의 변형인 마이너스 소득세를 도입하여 가난한 사람들의 주머니에 현금을 넣어 주는 방식을 받아들였다. 정부 관료주의를 경멸했던 그는 소심한 국가의 프로그램들보다 현금이 훨씬 더 효과적인 공공 원조 형태라고 생각했다.

현대에 재탄생된 기본소득은 다양한 사회 개념에 맞춰 조정할 수 있는 유연한 접근법으로 각광받고 있다.

스탠딩과 같은 진보주의자들은 이를 무의미한 저임금 노동에서 벗어날 수 있는 수단으로 그린다. 패스트푸드점에서 최저임금 일자리에 갇혀 있는 사람들이 튀김기를 버리고 집으로 돌아가 아이들과 놀고, 음악을 만들고, 텃밭을 가꾸는 자유를 얻을 수 있다. 노동 옹호론자들은 기본소득을 협상력 강화의 방법으로 받아들여 노동자가 빈곤층 수준의 임금을 받는 일자리를 거부할 수 있도록 한다. 자유주의자들은 기본소득을 공공부조라는 낙인을 없애는 방법으로 생각한다. 식료품점에서 푸드 스탬프에 의존하며 다른 쇼핑객들의 비판적인 시선(저 사람은 냉동 피자보다 시금치를 사야 하지 않나?)에 시달리는 대신, 가난한 사람들도 다른 사람들과 똑같이 꾸준한 지원을 받을 수 있게 된다. 정치 평론가인 데이비드 프럼David Frum과 같은 보수주의자들은 기본소득의 단순성에 매력을 느끼며, 기본소득을 이미 제공되고 있는 중복되는 사회 복지 프로그램을 모두 대체할 수 있는 대안으로 보고 있다.

그리고 다보스맨은 일자리를 위협하는 기술을 통해 이익을 얻는 것에 대한 도덕적 책임에서 벗어날 수 있는 수단으로 보편적 소득을 선호한다.

"비즈니스 리더로서 우리는 기술이 가져온 변화가 회사를 넘어 모든 인류에게 혜택이 돌아가도록 해야 할 의무가 있다."라고 베니오프는 2017년《포춘》지 기고문에서 말했다. "재교육을 받을 수 없는 사람들, 심지어 전통적으로 가족을 양육하거나 다른 사람을 돕는 자원봉사에 대한 보상을 받지 못하는 사람들을 위해서도 보편적 기본소득을 검토할 필요가 있다."[20]

일부 경제학자들, 특히 조지프 스티글리츠가 기본소득을 급여 수표를 대체하는 모조품으로 폄하하는 이유도 바로 이 때문이다. 사람들은 생계를 위해 일하기를 원한다고 그는 말한다. 그들은 영구적인 수당을 원하지 않는다. 하지만 그의 비판은 실리콘밸리에서 널리 퍼져 있는 기본소득에 대한 협소한 개념, 즉 자동화로 인해 일자리를 잃은 사람들을 위한 개인별 복지 제도로서의 기본소득을 전제로 하고 있다.

로봇이 대부분의 일을 하고 잉여 인간은 정부가 제공하는 폐기물로 살아가는 이 디스토피아적인 그림은 당연히 반대할 만하다. 하지만 고용을 확대하고 경제성장을 촉진하는 또 다른 비전을 위해 기본소득을 활용할 수 있는 방법들도 있다.

2017년 핀란드가 기본소득을 시범 운영할 당시만 해도 기본소득은 노동을 대체하는 것이 아니라 더 많은 노동을 촉진하는 수단으로 생각했다. 핀란드는 태블릿 컴퓨터와 스마트폰의 등장으로 핀란드의 가장 큰 산업 중 하나인 상업용 종이 제조업이 몰락하는 와중에 발생한 글로벌 금융 위기에서 회복하지 못했다. 한때 휴대전화를 지배했던 핀란드 기업 노키아는 채권 상환에 실패했다. 10년 동안 핀란드 경제는 전혀 성장하지 못했다. 실업률은 8% 이상을 유지했다. 핀란드의 관대한 사회복지 시스템 때문에 이러한 불행으로 인한 인적 비용을 감당하는 데 많은 비용이 들었다. 전체 경제에서 실업 수당에 대한 핀란드의 지출은 2008년에서 2015년 사이에 70% 증가했다.[21]

핀란드의 지도자들이 실업 수당 프로그램이 국민들이 삶을 이어나가는 데 방해가 되고 있다고 우려할 만했다. 다른 많은 국가와 마찬가지로 핀란드도 실업 수당 수급자는 여러 가지 복잡한 관료적 지침을 충족하기 위해 정기적으로 고용사무소를 방문해야 했다. 사람들은 교육 세션에 참석하면서 자신이 정말로 일자리를 찾고 있다는 것을 증명해야 했다. 그들은 지속해서 소득을 공개하고 확인받아야 했다.

수급자들은 아르바이트를 하거나 사업을 시작하는 것을 꺼렸다. 추가 소득이 생기면 수급 자격이 줄어들 위험이 있었다. 그래서 사람들은 정부 지원을 받지 못할까 두려워 기회를 포기했다.

기술 스타트업을 운영하며 직원 채용에 어려움을 겪고 있던 아스모 살로란타Asmo Saloranta에게 이런 상황은 충격적이었다. 그는 인구 20만 명의 도시 오울루에 기반을 두고 있었고 아무도 그곳과 팔토알로를 헷갈리지 않았다. 북극권에서 남쪽으로 100마일밖에 떨어지지 않은 낮은 소나무 숲에 자리 잡은 이곳은 세상 모든 것에서 멀리 떨어져 있는 곳 같았다. 하지만 이 도시는 노키아가 명맥이 끊겨 역사 속으로 사라지기 전까지 오랫동안 무선 통신의 중심지로서 노키아의 주요 전초기지였다. 지역 실업률은 16%가 넘었다. 수많은 창의적인 엔지니어들이 일자리를 찾고 있었다.

살로란타의 회사인 아스모 솔루션스는 기기가 꽂혀 있을 때만 전력을 끌어오는 휴대폰 충전기를 개발했다. 그는 프로토타입 개발의 전설이었던 전직 노키아 직원에게 눈독을 들이고 있었다. 살로란타는 그가 파트타임으로만 필요했다. 그는 한 달에 2,000유로를 제시했는데, 이는 실업수당을 통해 받을 수 있는 급여보다 적은 금액이었다.

살로란타는 "그가 집에서 원하는 일자리가 나타나길 기다리는 것이 더 이익이다."고 말했다며 불평했다.

핀란드 정부는 기본소득 실험을 통해 실업급여를 받는 2,000명을 무작위로 선정하여 월 560유로를 정기적으로 지급하고 이에 대한 관료적 요식 절차는 면제할 계획이었다. 이들에게는 부업으로 돈을 벌 수 있도록 허용했다. 정부는 어떤 일이 일어날지 궁금해했다. 스타트업에 합류하는 사람과 직접 창업하는 사람 중 어느 쪽이 많을까? 얼마나 많은 사람이 더 나은 직업을 갖기 위해 교육을 받을까? 얼마나 많은 사람이 삶을 포기하고 보드카에 시간을 할애할까? 이 실험은 경제 정책뿐 아니라 인간의 본성을 시험하는 것이었다.

살로란타는 결과가 긍정적일 것이라고 확신했다. 그는 "더 많은 실업자가 활성화될 것"이라고 말했다.

야나 마틸라Jaana Matila는 그가 염두에 두고 있던 사람이었다. 북극의 쌀쌀한 아침, 내가 그녀를 만났을 때 그녀는 스물아홉 살이었고 컴퓨터 관련 학위를 세 개나 소유하고 있었다. 그녀는 소프트웨어에 대해 극도의 강박적 관심을 갖고 있었다. 하지만 그녀에게 진짜 직업은 없었다. 그녀는 세 번의 무급 인턴십을 마쳤다. 프리랜서로 일하면서 최근에는 미용실 웹사이트를 디자인하는 일을 했다. 가끔 성인 수영 강습을 하기도 했다. 하지만 매달 700유로의 실업 수당을 위협할 이런 위반행위를 최소한도로 제한해야 했다. 한 번은 수영 레슨 영수증을 찾지 못한 적이 있다. 이를 추적하는 한 달 동안 그녀는 혜택을 받지 못했다.

"남자친구에게 '식료품을 사게 매달 돈을 좀 주면 안 될까'라고 물어봐야 했어요."라고 그녀는 말했다. 그녀는 반려견과 함께 숲속을 산책하며 대부분의 시간을 보내면서 끊임없이 발전하는 기술에 비해 자신의 기술이 어떻게 뒤처지고 있는지 생각하지 않으려고 노력했다.

"불우한 처지에 있는 사람들은 인지 능력 대부분을 자기의 삶에 대해 걱정하는 데 사용한다."라고 싱크탱크인 데모스 헬싱키의 연구원 미코 아날라Mikko Annala는 말했다. "만약 우리가 삶에 대해 끊임없이 고민하고, 그것을 만들어 내는 잠재력을 가지고 있다면 어떨까? 그들에게 무언가를 제공함으로써 그 잠재력을 활용하게 유도할 수 있다면 어떨까? 이는 우리가 반드시 테스트해야 할 가설이다."

이는 기본소득 논의에서 간과되기 쉬운 측면이다. 기본소득은 흔히 공짜로 주는 돈, 대중을 위한 사회주의로 묘사되지만, 핀란드는 자본주의를 개선하는 방법으로 기본소득을 시험하고 있었다.

핀란드 정부 기관에서 사회 복지 프로그램을 관리하는 연구를 총괄한 올리 캉가스Olli Kangas는 "어떤 사람들은 기본소득이 하늘 아래 모든 문제를 해결할 것으로 생각하지만, 어떤 사람들은 기본소득이 사탄의 손에서 나온 것이며 우리의 노동 윤리를 파괴하리라 생각한다."라고 말한다. "나는 우리가 이 문제에 대한 지식을 쌓을 수 있기를 바란다."

3년간의 실험 결과로는 논쟁을 해결하지 못했다. 표본 크기가 너무 작아 연구 결과에 대한 권위가 부족했고, 모든 선입견을 검증할 수 있는 근거를 제공하지도 못했다.

기본소득을 지급 받은 사람들은 기존의 실업 프로그램에 참여한 사람들보다 평균적으로 일할 가능성이 약간 더 높았을 뿐이다. 하지만 실험에 참여한 사람들은 개인적 만족도와 행복감이 높아지는 뚜렷한 경향을 보였다. 우울, 슬픔, 외로움, 스트레스는 덜 느끼는 것으로 나타났다.[22]

그것만으로도 가치가 있었다.

핀란드는 기본소득을 도입하지 않는 대신 실업 수당 수급자에게 더 엄격한 근로 요건을 부과하기로 했는데, 이는 반대 방향으로 나아간 것이었다. 하지만 다른 곳에서는 기본소득이 그 어느 때보다 유행했다.[23]

2021년 3월, 캘리포니아주 스톡턴은 무작위로 선정된 125명에게 2년간 매달 500달러를 지급한 실험 결과를 발표했다.[24] 이 실험에서도 수혜자들은 우울증과 불안증에 덜 걸리는 것으로 나타났다. 또한 추가 자금으로 육아, 면접 복장, 교통비 등을 마련할 수 있었기 때문에 특히 여성의 취업 가능성이 더 높았다. 하지만 한 가지 중요한 한계가 있었다. 기본소득이 가장 필요가 없는 곳에서 가장 정치적으로 실현 가능성이 높은 것으로 나타났다.

노르웨이나 핀란드처럼 이미 사회 복지 프로그램에 막대한 예산을 지출하고 있는 국가들은 예산의 방향을 전환하여 일종의 기본소득을 지급할 수 있다. 세금을 더 내라고 요구하지 않고, 재원 마련을 위해 다른 프로그램을 삭감하지 않고도 이 일을 할 수 있다.

그러나 미국과 영국처럼 사회 프로그램이 급격하게 축소된 곳에서는 기본소득을 도입하려면 새로운 세금을 부과하거나 다른 지출을 삭감해야 한다. 이것이 어떻게 진행될 것인지는 역사가 암시해 준다. 가장 취약한 사람들에 대한 지원 감소이다.

1980년대 미국 레이건 대통령의 복지 악마화는 1990년대 중반 클린턴이 서명한 이른바 복지개혁을 낳았고 가난의 증가에 미치지 못하는 미미한 지원을 제공했다. 가난한 미혼모들은 약속된 보육 보조금 증액마저 실현되지 않아 일을 나가야 했다.[25]

나는 애틀랜타 교외에서 매달 235달러의 복지 수당을 받기 위해 조지아주가 조건으로 요구하는 직업 훈련 수업에 갓난 딸아이를 맡길 곳이 없어 참석할 수 없었던 19세 미혼모를 만났다.[26] 이러한 혜택을 잃은 그녀는 기저귀를 살 돈을 마련하기 위해 몸을 팔고 있었다. 클린턴의 복지개혁 이후 조지아주에서 자녀를 둔 빈곤 가정의 수는 거의 두 배로 증가했지만, 현금 지원을 받는 빈곤 가정의 비율은 98%에서 8%로 급감했다.[27]

보수주의자들 사이에서 기본소득은 다른 사회 복지 프로그램을 삭감할 수 있는 명분을 제공한다는 점에서 매력적이었다. 포괄적인 형태의 사회 보험으로 취급되던 것이 정부 공약이라는 사명 안에서 단일 목표가 될 수 있었기 때문이다.

1970년대가 시작되며 워싱턴은 소득과 같은 기본 기준을 충족하면 누구나 공공 지원을 받을 권리가 있던 이른바 수급권 프로그램에서 벗어나기 시작했다. 그 대신 주정부에게 자금의 사용 방법을 결정할 자유와 함께 블록 보조금이라고 불리는 보조금을 지급했다. 각 주에서는 이를 원동력으로 삼아 구호 자격을 강화하여 복지 대상자 명단에서 사람들을 밀어냈다. 더 많은 사람이 빈곤층으로 전락했고, 보수주의자들은 남은 프로그램을 비효율적이라고 공격하며 추가 예산 삭감의 근거로 삼았다.

2000년부터 2017년까지 의회는 저소득층 지원 재원이었던 13개 블록 보조금에 대한 예산을 3분의 1 이상 삭감했다.[28] 트럼프는 다보스맨에 대한 감세 재원을 마련하기 위해 추가 삭감을 단행했다.

영국에서는 여러 사회 프로그램을 유니버설 크레딧이라는 하나의 포괄적인 제도로 통합하는 긴축 정책을 시행했다. 당시 재무 장관이었던 오스본은 지출을 줄이는 방법으로 이러한 개편을 지지하면서 한편 국민에게 일을 하도록 강요했다.

2013년 4월 오스본은 "우리는 너무 오랫동안 옳은 일을 한 사람, 즉 아침에 일어나 열심히 일하는 사람은 불이익을 받고, 잘못된 일을 한 사람은 보상받는 시스템을 유지해 왔다."라고 말했다. "이번 달에는 노동에 따라 성과급을 받게 할 것이다."[29]

그러나 오스본은 그 반대의 결과를 만들어 냈다. 지난 4년 동안 영국의 저소득 가구의 고용은 증가했고, 평균 소득은 거의 4% 증가했다. 그러나 이러한 이득은 근로 연령 영국인에 대한 국가 지원이 7% 삭감되고 빈곤층에 대한 세금 공제가 폐지되면서 대부분 사라졌다. 전반적으로 저소득층은 그해에 소득이 3% 감소함으로 고통받았다.[30]

2018년까지 공식적으로 빈곤층인 영국 아동의 비율은 27%에서 30%로 증가했다.[31] 유니버설 크레딧으로 전환하면서 정부는 자격 요건을 잔인하고 불합리한 수준으로 엄격하게 제한한 것이다.

리버풀의 자동차 부품 회사에서 전화를 받는 일을 하다가 실직한 후 8년 동안 장애 수당으로 생활해 온 뇌성마비 여성을 만났다. 그녀는 최근 수급 자격을 계속 유지할 수 있는지 평가받기 위해 소환을 받았다.

첫 번째 질문은 그녀의 상황에 대한 진지한 탐색이라는 허울을 벗겨 버렸다. "뇌성마비를 앓은 지 얼마나 되셨나요?" 태어날 때부터요. "나아질까요?" 아니요.

당시 그녀는 예순한 살이었고 뼈가 약해져 있었다. 평가를 진행하던 의사는 바닥에 펜을 떨어뜨리고 기민성을 테스트하기 위해 펜을 집으라고 지시했다. 얼마 지나지 않아 그녀가 일하기에 적합한 것으로 판정되었으므로 장애 판정을 받을 자격이 없다는 편지가 도착했다.

"그냥 체크박스를 채우려고 했던 것 같다."라고 그녀는 말했다.

기본소득은 누가 이 용어를 사용하느냐에 따라 의미가 다른 포괄적인 표현이었다. 기본소득은 분명 경제적 안정을 강화하여 사람들이 더 행복하고 건강하며 풍요로운 삶을 살 수 있게 하도록 고안된 제도이다. 이를 통해 근무 조건을 개선하고, 임금을 높이고, 자동차 고장과 같은 일상적인 불운과 팬데믹과 같은 글로벌 재난에 대한 취약성을 제고할 수 있다.

그러나 베니오프와 같은 사람들이 받아들인 가장 정치적으로 영향력이 큰 용도는 현상 유지를 정당화하는 수단, 어려운 사람들의 희생으로 번영한 다보스맨에게 면죄부를 주는 급여, 억만장자에게 누진세와 같은 의미 있는 희생을 대신해 줄 어떤 것이었다.

기본소득은 불평등을 공격하는 수단으로서 잠재력을 가지고 있었지만, 지속적인 불평등의 수혜자들이 이를 가로채지 못하도록 보호해야 했다. 기본소득은 일자리 보장과 같은 강력한 사회안전망을 보완하는 것이어야 하며, 이를 대체할 수 있는 것이 아니어야 했다.

바이든은 중요한 추진력을 제공했다. 그가 2021년 3월에 법으로 서명한 1조 9,000억 달러 규모의 경기 부양책에는 기본소득에 해당하는 조항이 포함되어 있다. 대부분의 미국 부모는 자녀 세금 공제 확대의 하나로 매월 300달러의 수표를 받게 된다.[32]

이 조항은 1년 동안만 승인되었지만 바이든 행정부는 이를 영구적으로 확립하는 것을 목표로 했다. 컬럼비아 대학교의 연구원들은 이 정책이 아동 빈곤을 40%까지 줄일 수 있을 것으로 예상했다.[33]

기본소득은 대세가 되었다.

19

"독점 권력과 전쟁 중"

공격받는 다보스맨

제프 베조스는 어렴풋이 짜증 난 표정이었다. 열심히 상냥한 포즈를 취하고 싶었지만, 입가의 긴장한 근육이 그를 배신했다.

그는 25년 이상 의회 앞에 자신을 정당화할 필요 없이 개인 재산과 사업을 확장해 왔다. 2020년 7월 말, 국회의사당의 나무 패널로 둘러싼 청문회장에서 그러한 행보는 막을 내렸다.

팬데믹의 위험이 계속되는 와중에 그는 화상 회의에 참석하여 드문드문 비어 있는 책장 앞 책상에 앉아야 했다. 그의 모습은 하원 법사위원회 위원들과 TV를 시청하는 수백만 명의 사람들이 볼 수 있는 흰색 정사각형 화면을 가득 채웠다.

기술적인 결함으로 인해 간헐적으로 오디오가 끊기는 바람에 그의 표정은 굳어 있었고 몸짓은 불안해 보였다. 한 의원은 "베조스 씨"라고 말하며 "음 소거 상태인 것 같다."라고 말했다.

그 옆, 화면 오른쪽에는 해명할 것이 많은 또 다른 인물, 페이스북의 창업자 마크 저커버그Mark Zuckerberg가 앉아 있었다. 그 아래 왼쪽에는 애플의 CEO인 팀 쿡Tim Cook과 구글을 이끌던 순다르 피차이Sundar Pichai가 앉았다.

공개 심문을 위해 모인 이들은 경쟁의 개념을 원천 무효로 할 정도로 독보적인 지배력을 확보한 4개 기업의 리더들이었다. 이들의 개인 재산은 총 2,650억 달러가 넘었으며, 이는 핀란드의 연간 경제 생산액보다 많은 액수였다.

청문회는 일종의 난투극이 되리라 예상되었다. 이 청문회는 소위 원회가 미국 사회가 지불한 돈으로 4개 회사가 번영을 누리고 있다는 의혹에 대해 1년에 걸쳐 조사한 결과의 정점이었다. 이들은 독과점 체제를 구축하여 불공정하게 경쟁업체를 짓밟고 높은 가격을 통해 소비자에게 바가지를 씌우는 한편, 고객의 동의 없이 개인 데이터를 무단으로 수집했다. 이들은 시장의 기능을 왜곡하고, 혁신을 억누르고, 일자리를 파괴하고, 사생활을 침해하고, 기술 통제권을 휘두르며 자신들의 우월성을 강화했다는 비난을 받았다.

이들의 오웰적 성향과 규모에 대한 욕망은 코로나19에 대해 들어보기도 전에 이미 드러났지만, 팬데믹으로 인해 그 위상이 더욱 높아졌다. 미국인들이 집에 격리되고 인터넷이 기본적인 상거래의 중심이 되면서 디지털 영역을 장악한 기업들은 현대 생활 자체를 장악한 것처럼 보였다. 이들은 팬데믹 이후에도 더 높은 시장 점유율과 약화된 경쟁으로 살아남을 것이 확실해 보였다. 강도 귀족 시대와 마찬가지로, 이들의 지배력은 정부가 바로잡아야만 했다. 이 청문회는 결국 이 회사들을 더욱 작게 분리하는 작업으로 끝날, 수십 년 만의 가장 광범위한 반독점 권한 행사 과정의 시작이었다.[34]

몇 달 동안 베조스는 비뇨기과 방문을 미루는 사람처럼 위원회를 피해 다녔다. 그러나 강제 소환당할 것이라는 소문은 그가 도피할 여지를 없애 버렸다. 그래서 그는 대의 정부에 저항했다는 혐의로 기소된 주요 피고인으로 불편한 자리에 나오게 된 것이다.

"미국 민주주의는 항상 독점 권력과 전쟁을 벌여 왔다."라고 로드 아일랜드의 민주당 의원 데이비드 시실린David Cicilline 반독점 소위 위원장은 개회 성명에서 선언했다. "우리 건국의 아버지들이 왕 앞에 굴복하지 않았듯, 우리도 온라인 경제의 황제 앞에 굴복해서는 안 된다."

베조스는 자신의 발언 차례가 되자 역사적 증언에 대한 반박으로 잘 다듬어진 자신의 출신 배경 이야기를 꺼내 들었다. 그는 위원회에서 "나는 금전적 부는 아니었지만, 나의 창의성을 키워 주고 큰 꿈을 꾸도록 격려해 준 사랑하는 가족이라는 부를 물려받았다."라고 말했다. 베조스는 자신이 태어났을 때 10대였던 어머니에 대해 이야기했다. 그는 자기 양아버지가 피델 카스트로 치하의 쿠바에서 미국으로 건너왔다고 언급했다. 그는 "월스트리트에서 안정된 직장"을 버리고 시애틀 차고에서 아마존을 창업했다고 설명했다. 그는 최근 세상을 떠난 민권 운동가 존 루이스를 참조했다.

베조스는 성조기로 자신을 감싸 회사의 조직적인 약탈에 대한 방어막으로 삼고 있었다. 아마존은 노동 착취, 침습적인 데이터 마이닝, 우주적 규모를 통해 수익을 창출하는 독과점 기업이 아니었다. 아마존은 자유를 사랑하는 조국의 기운을 바탕으로 위험을 무릅쓰고 열심히 일한 한 사업가가 추구한 영리한 아이디어의 산물인 적, 백, 청(성조기의 색-옮긴이)의 성공 스토리였다. 이는 군주제를 거부한다는 식의 허튼소리가 아니라, 이것이 진짜 미국의 이야기라고 그는 함축적으로 주장하고 있었다.

베조스는 "미국에는 지구상 그 어느 곳보다 많은 기업가 정신을 지닌 기업이 창업하고 성장하며 번창하고 있다."라고 말했다. "전 세계는 미국이 가진 영약의 아주 작은 한 모금이라도 갖고 싶어 한다. 우리 아버지와 같은 이민자들은 이 나라가 얼마나 보물덩어리인지 알고 있다."

시작된 심문은 위원회 위원들이 4개 기업의 틈새를 파고들면서 4시간 이상 계속되었다.

베조스는 자사 사이트에서 상품을 판매한 독립 판매자의 매출을 조사한 후 자사 제품으로 해당 판매자를 파산시키는 등 상습적으로 자체 정책을 위반했다는 폭로에 맞서 회사를 방어해야만 했다. 그는 아마존이 기저귀를 판매하는 주요 경쟁업체를 인수한 후 가격을 대폭 인상한 경위, 자사 플랫폼에서 모조품 판매를 용인한 경위 등에 관한 질문에 답해야 했다.

그는 인내와 존중의 자세로 지루한 반대 심문을 견뎌 냈다. 베조스는 거듭해서 "그 질문을 해 주어서 감사하다."라고 말했다. "나는 그 질문에 대한 답을 모르겠다."라는 말도 격렬한 공격을 받은 또 다른 대답이었다. 어떤 때는 "전혀 기억나지 않는다."라고 그는 조심스럽게 달래는 말을 덧붙였다. "더 잘 이해하고 싶다."

그의 어조는 베조스가 다른 사람들에게 답을 요구하는 데 익숙하지, 그 반대가 아니라는 점을 상기시켜 주었고 자신의 분노를 억누르기 위해 애쓰고 있음을 시사했다. 아마존이 자사 플랫폼에서 판매한 기업을 학대하고 있다는 주장을 조사하기 위해 무엇을 했는지 설명하라는 압박에 대한 그의 대답은 "그게 생각만큼 쉬운 일이 아니다."였다.

그의 궁극적인 방어 요지는, 아마존은 사람들이 원하는 것을 제공하고 있었다는 말로 요약할 수 있다.

"우리를 성공으로 이끈 것은 고객에 대한 집착이었다."라고 그는 말한다.

이는 강도 귀족 시절 이후 여러 세대에 걸쳐 미국 기업 총수들이 독점 권력을 제한하려는 시도에 반격했던 다보스맨의 강력한 전략이었다. 다보스맨은 이 논리와 함께 경건한 선거 기부금과 활발한 로비 활동을 동원하여 그들이 점점 더 대담한 합병을 완료하고 금융 시장을 조작하며 노동자들을 착취하는 동안 엉뚱한 곳만 바라보고 있도록 워싱턴을 유도했다. 그는 고객들에게 옳은 일을 하고 있었다. 해를 끼치지도 않았고, 반칙도 없었다.

다보스맨은 소비자를 자신들 행위의 중심에 두면서 노동자, 세입자, 깨끗한 공기를 원하는 사람 등 다른 존재들을 공익에 저해가 되는 사람들로 간주했다. 소비자들은 주주들과 마찬가지로 무자비한 비용 절감을 추구하여 이익을 얻었다. 따라서 다보스맨은 규제부터 단체 교섭에 이르기까지 비용을 증가시키는 모든 것을 진보의 적으로 간주했다.

이러한 과정에는 일반적으로 데이터를 선택적으로 활용하는 것도 포함되었다. 베조스는 준비되어 있었다. 그는 패널에게 아마존의 매출은 연간 25조 달러에 달하는 전 세계 소매 시장의 1%도 되지 않으며, 미국내 소매 영역에서는 4%도 되지 않는다고 말했다. 위원회는 관련 분야인 미국 전자상거래에 초점을 맞춰 반박했다. 아마존은 미국 전자상거래 시장의 거의 4분의 3을 장악하고 있어 거래 조건을 지배할 힘을 가지고 있다.

청문회가 끝나자, 방송과 트위터는 곧 결말이 날 것이라는 이야기로 가득 찼다. 다국적 거대 기술기업은 시장을 보호하기 위한 연방 정부의 개입이라는 '신의 주먹'과 마주하고 있었다.

독점 권력의 부상에 대한 연방 정부의 묵인을 대표적으로 비판해 온 매트 스톨러Matt Stoller는 "의회가 스스로를 영광스럽게 드러내는 경우는 드물다."며 "믿거나 말거나, 실제로 그런 일이 일어났다."고 말했다.[35]

하지만 청문회 다음 날 아마존은 역사상 가장 풍성한 실적을 발표했다. 팬데믹의 첫 번째 물결이 가장 심했던 4월과 6월 사이에 전년도의 두 배 수준인 52억 달러의 수익을 기록했다. 주가는 즉시 5%나 급등했는데, 이는 돈줄을 쥐고 있는 사람들이 아마존의 시장 지배력에 더 깊은 인상을 받았으며, 이는 아마존의 규모를 줄이겠다는 의회의 위협보다 더 큰 영향을 미쳤음을 나타낸다.

거대 기술기업들에 대한 조사는 팬데믹 이후 글로벌 경제에 적용될 규칙에 대한 중요한 시험대가 되고 있었다. 규칙이 여전히 다보스맨에 의해, 다보스맨을 위해 쓰여질까? 아니면 평범한 사람들의 우려가 공감을 얻을 수 있을까? 아마존과 다른 기술 대기업들이 지속해서 공세에 시달릴 것으로 예측할 수 있는 이유는 무수히 많았다. 소위원회의 조사는 워싱턴에서 보기 드물게 초당파적으로 진행되었다. 법무부와 연방거래위원회 모두 페이스북과 구글, 아마존에 대한 조사를 시작했다.

바이든은 이듬해에 취임하여 압박을 진전시켰다. 2021년 3월, 그는 실리콘밸리 골리앗의 권력을 공격하기 위해 두 명의 십자군 법학자를 주요 직책에 배치했다.

리나 칸Lina Khan은 하원 사법위원회가 의회에 소환된 기업들을 조사할 때 보좌관으로 근무했다. 바이든은 그녀를 연방거래위원회 위원으로 임명했고, 그녀는 거대 기술기업에 책임을 묻기 위한 모든 시도의 중심에 있을 것이 확실했다. 그리고 칸이 상원의 인준을 받은 후, 바이든은 그녀를 위원장으로 승진시켜 위원회를 그녀의 손에 맡겼다. 그는 독점 권력을 적으로 삼겠다 맹세한 또 다른 인물, 팀 우Tim Wu를 백악관의 국가경제위원회 자리에 발탁했다. 대서양 건너편에서는 아마존이 2020년 11월 유럽연합 집행위원회에 공식 고발을 당한 데 이어 반트러스트법 집행에 직면했다.[36] 독일 당국은 가격 조작 혐의로 아마존을 조사하고 있었다. 프랑스에서는 법원이 창고 노동자를 보호해야 한다는 이유로 아마존의 비필수 품목 배송을 금지하고 몇 주 동안 영업을 중단하도록 했다.[37]

하지만 이 모든 정부 조치는 눈앞의 표적만을 쫓는 것이었다. 많은 경쟁업체들이 어려움을 겪고 있을 때 아마존은 점점 더 커지고 있었다. 이탈리아 사람들은 파스타, 와인, 장난감을 집 앞까지 배달해 주는 아마존에 대한 전통적인 경멸을 버리고 아마존을 받아들였다.[38]

프랑스에서는 2020년 가을에 봉쇄령이 다시 시행되면서 중소기업과 상인들의 분노를 불러일으켰다.[39] 그들은 문을 닫아야 했지만 아마존은 항상 열려 있었기 때문에 이 위기는 미국의 거대 기업이 시장 지배력을 강화할 기회로 작용했다.

2021년 3월까지 유럽 당국은 아마존이 자사 사이트에 적용한 알고리즘을 이해하지 못해 소송을 제기하는 데 어려움을 겪었다.

거의 반세기 동안 억만장자들은 민주주의 자체를 약탈하여 경제 성장의 전리품을 독점해 왔다. 그들은 법안 통과, 예산 편성, 산업 규제 과정을 조작했다. 그들의 약탈은 강력한 반발을 불러일으켰다. 공공의 이익이 다시 힘을 얻으며 통제 수단에 손을 뻗는 것처럼 보였다. 그러나 역사가 기록되기 전까지 로비스트, 변호사, 회계사 등 수많은 전문가가 그 결과에 대해 많은 말을 할 것이다. 다보스맨은 집요함을 빼면 아무것도 아니었다. 다보스맨은 자기 이익을 위해 게임을 하고 있었다.

억만장자들은 도덕적 연금술의 비법을 터득하여 자신들에게 유리한 것을 사회에 유익한 것으로 둔갑시켰고, 나머지 대중의 직접적인 희생으로 자신의 부를 축적하고 있다는 증거가 쌓여 가는 와중에도 이를 감추기 위해 노력했다.

그리고 그 결과 분노가 가공할 규모로 커져 자유민주주의 질서와 세계화, 즉 풍요로움의 근간을 위협하자, 그들은 큰 가치를 희생하지 않고도 불만을 품은 사람들을 달래고 보상하는 척하는 참신한 방법을 고안해 냈다. 그들은 자선 재단을 설립하여 자신들의 자비를 널리 알렸다. 그들은 공감을 드러내기 위해 이해관계자 자본주의를 만들어 냈다. 그들은 노동운동, 규제 당국, 행동주의 주주 또는 실제로 이해관계가 있는 다른 그룹에 권력을 양보하지 않고 변화의 언어를 채택했다.

의회에서 벌어진 이 퍼포먼스는 의례적인 것이었지만, 의미 있는 정책 변화를 위한 전초전이었을 수도 있다.

그 사이 이 과정은 계속 진행되었다.

워싱턴의 독점 권력을 바로잡기 위한 캠페인은 미국 건국 당시까지 거슬러 올라가는 정신의 부활을 대변했다.

미국 역사의 일반적 서술에 따르면 1773년 보스턴 티 파티 사건은 부당한 세금에 대한 반란이었다. 멀리 떨어진 영국의 한 군주가 식민지 백성들에게 엄청난 세금을 부과하며 부당하게 압박을 가했다. 이에 항의하여 애국자들은 영국으로 들어오는 차를 약탈하여 보스턴 항구에 던져 넣었다.

그러나 티 파티는 실제로는 독점 권력에 대항한 봉기였다. 애국자들은 영국 왕실이 동인도회사를 통해 현지 유통업체를 거치지 않고 미국 식민지에 직접 차를 판매하도록 한 것에 분노했다. 반란은 높은 세금에 대한 반발이라기보다는 세금 인하로 인해 촉발된 것이었다. 영국 왕실은 동인도회사가 아시아에서 수입하는 차에 부과하는 세금을 낮게 책정하여 미국 식민지의 차 애호가들에 대한 독점적 지배력을 강화했다.[40]

그 이후 2세기 반 동안의 역사는 독점 권력에 대한 정의 구현을 둘러싼 씨움으로 가득 차 있다. 노동자와 준소기업, 농부들은 막대한 자금을 보유한 미국 대기업의 탐욕성을 억제하기 위해 자주 동원되었다.

19세기의 마지막 30년 동안 독점 기업들은 우위를 점했다.[41]

베조스가 훗날 인터넷의 가능성을 포착한 것처럼, 존 D. 록펠러와 JP 모건과 같은 산업가들은 철도 기관차, 증기선, 전신 등 기술의 발전을 활용하여 서부를 미국 경제의 나머지 부분으로 통합했다. 이들은 금융, 운송, 제철, 전기 생산, 석유 유통을 장악하고 정치인을 매수하여 토지를 확보하고 더 많은 이익을 얻으려는 노동운동을 잔인하게 짓밟았다.

이들이 다보스맨의 선조인 강도 귀족이었다. 이들의 탐욕스러운 행태에 분노한 우드로 윌슨Woodrow Wilson은 1913년 산업을 길들이고 민주화해야 한다는 임무를 부여받고 백악관에 취임했다. 윌슨은 독점 권력에 맞서기 위해 만들어진 연방거래위원회를 도입하여 지배적인 산업가들을 겨냥했다.[42]

그러나 윌슨의 프로젝트는 미국이 제1차 세계대전에 참전하면서 종말을 맞이했다. 전쟁을 위해 철강, 석탄, 군수품 및 기타 산업의 생산물이 필요했고, 다른 무엇보다 우선 효율성을 먼저 고려해야 했다. 다음 대통령인 워런 하딩Warren Harding은 한 세기 후 조 바이든과 같은 입장을 취했는데, 그는 "정상으로의 복귀"를 약속했다. 그는 자신의 선거 자금 조달을 도왔던 거물인 앤드류 멜론Andrew Mellon에게 재무부를 맡겼다.

멜론은 석유와 가스에서 철강과 유리 제조에 이르기까지 미국 산업의 거의 모든 틈새에 투자했다. 그는 자신의 지위를 이용해 반독점법 집행을 막고 연방거래위원회를 변호했다. 베스트셀러인 『세금: 국민의 사업』(Taxation: The People's Business)에서 그는 부유층에 대한 과세가 "미래에 위협이 될 것"이라고 주장하며 초기 '우주적 거짓말'을 반복했다.[43]

1920년대 중반의 탄탄한 경제성장 속에서 산업가들은 공적인 인정을 요구했다.

자주 반복되는 패턴으로, 산업가들은 자신의 패를 과시했다. 합병의 물결을 통해 소수의 기업이 철강과 자동차 제조와 식량 유통을 지배하게 되었다. 농부와 노동자들은 낮은 임금과 농작물 가격을 통해 그 대가를 치렀다.[44]

1928년에는 미국 전체 소득의 거의 4분의 1이 가장 부유한 1%의

금고로 흘러 들어갔다.[45]

부유한 미국인들은 부동산에서 주식 시장에 이르기까지 온갖 종류의 투기에 돈을 쏟아부어 경제 기초와 무관한 수준까지 가격을 끌어올렸고, 대공황을 촉발한 시장 붕괴의 조건을 만들었다. 치솟는 실업률, 일상적인 재난, 산업가들에 대한 분노는 프랭클린 루스벨트 대통령 취임과 그가 주창한 뉴딜 평준화 정책의 토대를 마련했다. 루스벨트는 독점 기업을 규제하기 위해 국가의 힘을 발휘하여 세계에서 가장 엄격한 누진적 소득세 제도를 도입했으며, 그 수익금으로 광범위한 경제 부흥을 촉진하는 공공 지출에 자금을 지원했다.

1933년 3월 첫 취임 연설에서 루스벨트는 "회복의 척도는 단순한 금전적 이익보다 더 고귀한 사회적 가치를 어느 정도 실현하는가에 달려 있다."고 선언했다. "더 이상 사라져 가는 이익을 좇느라 노동의 기쁨과 도덕적 자극을 더 잊어서는 안 된다."[46]

이전에 뉴욕 주지사였던 루스벨트는 철강 산업에 대한 지배권을 놓고 멜론과, 전기 공급에 대한 지배권을 놓고 모건과 갈등을 빚은 적이 있다.[47] 대통령 취임 후 루스벨트는 법무부를 동원해 강도 귀족들을 부패와 탈세 혐의로 기소했다.[48] 그는 연방거래위원회를 다시 활성화하여 독점 해체를 위한 소송을 제기했다. 그는 저금리 모기지를 제공하는 정부 시스템을 구축하여 농민들이 토지를 유지할 수 있도록 지원했다. 이러한 정책은 그 혜택이 널리 공유되는 지속적인 경제성장의 토대를 마련했다.

하지만 이번에는 냉전이라는 외부적 갈등이 다시금 금권정치가들에게 부활의 기회를 제공했다. 소련과의 패권 경쟁으로 인해 효율성과 산업력의 중요성이 그 어느 때보다 높아졌지만, 국가 권력은 오염됐다. 비즈니스 로비는 규제 당국을 공산주의의 전체주의적 위협과 유사한 것으로 묘사했다. 대기업은 영웅적이고 미국적 이상을 대표하는 존재로 묘사되었으며, 레닌주의적 정부의 손길과 대립 구도를 이루었다.

매트 스톨러가 미국 독점 권력의 역사에 관한 저서 『골리앗』(Goliath)에서 밝혔듯이, 이는 무자비한 시장 힘의 행사 못지않은 관념의 승리였다. 그는 "중앙집권적 권력에 대한 포퓰리즘적 의심을 품고 있던 미국인들을 설득하는 데 있어 자유주의의 수사는 필수적이었다."고 말한다.[49]

방해받지 않는 자유 시장을 미화하고 규제 당국을 깎아내리는 것은 신자유주의의 온상이라 할 시카고 대학에 본부를 둔 신봉자들에 의해 미국 민주주의의 작동 방식에 주입되었다.

밀턴 프리드먼 등을 낳은 시카고학파는 뉴딜정책이 미국의 자유에 반하는 정책이라며 끊임없이 공격했다. 이 운동이 배출한 인물 중 한 명은 다보스맨의 지배 기반이 되는 인물로, 반독점에 대한 파괴적인 아이디어로 아마존과 같은 거대 기업이 부상하는 데 결정적인 역할을 한 법학자 로버트 보크Robert Bork였다.

닉슨 행정부에서 법무부 장관을 역임한 보크는 시카고 대학을 지적 혁명의 산실이라고 묘사했다. "독점금지법이나 경제학 강좌를 수강한 많은 사람이 종교적 개종에 버금가는 경험을 했다."라고 그는 몇 년 후 말했다. "세상을 바라보는 우리의 관점이 바뀌었다."[50]

미국 독점금지법의 전통적인 개념은 규모를 본질적으로 위험한 것으로 간주했다. 너무 크고 막대한 자금을 보유한 기업은 소규모 경쟁업체를 먹잇감으로 삼아 가격을 떨어뜨려 폐업시킨 다음, 시장을 장악하면 다시 가격을 올릴 수 있는 힘을 가졌기 때문이다. 원자재 공급을 독점하여 경쟁업체를 질식시킬 수도 있다. 뛰어난 학자였던 보크는 이러한 아이디어가 잘못된 것일 뿐만 아니라 자유 시장에 대한 혐오이며 혁신을 제한하는 생산력의 족쇄라고 주장했다.

워싱턴에서는 대기업이 자금을 지원하는 싱크탱크와 로비 단체가 규모가 미덕이라는 복음을 전파했다. 1930년대 후반 뉴딜정책을 공격하기 위해 설립된 보수적 싱크탱크인 미국기업연구소(The American Enterprise Institute)는 보크를 반독점 정책 고문으로 고용했다.[51]

체이스 맨해튼, US 스틸, 화이자 등 주요 기업들은 보크와 시카고 학파의 다른 제자들의 연구에 자금을 지원하며 전통적인 반독점 개념을 공격했다.[52]

1972년에 소집된 비즈니스 라운드테이블은 기업은 자율에 맡기는 것이 사회에 좋다는 생각을 확산하기 위한 것이었다.[53] 이 원탁회의는 연방거래 위원회를 직접 겨냥했다.

이 운동은 1975년 의회가 제조업체가 완제품 가격을 정할 수 있도록 허용했던 이른바 공정거래법을 무효화하면서 실질적인 승리를 거두게 된다. 많은 주에서 시행되고 있던 이 법은 뉴딜정책의 핵심이었다. 이는 경쟁업체를 파괴하고 시장을 장악하기 위해 가격을 수익성 이하로 떨어뜨리는 전국 규모 체인점의 약탈적 할인 형태로부터 제조업체와 지역 유통업체를 보호하기 위해 고안된 제도였다.

1975년 12월 공정무역법 폐지에 서명하면서 제럴드 포드 대통령은 시카고학파의 논리를 지지했다. 이 법으로 인한 가격 상승으로 소비

자들은 연간 20억 달러의 손해를 보고 있다.[54]

처방 약에서 TV에 이르기까지 다양한 상품이 더 저렴해질 것이다.

자유무역법의 철폐는 미국 도심의 공동화를 상징하는 할인 제국 월마트가 소매업을 장악할 수 있는 길을 열어 주었다. 월마트는 비즈니스 환경에 도입된 시카고학파의 논리적 확장판으로, 수반되는 사회적 비용을 고려하지 않고 고객에게 가장 낮은 가격으로 공급하기 위해 세심하게 조직된 기업이다.

공정거래법이 폐지된 지 3년 후, 보크는 이후 수십 년 동안 기업 행동에 대한 미국인의 사고를 지배하게 될 개념을 명시한 영향력 있는 저서 『반독점의 역설』(The Antitrust Paradox)을 출간했다. 여기서 그는 "반독점의 유일한 합법적인 목표는 소비자 후생의 극대화다."라고 썼다.[55]

이 공식으로 보크는 독과점 세력을 견제하기 위한 미국의 오랜 투쟁을 일축하고, 기업 행위에 대한 고려를 단순한 하나의 질문으로 축소했다. '소비자 가격에 영향을 미친 것은 무엇인가?' 소비자에게 이익이 된다면 다른 것은 중요하지 않았다.

2000년까지 미국 소매업계의 임금은 월마트가 임금을 낮추고 경쟁업체를 고사시킨 결과 연간 45억 달러가 감소했다.[56] 이는 노동자에게서 주주에게로 부를 깔끔하게 이전한 것으로, 소비자를 위한 혜택이라 정당화되었다. 쇼핑객들은 점점 월마트와 같은 곳에서 더 많이 일을 하게 되었기 때문에 더욱 저렴한 가격이 필요했다. 미국 노동자들의 생활 수준이 갈수록 낮아지는 이 순환은 월마트의 창립자를 미국 최고의 부호로 만들었다.

스톨러는 "공화당이 정치권력을 장악하고 보크의 철학을 구현한 것은 아니었지만, 일이 그렇게 벌어졌다."라고 말한다. "보크는 20세기 중반에 실행된 반독점, 더 넓게는 민주주의가 비효율적일 뿐만 아니라 자연 경제 시스템과 과학 자체의 명령에 반한다는 사실을 우파뿐만 아니라 좌파에게도 확신시켰다."[57]

월마트의 고향인 아칸소주에서 자랐고 예일 대학 로스쿨에서 보크와 함께 공부한 빌 클린턴은 무분별한 기업 합병의 물결을 주도했다. 그는 은행에 대한 규제를 완화하여 2008년 금융 위기의 발판을 마련했다. 그는 통신 규제를 완화하여 케이블 및 전화 회사가 지배적인 대기업을 형성할 수 있도록 허용하고 구글, 페이스북 및 기타 현대의 독과점 기업들을 위한 길을 마련했다.

지역 저널리즘을 고사시킨 광고에 대한 그들의 지배력은 시카고 학파가 만든 개념에 따르면 반독점 경보 대상이 아니었는데, 구글과 페이스북이 제품을 무료로 제공하고 있었기 때문이다. 사실에 기반한 저널리즘이 가짜 뉴스로 대체되면서 미국 민주주의 자체가 공격받는 와중에도 소비자들은 아무런 대가를 지불하지 않았다.

기술과 혁신에 대한 국민적 숭배와 함께 기업의 규모가 미국인의 삶에서 중요하게 여겨지면서 베조스와 다른 다보스맨들은 선조들이 누렸던 시장 지배력을 재구성할 수 있게 되었다.

바이든이 재구성된 연방거래위원회를 감독하기 위해 선택한 법학자인 리나 칸은 이것이 바로 바로잡아야 할 현실이라고 주장했다. 서른두 살의 나이에 그녀는 연방거래위원회를 이끈 최연소자가 되었다. 그녀는 미신 타파 주의자이자 깊이 있는 미국의 전통으로 되돌아가기를 옹호하는 사람이었다.

"현재의 반독점법 프레임워크, 특히 일반적으로 가격과 생산량에 대한 단기적 효과를 통해 측정되는 '소비자 후생'과 경쟁을 동일시하는 프레임워크는 21세기 시장의 시장 권력 구조를 포착하는 데 실패했다." 라고 칸은 널리 인정받고 있는 《예일 법학 저널》 2017년 판에서 지적했다. "다른 말로 해서, 주로 가격과 생산량으로 경쟁을 평가하면 아마존의 지배력으로 인한 경쟁의 잠재적 해악을 인식할 수 없다. 이러한 지표에 집중하면 잠재적 위험에 눈을 감게 된다."[58]

그녀의 비평이 발표된 후 4년 동안 아마존은 그 어느 때보다 강력하게 성장했고, 칸은 그 회사의 지배력을 위협할 수 있는 입지를 확보했다.

워싱턴에서 브뤼셀에 이르기까지 의원들과 규제 당국자들이 베조스와 다른 다보스맨들을 상대로 벌인 장대한 싸움이 구체화되고 있었다.

결말은 아직 명확하지 않았다.

한때 독점 권력에 대한 비판이 탄력을 받는 것처럼 보였다. 하지만 다보스맨은 자신의 권력에 대한 공격을 통해 힘을 얻고, 이를 통해 변화의 모습을 투영하는 동시에 평소와 같이 사업을 계속하는 데 능란했다.

다보스맨에게 독점을 둘러싼 싸움은 기업의 미래를 결정할 수 있다.

또 다른 싸움이 훨씬 가까운 곳에서 치고 들어오는 중이었다. 부유층이 정당한 몫의 세금을 내도록 하기 위한 캠페인이 다시 활성화되고 있었던 것이다.

20

"세금, 세금, 세금. 나머지는 다 헛소리다"

다보스맨이 지불하게 만들기

리트허르 브레흐만Rutger Bregman은 보편적 기본소득에 대해 희망적이고 긍정적인 이야기를 할 예정이었으며, 이 주제에 관한 책을 집필한 바 있다. 이것이 포럼 주최 측이 그를 다보스에 초청한 이유이자 2019년 1월 연례총회 마지막 날 열린 세션에서 그를 패널로 선정한 이유였다.

세션의 제목은 "불평등의 대가"였다. 세션은 행사 주최 측인《타임》지가 매끄러운 장면으로 미리 제작한 영상으로 시작되었다.

내레이터는 "빈부 격차가 커지면서 불평등의 비용이 더 커지고 있다."고 강조했다. 화면에는 영국의 브렉시트, 노란 조끼 시위로 뒤흔든 프랑스, 미국의 노숙자 문제, 남아프리카공화국 마을의 빈민 문제 등 유명한 사례의 이미지가 표시되었다. "정부, 기업, 개인은 모두 세계 경제를 보다 공평한 방향으로 전환하기 위해 무엇을 할 것이냐는 질문을 받고 있다."

네덜란드 출신의 서른 살 역사학자인 브레흐만은 다보스에 처음 참석했는데, 쉽게 해결할 수 있는 문제를 어떻게 해결할지 고민하는 억만장자들의 가면극 같은 무대를 경험했다.

그는 기본소득에 대한 강연을 위한 설정으로 사전에 준비된 질문, 곧 어떻게 하면 사람들을 빈곤에서 벗어나게 할 수 있겠냐는 질문을 받았다. 하지만 그는 예상치 못한 방향으로 대답을 해 입소문을 낳았다.

브레흐만은 "사람들이 참여와 정의, 평등과 투명성의 언어로 이야기하는 것을 듣지만, 정작 진짜 문제를 제기하는 사람은 거의 없다."라고 말했다. "조세 회피. 문제는 부자들이 정당한 몫을 내지 않는다는 것이다. 여긴 마치 소방관 회의에 왔는데 모두에게 물에 관한 이야기가 금지된 것 같다." 이 답변은 청중들의 웃음을 자아냈지만, 일부는 눈을 부라리기도 했다. 포럼의 암묵적 규범에 따라 패널은 불평등, 저렴한 약값, 화석 연료 배출 등 거의 모든 주제에 대해 비판적인 발언을 할 수 있었지만, 다른 참가자를 문제에 연루시키는 것은 금지되었다. 다보스 포럼의 핵심은 모두가 세계의 상태를 개선하기 위해 헌신한다는 것이었기 때문에 모든 문제는 복잡성이나 해결책의 난해함을 반영했지만, 그렇다고 해서 참가자들의 탐욕이 반영된 것은 아니었다.

브레흐만은 대량 빈곤과 절망에 책임이 있는 억만장자들의 위선을 고발하고 있었고, 이는 명백한 예의 규정 위반이었다. 다보스맨의 은신처에 초대된 브레흐만은 그곳 주민들에게 자신들의 고상한 수사에 부응하지 못하는 부유층에 대해 강연을 하고 있었다.

"10년 전 세계경제포럼은 광범위한 사회적 반발을 막기 위해 업계가 무엇을 해야 하는가, 라는 질문을 던졌다." 브레흐만은 이어서 말했다. "자선 활동에 관한 이야기는 그만하고 세금에 관한 이야기를 시작하면 된다."

며칠 전, 기술 분야의 억만장자이자 비즈니스 라운드테이블 이해관계자 자본주의 서약의 또 다른 서명자인 마이클 델Michael Dell은 다른 다보스 패널에서 미국이 최고 세율을 37%에서 70%로 인상하려는 시도를 지지하는지 질문을 받은 적이 있다. 그는 자신의 자선 활동을 들어가며 인상에 반대했다.

델은 "정부에 그 돈을 내는 것보다 우리가 민간 재단으로서 기금을 배분하는 것이 훨씬 더 마음이 편하다."라고 말했다.

이것은 자신의 부에 대한 약탈적 도전에 직면한 다보스맨의 전형적인 회피 수법이었다. 델은 자선 활동이 세금의 필요성을 없애 준다고 주장했다. 전년도인 2018년에 가장 부유한 미국인 20명이 기부한 금액은 총 87억 달러로, 많은 액수이긴 하지만 그들 재산의 0.81%에 불과했다.[59]

엘리자베스 워런과 버니 샌더스 같은 정치인들은 보편적 의료 보험과 보조금 지원 보육과 같은 아이디어를 실현하기 위한 재원 확보 수단으로 부유세를 제안하고 있다. 10억 달러 이상의 재산에 6%의 부유세를 적용하면 최고 부자 20명으로부터 630억 달러의 세금을 거둬들일 수 있으며, 이는 그들이 보고한 자선 기부금의 7배가 넘는 액수이다.[60] 가장 관대한 워런 버핏과 빌 게이츠조차도 6%에 근접하지 못했다. 델은 평균보다 적은 1억 5,800만 달러, 즉 276억 달러의 재산 중 0.6%를 기부했다.

델은 자신의 이타심을 과장하는 데 만족하지 않고 우주적 거짓말에 대한 결론도 제시했는데 그가 70%에 달하는 세금에 반대한 것은, 이는 돈을 지키고 싶어서가 아니라 사회적 우려 때문이었다는 것이다.

"미국 경제의 성장에 도움이 되지 않을 것 같다."라고 델은 말했다. "그것이 효과가 있었던 국가를 말해 보라. 한 번이라도."

이는 분명 수사적인 질문이었지만, 그의 왼쪽에 앉은 패널리스트인 경제학자 에릭 브린욜프슨Erik Brynjolffson은 무의식적으로 대답을 내뱉었다.

"미국"이라고 그가 불쑥 말했다. "1930년대부터 1960년대까지 세율은 평균 약 70%였다. 어떤 때는 95%까지 올라간 적도 있었다. 사실 그 시기는 꽤 좋은 성장기였다."

브레흐만은 자신의 패널에서 이 일화를 언급하며 억만장자들이 경제적 불평등에 대해 말만 늘어놓을 뿐 이를 해결하기 위한 어떤 노력도 하지 않고 있다는 증거라고 말했다.

"이것은 로켓 과학이 아니다."라고 그는 말했다. "우리는 이 모든 바보 같은 자선 계획에 대해 아주 오랫동안 이야기할 수 있고, 보노를 또 한 번 초대할 수도 있지만, 세금에 관해 이야기해야 한다. 세금, 세금, 세금. 나머지는 다 헛소리다."

이 장면을 이미 보셨을 수도 있다. 이 장면은 다보스를 지배하는 자기과시 속에서 드물게 진실을 말하는 장면으로 공감을 불러일으키며 소셜 미디어에 널리 공유되었다. 하지만 그에 못지않게 인상적인 장면도 이어졌다.

세션의 사회자인 《타임》의 편집장 에드워드 펠젠탈Edward Felsenthal은 또 다른 패널인 침팬지 전문가 제인 구달에게 인류가 불평등을 해결하지 못한 이유에 대한 의견을 물었다. 그는 종의 특성에 대해 생각하는 데 익숙한 자연주의자라고 그녀를 소개했다.

"뇌에 무엇이 부족할까요?" 펠젠탈이 구달에게 물었다. "왜 우리는 거기에 도달할 수 없는 걸까요? 해결책과 시급성을 알면서도 거기에 도달할 수 없는 이유는 무엇일까요?"

펠젠탈은 그 터전의 지배종인 다보스맨에게 복종하기 위해 몸을 조아리고 있었다.

불평등은 대부분 억만장자 계급이 로비스트를 동원해 세금을 회피하고 자신들에게 유리한 경제 정책을 만든 결과이다. 그러나 포럼의 단골 참석자이자 최근 베니오프가 인수한 잡지에 고용된 펠젠탈은 모든 사람이 각자의 위치에서 최선을 다하고 있으며, 불평등은 억만장자들이 민주적 절차를 약탈한 것이 아니라 다른 그 무엇의 결과라고 주장하는 것이었다. 그것은 영장류 전문가가 토론할 만한 가치가 있는 신비한 진화론적 문제의 발현에 의한 것이었다.

구달도 함께 맞장구를 쳐 주었다.

"지구상에서 가장 지적인 동물이 자기의 유일한 보금자리를 파괴하고 환경을 파괴하며 우리 사회의 모든 불평등을 야기하고 있는데, 무엇이 잘못되었을까요?" 그녀가 물었다. 그리고 구달은 이어 덧붙였다. "우리는 지성과 지혜의 연결 고리를 끊어 버렸습니다."

정책의 문제로서 경제적 불평등을 줄이는 것은 그리 복잡하지 않다. 다만 정치적 목표로서 매우 어려울 뿐이다. 정부는 평범한 사람들이 사회에서 의미 있는 지분을 되찾을 수 있도록 부를 재분배해야 한다. 하지만 부를 소유한 사람들은 부를 이용해 민주주의를 조작하는 방법을 터득해 공정한 분배를 방해하고 있다.

다보스맨은 부는 아래로 흘러내리고, 과세와 재분배 시도는 기업가들의 투자와 고용에 대한 인센티브를 파괴한다는 '우주적 거짓말'의 변종을 퍼뜨려 세금 부담을 늘리려는 시도를 지속해서 격퇴해 왔다.

'우주적 거짓말'이 마크롱과 매코널 같은 다보스맨의 협력자들에게 정치적 승자가 된 데에는 선거 캠페인 기부금 이상의 이유가 있었다. 트리클 다운의 개념은 인간 본성에 대한 매력적인 가설과 개인의 영웅적인 성취를 정부의 무표정한, 감정 없는 운영 방식과 대비해서 설명하는 것에 기반을 두고 있다.

우주적 거짓말의 판타지가 특히 미국인들에게 매력적으로 다가오는 이유는 우리 자신을 어떻게 바라보는지 보여 주는 경향이 있기 때문이다. 그것은 우리가 개척자라는 정체성에 대한 경외심과 허레이쇼 앨저 유의 상승 이동성에 대한 지속적인 신화를 끌어낸다.

제이미 다이먼은 2017년 트럼프의 감세 정책을 지지하는 캠페인을 진행하면서 세금 부담을 덜게 된 기업이 그 여윳돈으로 공장을 짓고, 운영을 확장하고, 임금을 인상할 것이라는 일반적인 논리를 펼쳤다. "진짜 그 사이에는 연관성이 있다."라고 다이먼은 저널리스트 윌리엄 코한William D. Cohan에게 말했다. "간접적으로 말이다. 그것을 당신에게 증명할 길은 없지만 나는 그것이 사실이라는 점을 알고 있다."[61]

그는 레이건 대통령 시절부터 미국 경제 정책을 이끌어 온 정서를 그대로 대변하고 있었다.

하지만 정서는 더 이상 중요하지 않다. 인류는 지난 40여 년 동안 정교한 공개 실험을 통해 이러한 가정이 옳은지 검증해 왔다. 우리는 다보스맨이 지배하도록 내버려두었고, 그 결과가 나왔다. 부유층에 대한 감세는 대다수의 평범한 사람들에게는 재앙이었다. 성장을 촉진하지 못했다. 일반 노동자의 임금을 인상하지도 못했다. 이미 대부분의 부를 가진 사람들에게 더 많은 부를 가져다주었을 뿐이다.

전 세계 18개 주요 경제 대국의 부유층 감세에 관한 광범위한 연구에 따르면, 감세가 경제성장이나 일자리를 추가로 창출하지 못하면서 경제적 불평등을 확대한 것으로 나타났다.[62] 방정식의 한 부분만 사실로 드러났을 뿐, 다보스맨의 삶은 계속 더 달콤해졌다.

1980년 이후 미국 전체 소득에서 상위 1%의 소득이 차지하는 비중은 10%에서 19%로 거의 두 배 증가했다.[63] 같은 40년 동안 하위 절반에 속하는 사람들의 몫은 20%에서 13.5%로 감소했다.

미국은 극단적인 사례이긴 하지만, 세계 대부분의 부유한 국가에서 같은 추세가 드러나고 있다. 이탈리아에서는 1980년부터 2017년까지 상위 10%가 국민 소득에서 차지하는 비중이 24%에서 33%로 증가한 반면, 하위 절반은 27%에서 21%로 감소했다.[64] 영국, 프랑스, 심지어 스웨덴에서도 다보스맨은 이보다는 온건하지만, 근본적으로 같은 밑그림을 그렸다.

지난 40년에 걸쳐 우주적 거짓말은 들통났고, 우리가 '거대한 진실'이라고 부를 수 있는 것이 드러났다. 광범위하고 사회적으로 유익한 경제성장의 진정한 원천은 제2차 세계대전 이후 첫 30년 동안 성공을 거둔 것과 같은 엘리트 집단, 즉 교육, 의료, 인프라에 대한 공공 투자라는 사실이 밝혀졌다.

국민들이 더 건강하고, 더 나은 교육을 받고, 활발하게 이동하고 서로 소통할 수 있도록 지원하는 데 정부가 자금을 투입할 때, 기업 세계는 다보스맨이 찬양하곤 하는 생기를 되찾게 될 것이다. 그 결과 경제가 확장되어 사람을 고용하고 서로 상품과 서비스를 구매하는 혁신과 새로운 비즈니스가 생겨나는 것이다.

그러나 공공 교육, 의료, 인프라에는 돈이 필요하다. 다보스맨은 국고를 약탈했고, 대부분의 주요국 정부는 만성적인 자금 부족에 시달리고 있다. 이 때문에 성장을 촉진하는 데 필요한 자원이 부족해졌고, 이민자를 악마화하는 등 표를 얻기 위한 엉뚱한 전략의 가치가 높아졌다.

이것은 차세대 기술 혁신에 대한 섹시한 아이디어나 미래를 위해 스스로를 재교육해야 한다는 직장인 대상 강의로는 해결할 수 없는 구조적인 현실이다. 다보스맨이 이해관계자 자본주의에 대한 약속을 이행할 때까지 기다리거나 그가 자신의 감수성을 보여 주기 위해 어떤 신선한 브랜드를 내세운다고 해서 해결되지 않는다.

불평등을 해소하려면 경제성장의 혜택을 누가 받는지를 결정하는 공식을 손봐야 한다. 이것이 과세제도를 평가하는 좋은 척도이다.

다보스맨은 회계사, 법률가, 금융 전문가 등 정치인들이 설계하는 세금 제도가 무엇이든 간에, 돈을 어떻게 분류하고 어디로 이동시켜 당국과 최대한 적게 공유할 수 있는지에 대한 전략을 세우는 데 전념하는 강력한 산업을 만들어 냈다. 미국 봉급생활자들이 억만장자 고용주보다 더 많은 소득세를 정부에 납부한다는 사실은 이 업계의 엄청난 전문성을 입증하는 증거이다. 이는 부유층이 낡은 과세 제도를 얼마나 교묘하게 악용해 왔는지를 보여 준다. 다보스맨은 미국에서 세금을 많이 내지 않고도 부자가 될 수 있는 방법을 찾아내서 큰 성공을 거두었는데 그것은 수익을 발생시키지 않는 것이었다.

우리 대부분은 납부해야 할 세금이 투명하게 표로 정리되어 이를 회계 처리를 통해 창조적으로 변형시킬 수 없다는 명확한 사실 때문에 세금 납부를 피할 수 없다. 우리가 설거지로 돈을 벌든 대학교수로 일하든, 고용주는 소득세를 계산하여 급여에서 원천 징수하고 사회 보장에 대한 기여금과 함께 당국에 제출한다. 주택을 소유한 경우 재산세는 일반적으로 주택자금 대출 상환금에 포함된다. 재산세를 납부하지 않으면 지역 과세 당국은 우리가 어디에 살고 있는지 알 수 있고 재산을 압류할 수 있는 권한을 갖게 된다.

우리는 쇼핑할 때 판매세를 납부하는데, 이는 매우 예외적인 형태의 과세이다. 아마존 물류창고로 출근하는 길에 차에 기름을 채우는 사람은 소득의 일정 비율로 볼 때 제프 베조스보다 더 많은 판매세를 납부할 수밖에 없다.

한 추정에 따르면 다보스맨은 스위스 본토에서 카리브해에 이르는 조세 피난처에 전 세계 가계 자산의 8%에 달하는 7조 6,000억 달러를 숨겨 둔 것으로 나타났다.[65] 이 돈의 대부분은 공식적으로 신고되지 않았기 때문에 세무 당국의 손길이 미치지 않는다.

한 연구에 따르면 미국에서는 전체 주택 보유자 중 소득 상위 1%가 소득의 5분의 1 이상을 세무 당국에 숨기고 있는 것으로 나타났다.[66] 초당파적인 의회 예산국은 2011년부터 2013년까지 미국인들이 3,810억 달러의 세금을 탈루하는 데 성공했다고 결론지었다.[67]

다보스맨은 미국 과세 당국이 탈세에 대한 법적 위험에 대한 내성이 강해졌다는 사실을 잘 알고 있다. 2010년부터 2017년까지 예산 삭감으로 국세청 감사관 수가 3분의 1로 줄어들면서 탈세자를 추적할 수 있는 국세청의 역량이 심각하게 약화되었다.[68]

최근 몇 년간 연소득 100만 달러 이상의 가구에 대한 감사는 거의 4분의 3으로 감소한 반면, 주요 기업에 대한 감사는 절반 아래로 감소했다.[69] 재정 적자 때문에 골머리를 앓고 있는 이 시대에 손쉬운 수입원이 있다. 국세청의 단속 강화에 1달러를 지출하면 6달러의 세금을 추가로 징수할 수 있다.[70]

다보스맨은 단순히 돈을 내고 싶지 않을 뿐이다.

조세 불공정의 문제는 그것이 숨은 노다지라던가 아니면 법규 위반이라던가 하는 문제보다 훨씬 심각하다. 다보스맨은 세금 제도를 자신의 이익을 위한 특별 보호 구역으로 설계했다.

미국에서는 연방세가 소득을 중심으로 부과되기 때문에 억만장자보다 일반인에게 훨씬 더 큰 타격을 준다. 제프 베조스는 오랫동안 기본급으로 연간 8만 1,840달러를 받아 왔는데, 이는 일반적인 캘리포니아 초등학교 교사의 연봉과 거의 비슷한 수준이다. 그의 엄청난 부는 2020년 말 기준 1,600억 달러 이상의 가치를 지닌 아마존 지분 약 10%에서 비롯되었다.

지난 2년 동안 그 주식의 가치가 1,000억 달러 이상 상승했지만, 그 상승분에 대해 세금이 부과되지 않았다. 베조스에게는 주식을 팔고 증자를 현금으로 전환하여 자본 소득세가 부과될 때만 납세 의무가 발생했다. 그럼에도 불구하고 베조스와 나머지 억만장자들은 세금 부담을 줄이는 데 성공했다. 1980년대 초부터 의회는 기업의 자금 지원을 받는 로비스트들의 노력에 힘입어 최고 자본 이득 세율을 35%에서 20%로 낮췄다.

다보스맨은 또한 세금 부담을 줄이기 위해 상장 기업의 주식 환매를 활용했다. 1980년대 초까지만 해도 이 관행은 주가 조작의 한 형태로 규제 당국에 의해 금지되었다. 주주들에게 혜택을 주고 싶은 기업은 배당금을 지급해야 했고, 배당금을 받는 사람은 소득으로 신고하고 그에 따라 세금을 납부해야 했다. 하지만 레이건 대통령은 월스트리트에서 오랫동안 임원으로 일한 존 셰이드John Shad에게 증권거래위원회를 맡겼다. 그는 이 관행을 합법화하여 자사주 매입의 길을 열었다.[71] 이를 통해 경영진은 주가를 끌어올리면서 주주들에게 추가 세금을 부과하지 않을 수 있었다.

우연찮게도 기업 임원들은 보상 패키지를 재구성하여 주식으로 보수를 미리 지급받게 되었다. 30년 전 미국 상장 기업의 CEO는 평균적으로 보수의 42%를 급여로 받았고, 주식 교부금과 스톡옵션은 19%에 불과했다. 2014년에는 급여가 전체 임금의 13%에 불과했지만, 주식과 스톡옵션은 3배 이상 증가하여 60%에 달했다.[72]

가장 부유한 사람들의 체계적인 세금 고지서 발 묶기 작전은 놀라운 효율성을 발휘했다. 2021년 6월 비영리 인터넷 언론 프로퍼블리카가 연방 세금 관련 비밀문서에서 수집한 핵심 내용을 공개했을 때, 그 세부 내용은 이 작업의 대담함을 확인시켜 주었다.[73]

베조스는 2007년과 2011년 모두 연방 세금을 한 푼도 내지 않았다. 이 기록을 달성한 다른 인물로는 테슬라의 설립자 일론 머스크와 억만장자 칼 아이칸, 조지 소로스, 마이클 블룸버그 등이 있다.

억만장자가 자기의 재산에 대해 세금을 내야 하는 순간은 바로 죽을 때이다. 그마저도 다보스맨은 상속인에게만 세금을 부과했다. 의회는 1976년 77%였던 최고 상속세율을 40% 이하로 낮췄고, 국세청의 강제 집행은 거의 사라졌다.[74]

이것이 바로 워런과 샌더스가 부유세를 도입하려는 시도의 배경이다. 부자들은 소득에 초점을 맞춘 과세를 회피할 방법을 언제나 찾을 수 있다는 단순한 사실에 착안해 부유세 도입을 제안한 것이다.

워런은 5,000만 달러 이상의 재산에 연간 2%, 10억 달러 이상에 3%의 세금을 부과하는 방안을 주장했는데, 이는 미국 내 약 7만 5,000가정에 영향을 줄 수 있는 조치이다. 샌더스는 시작점을 좀 낮추어 3,200만 달러 이상의 재산에 대해 연간 1%의 세금을 부과하고, 재산이 100억 달러를 초과하는 경우 8%까지 인상하는 안을 제안했다.

두 후보 모두 캘리포니아 버클리 대학의 유명한 프랑스 경제학자 가브리엘 주크만Gabriel Zucman과 이매뉴얼 사에즈Emmanuel Saez의 조언에 의존했다. 이들은 샌더스의 제안대로라면 10년간 4조 3,500억 달러를 조성하여 정부가 보편적인 의료 및 보육 서비스를 제공하고 저렴한 주택을 확충할 수 있을 것으로 예상했다. 워런은 자신의 제안이 3조 7,500억 달러를 모금할 것이라고 주장했지만, 많은 전문가의 전망은 이보다 낮았다. 다보스맨은 이 발의에 마치 볼셰비키가 문 앞에 쳐들어온 양 반응했다.

슈워츠먼은 부유세가 도입되면 억만장자들이 미국을 떠나게 될 것이라 했다. "그들은 떠날 것이다."라고 2019년 10월 그는 말했다. "사업을 시작하려 이곳에 오는 사람들이 더 이상 오지 않을 것이다. 왜냐하면 그들의 성공을 세금이 가져가 버릴 것이기 때문이다."[75]

제이미 다이먼은 부유세가 미국의 행정 역량을 넘어선다고 경고했다. 다이먼은 2020년 9월에 "부유세를 시행하는 것은 거의 불가능하다."고 말했다. "나는 부유층에 더 높은 세금을 부과하는 것에 반대하지 않는다. 하지만 부를 계산하는 것은 매우 복잡하고, 법률적이고, 관료적이고, 규제적이며, 사람들이 수많은 우회 방법을 찾아내게 될 것이기 때문에 그냥 소득을 기준으로 과세하는 것이 낫다고 본다."[76]

이 말의 이면에는 부유세가 부과되면 다이먼이 정부에 더 많은 세금을 내야 한다는 현실이 있었다. 전년도에 그는 3,150만 달러의 보수를 받았다. 여기에는 소득세가 부과되는 급여와 현금 보너스 650만 달러와 당장 세금이 부과되지 않는 주식 기반 급여 2,500만 달러가 포함되었다. 그의 순자산은 18억 달러로 추산되었다.

관련 산술을 풀기 위해서는 슈퍼컴퓨터가 필요했다. 다이먼이 급여와 보너스에 대해 100% 세금을 내고 이를 전액 국가에 기부한다고 해도 650만 달러이다. 그의 재산에 대해 단 1%의 세금만 내도 1,800만 달러가 된다.

다보스맨은 자신의 재산이 너무 방대하고 불가해해서 아무도 그가치를 파악할 수 없다는 주장을 내세워 부유세에 반대하는 소송을 제기했다. 정부 감사관들은 그의 자코메티 조각상, 오래된 마데이라 와인으로 가득 찬 지하실, 맞춤형 보석의 가치를 산정해야 했다. 또한 스포츠카, 헬리콥터, 맞춤형 옷장, 이국적인 동물의 가치도 계산해야 했다. 이 과정에서 억만장자들이 세금을 회피하기 위한 수단으로 자산 가치를 낮게 평가하는 악용 사례가 만연할 수 있다.

부유세를 도입하려면 국세청의 인력을 확충하고 역량을 업그레이드해야 하지만, 어쨌든 그것은 불가피하다. 다보스맨의 경고는 비뚤어진 것이었다. 우리는 어떤 상황에서도 속임수를 쓸 것이기 때문에 우리에게 세금을 부과하거나 시스템을 더 공정하게 만들려고 하지 말라. 이해관계자 자본주의와 자선 활동에 대한 우리의 친절한 약속과 함께 현상황을 포기하고 받아들이라.

부유세를 선호했던 한 부유한 미국인, 벤처 자본가인 닉 하나우어 Nick Hanauer는 부자들이 자산을 저평가하는 것을 막기 위해 기발한 아이디어를 생각해 냈다. 부자들이 서류에 적어 놓은 자산의 가치가 얼마이든, 정부는 자산을 그 액수로 매입할 수 있는 권리를 보유하여 공공의 이익을 위해 경매에 부쳐야 한다는 것이었다. 자신의 마세라티가 단돈 5달러로 감가상각되었다고 주장한 억만장자는 마세라티가 사라지는 것을 지켜봐야 한다는 것이다.

많은 미국 경제학자들은 다른 나라들이 징수 실적이 실망스러운 것으로 드러나자, 부유세를 폐지한 사례를 들며 부유세에 대해 의구심을 표했다.

1990년부터 2017년까지 부유세를 부과하는 국가의 수가 12개에서 4개로 줄어든 것은 사실이다.[77]

마크롱이 프랑스의 부유세를 폐지하며 언급한 주요 이유는 부자들이 벨기에로 이주할 수 있기 때문이라는 것이었다. 하지만 이는 미국에서 부유세를 반대하는 사람들이 내세우는 근거가 되지 못했다. 미국의 세법은 사람들이 톨레도에 거주하든 도쿄에 거주하든 상관하지 않는다는 점에서 독특했다. 미국인은 거주지와 상관없이 세금을 납부해야 했다. 유일한 탈출구는 시민권을 포기하는 것뿐이었고, 그마저도 정부는 막대한 이탈세를 징구했다.

유럽의 부유세는 샌더스와 워런이 제안한 것보다 적용 한도를 훨씬 낮게 설정하는 경향이 있었다. 스페인의 부유세는 불과 70만 유로부터 적용했다. 은퇴한 정육점 주인이 적은 연금으로 생활하는 경우, 아파트 가치가 그 기준 이상으로 상승하면 갑자기 감당할 수 없는 부과금에 직면하여 집을 팔아 돈을 마련해야 할 수도 있었다. 이는 실제로 문제가 되었으며, 유럽의 부유세가 각종 면세 조건들로 혼란에 시달리는 이유였다.

하지만 이는 5,000만 달러 이상의 소득을 가진 미국 부자들과는 거의 관련이 없었다. 만약 슈워츠먼이 자신의 주택이나 반 고흐의 그림, 걸프스트림 제트기를 팔아서 부유세를 납부해야 한다 해도 그것이 미국 경제에 타격을 주리라 예상하기는 어렵다.

부유세에 대한 많은 반대는 다이먼과 같은 명백한 수혜자뿐만 아니라, 수년간의 정책적 영향력에 자존심과 명성을 투자한 중립적인 사람들이 현상 유지를 위한 반사적 방어에 불과했다.

래리 서머스Larry Summers는 클린턴 행정부에서 재무부 장관을 지냈고, 오바마 대통령의 경제 담당 수석 보좌관을 역임했다. 그는 부유세에 대해 거세게 비판했고, 심지어 부유세 지지자들의 전문성을 문제 삼기도 했다.

2019년 10월, 서머스는 사에즈와의 토론에서 "지속적인 번영을 위한 미국 경제의 미래를 걸고 선상 도박을 하는 것"이라고 말했다.[78]

20년 전에도 서머스는 파생상품 거래 규제의 위험성에 대해 똑같이 신랄하게 경고를 한 바 있다.[79]

그와 당시 연방준비제도이사회 의장인 앨런 그린스펀Alan Greenspan은 이러한 거래를 규제하면 기존 투자자들이 겁을 먹게 될 것이라며 규제를 도입하려는 노력을 중단시켰다. 자금은 뉴욕을 떠나 런던과 같은 더 수용적인 시장으로 몰리리라는 것이다. 이러한 견해는 승리했다. 규제되지 않은 파생상품 거래는 계속되었고, 결국 대공황 이후 최악의 금융 위기를 초래했다.

이제 서머스는 미국 의원들이 과세 권한을 행사하면 부유층을 화나게 할 위험이 있으며, 이는 모든 사람의 경제에 피해를 줄 수 있다고 경고했다. 고통은 아래로 흘러내릴 것이다. 서머스는 부유세를 본질적으로 미국의 연대 정신에 반하는 것으로 묘사했다. 그는 부유세는 "노동자와 기업을 대립시키는 접근 방식"이며 "우리에게 필요한 경쟁에 협력하여 투자하고 모든 사람의 번영과 생활 향상을 위한 강력한 경제를 만들어 내는 데 초점을 맞추기보다는 일부 미국인과 다른 미국인을 대립시키는 접근 방식"이라고 말했다.[80]

이것은 전형적인 다보스맨의 사고방식이었다. 모두의 번영이 함께 이루어지므로 누구도 희생할 필요가 없다는 것이었다. 반면, 부유층을 부유하지 않게 만들고 그들의 관대함에 의문을 제기하는 것은 예상치 못한 재앙을 초래할 위험이 있다. 다보스맨이 인정받지 못한다면 모두가 고통받아야 했다.

서머스의 묘사는 지난 40년간의 경험, 즉 그가 엔지니어로서 쌓아온 경험을 무시한 것이었다. 베조스에게 더 많은 부를 가져다주는 구조에서 자신의 행복과 월급 중 하나를 선택해야 했던 크리스천 스몰스, 슈워츠먼 제국에서 팬데믹의 위험 앞에 침묵하는 것에 자신의 고용안정이 달려 있는 밍 린 등 수백만 명의 노동자들은 이미 자신과 회사가 대립하고 있다고 생각했다. 경제 환경은 결핍으로 대표되었고 미국인들은 이미 다른 미국인들과 갈등을 겪고 있었다. 부유세는 실제로 엄청난 자원의 적정 배치 문제를 수반하지만, 이 설계의 핵심에는 연대가 있었다. 부유세는 99.9% 납세자의 이익을 공중보건, 경제 안보, 그리고 민주주의의 신성함을 희생시키며 막대한 부를 축적한 0.1% 납세자의 그것과 균형을 맞추는 일이다.

상원에서는 워런 의원이 부유세 공약을 부활시켰고, 샌더스 의원은 예산위원회 위원장을 맡아 이 문제를 진전시키는 데 막강한 영향력을 행사하고 있다. 여론조사에 따르면 부유세는 미국인의 약 3분의 2의 지지를 받으며 높은 인기를 얻고 있다.

바이든은 부유세를 지지하지 않았다. 그러나 그의 정책은 단편적인 방식으로 가장 부유한 미국인들의 세금 부담을 크게 늘리는 것을 목표로 했다. 그는 지출 계획을 충당하기 위해 자본 이득에 대한 최고 세율(투자에 대해 지불하는 세율)을 약 두 배로 인상하여 거의 40%로 높이고, 상속세를 인상하려고 한다.[81] 그는 향후 10년간 국세청 예산을 약 3분의 2가 증가한 800억 달러를 추가로 배정하고 탈세를 근절하기 위한 국세청의 권한을 강화할 것을 제안했다.[82] 백악관은 이를 통해 7,000억 달러의 세수를 추가로 확보하여 보육 프로그램과 교육에 필요한 자금을 조달할 수 있을 것이라고 말했다.

바이든 행정부는 또한 조세 피난처를 근절하기 위해 다른 주요 경제국에게 최소 15%의 글로벌 최저 법인세율을 설정하도록 설득하여 다국적 기업들이 더 나은 거래를 추구하려 전 세계를 넘나들며 재주를 피울 유인 요소를 줄여 갔다.[83] 이 세율은 세일즈포스 같은 기업이 세금을 전혀 내지 않는 편법을 근절하기에는 너무 낮지만, 이제 시작에 불과하다.

이 중 어느 것도 쉽게 구현되지는 않을 것이다. 다보스맨은 또다시 국민의 뜻을 막는 데 자신의 부를 동원할 것이다.

미국 시스템의 정의가 위태로워지고 있다. 그 외의 모든 것은 헛소리이다.

결론

"우리의 잔이 넘치나이다"

"우리의 잔이 넘치나이다"

다른 사람들은 사망자 수를 세고 있었다. 스티브 슈워츠먼은 돈을 세느라 바빴다.

팬데믹으로 인한 전 세계 사망자 수가 200만 명에 육박한 2020년 12월 가상공간에서 열린 한 모임에서 슈워츠먼은 "블랙스톤은 지난 글로벌 금융 위기에서 큰 승자가 되었다."라고 자랑했다. "지금 그와 비슷한 일이 일어날 것 같다."

슈워츠먼의 손에는 이미 상금이 들려 있었다. 그는 2019년보다 20% 증가한 6억 1,000만 달러 이상의 보상을 받았는데, 이는 이번 공중보건 대참사가 얼마나 큰 힘을 발휘하는지 보여 주는 증거였다. 블랙스톤은 수익의 절반을 부동산에서 얻고 있었다. 일반인들이 주택 임대료를 내기 위해 고군분투하고 기업들이 사업용 임대료를 체납하고 있을 때, 슈워츠먼은 팬데믹으로 임대료가 인상된 덕에 엄청난 부를 얻게 되었다고 기뻐하고 있었다. 슈워츠먼은 "우리는 좋은 동네를 골라낸다."며 주요 창고 매입 지역을 꼽았다. "우리는 민간 부문에서 부동산을 가장 많이 소유하고 있는데, 임대료가 크게 상승하면서 부동산 자산이 호황을 누리고 있다."[1]

나쁜 소식도 새로운 부를 창출하는 방법이 되었다. 바이든이 자본 이득세 인상을 추진하자 많은 비즈니스 리더는 정부에 더 많은 세금을 내기 전에 자산을 팔아 빠져나가기를 열망했다. 이는 블랙스톤이 매수자 시장을 주도하고 있다는 것을 의미했다.

슈워츠먼은 또 다른 가상 모임에서 "지금은 정말 기회가 눈사태처럼 쏟아지고 있다."라고 말했다. "사람들은 세금이 더 높이 치솟기 전에 팔아 버리고 싶어 한다."[2]

베니오프는 기업용 메시징 플랫폼인 슬랙(Slack)을 280억 달러에 인수하며 2020년을 마무리했다. 직원들이 어디서든 일할 수 있는 인프라를 구축하기 위한 것이었는데, 팬데믹으로 인해 더욱 중요시된 분야였다.

"와, 정말 대단한 분기였다." 2020년 12월에 짐 크레이머의 TV 쇼에 복귀하면서 그는 이렇게 말했다. "또 한 번 회사를 두 배로 키우기 위해 해야 할 일들을 생각하면 매우 흥분되고 의욕이 생긴다."[3]

제이미 다이먼은 금융 자산을 강화하기 위해 처음에 서명했던 납세자 구제 금융 덕분에 다시 한번 어려움을 극복하고 더 강력한 입지를 구축할 수 있었다. 그의 은행의 트레이딩 수익은 올해 마지막 3개월 동안 거의 60억 달러에 달하며 기록적인 속도로 다른 회사를 인수할 수 있는 현금을 공급했다.

"소프트웨어 회사일 수도 있다."라고 그는 말했다. "바다 너머에 있는 것일 수도 있다. 우리 생각은 열려 있다."[4]

그는 브렉시트 이후 영국에서 이주한 은행가들로 구성된 새로운 본부를 파리에 개설하는 중이었다. 이러한 고액 금융 난민들의 움직임은 마크롱의 승리로 이어졌다. 곧 다이먼의 이사회는 주식 매입 재개를 승인했고, 이를 위해 약 300억 달러의 자금을 승인했다.

2021년 4월, 그는 주식 애널리스트들에게 "우리의 잔이 넘쳐난다."라고 말했다. "우리는 엄청난 돈을 벌고 있다."[5]

다보스맨의 환호에서 인상적이었던 것은 그의 넘쳐나는 금고와 주변의 재앙이 대조적으로 드러난다는 점이었다. 그들만의 구호였던 낙수효과와 이해관계자 자본주의, 그리고 '세상의 현실 개선'을 억만장자들은 이미 내면화한 듯 보였다.

팬데믹이 발생한 후 1년 동안, 코로나바이러스로 인해 50만 명 이상의 미국인이 사망했으며 7,800만 명 이상의 사람들이 일자리를 잃었다.[6] 같은 기간 동안 700명도 채 되지 않는 미국 억만장자들은 총 1조 3,000억 달러의 부를 얻었다.[7] 이는 2020년 주식 시장이 사상 최고치를 기록하며 마감했기 때문이었다.

래리 핑크는 "2021년에도 시장은 계속 강세를 보일 것"이라고 말하며, 블랙록이 관리하는 자산이 8조 6,000억 달러를 넘어섰다고 밝혔다.[8]

영국에서는 긴축을 주장했던 다보스맨의 부역자 조지 오스본이 블랙록의 컨설팅 업무를 그만두고 런던의 투자은행에 취직했다. 이 회사는 2020년에 1,790만 파운드의 수익을 올렸지만 세금은 한 푼도 내

지 않았다. 오스본은 "이 같은 일류 팀에 합류하게 되어 자랑스럽다."라고 말했다.[9]

탄탄한 수익에 대한 축하는 억만장자 계층이 열광적으로 칭송해 마지않던 이타적 기부로는 이어지지 못했다. 2020년 한 해 동안 자선 단체에 기부된 금액은 총 26억 달러로, 2011년 이후 가장 적은 수치를 기록했다.[10]

제프 베조스는 그중 단연 돋보였다. 그는 지구에서 살아가는 데 따르는 보편적 제약을 뛰어넘을 만큼 돈을 벌었다.

2021년 7월 화요일 아침, 아마존의 일상적인 경영권을 후임자에게 넘긴 지 불과 몇 주 만에 베조스는 서부 텍사스의 작은 마을에서 로켓을 타고 우주로 날아갔다. 그가 하늘나라에 도달한 최초의 억만장자는 아니었다. 모험가로 유명한 버진 항공사와 엔터테인먼트 제국의 경영자 리처드 브랜슨Richard Branson이 그보다 9일 먼저 하늘에 올랐기 때문이다. 그럼에도 불구하고 베조스의 11분간의 여정은 소년 시절의 환상을 실현하는 동시에 민간 우주 기업을 건설하려는 그의 집착이 어떻게 열매를 맺었는지를 잘 보여 주었다.

그는 그 이정표를 음미하고 있었다. 지구로 돌아온 베조스는 여전히 파란색 우주복을 입고 터무니없이 큰 카우보이모자를 쓴 채 언론 앞에서 연설했다. 그는 이번 행사를 개최한 텍사스주 반혼의 주민 2,000명에게 감사를 표한 후, 훨씬 더 큰 인류 집단에 감사를 표했다.

베조스는 "모든 아마존 직원과 아마존 고객 여러분께도 감사드리고 싶다. 여러분들이 이 모든 비용을 지불해 주신 덕이다."라고 말했다. "그래서 진심으로, 아마존 고객과 모든 아마존 직원에게 감사드린다."[11]

이 환희는 베조스와 같은 억만장자가 나머지 인류의 경험과 얼마나 동떨어진 존재인지를 보여 주는 지표로서 국제적인 관심을 끌었다. 그가 세운 회사는 대규모 노동 착취와 무자비한 시장 약탈로 비난을 받았다. 베조스는 개인적으로 대규모 탈세(합법적일 수도 있는)의 상징이 되었다. 하지만 그는 아마존에서 벌어들인 막대한 수익으로 지상 60마일 상공에서 지구를 내려다볼 수 있게 되었고, 이를 개인적 승리뿐 아니라 인류 전체의 발전으로 축하했다.

3년 전, 베조스는 우주 탐험을 지구의 자원 감소에 직면한 인류의 원대한 열망으로 설명한 바 있다.

베조스는 "나는 수백 년이라는 시간대를 염두에 두고 있다."라고 말했다. "태양계 전체로 진출하는 시나리오를 생각해 보자. 태양계는 인간 1조 명을 간단히 지탱할 수 있다. 1조 명의 인간이 있다면, 우리는 1,000명의 아인슈타인과 1,000명의 모차르트, 그리고 모든 실용적인 목적을 위한 무한한 자원과 태양 에너지를 갖게 될 것이다."[12]

베조스는 기존의 한계에 얽매이지 않는 사고방식으로 선구자라 존경받았다. 인류의 진보를 자신이 누릴 수 있는 삶이 훨씬 지난 후까지도 고민하고 있었다는 것은 어떤 면에서 고무적이었다. 하지만 지금 여기에서 해결되어야 할 인간의 문제, 베조스가 개인적으로 연루된 문제는 끝이 없었다. 그의 회사는 직원들을 엄청난 압박과 위험에 노출시켜 가며 그가 독보적인 부를 축적하는 데 도움을 주었고, 이제 그는 직원들이 모두 죽은 후에도 가상의 보상을 받을 수 있는 미션을 진전시킨 것에 대해 직원들에게 감사를 표하고 있었다.

베조스는 자신의 우주 회사에 55억 달러를 투자한 것으로 알려졌다.[13] 세계식량계획의 추산에 따르면 이 금액은 2세기 후가 아니라 지금 당장 3,800만 명을 기아에서 구할 수 있는 금액이다.[14] 아직 끝나지 않은 팬데믹 상황에서 20억 명에게 코로나19 백신을 접종하려는 코백스의 목표액보다 두 배나 많은 금액이었다. 아마존 직원들에게 유급 병가를 제공할 수 있는 금액이었다.

이 땅의 사람들은 납부할 청구서, 양육해야 할 자녀, 고단한 출근길에 겪는 교통체증 등 지상의 걱정거리에 휩싸여 있었다. 베조스는 높은 곳에서 지구를 관조하는 것을 선호했다.

"너무 고요하고 평화로운 느낌이었다."라고 그는 말했다. "그리고 공중에 떠 있는 것은 중력을 최대로 받고 있는 것보다 훨씬 더 좋았다."

저널리스트로 살아 온 동안 나는 사람들이 경제를 운명론적으로 바라보는 경향이 있다는 사실, 그리고 엄청난 부와 대규모 결핍의 공존은 원천적으로 불가피하며 민주주의의 힘으로는 바꿀 수 없는 것이라는 그들의 견해에 자주 충격을 받아 왔다. 21세기를 세련된 사람으로 살아가려면 종종 자본의 흐름, 기술, 다국적 기업 등 국경을 넘나드는 힘을 통제하려는 것이 부질없다고 체념해야 할 것처럼 보인다. 그것은 다보스맨이 공익과의 대결에서 승리했음을 인정하는 것을 의미한다.

그러나 그것은 세련됨이라기보다는 냉소이다. 억만장자 계급의 피할 수 없는 우월성을 존중하는 것은 인류의 역사적 유산을 포기하는 것이며, 인류는 오래전부터 이 땅에 존재해 왔다는 사실을 깨닫지 못하는 것과 같다.

미국인들은 민주주의를 통해 자본주의의 이익을 독점하는 일부 집단의 불의에 효과적으로 맞서기 위해 강도 귀족들을 응징했다. 영국은 대공황의 트라우마에 대응하여 산업 발전의 이득을 공유하는 사회복지 모델을 구축했다. 프랑스와 스웨덴은 사회민주주의적 가치가 희석되었음에도 불구하고, 시장 시스템의 장점을 활용하면서 집단적 이익을 추구하는 방법을 찾아낸 사회의 모범으로 아직도 그 지위를 유지하고 있다. 많은 문제가 있지만 이탈리아는 예술부터 공학, 현대 의학에 이르기까지 인간의 잠재력을 잘 보여 주고 있다.

현재 진행되는 불평등의 위기가 과거보다 더 심대하게 보이는 이유는 다보스맨이 현상 유지를 위해 집단행동을 무력화시킬 첨단 도구를 가지고 있기 때문이다. 소셜 미디어는 정보 흐름을 왜곡하고, 기업은 정치적 목적을 위해 감시 기술과 데이터 수집을 활용한다. 아마존의 가짜 텔레비전 광고는 노동자들의 연대를 저지하려는 그들의 정교한 전술을 보여 주고 있다. 베니오프, 핑크, 다이먼은 비즈니스를 진보적 변화의 수단으로 전환하는 동시에 현상 유지로 막대한 이익을 얻는 데 성공했다고 칭송받고 있다. 전 세계적으로 부족 간의 증오를 부추기는 극단주의 정당은 다보스맨의 약탈에 대한 책임으로부터 유권자의 눈을 돌리고 있다.

요점은 억만장자들이 거대한 음모를 꾸미는 꼭두각시 조종자라는 것이 아니라 다보스맨이 혼란과 갈등, 의심 속에서 번창하고 있다는 것이다. 억만장자들은 일반적인 견제와 균형이 상실된 상황에서 이익을 얻기 위해 불화와 기능 장애로 손상된 거버넌스를 악용한다.

그러나 민주주의는 그 자체로 강력한 도구, 즉 아무것도 보장하지 않고, 조직화된 이해관계에 의해 탈취당하기도 쉽지만, 그 안에 대중이 자신의 이익을 실현할 수 있는 메커니즘을 담고 있는 거버넌스 시스템이다.

세계에서 가장 심각한 문제 중 상당수는 근본적으로 불공정한 경제 분배의 문제이다. 인류는 지구상에 존재하는 짧은 시간 동안 놀라운 능력을 개발해 왔다. 우리는 과학을 활용하여 전례 없는 양의 식량을 토양에서 뽑아내고, 질병을 길들이기 위해 의료 노하우를 적용하고, 지루함을 막기 위한 새로운 수단을 고안하는 동시에 독창적인 형태의 주택과 교통수단을 개척했다.

심오하게 보거나 피상적으로 보거나, 지금은 문명사상 가장 위대한 시기이며, 한때는 해결할 수 없고, 지루하고, 치명적인 것으로 여겨졌던 문제에 대해 다양한 해결책을 내놓고 있는 시대임이 분명하다.

수십 년 동안 알고 있던 세계화를 받아들이거나, 아니면 후진적 사상의 노예가 된 러다이트(Luddite)와 손을 잡아야 한다는 잘못된 이분법을 믿게 만들고 있다. 이 프레임은 거짓일 뿐만 아니라 위험하다. 이 프레임은 세계화의 혜택에 동참하지 않는 사람들을 국가주의, 국수주의, 지역주의, 무지와 같은 정반대의 선택으로 유도한다. 다보스맨을 위한 다보스맨이 주도하는 세계화가 세계화의 파괴와 동족의 이익 추구로 이어진다면 세계는 더 가난해지고, 더 폭력적이며, 팬데믹에서 기후 변화에 이르기까지 가장 복잡한 문제를 해결하는 데 필요한 협력을 이끌어 낼 수 없게 될 것이다.

코로나19의 치명적인 확산과 끔찍하도록 미비했던 대비 태세는 세계화가 충분한 점검 없이 진행됐고, 무분별한 주주들의 요구가 전 세계를 위험에 노출되게 했다는 것을 여실히 보여 주었다.

하지만 우리는 스티브 슈워츠먼이 미국 의료 시스템을 악용하도록 허용하거나 아니면 아예 의료 서비스를 받지 못하거나 중에서 하나를 굳이 선택할 필요는 없다. 우리는 아마존이 우리 집으로 배달하는 상품을 구매하면서 동시에 아마존 직원들에게 병가 수당을 지급하라고 요구할 수 있다. 마크 베니오프와 같은 기업가들이 제공하는 소프트웨어를 사용하면서 동시에 그들에게 세금을 부과하여 엔지니어를 양성하는 학교에 자금을 지원할 수도 있다.

우리는 코로나19 백신의 암호를 해독한 가장 뛰어난 연구자들의 천재성을 활용하는 한편, 연구에 자금을 지원한 납세자들을 위한 보답도 요구하여 생명을 구할 수 있는 발명품이 모두에게 보급되도록 할 수도 있다. 우리는 다보스맨에게 모든 보상을 넘겨주지 않으면서도 혁신과 번영의 동력을 보존하는 방식으로 글로벌 자본주의를 운영할 수 있다.

후쿠야마가 미국 우선주의와 그 자본주의 버전이 인류 발전의 최고 질서인 것처럼 역사의 종말을 선언한 것은 잘못되었고, 오만했으며, 심지어 식민주의적이었다. 그러나 그가 시장 시스템을 외곬로 경외한 것은 아니었다. 글로벌 자본주의는 실제로 가장 진보된 형태의 경제 조직이다. 그것은 영감과 획기적 아이디어의 교류를 촉진하여 삶을 연장하고 개선한다. 다른 대안보다 훨씬 더 많은 부를 창출한다.

자본주의에 부족한 것은 이익을 공정하게 분배하는 내재적 메커니즘이다. 이는 민주적 위임에 따라 운영되는 정부의 책임이다. 다보스맨은 끔찍한 수준의 불평등을 현대의 일부이자 필수 요소로 받아들이도록 우리를 설득해 왔으며, 민주주의 자체의 정당성에 대한 믿음을 위태롭게 했다. 그 결과 분노는 인간 본성의 최악의 측면을 자극하여 혐오에 기반한 운동에 산소를 공급하는 한편, 망상적인 음모론을 낳기도 했다. 사실과 과학은 평가절하되었다. 사회는 불만과 불평에 지독하게 중독되어 때때로 거버넌스가 불가능해 보일 정도이다.

우리가 어디에 사는지, 얼마나 많은 의료 서비스를 받는지, 학교의 질은 어떤지, 식탁에 오르는 음식은 얼마나 풍성한지 등 인간 경험의 특징을 결정짓는 것들이 오로지 시장의 무감각한 작동에 달려 있다는 생각은 잘하면 언젠가는 마녀를 화형에 처하거나 거머리를 이용해 질병에 대처하는 것만큼이나 미친 일로 보일 것이다. 이런 생각이 광범위한 대중 사이에서 진리로 통한다는 것은 일종의 집단적 광기에 해당한다. 하지만 이 생각이 정책 결정의 주도권을 갖게 된 것은 우연이 아니다. 이 생각은 돈을 담당하는 사람들이 조장하고, 금융 회사로부터 보수를 받는 학자들에 의해 확산되었으며, 다국적 기업에서 일하는 홍보 기계들에 의해 전파되었다. 이 생각은 다보스맨이 자신의 부를 늘리는 동시에 현재의 지위를 미덕을 보상하는 시스템의 결실로 정당화할 수 있게 해 준 생각이다.

사실 다보스맨은 자유 시장의 마법에 대해 시적으로 묘사하는 경향이 있지만, 그는 그런 개념이나 이데올로기적 입장에는 관심이 없다. 그는 시장 근본주의가 자신이 갈망하는 규제 완화, 세금 감면, 독점 권력에 대한 허가 등을 정당화하는 역할을 할 때만 그것을 전파한다. 우리는 자유 시장을 경험하지 못했다. 우리가 경험한 것은 사회를 희생시켜가며 얻은 자신의 이익을 위한, 가장 강력한 이해관계에 따라 조작된 시장이었다. 우리에게는 억만장자를 위한 복지와 그 외의 모든 사람을 위한 냉혹한 개인주의가 존재했을 뿐이다.

다보스맨의 가장 위대한 승리는, 누구든 그의 독점과 부를 반대하는 사람은 반기업적이며 슈워츠먼과 베조스에게 그들의 비서보다 더 높은 세율을 강요하는 것은 교외의 주민센터를 인민위원회로 바꾸려는 것과 같은 짓이라는 생각을 대중들에게 담론화한 것이다. 이러한 생각은 그저 단순한 거짓말일 뿐 아니라 자본주의 자체를 약탈하기 위한 근본적인 거짓말임을 밝혀야 한다.

역사는 끝나지 않았지만, 역사는 다시 시작되어야 한다. 더 많은 사람에게 포상금을 지급하기 위해서 자본주의는 재형성되어야 한다.

시중의 이야기에 따르면 억만장자들은 2021년 중반에 공격받고 있었다. 여러 국가에서 반독점 조사에 직면했고, 공정성을 되살릴 권한을 부여받은 새 미국 대통령이 등장했으며, 조세 피난처를 근절하려는 국제적인 움직임이 있었다. 그러나 다보스맨은 분노를 길들이는 데 능숙했고, 불공정에 대한 그의 입에 발린 자백을 변화의 증거로 삼았으며, 이는 불균형의 반대편에 있는 사람들, 즉 억만장자가 되지 못한 전 세계 77억 명의 사람들이 균형을 바로잡기 위해 의미 있는 전략을 세워야 한다는 것을 의미했다.

지난 수십 년간의 세계 경제를 조사해 보면 부의 대부분을 통제하는 소수 사람들의 자발적인 자선 행위로는 일방적인 이익 분배를 바로잡을 수 없다는 것을 이해하게 된다. 이해관계자 자본주의나 커뮤니케이션 컨설턴트들의 아이디어 실험실에서 나오는 어떤 해법으로도 풀리지 않을 것이다. 이는 임금과 노동 기회를 늘리고, 새로운 형태의 사회 보험을 도입하고, 독점금지법을 부활하여 강화하고, 부를 기준으로 세법을 현대화하는 등의 정책을 통해 민주주의를 행사할 때만이 가능하다.

이 중 어느 것도 쉽지 않을 것이다. 하지만 근본적인 경제적 재분배가 이루어지지 않으면 민주주의의 개념 자체가 위험에 처하게 된다. 이는 트럼프 시대부터 브렉시트, 그리고 전 세계를 휩쓸고 있는 반자유주의의 물결에 이르기까지 오늘날 피할 수 없는 진실이다.

이 이야기는 결코 끝나지 않은 이야기이며, 여전히 힘을 얻고 있다. 사람들은 안정된 삶을 위한 물질이 결핍될 때 전통적인 특권, 즉 부족의 정체성, 그리고 자기의 것이라 믿던 것을 다시 붙들고 그것이 열어줄 영광스러운 미래에 대한 환상으로 도피한다. 이들은 민주주의 자체를 무기로 삼는 선동가들의 단순한 논리에 쉽게 현혹된다. 그 결과 혼란, 분노, 불안정성이 초래된다. 이미 승리한 사람들 외에는 아무도 승리하지 못하는 것이다.

다보스맨이 더 이상 규칙을 정하지 않는 시대를 여는 것은 급진적인 조치가 아니다. 이는 선진 경제가 완벽하지는 않았지만, 집단적 진보의 시기를 보냈던 제2차 세계대전 이후 첫 10년을 회복하는 것이다.

민주주의는 억만장자 계급과, 개인 섬이나 해외 계좌, 내부자 거래를 위한 다보스 비밀회의에만 관심을 보인 그들의 업무 행태에 의해 왜곡되어 왔다.

다보스맨으로부터 권력을 되찾기 위해 폭동이나 아이디어의 혁명이 필요한 것은 아니다. 항상 존재해 왔던 도구, 즉 민주주의를 신중하게 사용할 것이 요구될 뿐이다.

감사의 말

2020년은 우리 대부분에게 길고 긴 고통의 한 해였다. 이 숫자는 100년 이래 최악의 팬데믹으로 인한 대량 사망, 공포, 고립, 휴교, 생계 위협, 그리고 무수히 많은 일상적 불행의 모습을 상징하는 숫자로 오래도록 남을 것이다. 이 책은 《뉴욕 타임스》에서 일할 수 있었던 특별한 행운 덕분에 탄생했다. 심층적 이고 몰입도 높은 현장 취재에 전념하기 위해 기자들을 지구 구석구석까지 취 재하도록 독려하는 보도국은 그만큼 드물다. 날로 확대되고 있는 경제적 불평 등과 그로 인한 사회적 결과에 대해 지구적 관점에서 생각해 보라고 요구하며 편집자들은 내게 시간과 자원을 제공했다.

이 작업에는 독특한 재능을 가진 한 편집자의 역할이 컸다. 이야기를 구성 하는 데 능숙하고 모든 면에서 훌륭한 사람인 아드리엔 카터Adrienne Carter는 이 책을 낳은 초기 취재의 대부분을 안내해 주었다.

디지털 시대에 맞춰 《타임스》를 업데이트하는 동시에 중요한 사명을 발전시키고, 수년간 자진 유배 중이던 나를 다시 복귀시켜 준 딘 바켓Dean Baquet 과 조 칸Joe Kahn에게 깊은 감사를 표한다. 민주주의의 핵심 요소로서 저널리 즘에 대한 변함없는 믿음(예전에는 당연하게 여겼지만, 이제는 더 이상 그렇지 않은)을 보여 준 발행인 A.G. 설즈버거A. G. Sulzberger에게 감사드린다.

비즈니스 섹션은 오랫동안 《뉴욕타임스》에서 나의 고향이었다. 이 책을 집필하는 동안 운 좋게도 런던에서 근무할 수 있었던 나를 환영해 준 딘 머피Dean Murphy에게도 깊은 감사를 드린다. 저널리즘에 묻힌 보물을 찾아내는 냉철함과 기술, 재치로 삶을 흥미롭게 만들어 준 현 비즈니스 섹션 편집자 엘런 폴락Ellen Pollock에게 큰 감사를 표한다. 팬데믹 기간 나의 편집자였던 리치 바비에리Rich Barbieri는 모든 일에 예리한 눈과 지혜, 품위를 가져다주었다. 10여 년 전에 나를 입사 시키고 그 이후에도 나를 돌봐준 당시 비즈니스 섹션의 편집자 래리 잉그라시아 Larry Ingrassia에게 감사드린다.

늘 흔들림 없는 케빈 그랜빌Kevin Granville이 이끄는 유럽 주재 국제 비즈 니스팀의 동료들, 그중에서도 아담 사타리아노Adam Satariano, 에시 넬슨Eshe Nelson, 제네바 압둘Geneva Abdul, 잭 유잉Jack Ewing, 스탠리 리드Stanley Reed에 게 감사드린다. 재능 있고 헌신적인 다음의 전 세계 비즈니스 특파원 및 편집자 들과의 협업에도 감사드린다: 카를로스 테하다Carlos Tejada, 아신 세샤기리Ashwin Seshagiri, 데이비드 인리치David Enrich, 필리스 메신저Phyllis Messinger, 케빈 맥켄나Kevin McKenna, 패트리샤 코헨Patricia Cohen, 키스 브래셔Keith Bradsher, 알렉산드라 스티븐슨Alexandra Stevenson, 비카스 바자즈Vikas Bajaj, 푸이윙 탐 Pui-Wing Tam, 르네 멜리데스Renee Melides, 로 디안젤로Roe D'Angelo, 저스틴 스 완슨Justin Swanson 및 데이비드 슈미트David Schmidt.

런던에서 근무하는 동안 국제 데스크는 내게 제2의 고향과도 같았으며,

마치 전염될 듯 열정적인 마이클 슬랙맨Michael Slackman의 안내를 받았다. 런던 지사를 훌륭하게 운영하며 이 책이 나오게 된 프로젝트에 나를 참여시킨 짐 야들리Jim Yardley의 우정과 현명한 조언에 감사하고 있다. 카일 크리치튼 Kyle Crichton이 전설적인 편집자로 칭송받는 이유를 알게 되었다. 런던과 뉴욕에 있는 해외 데스크의 뛰어난 편집자 팀, 특히 그렉 윈터Greg Winter, 킴 파라로 Kim Fararo, 수잔 스펙터Suzanne Spector, 커크 크라우틀러Kirk Kraeutler, 로리 굿스타인Laurie Goodstein, 마크 산토라Marc Santora, 리처드 페레즈-페냐Richard Perez-Pena에게 감사의 인사를 전한다. 그리고 본사의 선임 편집자들의 야심 찬사고와 건강한 회의주의에 감사드린다: 매트 퍼디Matt Purdy, 앨리슨 미첼Alison Mitchell, 필립 팬Philip Pan, 레베카 블루멘스타인Rebecca Blumenstein. 수잔 치라 Susan Chira는 건물을 떠났지만, 나의 감사는 계속 이어진다.

훌륭한 친구이자 스토리텔링의 거장인 데이비드 시걸David Segal은 기꺼이 초고를 읽고 수정해 주었다. 여러 단계에서 책 일부를 읽어 준 다른 친구들과 동료들의 날카로운 비평에 큰 감사를 표한다: 제시 아이징거Jesse Eisinger, 마크 레보비치Mark Leibovich, 데이비드 시로타David Sirota, 리즈 앨더먼Liz Alderman, 엠마 부볼라Emma Bubola, 제시 드러커Jesse Drucker.

이 책에는 수많은 국가의 통신원과 연구자들의 빼놓을 수 없는 기여가 반영되어 있다: 미국의 앤드류 페레즈Andrew Perez, 프랑스의 엘로이즈 스타크 Eloise Stark, 스웨덴의 크리스티나 앤더슨Christina Anderson과 에릭 어거스틴 팜 Erik Augustin Palm, 이탈리아의 줄리아 알라냐Giulia Alagna, 리카르도 리베라토레Riccardo Liberatore, 아론 메인Aaron Maines, 스위스의 클라우디아 비테Claudia Witte, 아르헨티나의 다니엘 폴리티Daniel Politi, 스페인의 레이첼 차운들러Rachel Chaundler, 핀란드의 마리-리나 쿠사Mari-Leena Kuosa 등이 그들이다.

490　＊

《타임스》에서 일하면서 가장 큰 즐거움은 팟캐스트 〈더 데일리〉에 출연하는 것인데, 이 책에 나오는 개념 중 일부는 그곳에 상주하는 두 천재인 리사 토빈Lisa Tobin과 마이클 바바로Michael Barbaro가 날카롭게 정리한 것이다.

나는 뻔뻔하게도 전 세계《타임스》특파원들의 통찰력을 도용하고, 그들의 인맥을 캐내고, 정통한 현지 지식을 활용했는데 그들은 한나 비치Hannah Beech, 제이슨 호로비츠Jason Horowitz, 스티븐 얼랑거Steven Erlanger, 매트 아푸조Matt Apuzzo, 제프리 게틀먼Jeffrey Gettleman, 댄 빌레프스키Dan Bilefsky, 대니 하킴Danny Hakim, 스티븐 캐슬Stephen Castle, 하리 쿠마르Hari Kumar, 최상훈, 조안나 베렌트Joanna Berendt, 제이슨 구티에레즈Jason Gutierrez, 카란 딥 싱Karan Deep Singh, 수이-리 위Sui-Lee Wee, 카트린 벤홀드Katrin Bennhold, 패트릭 킹슬리Patrick Kingsley, 알리사 루빈Alissa Rubin, 데클란 월시Declan Walsh, 압디 라티프 다히르Abdi Latif Dahir, 가이아 피아니지아니Gaia Pianigiani, 앤드류 히긴스Andrew Higgins, 엘런 배리Ellen Barry, 엘리자베스 패튼Elizabeth Paton, 라파엘 민더Raphael Minder, 그리고 칼로타 갈Carlotta Gall 등이다.

백신 민족주의에 대해 유익한 협업을 해 준 케이티 토마스Katie Thomas, 아푸르바 만다빌리Apoorva Mandavili, 레베카 로빈스Rebecca Robins, 마티나 스티비스-그리드네프Matina Stevis-Gridneff에게도 감사의 인사를 전한다.

나의 다보스 퐁뒤 그룹인 라나 포루하르Rana Foroohar, 아디 이그나티우스Adi Ignatius, 안야 쉬프린Anya Schiffrin, 존 개퍼John Gapper는 10년 동안 포럼에 참석하는 동안 내가 현실과의 끈을 놓지 않도록 도와주었다.

세계 경제에 관한 책을 쓴다는 것은 많은 사람이 나보다 훨씬 더 많이 알고 있는 주제에 대해 끊임없이 파고드는 것을 수반한다. 경제학자, 정치 분석가, 변호사, 역사가, 은행가, 활동가, 그리고 단순한 질문부터 순진한 질문까지 다양한 질문을 던지기 위해 내가 부끄럼 없이 업무(심지어 놀이까지도)를 방해했던 다른 전문가들의 지혜와 인내심에 감사하고 있다.

세계화와 국제 무역에 관해 컬럼비아 대학의 조지프 스티글리츠Joseph Stiglitz, 피터슨 국제경제연구소(PIIE)의 아담 포센Adam Posen과 채드 바운Chad Bown, 옥스퍼드 대학의 이안 골딘Ian Goldin, 조지타운 대학의 피에트라 리볼리Pietra Rivoli, 외교관계위원회의 브래드 셋서Brad Setser, 유엔개발계획의 리처드 코줄-라이트Richard Kozul-Wright, 케임브리지 대학의 메러디스 크롤리Meredith Crowley, 런던 정경대학의 스와티 딩그라Swati Dhingra, 옥스퍼드 경제 대학의 벤 메이Ben May, 하버드 비즈니스 스쿨의 윌리 시Willy Shih 등과의 대화를 통해 큰 도움을 받았다. 현명하고 관대한 세계무역기구(WTO)의 키스 록웰Keith Rock-well에게 감사드린다. 그리고 세계 속의 중국에 대한 도발적인 토론을 해 준 개디 엡스타인Gady Epstein에게도 감사드린다.

유럽연합과 유로존의 운영에 관해서는 피터슨국제경제연구소(PIIE)의 야콥 펑크 키르케고르Jacob Funk Kirkegaard와 니콜라스 베론Nicolas Veron, 유럽 개혁센터의 크리스티앙 오덴달Christian Odendahl, 옥스퍼드 이코노믹스의 엔젤 탈라베라Angel Talavera, 브뢰겔(Bruegel)의 마리아 데메르티즈Maria Demertzis, DNB 마켓츠의 케르스티 하우그란드 코메르츠 은행의 피터 딕슨Peter Dixon, 유로통계청과 경제협력개발기구의 데이터 마법사들에게 빚을 지고 있다.

이탈리아 경제에 관한 이야기와 관련해서는 리베라 국제사회과학대학교의 니콜라 보리Nicola Borri, 컬비아 대학교의 나디아 우르비나티Nadia Urbinati, 델프트 공과대학교의 서바스 스톰Servaas Storm에게 많은 감사를 표한다.

브렉시트의 이해할 수 없는 부조리를 해독하는 과정에서 나는 뉴 파이낸셜의 윌리엄 라이트William Wright, 유라시아 그룹의 무즈타바 라만Mujtaba Rahman, 유럽개혁센터의 샘 로우Sam Lowe에게 빚을 졌다. 영국의 긴축이 가져온 지속적인 결과에 대해서는 리버풀이라는 멋진 도시를 소개해 준 배리 쿠슈너 Barry Kushner와 프레스턴을 탐색하는 데 도움을 준 매튜 브라운Matthew Brown 에게 고마움을 전한다. 드 몽포트 대학교의 조나단 데이비스Jonathan Davies, 여 성예산그룹(Women's Budget Group)의 메리-앤 스티븐슨Mary-Ann Stephenson, 재 정연구소의 폴 존슨Paul Johnson에게 감사드린다.

프랑스의 불평등 증가에 대해 파리 경제분석위원회의 아그네스 베나시- 쿼레Agnes Benassy-Quere, 브뤼셀 자유대학의 아만딘 크레스피Amandine Crespy, 프랑스 국립과학연구센터의 필립 아스케나지Philippe Askenazy, 프랑스 불평등 감시단의 루이 모린Louis Maurin과 함께 토론할 수 있어 감사하게 생각한다.

스웨덴 사회안전망의 약화에 대해서는 스톡홀름 산업생태학연구소의 마 르텐 블릭스Marten Blix, 퓨처리온의 칼 멜린Carl Melin, 스웨덴 지역 및 지방정부 협회의 애니카 왈렌스코그 Annika Wallenskog, 팀브로(Timbro)의 안드레아스 요 한손 하이노Andreas Johansson Heino에게 많은 찬사를 보낸다. 북유럽의 모든 문 제(그리고 헬싱키에서 산타모니카까지, 아이스크림 가게의 위치 등 기타 중요한 주제 에 이르기까지)에 대한 데릭 시어러Derek Shearer 대사의 조언과 인맥에 감사하 고 있다.

의료 서비스 민영화와 금융화의 결과에 대해 리버풀의 사이먼 바워스Si- mon Bowers, 밀라노의 미셸 우수엘리Michele Usuelli, 키아라 레포라Chiara Lepora, 스웨덴의 요아킴 로클로프Joacim Rocklov, 토르비욘 달린Torbjorn Dalin, 마이클 브루메Michael Broome에게 많은 감사를 표한다. 특히 워싱턴 경제정책연구센터 의 에일린 아펠바움 및 예일 대학교의 잭 쿠퍼 장학금에 큰 빚을 지고 있다. 팬 데믹 기간 중 빈곤국에 대한 국제적 지원과 관련해서는 PIIE의 아드난 마자레이Adnan Mazarei, 글로벌개발센터의 스콧 모리스Scott Morris, 부채와 개발에 관한 아시아 인민운동의 리디 나크필Lidy Nacpil, 자와할랄 네루 대학교의 자야티 고쉬Jayati Ghosh, 주빌리 부채 캠페인(Jubilee Debt Campaign)의 팀 존스Tim Jones에게 감사를 표한다.

제약 산업과 백신 공급을 파헤치는 과정에서 이스탄불 Koc 대학의 셀바 데미랄프Selva Demiralp, 런던 정경대학의 클레어 웬햄Clare Wenham과 켄 샤들렌 Ken Shadlen, 스위스 생갈렌 대학의 사이먼 이븐넷Simon Evenett, 영국 킬 대학의 마크 에클스턴 터너Mark Eccleston Turner와 대화를 나눈 것에 대해 감사드린다.

제조업의 현실을 알려 준 미시간주 홀랜드의 척 리드Chuck Reid, 협동조합과 지역사회의 부를 쌓는 방법을 교육해 준 테드 하워드Ted Howard, 이주 노동자의 세계를 열어 준 무스타파 카드리Mustafa Qadri에게 감사드린다.

보편적 기본소득과 관련하여 나는 동양 및 아프리카 연구소의 가이 스탠딩Guy Standing, 헬싱키의 올리 렌Olli Rehn, 핀란드 사회보험연구소의 올리 캉가스Olli Kangas, 헬싱키 대학의 헤이키 히일라모Heikki Hiilamo, 데모스 헬싱키의 미코 아날라Mikko Annala, 경제안보프로젝트의 나탈리 포스터Natalie Foster, 캘리포니아주 스톡턴의 마이클 텁스Michael Tubbs 전 시장에게 빚을 지고 있다.

한 질문은 캘리포니아 버클리 대학교의 가브리엘 주크만Gabriel Zucman 교수의 도움을 받았다. 미국 독점 권력의 역사에 대해 명쾌하게 설명해 준 매트 스톨러Matt Stoller에게 감사드린다. 그리고 아마존에 관한 중요한 작업을 해 준 브래드 스톤Brad Stone과 압류 위기에 관한 중요한 저서를 집필한 아론 글란츠Aaron Glantz에게 감사드린다. 매우 유용한 팟캐스트를 제공해 준 INET의 롭 존슨Rob Johnson에게도 감사드린다.

모든 작가에게는 게일 로스Gail Ross 같은 에이전트가 필요한데, 그는 이 프로젝트의 시작 단계부터 대단한 영리함, 격려, 민첩성을 발휘해 주었다. 제안을 발전시켜 준 섀넌 오닐Shannon O'Neil에게도 감사드린다.

커스텀 하우스의 값진 인물 피터 허바드Peter Hubbard는 즉시 핵심을 파악한 다음 원고가 의도한 바를 향해 능숙하게 안내했다. 침착하고 인내심을 가지고 원고를 책으로 만들어 준 몰리 젠델Molly Gendell에게 감사드린다. 나의 아버지 아놀드 굿맨Arnold Goodman은 내가 이 책을 구상하기 시작할 무렵 세상을 떠났다. 나는 아버지의 지도와 사랑, 깔끔하게 쓴 엽서, 어머니 엘리스 사이먼 굿맨 Elise Simon Goodman과 함께한 그의 여행 이야기에서 처음 영감을 얻었다.

이 책은 팬데믹이 최악이던 시기에 구상되고 쓰였다. 큰아이인 레오Leo 와 밀라Mila는 몇 달 동안 집에 갇혀 원격 학습에 어려움을 겪었지만, 억누를 수 없는 호기심과 사회 정의에 대한 관심, 기분 전환에 대한 요구는 암울한 시기에 우리 모두를 지탱해 주었다. 우리 갓난 아들 루카Luca는 광란의 한 가운데서 태어나자마자 '빛의 전달자'라는 이름에 걸맞게 살았다. 팬데믹 기간 런던에서 대학 공부를 마친 큰딸 레아Leah는 스토리가 중요한 이유를 다시 한번 일깨워 주었다. 엠마 스몰Emma Small과 니콜 코데로바Nicol Koderova는 평생 명예 가족의 일원으로 이 모든 상황의 한가운데서 우리 곁을 지켜 주었다.

내 파트너인 디아나 페이Deanna Fei는 이 책을 위해 너무 많은 것을 희생했다. 내가 없는 동안 자신의 집필을 제쳐 두고, 온갖 도움이 필요한 가정에 영웅적으로 헌신하면서 엄격하고 중요한 편집을 관리해 주었다. 그녀의 공헌은 어떤 말로도 표현할 수 없다. 나는 그저 감사하다는 말만 할 수 있을 뿐이다. 우리 가족을 위해, 그리고 모든 일에 빛을 발하는 아내에게 빚을 졌다.

도시 공원에 감사를 전할 수 있을까? 햄스테드 히스는 봉쇄 기간 동안 나의 피난처이자 더 나은 곳으로 나아가는 포털이었다.

미주

프롤로그

그들이 나머지 모든 세계를 위한 규칙을 만든다

1   Sissi Cao, "Billionaires Made Record Profit, Donated Record Lows in 2020,"(2020년 억만장자들은 기록적 수익, 기부금은 사상 최저치 기록) *Observer*, January 5, 2021, https://ob-server.com/2021/01/billionaires-philanthropy-record-low-2020-bezos-elon-musk.

2   Tom Metcalf, "Dalio, Dimon and 117 Other Billionaires to Descend on Davos,"(달리오, 다이먼, 그 외 117명의 억만장자 다보스에 모여) Bloomberg, January 17, 2020.

3   Matt Bruenig, "Top 1% Up $21 Trilion. Bottom 50% Down $900 Billion,"(상위 1% 21조 달러 증가. 하위 50% 9,000억 달러 감소) People's Policy Project, June 14, 2019, https://www.peoplespolicyproject.org/2019/06/14/top-1-up-21-trillion -bottom-50-down-900-billion.

4   Lawrence Mishel and Julia Wolfe, "CEO Compensation Has Grown 940 Percent Since 1978,"(1978년 이후 940% 성장한 CEO의 보수) Economic Policy Institute, August 14, 2019, https://www.epi.org/publication/ceo-compensation-2018.

5   Justinas Baltrusaitis, "World's Top Ten Billionaires Worth More Than Poorest 85 Countries Combined,"(최빈국 85개국을 모두 합친 것보다 더 많은 자산을 보유한 세계 10대 억만장자)LearnBonds, May 15, 2020, https://learnbonds.com/news/top-10-richest- peo-ple- worth- more- than-85-poorest- countries- gdp.

6   Carter C. Price and Kathryn A. Edwards, "Trends in Income from 1975 to 2018," (1975년부터 2018년까지의 소득 추이) Rand Corporation, https://www .rand.org/pubs/working_papers/WRA516-1.html.

1부

1장   저 산 높은 곳

1   Lawrence Mishel and Julia Wolfe, "CEO Compensation Has Grown 940% Since 1978," (1978년 이후 940% 성장한 CEO의 보수) Economic Policy Institute, August 14, 2019, https://www.epi.org/publication/ceo-compensation-2018.

2   Emmanuel Saez and Gabriel Zucman, *The Triumph of Injustice: How the Rich Dodge Taxes and How to Make Them Pay* (불의의 승리: 부자가 세금을 회피하는 법 그리고 그들이 세금을 내게 하는 법) (New York: W.W. Norton & Co., 2019), 1장.

3   William Wright and Christian Benson, "The Crisis of Capitalism-A Summary," (자본주의의 위기-요약) New Financial, November 2019, https://newfinancial.org/re-

port-the-crisis-of-capitalism.

4   Ian Goldin and Mike Mariathasan, *The Butterfly Defect: How Globalization Creates Systemic Risks, and What to Do About It* (오류의 나비효과: 세계화가 어떻게 시스템의 위험을 야기하는가, 그리고 이에 대한 대응 방안) (Princeton, NJ: Princeton University Press, 2014).

5   Mukesh Ambani, Forbes profile, https://www.forbes.com/profile/mukesh-ambani/#26a95919214c.

6   Amanda DiSilvestro, "The 6 Greatest Benefits of CRM Platforms," (CRM 플랫폼의 6가지 최대 이점) Salesforce.com website, https://www .salesforce.com/crm/benefits-of-crm.

7   Marc Benioff and Karen Southwick, *Compassionate Capitalism: How Corporations Can Make Doing Good an Integral Part of Doing Well* (자비로운 자본주의: 기업이 어떻게 좋은 일과 잘하는 일을 하나로 만들 수 있을까?) (Franklin Lakes, NJ: Career Press, 2004).

8   Mark Leibovich, "The Outsider, His Business and His Billions," (아웃사이더, 그의 비즈니스 그리고 그의 수십억 달러) *Washington Post*, October 30, 2000, p.A1.

9   Marc Benioff and Monica Langley, *Trailblazer: The Power of Business as the Greatest Platform for Change* (선구자: 변화를 위한 가장 위대한 플랫폼인 비즈니스의 힘) (New York: Random House, 2019), A New Direction.

10 Charlie Rose와의 인터뷰, 11월 29일, 2011.

11 Benioff, *Trailblazer,* op. cit., 3장.

12 Ibid., 4장

13 Ibid.

14 Ibid., 1장

15 Ibid., p.38

16 Ibid., 프롤로그.

17 Leibovich, p.38

18 Benioff, *Trailblazer,* op. cit., 프롤로그.

19 Ibid.

20 Ibid.

21 Jena McGregor, "This Tech CEO Is Taking a Real Stand Against Indiana's 'Religious Freedom' Law; Salesforce.com's Marc Benioff Has Launched an All-Out Campaign Against the New Law," (인디애나주 '종교의 자유' 법에 반대하는 이 기술 기업 CEO; Salesforce.com의 마크 베니오프, 새로운 법에 반대하는 전면적 캠페인에 돌입) *Washington Post*, March 27, 2015.

22 Jillian D'Onfro, "The Controversial San Francisco Homeless Tax That Pitted Tech Billionaires Marc Benioff and Jack Dorsey Against Each Other Passes," (기술 억만장자 마크 베니오프와 잭 도시가 맞선 논란의 샌프란시스코 노숙자 세금 통과) CNBC, November 7, 2018, https://www.cnbc.com/2018/11/07/san-francisco-proposition-c-homeless-tax-passes.html.

23 Maya Kosoff, "Billionaires Jack Dorsey and Marc Benioff Spar over How to Solve Homelessness," (억만장자 잭 도시와 마크 베니오프, 노숙자 문제 해결을 놓고 격론) *Vanity Fair*

Hive, October 12, 2018, https://www.vanityfair.com/news/2018/10/billionaires – ack-dorsey-and-marc-benioff-spar-over-how-to-solve-homelessness.

24 Matthew Gardner, Lorena Roque, and Steve Wamhoff, "Corporate Tax Avoidance in the First Year of the Trump Tax Law," (트럼프 세법 시행 첫 해의 법인세 회피) Institute on Taxation and Economic Policy, December 16, 2019, https://itep.org/corporate-tax-avoidance-in-the-first-year-of-the-trump-tax-law.

25 Chris Colin, "The Gospel of Wealth According to Marc Benioff," (부에 관한 마크 베니오프 복음서) Wired, December 11, 2019, https://www.wired.com/story/gospel-of-wealth-according-to-marc-benioff.

26 Matthew C. Klein and Michael Pettis, *Trade Wars Are Class Wars: How Rising Inequality Distorts the Global Economy and Threatens International Peace*(무역 전쟁은 계급 전쟁이다: 불평등 심화가 세계 경제를 왜곡하고 국제 평화를 위협하는 방법) (New Haven, CT: Yale University Press, 2020), 1장.

27 Ibid.

28 Kimberly A. Clausing, "Profit Shifting Before and After the Tax Cuts and Jobs Act," (감세 및 일자리 법 전후의 이익 이동) *National Tax Journal* 1233–1266 (2020), UCLA School of Law, Law-Econ Research Paper No. 20-10, June 3, 2020, 73(4), 다음에서 참조 가능 SSRN https://ssrn.com/abstract=3274827 또는 http://dx.doi.org/10.2139/ssrn.3274827.

29 Salesforce, 2019 proxy statement, p.39, https://s23.q4cdn.com/574569502/files/doc_financials/2019/664082_Salesforce_Proxy_bookmarked.pdf.

30 Benioff, *Trailblazer,* op. cit., 10장.

31 Nick Paumgarten, "Magic Mountain," *The New Yorker,* March 5, 2012.

32 Schwab and Vanham, Ibid., p.11

33 Paumgarten, op. cit.

34 Ibid.

35 Ibid.

36 Julia Flynn and Steve Stecklow, "Transparency Eludes Founder of Davos Forum," (다보스 포럼 창립자, 투명성을 외면하다) *Wall Street Journal,* January 27, 2000.

37 Peter S. Goodman, "In Era of Trump, China's President Champions Economic Globalization," (트럼프 시대, 경제 세계화를 지지하는 중국 주석) *New YorkTimes, January* 18, 2017, p.A1.

38 Andrew Carnegie, "The Gospel of Wealth," (부유함의 복음) *North American Review,* June1889.

2장 제2차 세계대전 시절 아버지들이 우리가 살기 바랐던 세상

39 Brad Stone, *The Everything Store: Jeff Bezos and the Age of Amazon*(모든 것을 파는 상점: 제프 베조스와 아마존의 시대) (New York: Little, Brown and Co., 2013), 프롤로그.

40 Stone, op. cit., 1장.

41 1944년 7월 22일 브레튼우즈 회의 폐막일 본회의에서 행한 헨리 모건소 주니어의 연설. 세인트루이스 연방준비은행의 프레이저 입수본. https://fraser.stlouisfed.org/files/docs/historical/eccles/036_17_0004.pdf.

42 Tony Judt, *Postwar: A History of Europe Since 1945*(전쟁 이후: 1945년 이후 유럽의 역사) (New York: Penguin Books, 2005), 5장.

43 Chrystia Freeland, *Plutocrats: The Rise of the New Global Super-Rich and the Fall of Everyone Else*(금권정치: 새로운 글로벌 슈퍼리치의 부상과 다른 모든 이들의 몰락) (New York: Penguin Books, 2012), 1장.

44 Klein and Pettis, op. cit.

45 Meredith Crowley, "An Introduction to the WTO and GATT," Federal Reserve Bank of Chicago, Economic Perspectives, 27, 4th, no. 4 (November 2003): 43.

46 Klein and Pettis, op. cit.

47 Milton Friedman, "The Social Responsibility of Business Is to Increase Its Profits," (기업의 사회적 책임은 이윤을 늘리는 것) *The New York Times Magazine,* September 13, 1970.

48 이와 관련된 유용한 略史는 Sam Long의 "The Financialization of the American Elite," (미국 엘리트의 금융화) American Affairs 3, no. 3 (Fall 2019) 참조. https://americanaffairs-journal.org/2019/08/the-financialization-of-the-american-elite/.

49 중국의 가입협상에 관한 종합적인 검토는 Paul Blustein의 책 *Schism: China, America and the Fracturing of the Global Trading System*(분열: 중국, 미국, 그리고 글로벌 무역 시스템의 분열) (Waterloo, Ontario, Canada: Centre for International Governance Innovation, 2019) 참조.

50 Jesse Eisinger, Jeff Ernsthausen, and Paul Kiel, "The Secret IRS Files: Trove of Never-Before-Seen Records Reveal How the Wealthiest Avoid Income Tax," (국세청의 비밀 파일: 부유층이 소득세를 회피하는 방법을 밝혀낸 전례 없이 귀중한 자료) ProPublica, June 8, 2021, https://www.propublica.org/article/the-secret-irs-files-trove-of-never-before-seen-records-reveal-how-the-wealthiest-avoid-income-tax.

51 IZhiyao Lu, "State of Play in the Chinese Steel Industry," (중국 철강 산업 현황) China Economic Watch, Peterson Institute for International Economics, July 5, 2016.

52 David H. Autor, David Dorn, and Gordon H. Hanson, "The China Shock: Learning from Labor Market Adjustment to Large Changes in Trade," (중국 쇼크: 노동 시장 조정에서 무역의 큰 변화까지) National Bureau of Economic Research Working Paper No. 21906, January 2016, https://www.nber.org/papers/w21906.

53 Thomas Piketty, Li Yang, and Gabriel Zucman, "Capital Accumulation, Private Property, and Rising Inequality in China, 1978-2015," (1978-2015년 사이의 중국의 자본 축적, 사유 재산, 불평등 증가) *American Economic Review,* 109, no. 7 (July 2019), https://www.aeaweb.org/articles?id=10.1257/aer.20170973.

54 Adam S. Posen, "The Price of Nostalgia," (노스탤지어의 대가) Foreign Affairs, May-June 2021.

55 Ibid.

56 United States Steel Corp.가 미 연방 증권거래위원회에 제출한 2016년 12월 31일 마감 회계연도 연례보고서(Form 10-K) https://www.ussteel.com/sites/default/files/annual_reports/USS%20Form%2010-K%20-%202016.pdf.

57 I Securities and Exchange Commission Schedule 14A, Proxy Statement for United States Steel Corp., March 14, 2017.

58 Jeff Faux, "PNTR with China: Economic and Political Costs Greatly Outweigh Benefits," (중국과의 PNTR: 이익보다 경제, 정치적 비용이 훨씬 크다) Economic Policy Institute, Briefing Paper No. 94, April 1, 2000, https://www.epi.org/publication/briefingpapers_pntr_china.

59 2000년 3월 8일 Johns Hopkins University Paul H. Nitze School of Advanced International Studies에서 Bill Clinton이 한 발언, James Mann의 *The China Fantasy: How Our Leaders Explain Away Chinese Repression (중국 판타지: 중국 지도자들이 중국의 억압을 설명해 내는 법)* (New York: Viking, 2007), 174쪽에서 재인용.

60 Peter S. Goodman, "Yahoo Says It Gave China Internet Data; Journalist Jailed Tracing E-mail," (야후, 중국에 인터넷 데이터 제공 실토; 이메일 추적하여 언론인 구속) *Washington Post,* September 11, 2005, p.A30.

61 Ned Levin, Emily Glazer, and Christopher M. Matthews, "In J.P. Morgan Emails, a Tale of China and Connections: Firm's Hiring of Son of Chinese Government Official Has Drawn Scrutiny from U.S. Authorities Investigating Hiring Practices of Several Big Banks," (JP모건 이메일 속, 중국과 연결고리 이야기: 중국 정부 관리의 아들을 회사가 채용함에 따라 대형 은행들의 채용 관행 미 당국 조사 중.) *Wall Street Journal,* February 6, 2015.

62 Stephen A. Schwarzman, *What It Takes* (New York: Simon & Schuster, 2019), 20장.

63 Bethany Allen-Ebrahimian, "The Moral Hazard of Dealing with China," (중국과의 거래에서 발생하는 도덕적 해이) *The Atlantic,* January 11, 2020.

64 Ibid.

65 OECD의 실업 순대체율 관련 통계. https://stats.oecd.org/Index.aspx?DataSetCode=NRR.

66 Franklin Foer, "Jeff Bezos's Master Plan," (제프 베조스의 마스터 플랜) *The Atlantic,* November 2019, https://www.theatlantic.com/magazine/archive/2019/11/what-jeff-bezos-wants/598363.

67 Luisa Yanez, "Jeff Bezos: A Rocket Launched from Miami's Palmetto High School," (제프 베조스: 마이애미의 팔메토 고등학교에서 발사된 로켓) *Miami Herald,* August 6, 2013.

68 Mark Leibovich, "Child Prodigy, Online Pioneer; Amazon.com Founder Bezos Hires Great Minds. But Will It Matter?" (어린 신동, 온라인 선구자; 아마존 설립자 베조스는 위대한 인재를 고용한다. 하지만 그게 대수인가?) *Washington Post,* September 3, 2000, p.A1.

69 Stone, op. cit., 1장.

70 Ibid.

71 Leibovich, op. cit.

72 Stone, op. cit., 3장.

73 Ibid.

74 Stone, op. cit., 2장.

75 Stone, op. cit., 프롤로그.

76 Stone, op. cit., 3장.

77   Stone, op. cit., 6장.

78   Ibid.

79   Stone, op. cit., 11장.

80   Foer, op. cit.

81   Ibid.

82   Peter de Jonge,"Riding the Perilous Waters of Amazon.com," (아마존닷컴이라는 아찔한 물살 타기) *The New York Times Magazine,* March 14, 1999.

83   Jon Emont, "Amazon's Heavy Recruitment of Chinese Sellers Puts Consumers at Risk," (아마존, 과도한 중국 셀러 모집으로 소비자 위험에 빠뜨려) *Wall Street Journal,* November 11, 2019.

84   Stone, op. cit., 프롤로그.

85   Brad Plumer, "Here's What Amazon Lobbies for in D.C.," (아마존의 워싱턴로비) *Washington Post,* August 7, 2013.

86   Alec MacGillis, *Fulfillment: Winning and Losing in One-Click America (성취: 원클릭 아메리카에서의 승리와 패배)* (New York: Farrar, Strauss and Giroux, 2021), op. cit.,

87   Renee Dudley, "Amazon's New Competitive Advantage: Putting Its Own Products First," (아마존의 새로운 경쟁 우위: 자사 제품 밀어 주기) ProPublica, June 6, 2020.

88   Conor Sen, "Still Worried About Inflation? Keep an Eye on Amazon," (아직도 인플레가 걱정이라면 아마존을 주목하라) Bloomberg, April 30, 2021.

89   Nicholas Carnes and Noam Lupu, "The White Working Class and the 2016 Election," (백인 노동자 계급과 2016년 선거) Cambridge University Press, May 21, 2020.

90   Andrea Cerrato, Francesco Ruggieri, and Federico Maria Ferrara, "Trump Won in Counties That Lost Jobs to China and Mexico," (트럼프, 중국과 멕시코에 일자리를 잃은 카운티에서 승리) *Washington Post,* December 2, 2016.

3장 갑자기 주문이 끊겼다

91   Arber Sulejmani, "Gianni Agnelli-Juventus' Uncrowned King of Italy," (지아니 아그넬리-유벤투스 이탈리아의 무관의 제왕) Juvefc.com, January 24, 2017..

92   "The Best Dressed Men in the History of the World," (세계에서 역사상 가장 잘 차려입은 남자들) *Esquire,* August 20, 2007.

93   Ettore Boffano and Paolo Griseri, "Il tesoro nascosto dell'Avvocato," (변호사의 숨겨진 보물) *La Repubblica,* June 11, 2009.

94   Paolo Biondani, Gloria Riva, and Leo Sisti, "Barilla, Corallo e Margherita Agnelli: I tesori dei vip d''Italia sono all'estero," (바릴라, 코랄로, 마르게리타 아그넬리: 해외에 널린 이탈리아 VIP의 보물) *L'Espresso,* June 29, 2018.

95   Servaas Storm, "How to Ruin a Country in Three Decades," (30년 만에 국가를 망치는 방법) Institute for New Economic Thinking, April 10, 2019, https://www.ineteconomics.org/perspectives/blog/how-to-ruin-a-country-in-three-decades..

96   Paolo Biondani, "Quello scudo fiscale in regalo agli evasori," (탈세자에게 선물로 제공되는 세금 보호막) *L'Espresso,* February 12, 2015, https://espresso.repubblica.it/attualita/2015/02/12/news/quello-scudo-fiscale-in-regalo-agli-evasori-1.199228.

97   "Italians Are Europe's Worst Tax Cheats (Again…)," (이탈리아인은 유럽 최악의 세금 탈루자 (또다시…)) Local, September 7, 2016, https://www.thelocal.it/20160907/italians-europe-vat-tax-evasion-dodge-again.

98   IMarco Capobianchi, *American Dream: Cosi Marchionne ha salvato la Chrysler e ucciso la Fiat (아메리칸 드림: 마르치오네가 크라이슬러를 구하고 피아트를 죽인 방법)* (Rome: Chiarelettere, 2014).

99   Ibid.

100   "Fiat Says Ciao to Italy as Chrysler Merger Is Approved," (피아트, 크라이슬러 합병 승인으로 이탈리아와 안녕) *Automotive News,* August 1, 2014, https://www.autonews.com/article/20140801/COPY01/308019978/fiat-says-ciao-to-italy-headquarters-as-chrysler-merger-is-approved.

101   Gianni Dragoni, "Industriali battono banchieri: ecco i 50 manager piu pagati in Italia nel 2017," (은행가를 앞지른 사업가들: 2017년 이탈리아에서 가장 높은 연봉을 받은 50명의 경영자) Il Sole 24 Ore, November 25, 2018, https://www.ilsole24ore.com/art/industriali-battono-banchieri-ecco-50-manager-piu-pagati-italia-2017-AEy YvKmG.

102   Richard Wike, Laura Silver, and Alexandra Castillo, "Many Across the Globe Are Dissatisfied with How Democracy Is Working," (세계의 많은 사람이 민주주의의 작동 방식에 불만) Pew Research Center, April 29, 2019, https://www.pewresearch.org/global/2019/04/29/many-across-the-globe-are-dissatisfied-with-how-democracy-is-working.

103   이탈리아 최대 산업 무역 협회인 Confindustra의 프라토 사무소 데이터.

104   Sarah Forbes Orwig, Encyclopaedia Britannica의 Amancio Ortega 항목 중, https://www.britannica.com/biography/Amancio-Ortega.

105   Suzy Hansen, "How Zara Grew into the World's Largest Fashion Retailer," (자라가 세계 최대 패션 소매업체로 성장한 방법) *The New York Times Magazine,* November 9, 2012.

106   "Forbes World's Billionaire List: The Richest in 2020," https://www.forbes.com/billionaires.

107   Ibid., "#84 Stefan Persson," https://www .forbes.com/profile/stefan-persson/#2242fb925dbe.

108   IGuy Standing, *The Precariat: The New Dangerous Class(금권주의자: 위험한 새 계급)* (London: Bloomsbury, 2011), 1장.

109   Shaun Walker, "Matteo Salvini; Vote for Nationalists to Stop European Caliphate," (마테오 살비니: 유럽의 군주제를 막기위해 민족주의에 투표하라) *Guardian,* May 2, 2019, https://www.theguardian.com/world/2019/may/02/matteo-salvini-vote-for-nationalist-parties-stop-islamic-caliphate.

110   Eric Sylvers, "Italy Far-Right Leader Gets Boost," (이탈리아 극우 지도자 지지율 급상승) *Wall Street Journal*, May 30, 2018.

4장 우리가 그들을 엿 먹일 기회

111 Jenny Johnston, "George Osborne: Why I'm Ready to Be Mr. Nasty," (조지 오스본: 내가 고약한 인간이라 불릴 준비가 된 이유) MailOnline, October 3, 2009.

112 Peter S. Goodman, "'Brexit' Imperils London's Claim as Banker to the Planet," ('브렉시트', 세계 은행이라는 런던의 지위를 위협하다) *New York Times,* May 12, 2017, p.A1.

113 Andy Beckett, "The Real George Osborne," (조지 오스본의 참 모습) *Guardian, November* 28, 2011.

114 Patricia Crisafulli, *The House of Dimon: How JPMorgan's Jamie Dimon Rose to the Top of the Financial World* (다이먼의 집: JP모건의 제이미 다이먼이 금융계 정상에 오른 방법) (New York: John Wiley & Sons, Inc., 2009), 3장.

115 Duff McDonald, *Last Man Standing: The Ascent of Jamie Dimon and JPMorgan Chase* (최후의 승자: 제이미 다이먼과 JP모건 체이스의 부상) (New York: Simon & Schuster, 2010), 1장.

116 Crisafulli, 앞의 책, 3장.

117 McDonald, 앞의 책, 1장.

118 Keith Flamer, "The Secret History of Park Avenue's 'Gothic' Grande Dame (And Its $16 Million Penthouse Project)," (파크 애비뉴의 '고딕' 그란데 담의 비밀 역사 (그리고 1,600만 달러 펜트하우스 프로젝트)) *Forbes,* October 22, 2015, https://www.forbes.com/sites/keithflamer/2015/10/22 /the-secret-history-of-park-avenues-gothic-grande-dame-and-its-16-million-penthouse-project/?sh=4863977fc93d.

119 Aaron Glantz, *Homewreckers: How a Gang of Wall Street Kingpins, Hedge Fund Magnates, Crooked Banks, and Vulture Capitalists Suckered Millions Out of Their Homes and Demolished the American Dream*(월스트리트 두목, 헤지펀드 거물, 비뚤어진 은행, 악덕 자본가들이 수백만 명의 집을 빼앗고 아메리칸 드림을 파괴한 방법) (New York: William Morrow, 2019), 18장.

120 Crisafulli, op. cit., 3장.

121 McDonald, op. cit., 2장.

122 Crisafulli, op. cit., 3장.

123 Ibid.

124 Duff McDonald, "The Heist," *New York,* March 21, 2008.

125 McDonald, *Last Man Standing,* op. cit., 4장.

126 Roger Lowenstein, *The End of Wall Street*(월가의 종말) (New York: Penguin Books, 2010), 7장.

127 Erik Larson and Christopher Cannon, "Madoff's Victims Are Close to Getting Their $19 Billion Back," (마도프 피해자들, 조만간 190억 달러 돌려받을 듯) Bloomberg, December 8, 2018.

128 Jesse Eisinger, *The Chickenshit Club: Why the Justice Department Fails to Prosecute Executives* (닭똥 클럽: 법무부가 기업인 기소에 실패하는 이유) (New York: Simon & Schuster, 2017), p.234.

129 Ibid., pp.234-36.

130 Adam Tooze, *Crashed: How a Decade of Financial Crises Changed the World (추락: 10년간의 금융 위기가 세상을 바꾼 방법)* (New York: Penguin Books, 2018), 7장.

131 Hugh Son, "Dimon Says JP Morgan's Actions During '08 Crisis Were Done to 'Support Our Country,'" (다이먼, '08년 위기 당시 JP모건의 행동은 '나라를 지원하기 위한 것'이었다 말해) CNBC, September 14, 2018.

132   Robert B. Reich, *The System: Who Rigged It, How We Fix It (시스템: 누가 조작했고, 어떻게 고칠 것인가)* (New York: Knopf, 2020), 3장.

133 Brian Ross and Tom Shine, "After Bailout, AIG Execs Head to California Resort," (구제 금융 이후, 캘리포니아 리조트로 향하는 AIG 경영진) ABC News, October 7, 2008.

134 Eamon Javers, "Inside Obama's Bank CEOs Meeting," (오바마와 은행 CEO 회의 살펴보기) Politico, April 3, 2009, https://www.politico.com/story/2009/04/inside-obamas-bank-ceos-meeting-020871

135 Eisinger, *Chickenshit Club,* op. cit.

136 Edward Yardeni, Joe Abbott, and Mali Quintana, "Corporate Finance Briefing: S&P 500 Buybacks & Dividends," Yardeni Research, Inc., August 21, 2020; William Lazonick and Matt Hopkins의 "How 'Maximizing Shareholder Value' Minimized the Strategic National Stockpile: The $5.3 Trillion Question for Pandemic Preparedness Raised by the Ventilator Fiasco," ('주주 가치 극대화'로 전략적 국가 비축을 최소화한 방법: 인공호흡기 실패로 제기된 팬데믹 대비를 위한 5조 3,000억 달러의 문제) Institute for New Economic Thinking, July 2020에서 재인용됨, https://www.ineteconomics.org/research/research-papers/how-maximizing-shareholder-value-minimized-the-strategic-national-stockpile-the-5-3-trillion-question-for-pandemic-preparedness-raised-by-the-ventilator-fiasco.

137 Chuck Collins, Omar Ocampo, and Sophia Paslaski, "Billionaire Bonanza 2020: Wealth Windfalls, Tumbling Taxes, and Pandemic Profiteers," (억만장자 대박 2020: 부의 횡재, 세금 폭락, 팬데믹 수익자) Institute for Policy Studies, April 23, 2020, https://ips-dc.org/wp-content/uploads/2020/04/Billionaire-Bonanza-2020.pdf.

138 "JP Morgan Doubles CEO Jamie Dimon's Salary Despite Billions in Fines," (JP 모건, 수십억 달러 벌금에도 불구, 제이미 다이먼 CEO의 연봉을 두 배로 인상) Associated Press, Guardian, *January 24, 2014자* 보도, https://www.theguardian.com/business/2014/jan/24/jp-morgan-jamie-dimons-salary-billions-fines.

139 "JPMorgan CEO Dimon Says Government Cases Were 'Unfair,'" (JP모건 CEO 다이먼, 정부 소송은 '불공정하다' 말해) Reuters, January 23, 2014, https://www.reuters.com/article/us-jpmorgan-dimon/jpmorgan-ceo-dimon-says-government-cases-were-unfair-idUSBREA0M0PL20140123.

140 Tom Braithwaite, "Dimon in Attack on Canada's Bank Chief," (캐나다 은행장 공격에 나선 다이먼) *Financial Times,* September 26, 2011.

141 Renae Merle, "The 'London Whale' Trader Lost $6.2 Billion, but He May Walk Off Scot-Free," (62억 달러 손실에도 불구, 스코틀랜드를 무사히 벗어난 '런던 고래') Washington Post, April 13, 2017, https://www.washingtonpost.com/business/economy/the-lon-

don-whale-trader-lost-62-billion-but-he-may-walk-off-scot-free/2017/04/12/
14b3836a-1fb0-11e7-be2a-3a1fb24d4671_story.html.

142 "Nissan Statement: UK Should Remain in EU," (닛산 성명서: 영국은 EU에 잔류해야 한다)
닛산 웹사이트의 보도자료, February 24, 2016, http://nissaninsider.co.uk/nissan-it-
makes-sense-for-uk-to-remain-in-eu.

143 European Commission, Directive on Alternative Investment Fund Managers: Frequent-
ly Asked Questions, (유럽 위원회, 대체 투자 펀드 매니저에 관한 지침: 자주 묻는 질문) Memo
10/572, November 11, 2010, https://ec.europa.eu/commission/presscorner/detail/fr/
MEMO_10_572.

144 William Schomberg and Guy Faulconbridge, "Hedge Fund Managers Crispin Odey
and Paul Marshall Say Brexit Would Help London," (헤지펀드 매니저 크리스핀 오디와 폴
마샬, 브렉시트가 런던에 도움이 될 것이라 말해) Reuters, April 29, 2016.

145 "Rich List 2020," (2020년 부자 리스트) Sunday Times (London), https://www.thetimes.
co.uk/sunday-times-rich-list#TableFullRichList.

146 Harriet Dennys, "City Diary: Crispin Odey's Chickens Come Home to (a Luxury) Roost,"
(도시 일기: 크리스핀 오데이의 닭들이 (호화로운) 보금자리로 돌아오다) Telegraph, Septem-
ber 25, 2012, https://www.telegraph.co.uk/finance/comment/citydiary/9563587/City-
Diary-Crispin-Odeys-chickens-come-home-to-a-luxury-roost.html.

147 Caroline Mortimer, "Brexit Campaign Was Largely Funded by Five of UK's Richest
Businessmen," (영국 최고 부호 5명이 브렉시트 캠페인에 대규모 자금을 지원한 이유) Indepen-
dent, April 24, 2017, https://www.independent.co.uk/news/uk/politics/brexit-leave-
eu-campaign-arron-banks-jeremy-hosking-five-uk-richest-businessmen-peter-
hargreaves-a7699046.html.

148 "Rich List 2020," Sunday Times (London); ibid.

5장 이건 폭발할 수밖에 없어요

149 Michel Rose and Sybille de La Hamaide, "Macron Urges the French to Value Success,
Rejects 'President of the Rich' Tag," (마크롱, 프랑스인에게 성공을 중시할 것을 촉구하며
'부자의 대통령' 꼬리표 거부) Reuters, October 15, 2017, https://uk.reuters.com/article/
uk-france-politics/macron-urges-the-french-to-value-success-rejects-president-
of-rich-tag-idUKKBN1CK0TG.

150 Sophie Fay, "Larry Fink: 'I See a Strong Europe in the Years to Come," (래리 핑크: 다
가오는 미래에 강해진 유럽을 기대) L'Obs, June 28, 2017, https://www.nouvelobs .com/
economie/20170628.OBS1352/larry-fink-je-vois-une-europe-forte-dans-les-an
nees-qui-viennent.html.

151 William Horobin, "In Shift, France to Speed Tax Cuts," (돌연 감세 속도를 높인 프랑스)
Wall Street Journal (Europe Edition), July 13, 2017, p.A4.

152 Sylvain Tronchet, Julie Guesdon, and Cellule investigation de Radio France, "Half of
Emmanuel Macron's Campaign Funded by Major Donors," (에마뉘엘 마크롱 선거기금
의 절반은 고액 기부자의 후원) Radio France, May 3, 2019, https://www.franceculture.fr/

politique/comment-800-grands-donateurs-ont-finance-la-moitie-de-la-campagne-demmanuel-macron.

153 Forbes의 2020년 8월 5일 현재 억만장자 리스트, https://www.forbes.com/profile/bernard-arnault/#505b73e066fa.

154 FLaura Craik, "The Fabulous World of Bernard Arnault," (베르나르 아르노의 놀라운 세계) *Times* (London), January 27, 2013.

155 Bernard Arnault, "Pourquoi je vote Emmanuel Macron," (내가 에마뉘엘 마크롱에게 투표하는 이유) Les Echos, May 5, 2017, https://www.lesechos.fr/2017/05/pourquoi-je-vote-emmanuel-macron-1115472.

156 Monique Pincon Charlot and Michel Pincon, *Le President des ultra-riches (초부유층의 대통령)* (Paris: Zones, 2019), 2장.

157 Mediapart 및 BFM-TV와의 인터뷰, 2018년 4월 15일, https://www.youtube.com/watch?v=mt0as7x-kfs.

158 Antton Rouget, Mathilde Matthieu, Mathieu Magnaudeix, and Martine Orange, "Macron Leaks: The Secrets of an Extraordinary Fundraising Operation," (마크롱 내부 누출: 특별한 모금 활동의 비결) Mediapart, *May* 21, 2017, https://www.mediapart.fr/journal/france/210517/macron-leaks-les-secrets-dune-levee-de-fonds-hors-norme?onglet=full.

159 Peter S. Goodman, "Europe Is Back. And Rejecting Trumpism," (유럽이 돌아왔다. 그리고 트럼프주의 배격) New York Times, January 24, 2018, p.B3.

160 Ibid.

161 OECD 통계자료. 노동조합 밀집도 데이터, https://stats.oecd.org/Index.aspx?DataSetCode=TUD.

162 French National Center for Scientific Research in Paris의 노동경제학자 Philippe Askenazy가 제공한 정부 데이터 분석자료.

163 OECD 통계자료, 청년실업률 데이터, https://data.oecd.org/unemp/youth-unemployment-rate.htm.

164 James McAuley, "Macron Could Succeed Where Other French Presidents Failed on Labor Reform," (다른 프랑스 대통령들이 노동 개혁에 실패했음에도 마크롱은 성공할 수 있을까?) *Washington Post,* September 2, 2017, p.A8.

165 Peter S. Goodman, "Nordic-Style Designs Sit at Heart of French Labor Plan," (프랑스 노동 계획의 중심에 자리 잡은 북유럽식 디자인) *New York Times,* October 26, 2017, p.B1, https://www.nytimes.com/2017/10/26/business/france-labor-reform-economy-macron.html.

166 Anne-Sylvaine Chassany, "Macron Slashes France's Wealth Tax in Pro-business Budget," (마크롱, 친기업 예산으로 프랑스 부유세 인하) *Financial Times*, October 24, 2017

167 The World Bank, World Development Indicators: Distribution of Income or Consumption, (세계 개발 지표: 소득 및 소비 분포) http://wdi.worldbank.org/table/1.3.

168 Orsetta Causa and Mikkel Hermansen, "Income Redistribution Through Taxes and Transfers Across OECD Countries," (OECD 국가 간 세금 및 이전을 통한 소득 재분배) OECD

Economics Department Working Papers No. 1453, July 22, 2019, p.11.

169 Bertrand Garbinti, Jonathan Goupille-Lebret, and Thomas Piketty, "Income Inequality in France, 1900-2014: Evidence from Distributional National Accounts (DINA)," (프랑스의 소득 불평등, 1900-2014: 국민계정상 가계분배계정으로부터의 증거) Wealth & Income Database, Working Paper Series No. 2017/4, April 2017, revised January 2018, https://wid.world/document/b-garbinti-j-goupille-and-t-piketty-inequality-dynamics-in-france-1900-2014-evidence-from-distributional-national-accounts-2016.d

170 Facundo Alvaredo, Lucas Chancel, Thomas Piketty, Emmanuel Saez, and Gabriel Zucman, World Inequality Report, 2018, p.95.

171 Eleanor Beardsley, "프랑스에서는 1968년 5월의 시위가 오늘날까지 반향을 일으키며 여전히 프랑스인들을 분열시키고 있다," National Public Radio, May 29, 2018, https://www.npr.org/sections/parallels/2018/05 /29/613671633/in-france-the-protests-of-may-1968-reverberate-today-and-still-divide-the-french.

172 O. Causa and M. Hermansen, "Income Redistribution through Taxes and Transfers Across OECD Countries," (OECD 국가별 세금 및 이전을 통한 소득 재분배) OECD Economics Department Working Papers, No. 1453, OECD Publishing, Paris, 2017, https://doi.org/10.1787/bc7569c6-en.

173 Simon Jessop and Inti Landauro, "France Lures Private Equity with Post-Brexit Tax Break," (프랑스, 브렉시트 이후 세금 감면으로 사모펀드 유치 확대) Reuters, November 2, 2018.

174 Jacques Monin, Radio France Investigation Unit, February 21, 2019, https://www.francetvinfo.fr/economie/transports/gilets-jaunes/l-histoire-secrete-de-la-reforme-de-l-isf-elle-a-ete-precipitee-sous-la-pression-deconomistes-et-de-grands-patrons_3199431.html.

175 Ibid.

176 Henry Samuel, "Paris Overtakes London in the Super-Rich League as the 'Macron Effect' Lures the Wealthy to City of Light," ('마크롱 효과'가 부유층을 빛의 도시로 유인하며 파리가 초부유층 순위에서 런던을 추월) Telegraph, September 6, 2018.

177 상원 경제위원회를 대신한 MM. Vincent Eble와 Alberic de Montgolfier의 보고, 10월 9일 2019년, https://www.senat.fr/notice-rapport/2019/r19-042-1-notice.html.

178 Askenazy, op. cit.

179 Mathilde Mathieu, "Macron Caught by His ISF," (ISF에 발목 잡힌 마크롱) Mediapart, May 31, 2016, https://www.mediapart.fr/journal/france/310516/macron-rattrape-par-son-isf?onglet=full.

180 James McAuley, "French President Macron Has Spent $30,000 on Makeup Services in Just 3 Months," (마크롱 프랑스 대통령, 단 3개월 만에 메이크업 서비스에 3만 달러 지출) Washington Post, August 25, 2017, https://www.washingtonpost.com/news/worldviews/wp/2017/08/25/french-president-macron-has-spent-30000-on-makeup-services-in-just-3-months.

181 Adam Sage, "Emmanuel Macron Living Like a King, Critics Taunt After 'Lavish' Birthday Party," (왕처럼 사는 에마뉘엘 마크롱, '호화판' 생일 파티에 비평가들 조롱) Times (London),

December 18, 2017.

182 Adam Nossiter, "Let Them Eat on Fancy Plates: Emmanuel Macron's New China," (고급 접시로 먹게 하라: 에마뉘엘 마크롱의 새로운 도자기) *New York Times*, June 15, 2018, p.A5.

183 Kim Willisher, "From Plates to Piscine: Now Macrons Want a Presidential Pool," (접시 에서 수영장까지: 이제 마크롱가는 대통령 전용 풀을 원한다) *Guardian*, June 21, 2018, https:// www.theguardian.com/world/2018/jun/21/from-plates-to-piscine-now-macrons-want-a-presidential-pool

184 Vincent Michelon, "Video: Emmanuel Macron: 'On met un pognon de dingue dans les minima sociaux," (동영상: 에마뉘엘 마크롱: '우리는 최소한의 사회적 혜택을 위해 엄청난 돈을 투입하고 있습니다') LCI, June 13, 2018, https://www.lci.fr/politique/emmanuel-macron-on-met-un-pognon-de-dingue-dans-les-minima-sociaux-video-2090364 .html.

185 Alissa J. Rubin, "That's 'Mr. President' to You: Macron Scolds French Student," (그게 바 로 '미스터 프레지던트'야: 마크롱이 프랑스 학생을 꾸짖다) *New York Times*, June 20, 2018, p.A5, https://www.nytimes.com/2018/06/19/world/europe/france-president-macron. html.

186 Alissa J. Rubin, "Macron Inspects Damage After 'Yellow Vest' Protests as France Weighs State of Emergency," (프랑스가 비상사태를 검토하는 가운데 마크롱, '노란 조끼' 시 위 후 피해 점검에 나서) *New York Times*, December 2, 2018, p.A10, https://www.nytimes. com/2018/12/01/world/europe/france-yellow-vests-protests-macron.html?action=-click& module=inline&pgtype=Article&region=Footer.

187 Adam Nossiter, "France Suspends Fuel Tax Increase That Spurred Violent Protests," (프 랑스, 폭력 시위를 촉발한 유류세 인상 중단) *New York Times*, December 5, 2018, p.A6.

188 Adam Nossiter, "Macron, Chastened by Yellow Vest Protests, Says 'I Can Do Better,'" (노 란 조끼 시위로 징계 받은 마크롱, '내가 더 잘할게') *New York Times*, April 26, 2019, p.A11.

189 Geert De Clercq, "France's Le Pen Launches EU Campaign with Appeal to 'Yellow Vests,'" (르펜, '노란 조끼'에 호소하며 EU 캠페인 시작) Reuters, January 13, 2019, https:// uk.reuters.com/article/uk-france-politics-farright/frances-le-pen-launches-eu-campaign-with-appeal-to-yellow-vests-idUKKCN1P70RK.

190 "France Economy: Risking the Rage of the Aged," (프랑스 경제: 노년층의 분노라는 위험) *Economist Intelligence Unit*, September 14, 2019.

191 Suzanna Andrews, "Larry Fink's $12 Trillion Shadow," (래리 핑크의 12조 달러 그림자) *Vanity Fair*, March 2, 2010.

192 Katrina Brooker, "Can This Man Save Wall Street?" (이 사람이 월가를 구할 수 있을까?) *Fortune*, October 29, 2008.

193 Henry M. Paulson, Jr., *On the Brink: Inside the Race to Stop the Collapse of the Global Financial System*(벼랑 끝에서: 글로벌 금융 시스템 붕괴를 막기 위한 경쟁의 내막) (New York: Hachette, 2013), 5장.

194 Andrew Ross Sorkin, *Too Big to Fail: The Inside Story of How Wall Street and Washington Fought to Save the Financial System-and Themselves*(실패하기에는 너무 큰: 월 스트리트와 워싱턴이 금융 시스템과 그들 자신을 구하기 위해 싸운 속사정) (New York: Penguin Books, 2009), 7장.

195 Liz Rappaport and Susanne Craig, "BlackRock Wears Multiple Hats," (블랙록은 여러 모자를 쓴다) *Wall Street Journal*, May 19, 2009, https://www.wsj.com/articles/SB124269131342732625.

196 Ibid.

197 Sorkin, op. cit.

198 Luc Peillon and Jacques Pezet, "Est-il vrai que Macron a rencontre le groupe Black-Rock, specialise dans les fonds de pension?" (마크롱이 연기금 전문 기업인 블랙록 그룹을 만난 것이 사실인가?) Liberation, September 12, 2019, https://www.msn.com/fr-fr/actualite/france/est-il-vrai-que-macron-a-rencontr%C3%A9-le-groupe-blackrock-sp%C3%A9cialis%C3%A9-dans-les-fonds-de-pension/ar-BBXZWcc?ocid=sf&fb-clid=IwAR0MPKkgRDwGIYdP_jLlvuvRtmenK3vm0yRzpSuA5mQyeu7NoZKq9SdKw.

199 Sophie Fay, "Larry Fink, the $5.4 Trillion Man," (래리 핑크, 5조 4천억 달러의 사나이) *L'Obs*, June 28, 2017.

200 Odile Benyahia-Kouider, "Comment L'Elysee a deroule le tapis rouge au roi de Wall Street," (어떻게 엘리제궁은 월스트리트의 왕에게 레드카펫을 깔아 주었나) *Le Canard En-chaine*, October 26, 2017.

201 Jill Treanor and Rowena Mason, "Buy, George? World's Largest Fund Manager Hires Osborne as Adviser," (매수할까, 조지? 세계 최대 펀드 매니저, 오스본을 고문으로 영입) *Guardian*, January 20, 2017.

202 Stephen Morris and Richard Partington, "Brexit: HSBC May Move 20% of Its London Banking Operations to Paris, Chief Executive Stuart Gulliver Says," (브렉시트: HSBC는 런던 은행 업무의 20%를 파리로 이전할 수 있다. 최고경영자 스튜어트 걸리버 말해) *Independent*, January 18, 2017, https://www.independent.co.uk/news/business/news/brex-it-latest-news-hsbc-bank-move-20-cent-fifth-london-banking-operations-par-is-chief-executive-stuart-gulliver-a7532711.html.

203 Chad Bray, "Former Top British Official to Join BlackRock as an Adviser," (블랙록 고문으로 합류한 전 영국 고위 관리) *New York Times*, January 20, 2017.

204 Liz Alderman, "A Wall Street Giant Is Fueling Anticapitalist Fervor in France," (월스트리트 거인, 프랑스에서 반자본주의 열기 일으켜) *New York Times*, February 15, 2020, p.A1.

205 Ibid.

206 Ibid.

6장 내 주변의 모든 돌은 블랙스톤이었다

207 Letter to Schwarzman from Surya Deva, Chair-Rapporteur of the Working Group on the issue of human rights, and Leilani Farha, Special Rapporteur on adequate hous-ing, United Nations, (인권 문제 실무그룹 수석 보고관 수리야 데바와 유엔 적정주거 특별보고관 레일라니 파르하가 슈워츠먼에게 보낸 서한) March 22, 2019, https://www.ohchr.org/_layouts/15/WopiFrame.aspx?sourcedoc=/Documents/Issues/Housing/Financialization/OL _OTH_17_2019.pdf&action=default&DefaultItemOpen=1.

208 Marten Blix, *Digitalization, Immigration and the Welfare State*(디지털화, 이민, 그리고 복지 국가) (Cheltenham, U.K.: Edward Elgar Publishing, 2017), 19.

209 Brian Smale, "Bezos on Innovation," (혁신의 베조스) Bloomberg Businessweek, April 17, 2008.

210 Peter S. Goodman, "The Robots Are Coming, and Sweden Is Fine," (로봇이 몰려오지만 스웨덴은 이상없다) *New York Times*, December 28, 2017, p.A1, https://www.nytimes.com/2017/12/27/business/the-robots-are-coming-and-sweden-is-fine.html.

211 Robert D. McFadden, "Ingvar Kamprad, IKEA Founder Who Built a Global Empire Through Thrift, Dies at 91," (근검절약으로 글로벌 제국을 건설한 이케아 창업자 잉바르 캄프라드, 91세로 사망) *New York Times*, January 29, 2018, p.A1.

212 Giulia Crouch, "Father of Flat-Pack 'Stingy' IKEA Founder Ingvar Kamprad, Worth £54billion, Was as Cheap as His Furniture, Bought Clothes in Flea Markets and Drove a 20-Year-Old Volvo," (540억 파운드 가치의 이케아 창업자, '구두쇠' 잉바르 캄프라드는 싸구려 가구에 중고 의류, 20년 된 볼보를 몰았다) *Scottish Sun*, January 28, 2018, p.20.

213 McFadden, op. cit.

214 Ibid.

215 Johan Stenebo, *The Truth About IKEA: The Secret Behind the World's Fifth Richest Man and the Success of the Flatpack Giant*(이케아의 진실: 세계 5위 갑부이자 플랫팩 거인의 성공 이면의 비밀) (United Kingdom: Gibson Square, 2010), Chapter Nine.

216 Ibid.

217 Jens Hansegard, "IKEA Founder to Return Home," (귀국하는 IKEA 창업자) *Wall Street Journal* Europe, June 28, 2013, p.20.

218 Blix, op. cit. p.25.

219 Claes Belfrage and Markus Kallifatides, "Financialisation and the New Swedish Model," (금융화와 새로운 스웨덴 모델) *Cambridge Journal of Economics* 2018, 882.

220 Gregg M. Olsen, "Half Empty or Half Full? The Swedish Welfare State in Transition," (반이 빈 것? 반이 찬 것? 전환기의 스웨덴 복지국가) *Canadian Review of Sociology and Anthropology*, May 1, 1999.

221 Andreas Bergh, "The Swedish Economy," (스웨덴 경제) *Milken Institute Review*, January 1, 2017.

222 Blix, op. cit. p.24.

223 Olsen, op. cit.

224 Ibid.

225 Ibid.

226 Blix, op. cit. p.26.

227 Dan Alexander, "Meet the 10 Billionaire Tycoons Who Rule Their Countries' Economies," (자국의 경제를 지배하는 10명의 억만장자 재벌을 만나다) *Forbes*, March 14, 2014.

228 Tristan Cork, "Swedish Clothes Tycoon Adds Historic Estate to Portfolio," (스웨덴 의류 재벌, 포트폴리오에 역사적인 부동산을 추가) *Western Daily Press*, March 19, 2013, p.8.d

229 Murray Wardrop, "Swedish H&M Boss Stefan Persson 'to Buy Entire Hampshire Village,'" (스웨덴 H&M 보스 스테판 페르손, '햄프셔 마을 통째 매입') *Telegraph*, May 24, 2009.

230 Jon Pareliussen, Christophe Andre, Hugo Bourrousse, and Vincent Koen, "Income, Wealth and Equal Opportunities in Sweden," (스웨덴의 소득, 부 및 기회 균등) OECD Economics Department Working Papers, No. 1394, OECD Publishing, Paris, https://www. oecd-ilibrary.org/economics/income-wealth-and-equal-opportunities-in-sweden_e900be20-en.

231 Ibid., p.11

232 IAnneli Lucia Tostar, "Young Adults and the Stockholm Housing Crisis: Falling Through the Cracks in the Foundation of the Welfare State," (청년과 스톡홀름 주택 위기: 복지국가의 기반에 생기는 균열) Master's Thesis, Royal Institute of Technology, 7.

233 Stephen A. Schwarzman, *What It Takes*(필요한 것) (New York: Simon & Schuster, 2019), Prologue (Made, Not Born).

234 Ibid., 1장.

235 Ibid., 2장.

236 David Carey and John E. Morris, King of Capital: The Remarkable Rise, Fall, and Rise Again of Steve Schwarzman and Blackstone(자본의 왕: 스티브 슈워츠먼과 블랙스톤의 놀라운 부상과 몰락, 그리고 재도약) (New York: Crown Publishing, 2010), 7장.

237 Schwarzman, op. cit. 2장.

238 Ibid.

239 Laurie P. Cohen, "About Face: How Michael Milken Was Forced to Accept the Prospect of Guilt," (인물: 마이클 밀켄이 유죄 가능성을 인정할 수밖에 없었던 이유) *Wall Street Journal,* April 23, 1990, p.A1.

240 James B. Stewart, "The Birthday Party," (생일파티) *The New Yorker*, February 4, 2008.

241 Aaron Glantz, *Homewreckers*, op. cit., 5장.

242 Stewart, op. cit.

243 Ibid.

244 David Cay Johnston, "Blackstone Devises Way to Avoid Taxes on $3.7 Billion," (블랙스톤, 37억 달러에 대한 세금회피 방법 찾아내) *New York Times*, July 13, 2007.

245 Henny Sender and Monica Langley, "Buyout Mogul: How Blackstone's Chief Became $7 Billion Man-Schwarzman Says He's Worth Every Penny; $400 for Stone Crabs," (기업인수 거물: 블랙스톤의 최고경영자가 70억 달러의 거물이 된 방법-슈워츠먼은 자신이 그만한 가치가 있다고 말한다; 돌게를 위해 400달러 지불) *Wall Street Journal,* June 13, 2007, p.A1.

246 Stewart, op. cit.

247 "Blackstone CEO Gala Sign of Buyout Boom," (블랙스톤 CEO 갈라쇼, 바이아웃 붐의 신호탄) Reuters, February 14, 2007.

248 Schwarzman, op. cit. 19장.

249 Glantz, op. cit. 11장.

250 Ibid.

251 Stewart, op. cit.

252 Alec MacGillis, "The Billionaire's Loophole," (억만장자의 허점) *The New Yorker*, March 7, 2016.

253 Stewart, op. cit.

254 MacGillis, "The Billionaire's Loophole," op. cit.

255 Ibid.

256 Glantz, op. cit., 12장.

257 Schwarzman, op. cit., 22장.

258 Michelle Conlin, "Uneasy Living: Spiders, Sewage and a Flurry of Fees-The Other Side of Renting a House from Wall Street," (쉽지 않은 생활: 거미, 하수구, 엄청난 비용-월스트리트에서 집을 빌린다는 것) Reuters, July 27, 2018, https://www.reuters.com/investigates/special-report/usa-housing-invitation.

259 Glantz, op. cit., 17장.

260 Patrick Clark, "Blackstone Exits Single-Family Rental Bet Slammed by Warren," (블랙스톤, 단독주택 임대시장에서 워렌에게 패배 후 퇴장) Bloomberg, November 21, 2019.

261 "Enskilda Securities and the Blackstone Group to Cooperate on North American/Scandinavian M&A," (엔스킬다 증권과 블랙스톤 그룹, 북미/스칸디나비아 M&A에 협력하기로) *Business Wire*, October 11, 1995.

262 Richard Milne, "Meet the Wallenbergs," (월렌버그를 만나다) Financial Times, June 5, 2015.

263 "Blackstone Obtains All Approvals for Purchase of 32% Interest in Sweden's D Carnegie & Co," (블랙스톤, 스웨덴 카네기 앤 코 지분 32% 인수 승인 획득) *SeeNews Nordic*, August 25, 2016.

264 Stephanie Linhardt, "The Direct Approach," (직접적 접근) *The Banker*, May 1, 2018.d

265 "Real Estate Firm Vonovia Buys Majority Stake in Sweden's Hembla for $1.26 Billion," (부동산 회사 보노비아, 스웨덴 헴블라 대주주 지분 12억 6천만 달러에 인수) Reuters, September 23, 2019.

266 Anthon Nasstrom, "Blackstone Sells Its 61 Percent Stake in Hembla to Vonovia," (블랙스톤, 보노비아에 헴블라 지분 61% 매각) *Nordic Property News*, September 23, 2019.

7장 그들은 지금 입맛을 다시는 중

267 "Corporate Tax Cut Benefits Wealthiest, Loses Needed Revenue, and Encourages Tax Avoidance," (법인세 인하 혜택은 부유층에게만 돌아가고, 필요한 세수는 감소하며, 조세 회피를 조장한다) Center on Budget and Policy Priorities, https://www.cbpp.org/research/federal-tax/corporate-tax-cut-benefits-wealthiest-loses-needed-revenue-and-encourages-tax.

268 Reconciliation Recommendations of the Senate Committee on Finance, Congressional Budget Office, November 26, 2017, https://www.cbo.gov/system/files/115th-con-

gress-2017-2018/costestimate/reconciliationrecommendationssfc.pdf.

269 Peter S. Goodman and Patricia Cohen, "It Started as a Tax Cut. Now It Could Change American Life," (그것은 감세로부터 출발했다. 이제 모든 미국인의 삶을 바꿔 놓을 것) *New York Times*, November 30, 2017, p.A1.

270 Don Lee, "Trump's Steel Tariffs Were Supposed to Save the Industry. They Made Things Worse," (트럼프의 철강 관세는 산업을 살려야 했다. 그러나 상황을 더 악화시켰다) *Los Angeles Times*, October 29, 2019, https://www.latimes.com/politics/story/2019-10-29/steel-industry-faces-a-bleaker-future-than-when-trump-moved-to-rescue-it.

271 Michael Kranish, "Trump's China Whisperer: How Billionaire Stephen Schwarzman Has Sought to Keep the President Close to Beijing," (트럼프의 중국 조련사: 억만장자 스티븐 슈워츠먼은 어떻게 대통령을 중국과 밀착시키려 노력했는가) *Washington Post*, March 13, 2018.

272 Lingling Wei, Bob Davis, and Dawn Lim, "China Has One Powerful Friend Left in the U.S.: Wall Street," (중국은 미국에 하나의 강력한 우군을 두었다: 월스트리트) *Wall Street Journal*, December 2, 2020.

273 Victor Reklaitis, "Jamie Dimon Says Trump's Tariff Plan Is 'the Wrong Way' to Tackle Trade Problems," (제이미 다이먼, 트럼프의 관세 정책은 무역 문제 해결의 '잘못된 방법'이라 말해) *MarketWatch*, March 8, 2018.

274 Michela Tindera, "The Majority of Donald Trump's Billionaire Donors Didn't Give to His 2016 Campaign," (도널드 트럼프의 억만장자 기부자 중 대부분은 2016년 캠페인에 기부하지 않았다) *Forbes*, May 15, 2020, https://www.forbes.com/sites/michelatindera/2020/05/15/the-majority-of-donald-trumps-billionaire-donors-didnt-give-to-his-2016-campaign/#33c57b404340.

275 Laura M. Holson, "Camels, Acrobats and Team Trump at a Billionaire's Gala," (억만장자 파티의 낙타, 곡예사, 트럼프 팀) *New York Times*, February 14, 2017, https://www.nytimes.com/2017/02/14/fashion/stephen-schwarzman-billionaires-birthday-draws-team-trum p.html.

276 Robert Schmidt and Ben Brody, "Dimon's Challenge: Making Staid CEO Club a Lobbying Power," (다이먼의 도전: 안정된 CEO 클럽을 로비 파워로 만들기) Bloomberg, March 14, 2017.

277 Business Roundtable television advertisement, "Slowest Recovery," (가장 느린 회복 속도) August 4, 2017, https://www.youtube.com /watch?v=UwjiuZihT4U.

278 Kate Davidson, "Treasury Secretary Steven Mnuchin: GOP Tax Plan Would More Than Offset Its Cost," (스티븐 므누신 재무부 장관: 공화당 세제안은 비용을 상쇄하고 남을 것) *Wall Street Journal*, September 28, 2017.

279 IGM Economic Experts Panel, the University of Chicago Booth School of Business, November 21, 2017, http://www.igmchicago.org/surveys/tax-reform-2.

280 Peter Cary, "Republicans Passed Tax Cuts-Then Profited," (공화당, 감세안 통과 후 수혜) Center for Public Integrity, January 24, 2020, https://publicintegrity.org/inequality-poverty-opportunity/taxes/trumps-tax-cuts/republicans-profit-congress.

281 Matt Egan, "Corporate America Gives Out a Record $1 Trillion in Stock Buybacks," (미

국 기업, 기록적인 1조 달러 규모의 자사주 매입) *CNN Business,* December 17, 2018, https://edition.cnn.com/2018/12/17/investing/stock-buybacks-trillion-dollars/index.html.

282 Cary, op. cit.

283 Sarah Anderson, "How Wall Street Drives Gender and Race Pay Gaps," (월스트리트가 성별과 인종 간 임금 격차를 유발하는 방법) Inequality.org, March 26, 2019, https://inequality.org/great-divide/wall-street-bonus-pool-2019.

284 Jordan Novet, "Salesforce CEO Marc Benioff: The Economy Is 'Ripping,'" (세일즈포스 CEO 마크 베니오프: 경제는 '파열되고 있다') CNBC, September 25, 2018.

285 Peter Baker and Peter S. Goodman, "Trump and Davos: Not Exactly Best Friends, but Not Enemies Either," (트럼프와 다보스: 절친도 아닌, 적도 아닌) *New York Times,* January 25, 2018, p.A1.

2부
8장 그들은 우리의 우려에 관심이 없다

1 Rabah Kamal, Daniel McDermott, Giorlando Ramirez, and Cynthia Cox, "How Has U.S. Spending on Healthcare Changed over Time?" (미국의 의료비 지출은 어떻게 변해 왔나?) Peterson-KFF Health System Tracker, https://www.healthsystemtracker.org/chart-collection/u-s-spending-healthcare-changed-time/#item-start.

2 Eileen Appelbaum and Rose- mary Batt, "Private Equity and Surprise Medical Billing," (사모펀드와 의료비 기습 청구) Institute for New Economic Thinking, September 4, 2019, https://www.ineteconomics.org/perspectives/blog/private-equity-and-surprise-medical-billing#_edn12.

3 Schwarzman, op. cit. 10장.

4 Eileen Appelbaum and Rosemary Batt, "Private Equity Buyouts in Healthcare: Who Wins, Who Loses?" (사모펀드의 의료부문 인수: 승자와 패자는?) Institute for New Economic Thinking, March 25, 2020, https://www.ineteconomics.org/perspectives/blog/private-equity-buyouts-in-healthcare-who-wins-who-loses.

5 Eileen Appelbaum, "How Private Equity Makes You Sicker," (사모펀드가 당신을 더 병들게 하는 방법) *The American Prospect,* October 7, 2019

6 Appelbaum and Batt, op. cit.

7 Zack Cooper, Fiona Scott Morton, and Nathan Shekita, "Surprise! Out-of-Network Billing for Emergency Care in the United States," (놀랐지! 미국 내 응급 치료에 대한 네트워크 외 청구) National Bureau of Economic Research, Working Paper 23623, July 2017, p.4, https://www.nber.org/papers/w23623.

8 Wendi C. Thomas, Maya Miller, Beena Raghavendran, and Doris Burke, "This Doctors Group Is Owned by a Private Equity Firm and Repeatedly Sued the Poor Until We Called Them," (이 의사 그룹은 사모펀드의 소유였으며 우리가 연락할 때까지 가난한 사람들을 반복적으로 고소했다) ProPublica, November 27, 2019, https://www.propublica.org/article/this-doctors-group-is-owned-by-a-private-equity-firm-and-repeatedly-sued-

the-poor-until-we-called-them.

9   Cooper, Morton, and Shekita, op. cit., p.3

10 Ibid., p.54.

11 Ibid., p.23.

12 Margot Sanger-Katz, Julie Creswell, and Reed Abelson, "Mystery Solved: Private-Eq-
    uity-Backed Firm Are Behind Ad Blitz on 'Surprise Billing,'" (미스터리 풀리다: '기습 청구'
    광고 공세의 배후, 사모펀드 지원 회사가 있었다) *New York Times*, September 14, 2019, p.B3.

13 Andrew W. Maxwell, H. Ann Howard, and George H. Pink, "Geographic Variation in
    the 2018 Profitability of Urban and Rural Hospitals," (2018년 도시 및 농촌 병원 수익성의
    지리적 편차) NC Rural Health Research Program, April 2020.

14 IKathleen Knocke, George H. Pink, Kristie W. Thompson, Randy K. Randolph, and
    Mark Holmes, "Changes in Provision of Selected Services by Rural and Urban Hospi-
    tals Between 2009 and 2017," (2009년과 2017년 사이 농촌 및 도시 병원의 선택적 서비스 제공
    변화) NC Rural Health Research Program, April 2021.

15 미국 병원연합(American Hospital Association)의 데이터.

16 Reed Abelson, "When Hospitals Merge to Save Money, Patients Often Pay More," (비용
    절감을 위해 병원을 합병하면 환자는 종종 더 많은 비용을 지불한다) *New York Times*, Novem-
    ber 14, 2018, p.B1.d

17 Carl Campanile, Julia Marsh, Bernadette Hogan, and Nolan Hicks, "New York Has
    Thrown Away 20,000 Hospital Beds, Complicating Coronavirus Fight," (뉴욕은 20,000개
    의 병상을 없애 코로나 바이러스와의 싸움을 어렵게 만들었다) *New York Post*, March 17, 2020,
    https://nypost.com/2020/03/17/new-york-has-thrown-away-20000-hospital-beds-
    complicating-coronavirus-fight.

18 Ron Lee, "Emergency Hospital Being Constructed in Central Park," (센트럴 파크에 건설
    중인 응급 병원) *Spectrum News*, NY1, March 29, 2020.

19 Alan Feuer and Andrea Salcedo, "New York City Deploys 45 Mobile Morgues as Virus
    Strains Funeral Homes," (뉴욕시, 바이러스가 장례식장에 타격을 줌에 따라 45개의 이동식 영
    안실을 배치한다) *New York Times*, April 2, 2020, https://www.nytimes.com/2020/04/02/
    nyregion/coronavirus-new-york-bodies.html.

20 Lauren Leatherby, John Keefe, Lucy Tompkins, Charlie Smart, and Matthew Conlen,
    "'There's No Place for Them to Go': I.C.U. Beds Near Capacity Across U.S.," ('그들은
    갈 곳이 없다': 미국 전역의 중환자실 병상, 수용 한계에 근접) New York Times, December 9,
    2020.

21 Lev Facher, "Amid Coronavirus, Private Equity-Backed Company Slashes Benefits
    for Emergency Room Doctors," (코로나 바이러스 와중, 사모펀드 지원 기업은 응급실 의사 혜
    택 삭감) *STAT,* April 1, 2020, https://www.statnews.com/2020/04/01/slashes-bene-
    fits-for-doctors-coronavirus.

22 Steve Twedt, "UPMC CEO Compensation Jumps to $8.54 Million," (UPMC CEO 보수,
    854만 달러로 껑충) *Pittsburgh Post*-Gazette, May 17, 2019, https://www.post-gazette.
    com/business/healthcare-business/2019/05/17/UPMC-compensation-Jeffrey-Ro-
    moff-8-54-million/stories/201905170111#:~:text=UPMC%20President%20and%20

CEO%20Jeffrey,increas e%20from%20the%20previous%20year.

23   Matt Stoller, "Why Does a Hospital Monopoly Want to Re-Open the Economy?" (병원 독점 기업이 경제를 다시 개방하려는 이유는?) BIG (newsletter), May 9, 2020, https://matt-stoller.substack.com/p/why-does-a-hospital-monopoly-want.

9장 언제나 돈을 버는 방법은 있다

24   Patricia Cohen, "We All Have a Stake in the Stock Market, Right? Guess Again," (우리 모두 주식 시장에 지분을 가지고 있지 않나요? 다시 한 번 맞춰 보세요) *New York Times*, February 9, 2018, p.B1, https://www.nytimes.com/2018/02/08/business/economy/stocks-economy.html.

25   Liz Frazier, "The Coronavirus Crash of 2020," (2020년의 코로나바이러스 대란) Forbes, February 11, 2021, https://www.forbes.com/sites /lizfrazierpeck/2021/02/11/the-coronavirus-crash-of-2020-and-the-investing-lesson-it-taught-us/?sh=37b5f02346cf.

26   Michael Grabell and Bernice Yeung, "Emails Show the Meatpacking Industry Drafted an Executive Order to Keep Plants Open," (이메일에 따르면 육류 포장 업계가 공장 가동을 유지하기 위한 행정명령 초안을 작성했다) ProPublica, September 14, 2020, https://www.propublica.org/article/emails-show-the-meatpacking-industry-drafted-an-executive-order-to-keep-plants-open.

27   Jane Mayer, "How Trump Is Helping Tycoons Exploit the Pandemic," (트럼프는 어떻게 재벌들이 팬데믹을 악용하도록 돕는가) *The New Yorker*, July 20, 2020.

28   Jen Skerritt, "Tyson Foods Helped Create the Meat Crisis It Warns Against," (자신이 경고한 육류 위기를 초래한 타이슨 푸드) Bloomberg, April 29, 2020.

29   Jesse Drucker, "Bonanza for Rich Real Estate Investors, Tucked Into Stimulus Package," (부유한 부동산 투자자를 위한 호재, 경기 부양책에 포함) *New York Times*, March 27, 2020, p.B8.

30   Glantz, op. cit., 3장.

31   Glantz, op. cit., 7장.

32   Ibid.

33   Ibid.

34   James B. Stewart and Alan Rappeport, "Steven Mnuchin Tried to Save the Economy. Not Even His Family Is Happy," (스티븐 므누신은 경제를 살리려고 노력했다. 그러나 그의 가족조차 행복해하지 않는다)*New York Times*, August 31, 2020, p.A1.

35   Ibid.

36   Ibid.

37   Louise Linton, "How My Dream Gap Year in Africa Turned into a Nightmare,"(내가 꿈꾸던 대학 입학 전 아프리카 여행이 악몽이 된 이야기) Telegraph, July 1, 2016.

38   Jeff Stein and Peter Whoriskey, "The U.S. Plans to Lend $500 Billion to Large Companies. It Won't Require Them to Preserve Jobs or Limit Executive Pay," (미국정부, 대기업에 5,000억 달러 대출 예정. 일자리 보존이나 임원 급여 제한 요구도 없어) *Washington Post*,

April 28, 2020, https://www.washingtonpost.com/business/2020/04/28/federal-re-serve-bond-corporations.

39 Michael Grunwald, "The Corporate Bailout Doesn't Include the Limits Democrats Promised," (기업 구제 금융에는 민주당이 약속 한 제한 사항이 포함되지 않았다) *Politico,* April 2, 2020, https://www.politico.com/news/2020/04/02/coronavirus-corporate-bail-out-deal-161374.

40 Josh Wingrove and Saleha Mohsin, "Trump Claims Power to Gag Watchdog Over-seeing Virus Stimulus," (트럼프, 바이러스 확산을 감독하는 감시기구에 함구령 권한 주장) Bloomberg, March 28, 2020, https://www.bloomberg.com/news/articles/2020-03-28/trump-claims-power-to-gag-watchdog-overseeing-virus-stimulus?sref=12wQtvNW.

41 Matt Phillips and Clifford Krauss, "American Oil Drillers Were Hanging On by a Thread. Then Came the Virus," (미국 석유 시추업체들은 사활을 걸고 있었다. 그리고 바이러 스가 찾아왔다) *New York Times,* March 21, 2020, p.B5.

42 Clark Williams-Derry, Kathy Hipple, and Tom Sanzillo, "Living Beyond Their Means: Cash Flows of Five Oil Majors Can't Cover Dividends, Buybacks," (수단을 넘어선 삶: 5대 석유 메이저의 현금 흐름은 배당금과 환매를 감당할 수 없다) Institute for Energy Economics and Financial Analysis, January 2020, https://ieefa.org/wp-content/uploads/2020/01/Living-Beyond-Their-Means-Five-Oil-Majors-Cannot-Cover-Dividends_Janu-ary-2020.pdf.

43 Gregg Gelzinis, Michael Madowitz, and Divya Vijay, "The Fed's Oil and Gas Bailout Is a Mistake," (연준의 석유 및 가스 구제 금융은 실수다) Center for American Progress, July 31, 2020, https://www.americanprogress.org/issues/economy /reports/2020/07/31/488320/feds-oil-gas-bailout-mistake.

44 Jesse Eisinger, "The Bailout Is Working-for the Rich," (구제 금융은 효과 있다-부자들을 위 해서) ProPublica, May 10, 2020.

45 Fox Business가 2020년 4월 7일 방영한 Mornings with Maria에서의 Schwarzman 인터 뷰, https://www.facebook.com/watch /?v=1062782480764306.

46 Emily Flitter and Stacy Cowley, "Banks Gave Richest Clients 'Concierge Treatment' for Pandemic Aid," (은행들, 팬데믹 지원을 위해 가장 부유한 고객들에게 '특급 전담 대응' 제공) *New York Times,* April 2, 2020

47 essica Silver-Greenberg, David Enrich, Jesse Drucker, and Stacy Cowley, "Large, Troubled Companies Got Bailout Money in Small-Business Loan Program," (문제를 겪 는 대기업, 중소기업 대출 프로그램 통해 구제 금융을 받다) *New York Times,* April 27, 2020, p.A1.

48 미 하원 다양성과 포용성에 관한 재정서비스 소위원회 주최 신종 코로나바이러스 기간의 여성, 소수민족 소유 사업체의 지원금 접근성에 관한 청문회의록, 7월 9일, 2020, CQ Tran-scriptions를 통해 입수.

49 Peter Whoriskey, "Given Millions from PPP, Some Firms Fail to Keep Workers," (구제 프 로그램으로 수백만 달러를 받으면서도 일부 기업은 노동자 유지에 실패) *Washington Post,* July 28, 2020, p.A20.

50 Silver-Greenberg, Enrich, Drucker, and Cowley, op. cit.

51   Konrad Putzier, "Dallas Hotel Owner Is Biggest Beneficiary of Coronavirus Loan Program," (댈러스 호텔 소유주, 코로나 바이러스 대출 프로그램의 최대 수혜자) *Wall Street Journal*, April 22, 2020.

52   Monty Bennett, "What's Wrong With America?" (미국, 무엇이 문제인가?) Medium, March 22, 2020, https://medium.com/@AshfordCEO/whats-wrong-with-america-30bbad18aded.

53   연방선거위원회(Federal Election Commission) 선거운동 공시자료, https://www.fec.gov/data/receipts/individual-contributions/?committee_id=C00618389&contributor_name=bennett%2C+monty&two_year_transaction_period=2016&two_year_transaction_period=2018&two _year_transaction_period=2020&min_date=01%2F01%2F2015&max_date=12%2F31%2F2020.

54   Lachlan Markay, "Trump Donor Hired Trump-Tied Lobbyists, Then Raked In Coronavirus Relief Cash," (트럼프 관련 로비스트를 고용한 트럼프 기부자, 코로나 바이러스 구호금 챙겼다) Daily Beast, April 23, 2020, https://www.thedailybeast.com/the-top-covid-relief-recipient-hired-trump-tied-lobbyists-weeks-before-getting-aid.

55   Ibid.

56   David McLaughlin, Patrick Clark, and Ben Brody, "Luxury Hotelier Who Backed Trump Wins Big in Small-Business Aid," (트럼프 지지 럭셔리 호텔리어, 중소기업 지원금에서 큰 수확) Bloomberg, April 23, 2020..

57   Jeanna Smialek and Kenneth P. Vogel, "Hotelier's Push for $126 Million in Small-Business Aid Draws Scrutiny," (호텔리어의 1억 2,600만 달러 중소기업지원금 추진, 면밀히 조사키로) *New York Times*, May 2, 2020, p.A1.

58   Ashford, Inc., 2019 Annual Report, p.146, https://s1.q4cdn.com/428793312/files/doc_financials/2019/ar/2019-Annual-Report.pdf.

59   U.S. Securities and Exchange Commission, Schedule 14A (proxy statement), Ashford, Inc., April 1, 2020, http://d18rn0p25nwr6d.cloudfront.net/CIK-0001604738/508b422b-272f-4cfd-9353-d6fedaae60f5.html#NC 10008218X1_DEF14A_HTM_TE..

60   Alan Rappeport, "Treasury Vows to Recoup Virus Relief Aid Claimed by Big Companies," (재무부, 대기업의 바이러스 구호 지원 회수할 것 장담) *New York Times*, April 29, 2020, p.A1.

61   Konrad Putzier, "Texas Hotelier Monty Bennett's Companies Under SEC Investigation," (SEC 조사를 받는 텍사스 호텔리어 몬티 베넷의 회사들) *Wall Street Journal*, August 3, 2020.

62   Brian Spegele and Laura Cooper, "As Coronavirus Cases Climbed, Private-Equity-Owned Hospital Faced Closure," (코로나19 확진자 증가에 따라 사모펀드 소유 병원 폐쇄에 직면)*Wall Street Journal*, April 26, 2020.

63   Ibid.

64   Brian Spegele, "Hospital That Was Private-Equity Backed Sold to Local Health Network," (사모펀드 지원 병원, 지역 의료 네트워크에 매각) *Dow Jones Institutional News*, June 3, 2020.

65   Kurt Bresswein, "'We Are Out': Some Easton Hospital Employees Are Being Re-

placed by St. Luke's Staff," ('우리는 나간다': 일부 이스턴 병원 직원들 세인트 루크 병원 직원으로 대체) lehighvalleylive.com, June 17, 2020, https://www.lehighvalleylive.com/easton/2020/06/we-are-out-most-easton-hospital-employees-are-being-replaced-by-st-lukes-staff.html.

66 Jesse Drucker, Jessica Silver-Greenberg, and Sarah Kliff, "Wealthiest Hospitals Got Billions in Bailout for Struggling Health Providers," (가장 부유한 병원들이 어려움을 겪고 있는 의료 서비스 제공업체를 위한 수십억 달러의 구제 금융을 받았다) *New York Times*, May 26, 2020, p.A1.

67 Ibid.

68 Cleveland Clinic에서 2020년 6월 23일 열린 Virtual Ideas for Tomorrow 행사에 참석한 Schwarzman의 발언, https://www.youtube.com/watch?v=dO93WgowPl8.

69 "Top Charts of 2020: The Economic Fallout of Covid-19," (2020년 상위 차트: 코로나19의 경제적 여파) Economic Policy Institute, December 18, 2020, https://www.epi.org/publication/top-charts-of-2020-the-economic-fallout-of-covid-19.

70 Ibid.

71 Peter S. Goodman, Patricia Cohen, and Rachel Chaundler, "European Workers Draw Paychecks. American Workers Scrounge for Food," (유럽 노동자들은 월급을 받는다. 미국 노동자들은 식량을 구걸한다) *New York Times*, July 4, 2020, p.A1.

72 Kim Parker, Rachel Minkin, and Jesse Bennett, "Economic Fallout from Covid-19 Continues to Hit Lower-Income Americans the Hardest," (코로나19의 경제적 여파, 저소득층에게 가장 큰 타격) Pew Research Center, September 24, 2020, https://www.pewresearch.org/social-trends/2020/09/24/economic-fallout-from-covid-19-continues-to-hit-lower-income-americans-the-hardest.

73 Kristina Peterson and Julie Bykowicz, "Congress Debates Push to End Surprise Medical Billing," (기습 의료비 청구 근절을 위한 의회 토론회 열려) *Dow Jones Institutional News*, May 14, 2020.

74 Akela Lacy, "Effort to Take On Surprise Medical Billing in Coronavirus Stimulus Collapses," (코로나바이러스로 인한 의료비 기습청구에 대처하기 위한 노력 무위로) The Intercept, December 8, 2020, https://theintercept.com/2020/12/08/surprise-medical-billing-neal-covid.

75 2020년 5월 27일 열린 Bernstein의 36차 연례 전략협의회(Strategic Decisions Conference)에서 Schwarzman의 발언, Seeking Alpha에 등재된 녹취록, https://seekingalpha.com/article/4350994-blackstone-group-inc-bx-ceo-steve-schwarzman-presents-bernsteins-36th-annual-strategic.

76 Graham Steele, "The New Money Trust: How Large Money Managers Control Our Economy and What We Can Do About It," (새로운 머니 트러스트: 대규모 자금 관리자가 우리 경제를 통제하는 방법과 이에 대해 우리가 할 수 있는 일) American Economic Liberties Project, November 23, 2020; Alexander Sammon, "The Dawn of the BlackRock Era," *The American Prospect*, May 15, 2020.

77 Dawn Lim and Gregory Zuckerman, "Big Money Managers Take Lead Role in Managing Coronavirus Stimulus," (거액 자산가들, 코로나 바이러스 경기 부양책 관리에 주도적 역할)

Wall Street Journal, May 10, 2020.

78　Jeanna Smialek, "Top U.S. Officials Consulted with BlackRock as Markets Melted Down," (미국 고위 관리들 시장 붕괴관련 블랙록과 협의) *New York Times*, June 25, 2021, p.A1.

79　Ibid.

80　Annie Massa and Caleb Melby, "In Fink We Trust: BlackRock Is Now 'Fourth Branch of Government,'" (핑크 아래 우리는 신뢰한다: 정부의 '제4부'가 된 블랙록) *Bloomberg Businessweek*, May 21, 2020.

81　의원들이 므누신과 파월에게 보낸 서한, April 22, 2020, https://chuygarcia.house.gov/sites/chuygarcia.house.gov/files/Congressional%20Letter%20to%20Fed%2 0Treas%20 4_22.pdf.

82　BlackRock, Inc. (BLK)의 대표 Larry Fink의 2020 1분기 결산 및 수익보고, April 16, 2020, Seeking Alpha에 등재된 녹취록, https://seekingalpha.com/article/4338041-blackrock-inc-blk-ceo-larry-fink-on-q1-2020-results-earnings-call-transcript.

83　BlackRock Financial Management사와 뉴욕의 연방준비은행 사이의 논의. 2020년 5월 11일과 6월 29일에 수정되고 2021년 2월 4일 이메일로 전해짐. https://www.newyorkfed.org/medialibrary/media/markets/SMCCF_Investment_Management_Agreement.pdf.

84　Massa and Melby, op. cit.

85　Christine Idzelis, "BlackRock Rakes in Big Portion of Fed's ETF Investments," (블랙록, 연준 ETF 투자의 상당 부분 긁어모아) *Institutional Investor,* June 1, 2020.

86　Katherine Greifeld, "Traders Pour $1 Billion into Biggest Credit ETF to Front-Run Fed," (트레이더들, 최대 규모의 신용 ETF에 10억 달러를 투자해 연준 견인) Bloomberg, March 24, 2020.

87　Cezary Podkul and Dawn Lim, "Fed Hires BlackRock to Help Calm Markets. Its ETF Business Wins Big," (연준, 시장 안정을 위해 블랙록 고용. ETF 사업 큰 성공) *Wall Street Journal*, September 18, 2020.

88　Joshua Franklin and David Shepardson, "Boeing Raises $25 Billion in Blowout Debt Sale, Eschews Government Aid," (보잉, 정부 지원을 피해 250억 달러 규모의 부채 매각으로 자금 조달) Reuters, April 30, 2020, https://uk.reuters.com/article/uk-boeing-debt/boeing-raises-25-billion-in-blowout-debt-sale-eschews-government-aid-idUKKBN22C3SL.

89　Joshua Franklin, "Exxon Raises $9.5 Billion to Load Up on Cash While Debt Market Still Open to New Deals," (엑손, 현금 비축을 위해 95억 달러 조달. 채권 시장은 여전히 새로운 거래에 열려 있어) Reuters, April 13, 2020, https://www.reuters.com/article/us-exxon-mobil-debt/exxon-raises-9-5-billion-to-load-up-on-cash-while-debt-market-still-open-to-new-deals-idUSKCN21V269.

90　Molly Smith, "It's a Borrower's Bond Market as Amazon Gets Record Low Rates," (아마존이 사상 최저 금리를 얻어내며 차입자 채권 시장 개막) Bloomberg, June 2, 2020.

91　Joe Rennison, "US Corporate Bond Issuance Hits $1.919tn in 2020, Beating Full-Year Record," (2020년 미국 회사채 발행액 1조 9,190억 달러, 연간 사상 최대치 경신) *Financial Times*, September 2, 2020.

92 McConnell on This Week with George Stephanopoulos, ABC News, December 3, 2017, https://abcnews.go.com/Politics/week-transcript-12-17-sen-mitch-mcconnell-rep/story?id=51533836.

93 Burgess Everett, "McConnell Slams Brakes on Next Round of Coronavirus Aid," (매코널, 차기 코로나 바이러스 원조에 제동) *Politico*, April 21, 2020, https://www.politico.com/news/2020/04/21/mcconnell-slams-brakes-coronavirus-aid-199890.

94 Gail Collins, "Just Steele Yourselves," *New York Times*, March 6, 2009.

95 David J. Lynch, "Record Debt Load Poses Risk of 'Fiscal Tipping Point,'" (기록적인 부채로 '재정 티핑 포인트' 위험) *Washington Post*, April 19, 2020, p.A1.

96 Carl Hulse, "McConnell Says States Should Consider Bankruptcy, Rebuffing Calls for Aid," (매코널, 국가 파산을 고려해야 한다며 원조 요청 거부) *New York Times*, April 23, 2020, p.A14.

97 "Public Pension Funds Investing in Private Equity," (사모펀드에 투자하는 공적 연기금) *Private Equity & Venture Capital Spotlight* (June 2018): 12.

98 Eileen Appelbaum and Rosemary Batt, "Fees, Fees and More Fees: How Private Equity Abuses Its Limited Partners and U.S. Taxpayers," (수수료, 수수료 및 기타 수수료: 사모펀드가 유한책임 파트너와 미국 납세자를 기만하는 방법) Center for Economic and Policy Research, May 2016, https://cepr.net/images/stories/reports/private-equity-fees-2016-05.pdf.

99 Evan Halper, "CalPERS Investment Staff Receive Luxury Travel, Gifts from Financial Firms," (금융회사로부터 호화 여행과 선물을 받은 CalPERS 투자 직원들) *Los Angeles Times*, August 19, 2010, https://www.latimes.com/archives/la-xpm-2010-aug-19-la-me-calpers-20100819-story.html.

100 Justin Mitchell, "CalPERS CIO Meng Resigns amid Questions over Personal Investments," (개인 투자 관련 논란 속에 사임한 CalPERS 멍 대표) *Buyouts*, August 6, 2020.

101 "CalPERS Won't Hire a New CIO Until Next Year," (CalPERS, 내년까지 새 CIO를 고용하지 않을 것) Chief Investment Officer, August 2, 2021, https://www.ai-cio.com/news/calpers-wont-hire-a-new-cio-until-next-year.

102 Ludovic Phallipou, "An Inconvenient Fact: Private Equity Returns & the Billionaire Factory," (불편한 진실: 사모펀드 수익률과 억만장자 공장) University of Oxford, Said Business School, Working Paper, July 15, 2020, available at SSRN, https://papers.ssrn.com/sol3/papers.cfm?abstract_id =3623820.

103 Ibid.

104 Greg Roumeliotis, "Blackstone to Switch from a Partnership to a Corporation," (파트너십에서 법인으로 전환하는 블랙스톤) Reuters, April 18, 2019, https://www.reuters.com/article/us-blackstone-group-results/blackstone-to-switch-from-a-partnership-to-a-corporation-idUSKCN1RU196.

105 Antoine Gara, "Blackstone Now More Valuable Than Goldman Sachs and Morgan Stanley amid the Coronavirus Chaos," (코로나 바이러스 혼란 속에서 골드만삭스, 모건스탠

리보다 더 가치 있어진 블랙스톤) *Forbes*, March 5, 2020, https://www.forbes.com/sites/antoinegara/2020/03/05/blackstone-overtakes-goldman-sachs-and-morgan-stanley-amid-the-coronavirus-chaos/?sh=6a28e89d400f.

106　Eileen Appelbaum, "CEPR Statement on New Labor Department Guidance Allowing Risky Private Equity Investments in Workers' 401(k) Accounts," (노동자의 401(k) 계좌에 대한 고위험 사모펀드 투자를 허용하는 새로운 노동부 지침에 대한 CEPR의 성명서) Center for Economic and Policy Research, June 4, 2020, https://cepr.net/cepr-statement-on-new-labor-department-guidance-allowing-risky-private-equity-investments-in-workers-401k-accounts.

11장 우리는 사실 모두 하나

107　2020년 4월 8일 방영 된 CNB방송의 Mad Money에서 베니오프의 발언, https://www.cnbc.com/video/2020/04/08/salesforce-ceo-on-90-day-no-layoff-pledge-three-phase-virus-outl ook.html.d

108　Richard A. Oppel Jr., Robert Gebeloff, K. K. Rebecca Lai, Will Wright, and Mitch Smith, "The Fullest Look Yet at the Racial Inequity of Coronavirus," (코로나19의 인종 불평등에 대한 가장 포괄적 시각) *New York Times*, July 5, 2020.

109　Elizabeth Arias, Betzaida Tejada-Vera, Farida Ahmad, and Kennetrh D. Kochanek, "Provisional Life Expectancy Estimates for 2020," (2020년 잠정 기대수명 추정치) Centers for Disease Control and Prevention, National Vital Statistics System, Report No. 015, July 2021, https://www.cdc.gov/nchs/data/vsrr/VSRR015-508.pdf.

110　IKathryn M. Leifheit, Sabriya L. Linton, Julia Raifman, Gabriel Schwartz, Emily A. Benfer, Frederick J. Zimmerman, and Craig Pollack, "Expiring Eviction Moratoriums and COVID-19 Incidence and Mortality," (퇴거 유예 만료와 코로나19 발생률 및 사망률) November 30, 2020, 초고는 SSRN에서 찾을 수 있음, https://papers.ssrn.com/sol3/papers.cfm?abstract_ id=3739576.

111　분기 수익 관련 베니오프와 분석가들 사이의 2020년 8월 25일 통화 내용, Seeking Alpha에 게재된 녹취록, https://seekingalpha.com/article/4370780-salesforce-com-inc-s-crm-ceo-marc-benioff-on-q2-2021-results-earnings-call-transcript?part=single.

112　Salesforce가 2020년 3월 27일 연방 증권거래위원회에 제출한 공시(Form 8-K). https://www.sec.gov /ix?doc=/Archives/edgar/data/1108524/000110852420000018/crm-20200327.htm.

113　Jamie Smyth, "Wealthy Buyers Snap Up 'Safe Haven' Private Islands to Flee Pandemic," (부유한 구매자들, 팬데믹 회피 위해 '안전한 피난처'인 개인 섬 매입) *Financial Times*, July 24, 2020.

114　Tanya Powley and Claire Bushey, "Wealthy Switch to Private Jets to Avoid Coronavirus," (코로나19를 피해 개인 제트기로 갈아탄 부자들) *Financial Times*, July 25, 2020.

115　Alyson Krueger, "Rapid Testing Is the New Velvet Rope," (신속검사, 새로운 차단선이 되다) *New York Times*, August 16, 2020, p.ST1.

116　I2020년 8월 25일 방영된 CNBC의 Mad Money에서 베니오프의 발언. https://www.cnbc.com/2020/08/25/salesforces-marc-benioff-claims-a-victory-for-stakeholder-capitalism.html.

117 Klaus Schwab, *Stakeholder Capitalism: A Global Economy That Works for Progress, People, and the Planet*(이해관계자 자본주의: 진보, 사람, 지구를 위해 작동하는 글로벌 경제) (Hoboken, NJ: John Wiley & Sons, Inc., 2021), 171.

118 Laurence D. Fink, Annual Letter to CEOs, January 2018, http://www.corporance.es/wp-content/uploads/2018/01/Larry-Fink-letter-to-CEOs-2018-1.pdf.

119 Laurence D. Fink, "A Fundamental Reshaping of Finance," (금융의 근본적 재구성) Letter to CEOs, January 2020, https://www.blackrock.com/corporate/investor-relations/larry-fink-ceo-letter.

120 Leslie P. Norton, "Blackrock's Larry Fink: The New Conscience of Wall Street?" (블랙록의 래리 핑크: 월스트리트의 새로운 양심?) *Barron's*, June 23, 2018.

121 Ibid.

122 IPatrick Greenfield and Jasper Jolly, "BlackRock Joins Pressure Group Taking on Biggest Polluters," (블랙록, 최대 오염 기업에 대한 압력 단체에 합류) *Guardian*, January 10, 2020.

123 IAttracta Mooney, "BlackRock Accused of Climate Change Hypocrisy," (블랙록, 위선적 기후 변화 방지운동이라 고발당해) *Financial Times*, May 17, 2020.

124 IRobert Mackey, "How Larry Fink, Joe Biden's Wall Street Ally, Profits from Amazon Cattle Ranching, a Force Behind Deforestation," (조 바이든의 월스트리트 동맹 래리 핑크가 삼림 벌채의 배후인 아마존 가축 목장에서 이익을 얻는 방법) The Intercept, August 30, 2019.

125 Davide Barbuscia and Hadeel Al Sayegh, "Saudi Aramco and BlackRock, Others, Discussing Deal Worth over $10 Billion," (사우디 아람코와 블랙록, 100억 달러 이상 규모의 거래 논의 중) Reuters, October 13, 2020.

126 Alan Murray, "America's CEOs Seek a New Purpose for the Corporation," (기업의 새로운 목적을 모색하는 미국의 CEO들) *Fortune*, August 19, 2019, https://fortune.com/longform/business-roundtable-ceos-corporations-purpose.

127 Klaus Schwab, "What Kind of Capitalism Do We Want?" (우리는 어떤 자본주의를 원하나?) *Time*, December 2, 2019.

128 Mark Landler, "In Extraordinary Statement, Trump Stands with Saudis Despite Kashoggi Killing," (트럼프, 카쇼기 살해에도 불구, 사우디 편드는 특별 성명 발표) *New York Times*, November 21, 2018, p.A1.

129 Arne Sorenson, Davos에서 Bloomberg TV와의 인터뷰, January 21, 2020, https://www.bloomberg.com/news/videos/2020-01-21/marriott-international-ceo-sorenson-on-corporate-stakeholders-culture-video?sref=12wQtvNW.

130 "A Message to Marriott International Associates from President and CEO Arne Sorenson," (사장 겸 CEO 아르네 소렌슨이 메리어트 인터내셔널 임직원에게 보내는 메시지) March 20, 2020, https://www.youtube.com/watch?v=SprFgoU6aO0.

131 Matt Phillips, "The Stock Buyback Binge May Be Over. For Now," (주식 환매 폭풍은 끝났을지 모른다. 현재로서는) *New York Times*, March 25, 2020, p.B4.

132 Lucien Bebcuk and Roberto Tallarita, "The Illusory Promise of Stakeholder Gover-

nance," (이해관계자 거버넌스의 허황된 약속) *Cornell Law Review*, July 1, 2020.

133   Aaron Tilley, "Salesforce Notifies Some Staff of Job Cuts," (일부 직원에게 감원을 통보한 세일즈포스) *Dow Jones Institutional News*, August 26, 2020.

134   Rosalie Chan, Benjamin Pimentel, Ashley Stewart, Paayal Zaveri, and Jeff Elder, "The Tech Industry Has a Terrible Track Record on Diversity. Here's How 17 Companies That Spoke Out Against Racism This Week Say They Plan to Improve," (기술 업계는 다양성 측면에서 끔찍한 기록을 가지고 있다. 인종 차별에 반대하는 목소리를 낸 17개 기업이 이번 주에 밝힌 개선 계획) *Business Insider*, June 6, 2020.

135   Austin Weinstein, "Salesforce's Hawaii Obsession Provokes Debate over Appropriation," (하와이에 대한 세일즈포스의 집착, 예산 전용에 대한 논쟁을 불러일으키다) Bloomberg, September 28, 2018.

12장 우리는 안전하지 않다

136   Karen Weise, "Amazon Hires at a Record Clip: 1,400 Per Day," (아마존의 기록적인 고용. 하루 1,400명) *New York Times*, November 28, 2020, p.A1.

137   Frank Holland, "Amazon Is Delivering Nearly Two-Thirds of Its Own Packages as E-commerce Continues Pandemic Boom," (팬데믹으로 인한 전자상거래 호황이 지속되며 아마존 배송 물량의 3분의 2에 가까운 물량을 자체 배송 중) CNBC, August 13, 2020.

138   Matt Day, "Amazon Will Hire 75,000 Logistics Workers in Latest Hiring Binge," (아마존, 최근 채용 폭증으로 75,000명의 물류 노동자 고용 예정) Bloomberg, May 13, 2021.

139   Weise, op. cit.

140   Michelle Toh, "Jeff Bezos Is Now Worth a Whopping $200 Billion," (제프 베조스는 이제 무려 2천억 달러의 가치가 있다) *CNN Business*, August 28, 2020, https:// edition.cnn.com/2020/08/27/tech/jeff-bezos-net-worth-200-billion-intl-hnk/index.html.

141   Jody Heymann, Hye Jin Rho, John Schmitt, and Alison Earle, "Contagion Nation: A Comparison of Paid Sick Day Policies in 22 Countries," (전염병 국가: 22개국의 유급 병가 정책 비교) Center for Economic and Policy Research, May 2009, https://cepr.net/documents/publications/paid-sick-days-2009-05.pdf.

142   Pelosi Statement on Introduction of the Families First Coronavirus Response Act, March 11, 2020, https://pelosi.house.gov/news/press-releases/pelosi-statement-on-introduction-of-the-families-first-coronavirus-response-act.

143   U.S. Department of Labor, Summary of Families First Coronavirus Response Act, https://www.dol.gov/agencies/whd/pandemic/ffcra-employee-paid-leave.

144   Caroline O'Donovan, "Amazon Says Employees Quarantined by a Doctor Will Get Paid, but So Far Many Say They Haven't," (아마존은 의료진에 의해 격리된 직원이 급여를 받을 것이라고 말하지만 아직 많은 사람들은 그렇지 않다고 한다) BuzzFeed News, April 11, 2020, https://www.buzzfeednews.com/article/carolineodonovan/amazon-workers-not-getting-quarantine-pay.

145   Amazon, 2019 U.S. Political Contribution and Expenditure Policy and Statement,

https://s2.q4cdn.com/299287126/files/doc_downloads/governance/2019-Political-Expenditures-Statement.pdf.

146 "A Message from our CEO and Founder," Amazon blog, March 21, 2020, https://blog.aboutamazon.com/company-news/a-message-from-our-ceo-and-founder.

147 Alex Harman, "Prime Gouging: How Amazon Raised Prices to Profit from the Pandemic," (최고의 야바위: 아마존이 팬데믹으로 이익을 얻기 위해 가격을 올린 방법)Public Citizen, September 9, 2020, https://www.citizen.org/article/prime-gouging.

148 Ron Knox and Shaoul Sussman, "How Amazon Used the Pandemic to Amass More Monopoly Power,"(아마존이 팬데믹을 이용해 독점력을 강화한 방법) *The Nation,* June 26, 2020.

149 Sam Levin, "Revealed: Amazon Told Workers Paid Sick Leave Doesn't Cover Warehouses," (공개: 아마존, 유급 병가는 창고 노동자에게 적용 안 돼) *Guardian*, May 7, 2020, https://www.theguardian.com/technology/2020/may/07/amazon-warehouse-workers-coronavirus-time-off-california.

150 Chris Mills Rodrigo, "Amazon Workers Protest Termination of Unlimited Unpaid Time Off Policy," (아마존 노동자들, 무제한 무급 휴가 정책 종료에 항의) The Hill, April 27, 2020.

151 Matt Day, "Amazon Covid-19 Outbreak in Minnesota Was Worse Than Local County," (미네소타 아마존에서 발병한 코로나19는 지역사회보다 훨씬 심각) Bloomberg, June 30, 2020.

152 Daniel Uria, "Amazon Says Nearly 20,000 Workers Have Tested Positive for COVID-19," (아마존, 2만에 가까운 노동자가 코로나19 양성 판정) United Press International, October 1, 2020, https://www.upi.com/Top_News/US/2020/10/01/Amazon-says-nearly-20000-workers-have-tested-positive-for-COVID-19/2551601595828.

153 Spencer Soper, "Amazon Study of Workers' Covid Is Faulted over Lack of Key Data," (아마존의 노동자 코로나 실태조사, 주요 데이터 부족으로 실패) *Bloomberg News*, October 6, 2020.

154 Ibid.

155 Paul Blest, "Leaked Amazon Memo Details Plan to Smear Fired Warehouse Organizer: 'He's Not Smart or Articulate,'" (해고된 창고 조직자를 비방하려는 유출된 아마존 메모 세부 계획 : '그는 똑똑하지도, 조리 있지도 않다') Vice News, April 2, 2020, https://www.vice.com/en_us/article/5dm8bx/leaked-amazon-memo-details-plan-to-smear-fired-warehouse-organizer-hes-not-smart-or-articulate.

156 Ibid.

157 Jodi Kantor, Karen Weise, and Grace Ashford, "The Amazon That Customers Don't See," (고객이 보지 못하는 아마존) *New York Times*, June 15, 2021.

158 David Sirota, "Amazon & Trump Agency Blocked Worker Safety Initiative Amid Pandemic," (아마존과 트럼프 정부, 팬데믹 와중 노동자 안전 이니셔티브 차단) *TMI, May* 1, 2020, https://sirota.substack.com/p/scoop-amazon-and-trump-agency-blocked.

159 Ibid.

160 Tim Bray, "Bye Amazon," (안녕, 아마존) a blog post, May 4, 2020, https://www.tbray.org/ongoing/When/202x/2020/04/29/Leaving-Amazon#p-3.

161 Emily Kirkpatrick, "There's Now a Guillotine Set Up Outside Jeff Bezos's Mansion," (이 제 제프 베조스의 저택 앞에 단두대가 설치되었다) *Vanity Fair*, August 28, 2020, https://www. vanityfair.com/style/2020/08/jeff-bezos-guillotine-protest-amazon-workers.

162 Robert Hackett, "After Public Outcry, Amazon Deletes Listings for 2 Intelligence Jobs That Involved Tracking 'Labor Organizing Threats,'" (대중의 비난 후 아마존, '노동 조직 위협' 감시 관련 두 정보 직군 직무목록 삭제) *Fortune*, September 1, 2020, https://fortune. com/2020/09/01/amazon-anti-union-jobs-tracking-labor-organizing-threats-jeff-bezos.

163 Nicolas Reimann, "Amazon Sent out a Scripted News Segment, and 11 Stations Aired It," (아마존의 대본에 의한 뉴스 영상을 11개 방송국에서 방영) Forbes, May 26, 2020, https:// www.forbes.com/sites/nicholasreimann/2020/05/26/amazon-sent-out-a-scripted-news-segment-and-11-stations-aired-it/#51b7d878 48b9.

13장 이것이 사람들을 죽이고 있다

164 Andrea Sparaciari, "San Raffaele: dopo l'inchiesta sulla truffa da 10 milioni, scoppa il caso dei bilanci segreti. E per salvarsi chiama Maroni," (산 라파엘레: 천만 달러 사기 사건 조사 후 비밀 예산 사건 터져. 구명 위해 마로니에게 전화) *Business Insider Italia*, July 2, 2020, https://it.businessinsider.com/san-raffaele-inchiesta-truffa-da-10-milioni-sbilanci-segreti-maroni/amp.

165 OECD.2019년 의료비 지출 데이터. https://stats.oecd.org/Index.aspx?ThemeTreeId=9.

166 Rapporto Sanita 2018, 40 Anni del Servizio Sanitario Nazionale, (2018 Sanita 보고서, 국가 보건 서비스 40년) p.16, https://programmazionesanitaria.it/_progsan/2018/SSN40-Rapporto.pdf.

167 Stefano Colombo, "Quanto ci vuole a prenotare una visita medica in Lombardia? Dipende da quanto potete pagare," (롬바르디아에서 건강 검진 예약에 걸리는 시간은? 지불 가능한 금액에 따라 다르다) The Submarine, June 29, 2020, https://thesubmarine. it/2020/06/29/prenotare-visita-lombardia-attesa.

168 Gianluca Di Feo and Michele Sasso, "Formigoni re delle Antille," (앤틸리스의 왕 포미고니) L'Espresso, April 19, 2012, https://espresso.repubblica.it/palazzo/2012/04/19/news/formigoni-r-delle-antille-1.42330.

169 "Processo Maugeri, '70 milioni die euro tolti ai malati per i sollazzi di Formigoni,'" (마우게리 재판, '포미고니의 여흥을 위해 환자에게서 7천만 유로 빼돌려') *il Fatto Quotidiano*, September 20, 2016, https://www.ilfattoquotidiano.it/2016/09/20/processo-maugeri-70-milioni-di-euro-tolti-ai-malati-per-i-sollazzi-di-formigoni/3046192.

170 Luigi Ferrarella and Giuseppe Guastella, "Maugeri, sequestrati yacht, immobili, denaro e vino pregiato per oltre 60 milioni di euro," (6천만 유로가 넘는 마우 게리의 요트, 부동산, 돈 및 고급 와인 압수) *Corriere Della Sera*, July 16, 2012, https://milano.corriere.it/milano/notizie/cronaca/12_luglio_16/san-raffaele-sequestro-2011024259999 .shtml.

171 Andrea Sparaciari, "San Raffaele: dopo l'inchiesta sulla truffa da 10 milioni, scoppia ii caso dei bilanci segreti. E per salvarsi chiama Maroni," (산 라파엘레: 천만 달러 사기 사건

조사 후 비밀 예산 사건 터져. 구명 위해 마로니에게 전화) *Business Insider Italia*, July 2, 2020.

172 Jason Horowitz, "The Lost Days That Made Bergamo a Coronavirus Tragedy," (베르가모 가 코로나 바이러스의 비극이 된 잃어버린 날들) *New York Times*, November 30, 2020, p.A1.

173 Peter S. Goodman and Gaia Pianigiani, "Why COVID Caused Such Suffering in Italy's Wealthiest Region," (이탈리아에서 가장 부유한 지역이 왜 코로나19로 이렇게 고통 받았을까) *New York Times*, November 21, 2020, p.B1.

174 Talha Burki, "England and Wales See 20,000 Excess Deaths in Care Homes," (잉글랜드 와 웨일스 요양원에서 20,000명이 넘는 사망자 발생) *Lancet*, May 23, 2020.

175 Jane Bradley, Selam Gebrekidan, and Allison McCann, "Waste, Negligence and Crony-ism: Inside Britain's Pandemic Spending," (낭비, 태만, 정실주의: 영국의 팬데믹 지출 실상) *New York Times*, December 17, 2020.

176 Tucker Carlson monologue, "Are Coronavirus Lockdowns Working?" (코로나 바이러스 봉쇄는 효과가 있나?) Fox News, April 22, 2020, https://www.youtube.com/watch?v=MuuA0azQRGQ.

177 Peter S. Goodman, "Sweden Has Become the World's Cautionary Tale," (스웨덴 세계의 교훈이 되다) *New York Times*, July 8, 2020, p.A1.

178 Jon Henley, "Swedish Surge in Covid Cases Dashes Immunity Hopes," (스웨덴 코로나 확 진자 급증으로 면역에 대한 희망 사라져) *Guardian*, November 12, 2020.

179 Jon Henley, "Sweden's Covid-19 Strategist Under Fire over Herd Immunity Emails," (스 웨덴 코로나19 전문가 집단 면역 관련 이메일로 논란에 휩싸이다) *Guardian*, August 17, 2020, https://www.theguardian.com/world/2020/aug/17/swedens-covid-19-strategist-un-der-fire-over-herd-immunity-emails.

180 "Key Issues in Long Term Care Policy," (장기요양 정책의 주요 쟁점) OECD, https://www.oecd.org/els/health-systems/long-term-care.htm.

181 IOECD 병원의 병상 수 관련 데이터, https://data.oecd.org/healtheqt/hospital-beds.htm.

182 Silvia Amaro, "Dijsselbloem Under Fire After Saying Southern Europe Wasted Money on 'Drinks and Women,'" (남유럽이 '술과 여자'에 돈을 낭비했다 말한 디셀블룸에 비난 고조) CNBC, March 22, 2017.

183 Joseph E. Stiglitz, *The Euro: How a Common Currency Threatens the Future of Eu-rope*(유로화: 공통 통화는 어떻게 유럽의 미래를 위협하나) (New York: W. W. Norton & Co., 2018), p.201-3.

184 Peter Conradi, "EU Plans for Virus Bailouts Rejected by 'Frugal Four' States," (EU의 바 이러스 구제 금융 계획, '검소한 4개국'에 의해 거부) *Sunday Times* (London), May 24, 2020.

185 Al Goodman, Laura Perez Maestro, Ingrid Formanek, Max Ramsay, and Ivana Kottaso-va, "Spain Turns Ice Rink into a Morgue as Coronavirus Deaths Pile Up," (스페인, 코 로나 바이러스 사망자가 누적되며 영안실로 변한 아이스링크) CNN, March 24, 2020, https://edition.cnn.com/2020/03/24/europe/spain-ice-rink-morgue-coronavirus-intl/index.html.

186 IJason Horowitz and Emma Bubola, "Italy's Coronavirus Victims Face Death Alone, with Funerals Postponed," (이탈리아의 코로나 바이러스 희생자를 장례식이 연기되며 홀로 죽 음에 직면) *New York Times*, March 17, 2020, p.A1.

187 Matina Stevis-Gridneff, "E.U. Adopts Groundbreaking Stimulus to Fight Coronavirus Recession," (유럽연합, 코로나19 경기 침체에 맞서기 위한 획기적인 경기 부양책 채택) *New York Times*, July 22, 2020, p.A1.

188 Peter S. Goodman, Patricia Cohen, and Rachel Chaundler, "European Workers Draw Paychecks. American Workers Scrounge for Food," (유럽 노동자들은 월급을 받는다. 미국 노동자들은 식량을 구걸한다) *New York Times*, July 4, 2020, p.A1.

189 Peter S. Goodman, "With a Torrent of Money, Britain Takes Aim at Coronavirus and Austerity," (쏟아지는 자금으로 영국, 코로나19와 긴축을 겨냥) *New York Times*, March 12, 2020, p.A18.

190 Peter S. Goodman, "Europe's Leaders Ditch Austerity and Fight Pandemic with Cash," (유럽의 지도자들 긴축을 버리고 현금으로 팬데믹과 싸운다) *New York Times*, March 26, 2020, p.A6.

191 Andrew Atkinson and David Goodman, "U.K. Budget Deficit Narrows to Almost Half of Pandemic Level," (영국 예산 적자, 팬데믹 수준의 거의 절반으로 축소) Bloomberg, August 20, 2021.

192 Michael Pooler and Robert Smith, "Treasury Under Fire over Disclosure Silence on Virus Loans," (바이러스 대출 관련 정보 공개에 침묵하는 재무부에 불똥) *Financial Times*, August 24, 2020.

193 Ibid.

194 John Collingridge, "Follow the Money? It Isn't Easy in Sanjeev Gupta's Empire," (돈을 따라가라고? 산지브 굽타의 제국에서는 쉽지 않은 이야기) *Sunday Times* (London), March 15, 2020.

195 BBC Panorama, August 9, 2021.

196 Ibid.

197 Mark Kleinman, "Greensill Stripped of Government Guarantee on Loans to Steel Tycoon Gupta," (그린실, 철강 재벌 굽타 대출에 대한 정부 보증 박탈당해) Sky News, March 1, 2021, https://news.sky.com/story/greensill-stripped-of-government-guarantee-on-loans-to-steel-tycoon-gupta-12233039.

198 "Coronavirus: EasyJet Plans up to 4,500 Job Cuts," (코로나 바이러스: 이지젯, 최대 4,500명 감원 계획) BBC, May 28, 2020, https://www.bbc.co.uk/news/business-52830665.

199 "Easyjet Seeks State Loans-But Pays Stelios £60 Million," (이지젯, 주정부 대출을 받으면 서도 스텔리오스에 6천만 파운드 지급) *Times* (London), March 20, 2020.

200 Philip Georgiadis, "BA to Drop Controversial 'Fire and Rehire' Plan for Thousands of Staff," (BA, 수천 명의 직원에 대한 논란의 '해고 및 재고용' 계획을 철회) *Financial Times*, September 16, 2020.

201 Simon Duke, "Big Beneficiaries of COVID-19 Loan Scheme Paid No Corporation Tax," (코로나19 대출 제도의 큰 수혜자 법인세 탈루) Times (London), June 6, 2020.

202 Merlin Entertainments Limited, COVID-19 Update Statement, April 7, 2020, http://northeurope.blob.euroland.com/press-releases-attachments/1206630/Publication-COVID-19-Update-Statement-_2020-04-07.pdf.

203 Merlin Entertainments Limited, 2019년 연례 보고서, Exhibit A, http://northeurope.blob.euroland.com/press-releases-attachments/1219498/Publication-Announcement-2019-Annual-Report-Other-Information-_2020-04-24.pdf.

204 Merlin Entertainments, 2019년 연례 보고서, p.38, https://www.merlinentertainments.biz/media/3068/merlin-entertainments-annual-report-and-accounts-2019.pdf.

205 Chibuike Oguh, "Blackstone's First-Quarter Profit Rises but Coronavirus Weighs," (블랙스톤의 1분기 수익은 증가했으나 코로나바이러스는 부담) Reuters, April 23, 2020.

206 Heather Perlberg, "Steve Schwarzman Sees Virus Wiping $5 Trillion From GDP," (스티브 슈워츠먼, 바이러스로 GDP에서 5조 달러 증발 전망) Bloomberg, April 7, 2020.

14장 지금이 수익을 낼 때인가?

207 "Remarks by President Trump and Members of the Coronavirus Task Force in Meeting with Pharmaceutical Companies," (트럼프 대통령과 코로나바이러스 태스크포스 위원들이 제약회사들과 만난 자리에서 한 발언) March 2, 2020, C-Span 촬영본, https://www.c-span.org/video/?469926-1/president-trump-meeting-pharmaceutical-executives-coronavirus.

208 "Informal Consultation on Prioritization of Candidate Therapeutic Agents for Use in Novel Coronavirus 2019 Infection," (2019 신종 코로나바이러스 감염증에 사용할 후보 치료제의 우선순위 결정에 관한 비공식 협의) World Health Organization, R&D Blueprint, January 24, 2020, p.9, https://apps.who.int/iris/handle/10665/330680.

209 Biopharmaceutical response to COVID-19, PhRMA 언론홍보행사, March 6, 2020, https://www.youtube .com/watch?v=e951H8uSesM.

210 Kathryn Ardizzone, "Role of the Federal Government in the Development of GS-5734/Remdesivir," (GS-5734/렘데시비르 개발에서 연방 정부의 역할) Knowledge Ecology International, Briefing Note 2020:1, https://www.keionline.org /BN-2020-1.

211 소비자 보호단체가 *Daniel O'Day*에게 보낸 2020년 3월 25일자 서한, March 25, 2020, https://www.citizen.org/wp-content/uploads/Letter-from-50-groups-to-Gilead-renounce-remdesivir-orphan-drug-claim.pdf.

212 Ibid.

213 Ekaterina Galkina Cleary, Matthew J. Jackson, Zoe Folchman-Wagner, and Fred D. Ledley, "Foundational Research and NIH Funding Enabling Emergency Use Authorization of Remdesivir for COVID-19," (COVID-19에 렘데시비르의 긴급 사용 승인을 위한 기초 연구 및 NIH 자금 지원) Center for Integration of Science and Industry, Bentley University, preprinted paper, https://www.medrxiv.org/content/10.1101/2020.07.01.20144576v1.full.pdf+html.

214 IEkaterina Galkina Cleary, Matthew J. Jackson, and Fred D. Ledley, "Government as the First Investor in Biopharmaceutical Innovation: Evidence from New Drug Approvals 2010-2019," (바이오 의약품 혁신의 첫 투자자인 정부: 2010-2019년 신약 승인의 성과 증거) Institute for New Economic Thinking, Working Paper No. 133, August 5, 2020, https://www.ineteconomics.org/uploads/papers/WP_133-Cleary-et-al-Govt-innovation.pdf.

215 Ibid

216 Mary Caffrey, "JAMA: List Prices for Key Drugs More Than Doubled over 10-Year Period," (JAMA: 주요 약품의 정가 10년 동안 두 배 이상 상승) *JAMA*, March 3, 2020.

217 Deb Chaarushena and Gregory Curfman, "Relentless Prescription Drug Price Increases," (끊임없는 처방약 가격 인상) *JAMA*, March 3, 2020.

218 William Lazonick, Matt Hopkins, Ken Jacobson, Mustafa Erdem Sakinc, and Oner Tulum, "U.S. Pharma's Financialized Business Model," (미국 제약업계의 금융화된 비즈니스 모델) Institute for New Economic Thinking, Working Paper No. 60, July 13, 2017, https://www.ineteconomics.org/uploads/papers/WP_60-Lazonick-et-al-US-Pharma-Business-Model.pdf.

219 Ibid.

220 Jessie Hellmann, "PhRMA Spent Record-High $29 Million on Lobbying in 2019," (PhRMA, 2019년 로비 활동에 사상 최고치인 2,900만 달러 지출) The Hill, January 22, 2020, https://thehill.com/policy/healthcare/479403-phrma-spent-record-high-29-million-lobbying-congress-trump-administration.

221 Lazonick 외, op. cit.

222 Olga Khazan, "The True Cost of an Expensive Medication," (값비싼 의약품의 실제 원가) *The Atlantic*, September 25, 2015, https://www.theatlantic.com/health/archive/2015/09/an-expensive-medications-human-cost/407299.

223 미 상원 Committee on Finance의 Staff report, "The Price of Sovaldi and Its Impact on the U.S. Health Care System," (소발디의 가격과 미국 의료 시스템에 미치는 영향) December 2015, p.82, https://www.finance.senate.gov/imo/media/doc/1%20The%20Price%20of%20Sovaldi%20and%20Its%20Impact%20on%20the%20U.S.%20Health%20Care%20System%20(Full%20Report).pdf.

224 William Rice and Frank Clemente, "Gilead Sciences: Price Gouger, Tax Dodger," (길리어드 사이언스: 탈세자, 프라이스 가우거) Americans for Tax Fairness, July 2016, https://americansfortaxfairness.org/files/ATF-Gilead-Report-Finalv3-for-Web.pdf.

225 Christopher Rowland, "An HIV Treatment Cost Taxpayers Millions. The Government Patented It. But a Pharma Giant Is Making Billions," (납세자들이 수백만 달러의 비용을 지불하는 HIV 치료. 정부가 특허를 냈다. 하지만 거대 제약회사가 수십억 달러를 벌어들이고 있다) Washington Post, March 26, 2019.

226 미 하원 감독 및 개혁위원회(Committee on the Oversight and Reform) 2019년 5월 16일 청문회의록, Serial No. 116-24, https://www.congress.gov/event/116th-congress/house-event/LC64021/text?s=1&r=55.

227 "NIH Clinical Trial Shows Remdesivir Accelerates Recovery from Advanced COVID-19," (렘데시비르가 코로나19 중증 환자 회복을 가속화한다는 NIH 임상시험 결과 발표) NIH News Release, April 29, 2020, https://www.nih.gov/news-events/news-releases/nih-clinical-trial-shows-remdesivir-accelerates-recovery-advanced-covid-19.

228 Joseph Walker, "U.S. Explores Emergency-Use Approval for Gilead Drug After Study Found It Helped Recovery from COVID-19," (미국, 코로나19 회복에 도움이 된다는 연구 결과 후 길리어드 약물에 대한 긴급 사용 승인 검토) *Wall Street Journal*, April 29, 2020.

229 "Remarks by President Trump in Announcement on Remdesivir," (렘데시비르 관련 발표에서 트럼프 대통령의 발언) White House, May 1, 2020, https://www.whitehouse.gov/briefings-statements/remarks-president-trump-announcement-remdesivir.

230 Tinker Ready, "NIH to Watch Drug Prices After AZT 'Mistake,'" (NIH, AZT '실수' 이후 약값 주시) *HealthWeek*, September 25, 1989.

231 Warren E. Leary, "U.S. Gives Up Right to Control Drug Prices," (미 정부, 의약품 가격 통제 권한 포기) *New York Times*, April 12, 1995, p.A23.

232 National Institutes of Health, Public Health Service, 1995년 4월 11일자 보도자료, https://www.ott.nih.gov/sites/default/files/documents/pdfs/NIH-Notice-Rescinding-Reasonable-Pricing-Clause.pdf.

233 Roll Call Vote, 106th Congress-2nd Session, Vote Number 168, June 30, 2000, https://www.senate.gov /legislative/LIS/roll_call_lists/roll_call_vote_cfm.cfm?congress=106&-session=2&vote=00168#position; Ryan Grim and Aida Chavez, "How the Senate Paved the Way for Coronavirus Profiteering, and How Congress Could Undo It," The Intercept, March 2, 2020에서 재인용.

234 "An Open Letter from Daniel O'Day, Chairman & CEO Gilead Sciences," (길리어드 사이언스 회장 겸 CEO 다니엘 오데이의 공개 서한) *Business Wire*, June 29, 2020.

235 Melanie D. Whittington and Jonathan D. Campbell, "Alternative Pricing Models for Remdesivir and Other Potential Treatments for COVID-19," (렘데시비르 및 기타 COVID-19 치료제에 대한 대체 가격 모델) Institute for Clinical and Economic Review, May 1, 2020.

236 IManojna Maddipatla and Michael Erman, "State Attorneys General Urge U.S. to Let Other Firms Make Gilead COVID-19 Drug," (주 법무장관, 미국의 다른 회사들도 길리어드 COVID-19 약을 만들 수 있도록 촉구) Reuters, August 4, 2020, https://uk.reuters.com/article/us-health-coronavirus-remdesivir/state-attorneys-general-urge-u-s-to-let-other-firms-make-gilead-covid-19-drug idUKKCN2E0218.

237 스위스 University of St. Gallen의 Global Trade Alert project 데이터.

238 Forum Bhatt, "India-China Standoff Threatens to Disrupt World's Biggest Exporter of Generic Drugs," (인도와 중국의 교착 상태로 세계 최대 제네릭 의약품 수출에 차질 우려) Bloomberg, July 2, 2020.

239 Klaus Schwab, "India's Opportunity in a Multiconceptual World," (다개념 세계에서 인도가 가진 기회) World Economic Forum, January 9, 2018, https://www.weforum.org/agenda/2018/01/india-opportunity-in-a-multiconceptual-world.

240 Vidhi Doshi, "Indian Politician Offers $1.5M Bounty for Beheading of Top Bollywood Star Deepika Paukone," (인도 정치인, 최고의 발리우드 스타 디피카 파우코네의 참수에 150만 달러의 현상금 걸어) November 21, 2017, https://www.independent.co.uk/arts-entertainment/films/news/india-bollywood-beheading-bounty-deepika-padukone-padmavati-surajpal-amu-sanjay-leela-bhansali-hinduism-offence-a8066566.html.

241 미 하원 에너지 통상위원회 감독 및 조사 소위원회에서 Center for Drug Evaluation and Research의 Janet Woodcock 소장, Food and Drug Administration, Department of Health and Human Services의 증언, 2019년 12월 10일. https://www.congress.

gov/116/meeting/house/110317/witnesses/HHRG-116-IF02-Wstate-Woodcock-MDM-20191210.pdf.

242 Hastings Center의 건강관리 전문가 Rosemary Gibson과의 인터뷰 , April 6, 2020.

243 "White House Adviser Navarro Lashes Out at China Over 'Fake' Test Kits," (백악관 나바로 고문, '가짜' 테스트 키트로 중국을 비난) Reuters, April 27, 2020, https://www.reuters.com/article/us-health-coronavirus-usa-china-idUSKCN2292S8.

244 Jeff Stein, Robert Costa, and Josh Dawsey, "White House Aides Torn over Trade Hawk's Proposal as President Trump Weighs Action on China," (트럼프 대통령이 중국에 대한 조치를 검토하는 가운데 백악관 보좌관들이 무역 매파의 제안에 분열) *Washington Post*, April 29, 2020.

245 Maegan Vazquez, "Trump Signs 'Buy American First' Pharma Executive Order," (트럼프, '미국산 우선 구매' 제약 행정명령에 서명) CNN Wire, August 6, 2020.

246 Katrin Bennhold and David E. Sanger, "U.S. Offered 'Large Sum' to German Company for Access to Coronavirus Vaccine Research, German Officials Say," (미국이 코로나 바이러스 백신 연구에 대한 접근을 위해 독일 회사에 '큰 액수'를 제안했다고 독일 관리들 말해) New *York Times*, March 16, 2020, p.A12.

247 Ibid.

248 "Coronavirus: UK Rejects Chance to Join EU's COVID-19 Vaccine Scheme," (코로나 바이러스: 영국, EU의 코로나19 백신 계획에 참여할 기회 거부) *Euronews*, October 7, 2020, https://www.euronews.com/2020/07/03/coronavirus-uk-considering-whether-to-join-eu-s-vaccine-scheme-as-race-is-on-to-secure-sup.

249 U.S. Department of Health and Human Services 2020년 10월 13일자 보도자료, https://www.hhs.gov/about/news/2020/10/13/trump-administration-expands-manufacturing-capacity-cytiva-components-covid-19-vaccines.html.

250 Hannah Kuchler, "Pfizer Expects $15bn in COVID Vaccine Revenue This Year," (화이자, 올해 코로나19 백신 매출 150억 달러 예상) *Financial Times*, February 2, 2021.

251 Rebecca Robbins and Peter S. Goodman, "Pfizer Reaps Hundreds of Millions in Profit from COVID Vaccine," (화이자 코로나 백신으로 수억 달러의 수익 거둬) *New York Times*, May 5, 2021, p.B1.

252 Ibid.

253 Stephanie Baker, Cynthia Koons, and Vernon Silver, "Inside Pfizer's Fast, Fraught, and Lucrative Vaccine Distribution," (화이자의 빠르고, 험난하며, 수익성 높은 백신 유통의 내막) *Bloomberg Businessweek*, March 4, 2021.

254 Ibid.

255 Ibid.

256 Reality Check, "COVID-19: Palestinians Lag Behind in Vaccine Efforts as Infections Rise," (코로나19: 감염 증가에 따른 백신방역 노력에 팔레스타인은 뒤쳐져 있다) BBC, March 22, 2021, https://www.bbc.co.uk/news/55800921.

257 Megan Twohey, Keith Collins, and Katie Thomas, "With First Dibs on Vaccines, Rich Countries Have 'Cleared the Shelves,'" (부유한 국가들 백신을 선점하며 '진열대 싹쓸이')

New York Times, December 16, 2020, p.A6.

258 Geeta Mohan, "India Ready to Save Humanity with 2 Made in India COVID Vaccines, Says PM Modi," (인도산 COVID 백신 2종으로 인류를 구할 준비가 되었다고 모디 총리 말해) *India Today*, January 9, 2021, https://www.indiatoday.in/india/story/india-ready-to-save-humanity-with-2-made-in-india-covid-vaccines-says-pm-modi-1757390-2021-01-09.

259 Jeffrey Gettleman, Emily Schmall, and Mujib Mashal, "India Cuts Back on Vaccine Exports as Infections Surge at Home," (인도, 자국 내 감염 급증에 따라 백신 수출을 줄인다) *New York Times*, March 26, 2021, p.A7.

260 Ibid.

261 Ibid.

262 WHO Director-General's opening remarks at 148th session of the Executive Board, January 18, 2021, https://www.who.int/director-general/speeches/detail/who-director-general-s-opening-remarks-at-148th-session-of-the-executive-board.

263 Peter S. Goodman, "One Vaccine Side Effect: Global Economic Inequality," (백신의 한 부작용: 글로벌 경제 불평등) *New York Times*, December 26, 2020, p.A1.

264 Peter S. Goodman, Apoorva Mandavilli, Rebecca Robbins, and Matina Stevis-Gridneff, "What Would It Take to Vaccinate the World Against COVID?" (전 세계에 코로나19 백신을 접종하기 위해 무엇이 필요할까?) *New York Times*, May 16, 2021, p.A1.

265 Ibid.

266 Pfizer사의 2021년 1월 22일자 보도자료, https://www.pfizer.com/news/press-release/press-release-detail/pfizer-and-biontech-reach-agreement-covax-advance-purchase.

267 Pfizer사 2020년 4분기 구두 수익보고, 2021년 2월 2일, Seeking Alpha에 수록된 녹취록, https://seeking alpha.com/article/4402872-pfizer-inc-pfe-ceo-dr-albert-bourla-on-q4-2020-results-earnings-call-transcript.

268 Thomas Kaplan, Sheryl Gay Stolberg, and Rebecca Robbins, "Taking 'Extraordinary Measures,' Biden Backs Suspending Patents on Vaccines," ('특별한 조치'를 취하는 바이든, 백신에 대한 특허 중단을 지지하다) *New York Times*, May 6, 2021, p.A1.

269 Maria Cheng and Lori Hinnant, "Rich Nations Dip into COVAX Supply While Poor Wait for Shots," (가난한 나라들이 접종을 기다리는 동안 코백스 공급물량까지 뛰어드는 부자 나라들) Associated Press, August 14, 2021, https://apnews.com/article/joe-biden-middle-east-africa-europe-coronavirus-pandemic-5e57879c6cb22d96b942cbc-973b9296c.

270 Abdi Latif Dahir, "Booster Shots 'Make a Mockery of Vaccine Equity,' (부스터 샷 '백신 형평성 조롱') the W.H.O.'s Africa Director Says," *New York Times*, August 20, 2021, p.A10.

271 Ibid.

272 Megan Specia, Sharon LaFraniere, Noah Weiland, and Michael D. Shear, "Addressing the Global Vaccine Shortage, Biden Cites 'Our Humanitarian Obligation to Save as Many Lives as We Can,'" (바이든, 글로벌 백신 부족 문제 해결을 위해 '가급적 많은 생명을 구해

야 할 인도주의적 의무' 언급) *New York Times,* June 10, 2021.

273 Ibid.

274 Donato Paolo Mancini, Hannah Kuchler, and Mehreen Khan, "Pfizer and Moderna Raise EU Covid Vaccine Prices," (화이자 및 모더나, EU 코로나 백신 가격 인상) Financial Times, August 1, 2021.

275 Ibid.

15장 우리는 원금을 100% 돌려받을 것이다

276 Peter S. Goodman, "Late Wages for Migrant Workers at a Trump Golf Course in Dubai," (두바이 트럼프 골프장의 이주 노동자 임금 체불) *New York Times,* August 27, 2017, p.B4.

277 "World Bank Predicts Sharpest Decline of Remittances in Recent History," (세계은행, 최근 역사상 가장 급격한 송금 감소 예측) World Bank, April 22, 2020, https://www.worldbank.org/en/news/press-release/2020/04/22/world-bank-predicts-sharpest-decline-of-remittances-in-recent-history.

278 2020년 10월 7일 갱신된 World Bank 데이터, https://www.worldbank.org/en/topic/poverty/overview.

279 "COVID-19 Will Double Number of People Facing Food Crises Unless Swift Action Is Taken," (코로나19, 신속한 조치 없으면 식량 위기 인구 두 배로 늘어날 것) World Food Program, April 21, 2020, https://www.wfp.org/news/covid-19-will-double-number-people-facing-food-crises-unless-swift-action-taken.

280 Jubilee Debt Campaign, Debt Data Portal, https://data.jubileedebt.org.uk.

281 Peter S. Goodman, "How the Wealthy World Has Failed Poor Countries During the Pandemic," (팬데믹 기간 동안 부유한 세계가 가난한 나라에 어떻게 실망을 안겨 줬을까?) *New York Times,* November 2, 2020, p.B1.

282 Julian Duggan, Scott Morris, Justin Sandefur, and George Yang, "Is the World Bank's COVID-19 Crisis Lending Big Enough, Fast Enough? New Evidence on Loan Disbursements," (세계은행의 코로나19 위기 대출은 충분한 규모로 충분히 빠르게 이루어지고 있나? 대출금 지급에 관한 새로운 사실) Center for Global Development, Working Paper 554, October 2020, https://www.cgdev.org/publication/world-banks-covid-crisis-lending-big-enough-fast-enough-new-evidence-loan-disbursements.

283 Iolanda Fresnillo, "Shadow Report on the Limitations of the G20 Debt Service Suspension Initiative: Draining Out the Titanic with a bucket?" (G20 채무 상환 유예 이니셔티브의 한계에 대한 그림자 보고서: 양동이로 타이타닉호의 물을 퍼낼 수 있을까?) European Network on Debt and Development, October 14, 2020, https://www.eurodad.org/g20_dssi_shadow_report.

284 Letter from Timothy Adams, president and CEO of the Institute of International Finance, to finance minister of Saudi Arabia Mohammed Al-Jadaan, September 22, 2020, https://www.iif.com/Portals/0/Files/content/Regulatory/IIF%20Letter%20to%20G20%20on%20DSSI%20Sept%202020.pdf.

285 Ibid., https://www.iif.com/Portals/0/Files/content/Regulatory/IIF%20Letter%20to%20 G20%20on%20D SSI%20Sept%202020.pdf.

286 Vito Tanzi, *Argentina from Peron to Macri: An Economic Chronicle*(아르헨티나, 페론에 서 마크리까지: 경제 연대기) (Bethesda, Maryland: Jorge Pinto Books, 2018), Chapter One.

287 Todd Benson, "Report Looks Harshly at I.M.F.'s Role in Argentine Debt Crisis," (아르 헨티나 부채 위기에 국제통화기금의 역할에 대해 가혹한 시각으로 본 보고서) *New York Times*, July 30, 2004, p.W1.

288 Larry Fink at event hosted by Americas Society/Council of the Americas, June 29, 2016, https://www.youtube.com/watch?v=TM_MC2Fj-JI.

289 Jason Lange and Hugh Bronstein, "IMF Increases Argentina Financing Deal to $56.3 Billion," (IMF, 아르헨티나 금융 거래 563억 달러로 늘려) Reuters, October 26, 2018, https://uk.reuters.com/article/us-argentina-imf/imf-increases-argentina-financ-ing-deal-to-56-3-billion-idUKKCN1N02GK.

290 "Argentina: Technical Assistance Report-Staff Technical Note on Debt Sustainability," (아르헨티나: 기술 지원 보고서-부채 지속 가능성에 대한 실무자의 기술적 노트) International Monetary Fund, Western Hemisphere Department, March 20, 2020, https://www.imf. org/en/Publications/CR/Issues/2020/03/20/Argentina-Technical-Assistance-Re-port-Staff-Technical-Note-on-Public-Debt-Sustainability-49284.

291 Elkon financial data platform, cited in "Under the Radar: Private Sector Debt and the Coronavirus in Developing Countries," (감춰진 진실: 개발도상국의 민간 부문 부채와 코로 나 바이러스) a paper from several aid organizations including Oxfam, October 2020, https://www.oxfam.org/en/research/under-radar-private-sector-debt-and-coronavi-rus-developing-countries.

292 Hugh Bronstein, "Nobelist Stiglitz, Economists from 20 Countries Back Argentina in Debt Showdown," (노벨상 수상자 스티글리츠 외, 20개국 경제학자들이 아르헨티나의 부채 해결 을 지지) Reuters, May 6, 2020.

293 "IMF Staff Technical Statement on Argentina," (아르헨티나에 대한 IMF 스태프의 기술적 성 명) International Monetary Fund, Press Release No. 20/228, June 1, 2020, https://www. imf.org/en/News/Articles/2020/06/01/pr20228-argentina-imf-staff-technical-state-ment.

294 Jacob Goldstein, "Why a Hedge Fund Seized an Argentine Navy Ship in Ghana," (헤 지 펀드가 가나에서 아르헨티나 해군 함정을 압류한 이유) National Public Radio, October 22, 2012, https://www.npr.org/sections/money/2012/10/22/163384810/why-a-hedge-fund-seized-an-argentine-navy-ship-in-ghana?t=1604295241384.

295 Gregory Zuckerman, Julie Wernau, and Rob Copeland, "After 15 Years, a Bond Trade Now Pays Off," (15년 후, 채권 거래가 이제 성과를 거두다) *Wall Street Journal*, March 2, 2016.

296 Scott Squires and Jorgelina Do Rosario, "Argentina Bonds Rally After $65 Billion Re-structuring Deal," (아르헨티나 국채, 650억 달러 구조조정 합의 후 반등) Bloomberg, August 4, 2020.

297 "BlackRock's Fink Says Argentina Won't Soon Regain Investor Trust," (블랙록의 핑

크, 아르헨티나는 당분간 투자자들의 신뢰를 회복하지 못할 것이라 말해) *Buenos Aires Times*, November 6, 2020, https://www.batimes.com.ar/news/economy/blackrocks-fink-says-argentina-wont-soon-regain-investor-trust.phtml.

3부
16장 워싱턴을 어지럽힐 사람은 아니다

1   Andrew Edgecliffe-Johnson and Mark Vandevelde, "Schwarzman Defended Trump at CEO Meeting on Election Results," (슈워츠먼, 선거 결과에 대한 CEO 회의에서 트럼프 옹호) *Financial Times*, November 14, 2020.

2   Biden 후원자를 위한 2020년 7월 20일자 언론 보도자료, July 20, 2020.

3   Annie Linskey and Sean Sullivan, "Biden's Still Locked in a Bitter Fight. But the Jockeying Is Already Underway for Jobs in His Would-Be Administration," (여전히 격렬한 싸움에 매여 있는 바이든. 그러나 그의 행정부에서 일자리를 차지하기 위한 경쟁은 이미 진행 중이다) *Washington Post*, November 1, 2020.

4   Brian Schwartz, "Amazon Hires Lobbyist Brother of Biden White House Counselor," (아마존, 백악관의 바이든 보좌관 형제를 로비스트로 고용) CNBC, December 28, 2020.

5   David Cooper, "Raising the Federal Minimum Wage to $15 by 2024 Would Lift Pay for Nearly 40 Million Workers," (2024년까지 연방 최저임금을 15달러로 인상할 때 약 4천만 명의 노동자 임금 인상) Economic Policy Institute, February 5, 2019, https://www.epi.org/publication/raising-the-federal-minimum-wage-to-15-by-2024-would-lift-pay-for-nearly-40-million-workers.

17장 돈은 바로 지금 커뮤니티에 있다

6   Center for Local Economic Strategies 축적 데이터.

7   Lawrence Mishel and Jori Kandra, "CEO Compensation Surged 14% in 2019 to $21.3 Million," (2019년 CEO 보수 2,130만 달러로 14% 증가했습니다.) Economic Policy Institute, August 18, 2020, https://www.epi.org/publication/ceo-compensation-surged-14-in-2019-to-21-3-million-ceos-now-earn-320-times-as-much-as-a-typical-worker.

8   Steven Deller, Ann Hoyt, Brent Hueth, and Reka Sundaram-Stukel, "Research on the Economic Impact of Cooperatives," (협동조합의 경제적 영향에 관한 연구) University of Wisconsin Center for Cooperatives, 2009, https://resources.uwcc.wisc.edu/Research/REIC_FINAL.pdf.

9   Lucius Couloute and Daniel Kopf, "Out of Prison & Out of Work: Unemployment Among Formerly Incarcerated People," (출소와 실직: 출소자 실업률) Prison Policy Initiative, July 2018, https://www.prisonpolicy.org/reports/outofwork.html.

18장 사람들의 주머니에 돈을 넣어 주자

10   Guy Standing, *Basic Income: And How We Can Make It Happen* (기본 소득: 어떻게 실현할 수 있을까?) (London: Pelican, 2017).

11   Peter S. Goodman, "Free Cash to Fight Inequality? California City Is First in U.S. to Try," (불평등 해소를 위한 무상 현금? 미국 최초로 시도하는 캘리포니아 시티) *New York Times*, June 3, 2018, p.BU1.

12   "Report on the Economic Well-Being of U.S. Households in 2018," (2018년 미국 가구의 경제적 복지에 관한 보고서) Board of Governors of the Federal Reserve System, May 2019, https://www.federalreserve.gov/publications/2019-economic-well-being-of-us-households-in-2018-dealing-with-unexpected-expenses.htm.

13   Rob Berger, "Does Joe Biden's Choice of Kamala Harris Signal Support for a \$2,000 Monthly Stimulus Check?" (조 바이든의 카말라 해리스 선택이 월 2,000달러 경기부양책에 대한 지지를 의미할까?) *Forbes*, August 12, 2020.

14   MSNBC가 2020년 4월 27일 방영한 낸시 펠로시와의 인터뷰, https://www.msnbc.com/stephanie-ruhle/watch/pelosi-says-guaranteed-income-may-be-worth-considering-amid-coronavirus-hardships-82606 661627.

15   관련 사례는 Pavlina R. Tcherneva, *The Case for a Job Guarantee*(일자리 보장 사례) (Cambridge, U.K.: Polity Press, 2020) 참조.

16   Thomas Paine, "Agrarian Justice," (농업 정의) 1797, 출전 Wikisource, https://en.wikisource.org/wiki/Agrarian_Justice.

17   Ibid.

18   Martin Luther King Jr., *Where Do We Go from Here: Chaos or Community?*(이제 우리는 어디로 가는가? 혼돈인가 커뮤니티인가?) (Boston: Beacon Press, 1967), Jordan Weissman, "Martin Luther King's Economic Dream: A Guaranteed Income for All Americans," The Atlantic, August 28, 2013에서 인용 .

19   Ibid.

20   Marc Benioff, "How Business Leaders Can Help Narrow Income Inequality," (비즈니스 리더가 소득 불평등 완화에 도움을 주는 방법) *Fortune*, January 17, 2017.

21   OECD.org, public unemployment spending. (공공 실업수당 지출)

22   Tera Allas, Jukka Maksimainen, James Manyika, and Navjot Singh, "An Experiment to Inform Universal Basic Income," (보편적 기본소득을 알리기 위한 실험) McKinsey & Company, Public and Social Sector Practice, September 2020, https://www.mckinsey.com/~/media/McKinsey/Industries/Public%20and%20Social%20Sector/Our%20Insights/An%20experiment%20to%20inform%20universal%20basic%20income/An-experiment-to-inform-universal-basic-income-vF.pdf.

23   Peter S. Goodman, "Finland Has Second Thoughts About Giving Free Money to Jobless People," (핀란드, 실직자에게 공짜 돈을 주는 것에 대해 재고하기로) *New York Times*, April 24, 2018.

24   IAnnie Lowrey, "Stockton's Basic-Income Experiment Pays Off," (스톡턴의 기본소득 실

험, 성과 거둬) *The Atlantic*, March 3, 2021.

25   Peter S. Goodman, "Cuts to Child Care Subsidy Thwart More Job Seekers," (육아 보조금 삭감으로 더 많은 구직자가 구직 실패) *New York Times,* May 24, 2010, p.A1.

26   Peter S. Goodman, "'Back at Square One': As States Repurpose Welfare Funds, More Families Fall Through Safety Net," ('다시 원점으로': 국가의 복지 기금의 용도 변경에 따라 더 많은 가정이 안전망 무용지물) HuffPost, June 19, 2012, https://www.huffingtonpost.co.uk/entry/breakdown-tanf-needy-families-states_n_1606242?ri18n=true.

27   Ibid.

28   saac Shapiro, David Reich, Chloe Cho, and Richard Kogan, "Trump Budget Would Cut Block Grants Dramatically, Underscoring Danger of Block-Granting Social Program," (트럼프 예산은 블록 보조금을 대폭 삭감하여 블록 보조금 사회 프로그램의 위험성을 부각시켜) Center on Budget and Policy Priorities, March 28, 2017, https://www.cbpp.org/research/federal-budget/trump-budget-would-cut-block-grants-dramatically-underscoring-danger-of.

29   Andrew Osborn, "Osborne Tries to Limit Welfare Overhaul Fallout," (오스본, 복지 개편 후유증 최소화 위해 노력) Reuters, April 2, 2013, https://www.reuters.com/article/uk-britain-politics-welfare/osborne-tries-to-limit-welfare-overhaul-fallout-idUK-BRE9310N920130402.

30   Pascale Bourquin, Robert Joyce, and Agnes Norris Keiller, "Living Standards, Poverty and Inequality in the UK: 2020," (영국의 생활 수준, 빈곤 및 불평등: 2020) Institute for Fiscal Studies, p.15, https://ifs.org.uk/uploads/R170-Living-standards-poverty-and-inequality-in-the-UK-2019-2020%20 .pdf.

31   Ibid., p.20.

32   Jason DeParle, "In the Stimulus Bill, a Policy Revolution in Aid for Children," (아동 지원 정책의 혁명, 경기 부양 법안) *New York Times*, March 8, 2021, p.A1.

33   "Child Poverty Drops in July with the Child Tax Credit Expansion," (아동 세액 공제 확대로 7월 아동 빈곤율 감소) Center on Poverty & Social Policy at Columbia University, August 20, 2021, https://www.povertycenter.columbia.edu/news-internal/monthly-poverty-july-2021.

19장 독점 권력과 전쟁 중

34   Cecilia Kang and David McCabe, "House Lawmakers Condemn Big Tech's 'Monopoly Power' and Urge Their Breakups," (하원, 빅 테크의 '독점 권력'을 비난. 그 해체를 촉구) New York Times, October 7, 2020, p.B1.

35   Matt Stoller, "Congress Forced Silicon Valley to Answer for Its Misdeeds. It Was a Glorious Sight," (의회 실리콘 밸리의 잘못에 대해 책임을 묻다. 영광스러운 장면 보여)Ibid July 30, 2020.

36   Adam Satariano, "Amazon Charged with Antitrust Violations by European Regulators," (유럽 규제 당국에 의해 독점 금지 위반 혐의로 기소된 아마존) *New York Times*, November 11, 2020, p.B5.

37   Sam Schechner, "Amazon to Reopen French Warehouses After Deal with Unions," (아마존, 노조와 협상 후 프랑스 창고 재개장) *Wall Street Journal*, May 16, 2020.

38   Adam Satariano and Emma Bubola, "Pasta, Wine and Inflatable Pools: How Amazon Conquered Italy in the Pandemic," (파스타, 와인, 공기 주입식 수영장: 아마존이 팬데믹 상황에서 이탈리아를 정복한 방법) *New York Times,* September 28, 2020, p.B1.

39   Liz Alderman, "'We Want to Open!' French Shopkeepers Revolt Against Orders to Close," ('우리는 영업하고 싶다!' 프랑스 상점주들, 휴업 명령에 반발하여 봉기) *New York Times,* November 4, 2020, p.B3.

40   Matt Stoller, "The Boston Tea Party Was a Protest Against Monopoly," (보스턴 티 파티는 독점에 반대하는 항의였다) *BIG,* July 1, 2019, https://mattstoller.substack .com/p/the-boston-tea-party-was-a-protest.

41   Matt Stoller, Goliath: The 100-Year War Between Monopoly Power and Democracy(골리앗: 독점 권력과 민주주의 사이의 100년 전쟁) (New York: Simon & Schuster, 2019), 1장.

42   Ibid.

43   Ibid.

44   Ibid.

45   Emmanuel Saez, "Striking It Richer: The Evolution of Top Incomes in the United States," (더욱 부유해지다: 미국 최고 부자의 진화) Technical Notes 201506, *World Inequality Lab,* 2015, Stoller, *Goliath*에서 재인용.

46   Franklin D. Roosevelt의 1933년 3월 4일 첫 임기 취임연설; Yale Law School의 Lillian Goldman Law Library 소장, https://avalon.law.yale.edu/20th_century/froos1.asp.

47   Stoller, *Goliath*, op. cit., 4장.

48   Ibid., 6장

49   Ibid., 9장.

50   Edmund W. Kitsch, "The Fire of Truth: A Remembrance of Law and Economics at Chicago, 1932–1970," (진실의 불: 시카고의 법과 경제에 대한 기억, 1932~1970년) Journal of Law and Economics 26, no. 1 (April 1983): p.183, Stoller, *Goliath,* op. cit., 9장에서 재인용.

51   Stoller, *Goliath*, op. cit., 9장.

52   Ibid.

53   Ibid., 13장.

54   Eileen Shanahan, "'Fair Trade' Laws Coming to an End," (다가오는 '공정거래'법의 종말) *New York Times,* December 13, 1975.

55   Robert H. Bork, *The Antitrust Paradox: A Policy at War with Itself*(반독점의 역설: 자기 자신과 전쟁 중인 정책) (New York: Basic Books, 1978), 7.

56   David Moberg, "How Wal-Mart Shapes the World," (월마트는 어떻게 세상을 바꾸었나) *The American Prospect,* April 19, 2011, https://prospect.org/power/wal-mart-shapes-world/.

57   Stoller, *Goliath,* op. cit., 15장.

58   Lina M. Khan, "Amazon's Antitrust Paradox," (아마존의 반독점 역설) *The Yale Law*

Journal, 126, no. 3 (January 2017), https://www.yalelawjournal.org/note/amazons-anti-trust-paradox.

20장 세금, 세금, 세금. 나머지는 다 헛소리다

59   2018년 Forbes 400 Richest People in America와 Forbes America's Top 50 Givers 자료에 대한 Gabriel Zucman의 분석자료.

60   Ibid.

61   William D. Cohan, "'I Can't Prove It to You, But I Know It's True': Jamie Dimon Puts His Faith in Trump's Tax Plan," ('증명할 수는 없지만 사실이라는 것은 알고 있다': 제이미 다이먼, 트럼프의 세금정책에 믿음 드러내) *Vanity Fair,* December 8, 2017.

62   David Hope and Julian Limberg, "The Economic Consequences of Major Tax Cuts for the Rich," (부유층을 위한 주요 감세의 경제적 결과) London School of Economics, December 16, 2020, http://eprints.lse.ac.uk/107919.

63   World Inequality Database, Income Inequality, USA, 1913-2019, https://wid.world/country/usa.

64   Ibid.

65   Gabriel Zucman, The Hidden Wealth of Nations: *The Scourge of Tax Havens*(국가의 숨겨진 부: 조세 피난처의 재앙) (Chicago: University of Chicago Press, 2013).

66   John Guyton, Patrick Langetieg, Daniel Reck, Max Risch, and Gabriel Zucman, "Tax Evasion at the Top of the Income Distribution: Theory and Evidence," (소득 분배의 꼭대기에 있는 탈세: 이론과 증거) National Bureau of Economic Research, Working Paper 28542, March 2021, https://www.nber.org/papers /w28542.

67   "Trends in the Internal Revenue Service's Funding and Enforcement," (국세청의 자금 지원 및 집행 동향) Congressional Budget Office, July 2020.

68   Paul Kiel and Jesse Eisinger, "How the IRS Was Gutted," (국세청은 어떻게 무력화되었는가) ProPublica, December 11, 2018, https://www.propublica.org /article/how-the-irs-was-gutted.

69   "Millionaires and Corporate Giants Escape IRA Audits Again in FY 2020," (백만장자와 대기업, 2020회계연도에도 IRA 감사 피해) TRAC, Newhouse School of Communications and Whitman School of Management, Syracuse University, March 18, 2021, https://trac.syr.edu/tracirs/latest/641.

70   Richard Rubin, "IRS Enforcement Spending Yields $6 for Every $1, Lew Says," (Lew는 국세청 집행 지출 1달러당 6달러를 벌어들인다 말해) Bloomberg, May 8, 2013.

71   Emily Stewart, "Stock Buybacks, Explained," (주식 환매, 설명하기) Vox, August 5, 2018, https://www.vox.com/2018/8/2/17639762/stock-buybacks-tax-cuts-trump-republi-cans.

72   Alex Edmans, Xavier Gabaix, and Dirk Jenter, "Executive Compensation: A Survey of Theory and Evidence," (임원 보상: 이론과 증거에 대한 조사) National Bureau of Economic Research, Working Paper 23596, July 2017, p.152, https://www.nber.org/system/files/

working_papers/w23596/w23596.pdf.

73   Jesse Eisinger, Jeff Ernsthausen, and Paul Kiel, "The Secret IRS Files: Trove of Nev-
      er-Before-Seen Records Reveal How the Wealthiest Avoid Income Tax," (국세청의 비
      밀 파일: 부유층이 소득세를 회피하는 방법을 밝혀낸 전례 없는 기록) ProPublica, June 8, 2021,
      https://www.propublica .org/article/the-secret-irs-files-trove-of-never-before-seen-
      records-reveal-how-the-wealthiest-avoid-income-tax.

74   Saez and Zucman, op. cit., 3장.

75   Julia La Roche, "Steve Schwarzman: A Wealth Tax Would Make Businesses Up
      and Leave," (스티브 슈워츠먼: 부유세는 기업을 떠나게 만들 것) Yahoo Finance, October
      14, 2019, https://finance.yahoo.com/news/blackstone-ceo-steve-schwarzman-on-
      wealth-tax-201228998.html.

76   Yen Nee Lee, "Jamie Dimon Says He's OK with Higher Taxes on the Rich, but Wealth
      Tax Is Almost Impossible," (제이미 다이먼, 부유층에 대한 세금 인상은 동의하나 부유세는 거
      의 불가능하다 말해) CNBC, September 23, 2020, https://www.cnbc.com/2020/09/23/jp-
      morgans-jamie-dimon-on-taxing-the-rich-donald-trumps-tax-cuts.html.

77   "The Role and Design of Net Wealth Taxes in the OECD," (OECD에서 순자산세의 역할과 설
      계) OECD Tax Policy Studies, Paper No. 26, 2018, p.11, https://read .oecd-ilibrary.org/
      taxation/the-role-and-design-of-net-wealth-taxes-in -the-oecd_9789264290303-
      en#page3.

78   WBUR이 2019년 10월 23일 방송한 On Point 프로그램에서 래리 섬머와 이매뉴얼 사에
      즈의 발언 https://www.wbur.org/onpoint/2019/10/23/wealth-tax-democrats-war-
      ren-sanders.

79   Peter S. Goodman, "Taking Hard New Look at a Greenspan Legacy," (그린스펀의 유산 새
      롭게 바라보기) New York Times, October 9, 2008, p.A1.

80   Summers and Saez, op. cit.,

81   Robert Frank, "Wealthy May Face Up to 61% Tax Rate on Inherited Wealth Under
      Biden Plan," (부유층은 바이든 플랜에 따라 최대 61%의 상속 세율을 적용) CNBC, May 3, 2021,
      https://www.cnbc.com/2021/05/03/wealthy-may-face-up-to-61percent-tax-rate-on-
      inherited-wealth-under-biden-plan.html.

82   Jim Tankersley and Alan Rappeport, "Biden Seeks $80 Billion to Beef Up I.R.S. Audits
      of High-Earners," (바이든, 고소득자에 대한 국세청 감사 강화로 80억 달러 수입 모색) New
      York Times, April 28, 2021, p.A1.

83   Alan Rappeport, "Finance Ministers Meet in Venice to Finalize Global Tax Agreement,"
      (베니스에 모인 재무장관들 글로벌 조세 협정 체결 마무리) New York Times, July 10, 2021,
      p.B1.

결론

우리의 잔이 넘치나이다

1 2020년 12월 9일 Goldman Sachs U.S. Financial Services 화상회의에서 슈워츠먼의 발언, Seeking Alpha 수록 녹취문, https://seekingalpha.com/article/4393944-blackstone-group-inc-bx-ceo-stephen-schwarzman-presents-goldman-sachs-u-s-financial-services.

2 Brian Chappatta, "Schwarzman Sees 'Avalanche' of Opportunities from Tax-Hike Risk," (슈워츠먼, 세금 인상 리스크에서 '눈사태' 같은 기회 포착) Bloomberg, June 23, 2021.

3 2020년 12월 1일 CNBC의 Mad Money에 출연한 베니오프의 발언, https://www.cnbc.com/2020/12/01/marc-benioff-slack-is-one-step-in-salesforces-path-to-double-revenue.html.

4 Michelle F. Davis, "Dimon Asks Bankers to Call Him with Their M&A Ideas for JP-Morgan," (다이먼, 은행가들에게 JP모건을 위한 M&A 아이디어를 갖고 자신을 불러 달라 요청) Bloomberg, December 8, 2020.

5 JPMorgan Chase & Co의 2021년 1분기 결산 및 수익 구두보고 녹취문, 2021년 4월 14일, https://www.jpmorganchase.com/content/dam/jpmc/jpmorgan-chase-and-co/inves-tor-relations /documents/quarterly-earnings/2021/1st-quarter/1q21-earnings-tran-script.pdf.

6 Zachary Parolin, Megan Curran, Jordan Matsudaira, Jane Waldfogel, and Christopher Wimer, "Monthly Poverty Rates in the United States During the COVID-19 Pandemic," (코로나19 팬데믹 기간 중 미국의 월별 빈곤율) Center on Poverty & Social Policy, School of Social Work, Columbia University, Poverty and Social Policy Working Paper, October 15, 2020, https://static1.squarespace.com/static/5743308460b5e922a25a6dc7/t/5f-87c59e4cd0011fabd38973/1602733471158/COVID-Projecting-Poverty-Monthly-CP-SP-2020.pdf.

7 Chuck Collins, "Updates: Billionaire Wealth, U.S. Job Losses and Pandemic Profiteers," (업데이트: 억만장자의 부, 미국 일자리 손실 및 팬데믹 수익자) Inequality.org, February 24, 2021, https://inequality.org/great-divide/updates-billionaire-pandemic.

8 Kevin Stankiewicz, "CEO of World's Largest Money Manager Sees Stocks Rallying in 2021 but Not as Much as Last Year," (세계 최대 머니 매니저의 CEO, 2021년 주식이 랠리를 보이지만 작년만큼은 아닐 것으로 전망) CNBC, January 14, 2021, https://www.cnbc.com/2021/01/14/blackrocks-fink-stocks-to-rally-in-2021-but-not-as-much-as-last-year.html.

9 Rupert Neate and Simon Murphy, "Former Chancellor George Osborne to Become Full-Time Banker," (조지 오스본 전 총리, 정규직 은행가로 변신) *Guardian,* February 1, 2021.

10 Sissi Cao, "Billionaires Made Record Profit, Donated Record Lows in 2020," (2020년 억만장자들 기록적 수익, 기부금 사상 최저치 기록) *Observer,* January 5, 2021.

11 Blue Origin사의 Jeff Bezos가 우주 비행 후 2021년 7월 20일 가진 기자회견 녹취문, https://www.rev.com/blog/transcripts/blue-origin-jeff-bezos-post-flight-press-con-

ference-transcript.

12   RMathias Dopfner, "Jeff Bezos Reveals What It's Like to Build an Empire-And Why He's Willing to Spend $1 Billion a Year to Fund the Most Important Mission of His Life," (제국을 건설하는 것이 어떤 것인지, 그리고 인생에서 가장 중요한 사명을 위해 연간 10억 달러를 기꺼이 지출하는 이유를 밝힌 제프 베조스) *Business Insider*, April 28, 2018.

13   Kevin T. Dugan, "Everything to Know About Tuesday's Blue Origin Space Launch with Jeff Bezos," (화요일의 제프 베조스와 블루 오리진 우주 발사에 대해 알아야 할 모든 것) *Fortune*, July 19, 2021.

14   Joe McCarthy, "Jeff Bezos Just Spent $5.5B to Be in Space for 4 Minutes. Here Are 7 Things That Money Could Help Solve," (제프 베조스는 4분 동안 우주에 머무르기 위해 55억 달러를 썼다. 그 돈으로 해결할 수 있었을 7가지 문제) Global Citizen, July 20, 2021, https://www.globalcitizen.org/en/content /jeff-bezos-space-flight-money-better-uses.

다보스맨
억만장자들은 어떻게 이 세상을 집어삼켰나

2025년 2월 13일 1판 1쇄

지은이 피터 S. 굿맨
옮긴이 김하범
편집 정진라 **디자인** 조민희
인쇄·제책 혜윰·나래

발행인 김영종 **펴낸곳** (주)도서출판 진지
등록 제2023-000075호 **주소** (우) 03176 서울특별시 종로구 경희궁 1가길 7
전화 070-5157-5994 **전자우편** z@zinji.co.kr
블로그 blog.naver.com/zinjibook **페이스북** facebook.com/zinji.co.kr

ISBN 979-11-984766-4-7 03320